山西省地方志办公室 编

民国山西村政建设

山西出版传媒集团
山西人民出版社

图书在版编目（CIP）数据

民国山西村政建设 / 山西省地方志办公室编. — 太原：山西人民出版社，2014.7

ISBN 978-7-203-08618-5

Ⅰ. ①民… Ⅱ. ①山… Ⅲ. ①农村—群众自治—研究—山西省—民国 Ⅳ. ①D693.6

中国版本图书馆 CIP 数据核字（2014）第 138322 号

民国山西村政建设

编　　者： 山西省地方志办公室
责任编辑： 李　鑫
助理编辑： 柳承旭
装帧设计： 敬鹏涛

出 版 者： 山西出版传媒集团·山西人民出版社
地　　址： 太原市建设南路 21 号
邮　　编： 030012
发行营销： 0351-4922220　4955996　4956039
0351-4922127（传真）　4956038（邮购）
E-mail： sxskcb@163.com　发行部
sxskcb@126.com　总编室
网　　址： www.sxskcb.com

经 销 者： 山西出版传媒集团·山西人民出版社
承 印 厂： 山西省史志印刷厂

开　　本： 787 mm × 1092 mm　1/16
印　　张： 50.25
字　　数： 710 千字
印　　数： 1-2000 册
版　　次： 2014 年 7 月　第 1 版
印　　次： 2014 年 7 月　第 1 次印刷
书　　号： ISBN 978-7-203-08618-5
定　　价： 100.00 元

主　编

董江爱　　王　谨

前　言

民国初年在山西进行的村政建设，是当时全省政治生活和社会建设中的一件大事。这在军阀混战年代，应该说是改变中国社会现状难得的一缕晨光。其表现可圈可点，其影响既深且广。“世方喋血一事干戈，我且闭关而事蚕织。”山西地方主官是这样想的，也这样做了，而且很有成效。事后多被海内外政界、学界有识之士称颂。

我国一向为农业大国，农村人口占比很大，改革开放以来，工业有了迅猛的发展，但农业的基础地位仍未改变，乡村建设仍然是全国面临的诸多建设任务之一。为了了解历史、服务当今、启迪未来，我们编辑了《民国山西村政建设》一书，供读者参考。

本书以民国十七年山西村政处刊印制的《山西村政汇编》为主要资料来源。为帮助读者全面了解当年山西村政建设内容，本书还全文收录了民国十八年邢振基先生撰写的《山西村政纲要》。

本书编写过程中，山西大学政治与公共管理学院给予了鼎力支持，王谨同志在体系编排、资料采录、文字校对等方面做了大量的具体的工作，董江爱同志在认真研究的基础上撰写了概述。省地方志办高文宏、李荣负责排版和初校。全书由李茂盛统编统改并最后审定。山西人民出版社的社长和编辑同志也为本书的顺利出版付出了很多心血。由于内容繁难和编辑水平所限,书中一定有不妥之处,拜请读者批评指正。

编 者

2014 年 6 月 20 日

目 录

目录

概 述

辛亥革命后，中国历史进入到北洋军阀统治时期。袁世凯死后，北洋军阀群龙无首，内部出现了严重分裂，形成了以冯国璋为首的直系军阀和以段祺瑞为首的皖系军阀。在北洋军阀之外，又出现了一些地方军事割据势力，如占据东北的奉系军阀等。各派军阀拥兵自重，割地称雄，形成了军阀混战的局面。

山西村政建设是掌控山西实权的阎锡山在北洋军阀各派混战不断的背景下，在全省范围内进行的旨在提振农村经济、加强行政管控的基层制度建设活动。阎锡山认为，"行政之本在于村"。他说："村者，人民聚集之所也。为政不达诸村则政乃粉饰，自治不本于村，则治无根蒂。舍村而言政治，终非彻底之治也。"① 所以，他把整饬村制作为推行新政的基础，思图通过村政建设达到振兴经济，发达物产，安定社会，稳定民心，强本固省的目的，他名之曰：村政建设。但所涉内容极其广泛，包括村政、用民、经济、文化、社会建设等各个方面。

研究民初山西村政建设，对于弄清阎锡山全面进行村政建设的真实用意，对于弄清山西村政建设的方式方法，有着重要的学术价值和社会历史价值；对于我们今天正在进行的村民自治工作，以及乡村社区建设等，更有着重要的借鉴意义。

一、山西村政建设的社会基础

山西开展村政建设有其特定的社会基础。前提是阎锡山政治统治的

①阎锡山：《阎锡山早年回忆录》，台湾传记文学出版社，1968年版，第29页。

确立，背景是农村经济萎靡不振，根因是农村社会管理混乱。

（一）阎锡山政治统治的确立

阎锡山政治统治的确立是山西村政建设的政治前提。民初，阎锡山政治统治的确立大体经历了三个阶段：一是1911年发动太原起义，被拥为山西都督，进而兵分三路光复全省，特别是出兵娘子关，与吴禄贞共组燕晋联军，对抗清军。二是袁军入晋，受到政治打压，委任为同武将军。在北京政府实行军民分治的形势下，政权旁落，只能明里虚与委蛇，暗地与袁周旋。三是袁世凯死后，利用与段祺瑞的关系，重掌山西权柄。1917年9月3日，阎锡山经北京政府特批，正式兼任山西省省长的职务，集军、民、政、财诸大权于一身，标志着阎锡山在山西政治统治的完全确立。

（二）农村经济萎靡不振

1911年发生的辛亥革命，推翻了中国延续两千多年的封建统治，在很大程度上解放了社会生产力。民初，特别是第一次世界大战期间，山西的民族资本得到了一定发展，民族资本主义经济有了长足的进步。但由于辛亥革命后，革命果实很快被袁世凯窃取。袁世凯倒行逆施，一方面极力排斥革命党人，一方面废除《临时约法》，又为社会经济的发展设置了障碍。在山西，袁世凯在孙中山先生的反复敦促下，虽然不得不承认山西为革命省份，但委任亲信金永治晋。金永治晋期间，山西社会秩序非常混乱，抑制了社会经济的发展。全省除工矿业、商业有所发展外，农村经济，前途堪忧。广大乡村，盗贼猖獗，土棍当道，吸赌不断，游民乱窜，加之旱灾使粮棉减产，弃业致营生减收，整个山西一片萧条。

（三）社会管理极度混乱

辛亥革命打破了旧的社会秩序，但并未完全建立起新的社会秩序。地方人口五万以上者为镇，五万以下为乡。在基层治安方面规定实行新式的警察制度，废弃旧的保甲制度。但在实际上，山西各地的基层组织却非常混乱。里甲和保甲这两个分别以征收赋税和维持地方治安为目的的组织，完全被混同了。有的都、或保、或里，下辖甲；有的都，或里，下辖保、所、寨，保；或所，下辖甲；也有都，下辖里，里，下辖甲；还有的乡，下辖村。

从基层社会的权力中心来看，县以下农村基层社会的里、甲或所、保、寨、村等，都不是国家的一级施政单位。里长、保长、甲长或所长、保正等，既不是政府官员，也不是基层社会的权力中心。他们的主要职责是为官府征收赋税、摊派劳役、或维护地方治安。但其权力又往往为一些地主士绅所操纵。

针对以上情况，阎锡山要想在山西推行新政，就必须采取有力措施，重整山西乡村秩序。

二、山西村政建设的内容

民国初年的山西村政建设，是以阎锡山为省长的山西省政府，通过以地主士绅为主导的区、村两级（主要指村级）行政机构，进行的强化农村基层控制的政治活动和开发农村资源的经济活动，在客观上，对山西经济社会的发展起到了一定的推动作用。山西村政建设的具体内容包括编查户口、实行区、村制、办理六政三事（水利、植树、蚕桑、禁烟、天足、剪辫、种棉、造林、畜牧）、调解诉讼、执行村禁约、整理村范、办理保卫团、办理积谷等，涉及农村基层社会的政治、经济、军事、文教、行政、司法、道德习俗等多个方面。

（一）编村与整理村范

1.编村

（1）编村的原因和日的

村，是由若干有血缘关系和地缘关系的农户，自然组成的社会基层单位。农村居民长期生活在以种植业为主的传统农业生活中，朝夕相处，守望相助。同村人在风俗、习惯和思想观念等方面相互认同。阎锡山生长于农村，了解农村居民之间的这种感情，也了解村对于村民生存与发展的重要性，懂得把村作为社会稳定的基础。他经常说："吾国文化，保留于乡村者，实较城市为多。出入相友，守望相助，疾病相扶持，实相亲相爱之互助精神，在乡间尚富有之。即吾国社会之稳定基础，固在家庭，而实际效用仍在乡村。若无乡村不成文法之自然组织，则社会基础亦动摇矣。”①也正是在这个意义上，阎锡山把编村作为法定的最基本的“政治单位”。通过“编村”，建立由省经过县、区直达基层的权力网络。

阎锡山编村的目的在于织密政治统治的行政网络。从不漏一村到不漏一户，再到不漏一人，在国家，官吏和人民之间，如以身使臂，以臂使指，使其政令畅通无阻。阎锡山特别注重加密行政网对加强国家行政力量的作用，并试图通过编村把施政的最基本单位放到村一级。在阎锡山的观念里，以村为单位的基层政治体系最为完美。他说：“窃惟一省以内，依土地之区划与人民之集合，而天然形成政治单位者，村而已矣。村以下之家族主义，失之狭；村以上之地方团体，失之泛；惟村则有人群共同之关系，又为切身生活之根据，行政之本，舍此莫由。”② 只有以村为单位，把散乱无纪的人群组成有序的群体，才能进行地方治理；只有以编村为施政单位，才能够借民力以助官力，达到“用民”的目的。“村者，人民聚集之所也。为政不达诸村，则政乃粉饰；自治不本于村，则治无根蒂。舍村而言政治，终非彻底之治也。”③

阎锡山把村制看作自己推行新政的基础。他说：“盖祸莫大于盗贼。村制行，则稽查易，窝藏无术，匪徒可以肃清矣。害莫大于刁健。村制行，而公理彰，教唆无法，棍徒可以敛迹矣。毒莫甚于鸦片。村制行，而揭告有人，查察易周，行之三月，可以收廓清矣。囊莫大于游民。村制行，而干涉有人，综核最密，行之三月，可以获感化之矣。不特此也。又斯而稽查学龄儿童，则义务教育可以兴起也。由斯而人民可晓然于租税之负担，纯为国家保育行政之用，则急功之心生，而纳税之义务，不患中国之民不能充分以尽也。由斯而人民能保卫事项之有待于人，不如自谋保卫之密切。身家子姓庐墓财产之念重，则了然于卫国以自卫，勇于公战。有身充士兵之志，而执戈之勇可以鼓，则当兵又义务，不患中国之人，不能行也。种种政

①《阎伯川先生言论辑要》(第 6 辑)，第 55 页。

②《政治公报》，1922 年 11 月 29 日。

③阎锡山：《阎锡山早年回忆录》，(台湾)传记文学出版社 1968 年版，第 29 页。

治，靡不由此起点，法之善也。”[①]

(2)编村的方法及过程

阎锡山在兼任山西省长后的第十天，亦即1917年9月12日，即颁布了《各县村制简章》。要求在原有的自然村基础上，编制行政村。试图通过编村，对县以下基层社会进行重新整合。阎锡山实行的编村方法是仿照日本的市町村制，实行街村制。《各县村制简章》规定：城关为1街，推任街长副各1人。其它凡村足100户以上者，为一编村，设村长副各1人。住户过多者稍增村副几名，但村副至多不得超过4人。不满100户之村庄，则几村组成联合村。并将联合村编为号数，择定距离适中、人户最多之村为主村，其余联合小村称为附村。附村属于主村管辖，但距离主村不可太远。联合村在主村设村长1名，附村酌量情形配置村副，村副最多不得超过4名。若有特别情形，不便联合他村者，亦得自成一编村，设村长1名。

“村制简章”颁布后，因考虑到100户为一编村机关太多，且选举村长有困难，阎锡山下令山西省署于同年10月1日，又颁布《县署村制通行简章》。规定：村内居民凡300户以上者为一编村。后来，又感觉编村太大，人口太多，不便管理，省署于1918年11月，又一次对“村制简章”进行了修改。把村内居民300户为一编村，又改为凡100户以上者为一编村，设村长副各1人，或联合数村在100户以上者，即划为1编村，设村长副各1人。其户数较多者，得增设村副，但不得超过4人。联合村编制与最初编制方法相同。要求各县所设村庄无论住户多寡，均须按照此简章编制，以立自治基础。[②]

编村的原则是大小、距离合宜。编村大小合宜是指能负担村经费，又能办理村中应办之事。所谓编村距离合宜，是指村长副交通往来不感到困难。编村太小，村经费过多，村民负担不起，不便推行；编村过大，村与村距离太远，村长副办理村务往来交通不便。所以，村的大小、距离合宜

①《阎伯川言论辑要》(第1辑)，第78页。

②《近代山西政权机构概况》，第89—93页。

是编村之关键。要求编村不拘泥于100户，而是以自然村为基础，或小村联合组成编村。在自然条件优越、社会经济相对发达、人口稠密的村区，户口再多也是一个编村，一般不硬性按户口分为两个编村。在联合编村时，也不会把一个自然村，分拆到两个编村中。对于距离太远、不便联合的山村，即使户口很少，也可成为一个编村。编制以后的村，正式成为由省署承认的一级行政机关。即由原来的自然村转变为行政村。

实行编村制以后，阎锡山仍感到施政困难。如在全省各县中，大县至有200余村到500余村者，最小的县也有100多村。每村有村长1人。如此多的村长，县知事1个人是很难指挥周到的，常常苦于应对不暇。于是，在县村之间产生隔阂，政令很难在农村得到执行。同时，编村还存在由村到户之间的困难。因为山西是个多山的省份，各县村庄之编制，联合村占居多数。村长副之设多则事权不一，设少则管理不周。最后规定，最多不得超过5人。但户口过多，举办一切，村长副很难考虑周到，显然不能达到阎锡山要求的从不漏一村，到不漏一家、不漏一人的要求。

为了克服以上两方面的困难，阎锡山于1918年4月，再度对村制进行修改，即在县与村之间设区，作为县政府的派出机构，并由省长公署拟定公布了《县地方设区暂行条例》。条例规定：每县设区3—6个，每区置区长1人。第一区设在县城，区长由警佐兼任。其余各区由区长兼任警佐，必要时设临时助理员3—5人。各区在所管区内经济条件好、交通便利或者大村所在地设区公所。区公所设立以后，其区内原有之警察机构立即裁并，城区附近原有警察署兼任区务。同时，每区根据户口多寡，雇区警数名。区警名额一般可置4人，最多不得超过12人。协助区长维持区内地方治安，处理违警事件。不过，在实际设区时，也有特殊情况。如阳曲县，因人口多分，则设立了8个区。①

在设区的同时，省署又颁布了《村编制现行条例》。条例要求在村上设区的同时，还要在村内设置闾的编制。规定各编村内主村、附村各辖若

①李培谦、华典修，阎士骧、郑起昌纂：《阳曲县志》，民国21年，第2卷，《区村》。

干间。分民间和商间两种。每25家为一间，设间长1人。同时规定，各村编间也不必拘泥于25家。因居住集中，不便分配的，在25家以上，50家以下，或不满25家者，也可以编为一间，设间长一人。凡村内编两间以上者，其间次应冠以某村第一、第二间等序数。[①]

至此，村政组织的层级控制序列自上而下就成为：阎锡山（所掌控的省军政公署）——六政考核处——县——区——村——间六级行政管理体制。以执行机关、实察机关和考核机关三者相结合。在县以下的农村基层社会，形成了区、村、间三级管理体制。推行编村制前后经历了近五年的时间，经过了多次改进。仅第一年内，《村制简章》就变化了三次，且受到地方县村的强力抵制。在编村的最初阶段，有些地方官员不认真执行村制简章，仅把旧时的里或甲变更名称，村长副也是旧日的相约地保改变名目而来。因循敷衍，搪塞了事。更有些县份，为了协调地主士绅之间的关系，把600户以上的自然村，拆分更名设两个村长。一些户口较少的村因摊派负担过重，承担不了政府的摊派任务，而纷纷要求联合他村，扩大编村规模。

（3）村长副的选任、职责、报酬

编村的目的能否实现，关键在于村长副的人选是否得当。所以，阎锡山非常重视村长副的选任。他说："村长司一村之机括，为一村之灵魂。村之能否组成有机体，全视村长之得人与否。"[②]"欲求实收村制之利益，非村长副得人不可！"[③]为了表明自己对村级政权的重视，阎锡山还专门颁发《县知事接待村长副规则》。规定：①县知事有向村长副宣示省署政令的义务；②县知事每年必须集合街村长一两次，分类宣布政事；③县知事到任两个月内，须召见所属各街村长副，详询各村现状；④县知事每月内至少轮赴各大村镇，差催要政两次，以代召集之烦难；⑤知事对于村长副应随到随见，并应加以礼貌，不得轻慢；⑥街村长副来谒知事时，县署公役务须及时

①邢振基：《山西村政纲要·总论》，第10页。

②吴庚鑫：《山西地方行政实察记》，第30页。

③《阎伯川言论辑要》（第1辑），第89页。

传达，不得任意留难需索。此外，为了表示对村长副的重视，阎锡山还特意规定，村长副均由县知事委任，并颁发委任状，以提高村长之声威。试图通过隆重的官吏委任形式，授予村长副及闾长委任状(8)以提高村长副等村官之地位。并规定村长副若有不法行为，及时撤职，收回委任状，以显示村长副权力的正式性。督促村长副忠于职守，认真贯彻执行政府政策。

"朴实公正"和"兼通文义"，是阎锡山对村长副的道德品质、文化素养以及办事能力的基本要求。《各县村制简章》规定，村长要具备下列之资格：①朴实公正，兼通文义者；②30 岁以上，确无嗜好者；③有不动产，价值在 3000 元以上者。具备前列条件之二者，可选为村副。村长副由村民加倍推举，送由县知事选任，并呈报省道公署备案。[①] 此条件规定以后，因农村有 3000 元以上固定财产的人非常少，1918 年，省署又颁布《修正山西各县村制简章》。规定：村长副的资格及选任，除年龄在 30 岁以上、兼通文义等条件不变以外，村长的不动产降低到 1000 元以上，村副的不动产在 500 元以上。[②] 1922 年改进村治后，村长副由村民会议选出。凡在村村民，在 25 岁以上，朴实公正，粗通文义，且财产条件与前相同者，得选为村长副。村长副任期仍为一年。可连任，但连任不得超过三年。

村长副的职责，根据 1917 年颁布的《各县村制简章》所列，主要包括以下几个方面：①办理政府委办事项。主要包括协助区长编查户口、协助官吏督促村民、从事六政、向全村村民传授种树、种棉、蚕桑、积肥、甜菜制糖、种麻等技术；②办理一切村内事物。如办理村中公益事项、调解民事纠纷、处理村中有伤风俗事件等；③向上级汇报政府委托事项的办理状况和办理政府委托事项时发生的特别情况；④各村长对于紧要事件，须上报县知事办理。距离远者得先报告区长酌办，同时速报县知事核示。村长办理公务直接秉承县知事。[③] 此外，村长副还有担任村内警察，维持村内治安的职责。村副襄助村长商办前条所列事项。村长因事故不能执

①《近现代山西政权机构概况》，第 93 页。

②周成：《山西地方自治纲要》，第 2 页。

③周成：《山西地方自治纲要》，第 3 页。

行职务时，得由村副一人代行职务。

1922年，“村本政治”实行后，阎锡山对村机构的职责及运行进行了改进。村政建设主要进行整理村范、召开村民会议、议定村禁约、建立村公所、村民会议、村息讼会、村监察委员会等村政机构。村长副掌管村公所行政大权。主要办理：(1)村政处委办事项；(2)村民会议议决事项；(3)报告职务内应办理事情及特别发生事件；(4)其他一切应执行村务。村长副的职责变为：官厅委办事件、村民决议事件、报告官厅事件、报告村民事件、改进村制、发达一村之利益、开发一村之富源、预防传染疾病、禁止秘密结会、立定村志、提倡村仁化、维持村公道、提倡人民优待军人、提倡村中慈善事业等。

村长副与县区长之关系，主要表现在以下几个方面：一是县知事或区长分别办理全县或全区范围内的行政事务；县知事或区长办理行政事务，要依赖村长副帮助办理。二是村长副有义务协助县知事、区长办理公事。村长副在办理公务中有不明白的地方，可以随时向县知事或区长请示。三是村长副帮助县知事、区长办理公务遇到困难，无法继续办理下去时，可以随时向县知事或者区长说明情况，请求县知事或区长为他们做主。四是规定：村长副不得凭借政府赋予的权势，专横乡里。五是村长副办公期满由知事择优请奖。有特别劳绩者，得随时呈请奖励。村长副违抗政令或藉端阻挠者，得由县知事呈报撤换。其营私舞弊查有确据者，准其立时撤换并呈请惩处。

闾长、邻长要办理的事情主要包括两类：一是辅助村长副办理村里一切事务，或村里公议下的事务，都要由闾长、邻长辅助办理。二是村长副受县知事、区长等地方长官交派要办的公务、要向群众说的话，都要由闾、邻长协助办理。也就是说，闾长、邻长是村长副办理一切政务、村务的好帮手。闾长、邻长的主要职责具体如下：一是对于村长副交办的事情，不仅要挨家挨户详细地吩咐到自己所管辖的人家，而且还要仔细为他们讲解明白。二是要自觉帮助村长副除坏人，办好事。比如督促本闾、本邻的小孩上学，对于本闾、本邻的贫穷老人，或无人伺养的老人，要劝大家想办法解决。三是在本闾、本邻的人发生纠纷或矛盾时，要及时告诉村长副，要协调双方和解，不让双方打架、打官司。

关于村长副的报酬，据1918年颁布的《村长副支用公款规则》，村长副系名誉职，均不支薪，但要根据村内事物的繁简，酌量给予车马费。但是，各地给予村长副的报酬很不一致。大致情况如下：有的村会给村长副一定的补贴，有的村则不给。在给村长副补贴的村庄，情况也不一致。经济情况较好的村，有每年给30元的，有每年给50元的；经济情况不好的村，则年底象征性地给一点。很多村长副每年拿到的补贴，根本不够办理公务需要的成本，甚至要自己贴钱办理公务。即使是一个村的情况，也都不一致。有的今年给补贴、明年却不给。有的此人当村长副就给补贴，而彼人当村长副就不给。如此等等，情况比较复杂。各村办公经费的多少，都是由县知事根据各村人数、户数和村庄基本情况酌情确定，由各村村民摊认支付。村民支付村办公经费的情况由县知事随时列款宣示。村办公经费的收支情况，由村长副随时列款向村民宣示。

村长副的人选，按照规定，虽然由本村村民选举产生，但由于阎锡山所规定的条件比较严格，导致村长副职权的获得在很大程度上是政府授予的。而且，村长副的主要职责，也不是办理与本村村民利益密切相关的村内事务，而是以执行政府的命令、完成政府的任务为主，具有很强的唯上性。因此，从本质上来说，村长副不属于村一级的自治领袖，而属于官方的"半政府官员"或"准政府官员"。以村长副为首的村一级组织，也不属于村自治组织，而属于"半政府"组织或"准政府"组织。编村和村长副的职责，主要是应上、而非为村。

2.整理村范

（1）设立村组织

1922年4月，阎锡山对村制进行改进，目的是通过整理村范，实行村本政治。山西省署通令全省各县所属村庄，一律在闾之下设邻。规定：每5户为一邻，设邻长1人，从而在村一级建立了村—闾—邻三级管理体制。同时，要求各村在设邻的基础之上，按村内事务的性质不同，在村内设置村民会议、村息讼会、村公所和村监察委员会等自治组织，分别作为管理村内事务的立法、行政、司法、监察等权力机关，从而以“民治”的形式改进了村级组织。

阎锡山改进村制的目的并不是让村民真正自治起来，而是为了更好地控制村民，让村民更加自觉自动地为政治统治所用。所以，阎锡山在改进村级组织的基础之上，进一步自上而下地加密了行政网络。首先，是在省长公署内增设了村政处，作为阎锡山实行“村本政治”的最高权力机关。村政处设处长1人，副处长2人，全权负责全省村政事务。其次，是在村政处之下分别设置总务股、考核股和禁烟股等三个股。总务股主管村政处一切行政事务；禁烟股主要负责执行政府的禁烟法令；考核股负责全省的村制改进工作、主管各县办理各项村政事务、协助各村建立村政机构、制定村禁约、整理村范等。考核股为了工作方便，按照地域，把全省分为12个考察区。每区设主任2人，由考核股内人员兼任，负责八、九个县，轮流到各县考察。此外，村政处还向各县委派村范委员1人，协助指导各县执行村政，考察各县的村政实施状况。

阎锡山认为，要想让村民自觉自动地为政府服务，就必须通过改进村制把村“组织成有机的活体”。[①] 而要真正把编村改进成为一个有机的活体，就必须使村民都能够理解村里的事情。而要让村民真正理解村里的事情，就必须建立村组织。对于如何建立村组织，阎锡山也有自己的严密设计：“先设村公所，这是村中的行政机关。次设息讼会，这是村中的司法机关。再定村禁约，这是村中的立法机关。又立保卫团，这是村中的警察机关。这些成立了，第二步就如开步走，一直向前办理去。这样的村子，才算是个有机体。这样村里的人，才算是个有机体。这样村里的人，才算是活人。”[②] 但由于考虑到人民觉悟普遍不高，不能加入政治，所以必须设立“村民会议”，对村民进行普遍的民治训练。

于是，阎锡山把村民会议作为“村之活体组织”中最高的权力机关，

①《阎伯川先生言论辑要》(第5辑)，第65页。

②《阎伯川先生言论辑要》(第5辑)，第75页。

命令各村设立村民会议。规定村民会议由全村成年男子,或一家出一人组成。其主要职责是:(1)选举村长副、村息讼会公断员、村监察委员会委员,监督所选举人员的行为,并有罢免权;(2)县法令规定应议事项;(3)行政处、厅交议事项;(4)村监察委员会提交事项;(5)议定和修改村禁约及一切村规事项;(6)村长副请议事项;(7)本村兴利除弊事项;(8)村民20人以上提议的事项。[①]

对于村民会议的实施,阎锡山要求按照村民以往遇事商议的习惯。村民会议章程应由各村按习惯自定,不按照成文法而行,遇有争执,区长或县知事为之解决。并明确规定:一村之权,应归一村之民;一村之民,应参一村之政。但同时又提出了"村本政治,对内由下而上,应以村为本,对了由你,不对了由我"[②] 的办事规则。说明阎锡山授予村民的选举权、裁决权、参与权、监督权、罢免权等都是相当有限的。村民行使阎给予自己的权力所做出的决策必须符合阎锡山的意志,否则就会失效。由此可见,阎锡山设立"村民会议"的主要目的,一方面是利用村民限制和监督村长副;另一方面,在于形成绅民合力,以便村民在村长副的指挥下,共同为军阀政府服务。

村公所在村级组织中属于村政执行机关,阎锡山的一切政令、政策都通过这一机关贯彻实行。所以,阎锡山非常重视村公所这一村政机关的人选。他认为"村公所不健全,村本政治等于空谈。""村公所就等于房子的基地。在一村中选出能力最高者,一闾之中选出能力最高者,一邻之中选出能力最高者,就能领导起一邻、一闾、一村的事来。"[③] 为了防止村长独裁村中大权,阎锡山规定:村公所人员以 7 人为限,由村长副、闾长充任。如村长副、闾长不足 7 人时,由村民另外补选。如村长副、闾长超过 13 人时,闾长分班任事。村公所人员执行村务采取合议制度和分权制度,目的在于实现以众用众。村公所办理事务主要包括:(1)行政厅、处委办

①《近代山西政权机构概况》,第 92—93 页。

②《阎锡山统治山西史实》,第 72 页。

③《阎司令长官手谕》,《村本政治》半月刊,1924 年,第 1 卷第 5 期。

的事项;(2)村民会议议决的事项;(3)向官方报告职务内办理情形及特别发生事件;(4)其他一切应执行之村务。①

村息讼会是村级组织的民事调解机构,即调解村民之间争讼事件的机构。阎锡山认为,打官司不但花钱费时,而且容易结仇,甚至因争小事,致成大事;再加上劣绅土棍及坏律师从中挑拨,随使官司缠年不休,势必倾家荡产,后悔莫及;既不利于农村社会的稳定,又极大地浪费了农村的人力、财力。所以,阎锡山要求各村设立息讼会,为村民调解纠纷,尽量避免村民之间打官司。规定:每村设立息讼会一处。在距离主村较远的附村,或户口较多的编村,可设息讼会分会,以便就近请求调处。村息讼会由村民会议选举公断员 5—7 人,互推会长 1 人组成。除命案外,村民提交之事务均由村息讼会公断。其调处事件系以公断员多数取决。当支持方与反对方人数相同时,由会长决定。息讼会工作采取回避制度。当调处事件涉及到会长或公断人本身时,会长或公断员必须回避。当不同编村的村民发生纠纷时,则由两村公断员合组临时公断会处理。对于公断之结果,当事人若表示不服,允许当事人自由起诉。为了防止息讼会调解纠纷中出现不公平或不公正,阎锡山还针对各村的息讼会会长及公断人调解纠纷的行为提出了“五不许”:(1)不许偏袒大户欺压小户;(2)不许偏袒有势力的欺压无势力的;(3)不许偏袒主村欺压联合村;(4)不许偏袒土籍欺压客民;(5)不许偏袒念书人欺压平民。要求会长和公断人在调解纠纷时必须平心说理,十分公道,不怕强,不欺弱。目的是在基层社会,实现“无讼而治”的王道乐土。

村禁约既是要求村民必须坚守的信条,也是村组织执行村务的村宪法,还是为解决整理村范中的九种人(即贩卖和吸食金丹洋烟、窝娼、聚赌、盗窃、打架斗殴、游手好闲、家庭残忍、忤逆不孝)以及妨碍公众秩序等一切应急之事而制定的处罚条例。村禁约由村民会议根据本村的乡约社规和风俗习惯制定。要求各村在不抵触法律范围内,由村民会议将村

①《近现代山西政权机构概要》,第 92 页。

中紧急要办理的事宜进行议定。例为紧急事项，呈送县知事核准之后，由村公所负责执行。大体包括对妨害安宁者、妨害公共秩序者、妨害公共事务者、妨害公共财产以及身体者、妨害一村风俗者、妨害公共卫生、公共交通者等，视情节轻重，处以1元以上，15元以下之罚款，或体罚及训诫。罚款所得除了用于村庄凿井、积谷、教育三项基金外，不能随意开支。但在实际操作中，村禁约是由省署统一制定。1923年7月1日，省署公布《村禁约之规定及执行简章》。规定：违反村禁约议处之种类，根据情节轻重交纳1—15元的罚款作为村费。废除公庙罚跪、跪香、吊打等恶习。遇有违反禁约，每村若有闾长7人以上者，须由村闾长合议处理，愿意加入邻长的更好。如果村里闾长不足7人者，则必须加入邻长，由闾长、邻长合议处理；也可使用合乎村民公意的习惯法进行处理。如果牵涉到闾长或邻长者违反禁约，则违反者必须回避。阎锡山把这种做法称为"保证好人，制裁坏人的村自治法"。认为：村禁约是以村中多数人共同管理少数人。这种管理"能够使坏人日见其少，补法官检察所不及，省警察添设之繁费"。①

村监察委员会是保障村民行使其监察权的机关。该委员会由村民会议选出监察委员5—7人组成，专门负责清理村中公款有无滥用、专门纠察执行村务人员能否尽职、专门负责监督行使村庄公共权力之职权。阎锡山认为，村长副办理村务，仅凭官厅监察是完全不够的，必须给人民行使监察的合法权力，故设监察机关使人民行使监察之职责。因为监察员的职责重大，人员素质要求也较高。所以，阎锡山规定：村监察员每年改选一次，并由省署统一进行培训，以确保村级公共权力受到有效监督。

村保卫团是村庄的武力组织。该组织在抵御外来盗匪、保卫地方治安的同时，增强了军阀统治的军事力量。阎锡山要求各村成立保卫团的主要目的，就是要通过该组织把整个山西人民组成一个有效的战争工具。阎锡山特别重视地方武装的作用。"欲保地方，当求自卫；欲图本治，尤重民强。"② 于是，阎锡山要求在县以下实行"保卫团"制。以村为单位，

①《山西村政汇编》，第3页。

②《阎伯川先生言论辑要》（第5辑），第11页。

把村中18—35岁的壮年男子组成地方保卫团。规定:保卫团以闾为最基层单位。每闾为一牌,以闾长为牌长。根据闾的大小,数闾设为一甲,以村副为甲长。每一编村设为一村团,以村长为村团长。每一行政区设为一区团,以区长为区团长。每一县设为一总团,以县知事为总团长。除吸食金丹、游手好闲、残废者之外,凡村中所有符合规定年龄的男丁,都必须进入保卫团参加训练。保卫团的训练大都利用农闲举行。这样,在县以下的基层农村,组成了严密的五级地方军事组织。保卫团主要负责村庄安全、巡查村中各项嫌疑人。在当时,属于充当维持社会治安的"准警察"。

(2)注重人情、放开法律

阎锡山在实行村本政治中,特别注重利用人的内在心理情感所表现的好恶偏向来调整自己的政策,注重理性思考和法律判断情感化,善于把儒家文化的"人情"推演到他的政治行为中;要求在实行村本政治中改变以往严厉的法律制裁,主张"放开法律,注重人情"①;试图通过人情感化实现村民的自觉自动,最终达到其政治统治的目的。阎锡山认为:用"人情"就是得"政窍"。"人情即是政窍,得之则行,不得则颠。要当知道政权是秃的,是脆的,和上人情的政权,即成快刀利刃。爱子女之情,人人皆有,爱子女之事,人人皆会。惟尽情以为政,即得窍也。"② 在他看来,为政的关键不在有权威,而在于得民心。"今日做官,不只权威难用,惠亦难施。解决难题,非人心不可。盖官与百姓接触者,是心而非官,是人而非法。专以法为治,则偏于硬,硬则生隔阂。世间事不能用硬法子办理者,用软法了无不迎刃而解。可见法之于人,似严而实宽;心之系人,似宽而实严。我们从今日起,另换新法,以图治效。"③ 阎锡山所说的新法,就是注重人情感化,要求"官吏办事,要以政权和上人情","先与百姓共心,然后与百姓共事,终能达到村本政治之美满效果"。④ 可见,阎锡山实行村本政治的目

---

①《阎伯川先生言论辑要》(第5辑),第68页。

②《民国阎伯川先生锡山年谱初稿》(二),第546页。

③《阎伯川先生言论辑要》(第5辑),第4页。

④《阎伯川先生言论辑要》(第5辑),第91页。

的是寻找一种更直接、更彻底的办法,尽快消除农村的不稳定因素,使更多的人能为他所用,最终将外在的法律条文变为民众的心理自律。

阎锡山用"人情"的具体措施是:首先,沿村向村民宣传村范;然后,按户检举"坏人",登记失学儿童;最后,对检举出来的"坏人",以改过自新为主,使"坏人"取保监视警戒,不定罪,不罚金。对于贩卖金丹洋烟者,必须有三家以上为其作保,否则县知事要对其实行相当之戒监,或斟酌情形为之,或手谕村长副、闾长、邻长监视其行动;对于吸食烟丹者,令其戒退,若再吸食,由保人交纳100元以上之妥保费;对于赌博、盗窃、窝娼者,由村长副派专人监视;对于打架斗殴、持刀行凶者,责成家长或族长严加管束;对忤逆不孝、家庭残忍者,由族长、邻长劝诫,使不孝者为孝,不慈者为慈;对于游手好闲者,勒令各就职业,并与之介绍就业,屡教不改者,送新民工厂参加重体力劳动;对于失学儿童,由村长副设学,为极贫儿童免费。[①] 各村由村长副、闾长通过整理村范消除各项嫌疑人。无各项情形六个月者,由村长呈报区长,经区长、县知事查核后,呈请省署给村长副颁双穗奖章。一年以后再不发生,由县知事报明省署,发给某村以"自治模范村"匾额,并准许该村在村前建立石碑。凡一区有2个模范村,就为区长记一功。凡记足三功的区长,可记大功一次。凡一县内有三个记功的区长,就为县知事记大功一次。

在整理村范前,全省先进行了大规模的社会宣传。要求区主任、县知事、村范委员、小段主任等各级官员下乡宣传村范,并规定县知事每月至少有20天到各村巡回检查。小段主任和村范委员要下村蹲点,指导并监督村长副工作。并设计了专门的办理村政成绩查报表,详细调查各级官吏每月下乡次数和村政办理情况。1924年1月5日,阎锡山令各县知事督饬区长进村开展整理村范的工作,并规定由各区区长负责整理村范的重大责任。各区区长必须亲自到该区所辖各个村庄全面查到。如呈报办竣后,区长若被查有一村没有亲自查到,定予撤惩不怠。

---

①山西档案局藏:《村政法规令文辑要》,第815页。

以示范县阳曲县为例。整理村范的过程分三期完成。

第一期，首先调查各项嫌疑人和失学儿童。先由各区长前往本区各村将嫌疑人一一查明，并把各项嫌疑人名单送交县知事；再由县知事会同村范委员率领各自的僚属进村，召集村长副、闾长及花户等，向他们讲解整理村范要旨，以避免村长副包庇本村嫌疑人。其次，对于各村所查明的嫌疑人进行整顿救济。以禁烟为例。阳曲县全县分为十八个戒烟区。每区设戒烟会或戒烟支会一处。所有管理人员、药物公费及极贫烟民的口食费等，均由县财政筹款支付。区内烟民按期分别进行集中戒烟。每期15日为限，三期完毕。贩卖烟丹者必须有三户为其担保，有三家为其写保证书，本人还要写"永不贩卖"的保证书。其余各项嫌疑人，不仅要自己写改悔保证书，还要家庭写保证书。对于已经查明的失学儿童要察看个人情况和家庭情况而定。有的要求即日入学，有的要求农暇时间入学，有的由村公款补助课本费，有的准许免费入学。对于一些零散村落要求设立简易学校。

第二期为复查阶段。县知事派复查员1人，协助区长前往各村调查前次查得的各项嫌疑人和失学儿童，有无漏洞以及已查出者的救济情况，并随时对新查出的嫌疑人进行讲解劝导。要求各家按《家庭须知》整理家范，要求村长副、闾长、邻长互为监视，以巩固第一期整理成果。在此期间，县知事带人对区长已查之村进行突击检查，以确保复查没有漏洞。

第三期，把以前设立的18个区的戒烟会或支会全部取消，在每个村设立村戒烟会，由村戒烟会自行解决本村的吸食和贩卖鸦片的嫌疑人。[①]整理村范进入第三阶段后，吸食烟丹者一律入村戒烟会戒除。村民之间互相纠举。不进村戒烟会戒除烟瘾者，要按村禁约处罚。对于赌博、盗窃及窝娼者，由村长副派专人监视。对于打架斗殴、持刀行凶者，要求家长或族长严加管教。对于游手好闲者，勒令其各就职业。以上凡屡教不改者，送县"新民工厂"进行重体力劳动，或罚款。对于家庭贫苦的失学儿

①吴庚鑫:《山西自治行政实察记》，第21—26页。

童,学校要免学费或书本费。其费用由村公款支付。

(二)国民教育

阎锡山认为,教育是政治统治的根本。他说:“今日中国四万万人,不及他国二千万人者,因多数人无知识。一个人抵不住一个人之故。此尚就对外者言之也。说到对内,共和国家,主体在人民。必人民之知识发达,然后能运用良政治。”[①] 在他看来,一方面,国家有无实力,全看国民有无知识。知识是决定国民素质的关键因素;另一方面,中国和发达国家在社会稳定上的区别在于国民素质, 而国民素质的高下又可归结为教育问题。“国家无知识,国家无实力之故,犹楼阁之无地盘,无台阶,终不能有芸飞鸟革之观也。受教育之国民愈多,人群程度愈高,人群能力愈高,政治能力愈强;统一之政治国家,能否发展其能力,全视其人群程度如何耳!”“人有教育,知识日增,自然不作那无理的事。东西洋文明各国,到街市上面,不听见有吵叫的声音,这都是有教育的缘故。……所以人都说,生在外国,如在天堂一般 ,回顾吾国,黑暗甚于地狱,相差不可以道里计。这都是无教育的缘故。”[②] 然而,清末民初,山西的整个教育形势,从上到下都是极其不能令人满意的。如 1911 年,山西 1100 万居民中,约有 99%以上是文盲。[③] 由此,阎锡山把国民教育作为山西村政建设的重中之重。

1.国民义务教育

鉴于清末民初山西的教育状况,阎锡山决定在山西实行强迫国民义务教育。主要包括强迫教育、国民教育、义务教育三个方面的内容。强迫教育是指,只有完成小学义务教育,才能取得国民资格。国民若不接受小学教育,就要受罚,罚了还得上学。国民教育是要求凡山西百姓,不论贫富贵贱的小孩子,在 7 岁到 13 岁的七年间,都要接受四年教育。义务教育是指国民对于国家有受教育之义务,父兄对于子弟有供其上学并使之完成四年小学教育的义务。

①《阎伯川言论辑要》(第 1 辑),第 49 页。

②《阎伯川言论辑要》(第 1 辑),第 11、96 页。

③《阎伯川言论辑要》(第 1 辑),第 96 页。

（1）广设学校与师范教育

阎锡山特别重视国民义务教育的普及，把它比作屋基。"振兴教育，譬如建屋，人才教育，屋之在地上者也；国民教育，屋之在地下者也。"①而要普及国民教育，就必须广设学校，强迫国民入学。而要广设学校，首先要有"合格"的教师。解决师资力量是普及国民教育的第一要务。"实行强迫教育，必设学校，设校必有教员。国民教育自以师范毕业者为最合格。然以山西全省计之，最少有三万村庄，其户口较多之村，每村一校，尚恐不足。一校即以一教员，亦需三万多教员。"②

为了推行国民义务教育，阎锡山于1918年4月，制定了《山西省实行义务教育规程》。《规程》规定：全省义务教育分六次普及。每次普及期限为五个月：第一次是1918年9月底之前，普及省城的义务教育；第二次是1919年2月底之前，普及各县城的义务教育；第三次是1919年8月之前，普及各县乡镇及300户以上村庄的义务教育；第四次是1920年2月之前，普及200户以上村庄的义务教育；第五次是1920年8月底之前，普及100户以上村庄的义务教育；第六次是1921年2月底之前，普及10家以上村庄的义务教育。各县由区长督促，并率领村长副、闾长、邻长调查学龄儿童。要求：凡学龄儿童足50人的村，均设学校1所。③

为了解决国民义务教育的师资问题，阎锡山要求在山西原有师范学校的基础上，扩建或新建师范学校，并拨公款为各地农村培养师资力量。到1919年，全省就已经建成6所省立师范学校和4所女子师范学校。同年秋天，在太原府东街建成了山西外国文言学校，并在全国各地选招高小毕业生200余名，学制九年，开设英、法、德语，毕业后都被选送到西欧各国留学深造。1920年春，该校聘请外国人卫西琴为教育长，负责教学及行政工作。

因普及国民教育得需要大量的教师，正规的师范教育又不能一蹴而

①唐纳德·G·季林：《阎锡山研究》，第60页。

②《阎伯川言论辑要》（第1辑），第49页。

③《阎伯川言论辑要》（第2辑），第11页。

就，必须采取有力措施进行速成师范教育。于是，阎锡山就模仿日本的师范教育制度，在扩建和改建省立师范学校的同时，还在督军署内附设能容纳1500人的模范示教养成所和能容纳2500人的师范讲习所，招收合格学生。接受三个月的师范教育，毕业后，由省署发给毕业证书和委任状，派往各县师范传习所任教。到1919年，陆续从模范示教养成所和师范讲习所毕业的学生就多达一千数百人。这些人都被分派到各县的师范传习所任教。但由于培训时间过短，培训效果不好，教学质量普遍不高。各县还设立师范传习所。学员经半年学习毕业后充任国民学校教员。[①]有的县还设立女子师范传习所。后来，这些师范传习所都成为正规的师范学校。就连兴县这个偏远山区，也于1919年设立了师范传习所。第一批就培养了38名教员，后来又设立了女子师范学校。[②]

在师范教育中，最值得介绍的是省立国民师范学校。该校于1918年成立于省城太原，学员由各县分别选送。当年，各县选送学员的名额是10个。第一批共招生1206人，编为二年制普通班20个。后来，又派人到天津、保定等地招取中学毕业生291名，设立了一年制的二部师范。同年11月，又招收中学毕业生73人，设立了二年制的高等体育专修科。这是山西师范教育中唯一具有高等性质的学科。这样，省立国民师范学校开办之初，共招生26班，计1570人，教职员79人，是当时山西规模最大的师范学校。在校内还设立了附属小学。

农村教师每年经县署鉴定一次。考试合格者，由县署发给证书，并将名册印发到各村，由村长从中选聘。连续两次鉴定为甲等者，发给"无试验鉴定书"，以后无需考试，直接录用。[③]

(2)教育经费的解决

阎锡山推行国民义务教育计划以后，为了保证4年制的国民义务教育，专设整顿教育的特别支出资金。1917—1919年间，省政府用于教育的

---

①《治紧政务全书》(第11册)，第120页。

②《兴县志》，中国大百科全书出版社，1993年版，第360页。

③《稷山文史资料》，第8、9合辑，第35页。

经费增加多了一倍。1919年,省地方教育预算为190余万元。[①]以后4年中,教育经费成为预算支出中的一个较大项目[②]。从1918、1919和1920年三年省财政总支出和教育经费的比例来看[③]:

年份	全年支出(元)	教育经费支出(元)	教育经费占总支出的百分比
1918	1064966	498087	47%
1919	1754513	970964	55%
1920	2386729	917011	40%

在1918—1920的三年间,山西教育经费支出占总支出平均达47%。而且在整个教育经费支出中,国民教育又占了绝大多数。可见,阎锡山对国民教育的重视。阎锡山为了把国师办成一所模范学校,曾经拿出一个团的经费,即每年2.3万大洋作为国民师范学校的教育经费。该校不仅不收学费、饭费和讲义费,每年还给学生发一身制服,以此吸引优秀学生。

为了节约国民教育经费,阎锡山还大力提倡民间办学。他说:"有子弟的送他入学,是为父母的义务;为区长、村长、闾长的,多设几座学校,就是区长、村长、闾长的义务;为人民的,共摊学款,就是对人群的义务。世上万事都可省钱,只有能出钱教子弟求学,是与自己后人积钱的法子,故此钱万万不可吝啬。"[④]为了说服家长送孩子接受义务教育,阎锡山做了大量的宣传工作。"如愿人家好,就要教子弟念书,自然发达。念书愈多,家道就愈发达。你们培养子弟,切不可因家贫无力,半途而废,以至误他的终身。"[⑤]阎锡山在《人民须知》中告诫人民:凡是上过学的人,知识就高了,身体也壮了。为父母的无论如何贫穷,总要使子女上学。让子女

①郭葆林:《山西地方制度调查书》(第6编),第2页。
②《中国经济公报》,1925年第11期,第174页;《新民国》,1924年,第6期,第9页。
③郭葆林:《山西地方制度调查书》(第6编),第22—23页。
④《阎伯川言论辑要》(第1辑),第31页。
⑤《阎伯川言论辑要》(第2辑),第113页。

上学是父母的义务。

国民学校的校舍大都在村庙中。经费除省、县拨公款外，主要靠各地自筹。一般情况是县级学校由士绅创办或官督绅办，区级学校由区长办。这两级学校的经费多由地方公款拨付或区款补助。村级学校由村长副办，经费多由村民按地亩摊派。关于村公款的教育支出，据梁漱溟先生的调查，“村中公款每年支出，少者三四百元上下，多者一两千元。学校经费占其大半。平均一年一校二百多元，统算全省每年教育经费近一千万元。”[①]

(3)选择合适的教育方法

为了在有限的四年内达到国民教育的目的，阎锡山要求教师在教学中使用注音字母和白话文。注音字母是学习汉字最简便的办法，也是当时统一语言、普及普通话的唯一捷径。阎锡山认为，注音字母不仅有利于民间的相互交流，还有利于官员与百姓的交流，有利于政令的下达以及民众对政令的接受。所以，阎锡山非常重视在国民教育中推广注音字母，并最早把注音字母推广到农村。他说：学习注音字母，“对识字者言，用处有三：一，可以统一读音；二，由读音统一，可以统一语言；三，可以使学生易于认识汉字。若对不识字的人学下，亦有能传声的效果。不过，国语未统一以前，这传声的效果，只能与懂得话的人互相使用，此就百姓言也。若就行政上说，知事要有教百姓普遍知晓的事，亦可用注音字母，编成本地的普通话，印散民间，收效亦当不浅。”[②] 白话文也是阎锡山极力推崇的教学方法。当时全国通用的国文教材都是文言文，只有山西的国文教材用白话文编印。

在国民教育的教学内容选择上，阎锡山特别重视道德教育和军事技术教育。体现在初级和高级小学的教学课程中，就是最受到重视的修身课、国文课和军事技术训练课程。阎锡山最为重视的是对学生进行伦理道德教育。他提出：“立国根本，首重道德。根本培养，端在伦常。学校教育注重伦常道德，始可养成国民和睦之风，而扩张爱群之心。”[③] 山西国

①梁漱溟：《北游所见纪略》，第 27 页。

②《阎伯川言论辑要》(第 3 辑)，第 118 页。

③《民国阎伯川先生锡山年谱初编》(一)，第 331 页。

民教育使用的修身课本,就是由儒家的一些名言典语组成的。国文课除了教学生认字以外,就是以儒家思想和军国主义思想为理论根据,宣传解释阎锡山的政令政策。学校所用教材主要是阎锡山指定的儒家经典和他所著的《军国主义谭》、《人民须知》、《督军宣言》等。在学校开学典礼上,校长在孔子圣像前点燃三炷香,烧一张黄表纸,跪下磕头;全体学生三鞠躬,唱《孔子歌》,歌谱与日本国歌歌谱完全一样。[①] 军事课是与修身同等重要的必修课。各县均开办由学龄儿童参加的童子军。设有童子军讲习所,还专门为童子军谱写了"童子军军歌"。其歌词为:"哥哥华盛顿,弟弟拿破仑。脚踢五大洲,气吞东西球。不竞争,安能存! 谁云孺子不知兵!万岁,万万岁,伟哉吾军人!"[②] 这些歌词充满了浓厚的军国主义气息。

以国师教育为例。其教育方法清楚地反映了阎锡山的教育思想。首先,体现了阎锡山的重军思想。国师的校址设在太原市小北门内,门外就是阎锡山经营的军事工业基地,也是国师学生的军事训练基地。学校开设了正规的军事课程,如《步兵操典》、《军事典范论》、《内务条令》等。每周为学生安排两次军事训练。每学期安排一次野外演习,由保定军官学校学员张荫梧等七八人担任军事教官。其次,是重视技能训练。校内办有肥皂、粉笔、纽扣、木工等工厂,要求学生每人掌握一门职业技术。每周到工厂做工 5 次,每次工作 2 小时。此外学校还建有农场,每个班 15 亩地,自种自收,收入归班集体所有。学校还建有一个小卖部,出售文具和日用品,由学生轮流经营。再次,是由阎锡山掌握学校大权。校长由阎锡山最信任和重用的赵戴文担任,总干事由阎锡山的岳叔徐一鉴担任。学校教师既有外来的洋学士,又有土生土长的老儒生。他们的思想、志趣各不相同,学识、见解差异很大。教学内容也大不相同。实际上,这正是阎锡山的教学目的:利用现在教育发展经济和军事,利用儒学控制学生思想。

2.家庭教育

国民义务教育仅有四年的时间，而人的成长过程大部分在家里。家

①《山西文史资料》(第 35 辑),山西文史资料研究委员会,1984 年版,第 144 页。

②乔希章:《阎锡山》,第 44 页。

庭对人的成长影响最大。阎锡山认为,人生最快乐的事,必要有个好家庭;要想家庭好,必须有好子弟;要想有好子弟,一半靠学校教育,一半靠家庭教育。所以,他说:"如欲增进国民的人格和道德,健全社会与国家根本,须致力于家庭教育。"

家庭教育的内容主要包括孝顺父母、兄弟和睦、教训子女、妯娌一心一德等。阎锡山认为,"礼"是人一生该守的。世界上齐家治国全凭一个"礼"字。行礼该从父母行起。所以,阎锡山对子女在家里应该遵守的规矩做了严格规定。如规定儿童上学前和放学回家后,都要向父母行鞠躬礼;子弟出外回家或父母出外回家,子弟必须要向父母先行三鞠躬礼。鉴于当时农村都是父母子女共同生活的大家庭,容易出现兄弟妯娌闹矛盾的现象,导致都不愿意赡养父母的后果,以及年轻人容易产生依赖家长的惰性心理,阎锡山主张成人结婚后另立门户,试图通过这种做法培养年轻人的自立精神和赡养父母的责任心。同时,禁止继母虐待儿女和婆婆虐待媳妇等家庭暴力,并要求在法律上给予制裁。此外,还要尊敬长者,尊敬朋友。由此可见,阎锡山注重家庭教育的目的,主要是要求人们在社会上守规矩。

而家庭教育的基础,则在提倡女子教育。[1] 因为在一般家庭中,父亲出外劳作,养家糊口,养育子女的任务大都由母亲来完成。也就是说,女子在家庭教育中占有重要的地位。阎锡山认为,儿童幼小的时候,最听母亲的教训。他们的学问主要是从母亲的言传身教中获得的。所以,要使儿童有好的学问,首先得使他的母亲有好的学问;而要使母亲有好的学问,必须先得设立女学,实行女子教育。[2] 所以,阎锡山在国民教育中,非常重视女子教育。他说:"盖欲教育普通国民,仅籍四年之国民教育,不能济事,非讲家庭教育不可。欲讲家庭教育,当先造成贤母良妻,然后子弟自进于良善。故直接教育女子,即间接以教育男子也。"[3] 鉴于这样的思考,

①《阎伯川先生言论类编》(第6卷),第17页。

②《人民须知》,山西督军兼省长阎1919年颁发,第2023页。

③《阎伯川先生言论辑要》(第2辑),第119页。

阎锡山将女子教育列入“强迫教育”，规定：学龄女子与男子一样都必须接受四年的小学教育。目的在于使女子能够担负起社会改革的宣传工作和在家庭教育中承担义务。同时，使受教育的女子有能力投入生产行列。

在女子教育中，阎锡山还特别注重对女子的道德教育。以《注意伦常道德》训令各县及直辖女子学校加强对女子伦常道德的培养。在对女子的道德教育中，阎锡山主要以古代贤妇烈女事迹为蓝本，要求女子品性好、职业精、家庭和睦。并制定了贤妻标准：清白持身，勤俭处家，助夫仁孝，与人和睦。[①] 阎锡山还经常到女子学校训谕。其训谕的重点就是教女性如何读他的著作和接受他的思想，希望女性能够在家庭教育中把他的思想再传授给她们的子女们。在女子教育中，阎锡山还主张实行男女合校。但鉴于农村封建思想浓厚和缺乏师资力量等原因，又提倡各地合村联合设立公立女学。

3.社会教育

在学校教育和家庭教育之外，阎锡山还特别强调社会教育。社会教育的关键是“人心”教育。在阎锡山看来，“教育为六政三事之根本，而人心为教育之根本。舍本求末，绝难收效。“心”为万事之中心，亦不动之主宰”。[②] 只有征服“人心”，民智、民财、民力才能真正为政治统治所用。“政治为第二层，人心为第一层，非从人心上下手不可。……心与政是互进的。必有是心，方有是政。亦必有是政，而后能扩充是心，不过其始点是在人心而已。故施政先须从扭转人心作起。此诚根本之问题。故不由自治与教育入手，则六政三事终无办法。然不由人心入手，则虽有自治教育，亦站不住。人心能转过头来，则社会上之公道有寄宿之处。于是兴办自治与强迫教育，赞助者有人，提倡者有人，监督者更有人。”[③] 在阎锡山看来，强国之要在使人人都能做好国民，而要使人人都能做好国民，先当从正人心起首。

①《阎伯川先生言论辑要》(第 5 辑)，第 22 页。

②《阎伯川先生言论辑要》(第 3 辑)，第 99 页。

③《阎伯川先生言论辑要》(第 2 辑)，第 76—77 页。

阎锡山认为，正人心首先要正官心。“我国人心的坏，并非幼童的坏，坏在三十岁以上的人，最甚的为官吏，为士绅。故改良政治必先官绅把自己良心使他发现，把自己本心使他光明，百事自好。”① 所以，阎锡山采取“洗心自省”的办法，先正官心。在阎锡山看来，社会与家庭已经被那一般恶习糟蹋得污浊不堪，要不赶快打扫，更是日见败坏。而打扫恶习的办法，就是洗心自省。他说：“自省者，自救之道，先贤有效良方。故师此意，设‘洗心堂’，建‘自省堂’。私心为人类之蠡贼，非洗净不可。”② 阎锡山在正官心的同时，还要求洗民心。因为人人都有私心，所以人人都必须洗心。“人群之幸福，实基于净白之人心。已过人群之悲惨，多由人心污浊所造成。今欲为人群谋幸福，先须去人心之污浊。吾辈应遵从洗心古训，以正人心。”③ 1917 年 3 月 11 日，阎锡山以“尊重道德、补助学说、力矫陋习”为宗旨，专门在太原成立了“洗心社”，并建成了能容纳 5000 人的“自省堂”，并把“洗心社”和“自省堂”分别作为省署政府官员的社会教育机构和社会教育基地。自省堂内悬挂阎书写的“悔过自新”四字匾，给人以警示。规定每周日为“洗心日”，由阎锡山亲自率领军、政、学、绅、商、妇女等各级官吏及各界人士数千人，进行集体自省。每次由专人讲述儒家学说。自省程序为：(1)自省者脱帽静坐十分钟，为自己一周来的过错进行忏悔；(2)领省者上堂，全体起立致敬；(3)领省者和自省者全体坐下，奏乐；(4)领省者给自省者讲经；(5)奏乐。领省者和自省者全体唱《孔子歌》，解散。④ 每次讲演的内容都刊印成《来复》周刊，大量印刷，下发各村，令国民认真学习。各县设立“洗心”分社，由县知事任社长，并担任主讲。每逢星期日，派专人打锣，串街走巷，通知城关绅商、街闾邻长及学校师生齐集庙里或国民学校，听县知事和其他人的“洗心”讲演，进行自省。

---

①《阎伯川先生言论辑要》(第 2 辑)，第 97 页。

②《山西六政三事汇编》(第 6 卷)，训言。

③《民国阎伯川先生锡山年谱初稿长编》，第 202 页。

④《中华民国史档案资料汇编》(第 3 辑)，江苏古籍出版社，1991 年版，第 902—905 页。

为了搞好社会教育，阎锡山要求各县设立二年制的国民教育补习学校，由25岁以下的文盲免费入学补习。这种学校一般利用冬春两季的农闲时期开学，主要教识字和算术。[①]补习学校使用的教材，是省署将以前颁发的《山西督军兼省长阎告谕人民八条》、《山西督军兼省长阎立身要言六则》、《山西督军兼省长阎告手谕人民十四条》等文件，汇编成注音的《人民须知》，免费发给村民，作为国民补习学校的识字课本。另外，还颁布了规范不同群体行为的《家庭须知》、《村长副须知》、《商人须知》等，供有关人员研读；还刊发《刑律讲义》、《司法周刊》等，向人民灌输普通的法律知识，指导人民诉讼手续，养成人民守法的习惯；刊发《星期副刊》、《农业浅说》等，向人民灌输最基本的道德知识和农业生产知识。补习学校的教育，一般由县宣讲员、区助理员和村长副等不时到各村讲解，并动员国民学校教师和学生，在平时课外时间，或者寒暑假到农村为农民讲解。国民补习学校因教学设施简单，不需要专门的教室。有的就设立在露天，在农闲季节把农民集中起来，每人一本书或几人共用一本书，几个人聚在一起即可，办起来比较容易。即使地处偏远、人口稀少的山区县——安泽县，也设有国民补习学校88处。[②]此外，社会教育还采取招贴标语和话剧等形式。在山西农村，凡是比较显眼的地方，都有宣传阎锡山思想的标语，也有学生和官员组成的旅行剧团巡回演出。阎锡山为了使人民接受自己的思想，还定期到一些城市和农村演讲。从1918年到1921年初，阎锡山到各地向官吏的讲话到达100多次。他还以平易近人的方式与地方官绅和百姓接触。在群众集会上，他总是讲这样的话："民众，民众，快快来听，见了我面，当知我心，我心无别样，只是爱民众！"足见其殚竭用力、良苦用心。[③]

（三）六政三事

阎锡山编村的目的就是为了加密行政网络，从不漏一村到不漏一户，再到不漏一人，进而把所有的人都纳入其政治控制体系之中。至于如

①《治晋政务全书》（第11册），第128—130页。

②《安泽县志》，山西人民出版社，1997年版，第346页。

③《阎伯川先生言论辑要》（第5辑），第37页。

何开发民财的问题，阎锡山把重点放在了农业、农村上。

阎锡山自幼生长于农村，深知农业对人民生活的重要性，更懂得藏富于民的治国之道。“今日吾国之要，首在致富，富而后能强。致富之术，则在发达人民生产力。盖国无贫富，全视其人民贫富何如。盖一家之贫富，积而为一县之贫富，再积而为一省之贫富。一省之贫富亦一大家之贫富耳。”[①] 要增加民财，就必须发展实业。而发展实业的次序，是先农业而后工业。因为发展工业获利慢，且不能解决当务之急的人民吃饭、穿衣与物用问题。这些问题解决不了，阎锡山的政治计划就无从谈起。所以，只有发展农业才是解决问题的关键。当时，山西有土地50余万顷，人口1000万，无业游民35万。每亩地年收益3元，计农业年收益15000万元。每人每年消费18元，年总支出即需18000万元。收支相抵后，山西每年亏空3000万元。如果通过兴修水利、改良田地、发展生产力、增加农业亩产量、吸纳游民从事农业生产等措施，以每亩地每年能增收1元计，则50万顷地即可增收5000万元。如果每亩增收2元，则每年有1亿元的入增。其利比经营煤铁要大得多。所以，阎锡山认为，山西整顿财政、筹补民生、去游民、补岁亏，都可以通过兴水利、发展农业的方法来解决。

阎锡山把自己以农业开发民财的施政纲领归结为“六政三事”。他说：“山西之政治在对内对外求其适。政治之环境如山川、气候、民情、风俗，皆须留意。首先敷施者，则为‘六政’。水利、蚕桑、种树为积极之兴利，以尽地力。禁烟、天足、剪发为消极之除弊，以尽人力。”[②] 阎锡山推行“六政三事”的目的，在于使山西人尽其力，地尽其用，达到无山不树木、无田不水稻、无村不工厂、无人不劳动的境界，进而发展经济，壮大实力，巩固政权。“六政三事”的推行主要依靠县知事。所有政令都要到县一级落实。为了确保县知事对其政策的执行，阎锡山对县知事采取了双向监督的办法。一方面，委派政治实察员分驻各县，以防止县知事谎报政绩；另一方

①《阎伯川先生言论辑要》(第1辑)，第40页。

②郭葆琳：《山西地方制度调查书》，山东公立农业专门学校农业调查会刊行，第2编，第1页。

面，又要求县知事之下的区长，到各村实查县知事对其政策的执行情况，并使区长直接向他汇报。

1.兴修水利

水利是农业生产的命脉。山西地域辽阔，但耕地只有50万顷，且水地少，产量低。水利成了提高农业生产力的首要任务。所以，阎锡山非常重视水利问题，把兴水利列为“六政”之首。目的是通过水利，开发地力，增加耕地面积，提高粮食产量。主要采取以下四项措施发展水利事业：

（1）自上而下设立水利机构。在省署成立水利局，总管全省水利事项；各县设立水利分局；鼓励民间设兴办水利组织，并积极加以扶植。

（2）制定了关于兴办水利之章程及规则，并组织编写了《山西水利简章》和《山西水利计划案》等法规性文件。组织力量对全省水利资源进行勘测，并按测量结果规划山西水利建设。由省署出公款专门选派工徒赴北京学习新式凿井法，学成回来后派往各县，主持水利事业的兴办。还从外省聘请有经验的凿井工匠，同山西技术人员一起到各地帮助当地兴办水利。

（3）关于筹集兴办水利的资金，由实察委员会同县知事根据各县兴修水利规模及所需款额，上报省署，经同意后，按照各地情形规定办法。凡有渠可开但经济较差者由公款补助，或由地方富户捐款，或由地方人民联合集资。1919年10月，省署颁布《兴办水利贷款章程》，设水利专款。并令各县筹办农工银行，为水利建设提供贷款。

（4）兴修水利所需的劳动力，一般由农户按自家受益土地的多少出工。如太谷县规定，凡受益土地达30亩的农户，每日出一个劳动力；不足30亩的，则几家联合出工。①

在阎锡山的全力倡导和督促下，山西全省除保德、万泉（今万荣）等少数县外，各县兴修水利的积极性普遍高涨。自然条件较好的地区，开渠引水灌田；自然条件不好的地区，则凿井或挖蓄水池。水利建设成效显著。如灵石县沿汾河19个村，4000多户农民，开渠引汾河水灌田8000余

①1999年12月28日，太谷县里美庄郭如标、郭昌柱等几位老人口述。

亩。石匮村村长耿争光捐款在村东北修筑一个面积为50多平方丈、深30多丈的蓄水池,供村民灌溉使用。① 沁源县阎寨村村民崔瑞、王道美、崔纯修、梅作相等,自发组织村民,于1918年在本村村南开润泽渠。渠长5里,引青龙河河水灌田7顷多。② 太谷县村民贾桂香,于1919年联合大郭、西薄村的村民,呈请县署义务修西薄渠,受到县知事的高度赞扬。县署专门为她立了碑,以兹鼓励。就连兴县、安泽县等偏远贫困县分,也都纷纷兴修水利。

2.植树造林

山西是一个多山的省份,荒山荒地尤其多。阎锡山在山西当政时,山西全省公有荒地51万余亩,民有荒地170余万亩。如这些荒地用于植树造林,可以为山西开发额外的经济资源。除此之外,家宅田园之隙地和河流道旁之旷土,都可以通过种树开发经济资源。所以,阎锡山也特别注重植树造林。其目的在于通过宅前屋后、田间地头、河边道岸的栽桑种树和在荒山荒坡上造林发挥地力,开发经济资源。阎锡山采取以下几项措施植树造林:

(1)在省城设林业总局、林业传习所和林业促进会,作为督办植树造林、普及植树造林技术的官方机构,以辅助造林工作顺利进行。

(2)组织专家编写《山西农业造林论》,制定《山西林业逐年计划案》,还组织人编写《杨柳种植法》,指导人民科学植树。

(3)采取林区管理制。阎锡山将全省划分为三个大林区和七个小林区。分设三个大林区署和七个小林区署,作为林业专门性管理机构。当时,全省共有88个县划归林区。

(4)各县设林业分局,派林业技术员一人,配置试验田若干亩,实验适合本地土质的树种,且设有苗圃(分省拨经费的官苗圃和自筹经费的私苗圃两种),对实验成功的树种进行育苗。并按各地气候,分别于清明节前后将育好的苗木分发给村民栽种。规定各县每年必须达到每人栽树

①民国《灵石县志》,第1卷,《地域志》;第9卷,《人物志》。

②民国《沁源县志》,第1卷,《沟渠》。

一株的植树标准。并在各县设立林业传习所，培养造林专门人才。成立林业促进会，以督促推动各县造林之事。有些县还在县林业促进会之下设立了区级林业促进会和村级林业促进会。如太原县，就有54村设立了林业促进会，由村长副负责，村公款开支。①

按照当时规定的造林计划，从1918年起，全省除荒山荒地面积较大者，择宜造林外，其余家宅田园之隙地和河流道旁之旷土，凡可以容纳树株的地方，各县县知事必须通令栽植，做到每人一株。所栽树种大都是能够逐年生利的经济树木和比较适合于河边道旁、宅前屋后栽种的杨树、柳树。并规定由官厅察其土宜，代购树种，试验以后，推行各村。②

以上植树造林的规定，在山西全省各地都得到了较好地执行。介休县每年清明节都要发动全县村民大规模植树一次。凡河流沿岸、街旁道尾、门前宅后都栽种了大量的柳树、桑树、枣树等。而且该县也特别重视树木的保护。在各村的"村禁约"中，都有"如有人畜毁树木者，不但要课以罚款，还须补种"③的规定。翼城县根据各村荒山荒地的土质适合情况，主要栽植核桃、枣树等经济树和榆树、杨树、槐树等木材树。仅北冶村河边所栽楸树一种，就不下万株，且这段森林起着加固河堤的作用，与人民生计密切相关。④五台县黑石沟掌村人傅吉泰倾尽家产，带领全家在河滩、沟壑成年种树，几年间植树数万株。加之精心护管，屡屡成材，并由此而致富。⑤

但植树造林活动也存在某些不容忽视的问题。如许多官吏把完成植树造林任务作为升官的手段，只求栽树数量，而不求质量；不管土质气候差异，一律规定清明节栽树，栽后也缺乏管理保护措施。由于种树收益较慢，农民积极性不高，多敷衍了事，造成树的成活率较低。甚至阎锡山制定的树木保护措施，反成为官吏、警佐发财致富的途径。一些官吏、警佐

①吴庚鑫：《山西地方自治行政调查书》，第6页。

②《阎伯川先生言论辑要》(第2辑)，第4页。

③《山西文史资料》(第60辑)，山西文史资料研究委员会，1988年版，第77页。

④民国《翼城县志》第7卷，《沟渠》。

⑤《五台县志》，山西人民出版社，1988年版，第132页。

常常以护树为名勒索百姓。[①] 也有的官吏利用罚款等手段强迫百姓超额完成上级分配的栽树任务;或勒令百姓对所栽之树,必须三日一浇,结果许多已成活的树苗反被活活浇死了;甚至还有的勒令百姓在山上插上干死的树枝,用稻草包起来,以应付上级检查;或把已成活的树移到上级要检查的地方,活树也被移死。[②]

3.发展蚕桑

蚕丝业是一种性价比较高的轻工业,对发展地方经济非常重要,但山西当时只有河东、潞州、泽州等少数地区从事蚕织。丝织业有很大的发展空间。而要发展蚕织业,首先要大规模栽植桑树,然后才有蚕桑业的迅速发展。所以,阎锡山把蚕桑作为其六政之一。主要采取以下措施发展蚕桑:

(1)省署设立农桑总局,制定《山西农桑进行计划案》,组织专人编写《蚕桑浅说》,并设立农民传习所,为各县培养栽桑、养蚕、制种、缫丝等各类专业技术人员。学员由各县保送,每年招生一班,以女生为主。第一班招生100余人。[③]

(2)各县设立农桑分局,专门负责本县的农桑事务,并设立女子蚕桑传习所,为农村妇女传授蚕桑技能。到1927年,山西全省大约有46个县设立了蚕业传习所,共计培养毕业生1727名。[④]

(3)因蚕桑之利见效较慢,人民积极性不高,再加上蚕桑必须达到一定规模才能产生效益,所以,阎锡山要求以官力强迫,实行劝种,并自捐薪俸,分别在晋南、晋中、晋北三区各设一个万株大桑园,进行试验。实验结束后,按照各地适合蚕桑的程度,将各县划分等级,并按照等级分配植桑任务。晋中各县多为一等县,要求植桑四十亩;晋南各县多为二等县,要求植桑32亩;晋北各县多为三等县,要求植桑24亩。[⑤] 要求各县农桑

---

①《阎伯川先生言论辑要》(第2辑),第4页。

②《阎锡山统治山西史实》,第63页。

③《阎伯川先生言论辑要》(第2辑),第9页。

④《山西通志》,卷8《农业》,中华书局,1994年版,第348页。

⑤江地主编:《近代的山西》,第502页。

分局设立苗圃基地，按等租地，开辟桑园，示范养植。

（4）鼓励农民在田边地埂零星种桑。如沁水县当时有这样的农谚：“每亩地边五株桑，家家都是好时光。”[①]

（5）各地植桑所用的桑籽、桑苗，由省农桑局统一购买培育，成活后按照各县种植任务分发给各县，再由各县农桑分局分发到农户。为了解决农户蚕茧的销售问题，激发民间栽桑养蚕的积极性，阎锡山还在省城设立蚕业工厂，委托各县收购蚕茧。

在气候比较适中的晋中、晋南地区，蚕桑业发展较好。如介休县设立农桑局后，桑田事业呈不断发展趋势，并于1920年，把原有十亩试验场扩大为90亩。[②] 安泽县自1917年提倡蚕桑以后，蚕桑事业有相当规模。每到收成之期，有不少商贩到安泽收茧缫丝。[③] 兴县蚕丝因丝条最细，1919年3月在太原首次实业展览上获优等奖。每斤蚕丝售银洋11元，相当于5只羊或1头牛的价值，收益较大。[④] 但气候比较冷、不适合蚕桑的地区，则获利甚少或无利可获。如沁源县因气候凉而桑叶发迟，养蚕者缺乏饲料，喂养不普遍，无获利之可言。[⑤] 还有许多官吏认识不到蚕桑的利益，至有不执行政府政策的。如1917年，省财务厅由浙江购买并发到各县的桑籽，竟有多数官吏并未把桑籽发给农民，全在仓库中放坏。[⑥]

4.号召种棉

由于山西北方气温低，不宜种棉，山西所用布料大都在外地购买，年出款约需1000万元。而山西约有9000亩闲散耕地，如果用于种棉，不仅可以节省1000万元购买布料的开支，每年还可以创造7000多万元的收益。所以，阎锡山把种棉列为三事之首，采取政府强制的手段，在全省范

①《沁水县志》，山西人民出版社，1987年版，第92页。
②民国《介休县志》，第7卷，《沟渠》；第11卷，《仓储》。
③《安泽县志》，山西人民出版社，1997年版，第118页。
④《兴县志》，中国大百科全书出版社，1993年版，第138页。
⑤民国《沁源县志》，第2卷，《农田略》。
⑥《阎伯川先生言论类编》（第3卷）（中），第3页。

围内推广。主要措施有以下几点：

(1)制定《山西棉业逐年计划案》,组织人员编写《种棉教科书》,向棉农灌输科学知识,提高农民种棉兴趣。

(2)分别在临汾、太谷、文水、高平、平定设置植棉试验场,培育早熟种子和改良品种。并根据气候、土质及种棉习惯,分别制定河东道、冀宁道、雁门道棉业进行计划。河东道为山西棉花主产区,实行扩充棉田、改良棉种、奖励种棉相结合的办法,责令已种各县改良棉种。省署每年春季购买埃及和美洲棉种1万余斤,免费发给农民,秋后再向春期领取棉种的棉农高价收回棉籽,作为棉种,第二年发给农民,或由农民自行购买。未种各县,按工商部植棉奖励条例扩充植棉,每亩奖银2角;改良棉种,每亩奖励3角;足20亩者均可呈请给奖。冀宁道和雁门道向不种棉,采取悬赏试种已定棉作区域、分配种棉亩数和发给棉籽相结合的办法,采购美国长绒棉籽和本省平阳早熟棉籽,分发给两道署各县。在推广之初,先以三千块大洋登报悬赏,教人民种棉。秋天,将各县所开的棉桃,送到省城,开会陈列。第二年,再拿三千元奖励,进一步推而广之。以此逐年悬赏,提倡试种。根据多年成绩的优劣,确定将来扩充区域之广狭。①

在阎锡山的大力提倡下，山西的棉业有了一定的发展。种棉面积扩大,棉花产量提高。如灵石县位于韩侯岭以北,气候稍寒,向不种棉。1921年,省农桑总局发给美国棉籽10斤,村长田万棠督率村民,选择向阳地,在清明节后下种,结果桃大如拳,花开成絮。第二年,许多农民自动从河津县购回棉籽试种,亩均产籽花100斤。此后种棉的人愈来愈多,到1929年,全县种棉多达200余顷。② 安泽县无偿给棉农提供美国棉籽,并派专业技术员指导种棉,棉业发展较快。到1927年,全县共植棉151顷,年产皮棉563担,且棉质好,纤维长。该县王子瑾、范如岗等6人种的棉花,在省城展览比赛中获奖,每人奖励大洋10元。③ 太谷县原来除了种植五谷

①周成:《山西地方自治纲要》,第308页。

②民国《灵石县志》,第11卷,《古迹》。

③杨世瑛、史标青修,王锡祯纂:《安泽县志》,民国21年,第2卷,《舆地》。

以外，只种瓜果蔬菜。自从阎锡山提倡植树、种棉以来，收益逐渐增多，生活逐渐富裕。“植树、种棉之利颇有起色，加以谷价有增无减，农民薄有田产者，生计稍裕，而服饰器用之费亦因之增加。”[①] 但是，由于在晋南一带棉田过多，导致粮棉种植失调，人缺粮食，马缺草料，给人民的生产和生活造成了很大困难。

5.发展畜牧

阎锡山认为，山西山地草茂，最适宜于畜牧。加之饲养猪、马、牛、羊等畜类技术要求不高，且成本低、收益好，所以，阎锡山特别注重发展畜牧业。在发展畜牧业中，阎锡山最重视养羊。认为畜牧首推之畜种为羊，而养羊又以饲养收入较高之外国羊为好。为了搞好牧羊发展，1917年，阎锡山专门在太原旱西门外设立了以改良品种为重点的模范牧羊场。当年，该场从澳大利亚买回澳洲美利奴羊500只，又从我国东北购回奉天种羊——美利奴羊500只。1918年，阎锡山组织人编写《牧羊教科书》，又派人从澳洲购回美利奴种羊660头和部分法国考力代细毛羊，分别在太原、方山和安泽县设立牧场蓄羊。1919年，又从澳大利亚购回澳洲美利奴细毛羊1000余只，开始绵羊改良工作。将其中的大部分留太原西关羊场饲养，剩余部分分配给晋南安泽县和晋北朔县。

在发展牧羊业的同时，阎锡山为扩充军马，由美国购入速步马和莫尔根马共200匹，在太原西关外设场饲养，由美国人巴东担任养马场场长。除此之外，还在旱西门外及交城县大西沟设立牛场，在五台山设立马场，发展牛、马等牧业，从荷兰买回荷兰牛数十头，从英国买回种马100余匹。还引进英国良种马200匹，荷兰乳牛数十头，增设三处牧场，进行饲养。目的是培育优良品种，向各县推广。据《安泽县志》记载，设在本县的第二牧羊场在当时发展较好。所产羊毛畅销欧洲，赢利颇多。到30年代末，繁殖达2800多只。但是，其他各地由于气候不合适，技术不过硬，引进的种畜成活率很低。

---

①(民国)《太谷县志》，卷3《赋税户口》。

6.剪辫、放足与禁烟

阎锡山认为,国家之基础在社会。国家富强之根本在改良社会。[①]而男人留辫、女人缠足和吸食鸦片等陋俗,都是人生之大害,耗尽山西地力与人力,已经严重影响到社会经济的发展。如果不进行改革,则民不能用。所以务必革除这些陋俗。通过剪辫、天足、禁烟以尽山西之财力和人力。

(1)剪辫

剪辫以劝导禁绝为主。规定从1917年11月至1918年2月间,官、学、商各界男子务必剪辫,并规定相应的惩罚、奖赏措施。官、商人士的辫子因关系到个人权力的利害关系,到期都自行剪除。学生的辫子是关上校门被强制剪除的。外来商人的辫子也被勒令剪除。

对于普通百姓则采取先劝诫后强制的方式剪除。具体措施是,以村为单位,村长派人敲锣打鼓,沿街叫喊,或挨家挨户检查督促。五台县小孩还把当时人的敲锣叫喊编成顺口溜:"镗镗镗,镗镗镗,掺脚板子,剪辫子。"[②]劝诫无效就采取强制性措施。如太原县由警佐带警兵下乡强行剪发。介休县"逢集赶会、弄猴儿(木偶、灯影)、唱戏时,警佐带领巡警关闭庙门,封锁街道,强行剪辫。被剪掉辫子的人多抱头痛哭,像死去亲人、失掉珍宝一样悲伤。"[③]到1918年底,全省各地的剪辫任务基本完成。

但是,剪辫在当时也给各地造成了颇大的负面影响。如太原市的很多男子因辫子被剪掉而闭户不出,致城市商业因之大减。[④]警察贪图出售头发获得钱财,经常用查禁辫子作为敲诈借口。[⑤]甚至有些地方警察或官吏,在辫子剪完后仍藉此扰民。规定:凡头上留有寸发者必须剃成秃头始已,否则科罚大洋。[⑥]

---

①《阎伯川先生言论辑要》(第2辑),第31页。

②《山西文史资料》(第34辑),山西文史资料研究委员会,1984年版,第142页。

③《山西文史资料》(第60辑),山西文史资料研究委员会,1988年版,第75页。

④《退想斋日记》,1918年2月6日。

⑤王振翼:《模范督军统治下山西之概况》,《新民国》,1924年6月,第2页。

⑥《退想斋日记》,1919年4月30日。

(2)放足

放足之事比剪辫更为困难。各地采取了说服教育、经济罚款、行政强制等多种手段,来促进女子放弃缠足。

首先,在省署成立"学生不娶缠足女子会",会员由全省学生组成;在各县设立分会,会员由全县学生组成;规定:全省学生不能娶缠足女子为妻。学生如果娶了缠足女子为妻,就必须教她放足。如果学生已经与缠足女子订婚,就必须写信教她放足。学生未定亲的,必须定天足的女子,不能与缠足女子定亲。会员若不遵守规定,罚款30—300元。[①] 如隰县各学校的学生,每日放学要整队回家,在路上不断高喊口号:"娶缠足的妇女,是我们学生的耻辱。既是个学生,绝不娶缠足的女子。"[②] 盂县小学生上学,胸前必须佩带"不娶缠足妇女"的牌子[③]。

其次,要求各县成立天足会,由县知事兼任会长,凡年满20岁之男子均为会员。县署机关人员、村长副都有充当会员之义务,否则就要被停职。会员入会一个月后,家属不得有违法,否则就会受到惩罚。办事出力者有奖。匾额奖给男子,褒奖奖给妇女。

第三,考虑到缠足为社会之长久积习,阎锡山要求各地官员给百姓讲清楚放足之理由。令全省高等小学校以上的男女学生各持委任状一纸,利用假期,劝办天足。[④] 要求10岁以下幼女,不许再缠;对于30岁以上的女子,因为脚已被缠成残废,没有办法恢复,只要求卸去木屐就可以。放足者每人发两角钱。缠足者家长要被科以30元以下、3元以上的罚金。[⑤]

第四, 为了查足的方便, 各县由天足会委派年满20岁的学校毕业生,或品行端正、勤苦耐劳的女稽查员5人以上分赴城乡,挨家挨户进行

---

①邢振基:《山西村政纲要·附录》,第44页。

②《山西文史资料》(第4辑),山西文史资料研究委员会,1962年版,第141页。

③王尔昌:《盂县剪辫放足的实施概况》,郭裕怀:《山西社会大观》,第281—286页。

④《阎伯川先生言论辑要》(第2辑),第105页。

⑤《阎伯川先生言论辑要》(第2辑),第3、18页。

宣传和调查。女稽查员查足时，由村长副、闾长陪同，查完即出，不许逗留；只查足，不准干涉女子的其它装饰；查出不合格者，要向县署报告，不许自行处罚。女稽查员下乡时带有巡警一名。但规定：警察只能保护女稽查员的安全，不能借此闹事或敲诈百姓。女稽查员和巡警在查足过程中，如果遇到百姓抵抗，必须向村长副问明姓名，然后向县知事报告，不许在外滋生事端。

但是，官吏在实际执行这些政令时，所做的宣传多是贴罚款告示，或鸣锣示众，交不起罚款就要被羁押到县衙。如太原县沿街公布告示曰：妇人女子足，千万不要缠，委员查看见，加倍罚大洋。各村二三日鸣锣一次，勒令放足，若仍不放，必行重罚。[①] 山西省档案局藏有平定县各编村许多当时因幼女缠足被罚款的名单和家长写的关于他们被放出去后不再让女儿缠足的保证书，说明当时因缠足交不起罚金，被关押到县衙的人很多。罚金多少各地不一。如太原县办理天足，罚款在不到一个月的时间内就由1元增加到20元。无钱穷民即行管押，交钱始放。[②] 后来更是凡属查办妇女之足，无论已放未放，一律科罚大洋。认罚则放归，无钱即拘留。[③] 据在晋中、晋南一带的调查，在禁缠足期间，妇女们惶惶不可终日，时刻准备着隐藏和逃跑。一经查出，就会被叫到县衙，科罚大洋。除了罚款以外，还经常处罚那些缠足女子的母亲到新民工厂做苦工。

(3)禁烟

关于禁烟，阎锡山作出了“罚必由上而下、赏必由下而上”的规定。但由于阻力太大，在实际操作中，又提出了“为政不得罪巨室”的施政理念。因此，阎锡山制定的严厉禁烟措施只是针对平民阶层的。禁烟从禁种、禁运、禁吸三方面下手。在禁种方面，派军警前往深沟山坡进行仔细搜查。百姓即使在自家庭院之中栽种数株供观赏，也要处以重罚。到1918年，全省禁种工作告竣。但由于禁种，反导致了鸦片贩运更加猖獗。据统计，

①《退想斋日记》，1919年2月12—21日。

②《退想斋日记》，1918年6月14—23日。

③《退想斋日记》，1919年4月19日。

山西人以现金到陕西、绥远等地购买烟土，输出现金总计在1000万元之上，造成山西现金大量外流，省财政日益困难。所以，伴随禁种而来的便是禁运和禁销。

在禁运和禁销方面规定：凡贩卖烟土之人，一经拿住定要枪毙（黄国梁的侄子黄太清就是因为贩运鸦片被枪毙的）。为了堵塞外省鸦片运入山西，在鸦片贩运频繁的黄河沿岸及山西省境内各交通关卡设立稽查队，严禁毒品输入。并公开悬赏：捉拿售烟者，凡抓获烟土一两者，赏洋20元。在官人役，随时酌赏。[①] 由于禁运，山西烟价愈来愈贵。当时，鸦片在陕西、绥远产地每两售价一元，到了山西就卖20元[②]。为了牟取暴利，地方官与烟贩子相互勾结，从事走私鸦片的罪恶买卖。贩运鸦片的人，常常是一些有钱有势的地主士绅，进而导致鸦片愈禁愈滥。1918年，破获烟案为4609起。1919年，达9897起。1920年，达到创记录的18839起。1921年虽少于1920年，犹有17629起。[③] 所以，要禁运首先要禁吸。

在禁吸方面，省署直接对民间吸食者进行突然袭击。如1919年除夕，省城放出马队50名，前往清徐，将一家土坑刨毁，搜出白银500两，洋烟大枪一枝。其余搜出烟具者尚有四、五家。被搜之家甚多。[④] 各县设立戒烟局，由省派员，会同县知事，督率村长副，一律挨户调查。每个烟民发一定数量的戒烟药丸，限期戒断。非烟民者，令其五家出具互保切结，无互保者，以烟民论。治疗期满后，再经发觉，依《刑律》及《吗啡治罪法》，从重处办。[⑤] 要求各县知事按周报告各自的禁烟情况，情况特别严重的另设戒烟会。

但是，地方官吏在禁烟时，对有钱有势的吸食者却坐视不管，而对于普通百姓则重金罚款。交不起罚款的，就关进监狱。交钱放人。结果，监

①《阎伯川先生言论辑要》（第2辑），第10页。
②《阎锡山统治山西史实》，第65页。
③李茂盛等：《阎锡山全传》，第339—340页。
④《退想斋日记》，1919年2月8日。
⑤李茂盛等：《阎锡山全传》，第339—340页。

狱里人满为患。许多烟民因此而死于狱中。对烟民的严厉惩罚，给其家属造成了巨大的痛苦。结果是政府在努力禁烟，而许多家庭则往往帮助烟民逃避政府的惩处，致使烟民更多。1922年一年勒令禁烟的人，比1918—1921年三年的总和还多。[①]

三、山西村政建设的效果及评价

阎锡山担任山西都督，掌握山西军事大权时，山西的军事力量很弱，难以与北洋军阀相抗衡。实行军民分治之后，阎锡山独掌军权，但影响力降到了低点。1917年兼任省长后，开始全面治理山西。村政建设作为阎锡山全面治理山西的起点，对山西的政治、经济、文化、社会发展与进步等，都产生了重要作用。

（一）增强了山西省政府的行政能力

村政建设中，阎锡山通过纵向的村—闾—邻三级组织和横向设立的各种机构，纵横交错，建构了相当严密的基层行政统治网络。村是执行政令的最基本单位，村长副则是政令的直接执行者。所以山西省政府特别重视村级政权的任命和运转。在选举村长副时，明确规定村长副由村民选举，又通过财产限制和县长委任，把村一级行政权交给地主士绅。通过编村，政府实现了对山西农村的严密控制，不漏一村一户一人。通过村民会议有限制地选举和政府委任相衔接的办法，使村长副、闾长、邻长在村一级都有了合法的权力来源，进而使农村社会中50多万的村干部成了执行政府命令的“半政府官员”或“准政府官员”，从而使更多的社会力量进入到政治统治的权力关系中。村长权力的积累总量达到了中国有史以来的最大程度。村长副有责任查明村中的人口流动。凡外地人需要在本村内投宿，必须征得村长认可，村民才能允许居住，否则就要追究村长责任。由于这些严密的控制措施，监狱里的犯人要想逃掉是比较困难的。如省宪兵司令部逃走了一个政治犯，就通过给各县打电话的方式，该犯

①《阎锡山评传》，第109页。

人不到三天就在盂县被成功查获，送回太原。[①]

除此之外，阎锡山政府还重视家庭对人的管理作用。通过下发《家庭须知》，制定家庭规则来控制人们家庭生活的方方面面，甚至包括人的起床作息。如太原县的居民必须在早晨六点钟起床，否则就要被强制叫起。同时，阎锡山还采用中国古代的联保制度，规定同闾或同邻的村民要互相监视或作保，不做违规的事情。如有人做了违规的事情，同闾或同邻的村民都要受到惩罚。此外，阎锡山还鼓动民众向警察告发“坏人”，鼓励儿子告发自己父母的不端行为，发誓“决不让一人漏网”。不仅家长因其家属的不端行为要受处罚，家庭成员也会因为家长的违规行为受到处罚。商人和地主也会因其伙计或佃户的犯罪行为而受到处罚。

阎锡山在山西基层行政区划极为混乱的情况下，按照西方的行政管理制度，对基层政权的组织结构进行了改造，使得地方行政结构正规化、制度化，单从政治统治方式来看，的确是进步的表现，使传统的政治统治方式向现代化的方向迈进了一步。但是，为了实现对农村社会的全面控制，使村级政权为其所用，在对村级权力进行严密控制的同时，又赋予村级政权一定范围的权力，致使村长副特权过火。村长凭借政府授予的权力对村中一切事务进行干预。村息讼会调解员和村监察委员会委员名义上由村民选举，实际上完全由村长一人决定。村监察委员会对村长的监督也就变成了村长自己“监督”自己。闾长、邻长也都是为村长当差的。村长想用谁就用谁，村民无权过问，也不关心此事。一般情况下，对于官府对村民的过度欺压，村长大都能够发挥一定程度的保护作用。但，村民要是与村长作对，就会被村长严惩或扭送县衙。县政府对各村村长送来的人犯，一般都会无条件收押。押一个月后才进行提审，有罪的判罪，无罪的命令家属讨保开释。

（二）为阎锡山政治统治提供了稳定的社会环境

任何社会的统治阶级在取得统治地位后，都希望社会稳定。山西村

---

①《阎锡山统治山西史实》，第 73 页。

政建设为阎锡山政治统治提供了稳定的社会环境。

通过整理村政，不仅使县以下农村基层社会由原来的无序转为有序，而且通过兴水利、改良田地、吸纳游民进入农业生产领域等措施，给当时的社会各界留下了较为深刻的影响。胡适在1919年10月陪同杜威夫妇访问山西，看到山西成功摆脱游民困扰的景象时，情不自禁地发出感慨："气象很好，使我很喜欢。"[①] 梁漱溟对山西这一时期的治安状况也作了高度评价。他说："山西盗匪素多，现在实为全国最太平安静的地方。此其原因甚多，但也得力于村政。因为村的编制，稽查甚易。在防卫行政上，上下有系统，前后左右有联络，匪患真无从发生"。[②] 山西治安状况如此之好，是当时其他省份无法比拟的。

山西区村制的实行，也有利于抵御自然灾害，维护社会稳定。1920年，黄河流域亢旱异常。直隶、山东、河南、山西、陕西等五省，发生了"四十年未有之奇荒"。灾民始则采摘树叶，掺杂粗粮；继则剥掘草根树皮，再则屠卖牲畜，典儿卖女。更有甚者，外吃逃荒，将幼儿丢弃。更有因饥饿，合家投缳自尽的。逃荒灾民扶老携幼，露宿风栖，嗷嗷待哺之声，惨不忍睹。[③] 山西是当时五省中受灾最严重的省份之一。105个县中，就有64个县受灾。但由于村制发挥作用，在一定程度上缓和了灾情。旱灾发生后，阎锡山在省署成立赈务处，按照《山西省救荒实施之规定》放赈救灾。令县知事督饬区长，责成村长副，将村中人民依贫富分为小康人家、中康人家、稍贫人家、次贫人家、极贫人家五等。要求小康人家捐输银钱、赈济粮食。赈济方法包括放粮施粥、以工代赈、设质当铺等。严禁各县、各村粮食出境，不准富户大商囤积居奇；严禁贩卖粮食，买空卖空，违者重办。[④] 在村制建设较好的地方，一面组织筹赈事务所，向官界、绅界、富户募款；一面以村为单位，调查极贫、次贫各户口。把村中贫困农户分为自了与不能自

①《胡适往来书信选》(上)，中华书局香港分局，1983年版，第71—72页

②梁漱溟:《北游所见纪略》，第26—27页。

③李文海，程啸等:《近代中国灾荒纪年续》，湖南教育出版社，1993年版，第1—2页。

④《治晋政务全书》(第8册)，第63—65页。

了两种，购买杂粮，用资接济。计口授粮以三月为期，分期放赈救灾。其办赈程序为：先用本村之力，不足则继以县力，尽则继以省力，最后借省外各慈善团体之力。这种以村为单位的调查赈济方法，取得了很好的效果。如翼城县在本地共募捐大洋13861元1角8厘。全县无一人饿死。① 阎锡山为了防止以后因灾年引发社会动乱，还于1922年11月29日，通令全省各县：凡编村均设义仓一处。各联合村也得在本村分积粮谷。户口在100户以上者，积谷100石。户口多者，每增加100户加积100石，按数递加。积谷无论存于主村，还是联合村，都由各村村长副、闾长及经理士绅共同负责。如遇灾荒，由本村村长副、闾长共同议决借放。每年青黄不接时，由各村定期以积谷三分之一散放各民户。新谷登场按一分加息，本利一并归仓。自劝办以来，各村积谷渐多。遇荒歉凶年，而人民啼饥号寒者，已较前减少大半矣。②

在山西实行村政建设的最初十年间，山西没有发生过一次内部骚扰或公开叛乱事件。③ 与当时其他省区相比较，山西政治要相对稳定得多。当时，《中国地方自治》第1卷第7期刊登的《阎锡山与山西村政》记载："当时各省大小战争，此胜彼败，无时或息。兵燹之余，土匪猖獗，民不聊生。阎先生抱保境安民，不参与内战之旨。加以政治修明，民生富裕安康，无游民，无乞丐。民国13年统计，全省盗窃案共17件。人曰为'世外桃源'，中外共誉为'模范省'。"④ 梁漱溟在1922年来山西太原参加全国教育会议期间，也充分肯定了山西村政建设在社会治安方面的成绩。他说："现在全国各地都乱到极点，个人自由的权利，全被剥夺无遗，……山西这方面，无论如何，我们总可以赞美地方政府有一种维持治安的功劳。"⑤ 梁漱溟在参观了山西比较成功的几个村庄后，又一次肯定了山西村政在

①民国《翼城县志》第11卷，《仓储》。

②邢振基《山西村政纲要》，第2编，第29页。

③[美]齐锡生：《中国的军阀政治》，第89页。

④《阎锡山与山西村政》，《中国地方自治》，第1卷第7期。

⑤《梁漱溟全集》(第4卷)，山东人民出版社，1994年版，第50页。

社会稳定方面的作用。他认为：山西由于有一个由良好的信息联系起来的有组织的村落系统，又有一个高度发展的地方武装系统，因而减少了省内盗匪的活动。

（三）增强了山西的经济实力

经济是政治统治的基础。国家汲取社会资源能力之大小，控制社会财富之多寡，不仅是决定一个国家生存的关键，也是国家能否按自己意志动员和汲取社会资源和经济资源的关键。阎锡山在加强村政建设的过程中，特别重视农业生产。采取由政府帮助农民发展农业生产的措施，培养税源，充裕民力，既以加强农业经济管理，开发财源，又力图更有效地动员和利用现有资源，发展经济。

在水利方面，从1917年10月1日六政考核处成立，到1923年六政考核处撤除，全省共开渠504道，灌田199.55万余亩；凿井17862眼，灌田7.74万余亩；筑蓄水池8个，灌田800亩。① 在新开凿和修复的水利设施中，规模较大、效益较好的主要有三条水渠：一条是新修的“北三渠”，一条是修复的潇河“天一渠”，还有一条是新开凿的滹沱河“己巳渠”。这三条水渠都是在阎锡山支持下，由省署直接拨款或贷款而开凿的。在此期间，在山西全省大约6000万亩的农田中，水田已由民国初年的370万亩发展到了550万亩，占全省总耕种地面积的9%。新增水田180万亩。

在植树造林方面，据1921年统计，全省共建有县级苗圃105处（基本上每县一个），面积2853亩。各种苗木成活1780万余株。以后几年，种树造林事业发展更快。仅1924年一年，山西全省造林就多达332327亩，植栽树木5330万余株。②

在蚕桑和种棉方面，阎锡山的鼓励栽桑养蚕、奖励种棉等措施，对山西农业经济发展的作用是非常明显的。根据《山西通志》记载，到1922年，山西全省种植桑树8034.4万株，生丝产量62吨，养蚕户17.96万

①李茂盛等:《阎锡山全传》，第430页。

②《山西通志》第9卷，《林业》，中华书局，1991年版，第214—215页。

户。[1] 山西棉花种植面积也由原来的河东一带 20 余万亩，扩大到晋中、忻州等区。面积扩大了三倍。[2]

在实行村政建设之后，山西经济状况发生了重大变化。尤其是山西村政建设初期的 1918—1920 年间，山西省年财政收入每年按 60%的比率稳步增长。1918 年岁入 109 万元。1919 年增至 175 万元。1920 年更增至 239 万元。经济实力大大增强。

①《山西通志》第 9 卷，《林业》，中华书局，1991 年版，第 348 页。

②《中国实业志》（山西省），南京政府实业部，1936 年版，第 89—90 页。

呈大总统文

阎锡山

呈为晋省实施村本政治，由改进村制着手。谨将改进事项与办理情形，暨专设村政处考核奖惩之计划恭陈，仰祈钧鉴事：

窃维一省以内，依土地之区划与人民之集合，而天然形成政治单位者，村而已矣。村以下之家族主义失之狭，村以上之地方团体失之泛。惟村，则有人群共同之关系，又为切身生活之根据。行政之本，舍此莫由。譬彼导河，村则其源；譬彼行车，村则其轨；譬彼建屋，村则其基；譬彼绘事，村则其素。本在故如是也。锡山兼摄民政初，即以村本主义，编行村制，划定村界。每一编村有村长副，每二十五家有闾长，嗣又每五家添设邻长，办理官厅委托及自治事宜。五年以来，凡教育普及、实业兴整、户口编查、人事登记，以及一切兴利除弊等事，得力于村制实多。然此特村本政治之初步，乃官治提倡村制之时代，而尚非村民自办村政之时代也。本年春间，筹拟第二步之改进办法。其大旨，以"做好人、有饭吃"二言，期望人民；以"主张公道、热心爱群"八字，鼓励社会。而欲达此目的，不但非普通之官治所能及，亦非形式之自治所能成。必焉在官吏一方面，本"人之好善，孰不如我"之心，行"已所不欲，勿施于人"之政，庶几用众治众，共济成功。以情推情，无心成感。此一义也。而在人民一方面，必焉使村制组织完全，俨成有机活体，凡村中所能自了之事，即获有自了之权，庶几好人团结，处常足以自治，遇变亦足以自防。此又一义也。依此二义，爰定续行举办者，约有五事。

一曰整理村范。村范者，使村中无不良之分子，无失学之儿童而已。此等不良分子，与其惩于犯罪之后，不如化于未犯之先。故凡有不良之嫌疑人，当范之而不使过。列举之，凡九项：一、贩卖金丹洋烟者；二、吸食金丹洋烟者；三、窝娼者；四、窝赌及赌博者；五、窃盗者；六、平素好与人斗殴及持刀行凶者；七、壮年男子游手好闲者；八、家庭有残忍情形者；九、忤逆不孝者，而失学儿童附焉。其整理手续：首宣传，次调查，再次处分。宣传，则沿村以宣讲之；调查，则按户以检举之。处分之法，以悔过自新为主。既不犯罪，又不罚金，止分别取保监视儆戒已耳。对于游民，则勒令各就职业，并与介绍。对于嗜好嫌疑之人，则给以良药，并由各村设立戒烟会，一律入会调验戒除。此外，失学儿童约分三种：凡无故失学者，劝令入学；凡因学校不便者，则增设学校，或循环教授；凡因贫失学者，则免收学费，补助课本；极贫者，酌量免学。此为村范之大概办法。而村以外之市范，亦与此略同焉。

二曰开村民会议。村民者，村之主人也。一村之权，应归之一村之民。一村之民，应参与一村之政。代议乃后起之制，施之于村落则不宜。人心有公道之存，何患其程度之不足？况社会改造，非人民全体觉悟，何从起点？村会则觉悟之路也。旧日村制，虽有村、闾、邻长五十五万余人，究属少数。欲使全民练习参政能力，非实行村民会议不可。且晋省乡社遗风，遇事即多公开商办，尤应承认此习惯，扩充办理。至于会议章程，由村自定，暂依习惯而行，不以成文法绳之。仍俟参酌编订，以资采取。此为村会之大概办法。

三曰定村禁约。禁约与村范，相辅而行。以村范开其先，以禁约善其后，乃能持久而不敝。大凡自治之团体，均有自定之规章。兹之村约，义亦犹是。且晋省民风敦厚，乡约社规，沿传已久。今于向来善良习惯，认为有效，使村中多数之善良，共管少数之坏人，庶几为坏人者，畏社会制裁之力，日见其少。此等办法，既足补法官检察所不及，又可省警察添设之繁费。最好者，禁约由村民会议而来，乃全村共守之信条，非少数代表之专断。至于约文内容，仍按各村习惯，自行规定。大致将消极方面事项，列举禁止，如女子不准缠足、树木不准毁损之类。违约有罚，情顺理安。此为村约之大概办法。

四曰立息讼会。民间讼事之苦，费钱失时，兴仇结怨，流毒无穷。息讼会之设，系为便民厚俗，以救争讼之凶，且令人民有练习评判之机会，有主张公道之事权，庶人心公是公非，日以发扬，而土棍劣绅无所肆其播弄。因规定村长兼充会长，另由村人公推公断人四名或六名。凡两造争执事件，均愿请公断者，得以和解。其不愿公断及不服公断者，仍听自由起诉，并无强制人民之权，以杜流弊。此为息讼会之大概办法。

五曰设保卫团。晋省陆军素少，边界绵长，外匪麇集，骚扰可虞。欲保地方，当求自卫；欲图本治，尤重民强。且晋民积弱已久，狃于境内平安之故，乡间向无防卫之设备，一旦有事，人民抵抗力薄，数十匪徒，即足以横暴乡里而有余。兴言及此，寝馈难安。今本部颁保卫团之条例，参酌本地情形，改订细则。以一编村为一村团，以一行政区为一区团，以一县为一总团。凡各村男丁之有正业者，年在十八岁以上，三十五岁以下，均于农暇入团练习。除沿边各县，准由知事请省派员教练外，其内地各县，即以各村之在乡军人就近教练之。总之，多团少练，不令人民感受不便。但使壮年子弟，娴习武事，实行古人出入相友，守望相助之道；则平日稽查窝藏，清除盗贼，遇有溃兵土匪，庶不敢犯。此为村团之大概办法。

以上五者，乃村制进行之第二步。

村范系官民协办之事，所谓用众推情者在此。其余四项，则纯粹由人民自办之事。所谓村政自了者亦在此。惟兹事体大，初未敢果于自信，轻率程功。因与本年三月，先由阳曲、榆次、太原等三县，及省城市区试办。试之而效焉，乃于六月间，推行平定、寿阳、太谷、忻县、定襄等五县再试之。试之而又效焉，乃定推行全省之计。于九、十两月，分次召集全省知事，举行村政会议。前次五十余县，二次四十余县，反复辩论，罄言无隐。探讨其原理，较论其方法，规划其程序，解除其困难，辨正其误解，预备其工具。最后，各知事全体一致，表示其决心，誓以民本精神，注重村本政治。并谓：从前，能吏手段，做官甚难；此后，平民政策，做官则易；从前，与民为仇，做官甚苦；此后，与民为善，做官则乐；从前，官为民治之障碍，故“官僚”二字，为世诟病；此后，官为民治之前驱，必思一雪此耻以为快。刻已前后回任，着手整理，并由省署派委协助委员，每县一人，亦均陆续出发。据报，群情踊跃，令如水流，日起有功，顺行无阻。可见，村政与民亲切，所以合乎人心之同然也。方事之初，僚属怀疑顾虑，厥有二端：一曰调查之难。恐嫌疑人不肯自任，而他人亦不敢实报焉。二曰感化之难。恐嫌疑人不能自新，而人心益无所忌惮焉。迨经迭次会议，佥以感化则人无畏心，调查当易。最后，不化之少数，自有国法以济其穷。斯义明而群疑顿释。锡山复亲行巡视于太原、榆次、太谷、平定，寿阳之间，实地征验。见夫凡某村能宣传得法，使人预先明白村政各事，无非为大家安生者，自能调查而无遗，即有遗而本人亦乐自举。凡知事能亲自下乡，对人宣布爱人诚心，而恳恳切切如话家常者，人即闻言而生信，即坏人亦多对众悔悟，力改其前非。乃知为官吏者，禁人为非，不若悯人为非；强人为善，不若助人为善。禁人为非，人惧；悯人为非，人感。强人为善，人怒；助人为善，人悦。果能以是心，行是政，自无不乐从之者。事固非易，而究非难。亦视官之能否劳苦，民之已否明白耳。欲民之明白了解，其法有三：一则，市村范会之运动。锡山每到一处，即开此联合大会，集合城内官绅、商学、男妇老幼以及各村村长、小学教员，讲演游行，喊声震动，风气传播，耳目一新。各知事入手整理，亦多仿此而行，故能动众。二则，各界群起之协助。各县绅学商界，对于整理村范，均各立会，或名促进，或名后援，分担讲劝，共策进行。其最普及者，则全省国民小学二万余校，小学生百余万人。知事将小学教习传习之，委令于所在之村，集众分讲，户晓家谕，故能周知。三则，印刷物之散布。省署则有村政专书，并刊周报。学生则因敬告父老，刊印成编，以数十万册，分散各村，流传自广。其他公私劝告，四处张贴，人所共见，故无讹传。自此三法行，而对人民之明白了解，略有把握。此办理经过之情形也。若夫官吏能否劳苦之问题，则一时尚难全行断定。所谓劳苦者，非但身到而已也，必口到、耳到、眼到、心到，乃能有无倦之兴味。以晋省知事论，贪劣不职者，尚少其人；思做好官者，实居多数。以村政各事论，平易近人，取材无须过高。但使精力耐劳，心地诚实者，即能胜任而愉快。惟是察吏，重在考核。非设专处司之，不足以重责成。考核必分功过，非有奖惩继之，不足以资劝诫。因于省公署内，特设村政处，委任正副处长，其下分股，各设主任，并拟定村政考核条例，俾资循守。至于如何奖惩未敢擅断。锡山之愚，窃以此次各知事办理村政，非循常轨。第一期之结束，迟则在一年之后，早亦须半载之久。而在此期内，每月下乡整理，或二十余日，或十余日。此等辛勤，已不可没。若使成绩昭著，自应给予奖励。拟请以村政考核，为一年内知事考成殿最之准，不定甄别期限，不拘汇案办法，一俟各县第一期整理结束，考核确定，即随时呈候钧裁。锡山职责所在，不敢自逸。惟有认真督查，随时巡视，多方指导，以蕲期成。总期社会逐渐改良，而村制渐臻圆满，庶可仰副我大总统肇造共和，勤求民治之盛心。所有晋省实施改进村制事项与办理情形，暨专设村政处考核奖惩之计划，是否有当，除分咨外，理合呈请大总统鉴核训示遵行。

谨呈大总统。

十一年十一月二十二日　奉

大总统指令：呈悉。交内务部查照。此令。

《山西村政汇编》序

阎锡山

共和国家，基于自治。故自民元以来，热心社会之士，采列邦之成法，备国内之仿形，所著自治各书多矣。特以军事迭兴，卒未有见诸实施者。民国六年，锡山兼绾民政，讨论施政之方。以为：村者，人民聚集之所也。为政不达诸村，则政乃粉饰；自治不本于村，则治无根蒂；舍村而言政治，终非彻底之论也。于是创行村制，选任村长副等职，俾作行政之枢纽，即藉以为自治之训练，行之数年，颇有成效。乃立村政处，专司其事，订村范十条以策进行。夫图治而不先去弊，则治于何有？弊之太甚者，莫若烟丹，故禁烟尤致力焉。凡所以范围而劝导之者，蔑不至。其他各项规程，半多创制。其初也，不过实验耳。即今考察成绩，各县虽有等差，较诸既往，不可道里计矣。惟是方法屡变，文告亦繁，积年案牍，几至充栋，设不整理而荟萃之，则检阅既难，考镜不易。爰嘱所司，分类编次，颜曰：《山西村政汇编》。披览一过，数年经历之状况，如列目前。此后，宜如何变通之，改进之，鉴往知来，庶不至茫无依据。且是编所载，皆由实验。尤愿与世之研求自治者，就正焉。因书数语，以弁诸简。

中华民国十七年一月

五台阎锡山叙

第一章

六政三事纲目文件

第一节　法　规

六政考核处组织简章

（六年十月一日公布）

第一条　本处专为考核各县办理禁烟、水利、种树、蚕桑、剪发、天足等六政成绩而设，定名为六政考核处。

第二条　本处承省长之命，执行公务。一切公文，由省长核行。

第三条　本处设职员如下：

处长一人

副处长一人

股长五人

股员无定额。

技士无定额

办事员无定额

第四条　本处设股如下：

第一股　主管禁烟事项

第二股　主管水利、种树事项

第三股　主管蚕桑事项

第四股　主管剪发、天足事项

第五股　主管收发文件、印刷书册及其他不属于各股之事项。

第五条　考核各政成绩，有应行指示及督促进行者，其文件均由本处承办之。

第六条　本处调查员，以政治实察员充之。

第七条　本处经费，以省长所捐之薪公费充之，不足时，另行筹补。

第八条　本处办事细则另定之。

第九条　本简章自公布之日施行。

政治研究会简章

（七年四月二十二日）

第一条　本会根据《用民政治大纲》所标之《民德》、《民智》、《民财》三项，研究分年进行办法，列表计算。其计算年限之多寡，按各事之繁简定之。

第二条　本会会员无定额。除由省长特别延订外，并于省垣官公立各机关人员中指派之。

第三条　本会会长，由省长自任之。

第四条　本会设总核若干员，由会长指任之。

第五条　本会分股研究，暂设九股如下：

（一）总务股，掌会中一切庶务及不属于以下各股之事项。

（二）国民教育股，掌国民教育事项。

（三）职业教育股，掌职业教育事项。

（四）人才教育股，掌人才教育事项。

（五）社会教育股，掌社会教育事项。

（六）农政股，掌农业行政事项。

（七）工政股，掌工业行政事项。

（八）商政股，掌商业行政事项。

（九）矿政股，掌矿业行政事项。

第六条　每股事项，多寡不等。应于每一事设主任研究员一人或数人,由会长按会员学识经验,分别指任之。

第七条　本会会期无定日,由会长于必要时召集之。

第八条　本会会员,均不支薪水及车马费。所有会中一切杂费,由省公署支付之。

改定山西全省施行义务教育程序

（七年七月五日公布）

第一条　义务教育自民国七年起筹备施行。应分区域期限如下：

第一次　省城。限至七年九月办理完竣。

第二次　各县城。限至八年二月办理完竣。

第三次　各县乡镇及三百家以上之村庄。限至八年八月办理完竣。

第四次　二百家以上之村庄。限至九年二月办理完竣。

第五次　百家以上之村庄。限至九年八月办理完竣。

第六次　五十家以上之村庄及不满五十家毗连之村庄。能联合设学者,限至十年二月办理完竣。

第七次　凡人家过少之村庄,而附近又无村庄可联合者,应由各该地方官绅特别设法办理。

第二条　施行义务教育,应先行筹备事项如下：

（一）造就师资。

（二）调查学龄儿童。

（三）筹款设学。

（四）劝导入学。

（五）实行强迫。

第三条　施行义务教育之责任如下：

（一）造就师资。由省公署督饬县知事办理。

(二)调查学龄儿童。由县知事分令各区长督令各街村长副办理。

(三)筹款设学。由县知事分令劝学所,会同各区长督饬各街村长副办理。

(四)劝导就学。由劝学所及宣讲员、各区助理员暨各街村长副,分头切实办理。

(五)强迫就学。由县知事分令各区长,督令各街村长副办理。

第四条　各县每期筹办完竣,应将办理情形,简单报告本署及教育厅。

第五条　各县报告后,经本署派员复查办理完善者,分别奖励。逾限未办者,分别处分。

教育训令

查,国家之设教育,所以授人民以谋生之技术及增益其德性,并灌输以国家之精神。人民求学,本藉以为谋生之资。国家教人,欲使人民为国家效用,亦必先授以真正谋生之艺术。此之谓生计教育。吾国生计教育未兴,其弊乃流为游民教育,非惟谋生技术无所成就,即其德性亦消灭于不自觉。今日,振兴教育,必先涵养国民之德性。其德性之最要者三:一曰信,一曰勤,一曰朴实。自改革以来,机变百出,权以济事,习俗所染,诈伪相尚,信义一堕。立身之本已失,谋生之途俱穷,故教育生徒,不可不自立信始。教育之患,恐养成人之惰性。学生一入校中,日用琐事,动需仆役;毕业之后,糊口四方,仰给于人;既不肯自食其力,亦不能尽心职务,用违其学,业荒于嬉,受病之原,全在不勤。故尚勤尤为最要。比来生活程度,逐渐加增,远道入学,所费不赀。其在省肄业者,岁需百元左右。奢侈之渐已开,欲望亦因之而高。经济困难,无法支持,荡检逾闲,学风日坏。故整理学规,必须从朴实入手。关于教育一切,均宜实事求是,决不可徒务外表,虚为铺张。以上所言信、勤、朴实,为学生必要之德性,即为学校必养成之校风。一校之校风，即一国之国粹。校风既成，国家之精神，亦付丽于其中。欧美各国，其教育之要点互异，均由本国之国性，陶镕而出。日本采用欧化，亦必择取欧美之精粹，纳入日本之国性，熔化为日本之教育。吾国稗贩东西学说，以空谈施之于各校。其浅焉者，所授之技术，与吾国社会，绝不相容；其深焉者，所讲之精义，与吾国国性，亦绝不相属。此所谓无本之教育。无本之教育日益发达，其损害国家之精神，为祸愈烈。教育之法，必能养成信、勤、朴实之国民，然后能贯注以国家沈毅进取之精神。如徒抄袭时下嚣张之说，引起学生虚憍之气，此种恶习，最宜痛戒。各教育机关及校长、教员、职员，均负教育之责，愿共身体而力行之。其各注意，勿忽此令。

女学校敦品励行训令

查，女学之兴，以修明妇女职业，改良家庭教育为完全之目的。但是，要女学发达，非现在之女学生敦品励行，成个有学问之完人，使天下为父母的，皆知女校之可入不能成功。否则，学问未成，品行已坏，则天下之有女子者，皆惧学校之误人，视为畏途，是今日之女生反为阻碍女学之罪人矣。其责任之重，关系之大，实为深钜。仰该校长暨职教员、知事，转谕所属女校职教员一体领会，并劝传谕学生，各加勤勉。本省长有厚望焉。

此令。

教育部修正国民学校令

第一章　总纲

第一条　国民学校，施行国家根本教育，以注意儿童身心之发育，施以适当之陶冶,并授以国民道德之基础及国民生活所必需之普通知识技能为本旨。

第二条　国民学校由自治区负担设立者,名区立国民学校。由私人之经费设立者,名私立国民学校。

第三条　蒙养园及类于国民学校之各种学校,适用前条之规则。

第二章　设置

第四条　自治区设立国民学校,其校数以足以容本区学龄儿童为准。

第五条　自治区设立国民学校时,得于本区内划分学区。

第六条　区立国民学校之校数、位置,经自治会议及学务委员会之协议,由区董陈请县知事定之。

在单独制自治区,由区董咨询学务委员之意见,陈请县知事定之。学务委员会之规程,别以教令定之。

第七条　自治区之一学区内,如有不能于通学适宜之地域,成立一国民学校者,区董得令邻近学区处理其一部分就学儿童之教育事务。

邻近学区,遇有不能处理前项教育事务时,县知事得令该区与邻近自治区,组织学校联合设立国民学校,或将一部分就学儿童之教育事务委托于邻近自治区。

前项学校联合及委托事项之解除或停止,须经县知事之认可。

第八条　《地方自治试行条例》第二条第六项,缓设自治区地方,其就学儿童之教育事务,由县知事处理之。

第九条　自治区因特别情事,于应设国民学校之校数,一时未能全设者,县知事得令该区暂以私立国民学校代用之,但须详经该管长官之认可。

代用国民学校规程,由教育总长定之。

第十条　私立国民学校之设置,须经县知事之认可。其废止及变更时亦同。

第十一条　蒙养园及类于国民学校之各种学校,适用前条之规定。

国民学校得附设蒙养园及类于国民学校之各种学校。

第三章 教科及编制

第十二条 国民学校修业期限为四年。

第十三条 国民学校之教科目，为修身、国文、算术、手工、图画、唱歌、体操。女子加课缝纫。遇不得已时，可暂缺手工、图画、唱歌之一科目，或数科目。

第十四条 国民学校得设补修科。

关于补修科之细则，由教育总长定之。

第十五条 国民学校之教科目，除修身、国文、算术外，其他科目有因儿童体质所不能学习者，得免其学习。

第十六条 国民学校之增减科目，在区立者，由区董报经县知事之认可。在私立者，由设立人报经县知事之认可。

补修科之设置与废止时，应照前项办理。

第十七条 国民学校之教科图书，须用教育部所编行，或经教育部审定者。

前项图书，关于同一教科目而有数种者，应由县知事招集各校校长会议择定。

补修科所用教科图书，由各学校校长择定。

第十八条 国民学校之休业日，除日曜日外，每年不得过九十日。补修科不在此限。

遇传染病预防，或非常灾变时，区董得命临时闭校，但须陈报县知事。

除前项外，遇有急迫情事，校长得临时闭校，但须报由区董，转陈县知事。

第十九条 关于国民学校教则及编制之细则，由教育总长定之。

第四章 设备

第二十条 国民学校应设备校地、校舍、校具及体操场、学校园。视地方情形，可暂缺学校园。

第二十一条 国民学校之校地、校舍、校具、体操场等，除非常灾变外，不得作为他用。

第二十二条　关于国民学校设备之细则，县知事依照教育总长所规定之程式定之。

第五章　就学

第二十三条　儿童自满六周岁之翌日始，至满十三岁止，凡七年，为学龄儿童。达学龄之日后，以最初学年之始，为就学始期；以国民学校毕业之时，为就学终期。

学龄儿童之父母或其监护人，自儿童就学之始期至于终期，有使之就学之义务。

第二十四条　学龄儿童如以疯癫、白痴，或残废不能就学者，区董报经县知事认可后，得免除其父母或监护人之义务。

学龄儿童如以病弱，或发育不完及其他不得已之情事，达就学期而未能就学者，区董报经县知事认可后，得展缓其就学。区董认学龄儿童之父母，或其监护人实以贫困不能使儿童就学时，得照前项办理。

第二十五条　学龄儿童未经国民学校毕业，而为人佣役者，其主人不得因其为佣而妨其就学。

第二十六条　学龄儿童之父母，或其监护人，应令儿童就学于区立国民学校，或代用国民学校。但经区董之认可，得令其在家庭或他处肄习国民学校之教科。

就学于国立或省道县立各学校之附属国民学校者，与就学于区立国民学校无异。

第二十七条　儿童年龄未达就学始期者，不得令入国民学校

第二十八条　国民学校校长察知儿童中有患传染病，或有可虞之情状者，或性行不良，有妨他儿童之教育者，得停止其出席。

第六章　职员

第二十九条　凡担任国民学校全部教科之教授者，为正教员。

因特别情事，正教员亦得不担任手工、图画、唱歌、体操、缝纫之一科目，或数科目。

专任手工、图画、唱歌、体操、缝纫之一科目，或数科目者，为专科教员，补助正教员者为助教员。

第三十条　国民学校教员须在师范学校，或教育总长指定之学校毕业，或经国民学校教员检定委员会检定合格，而受有许可状者。国民学校教员检定规程，由教育总长定之。

第三十一条　遇有特别情事时，得以未受许可状者代用为国民学校助教员。

关于代用教员之细则，由教育总长定之。

第三十二条　国民学校校长，以正教员兼任之。但在四级以上之学校，得变通之。

第三十三条　区立国民学校校长之任用，由区董陈由县知事定之。

其教员之任用由校长定之，但须报由区董转陈县知事。

第三十四条　区立国民学校教员之俸额，及其他给与诸费并支给方法，别以教令定之。

第三十五条　国民学校校长、教员，认为教育上不得已时，得加儆戒于儿童，但不得用体罚。

第三十六条　区立国民学校校长，有违背教育法令，或怠废职务及有不名誉行为者，区董应陈请县知事，予以惩戒处分。

区立国民学校教员，有前项情事者，校长得报由区董，陈请县知事予以惩戒处分。

县知事认为必要时，虽未据陈报，亦得施行惩戒处分。

本条所称惩戒处分，为训诫、减俸、免职三种。

第三十七条　私立国民学校校长、教员，遇有前条第一项情事者，县知事得停止其职务。

前条惩戒处分之减俸、免职及本条之停止职务，应详报该管长官。

第三十八条　受国民学校教员许可状后，若犯下列各款之一，其许可状即为无效。

一、被处徒刑以上之刑未复权者。

二、失财产上之信用，被人控实尚未清结者。

第三十九条　受国民学校教员许可状后，若有不正行为，或其他玷污师资之行为，察其情状较重者，县知事得褫夺其许可状，但须详报该管官长。

第四十条　国民学校校长或教员，有不服县知事所施之免职，或停止职务、褫夺许可状等项处分者，得陈诉于该管官长。

第七章　经费

第四十一条　区立国民学校之经费，由自治区负担之。其概目如下。

一、设备费及维持费。

二、职员薪俸及其他给与诸费。

三、校内杂费。

关于学校联合及委托儿童教育事务之经费，适用前项之规定。

第四十二条　县知事认为自治区财力于担任前条所列之经费有未足时，应由县予以补助。

第四十三条　缓设自治区地方，其就学儿童教育事务之经费，有未足或不能负担时，应由县予以补助，或以县经费支给之。

第四十四条　地方最高级行政长官，认为县之财力不能担任第四十二条、第四十二条之经费时，应由省或特别区域予以补助。

第四十五条　区立国民学校不征收学费。但视地方特别情形，经县知事之认可，得征收之。征收学费之细则，由教育总长定之。

第四十六条　区立国民学校之学费，作为自治区之收入。

第八章　管理及监督

第四十七条　区董承县知事之指挥，管理本区之教育事务。

第四十八条　学务委员辅佐区董，管理本学区之教育事务。

第四十九条　区立国民学校校长、教员所执行之教育事务，由县知事监督之。

第五十条　私立国民学校，由县知事监督之。

第九章　附则

第五十一条　本令第三十条之施行期,视地方情形,得展缓三年以内。

第五十二条　自治区未成立地方,本令第五条:划分学区事项,第四十一:担任经费事项,由县知事处理之。

自治区未成立地方,本令第六、第七条及第十六、第十八、第二十四、第二十六、第三十三、第三十六、第四十七条,所有属于区董之职务,由县知事遴委学务委员任之。

第五十三条　未设县治地方,关于就学儿童教育事务之处理,由地方长官咨陈教育总长定之。

第五十四条　京师地方就学儿童之教育事务,由教育部所属京师学务局处理之。

第五十五条　民国元年,教育部颁行之《小学校令》,关于初等小学校各条,自本令施行之日起,即行废止。

从前设立之初等小学校,一律改称国民学校。

第五十六条　本令自公布日施行。

教育部修正捐赀兴学褒奖条例

第一条　人民以私财创立学校,或捐入学校,准由地方长官开列事实表册,详请褒奖。

华侨在国外以私财创立学校,或捐入学校,培育本国子弟,准由各驻在领事,开列事实表册,详请褒奖。

其以私财创办或捐助图书馆、博物馆、美术馆、宣讲所诸有关于教育事业者,准照前项办理。

第二条　褒奖之等差如下。

一、捐赀至一百元者，奖给银色三等褒章。

二、捐赀至三百元者，奖给银色二等褒章。

三、捐赀至五百元者，奖给银色一等褒章。

四、捐赀至一千元者，奖给金色三等褒章。

五、捐赀至三千元者，奖给金色二等褒章。

六、捐赀至五千元者，奖给金色一等褒章。

七、捐赀至一万元者，奖给匾额，并金色一等褒章。

第三条　私人结合之团体，捐赀逾一千元者，分别奖给一、二、三等褒状。至一万元以上者，得奖给匾额。

第四条　遗嘱捐赀，或捐赀者未得褒奖而身故时，其款逾千元者，分别奖给一、二、三等褒状。至一万元以上者，得奖给匾额。

第五条　捐赀至二万元以上者，其应得褒奖，由教育总长呈请大总统特定。

第六条　以动产或不动产捐助者，准折合银元计算。

第七条　应给银色褒章者，由各道、县行政长官，详请省行政长官授予。应给金色褒章或匾额者，由省行政长官，咨陈教育总长授予。

华侨应得之褒奖，由各驻在领事，报部核定授予。

第八条　授予褒章，应填执照，附同褒章一并授予。其执照式另定之。

第九条　授予匾额，由捐赀者，按照匾额、执照所列式样自制。其执照式另定之。

第十条　授予褒状，应填明状内所列各项授予。其状式另定之，

第十一条　褒章之模型及其佩用仪式，另以图说定之。

第十二条　捐赀请奖，自民国元年起适用之。

第十三条　本条例自公布日施行。

各县设立模范示教规程

第一条　各县应照现设区数为学区，每区设模范示教若干员。每员所管学校以自十处至十五处为限。

第二条　模范示教人员，以曾在优级高等各师范毕业生，暨师范第一、二部二年以上之简易毕业者充之。不足之数，由本署招考中学以上毕业生短期造就。其章程另定之。

第三条　模范示教，以国民学校为主，但高小学校亦得干涉之。

第四条　模范示教，应按所属校数分配日期，轮流巡行，周而复始。

第五条　模范示教，对于所属各校有主管一切事务之权。

第六条　模范示教，对于所属各校有代授各种学科，以为各教员模范之责。

第七条　模范示教，对于所属各校管教不合之教员，有随时指导改正之责。

第八条　模范示教，对于所属各校未能改良之教员，有随时呈请县知事撤换之权。

第九条　模范示教，遇各种假期时，得集合所属各校职教员研究改良，或进行事项。

第十条　模范示教之薪金，由所属各校支给，亦得由县地方公款补助之。其数目分配，由县知事及劝学所主持。

第十一条　模范示教之薪金数目另定之。在未奉通令以前，得由县知事酌给。

第十二条　本规程自公布日施行。

公文用浅近白话训令

查，文告原为晓谕民人，俾众周知。嗣后，各官署文告，应用浅近白话，以便普及。其首尾沿用之旧套，亦应变通，期归简当。且此项文告，须认为作事利器，勿预为卸责地步，冀祛敷衍搪塞之弊。断不准照上官通行原文，添写照例首尾，不加剖解。仰该处、厅、道、县一体遵照。此令。

第二节　村长副须知

叙言一

（民国八年七月增修）

本督军兼省长，为养成国民之资格，保持地方之公安，增进社会之生计，因之，就山西原有的村社规矩，重新整顿，另设街、村长副、闾长等项职守。一方面说，是办理自己村中公共之事；再一方面说，就是帮助官家办理地方行政之事。尔等为街、村长副者，须要有好德性，须要知道自己的责任，还要把要紧法令及生利的事都该知道。本督军不能亲自面谕，只好手编此书，交给奉行。尔等阅此书时及听讲此书时，如同本督军当面告谕一样。切勿轻忽。所以下开六条，应行注意。

一、县署宣讲员及区长，对于识字不多之街、村长副，有召集一处，完全为其讲解此书之义务。对于识字之村长副，亦负有解释附属各法令之义务。

二、区署助理员等，应周行乡间，对于识字不多之村长副及闾长等，负有讲解此书之完全责任。

三、各村国民学校教职员，及在外各官公立机关服务人员之回本村者，均有为识字不多之街、村长副、闾长，解释此书之义务。

四、县宣讲员及区助理员、街村长副等，应择此书内之法令及农事简法，与人民宣讲明白。

五、此书先发给县署宣讲员、区长助理员、各学校教职员、商会、教育会、劝学所、其他各官公立机关人员及街、村长副，每人一册。国民学校，每校一册。其闾长等，陆续印出再发。

六、此书须好好保存。街、村长副退职时，应交与继任者收存。

叙言二

村，是人群聚集的最小团体，亦即施行政治之最小单位。行政由此入手，方能有彻底之办法；民治由此发展，方能固自治之根基。本总司令，因施行村政，设置街、村长副、闾、邻长等职，以专责成，曾经手编《村长副须知》一书，以为训练各村长副之课程。推行以来，成绩颇著。惟是时经数载，旧定办法，有宜变更者，有宜增加者，爰就原书删改增订，汇印成册，重行颁发，愿你们详细参阅。须知，一村办好，则家家享其利；村村办好，则全县受其福。更以个人而言，在村中，能为一好村民；对国家，必能得一好国民。完成好村制，养成好国民，村长副之责任，何等重要！其各勉力进行，毋稍疏忽。本总司令有厚望焉。附列四条，各县掾属、区长、绅学各界并应注意。

一、各区区长及小段主任，对于识字不多之街村长副，有召集一处，负完全讲解此书之义务。对于识字之村长副，亦负有解释各项法令之义务。

二、各村国民学校教职员及在外各机关服务人员之回本村者，均有为识字不多之街、村长副、闾、邻长解释此书之义务。

三、县宣讲员及区助理员、街、村长副等，应择此书内之紧要法令，与人民宣讲明白。

四、此书，各街村长副要注意保存，于退职时，应移交继任者接收。

第一　村长副应有之德性

公　道

村内人民与村长副，不免有亲疏爱憎的分别。因亲疏爱憎之间，最容易生出不公道的心。对于亲的爱的，想教他占便宜；对于疏的憎的，就难免教他吃亏。如此办事，人即不佩服。人不佩服，凡事就办不出去，遑论能办得好么？为村长副的人，必定要除去"偏心"二字。无论村中什么事件，总要不分亲疏，公公道道地主持。至于村内公众应该办的事，自己要提前先办；公众应该花的钱，自己也要照数摊出，然后才不愧为一村之长。

热　心

我们中国人的习惯：好人，多以不管事为好。此种习惯，实在不好。要知，好人不管事，必致坏人把权。坏人把权，社会上还能安生么？要想社会安生，必先教社会好；想教社会好，就得好人来热心管事。村长副受一村人的推选，一村的事，也就是自己的事，无论就哪方面来说，总应该热心办理。虽说村事难办，果能勤恳作去，一定能办得好。如不热心办事，就有愧为村长副了。但须谨守职分，不可逾越权限。比如私刑滥罚等事，切宜戒之。

毅　力

什么叫个毅力？就是遇事不怕艰难，总要忍耐地做去，不使有首无尾，就叫个毅力。你想，无论大小事件，绝没有个要怎就怎的那样容易。每办一事，必经过许多波折，许多困难，然后才有功效。况且一村的事，人多议论多，更不能没有个波折。若是一遇波折，就忍耐不住，不肯往下再办，真是功废半途。终身做不出一件事的性质，如何能担得起事。所以为村长副的，一定不可少这个毅力。

第二 村长副之责任

官厅委办事件

官厅委村长副所办之事不外两种：一为有益于国家之事；一为有益于地方之事。为村长副的，凡受知事委办一事，必先将委办的事研究明白，然后再看村中的情形，与村中商量办法，总要使公事也要办得了，村中也要做得下去。如真有困难，可将困难情形，详细禀明知事，请示办法。知事如仍令照前办理，则请知事做主，自然就是知事负责任了。

村民决议事件

村长副既受村民推选，办理一村的事，关于自治事件，当然要以村民的公意为标准，不能拿个人的私意去办理。什么是村民的公意呢？就是村民大家会议决定的意思。比方，大家议定要禁止什么事，村长副就要依着大家意思去禁止；大家议定要兴办什么事，村长副就要依着大家意思去进行。有时，村长副自己想倡办一件事，也必须要得到村中大家的同意才可。

报告官厅事件

凡村长副所管的村中，有不平常的事发生，均应及时报告知事，以便知事迅速处理，免得民间受害。兹将村长副应报告知事事项列下：

一、水灾。

二、雹灾。

三、霜灾。

四、蝗灾。

五、旱灾。

六、村中有被盗者。

七、村中有传染病发生时。

八、村中有行为不正、屡劝不改，应请知事惩罚者。

九、秋收后，年成如何？

十、村中有坏人,暗中勾结,图谋扰乱村中治安者。

十一、村中有杀人者。

十二、凡村中有明火,或在所管村附近路上,出有劫案时,应一面以最急方法,报告知事;一面纠合村众,设法捕拿。如拿获一人,应由知事分别给以五十元以下,二十元以上之赏洋。如贼匪有反抗者,当场格杀勿论。

以上一款至九(按:《阎督军政书》为“十”)款,或由邮局寄信,或托人捎寄,或专人报告,均可。第十款(按:《阎督军政书》为“十一”),必须村长副着一人亲见知事,当面报告。第十一、十二(按:《阎督军政书》为“第十二、十三款”)两款,应专差迅速报告。

附:村长副报告书式

现查得村中有某事□□□□□□□□□□□□□□□□□□□□□□□□□□□□□□□□□□□□谨报告。

县长钧鉴

□□村村长□□□谨报

□月□日

附属村写村副

封筒式

正面:

<table><tr><td>专呈　内报告一件
□□县　公　署
县　　长　　　　钧启
□□村村长□□□谨缄
或写村副</td></tr></table>

背面

<table><tr><td>---护--------------------------------封---</td></tr></table>

报告村民事件

村长副办理一村公事，须将职务内办理情形，都教村人明白，才可免村人疑虑。比如村中公款出入，要按期清算公布。村禁约执行了多少事件、处罚了多少村费、仓谷积了多少石数、如何存放，其他如学校、保卫团、息讼会办理情形如何，都应该于每年年终向村民总括报告一次。这是定期报告。至如临时发生重要事件，或官厅委托传布事件，亦应随时报告村民，使大家都明白了才好。

上列事件，系村长副总括的责任。兹再将具体的行政事件，应责成村长副办理者，条举如下：

改进村制

村制是什么？就是把村子编成个活体，有管事的人，有管事的权。县里、区里管不到的事，应该交村办；村里能自了的事，不必到区里、县里办。可见，村制即是自治根基，政治起点。要想教人民们安生，非从村制着手不可。本总司令前曾定下几种改进的办法：(一)整理村范。(二)村民会议。(三)村禁约。(四)息讼会。(五)保卫团。整理村范，是要把村中一切的坏人坏事都整理好。村民会议，是养成村人参与政治的习惯。村禁约，是禁止村中坏人为非作歹。息讼会，是减少人民打官词的痛苦。保卫团，是防堵盗匪的侵掠。本总司令拿定主意，要把这几种事办好。简单说，不外“化除坏人，安顿好人”两句话。但是，要办这几种事，非用众人共治不可，非从人情感化不可，非由官吏劳苦不可，尤在绅商、学界、街村、闾邻长大家热心公道才能做得到。时经数载，各县办理成绩，据报，多得力于村长副。本总司令，深为嘉慰。但是从前施行的法制，有应该修改之处，均已分别订正，并又增订村公所、监察委员会两办法。村公所为办理村事之机关，取分权合议制，可以减轻村长副之劳苦及免不贤者专横之弊。监察委员会，有纠弹村务执行人员之职责，对于村制组织，益加完密。各项详细办法，均载附编，须要用心参究，勉力实行，达到完成村制之目的，以立全民政治之基础，是所厚望。

倡导三民主义

三民主义是救国救民的主义。分开说，就是民族主义、民权主义、民生主义。什么是民族主义？辛亥以前，中国内受满人的专制，外受列强的压迫，使中国陷于危亡的地位，几至被外国人瓜分。辛亥革命虽把满清推倒，感受外国不平等条约的束缚，依然如故。瓜分之说，又变为共管的论调。民族主义，就是，对内要各民族一律平等，对外要求中国之完全独立。凡从前不平等的条约，一律废除。什么是民权主义？就是人民要有集会、结社、言论、出版、居住、信仰的自由权；对国家官吏，有选举权，罢免权；对于法律有创制权，复决权。不像专制时代，一味听受皇上及少数官僚的专横。什么是民生主义？就是人民的衣食住行，都要得到充分的享用，各遂其生。现在，人民的痛苦，不免觉着粮也重，税也重。其实，比较古时十一之征，还轻得多哩。所痛苦不堪者，在受资产生息的害。也有多数人民，受地主和资本家的剥削，弄到自己勤苦一生，反不能足衣足食，而地主和资本家并不劳力，坐收厚利。是以民生主义的办法，一曰平均地权，一曰节制资本。平均地权，是要渐渐使农人都有地能种，不许地主操纵把持，坐收厚利。节制资本，是一面发达国家资本，一面限制私人企业，保护小资本者及工人，免生大资本家侵夺并吞。深望你们，先将这三民主义了解，逐渐实行才好。

实行三民主义，可由一村做起。如对村内，不许主村欺压附村，大户欺压小户，土籍欺压客民，有势力的欺压没势力的。对外，要团结自强，抵御土匪坏人。这便是一村的民族主义。凡村内成年的好人，都有选举及纠弹村务执行人员的权，都有会议及修改村禁约和一切规约的权。这便是一村的民权主义。发达一村的利益，开发一村的富源，禁止苛待佃农、高利盘剥等。这便是一村的民生主义。

既要实行三民主义，尤其注重民德。如果民德不修，必至讲民族，则变为侵略；讲民权，则变为争夺；讲民生，则变为抢掠；扰乱社会，流毒无穷。是以民德必须注重。什么叫民德？就是先要主张公道。凡村子里的事，都要公道处理。再能把村中胸有公道力量的人并合起来，成一个公道团，则不公道的情事，不会发生。这三民主义才能收圆满的效果哩。

发达一村之利益

一村之利益，分为两种。(一)为人民各自的利益。因一人一家不能举办，非合大众不能成功，村长副应尽力为之提倡。如近山的村庄宜于牧畜者，就要大家商个合作的办法；宜于取矿者，就要议个股伙采冶的办法。近水的村庄宜于灌地者，就要议个公共开渠用水的办法；宜于安水磨，或宜于制粗纸者，就要议个互相资助的办法。如此种种，可以类推。(二)为村中之公共利益。如整理公产，或于公共地中提倡栽树，或于公共山坡逐年造林。总使一村之财产，年年加多，以便扩张村中之事业。

图谋一村之安宁

最妨害人生安宁的事，大概说去，不过三种：

(一)土匪及结伙盗匪。

(二)传染病。

(三)莠民。

第一项事，应是官家办的。兹不细说。第二、第三项，均是村长副能办得了的事，分述于下。

传染病。

传染病种类甚多，要紧的几样如下：

1.霍乱(又名绞肠痧)(俗谓之转腿肚瘟)。患这病的人便溺吐泻，或有苍蝇等把便溺等媒介在瓜果饭菜，都能染人。

2.红白痢(又名赤痢)(又名疫疠)。

3.伤寒病(又名肠窒扶斯)。得了以上二病的人，他的粪便、衣被、食器、便器和苍蝇等，都能传染。

4.天然痘(又名天花)。(本年岢岚患这病，死了甚多)

5.麻疹(又名麻子热症)(又名时疬)(又名糖疮)。

6.风疮(又名赤疹)(又名猩红热)(中医视与麻疹同症)。

以上三病，小儿极多。亦是由口鼻感受菌虫的毒，他的痰涎、鼻涕、衣被、玩具等类都能传染。

7.白喉症(又名实扶的里)。去年,省城、五台县;本年,长子县西张堡等处孩童得这病,死的甚多。他的咳嗽、说话、喷嚏以及衣物、器具,都能传染。

8.热毒发斑(又名发疹窒扶斯)(又名阴症伤寒)。得这病的人,如有虱咬了这病人后,再咬健康的人,即能传染。

9.肺疫(又名百斯脱)(一名鼠疫)(又名黑死病):

这病由呼吸入到肺部,就叫肺疫。若由皮肤破处传入人身,就名叫腺百斯毒。本年由口外传染肺疫到了山西。业经刊印《警告人名(民)书》,今摘录如下:

肺疫初传染到人身上的时候,不觉有病。过了三、四、五、六、七日不等,其病方发。一发则头痛、头晕、咳痰、吐血而死。

这病没有治法,只有"防其传染"四个字。欲防其传染,要晓得传染的道理。

①病已发作之人,如吐出的气和痰血,都有瘟毒。最要速用白布一条,中夹干新棉花一寸厚一大片,与病人罩在口鼻上。伺候病人的人,止可一人,也要以白布裹棉花,罩在口与鼻上。每日换几次。换下立刻用火焚了,以防瘟毒传染。病人唾痰,应唾于痰盂内,置生石灰消其毒。每日将所唾的痰,掘地窖用石灰深埋之。病人大小便,宜用石灰,深埋于地下数尺。此外,如病人住房、衣服、被褥、席子及所用的器具,均有瘟毒,亦能传染于人。消毒的法有四。1.最好用火烧之。如衣被、物品等类。凡染有病人痰血者,均应烧毁。2.太阳晒。如衣被等类,须晒过三日,反正晒到。3.开水煮。如器具等类。4.凡病人死后,要先将房门封锁三、四点钟,然后进内。将炕上、地下,遍洒新石灰。如有痰血地方,越发洒得要多要厚。死尸身上有痰血等,亦应多洒。再将房门反关,等过一昼夜,再进去。将棺底满洒石灰,殓尸入棺,再用石灰满填棺内,封盖好了,掘七八尺的坑埋过。仍将房门封锁,待过三、四月以后,再为占用。顶要紧是,凡进病人住屋内及抬埋死尸之人,都须用大白布一块,中夹棉花一寸厚,将口鼻罩上,用后即速烧化。身上衣服,亦须脱下,放太阳下晒三、四日。

②已染病入肺而尚未觉头晕、头痛、吐血之人，其所出的气，亦能传染别人。欲个人保其不得此病，只有永不与见过染有此病的人见面。欲保一家不得此病，必须一家里边的人，均不与见过染此病的人见面。欲保一村不得此病，更必须一村里边的人均不与见过染此病的人见面。总而言之，要想防其传染，只有断绝交通的一法。

兹再就其法详晰言之。

第一，千万不教有疫病地方上的人，到我地方上来。如已有此等人来到，切切与他离避。

第二，千万自己不与有疫病之家人及伺候过疫病的人来往。

第三，如或某村有此疫病死了一人，则其他各村，应该公共禁止这一村的人，不许出外。等过七日后，他这村再无疫病的人，然后始准他出往他处。

10.肺痨（又名虚痨）。这病，在本人，不至即时致命；他人，亦每忽视，不觉他有病。但他的痰涎最能染人。

11.花柳病（这病分梅毒、淋病、下疳三种）。这症为灭门、灭种的大害。病人直接染人。

预防法如下。

（甲）第5、6、7、9等症，勿与病人及其家族见面。伺候病人的人，须要用新棉花一寸许裹白布，紧罩自己口鼻。用完，或用火焚，或用开水煮了。

（乙）第1、2、3等症，凡饮水必开，食物必煮熟，勿食瓜果。生冷、腐败的尤宜忌食。寻常食果品的时候，须洗净去皮再食。凡置饮食的地方，不可使苍蝇等类混入。碗箸杯碟等物，也要用开水洗净。凡看护病人的人，须将自己手常常洗净。病人的吐泻便溺，俱用石灰消毒。病人的衣被用物，已被污染，或用火焚，或用水煮，或用日曝，或洒石灰。

（丙）凡患痨症的人，宜知卫生法。常见日光，多吸新鲜空气，不得任意吐痰。须吐在纸上，用火焚烧。多食容易消化养身食物。

（丁）凡霍乱、天花、麻疹、赤疹、白喉、肺疫等症死人，急宜掩埋深处。

他的房屋用具,都要消毒。

(戊)天然痘的最好预防法,即是种痘。但须用牛浆,忌用人浆。因人浆不但是多有危险,并且有种入梅毒及肺痨的害,实在可怕。

(己)白喉的治法,近日有西药专治这病,名叫血清,百治百效。

(庚)遇有官厅颁布各种防疫条例及清洁消毒方法,须谨慎遵守,各知自卫,以保生命。

(辛)凡公共地方以及客店、车站、戏馆、讲堂、一切人群集会的地方,应该多设痰壶,注以稠石灰液。严禁唾痰壶外。因痰珠落在尘土,遇有震动,一时飞起,即能入人口鼻。所以公众预防,文明各国,都行这法,实在是功德上的要紧事。

莠民。

什么叫个莠民?如为娼、聚赌、窃贼这几种人,就如同百谷里边的莠子一般,最能惹出村中不安宁的事,必要严严密密地稽查。如系外来的,赶他出去,绝不许他在村中窝留。如系向住本村的,要劝他学好。看他真要能改悔了,想学好,村中大家应扶助他。如不听劝教,仍旧为非作歹,就要按照村规,严重干涉他。他如再不改,就可报告县知事惩办他。此外,如吸鸦片、贩鸦片者,亦是莠民。按国法上定的罪很不轻。因为什么要定的罪重咧?因为这鸦片的害甚大,能吸得人身体坏了,家产穷了。更可怕者,鸦片之价,一天比一天贵;吸食的人,一天比一天穷。到了穷得没有法子的时候,必至落到为娼为盗的下场。不是又要多添一般惹出村中不安宁的人?村长副一定要干涉他的。

开发一村之富源

何为富?以一年计,所入者多,所出者少,就叫个富。一个一年入者多,出者少,是一人之富。一家一年合计,所入者多,所出者少,是一家之富。一村之中,一年合计,所入者多,所出者少,是一村之富。一村若富,则一村之穷者日少,有者日多,就是好村。反之,则一村中穷者日多,有者日少,就成了坏村。常人每因穷就做坏事,渐渐就成个坏人。村中若坏人多,好人就不好住了。村长副为一村之主,对于村民有可赚钱事,应该着实提倡。如牲畜咧、种棉咧、栽桑咧、种树咧、培养果树咧，或是就本地出的原料做成些货物，如筐、笼、筛、簸以及各种简易手工。这全是开发富源的法子。此外，更要与妇女们想些营干。如织布咧、养蚕咧、养鸡咧、养蜂咧。赚几个钱，就可少分男人的负担。别说见利甚微，要知道什么事情，全都是千零合整。当这物价高贵的时候，但是多一种出产，就能多换来几吊钱来。若是牢守一个法子，对于以外能生利的事情，全然不去筹办，一定就不能会过好日子了。

倡办一村之学务

村中明白人愈多，村中的事愈好办。明白人愿意自己说理，又愿意人亦说理。不愿意人不说理，更不愿意自己不说理。俗话所说，明白人，好共事。欲人明白事理，通达人情，须先教人读书识字。识字多的人，能看书、看报、看告示，均能添许多知识。村长副要兴办一村的学校，使人民多多入学，更要与穷人家的子弟想法子，教他要上得起学。比如，学习经费，从公共社会上多筹些，上学的人少拿一点，或不拿更好。万不可使穷人因没钱，他的子弟就不能上学了。

预防传染疾病

传染病种类甚多，如白喉、伤寒、红痧喉、百日咳以及肺疫（西名百斯笃）霍乱（西名虎列拉）等症都是。一经发生，传染极快。近来，外国医学家虽发明种种治疗药品，如各种血清，收效甚大。但是乡村未设医院，不易使用。须要在未病以前，善为防御，不使发生；既病以后，赶快消毒，不使传染为最要。这传染病的病根，据医学家考察，都由毒种寄生人身而发。这毒种在不清洁的地方及腐臭物品之中，最易发育。故预防之法，是要村人家家勤于洒扫。凡疫死的家畜，不要图贱贪食，则病原可以免除。万一未及防御，发生疫病，临床侍疾的人，不可多用，亲戚朋友，不可往来。病人所用的衣服、器具等件，非经消毒，勿轻使用。消毒之法，大要有三：（一）火烧法。凡病人着身衣服，均应烧毁。（二）水煮法。如衣被、器具等类，须用开水反复煮过。（三）熏蒸法。凡病人死后，立刻密封棺内，抬出深埋。即将病人住房、窗户密闭，用硫磺或石灰，蒸熏一日一夜。以上三法，均能将毒种杀死,不至传染。这种事,当村长副的应该向人民平时讲说,使人人明了,留心预防,亦是造福乡人之一道。

禁止秘密结会

什么叫秘密结会?如近年来,河南所有的天门、黄门、红枪等会都是。这会起源很久。明朝末年有白莲教,前清道光年间有大理教,光绪二十六年有义和团,聚众排外,结果卒被外兵击溃。京畿沦陷,人民受了无限的损失,国土几为列强瓜分。后来虽说讲和,从此使我国陷于国际间半殖民地之地位,如今尚未能恢复。这些实情,村中老者,当能记忆。天门等会,也是他们的支派。造出吞符妖法,乡人无知,以为一经吞用,即可抵抗枪炮矛刀,其实这种邪法,都是假的。如他们所吞的符,上面是涂以麻醉药,令人吞入腹内,人的神经能麻木十余分钟。大家知道,如人身上生了疮,抹上麻醉药,用快刀割去,人就不觉疼。天门等会,吞上涂抹麻醉药的符,当然能迷糊几分钟,并非是该会的人吞上符,就不会死了。他们对人试枪的法子,是先把枪弹内的药倒出,方才用之打人。试刀之法,是在未试以前,彼此两人预立密约,或先把刀刃卷厚,或教被砍之人,衣里暗垫铁片等物,然后再砍。大家试想,如用无药枪弹打人,一定是打不死,并非天门等会能闭火门。刀子无刃,被砍的人又暗垫铁片等物,一定是砍不伤人,并非天门等会有什么奇妙之法。但是,匪党每用这邪说蛊惑人民,无非为作恶敛财。及至闹成大事,官兵不得已而剿办。被惑之人,死于枪弹之下,情殊可怜。试看焚毁匪巢,杀戮匪徒,都是好百姓受最大的损失。这次潞泽一带,会匪滋事,便是前鉴。愿我各村长副,暇时为人民详切讲解,使人民不受此种迷惑,防患未然,才算尽村长副的责任。

立定村志

凡一村,要有一村之志向,分年进行,以期望达到好处。村长副应协同村民,公同立定一个分年进行的志向。如关于学务的,五年办到什么程度、十年办到什么程度。关于种树的,五年栽成多少、十年栽成多少。他如蚕桑、水利、造林、织布种种事业,都要计划个几年办到什么地步。现在东西洋各国的好处,也是先就一人一村办起去的。所以想要一国好,先要省省好。想要一省好，先要县县好。想要一县好，先要村村、人人好。一村立志要好到什么地步，赶快做去，必定能办到的。

维持村德与村信

先说村德。孔子说："里仁为美，"又说："和为贵。"一村之中，人皆喜欢好人，厌恶坏人。你想，这个村中的人，都是懂理识数的，相敬相让的，你看这个村中的景况好不好？吾国古人，有路不拾遗，夜不闭户的时代。近来，我国学生，往外国游历者甚多，回来都说，在东西各文明国中，游历多年，不见有争闹之事。其国中和气可知。然欲举国和气，就要先从一村和气入手。村长副为一村的主人，凡遇有不和气的事，应极力劝导他们，使他们也知道，不说理，硬要占人的便宜，就是坏人，就要干涉他，不准他与人无理争闹。又如唱淫戏、唱秧歌、一切有伤风化的事，都要严行禁止。

再说村信。什么叫村信？一村之中，要保持信用。一村与他村共事，说甚算甚，不可欺人，更不可巧取。比如数村共办的事，当各尽其力，勿取他村的巧。欺人者，人就不敢与共事；取巧者，人就不乐与共事了。

议定村规

村中之田禾如何看管？零碎树木、公共树林如何保护？道路渠堤如何修理？有商的村镇市面如何周行？其他一切公差、公务、公益上，皆应由村长副会同村人，公公道道，议定办法，作为村规。其村中，如旧有规则，应从新整理。可改者，改之；可添者，添之，总要妥善无弊。

慎重村款

凡办一件事，就得花一笔钱。以村中钱，办村中事，或动用社上的公债，或随时摊派，按人按地，无非取自花户。此项钱文，用于办理村事，固要实在。即是村长副进城办事的时候，虽不能枵腹从公，所用之旅费，亦须有一定的规矩，不可滥支。向来村中花户，凡攻击村中首事人，多由于财政。故村中公款，一年之中，至少亦要榜示两次。一出一入，俾众周知。如村庄大，事务繁的地方，能够一月贴榜一次更好。那些花户，自然相信不疑，筹款也就容易啦。

干涉游民

什么叫个游民？就是那年在五十岁以下，游手好闲，不找一点做项的人，就叫个游民。这种人，无论对家对村，一点好处也没有。既不能生利，且还要花钱。这就是致穷的根子。先是游民，将来就是穷民，终要落一个坏人。因他游闲无事，还要生出些不正经行为，必致村中都要受他的害。要是不设法子，教他们有了做项，那村中的事，岂不是越过越坏吗？村长副应该将此种人查清。合村共有若干，将他们叫到一块，将本督军说的这理，告说他们，教他们各自想个做的。过三月、五月后，看他听话不听话。如有不听话的，再检点他们一回。如检点的仍不听话，就要干涉他。干涉的法子有二：一、力迫教他寻得做事。二、是由村长副与他寻点作的。如村中公共雇人的事，教他办去。他如还是个不听话，就将他作为游民。将他的名字送县，立案为游民。既是定为游民，将来游民应吸(吃)的苦，应受的气，他就得自己受去。一村没游民，就是一村子好。不可看成一个人好坏，是一个人的关系。

抑强扶弱

哪 个村子里，现在也有几个强霸的人。或是欺负邻家，或是侵吞公款，夺占公产。甚至于更坏的人，以不正当的行为，引诱人家子弟，窝迫人家子弟。此等坏人，若不擒住他，村中就不能安生。村长副遇有坏人，做这些强霸的事，要扶助良善，压制坏人。如那坏人不服，就要不避嫌怨地指名，禀请知事，从严地办他。

解释谣惑

现在乡间谣言甚多。每好无中生有。或是奸人故意造作，谣惑人心。比如现在防疫，本督军本是一个救民命的心，而无知识的人，反道是多方造谣。不是说“省城没兵”，就是说“土匪已到”。请洋医生来帮助防疫，在洋医生本是一片热心，又不要薪水。他们都是宗教中的人，以多救民命为自己积德，都是放下自己顶要紧的事来帮忙。乃无知愚民和好事的人，反要造出多少谣言，甚至有因之聚众抵抗，不让防疫者。诸如此类，不一而足。村长副嗣后遇此等事，应切实解说，以免人民误会。你想，省城多少长官，经过多少次研究，才能办出一件事去。乃不信长官的话，反信那造谣的话，岂不太愚？

引导人民实行《人民须知》

现在的世界，人民必须有一点普通的知识，国家才能够好。但欲一国好，必须先要一家好。欲一家好，尤要家里的人个个好。本督军所发给各村之《人民须知》一书，其中所讲究的，全是教人人好、家家好的话。并且说些生财的方法，更欲教人民、家家，有食有衣的，成个好人家。此本书所说的道理，必须教人民个个了然了，才不负本督军费了多少时，花了多少钱，作这本书的辛苦。然欲使人人清楚，识字的人，他自己可以看了，不识字的人必须与他讲说方好。村长副是一个定好的人民，必须先把《人民须知》熟读，才能为人民讲说。尤应与村中的念书人，商订一个轮流讲解的办法，并寻一个宽大的地方，与他时常讲解。如每年正月初一至十五，都是无事的时候，应切实讲究这书。其他，如唱戏未开戏以前，是人民集合的时候，或下雨之日，人民不能作工的时候，均是讲说此书的好机会。冬天夜长的时候，晚间亦可讲说。再，村中有年高的老汉坐街的时候，如有年青人在旁，也要为之讲究。你们莫要把这看得轻了。古人有胎教、家教、乡教，后来全不讲究了。处现在的这个世界上，能好好讲点教育，就能有一点普通知识。这就是做好人的根子。又，人民在本地打了输官司，受了屈，往往不知道上诉规矩，所以将上诉规矩三条，开列于下。

一、在县署，或地方厅诉讼不服者，可仍在县署或地方厅告诉。即是上诉，不必拘定亲到高等厅。

二、在本县署，或地方厅诉讼不服者，如亲自到省上诉，路上发生事故，恐致误期，可于路过之县知事衙门，先递一张呈子，说明缘故，将来到省向法庭上诉，亦可认为有效。

三、到省上诉，如向上级行政衙门(如省公署、道尹公署、财政、教育、实业各厅、警务处)先递一张呈子，请求移送法庭办理，亦无不可。但是本人，仍应向法庭投到。

各县民人上诉在途期限

1.赴省城高等审判厅、检察厅程限各县

阳曲 2日 太原 4日 榆次 4日 太谷 6日 祁县 6日
徐沟 6日 清源 4日 交城 6日 文水 6日 岢岚 14日
岚县 10日 兴县 16日 汾阳 8日 孝义 10日 平遥 8日
介休 14日 石楼 18日 临县 20日 离石 16日 方山 17日
中阳 14日 长子 16日 长治 18日 屯留 16日 襄垣 14日
潞城 16日 壶关 20日 黎城 20日 平顺 20日 晋城 24日
高平 20日 阳城 22日 陵川 24日 沁水 12日 辽县 14日
和顺 12日 榆社 10日 沁县 12日 沁源 14日 武乡 14日
平定 4日 昔阳 4日 盂县 4日 寿阳 4日 临汾 22日
洪洞 20日 安泽 20日 安邑 36日 霍县 18日 赵城 20日
灵石 14日 汾西 20日 隰县 22日 大同 24日 忻县 6日
定襄 8日 静乐 12日 五台 8日 崞县 10日

2.赴河东第一高等审判、检察分庭程限各县

浮山 18日 乡宁 14日 曲沃 10日 翼城 12日 汾城 10日
襄陵 12日 吉县 16日 永济 8日 临晋 6日 虞乡 6日
荣河 6日 万泉 6日 猗氏 4口 解县 4口 安邑 4口
夏县 4日 平陆 6日 芮城 6日 新绛 8日 垣曲 12日
闻喜 6口 绛县 10口 稷山 8日 河津 8日 大宁 18日
永和 18日 蒲县 16日

3.赴大同第二高等审判、检察分庭程限各县

大同 2日 怀仁 6日 浑源 8日 应县 8日 山阴 8日
阳高 4日 天镇 4日 广陵 10日 灵丘 12日 右玉 10日
朔县 12日 左云 6日 平鲁 10日 宁武 14日 偏关 18日
神池 14日 五寨 14日 代县 14日 繁峙 12日 保德 22日
河曲 22日

提倡村仁化

村仁化是什么呢？就是为父母的对子女要慈，为子女的对父母要孝，为兄长的对其弟要爱，为弟的对兄长要敬，为夫的对妻要义，为妻的对夫要贤，以及交友要信，处邻要睦。村中的人，果能个个各守其分，就没有不好的事情发生，那就成了一个顶好的村子了。但是，怎么就算是慈？怎么就算是孝？兹将各项标准，分列于后。凡当村长副的，应时常与村人讲说，使一般人都能潜移默化，风气转移，有俾于政治，实在不少。

村仁化之标准

亲慈　爱而不溺，望而不迫，惟道义是期，非富贵是责。

子孝　善继其志，善补其阙，善养其身，善娱其心。

兄爱　让以联情，导以趋善，不藏怒焉，不宿怨焉。

弟敬　尊兄之志，从兄之言，匡兄之失，先兄之劳。

夫义　尚德不尚容，贵贱不移，扶之以道，信之当笃。

妻贤　清白持身，勤俭处家，助夫仁孝，与人和睦。

友信　相结以义，相励以志，贫贱不忘，患难不变。

邻睦　出入相友，礼俗相交，忍让相处，患难相救。

维持村公道

公道是万事成立之根本，亦为人群幸福之源泉。哪里无公道，哪里不能安生。哪事无公道，哪事不能成立。所以人群里最宝贵的是主张公道的人。我前说：村长副应有之德性，最要紧的就是公道。但村长副不只是自己要公道，还要能使一村人主张公道才好。强凌弱，众暴寡，富欺穷，智诈愚，为人群之四痛。村里如有此种情事，村长副应切实劝告制止。如不听劝，亦可报告官厅惩治他们。

提倡人民优待军人

国家无事的时候，军人关系尚不甚要紧；国家到这多事的时候，军人关系很大。你看，凡土匪所到的地方，不特人民财产为之一空，而奸淫掳掠，受害尤大。剿灭土匪，全凭军队。所以军队即是保护人民生命财产的。必须有好人当兵，这军队才能真正保护人民的生命财产。若是坏人当兵，不但不打土匪，反而到处骚扰人民。骚扰人民的坏兵，带兵官自然是要按军法重办他的。但是好人当兵，一遇土匪，定是一意打仗，舍上性命地保护人民生命财产，人民对他一定是要有个优待他的办法，才能对得起他。

国家优待军人，自然定有章程。人民优待的办法，应分数种如下：(一)凡村中有当兵的人入伍时，村中大家应该送他。村长及年长者临行时要吩咐他，教他成个好军人。(二)他入伍后，他的家里边事务，如有困难时，村长要照护他。说到军人好上，本总司令想起我在外国见过的两件事，与你们说一说，真是令人羡慕。一日，军队过街遇一老妇，立于巷口。军队过来时，她两手合掌加额，如中国人神前祈祷一样。余遂问其故。老人答云："余少年时，好常在神前祈祷。一日，吾父见，问予：'有何所求，'予曰：'求神保护吾之生命，并保护吾之财产耳。'父责之曰：'痴哉！敌兵一至，不仅汝之生命财产不能保，并汝所信之神，亦被其卷而去矣。'予遂问之曰：'将如何则可？'答曰：'唯军人能抵其不来，逐之使去，才真能保护人民之生命财产。与其祈神，不若优待军人，尊重军人。使当军人者，皆知大义，勇于战争，斯可矣。'"予甚佩服其人民之程度高也。一日，有军队在外间操练。休息时，有一兵摘人民一树叶，官长见而责之曰："此等举动实在不好。小处说去，对不起人民；大处说去，因你这举动，惹得人民说军人不好，渐渐就要到了那中国'好铁不打钉，好人不当兵'的地步。这国家事就不堪问了。"予闻此言，乃大警悟，始知吾国之弱之所由来也。予甚佩服其军人程度之高。就以上两件事看来，欲百姓安，欲国家强，一方面，要官长管束的军队好；一方面，要村长副提倡人民对兵的感情好。斯可矣。

提倡村中慈善事业

什么叫作慈善事业？就是救贫恤穷，办这于公共有益的事业。从前孟子所说的鳏寡孤独的穷民，要设个法子矜恤他，就是"慈善"的意思。这慈善事业，本非一端。如义仓咧、医院咧、赈济灾荒咧、修理道路咧、办恤兵会咧、育婴堂咧。这通是叫作慈善事业。但是，最要紧的有一件事：各处溺女的恶习，向来都有，实属残忍，有伤人道，民国法律上定的罪名极重，犯者与杀人同罪。如有贫穷人家，真正养活不起，村长副应向村人与他捐助些银钱、粮米，或衣服，总要教他养活得大。村长副果能如此办去，不惟能救下小孩的性命，且可免得他大人犯罪，真是莫大的阴德。如果是大村镇能倡办个育婴堂更好，或联合数村办个育婴堂，也是很好的。

第三 村长副与县知事、区长及闾、邻长之关系

村长副与县知事、区长之关系

县知事、区长办理全县、全区行政事务，有赖村长副帮助之处甚多。村长副办理公事，有不明白的地方，随时都可以请示县知事或区长，有滞碍困难办不下去的时候，亦可随时向知事、区长陈述，请他们代为作主。所以村长副和知事、区长，就生了许多关系。但有些村长副不知自爱，遂借此夤缘奔走，关说走私，甚或凭借权势专横乡里，这就大错了。要知村长副和知事、区长的关系，纯粹在公务方面，不能稍涉于私。一说到私上，就非村长副的职务了。你们当村长副的，应该廉洁自好，热心帮助知事、区长，为村中办那有益事件才对。

村长副与区长之关系

各县就所管境内，划分三区或六区。每区，设区长一员。这区长，是辅助县知事办理地方一切事宜，有督察所管区内村长副办事的责任。

一、督饬村长副调查户口。

二、督饬村长副办理各项登记。

三、督饬村长副办理行政事宜。

四、凡村长副有困难事情，或有不明白、不能办之处，区长可以帮助他。

总之，对于地方应办事件，区长与村长副实有密切的关系。各村长副是不可不知道的。

村长副与闾、邻长之关系

闾、邻长是扶助村长副办理村里一切事务的人。村长副受官长交派要办的事、要说的话，或村里公议下的事务，概可交给闾、邻长帮同办理。这闾、邻长即是村长副的好帮手。闾、邻长既是村长副的好帮手，这闾、邻

长要紧的任务，还要村长副逐一说给他们听听。第一要紧的任务，是将村长副交给的事件，闾、邻长即要就自己所管的人家，挨门详细地吩咐他们。他们要有不明白之处，还要与他们仔细讲解明白。第二，要帮村长除坏人，办好事；要教本闾、本邻里小孩上学校；老人、穷人，或无人侍养的，要劝大家与他们想点周济的法子。第三，本闾、本邻里的人有口角时，要早点告知村长副与他们和解，不可教他们打架、打官词。这三件要紧的事，是要村长副向闾、邻长切实告知的，并要帮助实行的。

附：闾、邻长须知

闾长须知

一、闾长受村长副之指挥，办理本闾的一切事务，亦可以帮助村长副分担村中的一项事务。（参看《村公所简章》第六条）

二、闾长管理二十五家，比村长管理一村情形较熟。故本闾内的好人好事、坏人坏事，须平日留心，检点清楚。自己能奖励者，则奖劝之，不能者，报告村长副商量地去办。万不可怠惰不理，贻误了一闾的事务，自己担错。

三、闾长对外是一闾的代表。如遇村中有事召集时，闾长必须到场。本着本闾各户的公意，提出议办，返闾时，须将议办情形报明各户。

四、闾里有了什么事件，闾长得随时召集本闾邻长开会讨论办理，或报告村长副办理。闾里各户如有公共的意思，要向村长副陈说，闾长也必要依着去陈述。

邻长须知

一、邻长受村长副、闾长之指挥，办理本邻的一切事务。有时，亦得代替闾长办理本闾之事，或受村长副之分派，担任村中一项事务。（参看《村公所简章》第六条）

二、邻长管理五家，差不多都是前后邻右，真可说没有不清楚的人，不清楚的事。所以一邻的事办不好，是邻长的错。

三、邻里有了坏人坏事发生，邻长必须即时报告闾长。假如邻长不报告，以后查明，或更闹出事来，邻长应首当其错。

村长图记

此项村长图记，为村长办理公事的印信，由县署发给村长副自行保管。遇有报告公布事件及所管册簿等项用之。遇有交替时，由前任村长交由后任村长接管。近来，屡次发现村长联名禀件，盖有某村村长图记，及至到村查询，该村长反称并不知晓。又有因买卖契约、婚烟文贴等件，盖用图记额外需索者。这种情弊，必要革除。嗣后，对于图记，务须慎重使用，不得再有前项情弊。

村长图记式

山西〇〇县〇〇村村长图记	一寸见方

第四　模范之村长副

从前，日本有一村庄，初名稻田村。因这村的人情甚坏，又且习于懒惰，所以地多沙碱，日就荒芜。出产以石花菜为最多，不但是不加拣制，并且掺和泥沙，肩往他处售卖。与人秤，则暗减分量，所以各处的人，渐渐地就都不和这村的人共事了。送这村一别号，名为“大难村”。（因其人情太坏，难于治理也。）时经多年，凡系这村人肩往各处卖菜者，他村的人，无论男妇老幼，一经问明是大难村的人，都就掉头而去。所以这村所出的菜，也一概卖不出去。村人自然是日穷一日了。有某先生者，当了村长之后，触目伤怀，便想整顿村事，因即留心窥察这村中的病根究在何处。亲往各处卖菜，将各处不与共事的情由，盘查明白，回村，就与村人商量整顿的办法。第一步办法，即在恢复信用。凡是以石花菜营业的，都须拣制精良，并要减少价钱，增加分量。但是，村中有以赔钱为虑者。某先生晓以将来利益，许以公款为之补抵赔累。村中就都依照而行。不料他处的人，一见是大难村人卖菜，仍是掉头不顾。某先生以为货既改良，仍不赐顾，一定是卖菜者不善招来之故，遂又亲自出卖。岂知顾主一经问明系大难村人，即掉头不顾如前。某先生则以善言强招之，告以此后大难村的菜，已不比从前。不仅货好价廉，分量也格外增加。因此，人就渐渐地乐与共事了。附近村庄，转相传说，不数年，就变成一个非大难村的菜不买。所以这村的菜，就日见畅销了。但某先生仍是不肯增加价格。其绝妙的方法，就是整理耕地与增加出产力二者。无论沙田、碱地，但能设法整理，耕种禾稼者，则耕种之；其不能者，方使之种石花菜。并且视其燥湿，施以肥料，因之产额加多，获利自倍。至这村，向来所有的树木，因村人不知培护，随意砍伐，自然是有减无增。某先生就于邻山濒水，禾菜均不相宜的地方，察其土性，考其历史，选择树种，约定每人各植若干株。到第二年，他人所植者多未成活，惟某先生所植者，则无一不活。人问其故，则告之曰：吾先以心栽，而后继以手栽。栽植之后，又复不时察看，依法培护。诸人则仅以手植木于地而已，他非所顾也，安能成活？嗣后，村人则一如某先生之命，栽之培之。不数年，这村的树就丛密如林，获利已不可胜计。此是某先生对于实业上的办法。至对于教育，先从设立小学校入手，加多薪金，选聘良师，一切设置，极求美备。某先生且不时亲往监督。在某先生意中，以为如此办理，一定是可以异常进步的。不料，儿童程度，仍未大进。某先生细察其故，知是由于儿童在校的时间少，在家庭的时间多。家庭教育不改良，一定是一曝十寒，无复能生之物。因即创设一女学校，令村中妇女抽暇上课。并令儿童于归家时，一以在校所授之课课之。妇女以奖励勤俭为主，教之组织一会。如：不穿丝绸、不施脂粉等事，都定入规约。凡加入者，就予以奖励。最可佳者，村中男女，无论营何职业，作工有一定时间，鸣钟为号，无不动作。所以这村的实业、教育无不各臻美备。家给人足，风俗善良，都是受这先生之赐。日本政府嘉其成绩，改名“模范村”，教他村都要效法他。大家试想，这村坏到那样地步，有一位热心公益的村长，就能一变而为模范村。我国各村庄败坏不至如此其甚，果能仿照这法实心做去，又岂有不能办好的道理？本总司令前在日本时，闻其风而慕之，曾就考察斯村者。询悉情形，牢记于心，今特为各村长副一详述之。各村长副整顿村事，自然就有所取法了。

人格上之注意

一日，有某西人来见我。我正有他事，告号房说："今日无暇，改日再见。"号房后来说："某西人云：'今日有紧要事，务求一见，否则，与我人格上有危险。'"余遂接见。询其紧要何事？曰："我打洋井一眼，下筒过深，因而水不上升。必须求借炸药若干，炸断下截筒管，此井始能有用。"余曰："何着急如是？"某应之曰："现已奉命交代回国，替人将到，我故着急也。"余曰："君已临去，此事留待后人办理，有何不可？"乃云："于人格危险。""何义？"某西人正色而言曰："人生在世，必须要有责任心。我在，井尚可以缓成；我去，而以废井遗交后人，是自放弃责任，在社会上即失办事之信用，而人格倒矣。"此段事实，尔等街、村长副必须知之。当知尽忠职务，乃能保持自己之人格。附录册中，其切记之。

信教与爱国

我前在日本的时候，记得有一个人对我说过一段故事。当年，他日本国宗孔教的时候，有一个人问："中国假如发兵来攻打日本，就是孔子当元帅，孟子当先锋，我们该怎么样呢？"那个最信孔教的人说："只好用死命抵挡。"学生们听了这话，大惊大怪。那个最信孔教的人又为分解，说出缘故："我们信孔子教，不是入中国籍。孔子是个爱国的人。你们假如不能抵挡孔子，就不算孔子的门徒。假如信服孔教，便要投降中国，就算孔子的罪人了。"听了这一段话，可见外国人信中国孔教，他还是爱他自己的国家。我国人无论信服何教，总要爱自己的国家才是。

禁止秘密结会

什么叫秘密结会？如哥老会就是。这会如何名叫"哥老"？会中是什么主意？今先说一说。相传，康熙年间，清家大将施琅攻下台湾，那驻守台湾的明将郑克塽也就投降了。把他那部下兵丁遣散了，住在内地。那一般降兵，清家是始终疑忌的，常常捏造罪名，无故就杀了。所以那一般降兵，怕得是了不得。因为保护身家，暗暗地秘密约会，结个团体，把"老哥"二字颠倒过来，叫成"哥老"。就是"哥弟互相照护"的意思。从此，就有了"哥老会"的名号了。以后，洪秀全等入了会，结交杨秀清等，背地儿定下哥老会的主义，要复汉排满。后来，洪秀全败亡，这会依然存在。说起这会的主义，起初，为清朝疑忌。到后来，为排满复汉，都有理由，并非无故立会。到了如今，这会实没有设立的必要。一者，国体改为民国，满清已排倒了，大汉已光复了，立会的目的已达。二者，清朝既倒，五族共和，彼此无有疑忌。这会更没有设立的必要了。如再设立这会，或是不知原来“哥老会”的意思，或是借上“哥老会”的名目，为非作歹，别有用意。他们不知“哥老会”主义的人，听了本督军的话，应该赶快出会。他们借名“哥老会”为非作歹的人，也要赶快将会解散。如再秘密结合，一定是要惩办的。本督军为引导人民学好，因之禁止秘密入会。你们为村长副的，必定把这道理劝告人民知道。

人道上之注意

近据各县报告人伦奇惨案件。有继母虐待前妻的子女致死者、有亲父听信继妻的言，虐害前妻所生的子女致死者、有婆婆虐待儿媳致死的。此等案件，最为痛恨。须知造化生人，都有仁性，都有爱情。人类不灭，全靠此“仁爱”两字。能仁爱，才能成家，才能合群，才能立国，才算是一个人。若是没仁爱，就与人道相反，决然不能成家，不能合群，不能立国。本督军不意我晋人情习俗的败坏，竟有没仁爱的人如上所云者。此等男妇，他的人性爱情，都被恶习障蔽，真是近于禽兽。况且禽兽也知相爱。枭獍等类的恶兽，残害同类，在禽兽中也不多有。人若残害自己家内的人，真是比禽兽还不如了。这样事情，在各文明国内，决无所闻。我国本文明古国，乃残忍若此，真堪痛恨。现在，世界文明各国的国民，不但对于一家一村里的人，互相亲爱；就是对于一国的人，也是互相亲爱。试看外国人在我国内办的许多慈善事业，类如医院等事，十分热心。他们看待异国的人，尚且亲爱如此，我们对于自己家内的人，尚有残虐之事，真该羞死。此等残忍之事，本来犯罪。以后，为村长副的，如遇村中有此等没仁爱的男妇，须要警戒他。他若不改，凡家长、族长，应该干涉他。亲戚四邻，应该不让他。村长副、闾长应该禀官究治他。村内老者及读书人，应该把此理早早劝告他。本督军因案感慨，因附书中，作为警告。

告谕各县村长副办事要力去专断

现当革命时代，凡有压迫人的行为，无论何人，均所不许。村长副执行村务，尤须主张公道，持身廉洁，方能为村人谋幸福。年来，军事迭兴，支差摊款，村长副的责任甚重。自己已经畏难，村人不免怨望。故好村长副，每因感受困难，自请辞职。余意，此种困难，急须解除。嗣后，村长副执行村务，应召集闾长以合议制行之。凡事取决多数，既可免个人的专断，亦可减轻个人的责任。

告谕整理村范须先将村中好人结起团体

余当幼时，每见坏人欺负好人。那忠厚和顺的老百姓，都要受贪官污吏、劣绅土棍的蹂躏。所以整理村范，第一，就是要把这些坏人改除干净了。但改除的方法，非好人结团体不可。我规定的整理村范办法，如村禁约、息讼会、保卫团、村监察委员会等，全是教好人结起团体来。各村办各村的事。你们当村长副的，果能抖擞精神，把村中的好人结起团体来，拿上官厅付给的权柄去办，没有不成的。到那时候，纵有坏人，也不敢欺负好人啦。

告谕村长副办事须存“可怜人坏，扶助人好”的心理

我常说，对于坏人恨他，总不如可怜他。恨他，要他犯罪；可怜他，是搭救他改悔。要人做好事，强他，总不如助他。强他，他是怨恨；助他，他是喜欢。你们仔细寻思:父亲不喜欢儿子吸烟。但是教他儿子坐监，他一定心上过不去。女人不喜欢男人吸烟。但是教她男人坐监，她一定心上过不去。反过来说，父亲喜欢儿子做好事。打他教他儿子做好事，他不高兴。女人喜欢男人做好事。打她教她男人做好事，她也不高兴。所以你们在村中办事，须要存一“可怜人坏，扶助人好”的心理。那村中的坏人，自然就可化除。好人也可以过那安生的日子啦。

告谕村为施行政治的单位各村长副应负责改进以求政治发展

村，为人群聚集最小团体，适合行政之单位。办理行政，如不从村中着手，纵有良好政策，不能达到民间。即使勉强收效于一时，终难持久。吾国向来行政疏阔，不从村中彻底设施，以造成良好稳固的社会，故有“人

存政举，人亡政息”之叹。余有鉴于此，设施村政。无处不以村为本位。各村长副既受村人推重，又经官厅委托，其责任何等重大！如能遵照法令，体察村情，提动闾、邻长等共图改进，将村中各项人民联成活体组织；引导村民都向“做好人，有饭吃”一条路上走。村中利益，由村人发展之；村中患害，由村人消除之；摒除本村的坏人，克去己身的坏事；造成良好村情，巩固人群基础；究使政令稍有变迁，而良好社会之根基决难动摇。村村如是，则全民政治之成功矣。兹将各村长副办理村政最要事项，略举于下，希注意焉。

（一）闾、邻长等，均为村长副最要的帮助。务须联成一体，共图进行，以求行政之敏捷。

（二）整理村范十事，“失学儿童”一项，有妨民智之发达，应由村督令就学。对贫寒无力者，随时筹救济方法，俾受相当教育，完成国民资格。其他九项坏人，均有妨害村中安全，须照历年颁发各种文告办法，切实查禁，期速悛改。

（三）主村欺压附村、大户欺压小户、土籍欺压客民、有势者欺压无势者，均为专制余毒，务须尽量消除。并提倡好人团结，抵御坏人。使村民一律平等，则不良现象不会发生。

（四）村民会议具有选举、罢免、创制、复决诸权，实为施行民权之初步。息讼会可以调解村人之争执。村公所为村中执行村务之机关。村监察委员会为防止执行村务人员专横舞弊之设置，均须照章办理。使村人实地练习，以期完成全民政治。

（五）村禁约为维持秩序，保障民权的要政。保卫团为保护好人，抵抗坏人的团体。均要照颁发办法，切实举办，则全村安宁，庶可永保。

告谕各县村长副，须注意村中走下坡的人家，并设法扭转使之往上坡走。

我从前对川至中学学生及阳曲兰村村长等说过，须注意村中谁家是走上坡，谁家是走下坡。并将走下坡的人家，设法扭转使之往上坡走，是村本政治中最重要的一事。现在推行村政，已经数年，这一宗事，亦应该随时举办。各村长副须按照后开各条，认真办理，养成向上风俗，以达村本政治之目的。

一、人家生活，当以每年所入三分二生活，三分一预备意外。凡一家，每年支出用不了收入三分之二以上者，即为走上坡人家。反之，就是走下坡的。村长副等于每年春初，将村中谁家是走上坡，谁家是走下坡，都要知道。

二、对走上坡的人家，应按村中习惯上表扬人的方法，尽力鼓励，使之常常往上坡走。并将其原因及所用的方法宣告村人，都仿效他。

三、对走下坡人家，应详查其堕落原因。如因婚丧、疾病及天灾等事，致家中亏累，是一时的不幸。可由村中量为帮助，或请官厅救济。如因懒惰、奢侈、嗜好等走下坡，是自身的大病，甚为危险。应按其人之性情及家庭情况，设法励导，务使扭转过来，往上坡走。

四、使一村之中，无走下坡的人家，村即年富一年。一县、一省、一国亦然。欲国富、省富、县富，均须由村中做起。是村实为政治根基。村长副、闾邻长亦即政治之重心。惠人之仁爱在此，富村、富县、富省、富国之大义亦在此。愿大家勉之。

新年余暇告全省人民的话

革命如割疮，要忍痛去病。我全省人民，欲希望将来之太平，非今日忍痛努力，打到病国、病民的恶势力不可。你们想想，东三省的人民多么痛苦！只就二十万万无基金的纸币一端说，东三省人民的负担，转比朝鲜的亡国民还要重。这样病国、病民的军阀，若不及早打倒，等他的势力膨胀起来，我们还受得了吗？我乘此新年余暇，与全省人民谈这几句话，愿大家努力赞助革命。

此谈话，每村分发一张，责成村长副、闾、邻长，乘旧历新年余暇，与人民讲解。

上元节对人民的训话

据报，外县人民，常多不知“革命”之意义。提起“革命”二字，尚有怕听者。本总司令特为大家解释“革命”之意义如下：

“革命是”去病“的意思。今天革命是革什么命？是革不公道的命。就人说，是贪官污吏、劣绅土棍、军阀。因为这些人通是欺负人，极不公道的。就事说，即恃强凌弱、众暴寡、富欺贫、智诈愚、大压小。这通是些不公道的事。这些命都应该革了。我们也就是革这些命。村长副、闾邻长应切实与人民解释，教大家不要害这革命怕，且要欢迎革命，帮助革命。我们今年因为革命花了许多钱，死了许多人，就是为大家求将来的公道。以后并且要切实地知道了，无论什么人、什么团体，有不公道的，我们就要革他的命。

告谕人民八条

（一）当兵、纳税、受教育，为国民之三大义务，不可不知。

（二）身体不壮，为人生之大不幸，不可不知。

（三）尚武，为国民必要之精神，不可不知。

（四）人能有所发明，才算真本领，不可不知。

（五）卫国以武，备战以财，不可不知。

（六）亡国之民，不如丧家之狗，不可不知。

（七）治病，要在人未死之前努力；救国，要在国未亡之前努力，不可不知。

（八）军官能力的军队，抵不住政治能力的军队，不可不知。

手谕人民十四条

一、继母虐待前妻子女，婆婆虐待媳妇，是今日最可恨、最可惨的二件事。责成家长、村长副、闾邻长严行禁止，亲族邻居，切实劝诫。

二、举手打人，开口骂人，真是野蛮人民。余在外国数年，没有见打架吵嘴的人。这就是文明国样子。你们如遇有打架吵嘴的人，要尽力劝诫他。

三、要想教自己的儿子好，教他上学校。

四、最可恨的二件事：男子吃鸦片，女子缠足。真是亡国败家的根源，均应快快地改了。

五、衣服要朴素整齐，尤要干净。

六、不说理，好占便宜，中国的上等人最犯此病。要知道，这就是不公道。

七、禽兽也晓得亲爱自己的儿子。若人只晓得亲爱自己的儿子，不能亲爱人的儿子，就和禽兽一样。

八、传教的是为教人学好。入教的是为学个好人。不入教的人不可仇视入教的人。入教的人不可借教无理横行。如要犯了法，不问在教不在教，一样地问罪。

九、外国有一种羊，名叫美利奴羊。每只每年能剪绒毛十余斤。每一斤能卖大洋一元上下。利大得很。现在已经从外洋买来一千头，请的外国技师，办理牧羊的事。你们一家喂养十头，一年就有一百五十元的毛。生下的羔子还没有算。百姓应该早点预备。

十、溺女的一件事，残忍得很，亦罪大得很，从此以后，再不可有。

十一、冬天患咳嗽病（俗名冬病）是煤炭火呛下的。所以男人得的少。要防此病，应该改良火炉，或勤开窗户。

十二、父母爱儿子占人的小便宜，真是害他不浅。

十三、补习国民教育，是教人学好，并教人学本领。万不可不上补习学校，再耽误了自己。

十四、君主国是皇上作主。皇上不好，人民就受苦了。共和是人民举的议员作主，举下议员代表人民。议员不好，人民也就苦了。想教议员好，举的时候不可买票子。谁好举谁。举下以后，要常打听他的主张行为。如有不好处，就要干涉他，质问他。万不可举下以后，再不管了。

对人民的训言（摘录四十三条）

1.轻于牺牲公理，即是促人群短命。

2.肉体上之佚乐，即精神上之鸩毒也。

3.欲决胜于疆场，必先决胜于学校。

4.好国民，要留好样于社会。

5.公德薄弱之国民，不能有个好旅馆，况人群幸福乎？

6.惟以自己之脑汁血汗换得之金钱，可以祀上帝，祭祖宗，奉父母。

7.公德为恶毒之堤防,非坚固不可。

8.私心为人类之蟊贼,非洗净不可。

9.贪官污吏、劣绅土棍为人群之大害,依法律手续,非除尽不可。

10.民生之害:吃烟、缠足、赌博。

11.公道森严的社会就是天堂。

12.教育为人群的生命。

13.懒就是堕落的起点。

14.国民智识,为民主立宪的根本,非教育普及不可。

15.不适时之理想言动,愈觉着好,坏事愈大。

16.公道森严,驾富强而上之。

17.公道为社会精神,国家元气。故主张公道,为国民之天职。

18.桀骜不驯,为野蛮人之特性。

19.真血性男子,脑筋中有"国家"两字。

20.欲自立,先从不依赖人起。

21.欲自由,先从不碍人自由起

22.欲保家,先保村;欲保村,先保县;欲保县,先保省;欲保省,先保国。此为一定之理,不可不知。

23.真爱好人的人,定能恶坏人。

24.轻浮浅薄,决非有益于国家之国民。

25.忧深思远,为处纵横时代之必要。

26.天下具有万能之力者,其惟秩序乎!

27.爱国不以其道,适足以误国。

28.能忠于职守,才是真正爱国。

29.当兵、纳税、受教育,为国民之三大义务。

30.身体不壮为人生之大不幸。

31.尚武为国民必要之精神。

32.人能有所发明,才算真本领。

33.世上最痛心的事,莫过于好百姓被贪官污吏、劣绅土棍欺负,及小孩童没人亲、老年人没人养这几件事。

34.国民的高尚人格,为共和的根本,非赖先辈之身教,无法养成。

35.最可耻的是无耻。

36.最可怕的是不怕。

37.最可恶的是好占便宜。

38.最可恨的是不主张公道。

39.最可敬的是要脸。

40.最可佩的是热心。

41.最可亲的是爱人。

42.最可爱的是公道。

43.能亲近公理,即是无上之爱群者。

民国十年春出巡对民吟

出巡南北意有三,察看灾赈问民艰。政治宗旨宣于众,须知皆是为民间。入村就与民告说,“做好人”与“有饭吃”。再能彼此相亲让,自能觉着人生乐。人群生命在教育,但指启发理性的。若以放纵欲性为,诚恐普及愈危急。国民教育要普及,务使省钱来求学。设校省钱较易多,上学省钱好肄业。六政三事与教育,整理村范尤要急。告尔村众自动办,粗治三年便可得。问民试种棉花否?每亩收片七八十。植树成绩较如何?十棵之内六七活。禁烟、禁赌、禁游民,只为尔众做好人。村闾长等认真办,自无坏人染子孙。造林、纺织与蚕桑,水利、畜牧尽提倡。只因人民未自动,事多表面作铺张。交通便利货易输,买贱卖贵利最普。省路、县路与村路,乘此农暇赶快修。人民问我如斯忙,答有二意与众谈。一希村中无坏人,二希村中无贫寒。村区编制政治根,各勤尔职以期成。理治德薄徒自愧,粗治却想做个赢。夹道灾民呼救声,愧斯职守愧斯民。告尔官绅须努力,一人不死总统心。

(按:除上述内容村长副须要知道外,依照要求,还有不少法令条文,村长副也必须知道。这些法令条文因已分列在相关的章节里,此处只列其目,以便知晓。这些法令条文有:

1.有关村界的:《整理村界简章》。

2.村组织的:《改进村制条例》、《修订乡村编制简章》、《修订村闾邻长选任简章》。

3.有关村公所的:《村公所简章》。

4. 有关村长副待遇的:《县知事接待街村长副规则》、《修正沁水县奖励村闾办法》、《训令各县考察所属街村长中事实成绩堪充区长者选保文》、《训令阳曲县知事、高等检察厅凡村长副因职务被控应先由县审处果有发生犯罪行为自可免职依法处理文》、《训令各级审检厅、各县知事遵照十一年(内)字三五号训令村长副如无犯罪重大嫌疑应予申明免传文》、《村葬条例》。

5. 有关整理村范的:《查禁贩吸烟民条例》、《劝谕人民擒拿贩卖洋烟金丹的人便是救人告示》、《禁止洋烟吗啡金丹等项告示》、《电令各县严查新发生烟贩文》、《吗啡治罪法》、《训令各县烟贩烟民取保后仍查有贩吸情事保人认罚之款悉数拨归村社文》、《修正领用各种和平戒烟药丸戒烟章程》、《修正禁赌条例》。

6. 有关村民会议的:《告谕街村长副闾邻长及人民举办村民会议文》。

7. 有关村禁约的:《村禁约之规定及执行简章》、《村禁约登记簿式》、《训令各县依村禁约处交村费者在官员警不得提取赏金文》、《训令各县知事转饬各区长对于代追村费不得扣留分文文》、《训令各县村庄按禁约处罚事项须由村长副闾邻长开会公议文》、《第三次告知事项第四条》、《训令各县遵照通令办法处分村禁约罚款文》、《电令各县依照村禁约缴纳村费非积谷打井教育基金三项不得动用文》。

8.有关息讼会的:《修订息讼会简章》、《息讼会登记簿式》、《致新绛县知事转饬各息讼会切勿勒捐文》、《行知阳曲县息讼会调息事件不得向理屈者征收会费文》。

9. 有关保卫团的:《修订地方保卫团条例》、《保卫团练习长矛八法手掷弹奖励章程》。

10.有关村监察委员会的:《监察委员会简章》。

11. 有关村财政的:《清理村财政简章》、《清查村款条例》、《行知各县经理村款注意事项并附四柱清册格式及结算方法应令村长副及经理村款员注意遵办文》、《经理村款注意事项附四柱清册及结算方法》、《村长副支用公费规则》、《乡村接待警差规则》。

12.有关村社积谷的:《各县村社积谷简章》。

13 有关天足的:《严禁缠足布告》、《劝导天足告谕》、《严禁缠足条例》、《天足会简章》、《行知各县知事、省外直辖各校实行办理学生不娶缠足妇女会文》、《通令各县将禁止幼女缠足加入村禁约内责成村长副等切实查劝文》、《化除家庭残忍办法》。

14.村长图记:《手谕各村长盖用图记须特别慎重文》、《村长图记启用办法》。

15. 有关产育的:《令村政处召集医务人员筹拟产育简当办法分期举行文》、《告知各村长副应将〈村政周报〉所载产育方法详告村人并慎选产科传习所学生文》、《产育研究会简章》。

16.有关村政宣传的:《村民讲演办法》、《送达〈村政周报〉及〈革命墙报〉规则》。

17.有关村政奖励的:《村政奖励条例》。

18.其他行政法令:《街村长副兼充田房交易公证人规则》、《禁止早婚条例》、《种树简章》、《兴办水利简章》、《考核种棉规则》、《训政会议简章》、《军人私卖民间牲畜惩办条例》、《陆军官兵私扣车骡惩办条例》、《各县户口编查暂行条例》、《附县户口总表》、《附区户口总表》、《附村户口总表》、《各县人事登记暂行条例》、《附人事登记簿》、《各县主附村及村闾邻长统计表》)

第三节 人民须知

用民政治大纲表

（七年四月十二日）

<table>
<tr><td rowspan="4">民德</td><td colspan="2">信</td><td rowspan="4">于国民学校师范养成所注意此。
于国民学校课本及补习国民学校课本中注意此。
于社会教育各事中注意此。
于《街村长副须知》、《人民须知》中注意此。
于宣讲时注意此。
于奖励国民人格时注意此。
于各学校之校风注意此。
于传习掾属、区长、助理员各所注意此。
于传习师范生、警察各所注意此。
于各种报章上注意此。
于各种印刷品上注意此。
于洗心社之讲演注意此。
于自省堂之自省注意此。
于演唱戏剧时注意此。
于官公各机关人员注意此。
于发布文告时注意此。
于行政处分时注意此。
于判决词讼时注意此。</td></tr>
<tr><td colspan="2">实</td></tr>
<tr><td colspan="2">进取</td></tr>
<tr><td colspan="2">爱群</td></tr>
<tr><td>民智</td><td>国民教育</td><td>以普及为主</td><td>扩充原有男女师范学校。
添设可容二千四百人之国民师范学校。
添设各属男女师范学校。
创设可容一千五百人之模范示教养成所。
添设可容二千五百人之师范讲学所。
各县均设师范讲习所。
调查学龄儿童，筹款设学，每次以五个月为限。
劝导入学，实行强迫，每次以一个月为限。
第一次，省城至七年九月普及。
第二次，各县城至八年二月普及。
第三次，各县乡镇及三百家以上村庄至八年八月普及。
第四次，二百家以上村庄至九年二月普及。</td></tr>
</table>

续表

			第五次，百家以上村庄至九年八月普及。 第六次，十家以上村庄至十年二月普及。 整顿各县教育会。 整顿各县劝学所。 特别创设贫民学校七处。 创办童子军讲习所。 各县均办童子军。 编定颁布国民学校课本。 广设注音字母传习所并发课本。
	职业教育	以发展国民经济为主	于甲乙种实业学校筹划改良办法。 于普通教育教材注意此。 于职业补习学校筹划改良办法。 于安插游民收集贫民注意此。 创办蚕业工厂，分期招收工徒。 推广农桑总局(附设农民传习所，由各县区分送学生)。 设立女子甲乙二种蚕桑传习所(由各县区分送学生)。 扩充工业试验所。 选送学生赴日各工艺厂实习。 选送留法勤工学生二百名，并先传习若干日。 省城及各县均设商业传习所。 整理平民工厂。 设立农学编辑会。 设立中医改进研究会。
	人才教育	以供给适应时代之行政自治及社会高等事业之用为主	设育才馆。 设行政研究所，养成县承政、承审、主计、视学、宣讲、技士人员。 设地方行政讲习所，养成各县区长助理员。 设政治研究会。 设学术研究会。 设涉外事项讨论会。 设法令编审会。 设区行政讨论会。 设警官讲习所。 整顿省城警察传习所。 设容二千四百人之区警传习所。 设容一千人之保安警察传习所。 整顿大学、高等专门、普通各学校。 规定《留学贷金章程》，分年增加留学欧美学额。 各县保送留日学生，设立预备学校。 加送北京、南京、武昌三处高等师范学生。 选送本国所立各外国学校学生。 创设外国言文学校。

续表

<table>
<tr><td rowspan="3">民财</td><td>农</td><td>以增加生产为主</td><td>水利（蓄水池、开渠、凿井）规定贷款办法
畜牧（养鸡、改良羊种、设模范牧场）
蚕桑——规定十年进行案
种树——每年至少一株
植棉——特定奖励金分年普及
造林——规定大小林区十年进行案
草帽辫——提倡推广编织
时用作物（种各种果木、种蓝、种甜菜、种花生、种麻、种烟）
编制各村土地
各县设农桑分局
设立蚕业工厂
设立中南北万桑园
各县设官苗圃
各村设公苗圃</td></tr>
<tr><td>工</td><td>以制熟土货仿造外货为主</td><td>制烟
制肥料
酿造
制糖
制皮
造丝
造纸
造玻璃
设机器场
纺织
电气
建筑
道路
水利工程
造针
油脂
强水
苏打
窑业（瓷器陶器）</td></tr>
<tr><td>商</td><td>以提倡输出限制输入
发展金融为主</td><td>筹设纺纱厂
设铜元兑换所
设省银行
整理货币
划一度量衡
修理道路便利运输
整顿商会
奖励产业组合
恢复西北商务</td></tr>
</table>

续表

	矿	以开发地宝利用投资为主	煤—— 铁—— 磺—— 矾—— 铜—— 其他五金各	保护小煤窑 创设矿务管理局 调查矿质 改良土法 整顿公司 奖励远销 设立铁厂 创设铁业公司

修正人民须知·叙言

这书为什么做得呢?是我盼望百姓,都成个好国民。因不能对你们亲身教化,所以用笔代口,做成这书,散给各村,责成村长副和村中的读书人,与你们讲解。凡我人民看这书时,或听别人讲解这书时,就如同我当面和你们说话的一样。要用心听明白,还要记住。俗语说:书内有黄金。若这本书比黄金还要宝贵,果人人能知,人人能行,我山西人民价值日高一日,是何等光荣呢!

有宣讲《人民须知》之义务者如下:

一、县署宣传员。

二、区署助理员等。

三、国民学校校长及教员等。

四、街、村长副及闾长等。

五、在籍之高等小学以上毕业学生及前清举贡生童之品性端正者。

六、退伍军官。

以上六种人,都是社会上的中坚分子,应该与人民热心宣讲,以尽责任。

修正人民须知:第一章　民德篇

信

什么叫个信呢?就是不欺哄人的意思。一个人如能说甚算甚,别人都信得过他,虽到困难时候,也能赊人的货,借人的钱。若平素人都信他不过,恐怕拿上洋钱买人的货,人还要斟点斟点,怕他的洋钱是假的。这是从浅处说。若说到深处,一个人要教人信不过,人都不愿同他共事,他就办不成事。人在世上,若要办不成事,虽是活的,就和死了一样。所以说,不信的人,等于死人。

实

什么叫个实呢?就是不论办什么事,都是实实在在的意思。你们试看世上的事,根基不实在,墙就要倒;货物不实在,就买不了;农人不实在,庄稼长不好;念书人不实在,学不下真本领。凡事没有不实在能成功的,没有不实在能站住的。所以说,不实在,必失败。

进取

什么叫个进取呢?就是不论甚事,总要越做越好的意思。比如农人种地,今年如何耕种、如何锄草、打下多少粮食。明年还要想一个好法子。总要教比今年打得多。这就是农人的进取。又比如做手艺的工人,总要想比师傅教下的法子还要高妙,就是工人的进取。又比如做商人的,今年生意总要想比去年赚得钱多,就是商人的进取。世上无论何人,若没有进取心,就不能越做越好。

爱群

什么叫爱群呢?就是人和人要互相亲爱的意思。你看那骡马离了群的时候,它还要叫一种恋群的声音。若要是人不爱群,就连骡马也不如了。俗语说,某人不合群,也就是说,某人不好的意思。

群怎么爱法?凡遇人有困难时,要扶助他;遇人有危急时,要搭救他;

遇人有做坏事时，要劝戒他。若是亲戚朋友，就要干涉他。这才是真正爱群。

修正人民须知：第二章 民智篇

国民教育

什么叫国民教育呢？凡是山西百姓，不论贫富贵贱的小孩子，七岁到十三岁，这七年内，须要有四年上学。这就名叫国民教育。

凡上过学的人，智识就高了，身体也壮了。为父母的，无论如何贫穷，总要使子女上学，是父母对于子女的义务，又名叫义务教育。

哪一国的人不明白，就要受别国的欺负，也就和乡下哪一家的人不明白，就要受别家欺负是一样的。所以国家法律定的：人民若不上学，就要罚他。罚了还得上学，又名叫强迫教育。

四书五经，实在是好。但是道理过深，小孩儿不容易懂。若教小儿念这书，比如使他拿百斤重的东西，哪能拿得动呢！

国民学校的功课，就是修身、国文、算术、体操、图画、手工等事。有四年功夫就毕业，学下打算盘、写信、记账的本领。稍有钱的，再上高等小学校。实在穷的，也可自谋生活。这就是求智识的第一样要事。

明党义

什么叫党义呢？党，就是中国国民党。党义，就是国民党所奉守的主义。

国民党的主义是什么呢？就是孙中山先生所倡导的三民主义。分开说，叫做民族主义、民权主义、民生主义。民族主义对内是要扶助弱小民族，使他们得自决自治；对外，抵御各国的侵略强权，并同时修改不平等条约，以恢复我国际平等的地位。民权主义是要人民有选举官员的权、罢免官员的权、创制法律的权、复决法律的权。人民有了这四权，国家的官员就不敢作弊，法律也能适合人民的意思。民生主义是要使人民都得一个充分快乐的生活。最要紧办法，就是平均地权和节制资本两事。平均地权，是用照价收税，涨价归功的手段，使土地的利权，除私人所应享得以外，其余都归之公家，付诸社会。并由国家规定土地法、土地使用法、地价法，渐渐地使大地主减小，耕者都有了田地。节制资本是限制私人资本的用途、营业的种类，以防资本专制的弊病，一面发达国家资本，以振兴全国产业。

我们中国，既是个民主的国家，都应该存个爱国救国的热心。但是要救中国的危亡，舍了用三民主义，别无途径。所以盼望你们赶紧要明白了党义。觉悟起来，联合起来，共救中国的危亡才好。

听宣讲看报纸

国民教育篇内所说的话，是对现在小孩儿的办法。至于现在已经大了的人，识字的务必要看报，不识字的务必要听宣讲。这都是与你们添知识的法子。比如你们住在乡下，没有一点知识。一天所看见，所听见的，只是这一村一乡的事情，不用说外国、外省、外县啦，只怕连本县的事情也都不知道。一个人要是什么也不知道，不明白，那些不好的官，不好的绅士，同那顶坏的书办衙役，就来欺负你，你也不知道；就知道，你也不敢惹他。这都是不识字、不明白的过。前篇说的国民教育，就是教小孩子早些明白的法了。这个看报听讲，就是教你们年纪大的人也慢慢明白的法子。

看告示

从前各衙门告示，多是文话，不容易懂。告示上的意思人民多不晓得。现在的告示，改用俗话。那告示上事情，不是谋国家的好处，就是谋人民的好处，都是要紧必办的事。你们若不看，不晓得告示上说的是甚话，恐怕就要受罚责了。以后，凡识字的人，务必要看，并须告说不识字的人知道才好。

读刑律

人必要知道刑律，然后才能知道某事犯某罪。在自己，就不敢明知故犯，也不至无知误犯。遇有打官司时，自己知道律例，就有主意。遇有土棍恶人欺负时，就可照刑律禀官办他。遇有不好的官绅，百姓也知道他犯了刑律上某罪。这官绅也就不敢做坏事了。现在所行的新刑律,共有三十六样的罪。从前已经将此书印散各县村长副及国民小学校的教习,永久保存,随时与众人讲解。你们有不清楚的,也可以去问讯。至于村内读书人,有工夫时,也该把刑律与大家讲讲。

修正人民须知:第三章　民财篇

产业组合

能生利的事业,简单说就叫产业。许多人为经营一种事,合伙起来,就叫组合。所以产业组合,就是许多人合伙起来,经营一种有利事业的意思。组合的种类很多,现择最要的略说几种。

一、信用组合。这种组合,好像河东各县俗行的拔会。由多数人分期交纳小资金额,合成巨款,规定利率。组合员中,有想经营事业而缺乏资本者,即以所集资金借给,嗣后按期偿还。再由其他组合员,轮流借用,以至全体轮完,就算了事,不再还本。如此办理,既可互助缓急,且比从银行借款便利。

二、消费组合。这种组合,以购买日用品便宜为目的。凡日常用品,一人单独向市上购买,用钱必多。若是多数需用物品的人,合伙起来,集成一种大款,直向所用物品原产地方购买,必较便宜,并可得优良物品。

三、贩卖组合。这种组合以售卖生产物品,得较大价值为目的。例如,种棉花者,一家产棉无多,单独售卖,往往受花贩子挟制,低价出售。若集许多棉花者合成大宗,直向收花地方售卖,必可得较高的价值。并且大家互相监视,检定品类,不使参杂低劣物品,坏了行市。

总而言之,无论哪一种组合,均于中小户人家最为有益。我甚盼望你们仿照办理。如从前有类似的习惯,并应扩充增加。但有数事应注意:(一)要互相信用。(二)要有互助道德。(三)对于破坏组合信用的,要互相纠正。

种树

近年来，修铁道、安电线，一切建筑，用木料很多。所以木料很贵。现在，买外国木料已经不少。若多栽树木的人，将来必获厚利。况且栽树，并不必在好地里。凡门前宅后，房角地畔，路旁渠堰，一切空地，若现在栽上树，十年、二十年后，就值钱不少。就如山上宜种松柏樫桦等树，平地宜栽杨柳，还可种榆槐。干处栽种的时候，掘坑要深些；湿处掘坑要浅些。再把地面上向阳的土壅回，结结实实地筑好，就好成活。但是，种树不可太晚，晚了不易成活。每见奉行故事的，树已发了大芽子，他才去栽植，以图塞责，到后来，一株也不活。这是万不可的。我从前颁发了一种实验杨柳种植法，你们要看明白，依法栽植。若要种桃、杏都是种籽儿。李、枣都把小树移栽。再如梨儿、果子，又要接枝。乡下会栽种树的人很多。凡不会栽种的，要问问会栽种的。凡会栽种的，务必说与不会栽种的。不要就和以前的样子，有些本事，便不肯告人。将来十年，或二十年后，各样的树都长成，大家都能得利，这不更好？至于栽种以后，还要想保护的方法。如按时候灌浇，修理条枝，是自己办的。如怕人毁伤，这个责任，是责成县知事、警佐、区长、巡警以及村长副、闾长应办理的。

种棉

山西的韩侯岭以北，天气稍寒，旧年都不种棉花。所用的花布多向外省买的，每年出款大约两千万元。此时，粮食的价贵，还能拿上粮食换回布来，若到粮价贱的时候，又不能不穿布，日后必要受多少困难。所以根本的计算，总要自己能种棉，方是长久的法子。有人说，山西韩侯岭以北，棉花多碰不开，其实都是种的不得法。种过一年，见棉桃不能碰开，便不种了。要知道年年采取早熟的种籽，就一块地儿种植，人民也渐次儿惯了，土地也渐次儿熟了，究莫有碰不开的道理呢。所以上年春间，我拿三千块大洋，登报悬赏，教人民种棉。秋天，将各县碰开的棉桃，送到省城，开会陈列，得了奖金的人尽多，是你们知道的。今年还要拿三千块大洋，奖励你们。赶快多种才好。你看本省平、蒲、绛、解各县，近年都种棉花。贩到天津销售,获利甚多。洪洞、赵诚的农人,都说种棉的利不在种洋烟以下。新绛、河津各县,每亩棉花有收净花至五、六十斤的。以现价六百钱计算,每亩可赚钱三十余吊。赚钱真是不少呢!至于种棉的法子,已在《村长副须知》内说明。

蚕 桑

有人说,山西不宜桑。此话错了。古时,《诗经》、《孟子》所说树桑,多是说北省的事。你们问读书人就该知道。说起栽桑养蚕,比别的事业,用的力少,得的利多。一亩地栽桑二百四十株。每株采叶平均十斤,共采叶二千四百斤。养蚕一万头,自小至老,共食叶三百斤。一亩地所产之叶,计可养蚕八万头。每蚕万头可收茧十五斤,共可收茧一百二十斤。每斤茧买小洋四角,共计小洋四十八元。除工资杂费约十五、六元外,净获利小洋三十余元。况且蚕桑一事,凡不能种地受苦的老幼男妇,都可喂养。一人可养蚕五万头。一家八口可种桑五亩,养蚕四十万头,净获利小洋一百五十元。三十余日就能完事,绝不耽误别项耕作,而桑园内还能种豆类的田禾。如再养一次夏蚕,又能赚利数十元。我还要将培桑、养蚕、缫丝简明的方法,编成浅说,发给你们。教街村长副与你们讲明。照这法儿办理才好。

肥 料

地主不肯多买粪,佃户不肯多锄鑵。这是如今种地的大病。你们有地之人,须要多上肥料,并要自造肥料。比如骨肥是最有劲气的。乡下人家自己能做粪。这事关系甚大。我省有五十一万顷地。每亩若多上肥料,多打粮食,能多收洋二元,每年全省就能多收洋一万万元。以你们自家说,都可发财;以山西全省说,也就都有钱了。岂不甚好?至于我省农家之堆粪,往往露天堆积,日头晒,雨水淋,将粪的力量,暗暗减少。这粪土上在地里,不大顶事。你们赶紧将沤粪堆粪的池子、厂子,弄得坚固,点水不漏。不要教太阳直照上,不要教雨水淋上。至于骨粪制法、用法,已经在《村长副须知》内说明。这是教你们自己制造的法子。又怕你们制得不甚得法,教农业学校附设了一个制骨粉的场所。现在制成的尽多,价钱又极便宜。你们要买些试验试验才是。

种甜菜制糖

近来，我们所吃的各种糖，多半是用甜菜制成的。种甜菜很容易。叶子当菜吃，根儿可制糖。本督军令省城农桑总局，设制造糖厂。并令各县选送农民到局学习制糖，现在已经毕业了。教他们将这制糖的法子说给你们，便可制糖了。况且，山西每年买外省糖，总在七八十万元。你们农民赶紧地种甜菜。无论制下多少糖，总不怕无处售卖。况且，制糖是很容易的事。家中妇女，每年冬天，用寻常器具熬制就能制成，其利益比种五谷甚大。按实在的计算，每甜菜一亩，可收获四千斤。每甜菜百斤，可制糖七斤。四千斤共可制糖二百八十余斤。每斤糖价以大洋一角五分计算，共可得大洋四十二元。除去耕种及制造费用，约一十四元外，净可获利二十八元之谱。至于种法、制法，已印在《村长副须知》内。他要与你们讲明白的。

种　麻

种麻的用项很大。前几年，我省崞县有个绅士，将他的麻，托朋友捎到四川绵竹县，教人家试织夏布。后来织成捎回，最精细，最白亮，就不在他四川所织的以下。今年，要从江西聘几个工师来省，招些工徒，仿照他也织夏布。这不是将来一宗大利么？况且，近来，外洋以及南省，凡装运货物，如洋布、如洋线的包皮及装粮食的口袋，都是用麻袋，销路是极广的。所以上海有设公司，专织麻袋，每年获利最厚。本省各县的土地，大半多宜种麻。以后凡旧日有的，务必要多种，就是以前没有种过的，亦要试种。至于种的法子，在《村长副须知》内已说明。

交换种籽

你们农人种的田禾，要教他多加收量，有一件最要紧的，就是交换种籽。从那气候差不多的地方，如这一县与那一县，这一省与那一省交换。比如五谷的种籽，每到四、五年须交换一次。烟草瓜菜等，不妨每年交换一次。照这法儿，不但收量可以增多，并可免各样的病。如霉谷、霉茭等类。且收下的粮食瓜菜，分外要好呢！

牲畜疫病预防法

人民饲养的牲畜,如马、牛、羊、猪等,饲料管理,稍一不慎,即不免发生疫病(如牛疫、马瘟、羊痘、猪罗斯等)。这些疫病,传染迅速,死率亦大。不上几天,就能将一村、一县的同种家畜,死亡殆尽。这都是人民不会饲养及预防的缘故。须知家畜也是生物。畜舍务求洁净,饲料亦须得法,使微生物不易沾染畜体,牲畜就不会生病。万一管理不到,疫病发生,就应把不病的家畜,远远隔离。畜舍内外,更宜散布石灰粉末。饲养的人,也不要去有疫的地方。至病死的畜尸,赶快要埋入土内,盖以灰土。万不要贪图小利,剥皮卖肉,以致滋蔓。病畜舍及饲养病畜的人,宜用石灰水,或石炭酸水洗刷几次,把传染病菌扑灭净尽。总然生有疫病,也不至传染多数。这是现在牲畜传染病预防的最好方法。你们如能照着实行,准是有益的。

牧畜

什么叫牧畜?就是喂养能孳生的畜类。如牛、马、猪、羊等都是。每年获利很多。如今先就养羊、养鸡的利益说给你们。

养羊孳生最快。它的皮毛用途很多,价钱也很贵。但是养中国的羊,还不如养外国的羊,其利更大。如养一个外国的羊,每年至少能剪毛十五斤。其毛又细又长,织出来的呢绒,是极好的。比中国的羊毛价钱,贵的不止一倍。现在北京、东三省、山东地方百姓们,都喂外国羊,赚钱已经不少。我省现已买回数千头,先在省城和南、北两牧场喂养。这羊传下种子,不久就要与外县分散。大家都可喂养,取些厚利。

养鸡也是极有利的。本省养鸡,各县都有。但是零星喂养,从没有设个厂地。每年所出的鸡蛋,也无大宗。近来,太谷、晋城两县都设立蛋白公司。将这鸡蛋装运外洋,获利不少。你们看,养一只鸡,春秋两季至少能产蛋一百五十个。每个买制钱十文。每只鸡一年得利钱一千五百文。况且,鸡肉能共食用,鸡粪可肥田地。还有许多的好处,且不费多的本钱。人人都能办到,又不费事,又获大利。你们赶紧要养鸡才好。

纺织

我们中国所产的蚕丝棉花,近来多被外洋人收买,拿到外国,织成洋缎洋布，又运回我国销售。一往来间，把我们的银钱跑到外洋，实在可惜。我山西既是种桑、养蚕、种棉花，以后总要都学会纺织才好。所以在省城设立蚕业工厂，织成的绸缎湖绉都好。你们也可派人来省学习，待学会了，回去互相传授。教妇女们有了职业，也就能够生利。不但自己穿衣服用，且可卖与别人赚钱。

经　商

新生意多叫公司。公司有四样：一叫无限公司。若亏了本，不论亏下若干，都要与人。我们现在铺户，就与这样相同。二叫两合公司。东家内有负有限责任的，有负无限责任的。亏了本，有限责任的东家，只以原本赔完就不管了，无限责任的股东，都要尽数还人。三叫股份有限公司。股东责任都是有限，赔完本，就不管了。发起人，必要七人以上。开股东会，公举董事、监察人，代表股东。四叫股份两合公司。是发起人内，有负无限责任的股东，下余所招的股，都是有限责任。这种公司，有负无限责任的股东，完全负责，不举董事，只举监察人。这四种是《公司条例》定明的。

如今经营事业，本钱越大，赚钱越多。只是财主们，仍用旧日的办法，就不能得大利了。我们中国公司条例中，所定的四种公司，都是个做生意的好法子。如今，有些公司不好。不是公司不好的过，是用人不妥，采用不得法的过。只因这四种公司，各有各的好处。总要择其中最相宜的，大家采用。如我们山西现在欲用这公司的法子，做生意，亦要先知那项公司，宜于那种事业，是不可忽略的。今分三项，对大家讲讲。

第一，要将铺号组织，根据那《公司条例》上，无限公司的办法实行改组，呈报注册，免得财东和铺掌的权利义务，不相平均。如现在铺号，每年所得红利必要按财股与身股均分。一旦歇业，号中债项，都归财主归还，身股上不出一钱。所以现在各号铺掌，多营私舞弊，毫不畏惧。试观近年来各处倒闭的商号，财东们已倾家破产，铺掌们则高楼大厦，穿绸吃肉。如是改为无限公司，按法律的办法，身股和财股一样，对于所该的外债，同负无限的责任。如此铺掌因利害切己，必不敢营私舞弊。号中的生意，以后必有起色。大家总要想法儿改组呢。

第二,改为无限公司以后,如想扩张生意,添集本钱,或是欲兴办一种新实业,募集股本,可不必采用无限公司了。因这公司为重人的公司,不是重资的公司,所以不能募集多额的股本。这时候,惟有采用两合公司,乃是个顶好的法子。因这两合公司,有无限责任的股东经营业务。所以内部的组织,不是患其不坚,又有有限责任的股东,帮助多集股本,所以事业的扩张都能办到。既可得人,又可集资,是最相宜的。

第三,如是要办大股本的实业,或是本省的公共大事业,虽系股份有限公司的办法,也要多入股。因为这大事业,非用股份有限的办法,必不能募集极大地股本。以前有些公司失败,多因用人不好,监督的不严。如能用好经理人、好董事、好监察人,就不至失败了。况且《公司条例》所定的条文,多半是为预防作弊的。如今各种条例都要实行,又有实业官厅随时监察,所以决少骗人的事情。如有骗人者,定要问他的罪。

近年,生意弊病百出。一方面说,是财东不好。未立生意前,并没有看定赚钱的事,就立买卖,意在落个当财东的虚名。哪知道过了数年,受了实害,倾家破产,甚至于立生意的意思,在挪移债务,供给自己花销。此等生意,官吏、商会都该干涉他。一方面说,是掌柜的不好。不务正经买卖,或是做虎盘。存了个赚下,大家花钱;赔下,财东还债的主意。这种人终久必败。当财主的不应该与他放本。别的商家不应该与他共事。况且打虎还要犯坐监罪。甚至于不务商业,专以放赌抽头为事。这种人等于土棍无赖,就不能算是商人了,必定治他重罪。

还有几种坏处:出帖子不与人现钱、卖下的银子拿不出银子。真是设局骗人。这也是犯罪的。

信用是无价之宝。商家必要言不二价,才不耽误生意。万不可以假冒真,万不可出入不公平。若是自坏门市,便无人照顾了。

在本地做生意,赚的是本地的钱。从他自己个人看,是赚下钱了;若从本地方上看,就没有与本地添来钱。所以人若有志经商,总要远方贸易,才算是有本事的人。

还有三件事,应该知道:一叫广告。把自己卖的货物,做一段话,或登报上，或贴大街，或散在四方，教人知道，才能多销。就如外国人卖仁丹、卖烟卷的法子。二叫仿单。把自己铺户的住址，和价目名称，和货物的好处，刻一个单子，于卖货时随货付于他，可以越传越远。这也是招生意的一法。三叫商标。凡在洋货上，都各有一个记号，就是商标。比如洋布有人头牌、海马牌。有此牌号，买主容易记下，自能多销了。

备荒

本省近几年的秋收，总算是好。各县的粮价，一年反比一年贵。这个缘故，一因粮食运卖外省，一因人民的费用也大。所以粮食的价每年增高。年年丰收，还不要紧，若是遇了荒年，就了不得了。为什么就遭荒年？因为我们山西各县，有渠水能浇的地不多，其余都是旱地。一遇天旱，秋收不好，这不成了荒年么。如今要想一备荒的法子才好。这法子是什么？一要凿井，一要办古人所说的区田法。

凿井也有两法。一系用我们的旧法。凡能耕的田地，都可凿井。总要淘深，务必使井水足用，能多浇田地才好。有用砖砌的，或用石头砌的，都就旧日的习惯办去。一用新法。我前派了许多学生，到北京学打这洋井的法子，现在已经毕业回来了，还买了许多的器具，在省城打井呢！不久就出省外。以后你们或自己有钱，一家自可打井，或是好几家公共打一井，就是遇上旱天，都能浇地。这就是备荒年的第一个法子。

什么叫区田法？就是将田地里，于头年秋后，将地先掘小池子。每一池，方一尺五寸，深一尺。每池相间也是一尺五寸。将掘出之土放在相间的空地，教阳光晒它。到明春耕种的时候，用粪每池不过十斤。如骡马粪、坑土粪都好。先将粪与掘出的土拌匀，壅到池内约六寸余，然后种谷子。到苗出土时，每一株相离一寸半。每池约一百一十株。以后每锄一遍，浇一遍，壅土一遍。到了秋天，苗也成熟，地也壅平了。用这个法子，既不用牲口，又不拘什么地，一个人就可种。每池不大，用水无多，便可浇浓。所以先要凿井，这区田法方好用呢！至于收成的多少，比如照旧日种地，每亩能收一石的，如今可收五六石。所以古人每家必要种区田二亩，以备荒年。这又是备荒的第二个法子。恐怕你们不甚清楚，再画一个图给你们看,就明白了。

区田图说明:图中白点,就是方一尺五寸,深一尺的小池。黑点就是空地,存放掘出来的土。到了苗出后,锄一遍,浇一遍,将土壅回一遍。到了秋天,土也壅完,地也平了。到次年种时,须要倒换。池子作为空地,空地再掘池子。每年都是如此。

种这区田的器具,是最省便的,只用小锄一把。锄头宽一寸,锄弯长四寸,木把三寸,便适用了。

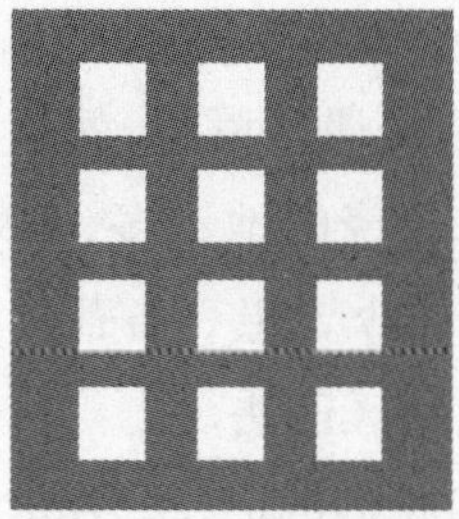

区田图

修正人民须知:第四章　家庭篇

家　庭

人生最大快乐的事,必要有个好家庭。要想家庭好,必是孝顺父母,和睦兄弟,教训子女,一家没有闲人。还须妯娌们一心合意,才能过好日子。古人说:"九世同堂"、"张公百忍",固然是件好事。但是,如今生计艰难,人民越要讲究个个自立。若是一家人口过多,就不免有个此推彼懒。慢慢地看样学样,都不当是自己的事情,那就颠倒不好了。甚至于一家的人,全靠家长一人赚钱,大家都养成倚赖性,就更不能自立了。你们为父母的,如觉得儿子们成人,应该早点分家,以免家里不和气。弟兄妯娌,如分家以后,更要好好敬奉父母,以报养育的恩。

近年来，人情愈坏。家庭中最不好的事，莫如继母虐待儿女，及婆婆虐待媳妇。这两件事是要严禁的。如有这事，邻家通应该干涉，村长副就要禁止。他如不听，要送县办他。须知，继母虐待儿女致死、婆婆虐待媳妇致死都是犯罪。法律上定明的。

还有一件最不好的习惯。就是夏天在街前吃饭、门前好安设毛厕。沿大道的村庄，多是这样，实在不好看。须知：吃饭须在家中团坐。长幼也有个次序，且免得尘土入饭，于卫生是极不好的。至于毛厕，尤宜在院内偏僻些的地方安置。街上既干净，自己也方便。如今须要改变，不可照从前的样才好呢！

我们山西旧年还有一样儿习惯。就是自家老人去世了，为子弟的，与他看坟地，讲风水，或是旧坟中，今年的山向不开，明年的日月不利，把灵柩停在家中，有数十年不葬的。须知古人常说：入土为安。以后切不要泥住这个迷信。坟地只要择山明水秀，后来不至被水冲没，或为大道所占的地方，就要早日葬埋，才是为人子送终的正经办法。

家庭教育

要想有好子弟，一半是上学校，一半就是在家庭教育。当父母兄长的，对子弟，应该常常与他说好话，谈好事，教他心中想望地成个好人。见了他做不好的事，要慢慢地与他讲明白。万不可恶打恶骂，弄得小孩儿受了惊恐，反成了痴呆的。

子弟从上学校时起，每日清早上学校，走的时候和从学校回来的时候，必先向父母兄长，行一鞠躬礼。若是子弟离家出外，或是父母离家出外，子弟送行，必要行三鞠躬礼。又，子弟出外回家，或是父母从外边回家，子弟必先行三鞠躬礼。这“礼”是人一生该守的。因为世界上，齐家治国，全凭的一个“礼”字。行礼当该从父母身上行起。以外尊敬长者，敬爱朋友，同是见面，必要有礼。如：早上问个“早上好！”晚上问个“晚上好！”

产　育

夫人生产和养育婴儿，实在是家庭中最重要的两件事情。吾国人民，对于接产及养育小孩，多泥守相沿的积习，不讲求改善方法。以致一般妇人，因生产致命者，实在不少。所生的婴儿，亦因养育方法不好，由此少亡者，为数尤多。这两件事，以后须要特别注意，力求改善。

西洋产婆学，确有可取。养育婴儿的方法，亦较适宜。他们所研究的产前、产后注意事项、产生时保护救济方法以及养育小孩的各种良方，均应取法改善，以求产妇婴儿的安全。近由村政处附设产育研究会，聘请精于西医学术及有经验者，研究接产育儿方法及普通治疗预防良方，按期登载《村政周报》。并令各村将报按次分订成册，存放村公所内。盼望你们乘暇细阅，详告家中的妇女。务将研究的方法，用之实际。

省城曾立产科传习所。历年毕业产婆，已有五班。分往各地，服务成绩很好，救济产妇胎儿为数甚多。现拟扩充人数。令各县保送学生，分班教授，以资普及。你们家中如有合格的妇人，以后如遇招生时，须要令其入所学习。如果村中已经有了由该所毕业的人，须要请她指导产育的方法，教大家明了照样去做。实于产妇婴儿，造福非浅。

女学

儿童当幼小的时候，惟他父母的教训，他最爱听。或是认几个字，或教他算些数目，或是说几句古人的好故事儿。不知不觉，儿童就有了些学问呢。若要儿童受这好教训，非他的母亲有了学问，才能办呢！所以如今设立女学校，就是为此。以后，你们各村也要设立个女学校。教幼年的女子，就近入学，将来于家庭中，很有许多的好处。

自立

凡人必要有自立的能力，才能生活。但是人的年纪，从幼到老，时候不同，能力也不同，必要早有个分年的好主意才是。

幼年六岁以内，这是孩儿时代。为父母的，看见孩儿的性情举动，如有不合民德四要处，就要随时告说，教他改正。比如白布一块，染它什么颜色，它就成了什么颜色。七岁至十四岁，这是上学时代。学习写字、打算盘、作文、手工等事。这是功课。至于精神上，为教习的、为父母的，总要教他晓得：人在世上，就活的个本领，方有趣味。本领大的，趣味越大；本领小的，趣味亦小。比如有同年生之两个人，活到六十岁，同年死了。一个是本领大的人，与国家、地方及自己家内，做下若干事。一个是本领小的人，只能做下一点事。你看是本领大的有趣味不是呢！

但是，要想教子弟本领大，为父母的，供给上学，就是要紧事。设如一般的两个儿子，一个由小学挨次升到大学，一个从国民学校后，就务了庄农，一定是在大学的儿子本领大。可见供给儿子上学，一定是父母的义务。

人生事业，做成与否，全看中年时代。本领大的，固然要多做事。就是本领小的，也要积蓄下必不可少的钱。什么是必不可少的钱？一是自己供给儿子上学的钱，一是自己老年养老的钱。若莫有这两样的钱，自己儿子就不能自立，自己到老来，也就不能自立。凡向人借钱，最是不能自立的毛病。若借钱不还，更是没有人格了。你们有钱的人，最好办些公益事，或办些慈善事。若把钱贷与不能自立的人，就是败坏人的自立性，不可不知。

三 怕

人在世上，总要小心谨慎，常有个怕的，才不至胡作胡为，造下罪孽。若是无法无天，又不怕人笑话，活的是个坏人，死了是个恶鬼。本督军警告你们：凡是一个人，一定要怕上帝、怕法律、怕社会上的舆论。你们试想，天上地下，神妙莫测，无奇不有。这内中如没有真神，哪能有这大的造化？你们百姓人家，都供奉的一个天地三界、十方万灵真宰的牌位。这"真宰"二字说什么呢？就是说上帝咧！《诗经》上说："上帝临汝，毋贰尔心"，就是说，上帝在人头上，人一举念，一做事，不能瞒避了上帝的眼。四书五经上说上帝的很多。可见，古人都知道敬奉上帝。这就是孔子教人的真道理。后世人念孔夫子书，说是尊敬孔子，其实并不知道敬奉上帝，真是忘却根子了。

国家的法律，是为保护人民大家的安宁的。你看犯了国法的人，或是死罪，或是坐监，或是拘禁，或是罚金，真是后悔不及，都是因他不知怕国法的缘故。你们须知桀骜不驯，是亡国民的特性。总要安分守法才好。

什么叫舆论呢？就是众人的公论。如众人都说他好，就是社会上的好人；如众人都说他不是，他就无地自容了。古人有句话：千人所指，无病而死。这不是说他必死，是说大家说他不是的人，那人虽活的，也和死了一样了。你们想想，可怕不可怕呢？

职　业

人不论富贵贫贱，总要各有正经事业，才算个人。若没有办的正事，就成了游民。试看外国人，越有钱，越多做事。所以事业越大，钱越多。山西有个最大的病，就是妇人不做事。这不但是外国没有，就是中国各省也少。这也是人家穷的一个根儿。我与妇人想下几件能办的事。如喂蚕、缫丝、织布、熬糖、养鸡和一切小手工，都是有利的事。现在物价通贵，度日艰难，女人也应该赚几个钱，帮助男人过光景才好。

贫富之别

贫富怎么分别呢？赚得比花的多，就是富；花的比赚得多，就是穷。比如一年能赚一百吊，花八十吊，余下二十吊，是富；一年能赚一千吊，花一千吊，一个没有留下，岂不是贫吗？所以人要赚得钱多，更要花得钱少，就是当财主的法子。

勤　俭

勤，就是不懒惰的意思；俭，就是不浪费的意思。人不论有什么本领，一习懒惰，就永无成功。人家不论有多少产业，一习奢侈，不久就要失败。反过来说，若做事勤劳，就是没本领，也可以渐有进步；若诸处俭省，虽贫穷，亦可逐渐起家。况且勤劳可以锻炼身体，俭省可以培养廉洁。每见性情懒惰的人，多没有个好身体。好看阔气，花钱不当事的人，都要弄得穷了，做那不正当的事。这是自己取的。须知：勤俭习惯，必从小时养成。若小时惯了懒惰奢侈，到大就不容易改了。

积　蓄

婚丧大故，人家不能免的。水旱天灾，也是时常有的。若是一年赚下的钱，都花完；收获下的粮食，都用完，一遇有事，就没有法了。不是借债，就是卖产。这就是不知积蓄的病。况且，人都有个年老。在年轻的时候，总要积攒些钱，预备自己养老。古人种地三年，必余一年的粮食；种地九年,必余三年的粮食。今人也要每年有点积蓄才是。当父母的,应该为子孙计算。每年栽一棵树,预备自己养老送终的花费。这是为子孙积蓄的一个好法子。

戒溺女

国家怎么就能好呢?一方面说,固然是非人民好不可;再从一方面说,也非要人民多不可。但是要想男子多,必先女人多。近年,百姓无知,多有把自己亲生女孩儿溺死的,更有溺死男孩儿的。这种事情,在他自己,是因养活艰难,受累不过。哪知道,父母害了亲生孩儿,何等忍心!这是损阴德的大事,大背了上天生人的道理。况且弄得女人越少越贵,男人多娶不起女人。无子绝后的很多,又害得国家不能加多人口。所以国家定下法律,把溺女和杀人是一样的罪。父母也得坐监。你们切莫再犯。

戒缠足

妇女缠足的害甚大,不止是行动不便,并把筋骨损坏。世界万国,都没有这种恶习。惟中国有此恶习。中国各省比较,数山西最利害。所以山西人口越少,身体越弱。这害不除,关系甚大。以后男人,凡有娶缠足女人的,一定要问他重罪。

戒早婚

我国古来定的,男人三十岁上娶妻,女人二十岁上出嫁。所以古人身体强壮,岁数活得大。如今当父母的,不知这道理,每每与儿女成婚太早。不止说害得他身体不壮实,而且往往儿子还没有成人哩,又有了多少孙子啦!当父母的不是要活活累死么!所以前次内务部来文禁止人民早婚。本省暂且定为男人二十岁以上,才可娶妻。女人满十八岁,才准出嫁。凡为父母的,不可不知这理,不可不守这法。

婚聘祭葬

父母对于子女,有必须办的两件事:就是男婚女聘。儿女对于父母,有必须办得两件事:就是死葬追祭。这四种礼节,不但古人看得郑重,就是今人也是看得很重,但是不可奢华了。就如子弟葬埋父母,一定是称家有无,万不可过于铺张,弄得发完丧,就不能过日子。试思,父母为子嗣最放不下心的，就是恐怕子嗣不能过日子。若要因埋葬父母，致得不能过日子，岂不是反背了父母的心。这就是大不孝。婚娶时更要从简。有一对国旗，打在前头就可以。祭葬时，亦是有一对国旗，并几副挽联，打在前头就可以，万不可再用纸扎炮张。至于上下与事人等，喜事襟插红花，白事臂缠白布或黑布。照这样办去，亦简单，亦雅致，亦省钱，亦尽礼，岂不好么？孔子说“礼，与其奢也，宁俭”，也就是这个意思。

修正人民须知：第五章　社会篇

村政治

什么叫村政治呢？就是村中公共事务，由村人自己办理的意思。如整理村范，是为村中铲除坏人；村禁约是由村民公议订定的规约；息讼会是专为调息村民的争执；保卫团是使好人结团体，稽查坏人；村民会议是发展民权，实现自治精神的根基。这几种事，都是由村人举出来的。村长副、闾长和分管事务的人员，负责进行。恐怕他们发生弊病，每村又选五人或七人，组织个监察委员会，监督他们，使他们只能往好处办，不能往坏里走。但是村中的事，村人都应该负些责任。所以我盼望大家，对于村范，要好好帮着村长去办。对于禁约，要确实遵守。如果有了争执的事，先要向息讼会请求调处。壮年的男子，不要害怕当团丁。遇着召集村民会议的时候，更要把村中应兴应革的事，提议倡办。如能照这样做去，就可把村政办到好处。大家必能过个安生的日子。你看多么好哩！

结团体

不结团体，是我国人的大病。俗话说：各人自扫门前雪，莫管他人瓦上霜。这道理是大错了。世上有许多事，非结团体不能办。今先略说几件：

一、乡下土豪恶棍，欺负良民。若是人都不敢惹他，他就越厉害起来了。若好人大家齐心，一意主张公道，收拾坏人，他就不敢为非作歹。这是非团体不可。

二、强盗偷人的东西，或是杀人放火。他们更是害人的。若是盗入人宅，前后左右邻家，各不相管，这强盗就越胆大了。受害的人，就越多了。这更是非团体不能抵备的。

三、遇有发财赚钱的事，一个人不能办的，若集合众人，就能共同生利。这也是非团体不成的。

尊重团体

许多人为达共同的目的，结合起来做一种事业，就叫做团体。从前社会上的人，对于团体的事业，不是没人办理，就是少数人从中舞弊。多少好事办不成，都是这个缘故。以后，你们应当力改旧病。第一，大家商议的事务，必要本上良心，发表正当的主张，不要糊涂地附和旁人。第二，已经议决以后，就成了团体的意思，须要同心合力去做。不要因为和自己原意稍有些不合，便推诿不办。要知道，自己既是团体的一分子，团体就是代表自己。所以服从团体，还是服从自己哩？

互 助

什么叫做互助？就是人和人互相扶助的意思。因为人不能孤立生活，就如能种粮食的人，不必能做衣裳；能作做衣裳的人，不必能盖房屋。再说到造器具、通买卖、修铁路、造轮船、给医药、通问讯、还要有种种便利人生的事业，不但不是一人一家所能办到，并非一省一国所能完全。可见世上多一人，是于人类有益的，不是于人类有害的。除过少数不明人道，残害人类的人，应当排除外，人和人是应当互相亲爱的，不应当互相仇视的。在家对于父子兄弟，出门对于邻里乡党，就是对于外省、外国的人，通同应当分别远近，尽力扶助。看是扶助他人，也就是扶助自己哩。假若自己不能扶助人，反要损害人，恐怕社会上要叫你是人群的害马，全体反对。看是损害他人，终久也就是损害自己哩。

尊重劳工

凡以劳力为职业的，都叫劳工。我们日常所用的一切东西，大半都由劳工制出。在社会上很占重要的地位。但是，我们旧日社会上，看得劳工很轻。所以一般工厂的厂主,常不免有刻薄的情形。如对于作工时间,只嫌其短;所给工价,只嫌其多;稍不合意,更或加以凌侮。这都是显而易见的事。须知,工人与雇主,也是由契约发生关系。双方就应该照着契约履行。工价及作工时间,须要定得公平适当。对待他们,也应该和容悦色,绝不可随便辱骂。这就是尊重劳工了。再如道路之上,空行人应该让负荷担挑的人先走;遇有难行之处,或是援手一助。这更是普通人尊重的事实。总之,能将以前轻看的心铲除净尽,便可做到尊重劳工的事实。我盼望大家以后照着实行才好。

信教自由

什么叫信教自由呢?就是中国的百姓,无论学什么孔教、佛教、道教、回教、天主教、耶稣教,均准人自由去学。只要是行好,不作恶事,便是信教的好百姓。即外国人到我们中国传教,也都是劝人为善。我们中国人不明白这个道理。奉教的和不奉教的,常常地就闹些意见,生出许多的枝节来。须知,传教是劝人学好,信教是为学成个好人。学佛教的,是中国的百姓;学天主耶稣教的,亦是中国百姓。与学孔教、道教的百姓一样,并无什么分别。你们无论学什么教的,也要相亲相爱,不可两样地看待。大家各安本分。如不安分,犯了法,不论哪一教,同是一样问罪的。

修理道路

道路就和人身上的筋脉一样。筋脉舒展,血流通达,身体便觉着畅快。若是筋脉不舒,血流停滞,身体一定是不会畅快,并且不能转动。道路也是这样。比如由此处到彼处办事,或是到距村远一点的田地里作工,道路平坦就可以毫不费力,一直前往去做。若是路不通达,或是遇上河滩沟渠有阻碍的时候,虽有要紧事件,也就不能前去办理。即使绕道去办,也要费很多的工夫,很大的气力。况且有许多地方就是非走那一条路,不能去的。遇有阻碍的时候,就没办法可以通过。你们细想,这道路不通达,是多么不痛快的一件事啦。岂不是和人身的筋脉不舒,血流停滞,不能转动是一样么?但是人身上的筋脉不舒,人人知道,必须请医吃药,才能够好。若是道路上有阻碍,不能通达,也必要人民大家修理,才能通达。至于经过河滩沟渠,应修桥梁石洞的地方,尤要预先修理完整。若要等待发生了阻碍的时候,再去修理,那就困难误事了。

慈善事业

什么叫慈善事业呢?就是那救苦恤贫的事情。你看社会上鳏寡孤独、疲癃残疾的人有多少呢?这等人都不能自谋生活,实在可怜。有钱或慈善的人,假如对于他们不设法救济,任凭他们流离死亡,那岂不是一种最残忍、最无人道的事么?所以对于这类的人,务要想法救济救济他才好。救济的办法,如立育婴堂啦、抚恤团啦,通同是慈善事业中最要紧的事,人道上积大阴德的事。我很盼望你们多多做些,才是真正爱群的人咧。

尊重小学教员

国家的盛衰,社会的好坏,全看人民程度的高低。要想人民程度高,必先有良好的小学教育。从前普国战胜法国,日本战胜俄国,都归功小学教员,就是这个道理。大凡有功于人的,人都恭敬他;有功于人的,人都感激他。小学教员,是替人民教训子女,使国家社会进步的,责任很重,事业很苦。大家对于他,更应该特别隆重。再说教员一职。只有资格浅深的不同,没有阶级高下的分别。就地位而言,小学教员和大学教员一样,同是为人师长的。至于他启发无知的儿童,培养成专门人才的根底,在教育界上的功效尤大。所以我盼望你们大家对于小学教员,务要实心尊崇,加意优待,使社会上养成尊敬师长的习惯。不但是教育前途的幸福,也就是国家兴盛的几兆了。

好人的责任

什么是好人的责任呢?就是要爱人、要主张公道、要热心办事、要干涉坏人。把这四样完全做到,才算尽了好人的责任。从前所说的好人,只是自己不做坏事,就完了,并无热心办事及干涉坏人的习惯。每遇着一件事,坏人先去办;每商量一件事,坏人先说话;坏人掌了权柄,不但不会办好事,还要借着好事的名儿做些坏事。如庇护吸烟、赌博、窃盗的坏人。留下此恶根子,不论谁的儿子,都要被引诱坏。大家也一定不能安生。到这时候,好人才懑怨事情没有办好。其实都是好人不尽责任的缘故。现在,好人应该抖起精神，除去旧日不管事、不说话的习惯。不惟自己不作坏事，还要能主张公道，敢收拾坏人。无论哪里，好人总比坏人多。好人气胜，坏人自然退缩。村中没有坏人，自然没有坏事。不管谁家儿子，都不会学坏，大家也就都能安生了。

公众卫生

“卫生”两字，是怎么讲呢？就是强壮身子，防备有病的意思。从一家上说，房屋要干净，通空气，见太阳，自不受病。从地方上说，门外街道，要勤打扫，不要堆积下不干净的物件。要是有这些物件，经太阳一晒，一股臭气就起来了。人要碰上，容易生病。吃烟喝酒，是大伤人的事。所以讲究卫生的，不教年青人吃烟喝酒。如今卷烟儿更是伤人的。费钱比早年吃洋烟还贵，你们须要自戒。还有一样顶要紧的事，就是传染病的原因及防法。

什么叫传染病呢？就是因为有毒的微小生活物，侵入人体，滋生最快最繁，害人性命。这微生物，有的名叫毒菌，是下等植物。又有毒虫，是个动物。人的眼不能看见，必用大显微镜，才能看出。这菌、虫侵入人身，必由的路有三：

一由呼吸。病人谈话、咳嗽、喷嚏、便尿、脓血等，或是毒菌落在尘土，遇有震动，随尘暂飞空际，都能由口鼻传染到人。

一由饮食。不洁的饭食、未开的水、腐败染菌的瓜果等类，一入口腹，就能传染生病。

一由创伤。皮肤破处，易受传染。蚊蚤虱的咬人就是媒介。

传染病种类甚多。要紧的是霍乱、红白痢、伤寒病、天然痘、风疮、白喉、热毒发斑、肺疫、肺痨、花柳病等症。这些病的防法，都载在《村长副须知》内。你们要听他讲明白。

正当娱乐

人生精神有限，对于职务，万不能终日勤劳。工作完了找一件游戏的事，解解愁闷，这本来是应该的。但是我们旧日社会，对于娱乐，缺少正当的组织。每到闲暇无事的时候，不是吸烟、赌博，便是唱秧歌、演淫戏。伤风败俗，把许多青年引入邪途，甚至窃盗淫乱。种种坏事，也都是从这些不正当的游戏引起来的。以后，亟应将这种恶习革除。按本地情形，想些正当的游戏。如打拳、说故事、习音乐等等。或是可以强健身体，或是可以增加知识，或是可以活泼性情，通是于人有益的。盼望大家以后照着实行才好。

戒烟丹①

洋烟毒人的利害，人人都知，不必细说。如今又添了各样吗啡、金丹等物。毒比洋烟还大。从吸烟丹的一个人说，终久要吃的熏死。从吸烟丹的一家人说，现在洋烟金丹，都是很贵。家里有一个吃烟丹的，一定要将这家致穷的，得一个家败人散的结果。从一省上说，每年买外处洋烟金丹等项，大概费洋钱一千万元。所以近年各县都少现洋现银，多半是不兑换的纸票。弄得粮食很贵，百物都涨，连好百姓也跟上受很大的祸害。细想起来，真是可恨。老实说罢，吸烟丹的都置之死地，也是应该。但，我不忍得那样恨心。所以把吸烟丹的都认成病人。用上查验、调戒、给药戒除等等方子，与他们治这个病。盼望吃烟丹的人，好好地拿定主意。吃我这剂药，千万把这病退了，免得人人跟上受害，才不枉费爱你们的一番心肠。

戒纸烟

近年以来，鸦片金丹，把许多人害得倾家破产。政府设法严禁，费了好多力量，还没有打扫干净，不料又添一种纸烟。现在，不论官吏、学生、雇工、车夫，通同以吸纸烟为阔气。平常人家也都用纸烟待客。据医生考验，纸烟里边，确含有毒气。既吸以后，使人神经衰弱，最易生病。且价钱很贵，实在是无一点好处。但近来吸的人，一天比一天多。每人每年多者费七八十元，少者一二十元。比从前的鸦片烟瘾，还要利害。况且，各种纸烟，差不多都是外国来的。据确实的调查，山西一省，每年纸烟消耗，不下三百万元。以全国说，每年总要耗费二十万万元，通同送给外人。你看可怕不可怕？盼望大家拿定主意，快快断戒。省下这宗钱，很可以作些有益

①《阎督军政书》名为《戒吸烟》。

的事。

戒赌博

你们晓得赌博犯什么罪呢？放赌的人，犯的是四年零十个月的监禁。赌博的人，犯的是一千元以下的罚金。这罪是很重。你们为父兄的，总要管教子弟；为朋友的，总要劝戒朋友。至于商人、学生，本是好人。近年来，也要赌博，更是可恨。我定的章程，更是要从重办他们的。

选举

从前专制的时代，全看皇上好不好；如今共和的时代，全看议员好不好。议员是做什么事的呢？他是代表百姓意思的人，所以要百姓选举。你们以后举议员时，无论是县议员、省议员、国会议员，总是要选择好人。要看某人品学都好，热心爱国。他到了议会，必能替人民定些兴利除害的好法律，必能替人民监督官吏，不敢做坏事。如此等人，才可举他。若是议员不能真正定些为国为民的好法子，不能真正代表民意，百姓就该不答应他。比如，去年，国会里还有议员提议：要废去《惩治盗匪法》。若是真废了，那盗匪更是横行不怕，好百姓更不能活了。可见议员关系甚大。是百姓的代表，切莫看得轻了。还有一件你们要留意的。就是选举村长副。这村长副是为大家办事的人。若是选出好人，大家就得益不浅；若是不好，受害更大。千万不敢照从前推乡约里保的那法子，奉行故事。凡品行不好，学问也无，就不要选他。要择公正聪明、有学问、有道德、热心办事的。把他举出来，与你们任事，于你们的好处就多了。

修正人民须知：第六章　国家篇

国家

国是国，家是家。为何把“国”、“家”二字说在一块？因为“一家”是各人的小家，“一国”是百姓公共的大家。众人家合起来，才成了国。故名叫

"国家"。

我国百姓向来专重家族,不重国家,把国家看得与己无干。这是因为专制多年的弊病。如今共和时代,全靠百姓齐心努力,共保国家。你们须知"国"、"家"二字,是离不开的。总要人人有国家思想,国才能保得住。保得住国,才能有家咧。

爱 国

为什么该爱国?因为"国"是保护人民生命财产的。若是"国"亡了,自己的生命财产就保不住。现在世界上亡国的民,都是为人奴隶、为人牛马。他那可怜的样儿,实在是说不尽的。从前元朝改成明朝,明朝改成清朝,你们不要认下这为亡国,那叫改朝换帝,不叫亡国。如今的亡国,不是单亡了政府,连百姓要都亡了。

国怎么爱法呢?有两件要事:一是当兵,一是纳税。这两件事,是国民的义务。凡是中华民国人民,都有当兵、纳税的义务。为什么要当兵?因为要保住自己国家,先要能够不受别国欺负。要想不受别国的欺负,非人人当兵不可。如今外洋各国的人民,不论贫富贵贱,到了十八岁以外,通得当兵二三年。学下打仗的本事,然后退为百姓。士农工商,各办各事。一遇国家和外国有了战事,百姓就都上阵。或是一出几十万兵,或是一出几百万兵。所以一国无事的时,兵不见多,有事的时候,全国皆兵。这法子,名叫征兵法。我国所用的是募兵法。招一兵,有一兵。花一个钱,顶一个钱用。若这个征兵法,就是寻常有一兵,到了用时,能有十个兵用。寻常花一个钱,到了用时,能顶十个钱用。不止是多兵的妙法,也是个省钱的妙法。要想国不亡,舍此别无他法。从前衙门要百姓的钱,多半不是与百姓办事。因之少要钱,就算是好官。如今世事大变,问百姓要的钱,或是替百姓生利,或是保护百姓安宁。比如要保国家,必要有官吏兵警,必要有军舰枪炮,必要培养下许多文武人才。一切费用,若是百姓不出钱,那如何能办理?所以人民要知纳税义务。若是偷瞒抗税,就犯国法。

国旗国歌

国旗是代表国家的一个记号,百姓应该敬重的。若不敬重国旗,就是不敬重国家。我国的五色国旗是汉满蒙回藏五大民族,合成一国的意思。凡我国民过年的时候,须要对国旗行三鞠躬礼;过节过喜庆日子,须要挂国旗。世界上各国人民,都会唱他本国的国歌。这就是他爱国的表示。我国前年已经定下国乐,但是我省人民还不知道。以后,你们遇有喜事、宴会的时,大家要唱国歌。唱的人、听的人都要站起来。恭敬恭敬!今把国歌录下:

中国雄立宇宙间,廓八埏;
华胄来从昆仑巅,江河浩荡山绵连;
共和五族开尧天,亿万年。

调查与登记

国家想与百姓兴利除害,先要派人调查。比如要把选举办好,非调查财产不可;要把国民教育办好,非调查户口不可;要把纳税办得平均公道,非调查地亩不可;要把农、工、商三项生利的事与百姓提倡,非调查地方土宜物产等项不可。但是我们山西人有个短处,就是自己家内的事,不愿叫外人知道。一听官府调查,就要造作谣言,生出许多疑虑。这真太愚顽了。以后你们百姓,要想受国家真实保护,该把国家调查的事,都着实告说。凡是应该登记的事情,比如财产、买卖、住居、迁徙、婚烟、生死。国家如使百姓登记,你们就要随时照办,不可隐瞒,应照实登记。使公家预先知道房是谁的房、地是谁的地、生意是谁的本钱。就不怕有坏人强霸、坏官偏袒了。

本省规定:以后村内生下小孩子,不论男女,都要在生下十日内,报告村长副,教他登记才是。

违警罚法

什么叫个违警罚法?就是官府警告人民,定下条款,人要犯了,就叫违警,就要受罚的。这个就叫违警罚法。条款很多,如今拣要紧的说给你们:

一、不得行凶打人。

二、不得不听禁止,在道路口角纷争。

三、不得在道路酗酒、吵闹、醉卧。

四、不得无故携带刀剑枪械。

五、不得散布谣言。

六、不得唱秧歌、淫戏。

七、不准暗娼卖奸。

八、不得诬告他人,或假作证见。

九、不得把他犯法人的证据故意毁了,或捏造假证据。

十、不得私埋那没有报官验过的冤枉死了的人。

十一、不得在办公地方吵闹。

十二、不得破毁揭去官出的告示。

十三、不得在禁止出入通行地方出入通行。

十四、不得并行车马,妨碍行人。

十五、不得违背官定的各种卫生章程。

十六、不得污秽了人吃的净水。

十七、不得把污秽的东西抛在路上和人家屋里。

十八、不得在厕屋外便溺。

十九、不得在城市或人烟稠密处,开设粪厂。

二十、装载粪土秽物经过街市,要加覆盖。

二十一、不得损坏古物墓碑等类。

二十二、不得污损祠堂庙宇、公众物产。

二十三、不得损坏电杆邮柜。

二十四、不得毁损店铺招牌,或所出的广告。

二十五、不得卖有毒质的药。

二十六、不得违背章程,贩卖火药。

二十七、不得在人家稠密的地方点放烟火,施放火器。

二十八、看见火药或炸裂的物品,必须告知巡警。

二十九、不得在人家近旁,或山林田野,随便放火。

三十、不得违背章程,损害森林树木。

三十一、房屋将倒,不可不听官署的命令修整。

三十二、在通行的地方开井挖坑,不可不设围盖。

三十三、不得在道路上堆积木石、薪炭,横歇骡马、轿车,妨碍行人。

三十四、不得在官义地内、他人地内,私挖土块石块。

三十五、不得采摘他人田野园圃的菜果花卉。

三十六、不得解放他人所系的牛马兽类。

三十七、不得牵放牛马,践踏他人的田园。

尔等若是犯了上面所讲的这些条款中的事,就要捉去拘留,或是罚金。拘留、罚金怎么讲呢?就是拘禁留住他,或罚他的钱。拘留的天数,长的是十五日,极少的是一日。罚金的数目,多的是十五元,极少的是一角。这一种违警罚法事情,固然轻微,人却容易犯的,巡警就可以处治。你们闲时各人熟记,免得不知误犯了。

不服行政处分之告诉

什么是行政处分呢?简单说来,凡是刑律上头和民律上头所定的事情,都是司法案件。寻常打官司,多半是司法案件。除了司法案件以外,再有的处分,或是罚金、或是拘留、或是教人民出钱、或是教办甚事、或是不准办甚事,同叫作行政处分。但是,行政处分的范围很大。比如因开渠纳税、土地收用等事,受了行政衙门的判处,都是行政处分。人民因行政衙门的处分,受了损害,就可以提出理由,请求变更或撤销。受理这种请求的官厅,就是监察院和行使该处分衙门的直辖上级官厅。你们如受了行政衙门违法或不当的处分,尽可向主管衙门告诉,便可得一个公平的裁决。

诉　讼

一、诉讼。打官司或是告状,就叫诉讼。原告叫告诉人。被告叫辩诉人。两面都叫诉讼当事人。

二、民事、刑事。定罪的事情叫做刑事。说理的事情叫做民事。刑事不准和解。民事可以和解。

三、审判。我中国审判系四级三审制。初级审判厅、初级检察厅,是一级。地方审判厅、地方检察厅,是二级。高等审判厅、高等检察厅,是三级。大理院、总检察厅,是四级。对初级审判厅和地方审判厅,第一审判决不服,可以到地方厅及高等厅控告,叫做第二审。对于地方审判厅、高等审判厅第二审判决不服,可以到高等厅及大理院上告,叫做第三审。现在各县多未设起审检厅。凡是应该初级厅、地方厅第一审的民刑诉讼,仍然是全归县知事审理。县知事审理民、刑轻易案件。可以堂谕替代判词。

四、票子。刑事票子有三样:1.传票。传讯诉讼人和证人、关系人等用的。2.拘票。遇有要犯,或是抗传不到,或要逃走、藏匿等项事情,用这票拘他去。3.搜查票。搜查罪人和证据用的。民事票子有两样:1.传票。和刑事传票的意思一样。2.搜查票。查封财产时,遇有隐匿财产用的。但是传票期限不能过五天。拘票期限不能过三天。

五、讼费。刑事没有讼费。民事按诉讼物价值大小,分别讼费多寡。

如:1.十两以下,(讼费)三钱。2.二十两以下,六钱。3.五十两以下,一两五钱。4.七十五两以下,二两二钱。5.百两以下,三两。6.二百五十两以下,六两五钱。7.五百两以下,十两。8.七百五十两以下,十三两。9.千两以下,十五两。10.二千五百两以下,二十两。11.五千两以下,二十五两。12.五千两以上,每千两,加二两。又,变卖债务人财物,清还债权,也要缴纳讼费,但比前例较少。此外,人民打官司,所应该出的钱,又有状纸费。每张应出铜元二十枚。又有抄状子底稿钱,每百字付银五分。(如不抄底子,此钱即可不出)遇着有不服第一审案子的事,声请再审,出洋元二元。声明抗告,出一元。再抗告,亦出一元。声请窒碍,出一元。声请回复原状,出一元。又有声明回避、声明展期、声请注销诉状、声请选任鉴定人、声请减免讼费,均须出洋元五角。总之,人民打官司除了以上各项特别费用外,止有状纸钱、传票钱,是人人不能少的。倘有差役额外索诈的,可说明情由,具呈请官吏严惩。但有证据时,须提出证据。

六、上诉。上诉,就是人民诉讼。被判决后,有冤无处申,故定出上诉的办法。一控告,二上告,三抗告。怎么是控告?就是不服初级厅第一审判决,可以到地方厅控告。不服地方厅第一审判决,可以到高等厅控告。

怎么是上告？就是不服地方厅第二审判决，可以到高等厅上告。不服高等厅第二审判决，可以到大理院上告。怎么是抗告？就是不服决定、或是命令、或是批谕，可以到上级衙门去抗告。至于上诉期间，刑事十日（对县知事刑事判决不服，其上诉期间为十四日），民事二十日。民、刑事抗告期间，与民、刑事上诉期间同（对县知事批谕不服，其抗告期间为七日），但计算日期，须要抛过路上走的日期计算。山西定有路程单子，已刊在《村长副须知》内。

再，人民提起上诉，可就近向原审判衙门声明上诉。它就可以转呈上去，不必拘定径向上级审判衙门具状。但总要不过了上诉期间。

七、证人同鉴定人。上堂当见证的人，叫做证人。上堂分别认识物件的人，叫做鉴定人。

八、管收与保释。刑事犯徒刑以上的罪，没有判决、或被告人要逃匿、或民事情形不能释放，即可以收到看守所管收。倘若案情甚轻，或有妥人保，即可保出候质。只要不误传唤就是了。

九、代诉。自己不能上诉时，自己的祖孙、父子、夫妇、兄弟、或自己代理人，都可用自己的姓名，替代上诉。还有审判时，自己有事故不能到，也可委托自己的亲近人代诉。但须于审判以前，具呈声明。

如遇法庭或知事衙门因案扣住，不许人民上诉，或故意误了上诉期间，也可用代诉辩法，申理冤枉。

诉愿与行政诉讼

人民因行政衙门的处分，受了损害不服，到上级行政衙门上告，就叫做诉愿；若是到平政院上告，就叫做行政诉讼。

行政诉讼务必要先经过诉愿。诉愿完了，仍然不服，才可提起行政诉讼。诉愿和行政诉讼提起的期限，都是六十日。就是从行政衙门处分的第二日算起，六十日内提起，便能有效。

什么是行政处分？简单说来，凡在刑律上头，或民律上头，所定的事情都是司法案件。寻常打官司，多半是司法案件。这司法案件的上诉方法，已经说过了。除这司法案件以外，再有的处分，或是罚金、或是拘留、或是叫人民出钱、或是叫办甚事、或是不准办甚事，同叫做行政处分。如因开渠、纳税、土地收用等事，受官家判处的时候，大概是行政处分。但是，行政处分的范围很大，绝不止这几样。就像现所办的剪发、天足、种树，还有警察办的许多事情，都是行政处分。

清理不动产典当办法

什么叫清理不动产典当办法呢？就是民国四年公布为清理争赎远年典产所定下的一种法律。这种法律公布虽已多年，一般人民，尚不了解。所以各县近年因典产争执的案件很多。费钱费时，因讼成仇，都是因为不明白这个法律的缘故。兹将该法律的要点择出，盼望你们注意。

第一、对于以前契约的办法：（甲）契载文字，不能认明是典是卖的。这种产业，未满三十年者，以典产论，准其赎回。已满三十年，并无赎回证据者，不准回赎。（乙）契载能认明是典产的。这种产业，已满六十年，概作绝产，不准赎回。如是未满六十年，已满三十年者，只准找价作绝，不准回赎。未满二十年的田地及未满三十年的房屋，仍照原价赎回。已满二十年，未满三十年的田地，回赎时须得加价。（丙）凡准回赎的产业，若经典主在产业上添盖房舍，开渠筑堤，及为其他永久性有利于产业的投资，原主赎回时，听典主撤回。如典主不愿撤回，或不能撤回时，原主须偿还其价格。（丁）不论加价回赎或找价作绝，其所加或所找的价，由双方商议数目。如商议不妥，得在最多不能过原典价与时价相差的数目一半之内，请人评定。这就是对于以前立下契据的办法。

第二，对于以后立契的办法：（甲）置买产业，须注明“绝卖”或“不准找赎”字样。（乙）典产须注明回赎的年限。最长期不得超过十年，最短期由双方约定。但不准不满十年，就要作为绝卖。就是约上写明三年或五年，不赎作“绝”字样，也是无效。十年内，准许原主照价赎回。这是清理不动产典当办法的重要数点。盼望你们好好注意，免得无味争讼。

告发诈财官吏

凡做官的和办地方公事的公吏，若是诈索人民的银钱，他们就犯了刑律上诈欺取财罪。人民告发，准将原付银钱发还人民，人民可免无罪。

但既要告状，须要的确，不可夹嫌诬告。若是诬告，不但犯了刑律上诬告的罪，于自家良心上，也过不去，不可不知。

尊重军人与警察

人民的生命财产凭什么保护呢？大强盗来了，凭得是军人。小强盗来了，凭得是警察。

世上有二事是最伤心惨目的：一是土匪所到的地方，一是亡了之国。一切财帛妻子，都不为我有。如今想抵御这此种祸患，惟有军人。军人是保护国家，保护人民的人。所以好男子要做军人。因为军人是男子中的男子。别的人不好，受害还小，若是军人不好，受害就更大了。要想军人好，必先要有好人做军人。要教好人做军人，须大家先要看得军人好。大家看得他好，他若不好，当然有军法惩办他。大众平时必要十分尊重他，到了遇着土匪，遇着外国来欺负我们，他才肯出死力保护呢。

警察也是为保护人民设的。凡抵御匪徒、捕拿罪人、禁止游民、清查户口、消除瘟疫，他办的种种的事，无一不是于人民有益的。所以人民对于警察，须要服从他的命令。必有好警察，大家自然受许多的幸福。要教警察办好，也是要有好人做警察。还要大家看得起他来，然后好人才去做。所以更要尊重他才好。

提倡国货

凡由本国制成的东西，都叫国货。我国自海禁大开以来，外国货输入很多，行销也比国货畅旺。虽说是国货粗笨，难满人意，也是由于我国的人民，不知爱重国货的缘故。要知国家的命脉，全赖经济。经济不外溢，国家方能富强。我听说德国人民当欧洲大战以后，曾发了一个本国人要买本国货的公誓。所以大战以后，不数年间，国家经济和工业的发展，已恢复了战前的原状。推其原因，不外人民能买本国货的缘故。我盼望大家，赶紧要立个买本国货的公誓。我们中国也就有富强的希望了。

修正人民须知:第七章　世界篇

世　界

我国人误认中国是天下。不知天下甚大，国家甚多。欧洲有二十四国。德意志国、英吉利国、法兰西国、俄罗斯国、意大利国，都是大国。美洲有二十一国。美利坚国最大。非洲有四国，都是小国。亚洲有九国，中国最大。地方占亚洲四分之一，长约七千一百余里，宽约八千八百余里，占全世界陆地十五之一。前清盛时，土地比此还大。以后，东北与西北，被俄罗斯国削去土地不少。东南，琉球、朝鲜、台湾，割与日本国。西南，经英吉利、法兰西两国，各借土地不少。总计失了的土地几有五分之一。我国人民须知世界强国甚多。中国土地虽大，人民不强。以后保守国土，全看国民能力如何。外人笑我中国人民不知世界。如同井底蛤蟆，不知天大。故曰:国民必有世界智识，万莫认一国是天下。

种　族

今日世界人种，约有几样:有黄色的，有黑色的，有白色的，有红色的，有棕色的。这几种人内，白种人是今日世界上最有势力的人。我中国同日本、匈牙利、朝鲜、缅甸、安南、暹罗都是黄种人。这黄种人，除我国同日本、暹罗、匈牙利外，其余都亡国了。我国人口四万万。世界各国人口，没有能及我的。且气候温和，出产丰富，天时地利，都是甚好。若能自强，就可和白种人同为世界上最有势力的大国民。只怕人民不好好进前办去，亏负了这好天地。

条　约

人与人共事所立的信约，叫作契约。国与国共事所订的信约，叫做条约。条约定后，宣布国内，百姓都应该遵守。倘或背约，不是与人赔偿，便是向人谢罪，甚至惹起战事，大动干戈。所以人民对于条约，应该特别遵守。但有一种条约，是由强有力者一方面胁迫定的，叫做不平等条约。如我们海关上进来的外国货，不能按时价抽税，只能照老早所定值百抽五打税。我们的货物运到外国，他们却按值百抽几十，或百几的随意打税。像这样的不平等条约，并不是我们愿意和他定的。凡是国人，都应该大声疾呼地喊叫废除他。

待外人的道理

人有邻家，国也有邻家。人有朋友，国也有朋友。比如邻家的人，或是朋友们来到我家，算是客人，应该和平接待。外国人来我国，也是客人，也应该情理相待。这才算是文明国的百姓。我山西风气不开，少见多怪。乡下见一外国人，或围住观看，或笑骂他，甚至于造作谣言，说洋人有邪法。这都是野蛮无知。你们须知我中国人，在外国的很多。人家国内百姓，待遇我们，和平信实，有情有理，也不仇视，也不谄媚，不远不近，将将恰好。这乃是待遇外人的道理。

欧战教训

民国三年七月，欧洲起了大战。至今四年，尚未罢休。一方是德国、奥国、布国、土国等四国。名叫同盟国。一方是塞国、俄国、法国、比国、英国、日国、意国、孟国、罗国等九国。名协约国。后来，美国又与德国宣战。除运送军队到欧洲战场去，还要拿枪炮金钱，供给协约国。去年，我国也与德国、奥国绝交宣战。其实，我国宣战，是说句话。又无枪炮，又无金钱，哪能说战咧？但是此次世变，是古今最大的战争，死人无数，伤财无数。论其起事的缘故，无非是各国人口日加，在自己国内不能生活，都谋扩充自己人民的生计。故大战争，实是从人民生计竞争上来的。德国人人皆兵，制下飞艇，在空中飞行。造下四十二生的口径大炮，最厉害。（一生的，是三分一厘二毫五）又有潜水艇在海内最多，别国不能比他。这都是多年预备的。各国受了此次教训，所以也都改用征兵制，亦都赶快造大炮，造潜水艇。我国经了此次的变故，凡我人民，当该知道下五件事：

一、非人人当兵，不能保国。

二、人民当兵以前，当兵以后，必要有正经职业。

三、人民必要有强壮的身体。

四、人民必要有爱国的真心。

五、人民必要有尚武的精神。

修正人民须知:第八章　附录地理图说(图略)

世界图说

世界大势,有水有陆。水分五洋。洋就是海的意思。一个叫太平洋,一个叫大西洋,一个叫印度洋,一个叫南冰洋,一个叫北冰洋。南、北冰洋地方,过于寒冷,亦无人烟。其余各洋,都能通船往来。现在轮船制造很精。因此各国交通,越发便利。陆地分五大洲。一个叫欧罗巴,一个叫亚细亚,一个叫亚非利加,一个叫亚美利加,一个叫澳大利亚。欧洲强国甚多。如英吉利、法兰西、俄罗斯、意大利,都是世界上著名的国家。德意志尤为强盛。自德皇威廉第二图霸全球,被英、法、俄、美、中、日各联军战败之后,声势较前大减。现在军事经济,均受各国限制,很不容易发展。非洲、澳洲的势力,很是单薄,常常受人欺负。土地几被欧美各国占尽。原有土著,已被消灭过半。亚洲地方,惟我中国地面最大,且为世界上开化最早的国家。日本地面虽不甚大,近数十年,军事政治,日见进步,亦称世界强国。其余各国,如印度、安南、缅甸、暹罗、东土耳其等,开化也都很早,近来多被欧人侵占。美洲地方亦有数个大国。最著名的为北美合众国。全世界上看来,美洲的美国,亚洲的中国,面积较大,占的地位最好。与欧、非、澳洲,均易联络,气候亦甚温和。其他各国,或是偏于一隅,或是土地碎小,或是气候不佳,均不能和中、美两国一同比较了。

中国图说

中华民国,在亚细亚洲东南,三面接连陆地,一面靠着大海。东边接着黄海、东海,对面就是日本国;东南接连南海;南面紧接着法国占了的安南，英国占了的缅甸和印度；西边接着帕米尔高原及属于俄国的中亚西亚；北边与俄国属地西伯利亚为界；东北与日本所占的高丽为界。纵长七千余里，横广九千余里，面积三千余万方里，殆占全洲四分之一。在世界上为第四个大国。

大川凡三。因地势趋向，多自西东流。一、长江。以川边、四川、湖北、湖南、江西、安徽、江苏、浙江各省区为流域。二、黄河。以甘肃、绥远、陕西、山西、河南、山东各省区为流域。三、珠江。以贵州、广东、广西、各省区为流域。其他巨细河流尚多，姑不具述。

全国政治区划可分直隶、山东、山西、河南、陕西、甘肃、江苏、浙江、安徽、江西、湖北、湖南、四川、福建、广东、广西、云南、贵州、奉天、吉林、黑龙江、新疆等二十二行省；京兆、热河、察哈尔、绥远、川边五特别区域；西套、青海二管辖区及蒙古、西藏二部。全国大部气候温和，无严寒酷暑之患。物产甚属丰富，久已闻名世界。就其分布地带而言，长江、珠江流域各省多米、棉；黄河流域各省多麦、高粱及豆类；福建、江西、云南各省多茶；浙江多丝；西北牧畜之处多毛皮；东南沿海之地富鱼盐；东三省及云贵各省饶森林。各类矿脉，遍于全国。煤铁之富，尤为世界罕有。惟开采不甚发达，利弃于地为可惜耳。

山西图说

山西古来叫晋国。旧制，全省分为三道：一是冀宁道。所管的四十四县：阳曲县、太原县、榆次县、太谷县、祁县、交城县、文水县、岚县、兴县、徐沟县、岢岚县、汾阳县、孝义县、平遥县、介休县、石楼县、临县、中阳县（旧叫宁乡县）、离石县（旧叫永宁州）、方山县（系新设）、长治县、长子县、屯留县、襄垣县、潞城县、壶关县、黎城县、晋城县（旧叫凤台县）、高平县、阳城县、陵川县、沁水县、辽县、和顺县、榆社县、沁县、沁源县、武乡县、平定县、昔阳县（旧叫乐平县）、盂县、寿阳县、清源县、平顺县。一是雁门道。所管的二十六县：大同县、怀仁县、山阴县、阳高县、天镇县、广灵县、灵邱县、浑源县、应县、右玉县、左云县、平鲁县、朔县、宁武县、偏关县、神池县、五寨县、忻县、定襄县、静乐县、代县、五台县、崞县、繁峙县、保德县、河曲县。一是河东道。所管的三十五县:临汾县、洪洞县、浮山县、乡宁县、安泽县(旧叫岳阳县)、曲沃县、翼城县、汾城县(旧叫太平县)、襄陵县、吉县、永济县、临晋县、虞乡县、荣河县、万泉县、猗氏县、解县、安邑县、夏县、平陆县、芮城县、新绛县(旧叫绛州)、垣曲县、闻喜县、绛县、稷山县、河津县、霍县、汾西县、灵石县、赵城县、隰县、大宁县、永和县、蒲县。通共是一百零五县。至十六年废除道制,各县统归省政府直辖。物产粟类最为普通。它如平定、长治、晋城、盂县、太原出的煤铁;交城的皮货、琉璃;虞乡、高平的蚕桑;清源、文水的葡萄出得极多。宁武的木料、煤铁;崞县的梨、果、麻;代县的烟;山阴的土盐;大同的炭出产亦富。河津、赵城、荣河、解县的棉花;曲沃的烟;安邑的盐出产更大。以外出产的还多,不及细说。总而言之,山西全靠农产。全省内矿产极多,若能渐渐地用机器新法子开采,再把铁路修通,便是富强的起点了。

人民读《人民须知条例》

(七年八月十七日)

一、本省长为培养民德,启发明(民)智,增益民财,特编《人民须知》一书,为本省人民所必读之书。

二、县署宣讲员,应负督促并抽查人民读《人民须知》之完全责任。

三、区公所助理员、国民学校校长、教员、街村长副、闾长、在籍之高等小学以上毕业生、前清之举、贡、生童及退伍军官、有学问之商人等,均负有热心为人民讲解《人民须知》之义务。

四、冬春农暇,为各镇村必要讲解《人民须知》之时间。

五、各县商会,应公推有学问之商人选择地点,为商人轮班讲解《人民须知》。各城、镇、村、街村长副,应商请第三条所列,应尽讲解《人民须知》义务人员,为人民讲解《人民须知》。

六、凡系商人，均须于发到《人民须知》一年内，熟读了解。各城镇、村人民，均须于发到《人民须知》二年内，熟读了解。应由县知事督同宣讲员、商会会长、街村长副，随时调查考验。其有未能熟读了解者，强迫其熟读。

七、本令自公布日施行。

第四节 修正家庭须知

叙 言

这书为什么做的呢？是因为想教人人有个好家庭，非先改良家庭中不好的事不可。咱们《易经》上说："积善之家，必有余庆；积不善之家，必有余殃。"这就是说，做好事的人家，得一个好结果；做坏事的人家，得一个坏结果。这道理一点也不错。你们在你们自己的村子里看看：现在的好人家，通是前三十年老人们公道勤俭换下的；现在的坏人家，通是前三十年老人们为非作歹，欺人凌人换下的。我盼望山西人民，各人把家庭内不好的旧习扫去，都改成良善的新家庭。所以做成这书，把家庭里边的事，大概说给你们。你们把这书看了，或听别人讲了，照书上说的做去，你们的家庭一定可以一天比一天好。若不照书上说的做去，你们的家庭，一定是一天比一天坏。好坏通是由你们自取的。

良好家庭为人生之至乐

良好家庭是什么样子呢？一定是上下和气，男女勤谨，均能懂礼识义，有一股兴旺气象。不但是自己的一家人快乐，就是别人家看见了，也替着快乐。人能有个好家庭，心上舒服。吃的虽不好，也觉吃得香甜；穿的虽不好，也觉穿得适体；住的房屋虽不好，也觉住得安稳。若是富贵人没有个好家庭，纵然吃得好，反不香甜；穿得好，反不适体；住得好，反不安稳。他表面上看似扬气，实在他心上很不舒服。这岂不是受苦么？

家庭道德

什么是家庭道德呢？比如为父母的，能教育儿女，就是父母的道德；为儿女的，能孝顺父母，就是儿女的道德；为家长的，公正严明，就是家长的道德；为兄弟、姐妹、妯娌的，能互相恭敬亲爱，就是兄弟、姐妹、妯娌的道德。把这些人的道德合在一处，大大小小，都有良心，就是家庭道德。这道德不是跟外面来的，是从各人良心上出来的。人人各有良心，所以人人各有道德。要想家庭良好，道德是第一要紧的。

家庭礼节

甚么是家庭礼节？比如父坐子立、兄先弟后、夫倡妇随，是秩序的礼节；逢祖宗的生日、忌日及年节，家中祭祀，是奉祖先的礼节；早晚问好，是早晚的礼节；子弟出，必告于父母；回，必面见父母，是出入的礼节；父母出外远行，或由外面回来的时候，子女、媳妇，必要鞠躬接送，是接送的礼节。还要夫妻间，虽然平等，也要有礼。古人说：相敬如宾是夫妻的礼节。把这些礼节合在一块地说，就是家庭的礼节。为什么家庭要礼节呢？因为人没礼节，与禽兽一样。家庭没礼节，秩序就不能维持，便成了一种乱七八糟的家庭了。

家庭规则

家庭的事情，要办的整整齐齐，不乱次序，全凭定下个规则，大家实力奉行。这种规则，要紧的有八个意思：一要和气。凡翻唇斗舌、争吵打骂等事，都得禁止。二要厚道。凡刻薄成家、残忍不仁等事，都得禁止。三要严肃。凡子弟自由自性、嫂叔戏言戏语等事，都得禁止。四要正直。凡男女混杂不清、朋友往来不正等事，都得禁止。五要勤谨。凡不早起、不做活等事，都得禁止。六要俭朴。凡胡花钱、乱借债等事，都得禁止。七要洁净。凡随便糟蹋、不干不净等事，都得禁止。八要安静。凡高呼大叫、举动粗暴等事，都得禁止。至于人家，户口多少也不同，富贵贫贱也不同。这种规则，应该照这和气、厚道、严肃、正直、勤谨、俭朴、洁净、安静八条，由做家长的,各家自定。定了规则以后,先从家长守起。家长犯了规则,自己要在神祖前悔过。其余家人犯了规则都是一例,教各人自行悔过,不必打骂。总求各人把各人的良心发出芽来才好。

早起晚睡的规则,要教家人一律实行。因为人想做事,必须要有一副好精神,还要勤苦耐劳,才能成家立业哩!如要懒惰,不肯早起,那精神就一天比一天萎靡;不但是不能成家立业,就是有点祖遗财产,也要渐渐地没有了;终久落个受穷受饿,变成社会上顶坏的人。你看这懒惰迟起的害,有多大呢!我盼望你们都成个好人,都要有吃有穿,过好日子。所以从前定下一种人民早起的规则。就是本古人日出而作的意思,教人民在太阳未出以前,一律起床。当家长的,负有督促全家早起的责任。如遇有懒惰不起者,家长要严为管束。这是件最要紧的事,你们须要好好记住。

维持家庭和睦须履行家中公道

家庭和睦是无价之宝。但是"和睦"二字,是从家庭公道中得来的。不公道,就不能和睦。"公道"是什么呢?就是公公平平,没有偏心的意思。"履行"是怎么讲呢?就是脚踏实地做去的意思。能把心放得公公平平,脚踏实地地做去,丝毫没有偏向,这就是履行公道,这就是维持和睦的根本。往往一家里边,各怀私心。不是因为吃穿,就是因为钱财;不是各人偏爱各人的儿女,就是男人听了自己女人私话,闹得是男女老少,一家不和。你想,这家里还能治好么?所以这公道是不可没有的。人人有这公道心,不但能把家庭治好,就是在社会上,也容易合群。这公道心,是人人天性内生来就有的。不公道的人,是把这公道心坏了,然后才不公道。要是一家人通同公道,这一家一定要好的。

世人最愚蠢可怜的,莫如自己寻死的一事。往往因家庭中有些不如意的事情,不是投井自刎,便是服毒自缢。这些情形,在妇女们尤多得很,真是可怜。人生世间,本是要寻个生活的趣味才好。况在家庭以内,尽是亲属,就有一时意见不合,可慢慢感动,有甚过不去处,要做那自寻短见的事哩!这是最糊涂人做的事情,也是最悲惨的事情,万万不可做的。总之,这寻短见的事,全是从家庭不公道生出来的,居家的人不可不知。

家庭教育

家庭里边想望子女成个好人，须在儿童的时候，好好教育他。比如栽树，要想教它身干长成直直的，须在初栽上的那几年，好好整理。若要是到三枝五叉的时候，才去砍伐整理，那就迟了。教子弟也同这个一样。如果在小时不注意，到大时就有不容易改的毛病了。现在人都知道，儿童入了学校是受教育，不知道儿童在家庭的教育，是学校教育的根子，而且比在学校还要紧呢。因为七岁以前，不能入学校，自然全靠家庭教育。就是七岁以后入了学校，还是在家的时候多，也是要靠家庭教育咧。我今把家庭教育的事，告大家说一说。先讲"教育"两字。什么叫"教"呢？"教"是教他知道，做好人是怎么做法。比方与他讲究许多好话、讲说许多好事，并且教他知道做好人好，做坏人坏。这就是"教"的意思。什么叫"育"呢？就是拿上自己能做好人的那一点心芽子，随上他知道做好人好的那一点光明，到他心上，孵得他做好人的心也发出芽来。这就是"育"字的意思。

"家庭教育"四个字，合起来怎么讲呢？是说，小孩子未上学以前，或是上学以后，在家的时候，家里大人，应该好好地教小孩子知道做好人好，育得小孩子发了作好人的心芽子，将来就不会做坏人了。这是一个意思。

还有一个意思是说，为父兄的，把家里穿衣、吃饭、起睡一切，那些家规、家道、家法，都定得好好的，跟上做去，使家里没有坏样子。小孩子眼里看不见不好的事，耳里听不着不好的话，那做坏事的心，就发作不出来。你们要懂得这"家庭教育"四个字的意思，你们就应该会教育子弟了。不过，我再把这细条目说一说，给你们听。

第一，是七岁以前的教育。要分三种：小儿能说话的时候，就要注意：不准他说哄人的话，不准他说骂人的话，不准他说肮脏的话。这事全靠为母亲的教导他，防备他。就叫说话的教育。小儿会玩耍的时候，与他做些玩耍的器具，就如木刀、木枪，是为养他尚武的精神。七巧图板，是为开他的心窍，万不要教他玩那些无益身心的事。就叫玩耍教育。小儿爱人的东西，从人家偷回来。因为他不能分别好歹，并不知道偷东西是坏事，为父母的，总要告诉他知道这种坏处，立地教他给人家送回去。他知道这是坏事,以后就再不做了。合兄弟姐妹,或邻家小儿玩耍,总不许他讨小便宜。一切外间坏样子,更不可教他看见。从前,孟母三迁,要择好邻家居住,就是这个意思。这叫道德心的教育。

以上三种,都是七岁以前应注意的。

七岁以后的教育,也有三种:第一要叫他学习礼节。出门时,对父母尊长,要鞠躬告辞。在外行走,遇见尊长,就要立正。到了学校先见先生,行脱帽鞠躬礼;后见同学,行脱帽礼。下学时,在先生前,行礼告辞。回家来,在父母前行礼问安。到亲戚家,也和见先生的礼一样。如遇外间有婚事、丧事,要叫他按乡间习惯的礼节,行庆吊礼。家中如有客来,也要循规蹈矩地招呼。第二,要教他选择朋友。儿童七岁以后,最好交往小朋友,总要告他说:守规矩,有廉耻的是好朋友;没规矩,没廉耻的是坏朋友。要见他与坏朋友来往,就要防备他、管束他。且交朋友,总要说一不二,万不可欺哄朋友,失了信用。第三,要考查他在学校行为,看他有私自逃学的事没有。如有此事,总要好好管束。每天下学回来,考问他的功课时候,对于修身的道理,须要详细问他,看他心上了解不了解。心上明白了,以后看他作事。若不是照上那好道理去做,就要拿上最适当声气颜色说他。日久了,自然成了习惯,就养成顶好的人了。古人还讲究胎教。就是说,为母亲的当怀胎的时候,总要小心谨慎。眼不看淫书淫戏,耳不听邪言恶语,口也不胡说乱道。坐着立着,都要端端正正。照这个样子,生下的儿子,多是聪明伶俐,性情平正。大家也要仿照才好呢!

最终还有一个意思,大家要应该明白。就现在说,简直是没有家庭教育。家庭中母教的关系最为要紧。按着母亲爱儿子的心理,生母总应该比继母更爱。爱他就是要好好地教育他。然往往看见那遭继母的孩子,反比遭生母的孩子好。不过这个道理,要分别清楚。遭继母的能好,因他不肯娇惯的过。遭生母的不好,因他常娇惯的过。其实都算是没有教育。这是普通一个大病,大家更要注意。

家庭卫生

什么叫卫生呢?就是保卫人的生命,教身体强壮,不要受病的意思。

家庭的卫生,最要紧的就是穿衣、吃饭、住房子三项。

人的衣服原是为保护身体,无论新的破的,总要干净。若是不干净,不是汗气难闻,就是虱子很多,他的身体就容易受病了。被褥也和衣服一样,要时常拆洗。再要能勤洗身体,使皮肤也就干净了。这就是衣服上的卫生。

吃饭喝水也能害人。不容易消化的东西,不可多食。不开的水,也不可喝。不论吃什么饭,须要均匀,不可过饱;又须有一定的时候,不可忽早忽迟。就是那厨房内用的器具,总要常常洗刷。这就是吃饭上的卫生。

房子里边,日光空气,万不可少的。人若多日不见日光,面色就要枯白。屋小人多,空气不能流通,就觉着头昏脑闷。所以房屋,第一要教太阳照进去;第二常开窗户。房院内外,总要勤勤打扫。睡的炕不可太热。因太热了,容易受风,就要生病。茅厕是个污秽地方,更得十分干净,遇有潮湿地方,要把石灰或干炉灰洒上。这就是住房子的卫生。

此外,与孩子们种牛痘,也是卫生的事。但是,痘浆总要干净。种时,总要在孩子身体强健的时候。要是孩子有病,或病才好了,没有复元的时候,或是每年春天,遇着时症流行,孩子们容易感冒的时候,万不可种。因为恐怕引出别的病来,可就太麻烦了。

还要一件关系卫生的就是劳动。人要常常劳动,才能活动血脉,多添力量。你看那庄家人,每日在地里动作,又常受日光,常吸新鲜空气,他的身体强壮。这就是劳动的好处。

家　长

家长有两种责任:在家,就是一家的首领。主张公道啦、实行家庭规则啦、计算进项、分配花销啦。在外,就是一家的代表。受到国家的教育啦、服从官长的命令啦、听受村长副的指导啦、办理纳税、征兵登记事情啦。这通是家长应办的事,不可稍存推诿的心。更有一层要紧的,家长应该抚养子弟成人,扶助他求学问;尤应该知道目下的时势,非教自己子弟,讲求自立的学问,养成自立的能力,不能在社会上生活;不可教他终身靠家庭吃饭,养成一种依赖人的心。这才算尽了家长的责任哩。

还有一件,就是妇女闲游,为家长的,须要随时禁止才好。家内妇女们为正事出门,自然是可以的。若烧香拜庙、游街逛会、观灯听戏、一切闲游的事,都是有损无益,万不可让她们去做的。因为那些事,不但没有一点益处,还有受害的时候呢!常见那没讲究的人家,听从妇女们闲游,浪费银钱,那是不消说的,往往还闹出些不体面的事来,败坏门风。这不就害了她吗?为家长的,总要早些防备她才是。

再说家庭中交识的人,也是家长要留神的。不论邻居亲族,凡不正经的男女,以及三姑六婆,都要拒绝远避,不与他们来往才是。因为他们不务正业,居心又坏,谁家和他们交识,不是受他暗算,就要被他引诱。这慎择防备的责任,也在为家长的身上哩。

母　道

"母道"怎么讲呢?就是为人母亲的,应该对儿女的一种道理。大凡做母亲的人,通同愿意要好儿女,常有因这个缘故,拜神拜佛,不知这些事,通是靠不住的。不如你们存心向善,怀上胎时,平心戒欲,动作有常,不争吵,不懈惰,不作过分劳动的事。孩子生下,自然聪明精壮。再,能于抚养时注意保护头脑腹背,衣服要干净,不可太厚,吃奶有一定时候,不可过多。大凡小儿受病,多半由吃奶过多所致。常谚说道:小儿若要安,受的饥和寒。这真是金石良言。大家要注意才好。此外,最怕炕热,不可多抱。到了两三岁后,会说话了,知识也慢慢儿有啦,就教他说些眼前的东西的名字、数目字儿,千万不要说鬼啦、怪啦,吓怕他,弄得胆子受了损伤。再大了些,教他算个容易算的数儿,认个容易认的字儿,多给他说些好话,或古人的好事。要有了过失,给他讲说清楚,教他改了,总不可胡打乱骂。须知,打,就损害了小孩儿的聪明;骂,就损害小孩儿的羞耻。若一味娇惯,到大也不能成立。凡为母亲的,能知道这些道理,才算正真的慈爱哩。

继　母

做继母的,看见前房的儿女,总不如看自己的儿女亲。这都是糊涂女人,私心太大,或是家教不好的人家的女子,不能体贴天理人情的过失。以人情说,自己养的自己亲。以天理说,人养的儿女,叫自己母亲,应该比自己养的，还要亲点才是。且就男人说，因前妻死后，没人管理家事，照料儿女，这才娶来自己。所以对于前房儿女，应该照料成人，才算得个正经继母。万不可因不是我亲生儿女，不着意教训。如果存心虐待，任性打骂，不说邻居嗤笑，村长干涉，要知道天理循环，丝毫不爽。自己所生儿女，将来一定也要被他人虐待的。

婆　媳

婆婆虐待儿媳和儿媳忤逆婆婆，都是家庭里最不好的事。须知，儿媳也是自家的人。要儿媳好，家庭好，必先拿出公道和气样子来待遇。你们看那虐待儿媳的，往往闹地寻死上吊，后悔无及，或是在家不能安生，出外四处诋骂。这都不是做婆的过么？况且自己也曾作过媳妇，自己有女，也要出嫁。假如婆婆虐待自己，或是自己女儿被人家虐待，自己决不甘心。那么，自己儿媳，可以虐待吗？人家女儿，自己可以虐待么？以儿媳说，男人的父母，即是自己父母，忤逆婆婆，如何对得起自己男人？假如自己年老，儿媳忤逆，自己决不愿意。那么，自己忤逆婆婆，不是一样罪过吗？况且家庭残忍和忤逆不孝，都是违犯村禁约的事，也是违犯国法的事。嗣后，如有这等事情，村、闾邻长，就要严厉干涉，按村禁约处罚。再不改悔，非送县里惩办不可。你们须要明白这些道理。当婆婆的，慈爱儿媳；当儿媳的，孝顺婆婆才好。

夫　妇

为丈夫的，待遇自家的妇人，要有正当的道理，万不可轻视侮辱，致失家庭和气。为妇人的，要孝顺翁婆，亲敬家人，并要扶助丈夫作好男子。此外，如纺织啦、烹饪啦、裁缝啦、洗濯啦、看护养育儿啦，又如男人耕地、女人送饭啦，全是女人应当办的事。再，中国向来习惯：妇女多不愿男人出门办事。实在不对。做妇女的，当明白大体，振作丈夫的精神，使他做出一番事业来。对于社会、家庭，通有光彩，就是自己也可享受些幸福。所以男人要出外办事，为妇人的，决不可阻挠他。如出外必须经久，不妨一同出去。你看外国人打仗时，男人出去当兵，女人还欢欢喜喜送她丈夫，教他丈夫打仗的时节，要多出点儿力。我们中国的妇人，就不能如此么？

兄弟

兄弟是骨肉至亲，情同手足。自小时相亲相爱，是出于天性自然的。所以兄弟们团结力，最是牢固。对内，能维持家庭的和平；对外，能抵挡别人的欺负。一家里边，兄弟和好，一家就可兴旺。家家兄弟和好，家家就可兴旺。小而一省，可以发达；大而一国，也能强盛。分开说，是一家的关系；合起来，就是全国的关系了。往往兄弟们，因妯娌不和，听了背后的闲话，把最亲近的兄弟，弄得如同仇人一般。是不对得很。你们想，兄弟应该彼此帮助，互相劝说。要是有好兄弟，不晓得爱惜，就是对不起自己；要是有坏兄弟，不晓得劝说，就是对不起兄弟。现在我们中国人，开口便说四万万同胞，要想把这句话有点价值，越发该从自家的亲兄弟做起。

妯娌

做妯娌的，通是从外姓娶来的，平素并不认识，但是到了一门居住，就要一心合意地过日子。才是正经道理。所以处这妯娌，要有法子。法子是怎么样呢？上一等的人家是一个“和”字，次一等的人家，也要有个“忍”字。如果妯娌们，能各尽各的情理，你逊我让，比如，天明的时候，一个比一个起得早，做饭啦、磨面啦、拔苗馌饭啦、喂蚕养鸡啦，一个比一个还勤。就是各人跟前，都有个小孩子，弟妇忙了，当嫂嫂的，要替她照料。嫂嫂忙了，为弟妇的也要替她看护，同负一样的责任，一心一意地过日子。有事大家同作，有疑大家商量。如这样和和气气，真是上流人家。只是世界上人本不齐，有好有坏。妯娌多了，就是有一两个不十分好的，也要忍耐。万不可听信闲话，彼此猜嫌，连弟兄们也搅得不和。所以说，就是次一等人家，也要忍才好。有了良好妯娌，就有了良好的弟兄，自然可以一心合意，过好日子。这样说来，要家庭良好，全在做妯娌的和气忍让咧。

姐妹

姐妹对于家庭，有两种责任：一种是帮助维持现在家庭的幸福，一种是预备将来组织家庭的学识。现在家庭的幸福是怎么帮助维持呢？孝顺父母，给兄嫂弟媳帮忙，家庭间或恐怕有不和的时候，自己从中说合说合就了啦。姑媳要是有不投气的时候，两方面劝慰劝慰，就没事啦。将来组织家庭的学识怎么预备呢？今日的姐妹，就是将来人的媳妇、人的妇、人的母、人的妯娌。以后关系很大，责任不轻。所以为姐为妹的，不可互相贪玩；还要趁这个时候学些学问，学些手工，学些见识，懂点规矩；预备着将来做人媳、做人妇、做人母、做人妯娌的地步。并且姐妹就如兄弟一样，应当彼此亲爱，你尽我让。不知道的事情，就要教导；不合理的行为，就要劝说。就是出嫁以后，各自独立，也要互相往来，彼此照料哩。

子女

为人子者，对于父母，要孝顺恭敬，做事要谨慎，说话要信实，尤要和颜悦色的。这是为子的当然道理，不必细说了。但是，孝顺父母必须养成责任心，去净依赖性。这才算是真孝哩！怎么说呢？要想：父母既把我养活大了，将来仰事俯畜，都担在自己身上。并且社会上加了我这个人，究竟于社会有什么益处，务须在职业上注意。这是责任心。曾夫子说："战阵无勇为不孝"。你可知道"孝"字的意思了。再想：父母不能依赖一辈子。自己如不会一件技艺，不能做一桩事业，就是妻子也不能保，还说有益社会、有益国家吗？所以要去净依赖性。我有一句话：自立为孝。为人子的，应该知道这个道理。

分家

我国古来周时，凡一个百姓，到了二十岁以后，就算一夫，自立一廛，就是自成一家。可见中国古来百姓，都是早分家的。又，《礼记》上说："由命士以上父子皆异宫。"可见古来，我国读书人和官吏们，也都是分家早的。后来，到了春秋时代，秦孝公定法：子壮就分出去。如今世界各国习惯：子弟从学校毕业后，各自谋生，各自居住；父母对于儿子，抚养教育，使他自立，没有替儿子早点结婚的；到了儿子自立以后，才由他自己娶妻。这都是因人多有依赖性，借此培养独立的性质。所以人人各有职业，没有游手好闲的人。我国人家，往往有此推彼懒，专靠家长过活。这个家能好了不能呢？不如到儿子长大了，就与他把家分开。一者，能发起他的自立心，教他知道分了家，担负经营全家的义务，不敢不尽力办事，自讨生活。二者，能加国家生产额。他的家是独立。凡业务上所得的利益，他能独占,自然越经营越有兴味,越勤劳越有利益。三者,无财产上争端,弟兄就能长久和好。有能力的,不至因受累灰心;没能力的,也可因此学些本事,去点儿依赖性。要是有不能生活的,弟兄们添补点儿,他也知道感情。弟兄们也心平气和,没有闲话。从前古人说:九世同堂,张公百忍。这是不容易办到的,不如早些儿分家为是。

睦 族

族是什么呢?就是许多的人,同是一姓,又是一个祖先传下来的。起先,仍是一家。因为分家以后,人人独立,就慢慢地疏远了。这一族里边也有老的、小的;也有贫的、富的。我们见了这些人,比我年长的,就要尊敬他;比我年少的,就要照护他;要是遇有灾难,不能过日子的,不妨酌量周济些。若有过于奢华,或是懒惰,不干正事,或是争吵打架,我要见了,一定把他们尽力劝戒。这才算是睦族哩。现在的政治是注重用民一方面。而族内如有公共产业,能把每年的入款做成基本金,办个学校,把族内的贫穷子弟,入学念书,养成有用的人材,更是睦族最要紧的事。

睦 邻

自己房子前后左右居处的人,通称为邻居。平时不过通个有无,借个水火,还显不出什么来。设不幸被水火天灾,逢抢窃盗贼,远处人是探不到的,惟有邻居可以就近搭救。泥里水里,见刀见枪,替自己出力。所以人对于邻居,应该和睦亲爱,不可看得太轻了。孟子说:“出入相友,守望相助,疾病相扶持。”这几句话,就是睦邻的好法子。现在正是推行民治的时候。办水利啦、开矿山啦、防盗匪啦、造公共森林啦,通是大众合伙办理。还有乡下土豪恶棍,向来人不敢惹。若是家家都能睦邻,结成个团体。好人家有个团体,那坏人就不敢欺负好人了。你们若是处邻居不能和睦,这些公共事业,就不能干;这些坏人,也不能不受他欺负。况且,邻居是处得最近,往来必多,彼此的子弟常常见面。如果彼此相亲相爱,通把家庭治好,这才不怕子弟们染上坏习气。当那闲暇时候,把他们邀集到一处,各人把各人所得的经验,谈论问答,不但彼此可以联合,还能交换智识,慢慢儿地就可以变成里仁为美的样儿了。

衣　服

衣服为人精神的表现，要朴素，要整齐，要干净，最忌讳华丽或不整齐，或不干净。因为华丽是俗气，不雅观，不正派。最可羞的是堂堂男子，穿着华丽衣服，就把男儿丈夫的本来面目，装饰坏了。况且，凡华美好看的东西，多不耐久，并不适用。你们试看正经好人，没有一人穿华丽材料的衣服。可知道是华丽不好，不愿意穿。你们把不好认为好，是应该改的。还有不整齐的毛病，犯者更多。一种是下等人，或是开胸不扣，或是裤带长垂，或是歪戴帽子，或是半披马褂。这等样子，都是坏习惯。又有一种上等人，不求外面好看，倒也朴素，但是拳长袖短，不整不齐，就觉得精神不贯注了。至于"洁净"二字，尤为要紧，曾在《卫生篇》内，已说明白了，大家更要注意。你们看现今文明国人，没有不洁净的。外国人笑我国人有不洁性，是亡国的一病根，须切戒之。穿衣服要朴素，要整齐，尤要洁净。每日起来，这是最当检点的事。我日前因此出过一回布告，恐怕你们还不知道的，今再重述一番，须要好好留意。

布告说：衣服原本为保护自己的身体。材料不必华美，只要干净整齐。干净的法子，就是勤洗勤扫，并不用你们花钱。但能早起晚睡，抽出一点工夫，就能办到。整齐的法子是穿好扣好，便不过一举手之劳，这还难办么？常常能保得住干净整齐，那就是上等人的摸样。不论何人，都应各自检点才是。特此布告。

装　饰

妇女们的衣服首饰，也要朴素、整齐、干净，千万不要以时新为好看。近几年以来，我们中国妇女，那住在村乡里的还好；若住在大地方的，真是千奇百怪，什么样儿都有。外国的工厂雇下许多人，在中国调查妇女们时尚的心理。中国的绸缎、布铺、首饰铺，也是想出法子来，变着样子来赚钱。妇女们喜欢什么样子，有什么样的东西卖给她。爱时新的人，今年制下的衣服首饰，明年就不用了。有钱的人，能有几个？若拿着钱，随便穿戴，随便糟蹋，那日子还能过好吗？就是有钱的人，也可省下点无益社会的钱，办点有益于社会的事，不更好么！还有一件最可耻的事。我们中国妇女的衣服首饰,凡是时新样子,多一半是窑子里妓女创造的。那些人都是作下大孽,才当了妓女。拿着一个好人,偏要学那种下流打扮,你看可耻不可耻呢!所以说,妇女们的衣服首饰,万不敢创造时新样子,因为它能败坏社会的风气。凡败坏风气的,都是社会上的大罪人。大家应该知道才好。

费　用

经理家中费用,最要紧的,就是一年所花的钱项,总要比一年所入的钱项少。譬如一年赚三百元,至多只敢花二百元。要是全数花了,遇有冠婚丧祭,及天灾事变,就过不去了。就是婚丧大事,也要称家有无,简单雅致,照《人民须知》上所说的办理,不要铺张。只图好看,弄得事情办完,借债变产,不能过活,反倒是不孝不慈了。况且,浮华风气是万不可开的。社会上要是染上浮华习气,无益有害。你看外国人有了钱,都喜欢办些公共事业、慈善事业,实在是应该仿效的。这是说花费的话。

至于家中使用的货物,总要在爱国上留心。真爱国的人,第一应该自作自用。自己不能做的,再买本地货;本地没有的,才可买本国别处的货;本国没有的,就可拿别的货物代替;要是不能替代,就可以不买。如果是有必要的东西,本国又没有,也不能拿别的替代,才可买外国货。这种道理是国民所应知道的。这是说用物的话。

储　蓄

人家都喜欢有好儿子。要是想教儿子好,就得教他入学校念书。这个道理应该是大家都知道的。但是想教儿子入学校念书,还须用许多的费用。若是家资不甚充裕,平素又不讲究储蓄,到那子弟入学的时候,就一定受许多作难。假如这子弟天资很好,念了书,一定是大有成就。若是因家中供给不起,弄得半途废学,那岂不就是为父母的亏负了儿子吗?所以你们要想成就好儿子,平素有个顶好的方法,就是当那小儿初生的时候,为父母的就把他将来入学费用,从是日起,另款积存。以后逐渐增加,按本计息,那自然就积少成多,到了入学的时候,便可丝毫不受困难。岂不是成就子弟顶好的方法么?

家庭生活

什么叫生活呢？如吃饭、穿衣、住处三种，少了一样就不能生活。所以家庭的生活，第一，要勤俭。人能勤苦，进项就能加多。人能俭省，用项自然减少。第二，要人各有事干。比如念书啦、务农啦、经商啦、作工啦、喂蚕啦、缫丝啦、织布啦、以及一切小手工啦。无论学会哪一种，通可以自立，通可以谋生。现在外洋各国，各种东西，价钱很贵。人民每天的费用，比我们中国要多几倍，他们的生活，反觉得比我们容易。也就是他们各人有各人的事干，通是生利的，不是分利的缘故。这生利、分利怎么讲呢？能做事赚钱，就是生利；不能做事赚钱，只晓得在家里拿钱去用，就是分利。你们想把家庭治好，必须生利人多，分利人少，生活上才能没有危险哩。

家庭大忌

家庭大忌是怎么讲呢？就是有害于家庭的事情，人人要切实忌讳的。

第一最忌讳的是吃鸦片金丹。没钱的，吃得穷死；有钱的，吃得熏死。这是说害自己的身体。生下的儿女，种上这烟毒，就是把儿女也害了。说到那犯法上，更了不得。吸食鸦片金丹的罪是很重，坐监，还要罚钱。你们看近年来，因吸烟贩土，家败人亡的实在不少。听了我这一回的话，若再不改，真是没志气，没骨髓的一种坏人了。

第二最忌讳的是赌博。赌博输钱，还是小事，真是奸淫邪盗的根源。做家长的千万要严行禁止。

第三最忌讳的是纳妾。纳妾也是家败人亡的祸根。因为家庭最重的是一个和气。常说：家和福自生。纳妾的不和与别的不同。争财争气是气不和。纳妾之不和是心不和了。心不和了，不只是不能有福，还要有祸哩。有子嗣的，千万不可纳妾。

第四，不可叫儿女早婚嫁。婚嫁早，其害甚大。寿不长，是一害；消磨了儿女的志气，是两害；生不下好儿子，是三害。我想第一、二两害，你们都信得过，第三害你们或有疑惑。你看粮食不熟的，必不能做种子，因为成分不够的原故。人年少时，血气未定，成分也是不够的。所以早婚的夫妻，生下的子女，魂魄不强。什么叫魂魄不强呢？就是知识不足，胆力不足,心思不足,精神不足。像这样的儿女,如何能算好呢?要免早婚,先要不早定亲。因为定得早了,男女的性情都不知道,到结婚以后,夫妻们往往不和。还有因夫妻不和要了命的。纵然勉强过日子,也是终日吵嚷,家道还会好么?这都是早定亲的害。劝你们切不可早为儿子定亲,以免家庭不和,生下儿子不强壮才好。

第五最忌讳的是溺女。溺女的这件事,是残忍得很,是罪大得很。当家长的非禁止它不可。

第六最忌讳的是女子缠足。缠足的害也是很大。小时候受了苦楚,到大了行动不便,这事最可怕的。大家能从此把这缠足的恶习严行禁止,到了十年以后,全省的女子都是天足。如还有一个缠足的出来,真是丑死。

第七,不可停丧不葬。常说:人死,入土为安。不葬即是不安。且尸体腐朽,化为秽气,大与自己及邻家的卫生不好。

此外,好占人的便宜咧、好与人家说坏话咧、好挑唆人的是非咧和厚待自己的儿女,薄待自己的媳妇,这都是心上的大忌。再如妇女们好穿艳色的衣服咧、好戴许多的首饰咧、迷信那神婆子咧、年轻女子立门坐街咧,和那作家长的看得钱重,看得儿女上学轻咧、和不与好人来往咧,这都是家庭中大忌讳的事。

人道之上之注意

我办公事的时候,看见各县报的案件,有继母虐待前妻子女致死的、有亲父听信后妻的话,虐待前妻所生子女致死的、有婆婆虐待儿媳致死的、有本妻谋死亲夫的。这些人伦奇惨案件,看见实在可恨。人都说他们存心残忍,近于禽兽。实在说,禽兽中还有比这样人好的哩。孔夫子的道理,第一就是爱人。而反倒做成个残忍的人群,真是太不称孔夫子的心了。我常说,禽兽也晓得亲爱自己的儿子。若人只晓得亲爱自己的儿子,不能亲爱人的儿子,就和禽兽一样。这话就是替那些残忍的人说的。你们要知道国家刑律。杀人的就该抵罪,虐待致死的也要问罪。因为不忍你们愚民,糊里糊涂干下犯罪的事。等到犯罪以后,再可怜你们,那就迟了。所以训令村长副们,遇见村里有这等残忍的男妇,应该警诫他;家长、族长,应该干涉他；亲戚四邻应该劝告他。村子里年纪大的人、读书明理的人，都应该把这个道理，与他们讲演明白，教他们改了，不要残忍，不要犯罪。这是我教训你们，盼望你们的意思哩。你们要知道，翁婆虐待媳妇、继母虐待前妻子女，这是残忍人做的事，也就是倒败人家做的事。

责任心

今日，最坏的弊病是人多没有责任心。什么叫没有责任心呢？就是做什么的不负什么责任。坐官的不负办好政治的责任。办学校的不负办好学校的责任。当教习的不负教好学生的责任。当匠人的不负做好工艺的责任。所以现在公家的事，没有一件办好的。社会上的事也没有一件能做到好处的。比如盖房子，匠人均不负责任，主人要不懂得，这房子几年就倒了。这不负责任的人民，连一个稳固房子也盖不起，何能建设稳固的国和家呢？此后，大家同要排斥那不负责任的官员、士绅、百工匠艺，使社会上没有不负责任的工人，就不会有不结实的物件了。使社会上没有不负责任的官吏、士绅，也就不会有不稳固的国和家了。所以说，责任心，就是人的灵魂。没有责任心的人，就是没有灵魂了。

家庭格言

羞耻是家庭的骨干。和气是家庭的珍宝。干净齐整是家庭的文章。

纳妾是家败人亡的祸根，有子息的万万不可做。

教训子女，亦如培养禾苗一样，最要紧的是小时候。所以教育小孩儿，最为要紧。

早气清，夜气浊。坏事都是晚间做的。早睡早起，就是好人。

不教子以德，犹养贼也。不教子以艺，是弃之也。

有羞耻的小孩，一定有出息。是以养小孩的羞耻，是家庭教育的要着。

无羞耻的家庭，永无复兴的机会。

欺人恨人，万万要不得。

盼望他人坏，忌刻他人好，是心短人。要知，心短人不长。

不干净的空气，杀人甚于毒药。

随处吐痰,随处小便,肮脏得很,亦野蛮得很。

父母的言行,即儿童的模子,“好”,就印个“好”;“坏”,就印个“坏”。

上等人家的儿子,不会骂人。中等家儿子,不会打人。

饿死不可做贼卖奸。病死不可吃鸦片金丹。

不义之财,就是祸害。

无钱不算穷,无职业乃是真穷。

婆婆虐待媳妇,是倒败人家才有的事。

家庭残忍真是禽兽不如。

一年赶过十年快,一年拖下十年债。(俗语)

知过、认过、能改过,真是丈夫。

悔过自新,是自省的真谛。

多享一分福,多损一分志气。多受一分苦,多增一分智能。

仆役愈多,危险愈大,非真有用处,不可轻于雇佣。

富贵家女人,最易学坏,无职业的缘故。

无责任心的人,少一个,好一分。

男子穿艳色衣,或花丽衣,不特是丑看,还令人小看。

心为万事之主宰。心一坏,不会有一样好。

自己心上觉着不对,就是坏事,应该不做。

想要愈做愈好,就是进取的精神。

办什么的,不把什么办好,说到家上,家必败;说到国上,国必亡。

办什么的,把什么办不好,就应该得什么罪。

办什么的,办不好什么,又没有得办不好的罪,这是人群的公道倒了。

勤俭为成家之根本。

为父母者,当知不能强迫子弟作好人,要在善于诱导,引起子弟心上作好人的兴味。

为子弟者,当知不能侥幸作好人,必须发了做好人的心芽,然后见了坏事,才能不动心。

待前妻子女不好的后继母，她生下的儿女，多没有个好结果。真是天理循环。无学问的经验，比那无经验的学问，强得很多。

智者求己，愚者求人。

常将有日思无日，莫到无时想有时。（俗语）

祸莫大于任性，恶莫大于自欺。

最可怕的是“不怕”两字。

最可耻的是“不能”两字。

淫词小曲是坏性情的媒介，家中应当严禁。

不正当的小说，是杀性刀。

第二章

水利、蚕桑棉麻、种树造林、畜牧

第一节 法 规

兴办水利简章

(六年十一月十二日)

第一条　本简章以提倡兴办山西水利,增殖生产为宗旨。

第二条　水利暂以开渠为主,而以凿井、修筑蓄水池辅之。

第三条　渠道分成渠、废渠、新渠三种。凡现在能引水溉田者谓之成渠。向能引水入渠,而现在緾废者谓之废渠。拟创开渠道者谓之新渠。

第四条　前条所列三种渠道,本署制有调查表并表解,责成实察员会同县知事详勘填报。

第五条　凡规复废渠,创开新渠,由县知事督令首事人等,就地集款,便宜行事。其有实在无法筹集者,应绘图贴说,呈候核办。

第六条　各县除土法凿井外,应择井水较浅之地段,可用辘轳或水车汲引而劳力不钜者,以新法开凿。由县知事调查明确,劝令举办。

第七条　凡山沟、河岸等处,遇有地势宜筑蓄水池以均旱潦者,由县知事设法劝办。其各县有蓄水池若干,每年由实察员会同知事勘报。

第八条　凡有合于下列各款规定之一者,由县知事查明首事出力人员,择优请奖。

(一)数县,或一县,或数村,创设水利,组合开渠,著有成效者。

(二)创兴水利,或堤防水害,纯由人民出资出丁,不借公款补助,确有成效者。

(三)创设水利公司,开渠凿井,以营业为性质,而定价低廉,办理十分完善者。

(四)发明制造引水机器,实验确能利用者。

第九条　前条之奖励如下:

(一)匾额

(二)奖章

上之二项奖励,如县知事呈请有疑义时,由省公署派员复查。

第十条　凡有下列情事之一者,由知事查明依法惩处。

(一)以水利为营业,而故意把持地方,勒掯乡愚者。

(二)故意阻挠兴办水利事业者。

(三)经理渠道而从中渔利,或额外勒索地户者。

(四)因争水而聚众械斗者。

第十一条　本简章如有未尽事宜,随时修补。

第十二条　本简章自文到之日实行。

种树简章

(六年十一月十二日)

第一条　本简章系本前次通令，每人各植树一株之旨所定。至于造林事项,仍照《森林法》及其他关于造林各法令办理。

第二条　每岁清明节及其他适于种树时期，除县知事暨各机关躬植树外,应督令人民,各植树一株。

第三条　前条植树地点,不拘田头地畔、河边路旁、墙外院角等处,悉从其便。

第四条　种树须就土性相宜,能逐年生利者,如桃李、梨杏、枣柿、胡桃、果漆等类,择宜试种。如于逐年生利果实等树,实在不宜者,应准种普通树木。

第五条　每年种树后，各县知事会同实察员，按照表式勘报。

第六条　每年秋分后，各县知事会同实察员，将所种各树状况及成活确数勘报。

第七条　各县所种之树，由县知事负完全责任，督饬各区巡警及城镇乡经理事务人员，切实保护。其保护方法，由各县自定之。

第八条　各县人民，如照本简章所定，人各一株外，能推广多种，成绩卓著者，由县知事分别呈请核奖。

第九条　所种各树，被人毁伤者，一经告发，重则，按《森林法》惩办；轻则，每损一株，赔种五株。

第十条　本简章自公布后，所有前颁本省种树通令，有与此简章抵触者，悉依本简章处理。

考核种棉规则

（七年十二月十七日）

第一条　奖励人民种棉，悬赏共洋三千元。

（一）太、汾、平、隰、忻、代、宁、保各属，悬赏共二千元。各户种棉地积，至少以一亩为限。

（二）雁门关外各县，悬赏五百元。各户种棉地积，至少以二分为限。

（三）辽、沁、潞、泽各属，除阳城、沁水两县，向已种棉，不予给奖，其他各县共悬赏五百元。各户种棉地积，至少以半亩为限。

（四）第一至第三项所列赏洋，均按种棉户数平均分配。

第二条　棉籽及《种棉简法》，由本署颁发各县知事告谕人民，定期领取。

第三条　人民领取棉籽及《种棉简法》时，须将其姓名、住址、领取数量及预计种棉亩数，详晰列册，于三月底汇报本署备案。

第四条　在棉苗生长期间，各县知事须督饬实业技士技术员，按期分赴各乡，将耕锄、施肥、灌溉、摘心、打枝及预防驱除病害虫害各方法，详加指导。

第五条　棉桃初次开裂时，须由各县知事督率村长副，按种棉户数，每户采取裂开棉桃十枚，列表送核。

第六条　棉桃至霜降后，尚未一次开裂者，须将未开棉桃摘取十枚，列表送核。

第七条　各县农桑分局种棉，自布种至收获期内，其列表报告及呈送棉桃期限，与人民同。

前项报告表及棉桃，须先送农桑总局考核后，汇送省公署。

第八条　省公署于秋初派员分赴各县，视察种棉实在状况。事竣，参照各县报告，比较考核，以觇成绩。

第九条　省公署于十一月内，汇集各县种棉成绩，开品评及展览各会，并按第一条所列各项，分别发给赏洋。

第十条　各县知事及办理实业人员，对于本规则所列各项，因循敷衍，致误一定棉作时期，或逾限不报及报告不实者，由省公署酌量情节轻重，分别惩处

第十一条　各县知事及办理实业人员，对于本规则所列各项，勤慎任事，卓著成效者，由省公署酌核给奖，以资策励。

第十二条　各县村长副及差警人等，于经手发给种子、书册及摘送棉桃分给赏洋时，有故意含混，或借端勒索情弊，经告发或查确后，除分别重惩外，并予该管知事及办理实业人员以相当之处分。

第十三条　本规则于民国八年适用之。

棉业试验场规则

第一条　本实验场直隶于省长公署。

第二条　本实验场设于产棉较多之地。

第三条　本实验场以提倡指导为主旨，实施种种实验方法，俾农民知所取法，以图改良。

第四条　每年筹款若干，购置美国棉种，分配于农民试种，暂不收价。

第五条　关于气候、土壤、肥料各事，先就本场所在地，确实试验，并调查各地状况，施以适当之配置。

第六条　检定新旧棉种及其所产之纤维，以辨优劣而定取舍。

第七条　栽培、收获各季节，由本场派员实地巡回指导。

第八条　关于病虫各害，由本场随时派员，示以驱除及预防等法。

第九条　每年收获后，将经过情形及其成绩，详细报告于省公署。

第十条　各农家如有热心研究者，本场得设置练习员若干名，使之依次练习栽培、收获、施肥料等一切技术。

第十一条　农民关于棉业上一切取舍事项，有质问时，均须恺切详细答复，或实地为之指导。

第十二条　每年择农闲时，由本场召集各棉业者，酌开临时讲演数次，俾增技术上之知识。

第十三条　每年于收获后，搜罗各棉业者之成绩，开品评会一次，择其优良者汇报省公署，从优给奖。

第十四条　本场搜罗棉业上各种标本及成绩品，分别陈列，俾农民随时展览，以资观感。

第十五条　关于棉业上一切改良扩充事项，由本场设法提倡棉业组合，以资联络而促进行。

第十六条　本实验场职员如下：

一、场长一人。以技术员兼之。

二、技术员二人。

三、事务员二人。

第十七条　场长承省长之命，总理试验、提倡各事务，并指挥监督本场各项职员。

第十八条　技术员商承场长，办理技术上一切事项。

第十九条　事务员商承场长，办理场内庶务、会计、文牍及其他不属于技术上各事项。

第二十条　本规则自公布日施行。

山西省晋南、晋北种羊牧场规则

第一条　本牧场以改良山西全省毛用羊种为主旨。

第二条　本牧场直辖于省长公署。

第三条　本牧场设置于省南安泽、省北朔县属适宜地点。定名曰：晋南、北种羊牧场。

第四条　本牧场暂购美利奴种优良牡羊二百头，牝羊一百头，再购本省产优良牝羊一千头以上，用以交配繁殖，实地改良，以资推广而作模范。

第五条　购买各种种羊时，须详细分别检查，编制正确血统书。

第六条　本牧场每届三个月。将孳生、病毙及现有牡牝各羊头数，并饲养繁殖状况与牧场所在附近地方推广情形，详细报告省公署。

第七条　每届年终，应将办理情形及所得成绩，详细汇报于省公署，以备查核而资奖惩。

第八条　本牧场设场长一人，总理场内一切事项。

第九条　本场设技术员二人。其掌管之事项如下：

一、关于各项种羊检查事项。

二、关于繁殖饲养管理事项。

三、关于改良子羊所报登记事项。

四、关于成绩编制报告事项。

五、关于民有羊改良上之指导及技术上出张一切事项。

六、关于病疫治疗及预防事项。

七、关于练习生之训练及学术讲演与成绩品评各事项。

八、关于人民请求配种,检查处理事项。

第十条　本场设事务员二人。其掌管之事项如下：

一、关于收支款项、编造预决算事项。

二、关于撰拟文牍、缮写报告及保存案卷事项。

三、关于保管物产事项。

四、关于购置物产及约束夫役事项。

五、关于生产物买卖事项。

六、关于其他不属于技术上事项。

第十一条　凡牧场附近各种家畜,如遇疫病发生流行时,应速调查病原与其病状,从速治疗及预防之,并具报告书,呈报省公署核查。

第十二条　凡人民对于改良羊种,有疑难质问事项,均须详细答复,或实地指导之。

第十三条　凡人民有请求配种者,本牧场立为处理。但请求者,须遵守下列各项之规定：

一、凡请求者,须将地址、姓名、牝羊产地及头数详细声明。

二、凡请求者,受配牝羊须检查是否合格,附以耳记。

三、凡由配种孳生之子羊,如遇死亡、逸走时,应申告于本牧场。若系屠杀或指卖时,须得牧场之同意。

四、受配后之牝羊,其经过情形及繁殖状况,与改良成绩等项,各该业主应每月详细报告于本牧场,以便指导。

五、凡请求外产之种牡羊,其交尾期间,一次定为三十日。第一次有不受妊者,得为第二次之请求。

六、凡外国种牡羊,在交尾期间,由请求者慎重饲养,不得损伤,配毕,仍送归本牧场。

七、凡因交尾发生损害时,须酌量事由轻重,使请求者负担赔偿。

八、凡受配孳生之子羊,当附以特别记号,不得涂擦损毁,致碍成绩。

九、凡受配牝羊及孳生子羊,关于饲养、管理等一切事项,须守本牧场之指导。

十、凡请求种羊各户,应由本牧场派技术员,不时巡回,实地指导。

第十四条　凡人民有愿自购种羊繁殖者,本牧场按半价授给。如能购至五头以上者,并由本牧场呈报省公署,从优奖给。

第十五条　本牧场备有各种器械及药品。人民改良之羊发生疾病,或他种羊发生疫病时,应速报告于本牧场,以便派员治疗。

第十六条　凡人民拟改良羊种,所需一切物品,不易购置,或生产物不易出售时,本牧场得斟酌情形,代为设法处理。

第十七条　本牧场应择附近适宜地点,组设种羊联合会,以促进行而资推广。

第十八条　本牧场于附近各处,应不时派员开讲演会,即将关于技术上一切应用方法,广为传授。

第十九条　凡人民有热心研究者,本牧场应酌设练习生名额。凡关于饲养管理等方法,均使按期实地练习。

第二十条　每年择适宜时期,在牧场附近适宜地点,开成绩品评会一次,以资观感。

第二十一条　凡受配牝羊孳生之子,如经三次改良,由本牧场检查合格后,许作种羊。

第二十二条　本规则系择举大纲,关于各项细则另定之。

第二十三条　本规则自核准后施行。

第二节　办　法

种棉简法

土地。择土性稍松,含有沙质者为宜。

气候。棉性喜暖，故择地宜向阳处。春初可免受冻，秋时亦免早霜，则棉桃自易碰开。

耕地及播种。先将土地用犁浅耕。地内土块务须打碎，使土质细润，发生自易。至播种时，各县气候不同，太早，则籽在土中既久，难免霉坏；太迟，则恐秋时早霜，易受损伤。故以清明后，谷雨前，为播种适宜之期。

肥料。灰粪(即草木灰)、骡马粪、坑土粪、人粪均宜，但不可过多。多，则枝条虽茂，结实少，反小。

择种。以美国长绒种为最佳。其次，如直隶及本省河津、霍县、赵城等处亦佳。

1.选择籽种法。须将不成熟及破损的除去。

2.浸水法。将种子投于冷水中或尿中，约三昼夜，然后布种，但此法发苗虽易而不耐旱。如不用水浸，则耐旱而不易发苗。折中的法，宜用水浸一昼夜，最为适宜。

3.搅拌法。先将种子拌以柴灰，用手细细揉搓，使种子散开，然后布种。

播种。其方法凡有数种：一、如种豆法。二、如种麦法。三、如种荞麦法。均可。至入土深浅，亦量地之干湿。过深、过浅，均不相宜。大约以一寸深为合式。

距离。苗长寸许时，量地之肥瘠，定其距离远近。大概每苗相距一尺余，至七八寸为宜。

打芽。苗长至三、四寸时，见正枝之旁发出小芽，即宜切去，恐其夺受地力，妨害正枝之发达。

除草。棉地宜常去草。棉之根旁，以土厚培，则棉根入土既深，自可耐旱，且不受风之摇落。但宜晴天行之。

切顶。于中伏时，择天气晴明，切去其冲天之心，令四旁生枝。四旁所生之枝长至四五寸时，亦切其订。如不切顶，则发身过高，反不结实。但切顶须于午时行之，阴雨及早晚时均不宜。

收获。量气候寒暖，均在阴历八月中旬及九月初间。获时，先摘其下层，次摘其中层，最后摘其顶层。如有碰不开之桃，摘下晒于日光中，俟其桃裂，然后取花。

种麻简法

每年谷雨前，先将地耕好，施肥要多些。如骡马粪、或蔴糁、豆饼都可。到立夏前下籽，大约五六日，即可出苗。到一个月后，用人工耗之，每苗相距三寸余。到四十日后，有水的可浇一次。隔六七日，再浇一次。如旱天，要多浇一二次；如雨涝，即浇过二次即可。到白露时收割。先在田地晒得略干，分开粗细，捆成把子。每把十余斤。到立冬时，将把子散开，铺于潮湿地面上，则麻皮渐白，然后泡入温水泉池中沤。如无温水池，则冬初河水未冻时，亦能沤好。则麻皮自然浮起，取出晒干，用人工将麻皮剥下，就叫绩蔴。然后挽成把子，以备出卖。

种甜菜简法

种法。宜择含沙土的地最好（忌用湿地）。秋后将地深耕。次年春初，再耕一次，再将地耙平。到谷雨后，立夏前，将地犁成小沟，然后下种。每亩用种子一斤半即可。

施肥。如骡马牛粪、草木灰粪，每亩约二千斤。如用近日所制出的骨粉，即八十斤亦可。

距离。甜菜苗出土，生小叶三四片时，将肥壮的苗留下。每株相离一尺二、三寸。其余的苗及杂草，均要锄去。以后，有草即锄。如遇天旱，亦要浇灌为好。到寒露、霜降时收获。

甜菜制糖简法

（甲）糖汁浸出

制造的时候，要预备铁锅六口（再多亦可），各盛清水多半锅，热在火上，用摄氏检温表（这器不贵，制造时必须购备一具。省垣商务印书馆、晋新书社皆有），试看锅内的水。要到七八十度之热（太热糖色不佳，且难成颗），将洗净的甜菜，切成五厘后的薄片，先下在第一锅（下甜菜后，仍要七八十度之热），经十分钟取出，下在第二锅。第一锅另下新甜菜片。再过十分钟，则将第二锅的移在第三锅，第一锅的移在第二锅，第一锅再下新菜片。这样渐次倒替，到第六锅经过十分钟后，甜菜片里大概就没有糖了，就可取出以喂猪狗、喂鸡鸭。再用保美氏比重计（此器不贵，亦宜购备。省垣商务印书馆就有），试看第一锅稠稀。看这比重计在十二度时，即由火上取下，以备加入石灰。遂将第二锅移作第一锅，渐次倒替，至第六锅，移作第五锅。前由火上取下的第一锅，加石灰碳酸气（即烧石灰时发出的气）后，将糖水倒在他器，另换清水，作为第六锅，更试看第一锅。（即前之第二锅）到十二度稠时，如前取下，递次倒替，就能得多量的稠糖液。

（乙）加石灰及碳酸气

预将洁净的好石灰放入清水，令成乳样，淋去沙粒，用保美氏比重计试看，要十五度的稠。将前之稠糖液，热至摄氏检温表八十至八十五度间，慢慢地加入石灰乳。每糖液二百分，要加石灰乳一分。加完，要好好地搅拌。继续加火，则表面起泡，成暗黑色层。用摄氏检温表试看，到九十五度时（将沸时），就从火上取下，静静地放着。将表面的暗色层撇去，更将石灰石（即制石灰之原石，一名青石）装在生铁罐内，密封妥当，用大火烧之，就喷出碳酸气。用铁管引出，通过清水壶，洗去此气的毒质，导入加过石灰的糖汁内，至泡沫满器时为止。这时候，糖汁的热须在摄氏检温表六十度间。加碳酸气后，用布滤去污物杂质，将糖液盛在大瓮内，澄清数日（愈久愈妙）。到熬的时候，将澄清糖液慢慢地取出，瓮底所余的污物，就不要了。若看糖液不干净，不妨再滤一次。

（丙）用骨炭除去糖液的颜色

用牲畜的骨头（关节骨最好）装于铁罐内，密封好，只留一个出气孔，放在大火上烧之。至气孔无烟的时候，就成骨炭。取出破成栗子大的小块,用水洗净,要一点污秽也没有。晒干后,装在瓷器或瓦器内,约一尺多厚(再厚亦可)。器之下边要留一个小口,将澄清后的糖液,慢慢地倒入装骨炭的器里,从器下边小口流出糖液,另盛一器,以备熬稠。(如不制白糖,不用通过骨炭)

(丁)糖液熬稠

熬稠糖液,要用二层锅。(头层锅里装清水,直热火上。二层锅要薄,装糖液套在头层锅里。熬去水气,至糖液内看见小粒的时候,就算熬好)

(戊)结颗

欲结颗大时,须将熬好的糖液,放在摄氏检温表三十五、六度的热房内,好好地搅拌至二、三个时辰后,取出,静放一二日,即可分离糖蜜。(冷处结晶糖颗反小)

(巳)糖蜜分离

分离糖蜜用远心分离器最快。你们没有这样器具。可用麻布(或粗洋布)作袋(二层或三层),将结颗好的稠糖装入,紧扎袋口,用压樑(油榨)压之。俟袋里头的糖没有粘性时取出,好好地揉搓,干后就成白糖。

培桑简法

培养桑苗之地。选择沙壤土便于灌溉之地,每亩上牛马粪二千余斤。深耕一次,做成宽二尺,长丈许之平畦,用水灌湿。

第一年培养桑苗。小满前后下种。预先将桑籽浸在水中,每日换水二三次。俟种子涨大的时侯,从水中捞出,和木灰拌匀,撒种畦内。每种桑籽一升半,成苗约四万余株。种后,覆细土三四分。如果土湿,未发芽以前,无用浇水,只用喷壶洒水润湿。经过十日左右,芽就出土。到苗高二寸的时候,就锄去弱苗,使各苗相离二寸许,灌以带水的清粪。此后,见土一干,就要灌溉。如地力瘠薄,可再上粪一次。赶冬天地将冻时,用搀和马粪的土覆掩,或掘起贮于假植床内。

假植床之设置。掘一长方形之土坑，深三尺，宽二尺。长则要按桑苗之多寡定规。把桑苗一行一行地，密密排植坑里。行的中间用混马粪的土，厚二三寸，埋覆苗根。坑的上面，用高粱杆、谷草铺盖，盖上覆土。坑的两头，各留一孔，夜间盖住，午间揭开。这是为防桑苗腐烂。明年春天取出移植。

第二年移植桑苗。清明时候，将桑苗掘起，或从假植床内取出，即行移植。每株相离八九寸。栽植完了，于畦内灌水一次。以后，遇旱就灌水。如见桑苗生长不旺，就要上粪，有草就锄。又使桑苗生长成一直条，至立冬时候，将桑苗就地弯倒，掘土埋盖，就可免除冻害。

第三年接换桑苗。春分前后，畦内灌水，清明至谷雨时候，将所有的桑苗都要接换，(不接换亦可，但接过的桑叶肥大)才能得肥大之叶。如现在所种的桑系湖桑，用前接过的湖桑穗接之。总而言之，要用好种的穗，接在不好的苗上。其接的法子，与接换果木树一样，就是在桑苗离地寸许处接换。接完后，用湿润的土埋住接合处。以后隔四五日，用喷壶洒水一次，使土时常湿润，就容易成活。冬季，壅土于桑苗根际。如恐怕受冻，于干上缠裹稻草。

第四年栽植桑苗。清明的时候，将桑苗掘起移植。移植以前，先要耕地。耕完掘穴，穴中施粪，再少撒细土于粪上，然后把桑苗植入穴内，徐徐壅土于根部，用足踏实。按每株相离五尺，每亩能栽二百四十株。栽毕灌水，教它容易成活。又将桑苗离地三尺处剪去，使其支枝丛生，就成了一个完全的桑树。

养蚕简法

养蚕的房子宜座北向南。午间不大热，早晚不大冷。

放蚕的器具，名曰蚕匾，以竹与柳条编成的。放蚕其中，用木架层层架起。每层相距约尺许。

见桑叶绽开，就取蚕种，放在温暖的房子。到十天左右，蚕卵现青色。小蚕咬卵壳而出，此时名蚁蚕。用秤称之，一钱重，约蚕一万个。

采桑每天两回。早采在日出后，朝露已散的时候；晚采在日将落，晚露未发的时候。叶上有水有泥，须要洗净。凡有堆积的叶子，每隔二、三点钟要翻转一次，以防发热。蚕小时，切桑要细；小蚕渐大，所切的桑也要大些。蚕有眠有起。眠的时候，不用给桑。每眠起一回，蚕长大一回，喂的桑叶也应加多。每日喂蚕回数，均有一定，就是夜间，也要按时喂桑。如果任意喂养，于蚕无益，反受损害。

蚕匾内蚕粪及残叶，要天天扫除清洁。如匾内蚕过密时，可将一匾的蚕分为二匾。

蚕到食叶减少，粪粒柔软，头部尖小，胸部透明，皮肤柔软，体躯缩小，体色黄赤，昂首游行，是为吐丝的样子。这个时候要赶速拣出，放在簇上，好叫蚕吐丝作茧。

上簇后六七日，就将蚕茧摘下。如要留籽作种，稍迟一二日也无妨。

采茧后，先行选种。选种完毕，凡缫丝的茧，通要蒸过。蒸的法子，用方锅一口，上载木笼，笼底铺木屑 层，把茧放在里头，茧上盖布。锅里的水沸到十五分钟，蛹就全死，然后取出，放在匾上晒干。

作种用的蚕茧，要选形状色泽一样整齐的，挑在蚕匾上，放在洁净不大热的房子里，等十天前后，蚕蛾就从茧内跑出。

蚕蛾出茧，雌雄相配后，将雌蛾放在纸上，用洋铁圈隔开，俟产卵完毕，就将种纸挂于空气流通的清洁房子内。不敢重叠压迫。

立冬以后，择天气晴和的日子，取出种纸，浸在冷水里头，约二三点钟取出，用毛刷洗去污物。洗完悬在清凉室内，阴干后收藏，等到来年喂养。

农桑分局都有农桑技士，这些法子，他全懂得。你们有不清楚的地方，可去问问他。

制骨粉简法

煮骨。先将牛、马、猪、羊各种骨头，收存一处。取大铁锅一口，用清水约半锅，坐在火上，即将各样骨头投入其中。待水滚了，看见水面浮起脂油，即用勺子撇去。煮过一、两个时辰，将骨头捞出，放在日光中晒干，捣成碎块。

制粉。取前捣开之骨块五十斤，用瓷瓮一个，将骨头放入瓮中。用水百斤，加新石灰十五斤，草木灰五十斤，搅合的要匀，然后将瓮口封住。过了七八天，骨已沤好，用手一捻，骨即成粉，再到碾上细碾一次。总以越细越好，则粉就成了。前项骨头，虽不煮亦能制粉。

施用。每亩大约用二十斤。用时，宜先与牛、马圈粪及各种灰粪和在一处，再拌以水，至十几天，待其发过，然后撒入地中。

第三章

天足、剪发

第一节 法 规

禁止缠足告示

妇女缠足，为害甚大。不独有碍行动，且损坏其肢体。不但世界万国无此恶习，即前清旗人皇室，亦皆天足。且汉人缠足之风，莫甚于山西。是以山西人口愈少，人体愈弱，人民愈穷。其毒与鸦片相等。若不严禁，害无底止。特定数条，谕尔等人民知之。

一、凡十岁以下女子，如已经缠足者，限于本年阳历五月内，一律放之。

二、此事由县知事督促村长副，切实考察办理。

三、村镇士绅，当知中外大势与缠足恶习之由来，应负帮同村长开导村人之责。

四、从本年阳历六月一日起，如有违者，其家长罚洋一元，仍限令解放。再不遵，则倍罚之。三不遵，则送县署究办。

五、如系夫家阻挠，则罚其夫家，免罚家长。

六、罚款，以十分之三提充本县天足会经费，其余十分之七，拨作县内女学校经费。如未设有女学校，即留充本村镇内国民学校之补助费。

七、村长副如不实力奉行，由各县知事惩罚之。

八、本省长于本年阳历七月派员实察。如查有缠足幼女，除罚其家长、村长外，并予县、知事以相当之惩戒。

（修正）严禁缠足条例[①]

（五年十二月二十七日公布）

第一条　全晋妇女，自本条例施行之日起，凡未缠足者，不得再缠。已缠足者，年在十五岁以下，一律解放。十五岁以上，不得再饰木底，致蹈恶习。

第二条　本条例施行一个月后，如再有新缠足之幼女，经人告发，或察觉属实者，科其家长三十元以下，三元以上之罚金。

第三条　本条例施行三个月后，如有年在十五岁以下缠足未放，或年在十五岁以上仍饰木底，经人告发或察觉属实者，科其家长或本人以二十元以下，二元以上之罚金。

第四条　本条例施行一个月后，如有制买木底之工商，仍旧制买者，科以三十元以下，三元以上之罚金。

第五条　本条例施行六个月后，如有为缠足及饰木底之女子做媒，经人告发或察觉属实者，科媒人以三十元以下，三元以上之罚金。

第六条　罚金无力缴纳者，每元得换处拘留一日。

第七条　本条例以各县张贴城乡之日为施行日期。

第八条　本条例由各县知事执行。其设有警察厅或警察专署地方，由警察厅、署执行之。

---

①山西省政协文史资料委员会编为：《严禁缠足条例》，公布时间为六年九月二十五日。

天足会简章

（六年九月二十五日公布）

第一条　本会以劝诫一般人民，袪除妇女缠足恶习为宗旨，即定名曰：某县天足会。

第二条　凡为各该县年满二十岁以上之男子，均得为本会会员。其县属各机关人员及村长副，皆有充当会员之义务。有不愿入会者，即停其职。

第三条　本会设职员如下：

（一）会长一人由县知事兼充之。以资提倡，总理会内一切事务。

（二）干事四人至十人。承会长之命，分理会内各项事务。

（三）书记二人至五人。专司文牍之拟缮及保存。

（四）会计一人至三人。专司款项之收支及登记账簿，并保存之。

第四条　会员有劝诫人民实行本会宗旨之责。会员入会一月以后，其家属有违犯本简章第五条所定各款之一者除名，并依照《严禁缠足条例》第二条、第三条处罚。如为各机关人员及村长副，并停其职。

第五条　劝诫之标准如下：

（一）十岁以下之女子，不许缠足。

（二）十五岁以下之子女，已经缠足者，即行解放。

（三）十五岁以上之妇女，已经缠足而未能解放者，不许饰用木底。

第六条　凡职员会员及会外之男女，有办事异常出力，劝诫人数甚多，著有实效者，由会长查明属实，以县知事名义，呈请省长奖励如下：

（一）匾额。奖给男子。

（二）褒章。奖给妇人。

第七条　本会每月开职员会至少二次，考核各会员劝诫之成绩，并以筹事务之进行。至全体大会，由会长酌量情形，定期召集之。

第八条　第三条所定之各职员，由会长指任，均为义务职，不支薪水。

第九条　本会经费有限,由各会员量力捐助。如尚不足,由县知事会同绅商酌筹。

第十条　本会限文到十五日内一律成立,由县知事呈报备案,以便省公署派员实查。

全省学生不娶缠足妇女会简章

（七年八月二十九日公布）

第一条　本会以山西全省学生组织之。

第二条　本会总会设于省垣,分会设于各县。

第三条　本会职员如下：

(一)会长一人。由会员推选之,总理会内事务。但学校教职员及其他教育机关人员,均得被选,不以学生为限。

(二)书记四人。由会员中推选之,掌缮拟文牍、保存案件之事。

(三)评议员。由各校于会员中推选之,每校二人。有须决定之事,由会长召集评议会议决之。

第四条　分会职员与总会同,但得不设评议员,书记得减至二人。

第五条　凡系山西学生,皆为本会会员。其义务如下：

(一)未娶者,不许娶缠足女子。

(二)已娶者,如系缠足女子,实行解放。

第六条　会员中,如有违反前条义务者,经评议会之议决,处以三十元以上、三百元以下之违约金,并于各校内失其校友之资格。各县分会如无评议员,此项违约金之决定,由大会行之。

第七条　大会及评议会之开会，由会长于必要时临时召集之。大会及评议会之议事规则另定之。

第八条　总会、分会，均须备制会员名簿，每年于暑假后，修正一次。

第九条　本简章如有未尽事宜，由大会议决修改之。

禁止早婚条例

（七年十一月二十日）

第一条　男子十八岁，女子十六岁为婚期。

第二条　本条例施行后，凡男女未及婚期，而行嫁娶之礼者，科其主婚人三十元以下之罚金。

第三条　区长、街村长副、闾长，负有先期禁止及查报之责。

第四条　本条例由县知事执行之。

第五条　本条例所科之罚金，如数拨作各该城、镇、村国民学校经费。

第六条　本条例自公布到达之日，为施行之期。

委派女稽查员规则

（八年十一月二十四日公布）

第一条　各县查验天足，均以女稽查员行之。各县委派女稽查员无定额，但至少须有五人，以便分赴城乡实查。

第二条　女稽查员以毕业女学生，年在二十岁以上者为合格。如无此项资格，应选品行端正，勤苦耐劳之妇人充之。

第三条　女稽查员须系天足，或已经解放者。

第四条　女稽查员薪水及下乡时旅费，其数目由各县酌定，呈由省长核准。

第五条　女稽查员下乡，一应饭馔杂费，均由自备，不准由各村支给。但遇天晚及雨雪时，各村长副须代觅宿舍。

第六条　本规则自公布之日施行。

女稽查员服务规则

（八年十一月二十四日公布）

第一条　女稽查员每至一处，须确实检查，不准瞻徇情面，并须负劝导之责。所查情形，据实报告县署，不准捏造，致失公允。

第二条　检查之标准如下：

（一）十岁以下女子仍缠足者。

（二）十五岁以下妇女仍裹有布条，未解放者。

（三）十六岁以上妇女仍饰用木底者。

第三条　如查有前条所列情事，即分别报告县署。女稽查员不准擅自处罚。

第四条　女稽查员入户检查，查毕即出，不准在人家逗留。检查时，须知会街、村长副或闾长一同前往。如须登记妇女家主或其夫之姓名，问明街、村长副、闾长填写。

第五条　女稽查员只查第二条所列各事，并劝导解放，不准干涉衣服式样及其他装饰。

第六条　女稽查员下乡，各带巡警一名。巡警只在被查各户之门外伺候，非经呼唤，不准擅入民宅。其所带巡警系为保护女稽查员而设，并不准参与检查天足之事。

第七条　女稽查员下乡须洁己自爱。所带巡警，尤不准丝毫向人需索。倘有讹索情事，由各村长副查明确据，报告县知事惩办。

第八条　女稽查员执行职务时，倘遇有抗拒及诟骂情事，该女稽查员只向村长副、闾长询明家主或其夫之姓名，报告县知事究办，不准在外滋生事端。

第九条　本规则自公布之日施行。

严禁缠足布告

（十年七月十七日）

近查，各县妇女，又发生缠足的恶习，并造出一种谣言，说："妇女缠足，官厅已经不管了"。妇女无知，误听这邪说，因此又想尝试起来。以上情节，实属可恨。本省禁止缠足，系为人民谋幸福。对于这件事，出示晓谕，也不止三次五次。因甚还不醒悟呢？此次出示之后，如再有幼女缠足，及十五岁以下女子不解放的，一经查出，定是照章重罚，决不宽容。除令县知事严查外，特此晓谕，其各懔尊。

此示。

产育研究会简章

（十七年二月二十六日公布）

第一条　本会以研究改善接产及育儿方法为宗旨，定名为产育研究会。

第二条　本会附设于总司令部村政处。

第三条　本会设正、副会长各一人，由村政处处长及副处长兼充之。会员无定额，由会长聘请精于西医学术及有经验者充任之。

第四条　正、副会长总理会务，并协同会员研究改善产育一切事项。

第五条　本会会员，系名誉职，但得由本会酌送车马费。

第六条　本会于每月第一星期内，开会一次。如有特别事故，得由会长临时召集之。

第七条　本会会员，应将研究或经验所得之改善及救济产育良方，编撰通俗文字，交由村政处登载《村政周报》，俾众采用。

第八条　本简章自公布日施行。

第二节　令　文

训令三道尹、各县知事严禁缠足并设立天足会文
（六年十月二十日）

为训令事。照得妇女缠足，原为我国恶习。而晋省缠足之风尤甚于他省。若不督饬禁止，非特步履维艰，难资操作，抑且人种积弱，难期富强。兹特订定设立《天足会简章》十条，通令颁发。仰该道尹、县知事即行遵照，转饬所属一体设立，切实奉行。其原有天足会县分，亦应查照新章改组。切切。此令。

行知各县知事、省外直辖各校实行办理学生不娶缠足妇女会文
（七年八月二十九日）

据省教育会会长呈称，窃本会于本年五月内开全体职员会议。议决

暑假后，由本会设立体育联合会，并附设一全省学生不娶缠足妇女会。除将体育会暨全省学生不娶缠足妇女会简章各一份附呈外，所有体育会暨全省学生不娶缠足妇女会成立筹办情形，理合呈请鉴察备案，并恳通饬各县教育会及省外各学校一体实行办理，以期普及而竟全功。谨呈等情，并送简章两份到署。除指令外，查，体育为健康身体之要务，天足尤人民富强之始基。该会附设体育会暨全省学生不娶缠足妇女会，分别订定简章，对于体育为积极之提倡，对于缠足为消极之禁止，筹划周详，利益宏远。为此行仰该知事、校长，即便分别函行该县教育会、各学校，一体遵照办理。（简章印发）

特此行知。

通令各县将禁止幼女缠足加入村禁约内责成村长副等切实查劝文

（八年一月二十九日）

查，提倡天足，五年于兹。据报，各县十五岁以下女子缠足者仍属不少。虽人民锢习难移，实由官厅查劝疏懈。现值整理村范，亟应随同进行，以竟全功。仰该知事及各员属于下乡调查之时，将幼女缠足一并调查，责成该管村长及其家属勒令解放；一面将此事饬各村，订入村禁约内。再有违反，由村社公议，罚其父兄，以资儆戒。其罚交村费，均作为本村国民学校经费，不准移作他用。该知事尤应遵照发去警告及告谕学生等印刷品，切实提倡，认真督促，是所厚望。除分令外，仰即遵照。

此令。

训令各县区长劝导天足毋得径入民舍及自行处罚文

（八年三月十三日）

现在，区制成立。各该县区长劝导天足，自应积极进行，以期涤除旧习。惟查验时，须依《行政执行法》之规定，于日出后，日入前行之，并须临时饬由各该街、村长副，通知本人。或在院内，或唤至门口，按名查看。其有狃于故态，不尊（足）字二号告示办理者，一经查出，即由该区长指名报告县知事，照章惩处，勿得由区长自行处罚，以清权限。为此，仰该县迅即转行各区长，一体遵照勿违。切切。

此令。

训令各县劝导天足酌委女稽查员文

（八年三月十九日）

劝导天足，稽查为要。前经各县请派女稽查员，以策进行，此法最为完善。为此仰各县，一体酌委品行端正，勤苦耐劳者数人，以资督促而便检查。所有该员等应需旅费，准由天足罚款项下作正开销。如果办有成绩，并准择尤呈请核奖，以彰劳绩。仍将派女稽查员姓名具报备查。

此令。

训令各县实行《修正严禁缠足条例》文

（九年一月二十日）

查，《修正严禁缠足条例》，前于民国五年由省议会议决，经本署公布在案。各县奉行者特少。本省长于查禁缠足之始，恐多年恶习，未易速除，不忍不劝而惩，特先注重劝导。除饬省会警察厅，依照该条例实行，并令各县天足会会员，受该条例第二条、第三条之拘束外，复于该条例范围内，酌减罚额，另拟标准，通令各县，对于一般人民照办在案。现据实察员报告，各该县查禁成绩，幼女缠足恶习，已逐渐减除。亟应赓续进行，以收全效。所有前经公布之《修正严禁缠足条例》，嗣后，即完全通用。凡有违反，一律依照该条例处办。至十六岁以上妇女之未解去布条者，仍尊前令办理。

此令。

训令各县剀切劝导以期收提倡天足之实益文

（九年五月十八日）

提倡天足，首宜注重十五岁以下之女子。此种幼年女子未缠足者不复缠，已缠者完全解放，则缠足恶习计日可除。其年长妇人之外去木底，而内夹布条者，亦于卫生有碍，并应剀切劝导，以期获提倡天足之实益，而防故态之复萌。以上各项办法，均经迭次令饬各县遵照在案。乃近查各县，对于年长妇人，或疏于劝导，或舍劝导而专赖惩罚，是于从前迭次命令之意，均有未合。至十五岁以下天足成绩，据上年调查，各县多数已将竟全功，若再赓续进行，本年即可同报肃清。倘各县知事有始勤终惰，致将成之业亏于一篑者，则废弛职务之责，更何可辞？为此，重申前令。仰各该知事，务体提倡天足系为与人民谋幸福之意，分别遵照办理。本省长即以前项标准，考查各县之成绩焉！

此令。

训令各县停止支发天足会经费文
（九年六月三日）

□□县，设立天足会，原欲借地方士绅劝导之力，以补功令之所不及。开办之始，尚形踊跃，乃日久懈生，功亏垂成。近查，各县天足会，徒具虚名者实居多数。现设女稽查员薪旅各费，均无的款。所有天足会津贴，自应一律停止，移作女稽查员薪旅之需。至提倡天足，系为与人民谋幸福，大之可免弱种之忧，小之亦除戕形之惨。凡在社会上居于先觉之列，而为众人观感所系者，自应充其爱人之心，切实劝导，以期同胞早祛锢习，咸与维新。此亦一乡善士应尽之天职也。仰各该知事，对于地方士绅仍时加敦促，励其进行。其有热心劝导，昭著成效者，并即择优褒奖，以彰劳勋而资激劝。

此令。

行知壶关县严禁缠足恶习并戒早婚流弊文
（十二年八月七日）

据报，该县查禁缠足，成效甚少。且有无知之辈，因规避放足，令女早嫁等情。查，劝导天足，系为强健妇女身体。乃恶习未除，反生早婚流弊，亟应设法劝禁，并鼓励村人实行禁约以除陋习，是为至要。仰即严行劝戒，一面督饬所属，于下乡时剀切倡导。

特此行知。

行知陵川县不可因农忙停止下乡并应严行劝戒幼女缠足文

(十三年六月二十日)

据报，该县近来因农忙不多下乡，并乡村幼女缠足者尚多。等情到署。农忙之时，官并不忙。值此天气亢旱，民心惶恐，正宜拨出工夫，勤于下乡；谆谆问民间疾苦，省耕省敛，勉为抚循，并筹议防旱救荒方法，实行父母其心，公仆其身之职责。万不可因农忙天旱，不多下乡，致被村人误会，村政进行停止，或以上下隔阂，怨官厅做事不恤民艰也。至缠足恶习，该县最甚，督责稍懈，则前功尽弃。应照前颁《严禁缠足条例》，确实劝戒。仰并督促鼓舞，严加监察，勿稍敷衍为要。

特此行知。

指令寿阳县严禁缠足恶风文

(十五年二月二十二日)

呈悉。查，该县缠足旧染颇深。人民对于天足，未曾见惯。即士绅亦狃于积习，对官厅无何等帮助。各村既多不依村禁约实行处罚，因而该县天足成绩，仅及四成。此固积习难移，亦因官厅劝导不力，人民对此利害不能警觉。且空言劝导，究不若以事实动之。此次辽县匪警，天足妇女，均易逃避，缠足者因步履维艰，多遭困辱。借此宣传，自足以警醒人民。一面并按村禁约实行处罚，恶习庶可改善。再，查，各段主任下乡，多临时用本村妇女稽查。以罚金四成，擅自提赏，应即禁止。另筹具体办法，以防流弊。

此令。

行知潞城县对于缠足流弊家庭残忍等情一律查禁文

（十五年三月五日）

据查报，该县女稽查员下乡查办天足，仅查闺女，一经出嫁，概置不问。致乡民误认为，禁女不禁妇，多有将十三四岁之幼女，因而出嫁者。既长缠足之害，复兹早婚之弊。亟应饬该稽查等，一律查禁，以除恶习。又闻侯家庄孀妇李卫氏，性情凶悍。对于前房幼子，异常虐待，经该村村长侯殿魁多次劝导，不少悛改。此虽一家私事，实与村范进行有重大影响。仰由县确实训诫，并责成村、闾长严加监视。如仍怙恶不悛，不妨施以相当责斥。

特此行知。

令村政处召集医务人员筹拟产育简当办法分期举行文

（十七年二月十六日）

社会上因生产伤人较多，西洋产婆学确有可取。社会上小孩损失亦多，西医养育小孩方法，亦较适宜。以上两事实为内政之首宜注意者，自应由村政方面切实进行。应如何筹拟简当办法，分期举行，著村政处召集医务人员，妥议办法，呈候核定施行。

此令。

告知各村长副应将《村政周报》所载产育方法详告村人并慎选产科传习所学生文

（十七年二月二十日）

吾国人民对于接产及养育小孩，多泥守相沿的积习，不讲求改善方法，以致一般妇人，因生产致命者，实在不少。即所生婴儿，亦因养育的方法不好，由此少亡者，为数尤多。西医于接产及育儿方法，确有可取。应研求改善，以期补救。现由村政处附设产育研究会，聘请精于西医学术及有经验者，研究改善接产育儿方法及普通治疗预防良方，按期登载《村政周报》。各村长副应将报上所登载的方法，详告村人，以便采用。又查，省城曾立产科传习所。历年毕业产婆，已有五班，分往各地服务，颇著成效，救济产妇胎儿已经不少。现拟扩充人数，令各县保送学生，分班教授，以资普及。嗣后，如奉到保送公事及招生的章程，务须照章选送。将来毕业后，回村服务，于产妇婴儿造福匪浅。各村长副要特别注意。

第三节 告 谕

劝导天足告谕

（十二年八月）

近来，各县的天足女子，一天比一天多了。惟有你们县里还要与女儿缠足。须知，你们县里缠足的尚多。看见天足的不好看，将来天足的多了，人家看见缠足的更难看。况如今学生，都不娶缠足妇女。你的女儿偏缠了足，一定寻不下好女婿，到那时候后悔也迟了。此谕。

第四节　表　式

县办理天足查报表

知事　　年　　月　　日

委员　　年　　月　　日

段别及段主任姓名	县填分数		委查分数		实察情形
	十五岁以下	二十岁以下	十五岁以下	二十岁以下	
合分					
总评					

表解：

（一）本表，由县将一、二两栏，于次年一月内填齐，委员到县交由委员依据考查。

（二）第一栏如系改段归区办理，县分即改填成某区区长姓名。

（三）"委查分数"一栏，应就委员所见人数推算之（如在某段见十五岁以下女子，十人内有天足者八人，以十除八，所得分数即为十分之八）。其所见天足及缠足人数，应于“实察情形”栏内叙明。

（四）委员查得分数（以所查十五岁以下，二十岁及以下两栏分数匀得）及县知事、小段主任办理天足事宜，如何宣传倡导、绅士如何帮助、有无女稽查员、查劝是否尽力，并地方有何特别情形、能否依照村禁约处办，均于总评栏内叙明。

第四章

改进村制综合文件

第一节　法　规

县知事接待街村长副规则

（七年二月八日公布）

第一条　知事对于街、村长副，应随到随见。

第二条　知事接见街、村长副应加以礼貌，不得轻慢。

第三条　街、村长副来谒知事时，县署公役务须即时传达，不得任意留难需索。

第四条　街、村长副回话，除商榷应办事件外，不得有所请托。

第五条　街、村长副遇有紧要事件，用函径报知事。

第六条　本规则自公布之日施行。

乡村接待警差规则

（七年三月二十六日公布）

第一条　警差因奉令传办事件到村时，不得向村中需索钱文。村中亦不得给与钱文。

第二条　警差到村所需食物，应自行公平价买。如遇小村购买不便时，即由村长副指定地方代为料理。

第三条　警差到村，如必须住宿时，应由村长副指定地方，惟不得另索宿费。

第四条　警差到村，如有违背前三条各规定者，准由村长副禀明县知事，从重惩办。

第五条　以上各条，系专指传办行政警差而言。其属于诉讼传唤事件，仍照按里给费章程办理。

稽查队办事细则

（七年七月六日公布）

第一条　本细则，依《稽查队条例》第五条之规定各项范围规定之。

第二条　稽查队驻在县分，应先查明省境为烟土、金丹输入、匪类丛出地方共有若干。关津、大道小路，分配队兵，扼要设卡驻扎。

第三条　前条事项，由主管官署发交该队驻在县地图两纸，由稽查队长会同该管县知事，将前条关津、道路及设卡处队兵人数详细绘填。以一份存查，一份由该队长呈报主管官署。

第四条　每卡驻兵人数，由该队长酌量地方情形分派。其执行职务时，应分为两班，或三班，轮替巡逻稽查。

第五条　队长、队官执行职务时，得派便衣队兵以充侦探，并得广购眼线，导引侦查。但得有确实报告，即得施行搜查。

第六条　队兵驻在地方巡逻路线，均由队长指定。如驻在地有发现勾贩烟土，或私购军火情事时，其旅店、船家、水手以及村长副、乡约等，得负共同侦探之责。其惩赏事项，得依《稽查队条例》第六、第七两条各项，由该队长，呈由主管官署呈请核办。

第七条　凡经过第二条所指之地方者，查有下列情事之一，得径行检查，并严诘阻止。

（一）已经侦探明确者。

（二）形迹可疑者。

(三)夜间偷渡者。

(四)结伙同行并不携带行李者。

(五)结伙成群携款西渡者,

第八条　凡系山西境内西渡者,须有确实证据。向在陕西经商,并非三、五十人结伙成群者,不得依前条之规定,施行检查。

第九条　凡附近旅店、船户及其他容留过往商民地,所有商民行李物件,均得施行检查,但以有贩卖烟土、金丹及匪类之嫌疑者为限。

第十条　检查确无带烟土情事,应即放行,不得稍事留难。

第十一条　检查时,对于行旅携带物件有下列行为者,按照《稽查队条例》第七条从事惩处。

(一)故意损坏。

(二)乘间窃取。

(三)威迫勒索。

第十二条　查获烟土后,应照《稽查队条例》第五条乙项办理。

第十三条　查获土犯时,应立即捕拿。按照《稽查队条例》第五条乙项办理。

第十四条　除大帮土犯,应按照《稽查队条例》第五条丙项办理外,如有结伙同行,人多势众之土犯,遇必要时,应报由队长知会附近之军队官警,协助捕拿。

第十五条　前条事项遇紧急时,得由头目兵,径自请求所在地方军警长官以及村长副派人协助。必须带有本队密查证,始能有效。事后报明队长。

前项密查证,由主管官署制定,发由该管队长,体察确系忠正可靠之目兵,方准发给,不得滥发。

第十六条　稽查队成立时,应将下列事项册报主管官署备案。册式由该署印发。

一、驻扎县分目兵姓名总册。

二、稽查队分卡一览表。

第十七条　下列事项，应由稽查队长遵照印发报告册，十日填报主管官署一次。

一、某卡逐日往来商民人数、分别入境、出境。

二、十日内，查获烟案简明报告表。

第十八条　遇临时发生重要案件，应由稽查队长随时电请主管官署核示，以期迅速。

第十九条　除《稽查队条例》第七条所列各项外，有下列情事者，除将当事人从重惩处外，并将该主管官长酌予处分。

一、目兵与土匪，或烟贩，暗通声气及包庇运送者。

二、挟赃潜逃者。

三、因贪功设计陷害人者。

第二十条　如目兵有开革时，由该管队长将密查证，即行追缴。

第二十一条　本细则如有未尽事宜，得随时修改。

第二十二条　本细则自公布之日施行。

调验密报烟民规则

（七年十月二十四日公布）

第一条　各县未经举发之烟民，一经密报，即令该县知事调验。但密报人以实察员及其他印委为限。

第二条　各县知事检验被调验者，有敷衍或袒护时，经密报后，即将被调验者调省检验，或派员赴该县监验。

第三条　调省检验或派员监验之烟民，如验明确系吸烟，除将该烟民按律治罪外，并将该县知事以《惩戒法》议处。

第四条　本规则自公布日施行。

山西县地方设区暂行条例

（七年十一月五日公布）

第一条　各县地方，依本条例之规定，就所管境内，划分若干区，促进地方之行政。

第二条　各县分区，以三区至六区为度。

第三条　依前两条之规定，就各该地方之形势，户口之多寡，习惯上之便利划分之。

前项划分区域，由委员调查明确，会同县知事切实计划。先行绘具图说，呈报省长核定。

第四条　每区设区长一人。区警额数，视户口多寡、区域广狭，酌定之。

第五条　区长由省长委任，直隶于县知事。其考试练习法另定之。前项区长，兼任警务官职务，统由警务处长加给委状。

第六条　区长有承受知事命令，督察所管区内村长副之责。

第七条　各区遇有必要时，得设临时助理员一人至五人。其职任临时以省令定之。

前项助理员，在自治条例实行后，即不设置。

第八条　各区于所管区内适中之地，各设一公所。其组织法另定之。

第九条　各区经费，由城区警察经费项下节省拨充，不足再由知事增筹。

第十条　区域如有变更或增减时，由县知事呈准行之。

第十一条　区公所成立后，其区内原有之警察分所，酌量裁并。但附近城区，即以原有警署，兼任区事。

第十二条　本条例自公布日施行。

各县户口编查暂行条例

（八年一月五日公布）

第一条　户口编查，依本条例之规定办理。

第二条　户口编查，由县知事直接监督，由区长督率街、村长副执行。

第三条　户口编查事项，查照《户口编查表》及填表说明办理。（附有填表说明）

第四条　每年定于春节后六日起，（即旧历正月六日），由街、村长副督同各闾长实施编查。

第五条　自编查之日起，限于十日内，编定本年本村户口表及本村户口总表。（两表另有定式）

第六条　本村户口表及村户口总表，限二十日内，缮订成册，由街、村长保管。

第七条　依街、村户口表，照样另缮一份，汇订成册，限阳历三月二十日以前，送由该管区长查核保管。

第八条　户口总册，未经送区以前，得由街、村长复查，或经户主声明编查有错误或遗漏，经村长审核属实者，即时更正。

第九条　村户口总册，既经送区以后，区长于十五日内，分别抽查。

第十条　区长抽查后，限于十日内，汇造区属户口总表，（区表另有定式）呈由县知事备查。

第十一条　区户口总表报县后，即由知事按照区表，汇造县属户口总表（县表另有定式），限于阳历四月初间，分报省道公署。

第十二条　凡民户有不受编查或任意隐匿者，得由街、村长副，呈明区长，酌处一元以上，五元以下之过怠金，留村公用。若闾长、街、村长副扶同隐匿，不切实编查者，得由区长查明情由，呈请知事，分别核办。

第十三条　如有妨害编查者，得由街、村长副报告该管区长，处十日以下，五日以上之劳役（如修理街道、栽种树木之类），或五元以上，十元以下之罚金，拨归该村公用。但须将受罚人姓名及劳役日期，或罚金之数目，报明县属查核。

第十四条　办理编查各人员，如有不法情事，经告发或察觉属实者，由县知事按情节轻重，依法处治，并须呈报省道公署查核。

第十五条　街、村长副因造具户口表，或在繁盛街、村因事繁不能独任之时，得临时酌雇书记。

第十六条　编查表，第一次由省印发，需费若干，由各县摊解归垫。嗣后，每届应需表册，由各该区长招来专商，照式刊印，以备各村长副自行购用。其费由村公费内支付之。

第十七条　本条例自民国八年一月一日实行。

户口编查表

省　　　道　　　县第　　　区第　　　闾第　　　户

事别 类别	姓名	年龄	出生年月日	居住年数	职业	宗教	教育程度	盲哑疯癫及其他废疾	其他事项
户主									
亲属（称呼）									
同居（关系）									

共计				
共计	男口	内计	有职业	口
			无职业	口
			学童	口
	女口		壮丁	口
			废疾	口

附记 佣工（关系）	姓名	年岁	原住地	所作职业	上工之年月日

户口编查填表说明

一、凡自立为一户的，不拘人口多少，均可立为一户。一院内住数户的，以数户计算。同父的兄弟，无论父存在与否，但已经分家的，应各列一户。即按闾编为第几闾第几户。

二、每户各占一表。要是人口众多，一表内填不下的，还可接续多填数张。但须注明某户第几页。

三、户内不论男女，都叫做口。填口数时，连户主计算。养子是养父户内的口。赘婿是女父户内的口。

四、"户主"。户主一定是以同居亲属最尊长的人承当。兄、弟同居的，以兄为户主。如是家无男丁，或有男丁，尚未成年，就该以妇女中最尊长的人为户主。

五、"亲属"。凡户主家内所有的人，如祖母、母、妻、女、姐、妹、弟、侄、子、孙以及弟妇、子媳等，均填入表内"亲属"一格，并先于上一小格，注明称呼。但姊妹、女子已嫁者，不用填入。

六、"同居"。凡亲属以外的人，如户主之姻戚，或是同族，或是朋友，因失了户籍，相依度日者(未失户而暂住者不算)，都填入"同居"一格，并先于上一小格，注明关系。(如姻亲、或同族、或朋友之类)

七、"姓名"。专填姓名，不许用别号。户主更不许以堂名，或公共名称乱填。但妇人可以某某氏代之(如王家之妇姓李，即填王李氏)。女子必须写名。

八、"住居年数"。以落户之年算起。如居住在三十年以上的，可写"世居"两字。

九、"职业"。须将所做事业，分别填明。如务农，即填"务农"。经商即填"经商"。当教习，即填为"当教习"。余可类推。无职业的，即填一"无"字。

十、"宗教"。须将所奉的宗教种类，或天主、或耶稣、或回教等，分别填明。如未入他教的，都填"孔教"。

十一、"教育程度"。指曾否读书及在何种学校学业，或毕业而言。旧有科名者，得写其科名。

十二、"废疾"。即是瞎子、哑子、疯子及其他废疾，应分别填注。

十三、"其他事项"。如编查时，户内有出外的人，即应填明所往地方及事由。又如受刑事处分的，均须填入此栏。

十四、"共计"。"共计"一栏，只计算户主及亲属同居两项人口。此外，如佣工口数，不许计算在内。

十五、"内计"。"内计"栏内的学童，就是指七岁以上，十五岁以下的儿童而言。壮丁就是指十八岁以上，四十五岁以下的人而言。

十六、"佣工"。为婢、为仆、为雇工，均须于以上一小格注明。但雇工在九个月以上者，方可填入。零星短工，可以不填。

十七，编填成表后，须于"共计"一栏，按照所列款项，分别总计各项口数。

附县户口总表

事别 区别	户	男	女	学童	丁壮	废疾	现住	他往	职业		宗教	曾受刑事处分者	备考
									有	无			
总计													

附区户口总表（附说明）

事别 村别	户	男	女	学童	丁壮	废疾	现住	他往	职业		宗教	曾受刑事处分者	备考
									有	无			
总计													

说明：每栏只填一村。若村多栏少，不敷分填者，得续填数页，但总计、备考须于末页填注，并于各页开首格外，注明某区第几页。

附村户口总表（附说明）

事别 闾别	户	男	女	学童	丁壮	废疾	现住	他往	职业		宗教	曾受刑事处分者	备考
									有	无			
总计													

说明：每栏只填一闾。若闾多栏少，不敷分填者，得续填数页。但“总计”、“备考”须于末页填注，并于各页开首格外，注明“某区第几页”。

各县人事登记暂行条例
（八年一月五日公布）

第一条　人事登记事项，暂以出生、死亡、婚姻、继承、分居、迁徙、失踪七项为限。各备簿册，依本条例之规定办理。

第二条　人事登记事项，由县知事监督，由区长督率街村长副执行。其簿册分存于区长及街、村长办公处。

第三条　各登记簿册，须于年前照式制成，并注明页数。

第四条　凡各户应行登记事项，于发生后十日以内，户主须报明街村长副，以便登记。但因有特别事故不能自行呈报者，其同居人及闾长须代为报明。

第五条　街、村长于每月终，须将所登记之事汇报区长照登。但情节有重要关系者，应即立时报明。

第六条　凡民户有应行登记事项，延不报明，逾期限十日，经闾长督催仍然不理者，得由街、村长副呈明区长，酌处以一元以上，五元以下之过怠金，留村公用。

第七条　图自己或他人之利，或以害他人为目的，关于应登记事项，而为诈伪之报告者，由区长呈明县知事依律惩办。

第八条　办理登记人员，无正当理由而拒绝登记，或拒绝阅览登记簿，又或受人贿嘱，擅改登记之事项时，由当事人告发，或经县知事查觉者，应按情节轻重，依法处治，并须呈报省道公署查核。

第九条　登记簿第一次由省印发，需费若干，由各县摊解归垫。嗣后，每届应需簿册，由各该区长招来专商照式刊印，以备各街、村长副自行购用，其费由街、村公费内支付之。

第十条 本条例自民国八年一月一日施行。

附人事登记表

出生	出生者姓名	出生者之父母	出生者之年月日	原籍地	现住所(即第 间 户)

死亡	死亡者之姓名	死亡时之年岁	死亡之因	死亡之年月日	原籍地	现住所(即第 间 户)

婚姻	婚男姓名	年龄	父母	住所	婚女姓氏	行次	年龄	父母	住所	成婚之年月日

继承	继承人姓名	年岁	被继承人姓名	年岁	亲属关系	继承之不动产及房屋田地总数	继承之年月日	现住所(即第几间几户)

分居	分居者之姓名	年岁	分居之家数	分居后之口数	分居后所有之不动产总数	分居之中见人	现住所

迁徙	迁徙者之姓名	年岁	迁前之住所	迁往地址	迁徙之年月日	迁来或迁往之口数

失踪	失踪者姓名	现在年岁	离家之年月日	最后来信之年月日	原住址	现在家属之户主

说明：

一、登记簿系跟着《登记条例》办理，以补助编查所不及。因为人事有变动，所以要陆续登记。

二、“出生”。“出生者之父母”，应查明确系何人生子，即填何人。

三、“死亡”。“死亡之因”，系指因何病，或因伤、或服何毒、或受何刑等项而言。

四、“婚姻”。男女两家的父母，有父填父，无父填母。婚女不便写名字的，须注明其行次。

五、“继承”。就是继承的人与被继承的人。要把族属、远近及称呼注明。养子继承者，只好填明“养子继承”。

六、“分居”。分居簿“分居之家数”格内，须注明“与某某分为几家”。就是兄弟，或是父子亦须注明。如“与兄弟某某分为几家”，或“与子某某分为几家”是。

七、凡离家五年毫无音信，亦并不知其所在地者，即呈明知事，应即填入“失踪簿”内。

八、“迁徙”。须将迁往何处，迁前之住所，详细载明。

各县主附村及村长副闾邻长统计表

县别	主村数	附村数	村长数	村副数	闾长数	邻长数
阳曲	155	715	155	231	1721	6893
太原	82	120	82	172	782	3617
榆次	142	120	142	368	1158	4839
太谷	123	243	123	268	1101	2574
祁县	151	104	151	184	1111	4605
徐沟	48	18	48	79	379	1500
清源	72	28	72	78	596	2669
交城	105	375	105	161	1060	3956
文水	172	27	172	221	1369	6709
岢岚	62	430	62	88	433	1576
岚县	123	223	123	153	479	1930
兴县	161	743	161	816	1098	3181
汾阳	226	118	226	567	1271	6554
孝义	203	231	203	262	1027	4293
平遥	257	106	257	488	1767	7893
介休	148	74	148	196	1117	4853
石楼	36	498	36	35	513	1137
临县	120	1023	120	328	1805	7833
离石	145	690	145	158	1230	5180
方山	22	132	22	86	332	1476
中阳	81	665	81	166	658	2546
长治	146	228	146	266	1328	6244
长子	178	116	178	241	1118	5473
屯留	96	268	96	104	794	3131
襄垣	100	287	100	169	1160	5424

续表

县别	主村数	附村数	村长数	村副数	闾长数	邻长数
潞城	82	140	82	172	845	3998
壶关	120	300	120	89	914	4121
黎城	77	241	77	160	692	3278
平顺	96	174	96	265	785	3185
晋城	146	978	146	152	2296	10249
高平	100	460	100	299	1755	8229
阳城	106	677	106	211	1342	6139
陵川	82	463	82	251	1005	4743
沁水	57	578	57	78	752	3550
辽县	73	231	73	113	595	2725
和顺	85	482	85	173	523	2579
榆社	60	443	60	232	463	2004
沁县	98	607	98	241	886	4098
沁源	131	81	131	188	533	2436
武乡	84	579	84	152	1047	5052
平定	194	569	194	377	3852	9997
昔阳	100	353	100	194	972	4370
盂县	146	451	146	291	1543	6704
寿阳	131	523	131	353	1398	6690
临汾	150	340	150	213	953	4838
洪洞	165	141	165	205	904	3776
浮山	44	251	44	182	355	1537
乡宁	85	1034	85	187	411	1623
安泽	54	273	54	98	631	2554
曲沃	204	53	204	89	764	2992
翼城	79	301	79	214	766	3209
汾城	102	85	102	211	700	2962
襄陵	56	71	56	128	510	2133

续表

县别	主村数	附村数	村长数	村副数	闾长数	邻长数
吉县	46	61	46	49	277	997
永济	115	340	115	137	916	3794
临晋	68	204	68	184	702	3139
虞乡	75	60	75	91	435	1899
荣河	95	57	95	127	546	2323
万泉	118		118	37	634	2878
猗氏	108	85	108	211	665	2759
解县	74	73	74	80	443	1833
安邑	84	90	84	119	807	3357
夏县	138	190	138	224	753	3646
平陆	96	413	96	162	634	3510
芮城	45	276	45	113	553	2185
新绛	87	109	87	174	800	4161
垣曲	68	170	68	106	358	1714
闻喜	144	175	144	156	834	4258
绛县	94	93	94	94	456	2188
稷山	118	127	118	160	589	3080
河津	110	74	110	86	671	2816
霍县	62	192	62	113	513	2284
赵城	96	108	96	169	750	3344
灵石	60	439	60	102	714	2844
汾西	55	413	55	81	466	1630
隰县	58	824	58	187	706	2361
大宁	26	208	26	51	202	601
永和	28	349	28	33	321	668
蒲县	17	983	17	66	203	1009
大同	205	395	205	604	2241	10024
怀仁	80	60	80	102	524	2514

续表

县别	主村数	附村数	村长数	村副数	闾长数	邻长数
浑源	128	381	128	187	1467	5677
应县	124	95	124	152	765	2851
山阴	47	65	47	110	415	1083
阳高	88	81	88	130	886	3617
天镇	107	194	107	177	809	3628
广陵	65	165	65	131	795	2954
灵丘	104	276	104	213	1134	4197
右玉	86	410	86	193	708	2844
朔县	277	262	277	451	1138	5209
左云	92	246	92	87	537	2263
平鲁	29	168	29	50	258	1147
宁武	58	405	58	97	597	2211
偏关	23	413	23	44	350	1157
神池	55	237	55	67	446	1771
五寨	45	291	45	46	545	1607
忻县	220	160	220	247	1452	7062
定襄	101	26	101	103	770	3155
静乐	72	607	72	129	906	3657
代县	143	306	143	156	958	4094
五台	191	419	191	369	1515	6427
崞县	220	1226	220	375	1575	6925
繁峙	171	433	171	228	1068	4872
河曲	69	484	69	155	824	3828
保德	42	325	42	78	504	1979
合计	11038	33364	11038	19196	91738	379386

总计主、附村共44402村。统计村长副、闾、邻长共501359人。

各县戒烟局组织条例

（八年一月十五日公布）

第一条　各县戒烟局为戒除人民烟瘾而设，肃清后即行停办。

第二条　戒烟局以下列人员组织之：局长、副局长、监察员、医士、庶务员。上列庶务员，如系四、五等县分，须由监察员兼办。医士无专设之必要时，得随时延请。

第三条　局长由县知事兼充，主持本局一切事宜。

第四条　副局长由警佐兼充，秉承局长襄助本局一切事宜。局长有事故时，由副局长代行其职务。

第五条　监察员由各县绅董公举有德望者充之，常川驻局。

第六条　庶务员由局长委任，办理局内庶务及会计事宜。

第七条　医士专司诊视及调治事宜。

第八条　戒烟局设守卫警二名，由各县原有警察担任。

第九条　应受戒除烟瘾之人，随时由县公署送局。

第十条　戒烟局经费，由县公款内支给。按照各县情形划分五等，另表详订。

第十一条　各县前设立之烟瘾鉴定所及烟后病所，应查照本条例，一律改为戒烟局。

第十二条　本条例自公布日施行。

整理村界简章

（八年四月七日公布）

第一条　本简章以便利土地管辖，确定村界为宗旨，与土地所有权毫不牵涉。联合村所属各村,均须各划村界,以便分管。

第二条　确定村界,应由连界之村长副协商办理。如有纠葛互争情事,应陈由该管区长查明,秉公评议,转呈县知事决定之。不服者,得诉愿于该上级官厅。

第三条　划分村界,以固有之界限为标准。如旧日无确定界限者,依下列各款划分之。

一、以各村现有产业为标准,但不得插花。

二、以山之分水岭为标准。

三、以道路为标准。

四、以渠道为标准。

五、以沟涧为标准。

六、以堤岸为标准。

第四条　村界划分后,应制界石,镌明"某村地界"字样,植立界线之上。

第五条　村界划分后,应将所管地段周围界线,绘具简明图说两份。一份呈由区长送县立案,一份存置本村。

第六条　村界划定后,凡在界内土地,均由各该本村施行管辖权。

第七条　凡以街分界者,准用本简章之规定。

第八条　本简章自公布日实行。

街村长副兼充田房交易公证人规则

（八年四月十三日公布）

第一条　凡典卖田房,应于缔结契约时,邀同公证人书名盖戳,以凭税契。前项公证人,由各街、村长副兼充。

第二条　公证人准依第三条之规定,抽收手数料。

第三条　公证人应收手数料如下：

一、卖契。按契价收千分之十五。

二、典契。按契价收千分之十。前项手数料由买卖主分担。买主出六成，卖主出四成。

第四条　前条所收手数料，十分之四为公证人办公费，其余十分之六，按月呈缴县公署核明，发交公款局，专备县地方国民教育及咨遣留学外国之用。

第五条　自本规则公布实行后，如有田房交易之契约，未经公证人盖戳查明属实者，应照规定之手数料，加倍抽收，仍须公证人补盖戳记。

第六条　公证人如有徇情舞弊，故意勒捐及隐匿手数料者，应按律惩办，或予以相当之处分。

第七条　本规则自八年七月一日实行。

县知事召集街村长副规则

（八年八月三十日公布）

第一条　每年须集合街、村长副二次，分类宣布政事。其集合时期，由县知事酌量地方情形行之，以不扰及农忙为准。

第二条　凡省令饬办之要政，有确为街、村长副所难晓解者，得临时召集宣示宗旨，并指导办法。

第三条　知事到任两月内，须将所属各街、村长副陆续延见，询问各村现状。

第四条　除一、二、三各条外，县知事对于街、村长副寻常政务，以"行知"行之；催办之件，以"警戒"行之。不得任意召集，有妨公职。

第五条　街、村长副经警戒后，仍置不理，县知事得单独传查，或委员查明，察度情形核办。

第六条　知事每月内至少须轮赴各大村镇，查催要政两次，以代召集之烦难。

第七条　本规则自公布之日施行。

修正禁赌条例

（八年十一月二十三日公布）

第一条　禁赌以下列之规定行之。

第二条　犯下列各项者，按刑律各本条处办。

一、赌博财物者。

二、以赌博为常业者。

三、聚众开设赌场营利者

第三条　制造及贩卖或收藏赌具者，严刑罚办。

第四条　街、村长副于该区域内，查有赌博情事，应即据实呈报，以凭拿办。

第五条　买空卖空者，以赌博财物论。

第六条　指控赌犯证明确实者，酌给赏金。挟嫌诬告者，照律治罪。

第七条　本条例自公布日施行。

修正考核各县禁烟成绩规则[①]

（八年十二月一日公布）

第一条　禁烟事项，各县知事办理成绩之优劣，依本规则考核之。

①在《山西村政汇编·法规目录》里，该法名称中无“修正”二字，但正文中有。

第二条　县知事负一县禁烟之责。其县属各机关执行烟禁，统由县知事监督。

第三条　考核成绩，每年举行一次。但有特别情形，得随时奖惩。

第四条　各县知事对于禁烟著有劳绩者，依下列各款核奖之。

（一）特保。

（二）给予奖章。

（三）记大功。

（四）记功。

第五条　各县知事对于禁烟敷衍废弛者，依《文官惩戒法》，分别惩处。

第六条　县属各机关人员执行禁烟，有办事出力，或疏懈舞弊情事者，得由县知事呈请奖惩。县属各机关考核规则，由县自定之。

第七条　本规则自公布之日施行。

修正稽查队条例

（八年十二月十日公布）

总　纲

第一条　本条例，以禁运鸦片、稽查匪类，定名为《稽查队条例》

第二条　应设稽查队之地点：右玉、平鲁、偏关、河曲、保德、兴县、临县、离石、中阳、石楼、永和、大宁、吉县、乡宁、河津、荣河、临晋、永济、芮城、平陆、垣曲、黎城、平顺、壶关、辽县、和顺、阳城等处。

第三条　各县设队长一员。至稽查兵，须按沿边县境（专指与邻省接壤者）之长短，得设二十名至三十名。（每十名内，有头目一名。）

第四条　由右玉至石楼十县之稽查队，归警务处指挥。由永和至垣曲十一县之稽查队，归河东道尹公署指挥。由黎城至阳城六县之稽查队，归辽、沁、潞、泽营务处指挥。

办法

第五条　稽查队以禁绝内外匪徒、勾贩烟土、私购军火。其办法如下：

（甲）注意出境、入境之人民及偏僻小路，尤须注意夜间偷渡者。

（乙）破获贩卖鸦片匪徒，应迅将人犯姓名及鸦片量数，并通匪情形，右玉至石楼等十县，报告警务处；永和至垣曲等十一县，报告河东道署；黎城至阳城等六县，报告辽、沁、潞、泽营务处。并将鸦片由队长封固，加盖图记，分别送交警务处、河东道署、辽、沁、潞、泽营务处验收，解交省署。其人犯，均应送交附近县署讯办。

（丙）遇有持枪之土犯，应即通知附近陆军，协同拿获。如附近无陆军，应派探跟至驻有陆军之地，请求协拿。

赏罚

第六条　凡有下列情事之一者，分别轻重，给予奖励。

一、凡缉获烟贩匪案，能将人犯、赃物全数抓获者。

二、各稽查区于一月以内，能缉获烟贩、匪案至十起以上者。

三、各稽查兵于一月以内，能缉获烟贩、匪案至三起以上者。

四、各稽查区内，除稽查队缉获案件外，三个月以上，不由他机关破获烟案匪案者。

五、办事勤廉六个月以上，不被告发及查觉有受处罚行为者。

第七条　凡有下列情事之一者，分别情节轻重处罚。

一、私行释放烟贩、匪犯者。

二、抓获烟土不全数缴出者。

三、服务不力及犯酗酒、赌博等项者。

四、约束兵力不严及失于觉察者。

五、骚扰地方，经人告发或经查觉者。

薪饷

第八条　队长每员八十元，公费二十元。头目每名，月饷七元。兵卒每名，月饷六元。

衣　服

第九条　头目兵丁,发给灰色罩衣一套。(领章上须订"稽查"两字)

附　则

第十条　本条例自公布日施行。

各县区自治戒烟会章程

(八年十二月十七日公布)

第一条　本会纯为慈善事业。以区为单位，即定名"某区自治戒烟会"。

第二条　本会就区公所所在地,或附近之村庄设立。

第三条　本会以本区各街、村长副为会员。

第四条　本会设职员如下:会长一人。干事二人。会长以区长兼任,主持本会一切事务。干事由会员公举,襄助会长分管书记、会计及其他一切事件。

第五条　本会戒烟方法分二种,如下:

一、会内戒除。

二、会外戒除。

本会成立之初,暂注重会外戒除。如为繁富之区,能为会内戒除之设备者,拟具详细规则,呈由县知事核准行之。

第六条　凡烟民，均得向本会请求散药戒烟。惟必须有会员二人以上之证明,方准给领。其有烟瘾未断,不自请戒除,被街、村长副察觉者,该街、村长副须劝令领药戒除。劝之不从,即报告县署,按律惩办。扶同隐匿者,由本会议罚。

前项药丸,一律用省公署制造之和平戒烟丸。

第七条　会外戒除。须由本会酌定期限,分期给药,并须切实考察戒除成绩。其戒除期限,至多不得逾二月。给药数,以其瘾之大小定之。发药分期递减,使之渐次瘾退。至考察戒除成绩时,得以调验行之。

第八条　凡在本会领药,以限戒除。经考察不虚,并经会员三人以上之证明者,得由本会给予证书。其书式为三联式:一存查,一呈县署备案,一交烟民收执。给予证书后,如再查有吸食情事,仍由主管官厅按律治罪。

第九条　凡在本会戒烟者,不论会内会外,于戒除期限内,除服所领之药丸外,如发觉吸食鸦片,吞服金丹,或打吗啡针者,仍由主管官厅按律治罪。

第十条　本会得定期开会,将成绩报告会员。

第十一条　本会办事各职员,有办理敷衍,或舞弊情事,除由县知事查明分别撤惩外,由本会召集会员另选之。

第十二条　本会职员、会员,经县知事查有特别出力,成绩卓著者,得开具事实,呈请省长核奖。

禁烟检查委员规则

(九年二月二十七日公布)

第一条　本规则系为促烟禁进行,以完全拒绝鸦片、吗啡及其他毒物之输入为旨。

第二条　于沿边各县及冲要之关津、卡、渡分派委员,专司检查之责。

第三条　委员隶属于警务处处长,受其指挥监督。分配于下:

右玉、左云、怀仁、平鲁、偏关、河曲、保德、兴县、临县、离石、平定。

第四条　委员由警务处处长,呈由省长委任之。其资格如下:

(一)县掾属增补者。

(二)警察毕业者。

(三)其他有同等之程度,或办理行政事务有成绩者。

第五条　委员各带巡士一名,巡查四名,佐理检查事务。巡丁名数,如有应行增减者,临时核定之。

第六条　委员薪水,每员每月二十元。公费,每员每月十元。巡士薪水,每人每月十元。巡查,每名每月工食六元。

前项薪工等数目,如有应行增减者,临时核定之。

第七条　委员应检查之物如下:

(一)鸦片;(二)金丹(吗啡药丸);(三)吗啡;(四)高根;(五)安洛音;(六)克露音;(七)其他代替鸦片之毒药及烟具(吗啡针在内)。

第八条　委员所破获之各毒物及人犯,务须从速解送所在地之县知事,或法庭,依法审判,一面报告省长及该管长官。

第九条　巡士巡查,由委员约束指挥。有不称职者,得由委员惩处及撤换之。巡士巡查于执行职务时,为防卫自己,得携用枪械。

第十条　委员执行职务,如认为有协助之必要时,知会邻近委员协助之。

第十一条　委员办事勤苦,著有劳绩者,由该管长官呈由省长,加以如下奖励:

(一)升任。

(二)加俸。

(三)记功。

其有废弛或违背职务者,依《文官惩戒条例》惩戒之。

第十二条　委员办事细则另定之。

消除莠民规则

(九年三月二十日)

第一条　各处莠民,应照本规则消除之。其莠民略分如下:

(甲)曾犯窃盗、聚赌、窝娼及类犯违警处分者。

(乙) 预备犯聚赌、窝娼及违警罪者。

(丙)土棍。

(丁)外来客民无正当职业,而形迹可疑者。

(戊)其他不正行为者。

第二条　莠民调查,由各村村长副随时办理,密报本区区长,或由区长自行查觉,均得施以相当之文书训诫。

第三条　经训诫后二个月内,仍无悛改情形,即由区长报明县知事,按《预戒法》,施以相当之预戒,或勒令为官办、公办之各项之工作,或按律惩治,均由知事察酌情形办理。

第四条　受前条戒惩之莠民,按月由知事列表报明省公署备查。

第五条　以上各条所列办理此项人员,经委员查明,按照成绩,分别奖惩。

附表式:

□□县惩办莠民一览表　　呈报　月　日					
区　村	姓　名	种　类	训诫　月　日	惩　办	
				月　日	方法

注意:一、此表专报省署。二、表内只将已经惩办者填报,凡训诫悛改者不填。

抚恤穷乏条例

(九年三月二十日公布)

第一条　本条例,以组织抚恤事业,使穷乏者不致流离失所为宗旨。

凡属鳏寡孤独、疲癃残疾,实在无自觅生活能力、又无亲属可依赖者,应均认为穷乏。

前项亲属，专指本人之父母、子女、夫妇而言。

第二条　依前条之规定，应按现编村制为一抚恤团体。

第三条　所需抚恤经费，应先就各地方公有庙款、社款酌提，或设法向富绅、富户、大商劝集，但不得勒索。

第四条　依第二条所规定，如设有抚恤机关者，其管理方法，应由首事人各就所组织情形规定，送由县知事核定后，汇呈本公署立案。

第五条　办理抚恤事业，著有劳绩者，由县知事呈请给奖。

第六条　本条例自公布日施行。

核准宪兵路警会同铁路弹压在各车站监视铁路机车及机器厂、机车厂、库房、住屋等处偷运私藏禁物规则

（九年十二月八日）

第一条　阳泉站为东西火车错车及车头调换之站，昼夜往来多至数十次，必须宪警在站内添煤、上水等处，常川监视，杜绝偷运。拟派宪警官长二员，宪警六名，日夜分三班更替。每班，由官长带宪警各一名，由铁路弹压派护勇一名，入站监视。每三小时更换一班，日夕无间。每星期，请路局发给往返免费票一次，将全数宪警更调一次，以防日久生弊。

第二条　各机车如装卸物品时，须由监视者验明确非禁品，准其装卸。倘系禁品，当场得将人物看守，并迅即知会弹压委员及机车厂厂长，俟机车厂厂长派人接替职务后，将人物送案讯办，总以不妨业务为要。

第三条　机器厂、机车厂、库房、住屋等处，如视有私藏禁物情事，除由宪警暂时监视，以防他运，速即知会弹压暨机车厂厂长，协同检查，以免危险。

住屋内如有嫌疑，由监视者会同弹压检查。洋员住屋，不在此例。

第四条　太原站虽非车头调换之处，实为各车起落之站，就地制运，在所难免，亦应于火车开行之先、开到之后，由宪警、护勇协同在站内、厂内巡逻监视。倘有在机车、机器厂、机车厂、库房等处，发觉偷运私藏情事，速即知会弹压暨机车厂厂长，协同检查办理。

关于住屋者，仍照前条办理。

第五条　榆次、寿阳、娘子关均无弹压驻守。倘宪警查有偷运私藏情事：(一)如系车务员役住屋，可知会站长协同检查。(二)如系厂务员役住屋以及机车、机车厂、机器厂、库房等处，可知会机车厂厂长，协同检查。(三)如系养路员役住屋，可知会养路监工，协同检查。

第六条　兹为免生危险起见，特声明：每次监视者欲上机车时，无论如何，必须有机车厂厂长在场方可。

第七条　车队、车站内检查，仍照现在办法，继续办理。

第八条　此项规则，定自本年十二月一日起实行。

核准正太铁路巡警公所侦缉队规则
（十年二月二十七日）

第一条　本规则，系为促烟禁进行，杜绝金丹、鸦片、吗啡及其他毒质药丸之由火车输入，以补警力之不逮，肃清来源为宗旨。

第二条　自太原车站起至娘子关，共设侦缉队长三名，队警二十七名。每侦缉队长一名，管属队警九名。分二人一组，计分十五组。由本公所于沿火车站一带，择其冲要地点分派之。

第三条　队警须具有下列资格，并觅有殷实铺保者招充之。

(一)年在二十岁以上，四十岁以下，确无嗜好者。

(二)身体强壮，粗识文字者。

(三)曾未犯过刑事案犯者。

第四条　侦缉队长、队警，归本所长统辖，并由所驻各段段长，负监督指挥之责。

第五条　各队警均着便衣，经指配出发后，各就所指界址内，查明递接转运地处，于附近村庄择赁妥实住房。每处一组同居，不得分住两处。如系重要地方，得加派二组、或三组会同办理。

第六条　各队警专司探缉由火车输来之金丹、鸦片、吗啡及其他毒质药丸，在中途解递转运。尤注意于夜间。每逢货车加车开至时，预先密往附近车站野地查缉。

第七条　对于沿铁路附近各村庄，负有探查之责。如查实有贩卖金丹、烟土等物，或窝留贩客，寄存大宗金丹者，须先密报本公所核示后，会同村长副检查。概不准私自入人家宅检查。

第八条　遇有由火车站附近村庄往来行人，及轿车、大车、骡驮确有形迹可疑，或据人报告时，得检查之。

第九条　除前三条规定外，其他一切属于地方行政警察范围以内之事，概不准干涉。

第十条　如遇有贩徒人多势重，队警力不逮时，须知会路警，或附近村长副派人协助办理。

第十一条　各队警于执行职务时，为防卫自己，由本公所呈请省长发给手枪。每组携带一支。

第十二条　各队警，每名制发队警证一张。遇有交涉及请求协助事件，须持照通知路警，或地方警察及村长副办理，不得留难阻窒。

第十三条　各队警缉获之各毒物及人犯，从速交送附近各段分驻所，或各小站派出所，转解本公所呈送警务处，或就近交该管县公署讯办。其送案脚旅费，由赏金提成办公费内开支。

第十四条　各队警均给有相当旅费。住在地一切房火等费，须公平清偿，不得短欠诈骗。

第十五条　各队警依第八条之规定检查后，如确无夹带金丹、烟土及各毒物时，应即放行不得稍事留难。

第十六条　查获金丹、烟土等毒物，奉到奖款，应分别提成支给。提成办法，每案赏款作为十成，除提三成办公费外，余七成为破案官警、队警等奖赏。

第十七条　凡协助队警破获案犯，得于本案七成奖款内酌给赏金。其村长副协助破获大宗金丹、烟土案犯，或一月内，协助破案在三起以上者，由本公所专案呈请警务处，转呈省长核奖，以资鼓励。

第十八条　侦探队长、队警，凡有下列情形之一者，一经察觉或告发，即送警务处从重惩办。如有畏罪潜逃者，并唯该保人是问。

（一）与金丹、烟犯暗通声气及包庇运送者。

（二）私行释放金丹、烟土犯者。

（三）抓获金丹、烟土不全数缴出者。

（四）挟赃潜逃者。

（五）因贪功设计陷害人者。

（六）检查时，乘间窃取受检人所有物件者。

（七）擅自侵入人家宅搜检者。

（八）籍端招摇骚扰地方者。

第十九条　对于考核各队警之勤惰暨有无违反前条所列各款之情事，须由本公所随时饬派巡官巡查沿路观察之，并由提成办公费内酌给旅费。

第二十条　本规则如有未尽事宜，得随时修改呈请备案。

第二十一条　本规则自呈奉核准之日施行。

化除土棍规则

（十年三月二十三日公布）

第一条　有下列行为之一者，以土棍论。

（一）武断乡曲。

(二)把持公务。

(三)窝娼聚赌。

(四)讹诈乡民。

(五)聚众斗殴。

(六)挑唆词讼。

(七)贩运烟丹。

第二条　县知事、区长、街、村长副,应随时将前条各项不法行为之毒弊,向一般人民剀切晓谕,使毋稍犯。

第三条　县知事、区长、街、村长副,发见人民有第一条一项、二项之行为者,应设法戒饬;发见人民有第一条三项至七项之行为者,由县知事尽法惩治。

第四条　人民犯第一条各项行为之情节最重者,县知事报由省长惩处。

第五条　本条例自公布日施行。

积谷·叙

山西十年九旱,每到无雨之际,官民束手无策。求之于天,何若恃之于人?古人耕三余一,耕九余三,所以虽遭荒年,也无饿死之患。可惜今人不知储积,一年的粮食吃不完,亦要卖完。只顾眼前,不防以后,实在是危险得很。近年,提倡积谷,各村社仓多数已经办起。但能积足全村人民三年之粮的,还不多见。至于义仓,更属罕睹。望我村长副们,继续倡导,善为经理,比到天旱时,跪坛祈雨,可靠得多呢!

各县义仓积谷简章

（十年六月二十八日公布）

第一条 本简章，以推广各县义仓积谷，用备荒歉为宗旨。

第二条 本简章所规定义仓分类如下：

（一）由全县绅商所捐积者，为县义仓。

（二）由全区绅商所捐积者，为区义仓。

（三）由一村或数村绅民所捐积者，为村义仓。

（四）由一姓一家，或数姓数家所捐积者，为私立义仓。

前项各义仓，每仓积谷数目，多多益善，不拘定额。

第三条 劝办员绅，由县知事遴选本县素具热心公正绅耆充任，并由县知事率同各区行政长，负督劝之责。

第四条 办理此项积谷，应由劝办人，邀集本县殷实民户及素著热心公益之人，劝令认捐。

第五条 积谷期间，凡产麦较多县份，应分两次劝积。其余各县，于秋收后，一次劝办。

分两次者：第一次，自夏至日起；第二次，自霜降日起。各以三十天为劝办积谷期间。一次劝办县分，其期间与上列第二次所规定者同。

第六条 劝积此项义仓，应无论麦、谷及杂粮并钱洋等项，均由各户任便缴纳。

前项所收麦及杂粮，如系不耐久存，得由劝办或经理人酌量变价，与所积钱洋，一并易谷存仓。

第七条 此项积谷，于劝积完竣时，应由县知事，督同劝办各员绅，统计所积数目，分别筹定存储处所，并公同推定常年经理人员经管。一面妥议保管方法及推陈易新。各项规约，共资信守。

第八条　造报期间，应于每次积谷期满一月内，由县将办理情形，连同劝积各仓义谷，总数清册，呈报省道公署查核，并一面将各捐户纳谷细数，榜示周知。

第九条　劝办此项积谷，如因本年收成歉薄，积谷无多，得由县知事呈请，展至下年补积。

第十条　如岁遇灾歉，县义仓得由全县士绅、区义仓得由合区士绅、私积仓得由捐积人，各就应需谷数，呈请县署核准借放，并报明省公署备案。

第十一条　劝办及捐助义仓人员奖励办法，规定如下：

(一)捐助义谷在千石以上者(估价满二千元以上者)，或劝积仓谷三千石以上者，得依《修正褒扬条例》第一条第三项规定，由县转请咨部，呈请大总统褒扬之。

(二)捐助义谷五百石以上者，或劝积义谷一千五百石以上者，由县转呈省公署给奖。

(三)捐助义谷满一百石以上者，或劝积三百石以上者，由县呈由道署给奖。

(四)捐助义谷十石以上者，或劝积三十石以上者，由县给奖。

第十二条　劝办及经理各义仓人员，如有骚扰、侵蚀、舞弊情事，查实，应由县知事从重惩罚。

第十三条　各县凡旧有各项义仓积谷者，应于此项积谷之前，由县督同各区行政长清查确实作为旧谷，与新积之谷一并存仓，妥为保管，并由县先行汇报，省公署备查。

第十四条　本简章自公布日实行。

各县村社仓积谷简章

（十年六月二十八日公布）

第一条　本简章以各村普及积谷为宗旨。

第二条　此项积谷，专备各本村救济灾歉之需，不得移作他用。

第三条　每一编村，均设社仓一处。

前项社仓，如各联合村有愿在该本村分积者，均须按照本简章所规定各项办法办理。

第四条　各村社仓积谷数目，户口在百户以上者，应积谷一百石。户口多者，每增至百户，须加积一百石。再多者，按数递加。

前项积谷，遇丰年粮贱时行之。

第五条　各村社仓，应以积谷为本位。但产麦及其他杂粮较多县分，得各就地方收获情形，变通办理。

第六条　捐积方法，应由各村长副、闾长，协同绅耆，斟酌地方情形，各于丰年粮贱时，由本村民户，或按地亩，或按粮银，或按户口及其他方法，公平起集。如实系穷乏之户，得酌量减免。

各村如有公共存款，及裁节、迎神赛会等费，亦得提作积谷之用。

第七条　各村长副于办理积谷完竣后，应造具积谷人姓名及谷数清册二本，盖用名章，一存本村，一送本区公所，并将集谷人姓名、谷数，榜示周知。

前项清册送到各区后，应由该管各区行政长，于半月内，分赴各村验明属实，汇造全区总册送县，由县知事汇列总表，限十二月以前，呈报省公署备案。

第八条　储谷地点，应就各主村或联合村公共寺庙、舍宇存储之。

第九条　保管此项积谷，无论存于主村，或联合村，均由各村长副、闾长及经理耆绅，公同负责。遇有新旧交替时，依照《各县选任村长副、闾长暂行规则》第十二项规定日期，由接管人出具接收无亏甘结，送区备案。

第十条　此项社仓保管规约，应于区务会议时，公同酌定，在县立案，以资信守。

第十一条　如遇灾歉，由本村村长副、闾长公同议决借放，但必须呈明县知事核准。

第十二条　此项积谷，每年于青黄不接时，由各村长副报明区长，定期以积谷三分之一，散放各民户。新谷登场，按一份加息，本利一并归仓。其每届出入谷数，由区长汇报县署备案。

第十三条　关于积谷一切应需费用，暂由各本村民户核实公摊。如入有息谷，即由息谷项下拨用，不再摊派。仍将各支用数目，由村长副列款宣示周知。

第十四条　各村长副于积谷时，倘或办理失当，准人民报区纠正。如民户中，有于应出积谷，抗不缴纳者，由各村长副报明区所、县署，酌量处罚。

第十五条　各村长副、闾长，办理积谷出力，得由区长呈明县知事给奖，以昭激劝。

第十六条　各村长副、闾长办理积谷，如有骚扰、侵蚀、舞弊情事，由知事分别惩罚。

第十七条　各村凡旧有社仓存谷者，应于此项积谷之前，由县督同各区行政长，清查确实，作为旧谷，与新积之谷，一并存仓，妥为保管。并由县先行汇报省公署备案。

第十八条　本简章自公布之日实行。

区自治戒烟会内戒烟规则

（十年八月十八日公布）

第一条　依本会规则,应有之设备如下：

(一)戒烟室。须洒扫洁净,空气流通,以适于卫生为主。如同时有不同等程度之人入会内戒烟,分房容留之。

(二)戒烟药品。以省公署制造之和平戒烟丸,或官厅特许售卖之戒烟药为限。

(三)医士。临时聘请富有学识经验者。

第二条　设管理人员二人，专管会内戒烟事务。由会长于会员内选择热心公益之人委充,受会长之监督。管理员于执行公务时,得酌给办公费。

前项管理员,如遇事务繁剧,得临时增加。

第三条　烟民应需饮食,按地方生活程度,分甲、乙二等,由会供给,分别酌收饭费。戒烟所用药费,由烟民照价缴纳。凡入会内戒烟者,到会时,先交一月饭费。戒除烟瘾后,连同药价一齐交清。

前项药、饭费,烟民实系贫寒者,得予免交。

第四条　烟民到会戒烟,先将烟瘾大小报明,按瘾给药,逐渐减少,以戒断为止。其药品之能一服即断瘾者,服药后,应在会休养若干日,临时酌定之。

第五条　烟民到会戒烟,非发生疾病,不得自由出入。如接见家人,经管理员认可,方准入见。接送衣服,亦须受管理员验明交付。

第六条　凡入会内戒烟者，须完全受管理员之约束。不遵者得命其退出,并赔偿会内一切费用。

第七条　应需经费,由下列之款项充之：

(一)截留烟案附捐。

(二)药价提成。

(三)特别捐款。

第八条　会内戒烟成绩,每月报告县公署一次。每月收支数目,除于本会开大会时报告外,并须于月终详列款目,连同戒烟成绩报告县公署。

取缔商户运售金丹鸦片规则

(十一年一月二十五日公布)

(一)本规则取缔之手续分为三种。

甲　凡商户必须出具不运售金丹、鸦片及例禁毒质切结。

乙　凡商户一家,须觅其他相当之商户五家,出具连名互保该商户不运售金丹、鸦片及例禁毒质保结。

丙　取具前项切结、保结,限一月内,由商会汇送县署备案。

(二)各商户出具切结、保结后,如有发现运售情事,除本户按律惩办并查封外,连名互保者,各处一百元以下,十元以上之罚金,并将处罚原由,由县署公布张贴被罚者之门前。

(三)连名互保之商户,出具保结后,如查觉所保之商户有运售情事者,密报县署,免其罚金。其余未报者不得援以为例。

(四)各商户所住之客商,如有运售、吸食金丹、鸦片或例禁毒质者,经在官员警查获后,以容留烟犯处百元以下,十元以上之罚金。另有帮助行为者,依法治罪。

(五)本规则之罚金,均作区自治戒烟会经费。

(六)本规则自公布日施行。

办理戒烟奖励条例

（十一年一月二十五日公布）

第一条　凡具有下列事项之一者，得分别咨部请奖。

一、区长办理区戒烟会，于一年内能将本区烟民一律肃清者。

二、各县人民能自捐资设立戒烟会所，办理成绩卓著者。

第二条　凡具有下列事项之一者，奖给匾额。

一、街、村长副办理戒烟，于半年内，能将本管街、村中烟民一律肃清者。

二、街、村长副办理戒烟，能捐款于自治戒烟会百元以上者。

三、各县人民于半年内，劝烟民入自治戒烟会戒烟在百人以上者。

四、各县人民襄办戒烟，能捐款于自治戒烟会百元以上者。

第三条　凡具有下列事项之一者，得分别奖给奖章。

一、区长办理戒烟，于半年内，本区烟民减除在十分之六以上者，奖给三等桐叶奖章。

二、区长办理戒烟，于一年内，本区烟民减除在十分之七以上者，奖给六政奖章。

三、街、村长副于本管街、村内之烟民，入自治戒烟会，戒除后一年内，能监督不致再吸者，奖给三等桐叶奖章。

四、各县人民于半年内，劝烟民入自治戒烟会戒烟，在三十人以上者，奖给六政奖章。

五、各县人民襄办戒烟，能捐款于自治戒烟会十元以上者，奖给六政奖章。

六、各县人民襄助区长，或街、村长、副办理戒烟，异常热心，劳绩卓著者，奖给六政奖章。

第四条　上列各条，须由县知事呈报，经委员确查后核奖。

第五条　本条例自公布日施行。

查验包裹条例

（十一年二月十六日公布）

第一条　为查验山西全省包裹起见，特由山西省长指派人员，专事查验。该项人员，名为查验包裹特派员。

第二条　查验包裹时，该特派员应协同邮员办理。遇有可疑包裹，该特派员得同邮员当面拆验。倘内有违禁之物，准其按照《邮章》，将包裹充公。否则，当将包裹即行按照《邮章》重封，并盖由“某某厘税委员验迄重封”等字样戳记。

第三条　该特派员查验包裹时，不得因查验，致有妨碍包裹转运等事。

第四条　在内地各局所，未有该项特派员之处，遇有可疑包裹，指定该管县知事公署为查验机关，送交查验。

第五条　倘有未尽事宜，应由官厅、邮局双方协定办理。

各县查获烟土金丹案发赏章程

（十一年三月二十一日公布）

第一条　本章程，凡本署特赏及照章提赏均适用之。

第二条　分配办法核定，照《警务处查获烟土、金丹奖赏规则》行之。

第三条　凡给赏不及百元者，由该管警佐、区长先拟定分配数目，呈明县知事核准领发。

第四条　凡给赏在百元以上者，该管警佐、区长照第三条办法，由知事核准，派员点发。

第五条　凡给赏在三百元以上者，照第三条将分配数目，由县转报省署核准,派邻县警佐、区长或专员,会同点发。

第六条 各案发赏后,由该管警佐、区长饬取受赏人收据,送县随烟案罚捐清册,粘送备核。

第七条 此项赏金,省、道实察员每年各考核一次。

第八条 本章程自公布之日施行。

村葬条例

(十一年二月四日公布①)

第一条 各县村长副有因公被害身死,或在职时因办公积怨,于卸事后被坏人戕害者,由县知事开具事实,呈请省署核准举行村葬。

第二条 村葬费一百二十元,由省地方款支出。

第三条 村葬基侧,由官厅建立碑记,以表彰之。前项碑记刊明因公被害事实及村葬年月日,由县知事书名建立。建碑费,由县地方款支发。

第四条 关于村葬,各就地方习惯,由区长派助理员一人,会同本村村长副及死者遗族经理之。

第五条 举行村葬,由县知事派员率同本村村长副、闾长及本村人民致祭,并派警士护丧送殡。

查禁贩吸烟民条例

(十一年九月八日公布)

第一条 本条例按照整理村范办法,查禁贩吸烟民,就其情节轻重,以情法并用处办之。

---

①《山西村政汇编》第903页,又注为“十一年四月二日公布”。

第二条　各县知事，应督率员属前往各村，集合村、闾、邻长，将贩吸烟丹嫌疑人悉数查出之。所有查出之贩吸烟丹嫌疑人，应备置簿册，分别登记。

第三条　凡登入贩卖烟丹嫌疑人簿者，分别情形，依下列各款办理之：

（一）曾有贩卖事实，现时并无复贩风声，或前无贩卖事实，现有贩卖风声者，令其具结取保，交村长副监视之。

（二）曾有贩卖事实，现时仍有贩卖风声者，令其具结取保，由县、区人员定期训诫之。

（三）曾有贩卖事实，现仍未改，或无人敢保者，送入工厂作工。俟有改悔决心，令其具结取保，再行释放。

（四）屡贩不悛，或有大宗贩卖嫌疑者，呈由本署核办。

第四条　凡登入吸食烟丹嫌疑人簿者，分别情形，依下列各款办理之：

（五）簿列烟民，除第三款外，一律送入戒烟会调验。

（六）经戒烟会调验有瘾者，勒令服药戒除。

（七）年老有病及妇女不便入会者，令其领药在家自戒。

前项各款烟民所服药丸，由木署制发之。

第五条　查戒烟民分三期办理。其方法如下：

第一期，凡查出之烟民，依前条各款，由村戒烟会调戒之。

第二期，经村戒烟会戒清后仍吸食者，由区戒烟会调戒之。

第三期，经区戒烟会戒清后仍吸食者，由县戒烟会调戒之。

第六条　经县调戒二次以上仍吸食者，即定为屡戒不改之烟民，按照《戒烟善后条例》办理。《戒烟善后条例》另定之。

第七条　屡戒不改之烟民，经数次调戒而仍吸食者，即送入工厂长期工作。俟有真正改悔决心，取具负责保人释放，仍由知事、区长，不时查察。

第八条　村、区、县各戒烟会、调戒烟民善后所、烟民工厂等办法，由各县自定，呈准实行。

第九条　凡由本省沿边所设稽查队、检查卡，查获贩吸烟民、烟丹、烟具确据者，仍依法办理。

第十条　凡由各县官警查获贩吸烟民、烟丹、烟具确据者，仍应依法办理。但情节轻微者，得由县按情节轻重，分别送入工厂、戒烟会训诫。

第十一条　凡由人民保卫团丁、村、闾、邻长等，查获贩吸烟民、烟丹、烟具确据者，由执行村务人员，按情节轻重，送县惩办，或按村禁约处罚。

第十二条　本条例自公布日施行。

村政奖励条例

（十一年九月三十日公布）

第一条　凡办理村政，著有劳绩，或热心襄助整理及村仁化，有足以表扬者，得照下列种类，分别给奖。

（一）金鼎奖章。

（二）匾额。

（三）宝筏奖章。

（四）晓钟奖章。

（五）双穗奖章。

（六）褒状。

第二条　前条除一、二两项，系由省长特给外，其余四项，得由知事呈请奖励。

第三条　学生讲演出力者，得依照第一条二、六两项奖给其团体。

第四条　各种奖章，均分一等、二等，由本署按照成绩，分别核发之。

第五条　知事呈请给奖时，须将本人劳绩，连同履历送核，不必指请何项奖品。如系因村仁化请奖者，亦只叙明事实，呈请核奖。

第六条　奖章限于本人终身佩带。但因犯罪，或违反其他法令被褫夺奖章时，须将奖章缴还本署。

第七条　奖章及褒状如有遗失时，得呈请补给。但奖章须缴纳铸造费。如下规定：

补金鼎奖章,纳费二元五角。

补宝筏奖章,纳费二元。

补晓钟奖章,纳费二元。

补双穗奖章(金、银色),纳费六、五角。

第八条　本条例自公布之日施行。

修订烟案给赏条例

(十一年十一月四日公布)

第一条　查获贩卖案犯送县判处金丹、烟土在二两以上者,仍于拟判表报后由本署核赏。如金丹、烟土不足二两之案,仍照部章,由本案罚金内提成充赏。

第二条　查获吸食烟犯由县署判处者,均照部章,由本案罚金内提成充赏。

第三条　不论贩卖、吸食,凡经村人或保卫团发觉,依村禁约处理,缴纳村费者,应就所交村费内提出三成奖给发觉人,以旌公直。缴纳村费,只准各归各村,尽先作国民学校,或村戒烟会经费,并须将收支项目,每月榜示村公所。

阳曲太原榆次寿阳平定等五县沿铁路村联合整理村范办法

(十一年十二月)

计开

一、各村设保卫团,清除贩运丹贩及盗贼、聚赌等事宜。

二、各村须有联合要约，遇有顽强之犯，须不分畛域，集众协助拘捕。如丹、盗各犯，以枪械抗拒，因正当之防卫，虽伤及丹、盗各犯之生命，亦不为罪。

三、各村对于不规则之客民，或铁路闲员，经一村村长认为不正当者，不准村民留住，并通知沿路各村，均不得留住。如有一村不遵守时，得由各村公众议罚。仍不遵时，各村报告所管县知事惩罚。

四、各村如发现有沿路乘马集伙之大丹犯时，一村保卫团力量不足拘捕时，得约定特别标识声响（如大钟、竖旗之类），附近各村见闻标识、声响时，须集合村众，前往协助，不得推诿。

五、凡各村预知之成伙丹、盗各犯，知其携有枪械凶器，非保卫团力所能敌者，可预先通知附近驻在铁路警察、宪兵，预先设伏拘捕。如该犯等有鸣枪拘捕时，由宪警等还击捕拿。

六、凡各村捕获丹、盗各犯送案时，不必拘定一定收案处所。如该村附近地方有区公所、铁路警察所，或邻封县公署，均可交送，并不拘本管县区，以资便利。

七、沿铁路各村保卫团，虽经联合办理，惟恐指挥不力，或方法欠妥，由沿铁路各联合村公举干练之人，充为教练员，以资教练指挥。至教练员设置人数，榆次、寿阳、平定，每县设二人，阳曲、太原每县设一人。

八、前项教练员，各联合村推举出后，呈由知事送省教练，以期完善。教练员之资格，须稍通文字，精晓拳术，年在二十五岁以上，四十五岁以下者为合格。

九、沿铁路各县所设之教练员，每日专在所管十里，或二十里内沿铁路村庄，梭巡各该村庄。如有查办丹、盗犯时，该员即时指挥查捕，或帮同送案，不得懈忽。

十、沿铁路各联合村，按每村由省发给快枪二枝，并酌带子弹，以备各该联合村查捕丹、盗犯时防卫之用。

十一、前项教练员，按每人由省发给手枪一枝，以资自卫。

十二、前项教练员所需薪水，每月十元，及送省教练需费，均由省地方款支给之。

十三、前项教练员所着之服装，由省发给，以昭划一。

十四、各该保卫团送案办公旅费，均由赏款内支给之。

十五、各村缉获丹犯之赏款，由沿路联合村议定划一办法，呈准各该知事备案。

十六、各村捕获丹、盗各犯时，如该犯实无当场拘捕情节，不得擅行吊拷。

十七、各村对于各该村居住之铁路服务工人，如查有吸食烟丹嫌疑者，得劝令入该村戒烟会戒除。但须于事前通知附近铁路警察，由路警转知铁路管理，俾得另行派人接办该工人职务。

戒烟善后条例

（十二年二月十三日公布）

第一条　各县设置烟民簿，凡屡戒不改之烟民，均查明登入。

第二条　各县设立调戒烟民善后所。凡登入烟民簿之烟民，每三个月调戒一次。如烟民过多，县所不能容纳时，亦得分设各区。

第三条　入所烟民，均须服食曼陀罗丸一粒，并住所十日以上。

第四条　登入烟民簿之烟民，非取有再吸时能担任交纳村费一百元以上之妥保，不得取销名额。

第五条　本条例施行日期，由各县呈请省长核定。

附说明

甲　曼陀罗戒烟丸，烟瘾愈小者服后愈平和。无瘾之人服之，更无妨碍。故入所烟民，必须服食一粒。

乙　烟民应找担负若干元之保人，由知事按其人改悔心之程度酌定之。

各县人民出省领照暂行章程

（十二年四月十一日公布）

（附执照图记）

第一条　各县出省人民，具下列各款情事之一，确非贩运烟土、金丹者，报由各该街、村长副查明，给与执照。

一、有正当营业者。

二、有必要事务者。

各该街、村长副于发给执照，认为有疑义时，得令取保。如无保人者，一概不准给照。

第二条　前项执照，由本署制定式样，令发各县，照式刷印，盖用县印，发给所属街、村，责成各该街、村长副转发。

第三条　村长于发给执照时，于本人名下，须加盖街、村长图记。

第四条　县署发照，每十张，收工料费铜元五枚。人民向街、村长领照，每张交铜元一枚。此外，不准再有需索，亦不黏贴印花。

第五条　凡领照人民，在外有发觉贩运烟土、金丹情事，原发照之街、村长副及保人一并处罚。

第六条　人民领照如有不合本章程第一条之规定，各该街、村长副擅行发给执照；或具有本章程第一条之条件，任意阻留；或延不给照以及需索情事，由该县知事及该管区长，查明惩处。

第七条　沿边、沿河稽查人员，验明人民携有执照者，即予盖戳放行，不得留难。无执照而擅自放行者，以违背职务论。如有索诈贿赂情事，并依律治罪。

第八条　该人民领取执照，必须依限缴销。但有特别情事，应行展限者，准该人民向原领照之街、村长副据实声明。

第九条　本章程自六月一日实行。在实行二十日前，必须印散各村，并为讲解，俾众周知。

附执照式样

存根

县公署为发给执照事，兹据　街(村)
街(村)长　查明有本县街(村)人因
事赴　往返约计　日，实不贩运烟土
金丹，合行发给执照，希经过沿河沿边稽查人员
验明放行。此存
右给　收执
街(村)街(村)长
中华民国　年　月　日
街村长图记

执照

公署
为发给执照事，兹据　街(村)街(村)长　查明有　县
街(村)街(村)人因　事赴　往返约计　日，实不贩运
烟土金丹，合行发给执照。希沿河、沿边稽查人员验明放行为要。
右给　收执
街(村)街(村)长
中华民国　年　月　日
限　日缴销
街村长图记

询政会议简章

（十二年十一月二十七日公布）

第一条　本会以免去官民隔阂，询访地方利弊，解除政治困难为宗旨。

第二条　本会以知事为会长，他人不得代理。其与会人员无定额，应由会长延请正绅宿老，并召集掾属、区长各行政机关人员。

第三条　本会议于每年冬季农暇举行。开会地点及日期，应由会长斟酌情形，临时规定，总以便利人民为准。

第四条　本会由会长主席，须谦和询问，以达询政本旨。

第五条　本会询议事项如下：

（甲）现行政治有无应行变通之处？

（乙）地方上有何应兴应革事项？

（丙）如何能使公道伸张、人皆向善？

（丁）如何使村、闾、邻长负责整理村政？

（戊）如何使息讼会公道处理争讼？

（己）老不能生，幼不能长，无依靠的人民，村中应如何设法抚养，以广仁道？

（庚）横行霸道、不说理、欺负人的人，为村中一大害，如何使之改善？其不能改善者，如何擒住他，使不为害？

第六条　由本会长临时指定笔记人员，会终十日内，将提议事项及会议结果，录呈省署，以备参考。

第七条　本会开会经费，应由县公款支付，但每次不得超过三十元。

第三次告知事项第四条

（十四年）

民治国之精神，人人均须守法。非特被治者须守法，治人者尤须守法。村禁约者，村人共守之法也。依禁约以罚人，非村长与执行诸人罚之，是禁约罚之也。犯禁约始受罚，则罚人者无私，被罚者亦无怨矣。故凡应禁之事，均宜由各县知事督饬各小段主任，参照村禁约之规定及执行简章，帮助各村开村民会议，订入禁约内。嗣后，凡议罚人，必依禁约，尤须照章以七人以上合议议处。凡禁约内未经载明之事，即不得因心作法，擅自罚人。即或因应严禁者，为村禁约所未载明，另由村民会议议添可也，送交官厅惩处可也。各段主任每到一村，务将此意说明，随时查考，训练人民上民治路子，此为最要。过渡时代之共和国家官吏，以勿任走错路子为唯一责任。

改定村政处组织简章

（十五年十二月十一日公布）

第一条　本处承省长命令，办理村政及禁烟事务。

第二条　本处设处长一人，副处长二人，管理一切事务。

第三条　本处设秘书一人，审核及修正各项文件。

第四条　本处设股如下：

第一股　主管本处一切庶务，并其他不属于各股一切事项及特别文件。设股长一人，股员三人，（一人襄办文件，二人分管庶务会计），收发员一人，书记员一人。

第二股　主管考核各县办理各项村政事项。设股长一人,股员十人。

第三股　主管禁烟法令,稽核附捐烟案赏金及核收保管药料、监制药丸、稽收药价等事项。设股长一人,股员四人,军署委员二人,监药员一人,验药员一人。

第五条　本处设编辑部,专管会议记录、发行周刊、旬刊各项编制事项。设主任一人,编辑员无定额。

第六条　本处为保管文卷,缮写文件,得酌用办事员、雇员各若干人。

第七条　本处为考察各县办理村政成绩之优劣,设村政实察员若干人,密查员若干人。服务规则另定之。

第八条　本处办事细则另定之。

第九条　本简章自公布之日施行。

军人私卖民间牲畜惩办条例

(十六年军令[甲]号第二九号)

第一条　各军队对于支差牲畜,于差毕时不即归还原主,或无处归还,不即呈报,私将其牲畜变卖或藏匿者,按照《陆军刑事条例》第七十三条:“掠夺罪”,处以死刑,或无期徒刑。

第二条　各军队虏获敌人之牲畜,与拾得战地民间遗失之牲畜,不即呈报,私行变卖,或藏匿者,按照新《刑律》三百九十二条之罪,处二等,或三等有期徒刑。

第三条　对于前两条之牲畜,各军队有抽换顶替情事时,按照新《刑律》三百八十三条:“诈欺取财罪”,处以三等至五等有期徒刑,或一千元以下,一百元以上之罚金。

第四条　本条例传达范围:军队全体、人民全体。

第五条　本条例传达法：军队，递传至连部，由连排长于晚点名时宣布。各县，由本署令县署转各区、村长，公布全县人民周知。

陆军官兵私扣车骡惩办条例

（十六年军令［甲］号第四九号）

第一条　军队出发或移防需用车骡，应遵照《山西陆军兵差章程》及《要车骡办法大纲》并《兵差除弊办法》办理。如有私扣车骡，经查属实者，均按本条例惩办之。

第二条　私扣车骡之惩罚如下：

（一）凡未奉长官命令，擅行扣用车骡，运送私有物品者，处以枪毙。

（二）凡未奉长官命令，擅行扣用车骡，运送军队物品及乘坐军人者，处以三等以下之徒刑。

（三）凡令部下私扣车骡，同一、二各项情节者，按各该项之规定，处办其发布命令者。

第三条　犯前条各项事实者，除照条例处办本人外，其本管官长应予撤差。递进一级之本管官长，罚月薪二分之一。（如士兵犯枪毙或徒刑罪，排长撤差，连长罚薪。以此递推办理。）

第四条　犯枪毙罪、徒刑罪者，解省讯明执行，罚款缴军署。

第五条　私扣车骡事项，省垣，责成宪兵司令查报之；省外，责成各县知事及各区长、村长、被扣车骡之人民报告之。

第六条　报告私扣车骡时，务将团、营、队号及发生时日、地点、扣车骡者系官、系兵，申叙明确。

第七条　本条例自公布日实行。

传达范围：军队全体、人民全体。

传达方法：军队主管官，向所属官兵宣布之；师、旅、团、营部派副官，向弁护兵每月讲一次。连部,由连长每月向士兵、夫讲一次。各县,由县署照抄,布告周知。

各县查获烟土金丹案赏金期限及处分规则

（十六年三月五日公布）

第一条　凡驻县禁烟卡,或稽查队及警察所、区公所所属员警士兵,查获烟案,应将查获情形,简明开列,连同犯证,即日呈送县署,以凭讯判,分别请赏。

第二条　各县公署审判烟案,限定七日内,务将获案讯明判决,于下星期内,即行列表呈送本署,以凭核赏。

第三条　查获烟案,没收烟土在千两以上者,得由县知事专电呈请核赏,特资鼓励。

第四条　县公署奉到核赏文件后,应即日转饬原行获案卡、队警区,按照发赏分配规则,分别办理。领发限期,不得逾十日。至赏金数目在三百元以上,由本署核准。派委点发者,委员自奉文之日起,限期亦不得逾十日。

第五条　各县发给赏金,以烟案附捐为专款。如系附捐实无存款,准由发售和平戒烟丸药价项下拨发抵解。如药价亦存不敷用,应一面由县先行垫发,一面来署请领,不得逾前定期限发给。

第六条　知事、委员奉令发给点发烟案赏金,对于前定限期,有过期故不发给,或延不点发情事,准由领赏员警径报本署,以凭核惩。

第七条　各县知事、委员以及卡、队警区官长,对于此项应发赏金,如有侵蚀克扣情事,准由领赏人径报本署,或由本署密委发觉查明属实者,立即撤差扣留,送交法庭,依律惩处。

第八条　本规则自奉到之日实行。

修正领用各种和平戒烟药丸戒烟章程

（十六年四月一日公布）

第一条　凡烟民不限男妇老壮，均得用无记名领服各种和平戒烟药丸，以资普戒。

第二条　戒烟药丸分为下列三种：

一、和平戒烟丸。

二、甲种和平戒烟丸（药力较和平丸加倍）。

三、特种和平戒烟丸（药力较甲种加倍）。

第三条　凡烟民，准按其体质及瘾量大小，得照第二条所列各种药丸，自行择用领药，在家自由戒退。

第四条　凡领服药丸之烟民，如发觉吸食鸦片、服食金丹及施打吗啡针者，仍按律加重治罪。

第五条　药价分为三种：特种和平戒烟丸，收价三角。甲种和平戒烟丸，收价二角。和平戒烟丸，收价一角。如系赤贫无力者，准照前依记名领药办法，报由县署核发执照，准免徼价，但限和平戒烟丸一种。前项药价，全数解省。经手人员，准另加手数料洋二分，此外，不准私自再加。

第六条　经理发药，定为区公所、村公所。区、村自治戒烟会，得径向县署领出约丸，直接发给烟民。

第七条　各县领药解款，所需邮汇费，均由省署补助。

第八条　本章程自令发之日施行。

一

规定各县领发各种和平戒烟药丸章程

（十六年八月十一日发）

第一条　各县自此次奉令后，应随时密派警探潜赴各村庄，切实查察暗卖暗吸之人，严重惩办，并饬区、村长负责严密侦查，以清本源。

第二条　各县领到戒烟药丸，责成各区行政长，按时调查烟民多寡，分发村公所及戒烟会，发给烟民，以资戒除。

第三条　手数料原章规定，每料大洋二分。嗣后，应分别规定。由县发区者，每料得提分手数料五厘。由区发村者，每料得提分手数料五厘，以资办公。但村公所或戒烟会，直接向县署领取者，县署每料得提分手数料一分。

村民会议简章

（十六年八月十八日公布）

第一条　本简章根据《改进村制条例》第四条规定之。

第二条　村内居民，年在二十岁以上者，均得参与村民会议。如村中习惯以每户出一人亦可。但有下列各款之一者，不得参与会议。

（一）品行不端，营私舞弊，确有实据者。

（二）贩吸鸦片、金丹及含有吗啡等毒质者。

（三）窝赌及赌博者。

（四）窝盗及窃盗者。

（五）有精神病者。

（六）曾受刑事处分，尚未复权者。

(七)因故被村民会议议决不准参与会议者。

第三条　村民会议议办事项如下:

(一)选举村长副及村监察委员、息讼会公断员。

(二)省、县法令规定应议事项。

(三)行政官厅交议事项。

(四)村监察委员会提交事项。

(五)议定及修改村禁约及一切村规事项。

(六)村长副请议事项。

(七)本村兴利除弊事项。

(八)村民二十人以上提议事项 。

第四条　会议分通常、临时二种,由村长召集之。通常会议,每年举行一次。临时会议,遇有特别事件,随时召集。

第五条　开会时,须有应当到会之村民过半数之到场,始得开议。

第六条　会议细则,各村自定之。

第七条　本简章自公布日施行。

改进村制条例

(十六年八月十八日公布)

第一条　各县所属乡村,按照本条例编制组织,以立全民政治之基础。

第二条　乡村编制及村长副、闾、邻长选任,均适用前定各办法。其简章另修订之。

第三条　编村内按事务之性质,设下列各部。

(一)村民会议。

(二)村公所。

（三）息讼会。

（四）村监察委员会。

第四条　村民会议，规定全村一年中，一切重要事务及选举办理村务各项人员。其简章另定之。

第五条　村公所，办理全村执行事务。其简章另定之。

第六条　息讼会，调理村民争讼事件。其简章照原条文修订之。

第七条　监察委员会，专司监察事务。其简章另定之。

第八条　本条例自公布日施行。

修订乡村编制简章

（十六年八月十八日公布）

第一条　本简章根据《改进村制条例》第二条规定之。

第二条　各村区域，均以本村原有境界为准。遇境界不明时，由连界村长副协商划分。如有争执，应呈由区、县决定。

第三条　凡满百户之村庄，或联合数村在百户以上者为一编村。应设村长一人，村副一人。其户数较多者，得增设村副，但至多不得过四人。

不满百户之村庄，因有特别情形，不便联合他村者，亦得自成一编村。

第四条　依前条第一项之规定，如系联合数村为一编村者，应以户数最多之村为主村。

第五条　村内居民，以二十五家为闾，设闾长一人。五家为邻，设邻长一人。闾、邻应各按次序冠以数目字样。如第一闾、第二闾、第一邻、第二邻之类。

第六条　依前条规定，如因居住团结或不便分配，在二十五家以上，五十家以下，或不满二十五家者，亦得设闾长一人。在五家以上，十家以下者，可设邻长一人。

第七条　本简章之规定，城关街编制亦适用之。

第八条　本简章自公布日施行。

修订村闾邻长选任简章

（十六年八月十八日公布）

第一条　本简章根据《改进村制条例》第二条规定之。

第二条　村民年在二十五岁以上，现未充当教员及在外别有职业，备具下列资格者，得选为村长副。

（一）参与村民会议者。

（二）朴实公正、粗通文义者。

第三条　村长副应由村民会议加倍选出，由区报县择委。委定后，呈报总司令部备案。

村长副选举时，区长或助理员得到场监视。

第四条　村长副任期一年，每年于春节一月后内改选，但得连选连任。

第五条　村长副改选后，旧村长副须于新村长副奉委之三日内，将所管一切移交接管。由新村长副将交接日期报区转县备查。连任者，亦须将连任日期报查。

第六条　闾长于每年新村长接事后十日内，由本闾居民推选。选定后，由村长报区转县给证。

第七条　邻长于每年闾长改选时，由本邻居民推选之。

第八条　本简章之规定，街长副亦适用之。

第九条　本简章自公布日施行。

村公所·叙

村长副执行村务，须有一个地方。这个地方就叫做村公所。以前，办理村事，村长副负的责任很重，因而权限亦很大。贤者不胜其劳，不贤者因以为利，舞弊营私，失人信仰，本总司令深为惋惜。所以本年修正各项村制简章，都采用合议制和分权制。什么叫合议制呢？就是遇事，要村长副招集闾、邻长，同到村公所开会商议，取决多数的意见办理，不得由村长副一二人专断。什么叫分权制呢？就是按村中各项常务选出数人，各司其事，分任其劳。这样办去，确能减去村长副许多劳苦，免生种种弊病。

村公所简章

（十六年八月十八日公布）

第一条　本简章根据《改进村制条例》第五条规定之。

第二条　各编村须于主村设立编村村公所。

第三条　村公所为执行村务机关。其执行人员，以村长副、闾长组织之。如村长副、闾长不足七人时，由村民选补之。如过十三人时，闾长分班任事。其分班法，由执行人员会议定之。

第四条　村公所应办事务如下：

（一）行政官厅委办事项。

（二）村民会议议决事项。

（三）其他一切应行执行之村务

（四）报告职务内办理情形及特别发生事件。

第五条　村公所处理事务，应以合议制多数议决行之。

第六条　每年于春节后一月内，由村长副召集闾、邻长互选数人，受村长副之指挥，分司存款、积谷、保卫团、学务各项事务。

前项分司各项事务人员，如各村习惯上有由村民公举者，仍从习惯。

第七条　遇有特别重要村务，须提交村民会议议决后执行之。

第八条　村公所应置记录簿，将处理重要事务之到场人数及所办事项登记之。

第九条　各附村得设立本村村公所。其职员由本村村副、闾、邻长组织之。执行村务，准照前列各条办理。

第十条　村公所办公费，由村民会议定之。

第十一条　本简章自公布日施行。

村民讲演办法

（十七年二月十七日公布）

第一条　凡遇村民集合，如唱戏、起会时，应由村长副召集讲演之。

第二条　讲演人员为本村小学教员、村长副及村人有相当知识者，或由村长副聘请过往人员及有讲演专长者担任之。

第三条　政、学各界服务人员回籍者，亦均得由村长副临时召集村民，听其讲演。

第四条　讲演事项列举如下：

（一）灌输人民参政事项。

（二）勉人为善事项。

（三）预防人畜传染病事项。

（四）女子生产及养育小儿事项。

（五）简单农业经验及防范农业病害事项。

（六）讲说《村政周报》、《革命墙报》事项。

（七）现行法令之应使村民了解事项。

手谕各村长盖用图记须特别慎重文

（十七年二月二十八日）

“村长图记”为村长办公的信印。凡发表公共意见，即以加印信为凭证。故村中文件，一经加盖“村长图记”，即具有所载事实真确无伪的价值。近据查报，各县村长，对于图记竟有漫不经心，不审是非，随意加盖的；有因惹不起坏人及有势力的人，被他蒙混加盖，籍以谋私利，施报复的。须知：官厅与村长备置图记，系为表见公正意见，说明事实是非，方可加盖图记。乃各村长并不审慎，反被坏人及有势力者利用，破坏公道，为害社会，真正民意，反难表见。此种弱点，扫除不净，民治前途，障碍实多。兹特规定《村长图记使用办法》七条，仰各村长切实遵办，勿稍忽略。切切。

此谕。

村长图记启用办法

（十七年二月二十八日公布）

一、“村长图记”，除在村长应办的公事文件上加盖外，不得随意启用。

二、“村长图记”，须由村长亲自保存，不准随便交付他人使用。

三、遇有应行加盖图记的文件，村长须亲自审查明白，慎重启用。

四、村长对于必须加盖图记的事件，除法令上明定有手数料外，不准需索分文，并不准拒绝加盖，违者应受相当处分，

五、凡拿上空白文件及非村长应办公事的文件，请村长加盖图记者，应一概拒绝，一免蒙混作弊。

六、村长如将图记交付他人使用，或被他人利用滥行加盖者，应受保管不慎的处分。

七、如遇村中有势力的人，持不应盖章之文件，向村长请求盖章者，村长应告以大义，并将此次手谕详细说明，拒绝加盖。

送达《村政周报》及《革命墙报》规则

（十七年二月二十九日公布）

第一条 《村政周报》为进行村政、《革命墙报》为革新社会之重要资料，应由知事、区长分别负责迅速送达各村。

第二条 《村政周报》应按先后次序，编订成册，保存于村公所内。《革命墙报》，贴于村内适中地点之墙上，以便公阅，并禁止人民撕毁。

第三条 《周报》、《墙报》均由发报处径寄各区。但区公所所在地不通邮政者，寄由县署，于报到三日内送达之。

第四条 各区送报，应按下列各款办理。

（一）将所管村庄划定数路，于报到二日内，饬警送达最近村庄，责令各村，即时依次递送。

（二）各村送报是否迅速，有无积压，由区长随时稽查，注意督促。

第五条 各村收阅报纸后，是否遵照第二条认真办理，由实察员及县、区各员随时查察。

第六条 县区对于《周报》、《墙报》如有积压及不认真督促迅速送达情事，由实察员随时查报总部，酌予惩处。

第七条 本规则自公布日施行。

县组织法

（十七年九月公布）

第一章 总则

第一条 县之区域，依其现时固有之区域。

第二条 县之新设及县区域之变更，由省政府会同内政部核准行之。

第三条 县设于政府，于省政府指挥监督之下，处理全县行政监督、地方自治事务。

第四条 各县县政府，按区域大小，事务繁简，分为三等，由民政厅编定，呈经省政府会同内政部核准行之。

第五条 县政府于不抵触中央及省之法令范围内，得发布县令，并得制定县单行规则。

第六条 各县按其户口及地形，分划为若干区。除因地方习惯，或地势限制及其他特殊情形者外，每区至少应以二十村、里组成之。

第七条 凡县内百户以上之乡村地方为村。其不满户者，得联合数村编为一村。百户以上之市镇地方为里。其不满百户者，编入村区域。但因地方习惯，或受地势限制及有其他特殊情形之地方，虽不满百户，亦得成为村、里。

第八条 区及村、里区域之划定及变更，由县政府呈请民政厅核准行之。

第九条 区、村、里得于不抵触中央、省、县法令规则之范围内，制定自治公约。

第十条 村、里居民，以二十五户为闾，五户为邻。但一地方因地势或其他情形，而户数不足时，仍得依县政府之划定，成为闾、邻。

第二章　县政府

第十一条　县政府设县长一人，由省政府任用之，综理县政，监督所属职员。

第十二条　一等县政府，设置四科，二等三科，三等二科。各科置科长一人，科员若干人。科员额数，由民政厅定之。科长呈请民政厅委任，科员由县长委任，并呈报民政厅备案。

第十三条　县政府得雇佣事务员及书记。

第十四条　关于县长及科长、科员等佐治人员之任用及待遇，由内政部制定条例，呈请国民政府核准行之。

第十五条　县政府得设政务警察，办理催征、送达、侦缉、调查等事项。其名额由民政厅核定之。

兼理司法之县政府，得以政务警察兼办承发吏、法警事务。

第十六条　县政府设下列各局：

(一)公安局。掌警卫、消防、防疫卫生、森林保护等事项。

(二)财务局。掌征税、募债、管理公产及其他地方财政事项。

(三)建设局。掌关于土地、森林、水利、道路、桥梁工程及其他公共事业之事项。

(四)教育局。掌关丁学校、图书馆、博物馆及其他文化事业之事项。

县政府除前项各局外，于必要时，得呈请省政府设置卫生局、土地局，专理卫生及土地之事项。

第十七条　县政府各局，各设局长一人，由省政府主管各厅，考选委任之。

第十八条 县公安事项，得于各区设立公安分局处理之。公安分局，设分局长一人，由民政厅考选委任之。

第十九条　各县政府所属各局之组织及权限，除法令别有规定外，由各省政府定之，并函内政部备案。

第二十条　县政府设县政会议，以下列人员组织之：

(一)县长。

(二)县政府各科科长。

(三)县政府各局局长。

第二十一条　下列事项,应经县政会议审议:

(一)县预算、决算事项。

(二)县公债事项。

(三)县公产处分事项 。

(四)县公共事业之经营管理事项,

县长认为有必要时,得以其他事项,提交县政会议审议。

第二十二条　县政会议规则,由该会议议定之。

第二十三条　县政府办事通则,由内政部定之。

第三章　县参议会

第二十四条　县设参议会,以县民选举之议员组织之,任期三年,每年改选三分之一。

第二十五条　县参议会之职权如下:

(一)议决县预算及募债事项。

(二)议决县单行规则。

(三)建议县政兴发事项。

(四)审议县长交议事项。

第二十六条　县长违法失职时,县参议会得请求省政府查核处分之。

第二十七条　县参议会选举法另定之。

第二十八条　县参议会之设立,应于本组织法施行一年后,由省政府按县政进行情形,酌定时期,呈请国民政府核准行之。

第四章　区公所

第二十九条　区置区公所,设区长一人,管理区自治事务。

第三十条　区长由区民选任,并由县政府呈报民政厅备案。

第三十一条　区民对于区公约及自治事项, 有创制及复决之权。区长违法失职时,区民得罢免改选之。

第三十二条　前条之创制、复决及罢免程序,另以法令定之。

第三十三条　各区区民于选举区长时，并选举监察委员五人或七人，组织该区监察委员会。其职务如下：

(一)监察区财政。

(二)向区民纠举区长违法失职等事。

第三十四条　区长之民选，于本法施行二年后，由省政府就各县地方情形酌定时期，会同内政部核准行之。

第三十五条　在区长民选实行以前，区长由县长遴选区民，呈请民政厅委任之。

第三十六条　依前条委任之区长违法失职时，由县长罢免之，并呈报民政厅备案。

第三十七条　在区长民选实行以前，得于区民中，由村里监察委员会推选三人，由县长委任二人，组织区监察委员会，监察区财政，并向县长纠举区长违法失职等事。

第三十八条　区公所得用助理员，辅助区长办理区务。

前项助理员，由区公所遴请县长委任之。

第三十九条　区公所执行区务，得设置区丁。其额数由县长定之。

第四十条　区公所设区务会议，以下列人员组成之：

(一)区长。

(二)区助理员。

(三)本区所属村长及里长。

区务会议，以区长为主席，至少每月开会一次，由区长召集。

第四十一条　下列各事项，须经区务会议审议。

(一) 区公所经费事项。

(二)区公产之处分事项。

(三)区公约及其他单行规则之制定及修正事项。

第四十二条　区自治施行条例，由内政部另定之。

第五章　村、里公所

第四十三条　村置村公所，设村长一人。里置里公所，设里长一人。

管理各该村、里自治事务。

村、里各设副村长一人，副里长一人，襄助村长、里长办理事务。但村、里户口在百户以上者，每增百户，设副村长，或副里长一人。

第四十四条　村公所或里公所事务，得由村长、里长指定闾长襄助办理。

第四十五条　村长、副村长、里长、副里长，由村民大会或里民大会选任，并由区公所呈报县政府备案。

第四十六条　村民大会或里民大会，对于村、里公约及自治事项，有创制及复决之权。村长、副村长、里长、副里长，违法失职时，村民大会或里民大会，得罢免改选之。

第四十七条　前条之创制、复决及罢免程序，另以法律定之。

第四十八条　村民大会或里民大会，于选举村长、里长时，并推选三人或五人，组织监察委员会。其职务如下：

(一)监督各该村、里财政。

(二)向村民、里民纠举村长、副村长，或里长、副里长违法失职等事。

第四十九条　在区长民选实行以前，村民大会，或里民大会选举村长、副村长，或里长、副里长时，应选出加倍之人数，报由区公所转请县长择任，并由县长汇报民政厅备案。

第五十条　依前条规定委任之村长、副村长、里长、副里长，违法失职时，村民大会或里民大会，应报由区公所，转请县长罢免。但县长亦得自行罢免之。

第五十一条　村、里自治施行条例，由内政部另定之。

第六章　闾长邻长

第五十二条　闾设闾长一人，邻设邻长一人，分掌闾、邻自治事务。

第五十三条　闾长、邻长，各由本闾、邻居民会议推选之。选定后，由村长报区公所，转报县政府备案。

第五十四条　闾长、邻长，由本闾、邻居民会议罢免改选。

村、里公所，认为闾长、邻长违法失职时，得通告闾、邻居民会议改选之。

第五十五条　依前条规定，闾长、邻长罢免改选时，应由主管村、里公所，报由区公所，转报县政府备案。

第五十六条　闾长、邻长之选举方法及任期，于《村、里自治施行条例》中规定之。

第七章　附则

第五十七条　本法之修正，由内政部呈请国民政府核准行之。

第五十八条　本法施行日期，另以命令定之。

村长副训练会简章

（十七年九月十三日公布）

第一条　本会，以训练村长副明白党义、娴习村政、通晓现行法令为宗旨。

第二条　本会，于每区区公所所在地设立一处。如因区域过大，不便召集者，得择适中地点增设一处。

第三条　本会，于每年村长副改选完竣后一月内，由知事督率各区区长负责办理。

第四条　本会训练人员，由本区区长及县派掾属充任之。村政实察员在县时，亦应帮助训练。

第五条　凡经选定之村长副，均应受本会训练。但连任村长副中之通晓党义，娴熟村政者，得免受训练。

第六条　本会训练，以三民主义、《村长副须知》及续颁村政法令为主。

第七条　凡受训练之村长副，所需食宿费，由村公款内支出之。前项食宿费，每人每日不得超过三角。

第八条　本会于每年办理完竣后，由区长将训练情形，呈报县署，转报省政府备查。

第九条　县区训练村长副是否认真、成效若何，应由村政实察员随时查报。

第十条　本简章自公布日施行。

修正村政实察员服务规则

（十八年二月八日公布）

（一）村政实察员，只负考查报告之责，不得干预行政之执行。

（二）村政实察员实察事项，以查报各县村政成绩优劣及所定办法是否适合、能否实行，并办理人员有无操切敷衍及一切舞弊情事为主。其他各项行政，如有办理不合或临时委查事项，亦应详查具报。

（三）关于村政各项，均应随时查察函报。其定有专表者，应按期填报。

（四）各项表件，由委员自带者，必须亲身查填。由本府发给各县者，先由县填就，迳交委员查报。

（五）村政实察员报告所用公文，以函件行之，但须编定号数，以便稽查。

（六）村政实察员考察村庄，应分别难易。每年，主村须查二分之一以上，附村应按《实察须知》内表列数目查察。

（七）村政实察员在服务县分，得商同县长，召集县、区人员宣布村政进行方针；于考查所至村庄，并得召集人民随时讲演。

（八）村政实察员于考察所至村庄，与村长副、闾、邻长接洽时，务须和平询问。即有办理不善、或偶有误会、答复不周到者，亦应开诚指导，不得傲慢凌辱，致招反感。

（九）本府定有《村政实察员日记簿》。各员自到县之日起，须将逐日经过事件，登入簿内。每届月终，邮寄本府村政处，以备核阅。

（十）村政实察员领有薪旅等费。所至各县，除来往发有车票照章使用外，不得借端需索，或收受馈赠。

前项车票，放假及临时请假，不得使用。

（十一）村政实察员在服务县分，不得挈带眷属，以免妨碍职务。

（十二）村政实察员发觉烟赌案件，不得提使赏金。

（十三）村政实察员不得向县、区关说词讼，招致物议。

（十四）村政实察员对实察事项，应详切考察，据实直陈。倘有徇隐或不当行为，经委查或举发属实者，按《查案委员处分条例》办理。如系触犯刑律，依法惩处。

（十五）本规则自公布日施行。

训练村监察员简章

（十八年二月二十八日公布）

第一条　本简章，以训练村监察员明了村监察职务及执行手续为宗旨。

第二条　村监察员于每年改选完竣后一月内，由县斟酌地方情形，分区或分段，择适中地点，举行训练。

第三条　村监察员训练期限，以三日至五日为度。

第四条　训练人员，由区长或小段主任充任之。村政实察员在县时，亦应帮助训练。

第五条　训练事项，以《村监察委员会简章》、《清查村款条例》及其他有关监察职务之令文为主。

第六条　村监察员受训练时，所需食宿费，由村公款内支出，但每人每日不得过三角。

第七条　村监察员每年训练完竣后，由区长或小段主任，将训练情形，呈报县政府转报省政府备查。

第八条　县、区训练村监察员是否认真、成效若何，应由村政实察员随时查报。

第九条　本简章自公布日施行。

村卫生简章

(十八年三月二十六日公布)

第一条　本简章，以实行清洁、预防疫疠、注意公共卫生为宗旨。

第二条　凡村中住户，均负扫除污物，实行清洁之义务。前项事务，由村长副、闾、邻长随时督率行之。

第三条　清洁之事项如下：

(一)凡公共饮水井、蓄水池，不得污秽。

(二)厕所不得安置于通衢。

(三)疫死牲畜，不得任意抛弃或售卖。

(四)露厝柩榇，不得久停不葬。

(五)圈养牲畜，不得任意散放。

(六)存积粪土，须在偏僻地方，不得任意堆积。

(七)其他有碍卫生事项，均应取缔。

第四条　村中所有污物，应随时扫除，舁置于指定旷野之地或土坑内。其地点由村民会议指定之。

第五条　凡住户对于卫生事项有怠于履行者，由村长副、闾、邻长切实劝告，限期举办。届期仍不举办，得由村公所派人代为执行。

第六条　前条代执行应需费用，由村公所按所需实数，责令怠于履行者出之。

第七条　各住户对卫生事项，故意违反者，得由村公所按禁约之规定议处之。

第八条　街卫生，亦适用于本简章之规定。

第九条　本简章自公布之日施行。

村营业公社章程

（十八年七月七日公布）

第一条　本社为巩固互助基础，团结村人感情，增益村中经济而设定，名曰"□□村营业公社"。

第二条　本社资本总额定为国币若干元。

第三条　本社设董事三人，负监督、营业完全责任。由董事选举会选定之，无任期，三年一辞。董事选举会认为有留任之必要时，得慰留之。

第四条　董事有不尽职或离任之必要时，董事选举会得辞退之。

第五条　本社设经理、协理各一人，由董事会选用。其有不能胜任或自行告退者，由董事会议另选之。

本社经理取资格与人才并重办法。经理得分资格经理、主事经理。资格经理，由董事会提升之。主事经理，由董事会协同资格经理，于顶股同人中，或社外遴选成绩优良者拔用之。一经选定，本社人员不得再持异议。

第六条　本社以买卖社会普通各物及存放款项为营业。

第七条　本社为有限营业，纯系商业性质，一切手续查照普通商业习惯办理。

第八条　本社日行营业，经理主持之。遇有重要事故，由经理请董事会议定之。

第九条　本社开账期为三年。其纯利分为百分，除董事及执事人所批外，余均为本社所有。至批利成数，董事每人定为三分，其余执事人员在万金账上另明定之(董事股总共不得过十分，如董事系五人，每人不得过二分)。

经理、协理批利成数，每账得由董事会按其成绩增减之。其余执事人，有应增、应减，或新顶批利成数者，由经理商承董事会协定之。

第十条　本社无论生意如何发达，顶股董事及执事人员批利，每年每分不得过七十元，下余公存之。倘下账营业有亏损，先将公存提补之。

第十一条　本社顶股人员辞退时，对于屡年盈余公积金，每分至多不得超过一千元。

第十二条　本社在三十三年以内，所获余利添作基金，不准动支。基金定为十万元(如营业社系私人出资成立者，则此条应改为：本社在三十三年以内所获余利，作为本社营业基金。基金定为十万元，不准动支。前由私人借拨之资本，应于此时无息归还)。三十三年以内所获余利，如足基金十万元之数，则此余利，以二分之一增益基金；以二分之一，准做村中办理下列各项事业之用：

甲　发扬村公道。

乙　培养村人才。

丙　兴办村实业。

丁　办理村慈善。

如三十三年以内所获余利在十万元以上，应重奖执事人员。

第十三条　每年终，将本社营业状况、出入款项造具报告，送交董事稽核。其营业账簿并须同时交出审查，由各董事署名盖章，以昭慎重。

第十四条　本社不得为买空卖空与其他一切不正当之营业及以本社名义为私人担保借贷。

第十五条　本社人员，如有违背本章程之规定及营私舞弊一切不正当行为，由董事会查处之。

第十六条　本社营业细则，由经理商同董事会另定之。

第十七条　本章程，经董事会之议决得为适当之修改。

修正行政执行法

第一条　该管行政官署，维持公共之安宁秩序，保障人民之自由幸福及执行法令，或本于法令之处分，认为必要时，得行间接或直接强制处分。

第二条　间接强制处分，区别如下：

一、代执行。

二、处三十元以下之过怠金。

前项各款处分，非预为告诫，不得行之。但应行第一款处分时，认为有紧急情形者，不在此限。

第三条　代执行，由官署自为之，或命人为之，向义务者征收费用。

第四条　该管行政官署，非认为有下列第一款事项，不得行第二条第一款之间接强制处分。非认为有下列第二款，或第三款事项，不得行第二条第二款之间接强制处分。

一、依法令，或本于法令之处分，本人负有行为义务而不为者。

二、依法令，或本于法令之处分，本人负有行为义务而不为，其行为非他人所能代行者。

三、依法令，或本于法令之处分，本人负有不行为义务而为之者。

第五条　前条应征之费用及应科之过殆金，均以国税征收方法征收之。

第六条　直接强制处分，区别如下：

一、对于人，得为管束。

二、对于物，得扣留使用处分，或限制使用。

三、对于家宅及其他场所，得侵入搜索。

第七条　该管行政官署，非认为有下列事项之一，不得行直接强制处分：

一、酗酒泥醉，非管束不能救护其生命身体之危险及预防他人生命身体之危险者。

二、疯人发狂，非管束不能救护其生命身体之危险及预防他人生命身体之危险者。

三、意图自杀，非管束不能救护其生命者。

四、暴行或争斗之人，非管束不能预防其伤害者。

五、其他认为须救护或有害公安之虞，非管束不能救护，或不能预防危害者。

六、军器、凶器及其他危险物品，或有危险之虞之物品，非扣留不能预防危害者。

七、遇有天灾事变及其他交通上、卫生上、或公安上有危害情形，非使用或处分其土地、家屋、物件，并限制其使用不能防护者。

八、人命（民）之生命、身体、财产认为危害切迫时，非入其家宅或其场所不能救护者。

九、认为有赌博及其他妨害风俗，或公安之行为，非入其家宅或场所，不能制止或逮捕者。

第一项第一款至第五款：人之管束，不得至翌日之日入后。

第一项第六款：物之扣留，除依法律应没收，或应变价发还者外，期间至长不得逾三十日。

家宅及其他场所之侵入，除因第一项第八款、第九款之事项外，在日入后，日出前时，须先告知本人。但旅店、酒肆、茶楼、戏园，并其他公众出入地方，不在此限。

第八条　该管行政官署，于第四条各款情形，非认为不能行间接强制处分，或认紧急时，不得行直接强制处分。

第九条　非经行政官署许可不得私有之物件列于官署保管时，该物件如未经官署许可其所有者，其所有权属于国库。被扣留之物件，于一年内无人请求发还者亦同。

第十条　本法施行细则,以教令定之。

第十一条　本法自公布日施行。

豫戒法

第一条　行政官署因维持公共之安宁秩序及保障人民之自由幸福,认为有犯第三条所列事项之一者,得行豫戒命令。

第二条　得行豫戒命令之行政官署如下:

一、警察厅。

二、县知事。

蒙、藏及其他未设警察厅,或县知事之地方,该地方行政官署关于豫戒命令,有与警察厅、县知事同一之职权。

第三条　得行《豫戒命令》之事项如下:

一、无一定职业,常有狂暴之言论行为者。

二、妨害他人之集会,或欲行妨害者。

三、不问公私,干涉他人之业务行为,妨害其自由,或欲行妨害者。

四、不知检束,常有破坏社会道德,或阻挠地方公益之言论行为者。

五、意图为第二款、第三款之妨害,而使用有第一款、第四款情形之人者。

第四条　豫戒命令如下:

一、命其于一定期限内,从事合法之职业。

二、命其不得于他人之集会加以妨害。

三、命其不得以何种口实索人财物,或不当要求、强人会晤及用涉于胁迫之函件,或其他种种方法,示其威赫,使他人变更其进退之意见,或妨害他人之业务行为并一切自由。

四、命其时加检束,不得蔑弃道德,或阻挠公益。

五、命其不得使用他人妨害他人集会,或妨害他人之业务行为及一切自由,并不得以财物扶助已受豫戒命令者。但以亲属之故而扶助者不在此限。

第五条　犯第三条第一款、第四款者,须命以第四条第一款至第四款事项。犯第三条第二款、第三款者,须命以第四条第二款、第三款事项。犯第三条第五款者,须命以第四条第五款事项。

第六条　违反豫戒命令之罚例如下:

一、违犯第四条第一款、第四款者,处以十日以下之拘留,或十元以下之罚金。

二、违犯第四条第二款者,处以十五日以下之拘留,或十五元以下之罚金。

三、违犯第四条第三款者,处以二十日以下之拘留,或二十元以下之罚金。

四、违犯第四条第五款者,处以二十五日以下之拘留,或二十五元以下之罚金。

第七条　受豫戒命令后三年以内,有违反者,依前条之例处罚之。

第八条　行豫戒命令时,须于命令书示知本人,并于该管地方公布之。其命令书应载之事项如下:

一、受豫戒命令人之姓名、年岁、职业、籍贯、住所。

二、第三条某款事项。

三、第四条某某款之命令。

四、第六条某某款之罚例。

五、行命令之年月日。

六、行命令之官署。

第九条　受豫戒命令人三年以内,如住居有移转时,须于未移居前二十四小时内,报告于原住居地之该管警察官署,并于已移居后二十四小时内,报告于新住居地之该管警察官署。由该官署转报于原行命令之官署。住居距警察官署在百里外者,其报告以三日为限。

第十条　对于受豫戒命令人,为下列事项之一者,应负报告之义务。

一、留宿。

二、同居。

前项报告,须于二十四小时内,用书状或以言词,向该管地方警察官署行之。住居距警察官署在百里以外者,其报告以三日为限。

警察官署接到报告后,如对于报告人有所询问,应据实陈述。

第十一条　应负报告义务之人,如不报告或报告不实者,处以三十元以下之罚金。

第十二条　第七条及前条之处罚事件,由行豫戒命令官署长官,或其代理官吏即决之。

行豫戒命令官署长官,或其代理官吏,得将前项处罚事件,嘱托受豫戒命令人、或前条义务人、住居地之警察官署长官、或其代理官吏即决之。

第十三条　受豫戒命令人,如经过一年后,确有悛改情形,原行命令之官署,得撤销其命令。前项命令之撤销,须示知本人,并于该管地方公布之。

第十四条　本法自公布日施行。

惩治盗匪案

第一条　本法,于强盗及匪徒,犯本法所定之罪者,适用之。

称强盗者刑,暂行刑律所定。称匪徒者,谓有第四条各款情形之人。

第二条　强盗犯《刑律》第三百七十三条之罪者,得处死刑。

第三条　强盗犯下列各款之罪者,得处死刑。

(一)《刑律》第三百七十四条之罪。

（二）《刑律》第三百七十六条之罪。

（三）《刑律》第一百八十六条及第一百八十七条之罪。

（四）《刑律》第一百七十条第二项之罪。

（五）《刑律》第三百七十三条之俱发罪，或累犯。

第四条　匪徒犯下列各款之罪者，处死刑。

（一）意图扰害公安，而制造、收藏或携带爆裂物者。

（二）聚众掠夺公署之兵器、弹药、船舰、钱粮及其他军需品，或公然占据都市、城寨及其他军用之地者，

（三）虏人勒赎者。

第五条　犯第二条至第四条之罪者，由该管审判厅，或兼理司法事务之县知事审实后，附具全案，报由高等审判厅厅长，或司法筹备处长，转报巡按使核办。俟得核准后执行。其由兼理司法事务之县知事审判者，并应报告该管道尹备案。

京兆地方，由京师地方审判厅审判者，附具全案，由京师高等检察厅检察长转报司法部核办。其由兼理司法事务之县知事审判者，附具全案，分别报告京兆尹及京师高等检察厅检察长，转报司法部核办。俟得核准后执行。

热河、察哈尔、绥远等地方，由兼理司法事务之县知事审判者，附具全案，报由审判处处长，转报该管都统核办。俟得核准后执行，并报告该管道尹备案。

高等审判厅厅长，或司法筹备处处长，对于所属审判厅，或兼理司法事务之县知事审判之案，认为有疑误者，得于转报时，附具意见书。

第六条　死刑得用枪毙。

第七条　有高级军官统率之军队，于其驻在地查获第二条至第四条之罪犯时，以具备下列各款情形者为限，得由该高级军官审判之。

（一）驻在地与审判厅，或兼理司法事务之县知事之所在地，相距百里外，而交通不便者。

（二）事机紧迫，恐酿重大变乱，或有劫囚及脱逃之虞者。

第八条　前条之审判，应附具全案，报由直辖该军队之最高级长官核办，俟得核准后执行。

第九条　司法部、巡按使、都统，对于审判厅或兼理司法事务之县知事之报告，认为有疑误时，得饬令再审，或派员会审，或提交高等审判厅、司法筹备处、审判处复审。

直辖行审判之军队之最高级长官，对于该军队之报告，认为有疑误时，得饬令再审，或饬令移送该管审判厅，或兼理司法事务之县知事复审。

第十条　执行死刑人犯姓名及年、月、日、时并犯罪事实，应由高等审判厅厅长，或筹备处处长，或审判处处长，于每月末日，汇报司法部，并报明巡按使，或都统。其由军队审判执行者，应由直辖该军队最高级长官，于每月末日，报由陆军部，转报司法部，并报明该管巡按使，或都统。

第十一条　本法自公布日施行。

本法施行期为五年。

各属抓获赌博规定赏罚八条

充赏办法

一、抓获官吏者，赏洋五百元。如县署、掾、属、局所人员、警佐、各征收员及受有省、道长官委任者，均以官吏论。

二、抓获学务、员绅者，赏洋二百元。

三、抓获商人者，赏洋一百元。

四、抓获民人者，赏洋三十元。

处罚办法

一、官吏犯赌者，除撤差停委外，并照新《刑律》第二百七十六条，处一千元以下罚金。

二、学务、员绅犯赌者,照官吏处罚。如职教员在学校聚赌者,并照新《刑律》第二百七十八条,处三等至五等有期徒刑,并科五百元以下罚金。

三、商人、民人犯赌者,照新《刑律》第二百七十六条,处一千元以下罚金。如以赌博为常业者,照第二百七十七条,处三等至五等有期徒刑。

四、以上所罚罚金,除照定数拨赏外,余均另款存储,册报备查。

搜毁赌具惩罚充赏办法六条

一、凡属赌具,如麻雀牌、纸牌、骨牌、扑克、宝合、骰子等类,无论私藏或贩卖,应一律搜查焚毁。

二、应由各该厅、县先行布告。凡存有赌具,能于布告之后,依限呈徼者,一律从宽免究。

省城及各县城关,自各该厅、县布告之日起,限十五日呈缴。乡村自各该县布告之日起,限一月呈徼。

三、省城呈徼该厅,或各区署。各县呈徼县署,或由村长副转缴,一律对众焚毁。

四、限满藏匿不缴者,一经查出,或被人告发,由各该厅、县处以五十元以下之罚金,并酌赏搜查人,或告发人。

五、搜查人或告发人,如并获有赌犯者,依照《抓获赌博充赏办法》各条,分别办理。

六、本法第四条罚款,除充赏外,补充地方公益之用,月终册报本署备查。

各县区公所组织法

一、各县区依原条例第八条之规定，每区应于公有适中地方，设置公所。

二、依前条之规定，按全县划分区数，定名为某县第几（如第一、第二之类）区公所。

三、区公所应办事宜，由区长掌管办理。

四、区公所因事务之必要，得酌用雇员一人至二人。

五、区长之职务如下。

1.长官委任执行事件。

2.督饬村长副办理行政事宜。

3.督饬村长副调查户口。（册式另发）

4.保管调查户口册副本。

5.督饬村长副办理各项登记事宜。

前项登记条例另定。

6.保管登记簿副本。

六、区警额数。依原条例第四条之规定，设置四名至六名。

七、各区区警，由各该区长直接督饬指挥。

八、区长有不职时，由县知事查明，呈请省长撤换。情节重大者，并依法从重惩处。

九、区警有不法行为，由该管区长酌量情形，革退惩处，呈明县知事备案。其涉及刑事范围者，送由县知事处理。区长失于觉察，经人民告发者，区长一并议处，呈由省长核办。

十、区长、区警有办事勤劳者，由知事呈请记功，或请予奖励。

十一、区公所经费，依原条例第九条之规定，编列地方预算，并按支配法分别处理。

十二、各区办事细则，由省公署编定颁行。

十三、原条例如有变更或修改时，本法一并变更修改之。

十四、本法实行日期另令定之。

区公所经费支配法

一、俸薪及办公费。区长，一员，年俸，二百元至四百元；公费，四十元。雇员，一人，年给薪资六十元。

二、警饷。区警，每名月饷四元。

三、服装费。每警一名，备制单布衣裤各一件，连同帽靴，每套以三元计算。年分两季换给。每名服装费六元。

以上三项，按计算办法办理，此外不得滥行开报，并不准向民间摊派需索。

四、开办费。公所既照《组织法》第一条，由公有地方设立，不得另行建筑及租赁。设置费每区定为十五元，以资开办。

以上一项，由县地方款内筹拨。

修正山西各县村制简章

第一章　总纲

第一条　各县所属村庄，均须按照本简章编制，以立自治基础。

第二条　凡一村之区域，各以本村固有之境界为准。遇有此村与彼村境界不明，应协议划分之。

第三条　凡为本村之居民，均须遵守本简章之规定。

第二章 编制

第四条 村内居民，凡足一百户者，应设村长一人，村副一人。其居民尤多者，得酌增村副，但所增员额至多不得过四人。

第五条 村民不足一（百）户者，得察度情形，或一村设一村长，或指定主村联合邻村，设一村长。但联合村之距离，不可太远。

第六条 依前条之规定，于选任村长外，各联合村得酌量情形，配置村副。

第七条 村长执行职务，得直接商承县知事办理。

第八条 村内居民，以二十五家为闾，设闾长一人。满五十家者，设闾长二人。户多者递加。其闾次应冠以数目字，如第一闾、第二闾之类。

前项之居民，因居住团结或习惯上之便利，在二十五家以上，五十家以下，或不满二十五家者，亦得设闾长一人。

第九条 闾长受村长副之指挥，执行职务。

第三章 村长副资格及选任

第十条 村民年在三十岁以上，确无嗜好，备具下列资格者，得选为村长。

一、朴实公正，组（粗）通文义者。

二、有不动产，价值在一千元以上者。

第十一条 村民年在三十岁以上，确无嗜好，具下列资格者，得选为村副。

一、朴实公正，能识文字者。

二、有不动产，在五百元以上者。

第十二条 村长副由村民按规定原额加倍举出，送由知事选任之，呈报省道公署备案。

第十三条 村长副以一年为任期，但得连任。

第四章 村长副职务及奖惩

第十四条 村长职务如下：

一、承行政官之委托，办理传布及进行事项。

二、办理自治事项。

三、本村民之公意，陈述利弊事项。

四、报告职务内办理情形及特别发生事项。

第十五条　村副襄助村长，商办前条所列事项。

第十六条　村长因事故不能执行职务时，得由村副一人代行职务。

第十七条　村长副办公期满，由知事择尤请奖。其有特别劳绩者，得随时呈请奖励。

第十八条　村长副违抗要公，或借端阻挠者，得由县知事呈报撤换。其营私舞弊查有确据者，准其立时撤换，并呈请惩处。

第五章　费用

第十九条　村内办公费用，由村民依照惯例公摊之。

第二十条　村长副给薪与否，仍照各村惯例行之。其应需旅费支用法，另定之。

第二十一条　村内经费收入支出各数目，由村长副随时列款宣示。

第六章　附则

第二十二条　本简章自公布之日实行。

县知事公署吏警处务规则（现行法令）

第一条　本规则所称吏警，指县知事审理《诉讼暂行章程》第十八条之承发吏及司法警察。

第二条　承发吏及司法警察，由县知事任用之。

第三条　县知事得因其情形，分承发吏及司法警察为一、二、三三等。一等月饷六元，二等五元，三等四元。

第四条　承发吏名额，每县至多不得过六名。学习承发吏，每县以八名为最低额，大县至多不得过二十四名，中县至多不得过十六名，每名月饷四元，由县知事察酌地方情形及事务繁简，核定名额，呈报备案。

第五条　学习承发吏职务，在三月以上者，得代理承发吏职务。

前项代理，由县知事给予印证。（其印证即用木牌，烙以火印）

第六条　司法警察，每县以八名为最低额，大县至多不得过二十四名，中县至多不得过十六名，由县知事察酌地方情形及事务繁简，核定名额，呈报备案。

第七条　县知事任用承发吏及司法警察，应先就现役吏警，严加甄别，择其年力强壮，办事勤谨，不染旧习者，录取若干名。余均选择淳朴良民充任。

第八条　县知事任用承发吏、学习承发吏及司法警察，首宜注重品行，并于每星期日，由县知事督饬承审、宣讲各员，上堂授以吏警应有之知识。

第九条　承发吏之职务如下。

一、送达传票。

二、送达判词。

三、催收钱粮。

四、执行民事搜査票。

五、封查物产。

六、其他法令以明文规定，应由承发吏执行事项。

第十条　司法警察之职务如下。

一、逮捕人犯。

二、搜索证据。

三、护送人犯。

四、取保传人。

五、其他法令以明文规定，应由司法警察执行事项。

第十一条　民刑各票缴销之期限如下。

一、　二十里以内，一日。

二、　二十里以外，五十里以内，二日。

三、 五十里以外，八十里以内，三日。

四、 八十里以外者，每三十里，递加一日。

交通不便处所，发票官得因其情形，酌予展限。

第十二条　除前条所列以外之文件，标明送达日期者，应依限送达。

第十三条　吏警依限缴票，如与被传拘人同到者，应即时呈案。

第十四条　凡送达文件，每件征收公费制钱二百文。

第十五条　送达文件，五十里以外，每十里加征制钱百文。不能一日送往者，每日加征食宿费制钱二百文。但收受文件有数人时，住所在五里以内者，其食宿费只征一次。

第十六条　被传人如当时未徼票费，得于本案完结时，照数缴纳。但实在无力者，得予减免。

第十七条　第十四、十五两条规定之征收费额，应由发票官计算实数，标明于文件表面，向收受文件人征收，不得额外需索。

第十八条　第十四、十五两条规定之征收费额，应悉数呈缴于县知事，但食宿费不在此限。

第十九条　承发吏、学习承发吏及司法警察应须月饷，由县知事在各案票费罚金暨征收费余款内动支。

第二十条　下列文件不准收费。

一、刑事搜查票。

二、拘票。

三、关于传唤被害人、公证人、鉴定人、地方公正人之传票。

第二十一条　吏警持票逾限受下列各项之处分。

一、逾限三日以上，五日以下者，罚月饷十分之三。

二、逾限五日以上，并无充分理由者，开除名额。

于上列各款外，违背其他各条之职务，或发觉其他不法情事者，由县知事严予惩处。

第二十二条　本规则自公布之日施行。

县知事约束吏警规则七条

第一条　承发吏、司法警察如有不依票上标定限期缴销者，除依《处务规则》第二十一条惩处外，如查有卧票不传情弊，不问逾限日数，立予开革。

第二条　承发吏、司法警察对于职务上应行报告事件，除饬传人证业已到齐，或饬送文件业已送达等情形，准用口头报告外，其余各项报告，均须附具报告书，以备查核。

第三条　承发吏、司法警察均不得以自己应执行之职务，觅人代办。

第四条　承发吏、司法警察向诉讼人征收传票或送达文书公费及食宿费时，须将票上标定之额数，给令阅看，不得于额外需索分文。如有受人馈赠者，以需索论。

第五条　承发吏、司法警察对于诉讼人来署候审者，无论诉讼人有无逾限，均须即时呈案，不得稍有迟延。

第六条　人民如有到署喊冤者，应分别民事、刑事，由值日之承发吏，或司法警察，即时带案候讯，不得稍有迟延。

其有于递状后，未发传票以前，两造投案候讯者，亦同。

第七条　承发吏、司法警察如有不依《处务规则》及本规则者，由承审员随时稽查，商同县知事从严惩处。倘有借案索诈，或其他重大情弊，除开革外，并依律从重治罪。

第二节　令　文

训令各县设法保护村长以重公职文
（十年四月二十八日）

各县办事认真之村长副，每为棍徒所仇视。如崞县阳武村、长子色头村、榆次辛家庄各村长，均被赌徒殴伤扎伤。此等刁风，万不可长。除将轻纵赌犯之前长子县杨知事，严予申斥、榆次县唐知事勒限五日缉获逃犯重办外，该县对于各村长副应极力设法保护，以重公职。须知袒护土棍，使好人吃亏，其害甚大。仰即注意为要。

此令。

电令各县添选邻长办理手续须简单易行并列入覆查文
（十一年三月一日）

□□县知事：近据实察员孙步康查报："偏关县吊子沟村长王树兰，办事热心，将该村一切恶习编为五十条，张贴各处，悬为禁约。村内五家选一邻长，补助闾长之不逮"等语。闾中按五家添选邻长一人，本省长认为，于行政有益而无弊。各县应即照办。惟办时，手续要简单，以期易行。此事并列入本年覆查。

训令各县考察所属街村长中事实成绩可充区长者选保文

（十一年六月二十日）

晋省施行新政，成效未能大著者，实由于官吏爱人心力不足故也。近据考察所得，街、村长中整理村范，热心爱人，成效大著者，颇有其人。本省长认为，爱一村者，必能爱一区；能整理一村者，亦可望整理一区。责成县知事，考察所属街、村长中，有爱人之事实，办事之成绩，堪充区长者，据实以闻。再，政治进行，非一手一足之力所能成功，必须各级官厅有责任心。前此令各县保人，多招失败。模范示教与区助理员，尤为惋惜。此次选保街、村长，望我同寅，切实负责，勿为左右所欺，勿为士绅所蔽。是所至期。

此令。

训令各县规定整理村范知事以下下乡开支旅费数目文

（十一年九月十九日）

（附抄单）

查，现在整理村范，各县知事、掾属、区长下乡日数，较前增多。所有旅费数目及开支办法，业据离石县之提议，分别酌中规定，合发抄单，通令各县，遵照办理，并查县署掾属、内视学、实业技士、宣讲各员。原定下乡旅费，每日小洋三角。嗣后，亦应改为大洋三角，以归一致。除分令外，仰该县即便遵照。

此令。

附抄单：

离石贾知事提议：整理村范，旅费请由地方款核实开支一案，当经批交阳曲等八县酌开数目。旋据该八县等请，仍由本署核定前来，兹分别规定数目如下：

一、知事，每日大洋六角。

二、掾属、区长，每日大洋三角。

三、差警、夫役，每日大洋二角。

四、马干，每匹每日大洋二角。

以上各项，除县、区署人员应由县、区署原有旅费项下尽数开支外，不敷之数，准由地方款内核实开支，归入十一年度县地方决算案内办理。

训令各县填送编村号数表文

（十一年十月二十一日）

查，各县对于所属编村，应分区编列号数。每一区之号数，自为起讫。譬如第一区，自第一号至第几号；第二区，自第一号至第几号。余仿此。务须参照舆图，斟酌至当。兹发去各区编村号数表式一纸，仰即按照表式填列，于文到十日内造送。勿延。

此令。

指令中阳县解释规定下乡旅费数目及开支办法疑义文

（十一年十月二十五日）

呈悉。所举疑义已分别解释，开列于后，仰即遵照。

此令。

计开

一、该县村范既系第二期办理，所支旅费应自着手整理之日实行。

二、助理员旅费，每日应支大洋二角四分。

三、区长，凡已补助马干者，不再支马干。遇临时雇马，准按日支给二角。

四、各掾属下乡，每日支给旅费大洋三角。如不给官马，另加脚费二角。至夫役，除必须带之差警外，不准再支夫役费，以示限制。

五、该县区费如果不敷开支，所需旅费准由地方款项下补助。至马干，由违警罚款补助，尚属可行，应准列入计算书。

训令各县劝办村社仓积谷并列为村政之一考核成绩文

（十一年十一月二十九日）

近年以来，各地雨量异常减少。且吾晋地居西北，接近沙漠，而有十年九旱之传说。乘本年秋收丰有时，提倡积谷，较为容易。古人云：有备无患。各县官绅，均应注意。并应将积谷一项，列作村政之一，即以劝办积谷多寡，为成绩之考核。仍将办理情形随时报查。

此令。

指令潞城县村范各费由行政预备金项下开支并送预算清折文

（十一年十二月九日）

呈件均悉。此事之窍，在用官之力，省民之钱，稍涉虚糜，民怨立生。且该县行政预备金存余已经无多，仰照后开各节，分别开支办理。

此令。折存。

一、县、区署人员下乡费用，除原有旅费尽数开支外，不足之数，准由行政预备金项下开支。于开支后开具各员下乡日期及支款数目，经委员查明，方准核销。

二、拟开村范联合会及造具表册两项费用，预算过多，应以一半撙节计算，造具清册，由行政预备金项下核销。

三、失学儿童应责成区、村长副催办，不必多添催查人员，反恐多添数人，而区、村长卸责也。所请为劝学员增加旅费之处，应无庸议。

四、全县聘用医生二人，于事无甚裨益，不必多添此项费用，以节民财。

行知阳曲县查照积谷定章确实办理文

（十一年十二月二十八日）

据报，该县少数村庄，对于积蓄仓谷，有应积而不积者，如第五区之晒庄等村。有不积谷而积钱者，如第四区之上兰村等村。此种办法，殊多不合。等情到署。查，地方积谷，应以普及劝办为要。若果应积不积，岂可任其自误？其或不积谷而积钱，一遇荒年，粮价腾贵，自必有买谷为难之虞。合亟行仰该县，即便查照积谷定章，确实办理。

特此行知。

指令忻县奖劝人民积谷备荒并将拟定办法具报文

（十一年十二月二十八日）

呈悉。积谷备荒，国家列为要政者，正为人民保险。山西十年九旱，乡村居民，对于存粮一事，父常以之训子，兄常以之教弟，实人人所深晓者。特以近年习尚奢华，遂至忘其远虑，是应由行知长官敬告提醒。人民谋生念切，根本上无不乐从。该县如以村积为难，不妨实行人民自行积粟办法，责成村长，凡村中产粮之户，按口存储。存一年之粮者，如何奖励；存二年之粮者，如何鼓舞；统由该知事妥筹规定。有备无患，于此决之；地方官爱人之实，亦于此征之。仰将拟定办法具报。

此令。

训令阳曲县、高等检察厅凡村长副因职务被控应先由县审理果有犯罪行为准可免职依法处理文

（十一年十二月三十日）

查，村长副为执行村政之人。迩来，每因执行村政，反被人民借端诬控，阻碍村政进行，殊非浅鲜。嗣后，凡因村长副执行村政，发生告诉时，

应先归行政范围，由县知事审查处分，以维村政。如果发现犯罪行为，自可免去职务，送交法庭，依法处理。除训令高等厅转饬地方审检厅、阳曲县遵照外，仰该县、厅，转饬地方审检厅，即便遵照，布告周知。

此令。

通令各县查照发去旅费开支四柱册式自本年一月起按月核报文

（十二年一月八日）

查，各县县公署及宣讲员，原有规定旅费、此次整理村范所需费用，应合并各项旅费总收总支，不敷之数，方得由地方公款项下支用，并须每月专置旅费收支簿，合发四柱册式，仰即按月送核，仍连同每月开支原账一并呈送。自本年一月起，一律照办，以便查核。此令。

附各县整理村范每月开支旅费四柱册式。

旧管：如上月份有结存余款列入此项。

新收：本月份行政旅费若干元、宣讲员下乡旅费若干元，列入此项。

开除：将细账开支总数列入此项。

实在：盈亏若干元列入此项 。

行知右玉县知事办理烟禁诸多疏忽应记过一次以示惩儆文

（十二年四月六日）

据报，该县整理过编村仅三十六村，附村仅一百七十四村。调查遗漏，足有三分之一，尤以一、三两区为最。复吸者十之七八。原因在初次调查,仅凭烟贩底薄及前自治戒烟会名册照抄。加以戒除松懈,管理不善等情前来。查,该县村范进行,不后于他县,而迄今计算整理过村庄,仅达三分之一,推之全县,何日可以了下?至禁烟何等重要?竟以敷衍从事,不惟遗漏复吸,断不能少,甚至署内承政吸食不讳;在籍士绅,更复依旧贩吸,毫无顾忌,未审该知事身任地方,何以如是怠玩? 应先记过一次,以示薄惩。仰即整躬率属,彻底清查,一面从新选任管理各员,卡紧办理。

特此行知。

行知临晋县发给褒状二纸仰转给该县张心贵夫妇以示奖励文

(十二年四月六日)

据报,该县城西村张心贵之妻张氏,烟瘾最大,屡戒不改,经乃夫再四劝诫,并取刀绳以告其妻,谓:“汝不能断瘾,不但自害,并且累我,与其为烟鬼而生,不如做好人而死”。该张氏良知发觉,取刀断指,誓不再吸。等情前来。查,该夫妇一则见义勇为,一则勇于迁善,殊堪嘉许。着各给奖状一纸,用示鼓励,并宣示全县,以励其余。褒状随发,仰即转给具报。

特此行知。

行知保德县知事办理村政不力着记过一次以示薄惩文

(十二年四月二十六日)

据报,该县办理村政,诸多敷衍;村范意义,村长副尤未了解;禁约条文，多县区代为定缮；天足、积谷，均不认真办理；失学儿童，亦未督促入学；嫌疑人遗漏者，尚有十分之三；吸烟人确戒者，不过十分之二；且村戒烟会，有本未成立，而报告已行设置者；入会烟民有任意出入，或只住二三日者；甚至有殴打看役，私行逃跑者。种种不善，悉难枚举。该知事性情懦弱，不能用众，办理村政，手续既多粗疏，辅助又欠干员，故成绩甚少。等情。查，村范进行，他县均著有成绩，而该县竟耽延至此。该知事既不能鼓舞掾属，又不能用心办理，贻误要政，何从补救？着先记过一次，以示薄惩。仰即鼓舞僚属，切实办理，勿再敷衍干究。

特此行知。

训令厅、处、道、县暨本署委员下乡不得侮辱村长副文

（十二年九月二十日）

查，村长副为村民代表，又系名誉职务。委员对于村长副宜如何推诚接见，和蔼咨询，一洗向来上下不交、官民隔阂之积习，以求民隐而资辅助。讵闻各委员到村，往往有借端侮辱村长副情事，殊于村本政治大相背驰。合亟通令。嗣后，无论何署委员下乡、办理何事，务须与村长副和平接洽。即遇偶有误会之处，亦应剀切开导，以期了解，不得侮慢凌辱，致失相助为理之效。除分令外。仰该厅、处、道尹、知事、委员饬属即便遵照。

此令。

通令各县于额定旅费项下准照所定数目提补杂支文

（十二年九月）

查，各县开支一切旅费，应先尽县署额定数目支用，如有不敷，再准动用地方公款，业经通令在案。兹核各县呈送各月旅费簿册，其将额定数目完全列收者，固尚不少，而不按原数列收，甚至各月数目互异者，仍居多数。虽有旅费得以弥补杂支之规定，然似此任意出入，漫无标准，殊不足以昭划一而资稽考。应自本年十月分起，一等县额定旅费项下，准提三十元；二等县，二十五元；三等县，二十元；弥补杂支。余均应于旅费簿内完全列收。经此次规定之后，不得再有增减，以示限制。除分行外。合即令仰该县知事，即便遵照。

此令。

行知大同县选任村闾长勿按旧习以乡会会首挨门轮流充当文

（十二年十月二十四日）

据报，县村长中，纯事敷衍者良多。而村副、闾长又绝少负责办事之人。邻长初次择选，尤属有名无实。推厥原因，实由旧日习惯：村有乡会会首，每年挨门轮流，现任村闾长，仍以此法轮当；会首不敷，则村长副各兼闾长；村长轮当，尚属少数，村副、闾长，则大抵皆然；以致顺水推舟，负责无人。等情前来。合亟行仰该县，查照上述各节，认真整顿。对于村闾邻长，务须精神贯注，选任妥人。慎勿挨门轮当，致妨用众前途。仍将选任情形报核。

特此行知。

训令各级审检厅各县知事遵照十一年（内）字三五号训令村长副如无犯罪重大嫌疑应予申明免传文

（十三年一月二十四日）

案查，本署为尊重村长副职务起见，曾于（民国）七年（内）字，第五十一号暨十一年（内）字，第三十五号训令，先后订修维持村长副职务办法两条。通令各厅、道、县遵照在案。近查，各县村长副，每有并无犯罪重大嫌疑，因法庭不知其为村长副，一例传提，致因讼累而碍职务者，殊失本署订修初旨。嗣后，各县对于法庭提审之涉及村长副案件，应由各县于提案时，预先审查案内有无村长副，是否合于本署文书陈述之规定。如非有犯罪重大嫌疑，即可向法庭申明免传。仰该厅、县知事遵照毋违。

此令。

附抄十一年（内）字三五号修正条文：

一、村长副在职任内处理事件，不论是否起诉，均有以文书陈述情形之责任。

二、村长副处理事件，既经以文书陈述情形，各级审检衙门，非认为村长副有犯罪重大嫌疑，不得传提以重公权而免牵累。并在行其职权范围内，对于窃盗赌博现行犯之逮捕，或其他出于防卫行为并不过当者，不得以犯罪论。

行知浮山县知事禁烟成绩甚佳着记功一次以彰劳绩文

（十三年四月一日）

据复查，该知事能任劳苦，属员亦多尽力帮助，禁烟成绩已得十分之九，殊堪嘉许。该知事着即记功一次，以彰劳绩。惟未提起村、闾、邻长共同办理之心，不唯肃清未能办到，即前此成绩，亦恐难以持久。须知，禁烟一事，难进易退，必达到用众主旨，方有稳固效果。仰即督饬僚佐，各以全副精神，认真查戒，一致鼓舞村、闾、邻长，共负查报之责，与官厅一致进行，方有肃清希望。所有复贩、复吸、遗漏及屡戒不悛者，均应按照复查员所留名单，切实办理。务使已改者确不再犯，未改者真能改悔。如此续办六个月后，再行呈报，以凭二次复查。

特此行知。

指令高平县应先改编村制俾村政得推行顺利文

（十三年四月十四日）

呈及函件均悉。划分区界与改编村制，不必并为一事。应先改编村制，俾村政得推行顺利，为该县第一要务。划分区界，暂从缓办。至编村一节，据该知事函称，该县有一属村分隶数主村者；有一主村所辖属村甚远，且中隔他主村之属村者。似此情形，则稽查烟赌、防备盗匪、训练保卫团、安置失学儿童及摊派村费等事，村、闾、邻长与各花户，必有种种困难。有不适当编制，势必使烟赌易于藏匿，盗匪难以防备，一切村政均不能整理完好，从前村人所受之害，即不能扫除。酌量改编，移远就近，本为人民办事便利起见，何故舍易求难，弃甘就苦，不欲变更？仰先诚恳开导，务必去尽官民隔阂，使之彻底了解此次改编，并非为官厅图省事，实在是为人民省时候、省力量之计划。村人应当欢迎，有何竞争之必要，恶感之滋生？即或不免反对，必是误会未除，或有别项隐情。应详确具报，以凭核示。

此令。

行知榆社县知事禁烟成绩已达十分之九深堪嘉尚着加俸一级文

（十三年六月十九日）

据复查，该县禁烟成绩，已达十分之九。该知事并能与属员和衷共济，协力进行，深堪嘉尚，着加给第四级俸，以彰劳绩。此事收效甚难，败坏极易，该县办到如此成绩，已非易易。嗣后，更宜努力进行，一竟全功。惟查该县自办理以来，对于用众方面，尚有心力未到处，以致村、闾、邻长真知自动负责者尚少。须知办理此事，不能仅恃官厅之力，应再对村、闾、邻长训练上、鼓舞上，特费一番心力，使全县人民共同办理，方能稳固持久，达到真正肃清地步。仰该知事，仍按照分段、分等办法，注意用情用众，并将戒否未定者、特别注意者、老病及出外未归者，各造一册，分别卡紧验戒，勿稍放松。富绅烟民，亦应令觅妥实保人，并勤加传调，不可稍有瞻徇，致惹人民之不平。如此续办六个月，使早改者确不再犯，后办者真能悛悔，再行呈报，以凭二次复查。

特此行知。

行知五台县知事禁烟成绩已达九成以上着晋给第三级俸并勉励各员绅村长等嗣后仍应查照各项用众办法努力进行文

（十四年一月十九日）

据复查，该知事办理村政，能督率员绅，一致进行，始终罔懈，禁烟成绩，已达九成以上。该县地面辽阔，烟害较深，收此成效，殊属不易，着晋给第三级俸，以彰劳绩。各员绅热心赞助，不避艰苦，亦均堪嘉许。惟此事奏效甚难，败坏极易，非努力奋进，积久不懈，万难做到坚确稳固地步。该县村、闾、邻长，虽负责者较多，嗣后，仍应查照迭次颁发关于村政各项用众办法暨该县自拟办法，督同各员，用力鼓励，务使均能切实负责，始终坚持，方为至善。四方朝山香客，并应时加注意，以免暗带毒物。至戒否未定、特别注意、老病及出外未归各烟民，应分别造册，卡紧验戒。如此续办六个月，使早改者确不再犯，后办者真能悛改，再行呈报，以凭二次复查。

特此行知。

指令翼城县提倡民治时代凡官厅之错皆准人民指摘文

（十四年八月二十日）

呈悉。详核所呈旅费数目，其中不无捏报情弊。况该县并非难办县分，而每月开支公款之多，实为他县所无。现在提倡民治，凡官厅之错，皆准人民指摘追求，而款项尤人民注意之事。该知事于此，应早觉悟。倘经人民发觉浮冒，虽经核准，亦难为该县知事谅也。

此令。

训令各县斟酌情形变通规定村政旅费办法文

（十五年四月六日）

为令遵事。查，各县行政经费，现既按六成支发，所有办理村政旅费，若照旧支用，必感困难，自应变通规定，以利进行。兹定自四月一日起，各县村政，责成区长，分区整理。每区每月除原定旅费八元外，由县分别编村及嫌疑人之多寡，从地方款酌量补助八元，或六元，或四元，拟定呈报核夺。至知事及掾属，应专事督察指导，所需旅费仍由县经费内撙节动支。惟向来县区旅费不敷之数，由地方款开支在二十元以内，或不开支者，仍须照旧办理，不必更改。仰即遵照。

此令。

行知祁县迅将马十长斥革依法严惩文

（十六年一月二十八日）

据报，该县警察所马十长，包庇贩吸，从中吃利，并有卖烟风声，以致所内警察，对于烟民多有顾忌，不敢过问。等情。查警察员警，负有禁烟责任。该马十长竟敢包庇受贿，贩卖烟土，实属胆大妄为。此等背职行为，该警佐事前毫无察觉，亦属疏忽。合仰该知事，迅饬该所，将该马十长从速斥革查明，依法严惩，以儆不法。并饬该警佐，嗣后，对于警士务须严加约束，勿得仍前放纵，致误要政。

特此行知。

指令忻县转给办理保卫团成绩卓著各村长奖章文

（十六年三月二十二日）

呈悉。该县北胡村村长银明钰等，办保卫团成绩最优。银明钰应晋给二等宝筏章一座。邢棣三、刘文义、王晋卿等三人，着各给银色双穗章一座。奇村镇村长贾竟荣等二人，办保卫团成绩优良，均应传令嘉奖，以资鼓励。南关街长张星炳，办事不公，且有吸烟嫌疑，曾于上月行知该县撤换调戒在案，应速遵办具复。章照、奖令随发，仰即分别转给。

此令。

指令宁武县赵五美等十三人准给奖章以资鼓励文

（十六年三月二十二日）

呈悉。该县李子树梁村村长王津、定河村村长赵五美等二人，办理村政，成绩最优，应各晋给二等宝筏章一座。阳方口村长袁尔康等十一人，热心村事，成绩优良，着各奖给银色双穗章一座，以资鼓励。高崖底村长张选魁，据报，办事不力，成绩欠优，应再切实督促。嗣后，成绩特著，另行请奖。章照随发，仰即分别转给。

此令。

第三节　公　函

覆寿阳县高承审于下乡之前须有目的计划函

（十一年一月十三日）

来函阅悉。屡次讲演，具见热心。分区下乡，亦属正当办法。惟于下乡之前，要有目的，有计划。本日赴某村、经过某村、主要事项为何、附带事项为何，顺序开载日记，务求逐一办到，此行方能有益。希将此函交各掾属、区长传观，热心之后，继以精心。到乡时，牢守“说明白”三字，则易收效矣。

覆徐沟县知事学界协进会下乡讲演发给旅费办法函

（十一年十月十九日）

迳启者。来呈阅悉。学界协进会发给旅费，应视路途远近及有无发给之必要，斟酌办理。该会简章内载，于每星期日下午出发讲演，则所赴村庄当不能太远。若一律发给旅费，不特与学者服务社会之本旨不甚适合，且恐各界帮助整理者，群起要求，后难为继，反有碍于进行。他县对此有出发在十里外，或有特别情形者，方准发给之办法，该县可否仿照，应由知事细心筹划，妥慎将事。总之，近来教育趋向爱群。教职员、学生必能视此事为本身职责，初不必区区于此。若给费过于需用，且恐修洁者望望然去之。执事与之熟商而奖勉之，当得有妥善之办法也。

覆阳曲县刘知事初办村政先求无弊函
（十一年十月二十三日）

本月十六日来呈暨查察村范概况表阅悉。执事尽心民事，至以为慰。惟尚有应行注意之点，愿执事注意及之：于主村之后，应低一格填列附村名；对于村长副应观其能力若何、热心若何、有无舞弊情事；保卫团应观其团中有无坏人、骚扰村中否、虚糜村费否；息讼会处理案件，应观其能主持公道否；村禁约罚人，应观其合乎村民公意否。以上各点，统希执事详细查察。要之，村政兴办之始，先求无弊。欲求无弊，须地方官体察其作弊之原因及作弊之人而去之。至询问村中实情，初不必限定村长副、闾邻长、教员等数人，凡明白事理者，均可与之恳切谈话。以温和之辞气，使人民肯说敢说，则无往而不得其真象，亦无人而非我助手矣。

覆襄垣县鲁知事此次办法是法律与感化并重村长副公费不可由县署一律规定函
（十一年十月二十三日）

迳复者。来函备悉。此次办法，是于法律之外，加以感化。法律与感化并用，非偏用一方也；亦可谓依法律为后盾之感化主义也，非纯以情感化也。但此处有一大要点，即用法律须注意不妨害用众。因用众与用法律是相背的。一用法律，人便不敢告说执事。某人做坏事，便是执事不能再行用众矣。此事为用众办法。故不至非用法律不足以平人心及惟用法律可以了下去时，不可轻用法律。希执事熟查此处分际，斟酌至当而为之，毋不用而失之纵，更毋轻用法律而致断用众之路。随发提案解释一纸，希详阅之。至村长副公费一节，应由村中各就其情形议定合乎人心的办法，不可由县一律规定。因各村情形不同：有因给费而生争夺者、有给费而人反退避者、亦有不给费无人任事者。据吾考察所得，一县之中，办法各异，有给费者，有不给费者。给费之中，议给三十、五十者有之、年底议送者有之、村长贴钱者亦有之。甚至一村办法，今年、明年，此人、彼人不同。应由村中设法规定，知事监督之。如有私情或错误者，知事为之纠正可也。若县署一律规定，合于此，未必适于彼。凡事当因地因时，分别筹办。一律之办法，即我辈省事之办法，余最不取也。

致大同县知事用众办法讲演为第一要着应仿太谷、阳曲等县使商人学生广为讲演函

(十一年十一月十一日)

迳启者。核阅执事迭次办理村范报告，办法井然，颇堪嘉慰。惟此次既系用众办法，讲演又为第一要着。而担任讲演，又非少数官吏所可遍及。该县商号较多，学生亦众，应由执事提倡鼓舞，仿照太谷、阳曲等县，使商人、学生等，或乘集市之便，或假来复之暇，广为演讲，当必收效更大。

致寿阳县知事应督率各区区长勤于下乡考察烟民状况并考察村长副能否称职函

(十一年十一月二十一日)

自执事奉讳假归后，于寿阳村政，时萦鄙怀。执事现回任，想已继续

办理矣。此事必须区、村长极力进行,方能日起有功。应由执事督率各区区长,勤于下乡,细心考察。其已戒复吸者,如系多数,则在各村设会戒除;如系少数,则送就近之区戒烟会戒除。而其最要之枢纽,厥为村长副负责。联合村之村副、闾长,对于该本附村应负完全责任。执事及掾属、区长下乡之便,应悉心考察村长副、闾长能力若何、热心若何、品性良否,择其贤者扶助而训练之,其不贤者随时撤换另选。诚能勤于择人,将必事半功倍。近日办理情形若何,亦希随时函复,并将此函抄送委员、掾属、区长阅看。切实遵办。

覆平陆县知事分区讲演始终勿懈并留意节省民财函

(十一年十一月二十四日)

来函悉。办理村政,以讲演为第一着,甚是。将全县分为二十六小区,为执事讲演地点,使人民回村后,相谈之间,即能不知不觉了解村政意旨,尤为扼要办法。即希始终勿懈,以竟全功。至此后开会,万勿过事铺张,以节民财。距离较远之学校,亦不必全令到会,致生民怨。总之,此事窍要在用吾辈之力,省人民之财。希于此留意焉。

致曲沃县邬知事查照分段分等办法切实办理下乡勿以多走村庄为尚函

(十一年十一月二十七日)

迳启者。据闻,该知事下乡整理,一日之间,遍走七、八村,查察训诫,多所忽略；闾、邻长等，亦少见面；掾属、区长又未能切实督促，分别鼓舞；关于呈准及饬办文件，每多延搁停顿。查，各嫌疑人，非一一查看真确，并予以切实训诫，不能使有改悔之决心。闾、邻长非与之接见，不能收用众之真效。掾属、区长，尤为知事佐助，悉视知事之举动为转移。仰即查照分段分等办法，首先力行，督率所属，切实办理。下乡勿以多为尚，须走一村收一村之效。区长、掾属，尤应竭诚提动，加以督促。至呈准及饬办文件，均关重要，应即赶速办理，勿稍稽延。

覆昔阳县荆委员村长副人选宜求健且贤者又附补救调查方法六条函

（十一年十一月二十八日）

第六号函阅悉。嫌疑人遗漏之原因，非村长副、闾邻长畏其势而不敢报，即徇其情而不忍报，自是实在情形。须使村长副等毫无瞻徇，乃有办法。余尝谓：村长副等之人选，务求健且贤，斯为上乘。贤者无私，自无徇隐；健者刚直，自无畏惧。凡办村政人员，均宜注意及此。此外，尚有补救方法六条，亦宜因地因人而施之。各区公所门首，宜设一匦，任人民密投，半月开一次。检票之后，由区长细心调查，付绅学各界公议，如果确有嫌疑，即列于该村嫌疑人表内，依法办理。此其一。绅学各界之强项者、学生中之热心者，向不畏坏人。应责成绅学各会，以团体名义，调查报告县知事，再由知事函知区长，访查的确，亦依法办理。此其二。自知事、委员、掾属、区长而下，皆须不畏强御，极力为村长副作主，以鼓其热心，而伸其志气。此其三。凡讲演之时，务须说明：君子爱人以德，小人爱人以姑息之义。反复譬喻，务期听众了解。此其四。凡贩吸烟丹者，如果自首，或列入嫌疑人，应依整理村范办法劝其改悔；其未自首，或未列入嫌疑人者，如经查获，依律治罪。此其五。提起全村精神，使全村人皆有灭绝烟丹之决心。学生上下学时喊叫，开村会时喊叫，以寒奸人之胆，使知非改悔不可，以伸村民之气，使知非劝他改悔不可。此其六。总之，此事不难于想办法，实难于得诚心任事之人。诚得其人，则事事有办法矣。

致未被灾八十四县委员办理村社积谷函

（十一年十一月三十日）

迳启者。查，本年秋禾收成，除河东二十一县歉收外，其余各县多属丰稔。而秋后颇旱，殊为可虑。前令各县办理村社仓积谷事宜，早经通行在案。亟宜乘此机会，为未雨之筹，作三余之计。顷已令行各县，列入村政遵办矣。并望该员下乡时，极力提倡，竭诚赞助，务求办到。

覆介休县知事对于困难弊病应切言勿隐函

（十一年十二月五日）

函悉。此次整理村范，纯属创办，一切困难及弊病，在所难免。迭阅执事来文，多属叙事，对于困难弊病，毫不涉及。余意以为，不知难，无以为易；不知病，无以为治。希执事日后对于各项欠缺处，切言勿隐，是所深盼。

覆襄陵黄委员请示查清各项嫌疑人可否令村闾长具结并拟设匦办法函

（十一年十二月二十六日）

来函均悉。各项嫌疑人查清后，可否令村、闾长具结，一在遵照施行办法，一在酌量地方情形，不可稍涉拘泥。襄陵已成灾区，冬防吃紧，注重保卫团，自属正当办法。惟须极力提倡节省主义，以恤民艰。至以设匦办法，亦在与县知事熟审地方状况，量情办理。惟所称村长副不敢报告原因，系受前次嫌疑人借端寻仇之影响。既有此种情形，须要格外再费心力，化除一切误会，使人民彻底了解，方易为力。否则，令村、闾长报告，固感困难，而设匦亦难得切实报告也。

致各县知事用刑与用众有妨不用刑亦与用众有妨其中火候希各详审函

（十一年十二月二十八日）

迳启者。据霍县知事呈报整理村范情形到署，当经指令呈报惩办烟犯成大选已悉。当惩即惩。不当惩而惩，与当惩而不惩，其错惟均，其误事亦相等。物非一偏所能立，事非一端所能举。此所以感办事之难也。至来文所称用刑与用众无妨一语，尚须加以研究。余意以为，用刑与用众有妨，不用刑亦与用众有妨。何也？坏人固是坏人，惩办亦当惩办，人心亦甚痛快。但若用非其时，人民不敢报告知事谁为坏人矣，此即用刑与用众有妨也。村、闾、邻长尽情劝导，坏人乃怙恶不悛，甚或反为抵抗，好人束手无策,官厅犹不加以惩办,仍令好人感化,致使好人泄气,众亦不为我用矣。此即不用刑亦与用众有妨也。其中火候,希执事详审而自得之,则剖牛得窍,事半功倍矣。除指令并通函各县外,希即知照。

致万泉县知事对付富绅督厉僚属函
（十二年一月九日）

迳启者。闻执事办理各项村政,颇有筹划,处己亦无官僚恶习,甚慰。惟过事和平,欠缺毅力,因之,对绅富不免徇情,对僚属不能卡紧。要知绅富身份所在,固当为之稍留颜面,然遇事亦须引之当道,使之自尊自爱。不肯说私讨情,冒昧尝试,方能免却物议,不为公道障碍。否则,徇情有害,逆情亦有害,临事张皇,荆棘丛生矣。此种工夫,须在平日随时随事尽心,并不费力。至僚属为我臂助,既须鼓舞之,使能心悦诚服;尤须督促之,使各勤奋自勉。切勿虚与委蛇,祇图见好,误人自误。

致三道尹整理村范函
（十二年二月十日）

迳启者。春节甫过,气象一新。回思过去两年中,筹荒救灾,与民休息,庶政进行,渐形停顿。去岁各县丰收,非复往年之比,自应实心实力,与民更新。闻之古人有言:一年之计,在于春。可见个人自谋生计,尚须于春首决定,况为上级官吏者,身负一省,或一道人民身家之重,而敢不早为之计乎?计将安出?勤民察吏而已。县知事以下之官在勤民,县知事以上之官则在察吏。察吏即勤民也。吏何以察?于行政察之。政何以行?必行到人民身心上,才算到头,才有结果。鄙人常为知事计,治数十万人民很难，治百数十村庄则易。诚以一县之村，为数无多，知事之精神易于贯注。但就村下手，非先将村编成有机的活体不可。一村之中，有为村之首者焉、有为村之心者焉、有为村之手足者焉、又有障碍村活体之败类者焉。知事必须先经区长之绍介，了解乎此，使首者为其首，心者为其心，手足者为其手足，安置得当，各效其用，而又将败类之人，分别以函戒谕饬惩儆，使之不敢为障碍，如此，则一村如一人，始能言到治村，否则，一盘散沙，从何下手？甚至坏人出任村长副，把持村事，鱼肉乡民，尚何治理可言？从前，对知事讲话，有“行政之本在于村”一篇，意即在此。去年所颁村范，悬格不高，然据实察员报告，成效未著。一由于鄙人与执事，均未注目于此，则各县多所敷衍。二由于村未编成活体，收效不易。此后必当去此二病，方可期得美果。盖必有此善良之村范以为基础，然后一切富强文明之政事，乃能稳建于其上。行政譬诸行车，而村范则犹路轨。非有好路轨，则车不能以顺行无阻也。鄙人感想如是，拟定此后考核知事，以村范为主。自春节日起，逐日省出两三小时工夫，特办此事。务望执事亦尽力于此，共同负责，对于所属各县办理村范，特别注重，列为考察之第一要件。将考察所得，随时报闻，以备查核，并将上述村本政治之意见，详明转知各知事，妥为指导督察。如各知事办理村范遇有困难情形，尚希执事就近扶助，以期进行无阻。

致离石县张知事应本父母其心公仆其身之义奋发进行函

（十二年五月八日）

迳启者。离石村范因贾前知事无整理能力，始委执事前往接替，不为前任宽者，亦不能为。执事谅此。执事首当自决也。查，离石村范成绩，各项均落人后。始则奉行不力，敷衍贻误；近又办理躁切，诸多不合。爱人之政，不能得人民之信仰，是否由于居心不诚，认事不真之所致耶？爱人不亲反其仁，执事宜平心审之。父母其心，公仆其身，即今日整理村范之要诀。合之，则举重若轻，其功可成；反之，则障碍横生，动辄得咎。执事能辨明此旨，奋发进行，村政前途，可望收效，否则，难与言治也。

致大同县冯知事嘱令妥慎办理邻长加委事项函
（十二年十月十九日）

迳启者。邻长加委一事，虽于用众有补，而事涉繁碎，余前不甚主张。近来各县试行结果，颇见成效。凡邻内有坏人及尚未戒清改悔之烟民者，邻长必畏缩犹疑，不敢担任。其慨然受委而不辞者，邻内必无上述情形。经此一番考验，借以明悉各村隐情，足补调查之不及。大同地广人众，邻长在万名以上。执事所拟按名发给谕帖，先以整顿入手，使各段人员挨村挨闾，协助村闾长，逐一考察。所属邻长选定后，填给谕帖，诱使负责，亦属可行。余所属望者，在发给时之观察。如能借此审知各村闾邻好坏情形，较调查报告为详尽。选任良好邻长，乘机鼓舞，使之负责。此外，分段分等为禁烟善后扼要办法，尤当重视。能于此等处先后努力，则该县村政，自能办到确实地步。总之，法无绝对好坏，惟视当局者用心何如耳。

复屯留县任委员依照所开各节切实办理函
（十二年十一月七日）

函悉。所拟办法，多有未合。除整理保卫团、息讼会及改定村禁约外，其余各款，仰即查照下列各节，切实办理为要。

一、屯留村庄零碎，主附村有隔离太远者。附村办公，诸多不便，拟令有村副附村，设村公所，加给村副图记，以便办公而利进行，事属可行。但于各村副加给图章时，确实晓谕：嗣后，对于主村，仍应和衷共济，毋令抵触。

二、该县士绅多有嗜好，且多被选为村长，并其所住之村庄，最大而最难办。拟令被选为村长者，自限日期，办理肃清，以作他村之表率。理论似是，但恐事实上不能做到。要知正己正人，惟圣贤豪杰能之，不可责诸常人也。应仍以官厅全副精神，帮助村、闾、邻长，踏实办理，则不惟少数难办之村，可以了下，即全县烟毒，亦可望其肃清矣。至有嗜好之村长，难望改悔者，应即另行改选，以利进行。如继任人才缺乏时，不妨降格以求。

三、拟定处罚村、闾、邻长办法，殊失用众之道，应不准行。仰就《告知事项》第五款第二条及《正告各县知事》第四条，切实研究，斟酌办理为要。至实行处罚保人一节，尚属可行。但当于具保时，反复叮咛，认为确能负责者，方可准保；旷职之时，才可处罚。若具保时漫不加意，徒于被保者违犯以后，严行处罚，是不啻罪及无事。此处尤应特别注意。

致灵丘县魏委员对于村长副不可辱骂恫吓函

（十二年十二月十一日）

迳启者。数闻该员在广陵下乡时，对于村长副每有辱骂恫吓之举，殊属非是。须知村长副以其耕余之力帮助村政，纯属公义，并不支薪；纵有措置失当，不合己意之处，亦应体贴原谅；出以和蔼辞色，晓之以利害，勉之以情义；指导扶助，劝勉交加，使其有所感而奋勉从事，方不失用众本旨。其或有不堪训练者，亦应商之知事，遴选妥人。若遇措置失当，便不顾全体面，鄙弃凌辱，试思村长副为一村领袖，下而闾长、邻长，于瞻仰之下，能不灰心？伤民情而塞用众之路，莫此为甚。务望深自儆惕，补改前非。至嘱！至嘱！

致荣河县杨知事检阅迭次关于村政各令文悉心研求自有适合办法函

（十三年四月二十二日）

迳启者。该县烟贩赌徒，多未敛迹，昨已令行查办矣。发文后，考虑所以致此之故，必因执事鉴于前在介休失之躁切，此次到荣，矫枉过正，尤失之放任。其实，放任与躁切，其为误事则一。惟人患无做事之心力，不患无办法。执事心力尚足，务望检阅迭次关于村政各令文，悉心研求，自有不偏不倚，适合之办法。祇检点向来所犯之病而痛制之，其政治上必办之事，仍当切实进行也。至嘱！

致昔阳县知事恳切待遇村闾邻长虚心接纳佐治人员以免官民隔阂函

（十三年五月二十一日）

迳启者。查，办理村政，非群策群力，一致进行，不足以期周密而臻巩固。知事为一县重心。一县之村闾邻长，能否乐为我用，全在知事一人待遇鼓舞之若何。若果能恳切待遇，礼貌有加，复利用其政治性善为激劝，全县真情，自不难底蕴毕现。至佐治人员，为知事之股肱耳目，尤应相见以诚，虚心接纳。其善者，自可酌量采用；即不善者，亦属善意帮助，更应指导鼓舞，使归于正。如此办去，上下自能团结一气，官民可免隔阂之虞。

近闻,执事办理村范,一意孤行,未能容纳他人意见,以致进行迟滞,未著大效,故特为缕述如上。希即三复斯言,力加警惕。

致岢岚县曾知事对于嫌疑人切勿失之姑息函
（十三年八月二十九日）

迳启者。据闻,执事对于各嫌疑人不能秉公处理,且多失之姑息。须知,姑息与不公,均非人情。人情者,措置适宜,轻重得当,而为人民所公认者也。应宽者重办,非情也;应严者轻办,亦非情也。对于各嫌疑人,先尽劝诫之责,情也;劝诫不改,从而严惩之,亦情也。若纯以姑息爱人,则刁顽者不知警惧,庸懦者亦恐复犯。以爱人之心,而受罔民之过,可惜孰甚。务望深自警惕,力矫前失,并查照本年《告知事项》第六、七两条,悉心体会,勉力前进。至嘱!至嘱!

致汾西县艾知事督率员属始终罔懈期收完全效果函
（十三年十一月十九日）

迳启者。闻,该县各段主任迩来办理村政,渐形松懈,殊深悬念。查,办理村政,非群策群力,始终罔懈,难期收完全效果。知事为一县之重心。员属任事,能否得力,全在知事之心力能否用到。若空言笼络,虚与委蛇,断不能收指臂之效。必须事前加以劝勉,事后加以信任,设有未当,亦能推诚诰诫,加意扶助,则人同此心,孰不愿努力前进,勉为循良?执事从政多年,此中关键,谅能谙悉。希即查照历次颁发暨呈准各项办法,督率各段主任,共策进行,并希将策励员属办法及员属对执事能否一致进行常常报告。

致长治县知事办理烟禁以审查各段主任为先着函
(十三年十一月二十日)

迳启者。办理烟禁,收效极难,退步至易,非时时注意,步步逼紧,难收持久之效。迩来,执事催解款项,筹备冬防,自不能不先其所急。惟念该县烟禁,正在吃紧时期,倘精神稍不贯注,则未改者无所顾忌,已改者故态复萌,前功尽弃,后继为难。现在集款筹防,当已就绪,仍希振作精神,鼓励僚属,卡紧查办,以竟全功。至办理烟禁,端在用众,而尤以审查各段主任为先着。应按各段情形难易,各主任能力大小,分别担任。其原分之段及担任之人,是否适宜,详加考究。当扶助者扶助,当更调者更调。至城关各街办理最难,尤宜择能力优长,具有热心者担任,始能胜任愉快。原分担任之人,如不合宜,不妨与他段调换,以期彻底。

致河津县知事须使掾属区长全体一致心力俱到函
(十三年十二月十日)

迳启者。办理村政,收效极难。不但知事心到力到,尤须掾属、区长,全体一致,心力俱到。该县所属人员,有无此项程度,实为此后村政能否收效之一大枢纽。如或未能,是否由于指导督促上有所欠缺。将来欲收持久实在之效,非惟使各该员等尽力帮助,各事其事而已,尤须使之心悦诚服,乐于帮助。能到此地步,该县村政,自收事半功倍之效。此中关键,执事当能详加体会，用心研究焉。希三个月后，将各掾属、区长与执事共同进行情形，函复为盼。

覆徐沟县綦知事告知村闾邻长方法俾了解禁烟为爱人之事函
（十三年十二月二十六日）

迳覆者。来函阅悉。该县对于用众办法，由执事及各段主任亲临指导，甚慰。惟余查一村之中，村、闾、邻长为数颇多。开会时，有暇能到者，固属不少；间有因事不能到者，亦在所难免。所拟仿照学校点名办法，考其勤惰，恐涉及烦扰，反于官厅信仰，有所减少。遇有应行嘱咐或责成传报事项，即令到会之人转相告知，未始非两全之道。至所称"隐恶扬善"一节，似于报告之旨，未能洞彻。盖禁烟本为爱人救人之事。果能将吸贩之人，据实报告，使吸者不吸，贩者不贩，乃所以劝其善，原非扬其恶。执事训练村、闾、邻长，正应说明此旨，使人民皆了然于所谓爱人救人者当如此，不当如彼也。再，传话、报告二事，非必有能力有知识，方能做到，只要官厅训练得法，人人皆得而能之。希即查照。嗣续办一月后，仍照函询各节，并村、闾、邻长负责程度若何，详切具复。

覆交城县刘知事对于用众须振刷精神足踏实地勿稍因循函
（十四年一月九日）

迳复者。函悉。据称，该县用众，推行顺利，至以为慰。余意：凡办一事，必有一事之困难。惟着实办事者，方能将其困难处，体验出来。希执事振刷精神，足踏实地，勿稍因循，力求进步，再办一月后，将各段用众实况、有何感触、是否顺利、有无滞碍、顺利者，有何得窍处、滞碍者，有无改进法，并近数月内所传之话，一一分别函复。

致文水县杨知事办理村政须官厅与村闾邻长协力进行函

（十四年一月十三日）

迳启者。查，办理村政，非达到村、闾、邻长全体负责地步，终难收圆满效果。顷闻，执事下乡甚勤，并能督促僚属，一致奋勇前进，自属难能可贵。然仅凭官厅之力，不能更进一步提起村、闾、邻长，收用众之效。不惟用力多而成功少，甚恐官厅偶一松懈，前功即行尽弃。嗣后，务须督饬所属，对于训练村、闾、邻长，格外注意。

复应县杜知事办事到极难处正求进化之好机会函

（十四年二月二十四日）

迳复者。上月十二日函悉。执事对于用众办法，已饬属切实进行，甚慰。所称此后用众，较前为难，因具有好邻长资格者，已早选为村、闾长一层，固属实在情形。然余谓：办事到极难之处，即是求进化之好机会。盖事之所谓“得窍”一语，求之于易处者，泛而难；求之于难处者，约而易。余甚望执事于已觉之难处，再进一步求之，则此后之所得，必能较前为更圆满也。

致安泽县知事应特别注意闾邻长是否负责函

（十四年二月二十五日）

迳复者。来函阅悉。该县推行用众办法，尚肯实在进行，颇以为慰。余意：凡办一事，必有一番困难阶级经过。该县地阔民杂，村庄零落，小段主任下乡，于主副各村不能遍到，故于窒碍情形，未能十分体验出来。而客民充任村、闾、邻长者，责任心较少，传话一层，希执事特别注意。二千五百余名之邻长，更应逐一检点。负责者若干、不负责者若干，查照前函所询各节，续办一月后，据实呈复。

致孝义县吕知事待遇僚属须推诚相与遇困难代为排除并饬勤于下乡函

（十四年三月十三日）

迳启者。近闻，执事待遇僚属，多不能推诚相与，并遇事不肯代为作主，且有为节省旅费，不肯勤于下乡，并不愿僚属多下乡。等情。此用众之隔阂，即村政之障碍。须知，僚属为知事之股肱；村、闾、邻长，则四外散寄之指臂也；未有不能用股肱而能联指臂者。嗣后，务望对于僚属，推诚相与，遇有困难，并即代为排除。总使内部之人先能团结一气，然后村、闾、邻长自不难逐渐鼓舞，乐为我用。再，办事须求实际。非掾属勤于下乡，不能收村、闾、邻长进步之效；尤非知事勤于下乡，不能得掾属、区长奋勉之益。若计较区区小费，必至贻误要政。执事向来明敏，当能解此。余特为屡屡述之者，深愿三复斯言，益加警惕，并查照上年颁发《告知事项》二、三两条，悉心体会，是为至要。

复蒲县潘知事须任劳任怨代村闾邻长设法解除一切困难函

（十四年三月二十五日）

来函阅悉。蒲邑民情淳朴。村、闾、邻长当较开通。县份易于提动。惟办理村政，干涉坏人之事过多，村、闾、邻长一切困难，须官厅真能任劳任怨，代为设法解除，始可渐将政治放在民间。舍此而言用众，则人民先不知整理村范，皆系爱人救人之事，村、闾、邻长虽负责办事，而障碍横生，非废于半途，亦将以敷衍从事矣。希深查其肯綮所在，贯注精神，费心费力，引导前进。俟再办一个月后，仍照前函所询各节，切实详复。

复方山县柳知事用众一事须将心操到将力用到方能逐渐有功函

（十四年四月十八日）

函悉。该县推行用众，从上下团结一气着手，进行颇为得窍。至贩吸烟民仇视闾、邻长之报告搜查，间有发生栽赃陷害情事，实为村政进行之障碍。嗣后，对于此节，应在事前着意防范。以防之于事前，较胜改进于事后也。须知，用众一事，固不可认为太难；推诿不办，尤不可视之过易，求效太速。时时事事，将心操到，将力用到，必能逐渐有功。希仍特提精神，督察各段主任，再从精勤诚恳方面，持以毅力，坚以恒心，奋勉做去。僚属中有才能薄弱及心力不足者，并应随时指导辅助，督促进行，以期各能负责整理。续办一月后，仍将经过情形，查照前询各节，据实函报。

致兴县薛知事须与各僚属和衷共济并令函复用众情形函

（十四年四月三十日）

迳启者。近闻，执事办理村政，不甚勤劳；待遇僚属，颇欠和平；对于省颁村政各项办法，多未筹商进行；以致办理有时，效未大著。查，办理村政，非与各僚属和衷共济，不能提起其办事之精神；尤非知事勤于下乡，不能得僚属奋勉之益。若好耍脾气，深居简出，必致有碍用众，贻误要政。即或僚属中有能力薄弱，热心欠缺者，亦应提携督促，指导辅助，方能为我所用。知事明敏，当能解此。深愿三复斯言，益加警惕，并希时将村政一事放到心坎，对于省颁各项村政办法，悉心体会，妥筹进行。又，该县呈准用众办法，业经数月，究竟办理时是否顺利、有无窒碍、顺利者，有何心得、窒碍者，作何改进、并与执事希望之程度相距若何，一一复函。

复临县乔知事用众不可躁切亦不可迂缓函

（十四年六月四日）

函悉。该县推行用众，颇为得窍，甚慰。惟此事非时时将心操到，将力用到，随处检点得当，恐不免有躁切或迂缓之弊。要知，办事迂缓，固难收效；而进行过勇，亦必招人怨谤，障碍横生。此着务须特别注意。至奖惩村、闾、邻长，亦宜分别分际，斟酌办理。奖许自当对众宣传，冀其奋勉；申儆切应委婉诚恳，单独劝告，以免挫其向上之心。况村闾邻长均系义务职，若对众申儆，非特灰一人之心，恐他人亦有伤类之悲。希并转告各段主任，注意矫正。俟续办一月后，仍照前询各节，据实函报。

致朔县张知事办理村政亟应设法改进函

（十四年六月二十日）

迳启者。据报，该县村、闾、邻长负责办事者甚少。除二、五两区外，村、闾长对于所管邻长、花户、烟民等，尚多不知其姓名。至人民对于村政，不了解者尤多。烟禁成绩亦较前低下。考厥原因，盖由熊前任求效太急，办理手续不免失之躁切，驯致各掾属虽竭力进行，而遇事概不用心考虑，话未说到，骤然办事，人民未彻底明白。只知村政为官厅之功令，不知与人民有切肤之痛痒，故稍一松手，成绩遽落。执事莅任伊始，于此等处，亟宜与僚属悉心体会。须知，村政精神，即是民治。苟应办之事，民尚不知，又焉望治？朔县虽较难办理，果使人人知善政之当办，恶习之宜除，虽办理稍趋严重，绝不至惹出反感，致松烟禁。执事可与各员属沈下心去，详晰研究，前办成绩，务必极力维持，嗣后办理，亟应设法改进。并将此后该县村政进行程序、注意事项，一一函呈，以觇执事之心力。

致岢岚县曾知事对于坏人应重惩以利村政函

（十四年七月十六日）

据报，执事临民仁慈，办事朴诚，至以为慰。惟民间谓：仍有少数坏人把持村事，播弄是非。执事姑息优容，不加制止。或有强横之徒，经村长报告后，县区办理过轻，以致村长落怨灰心等情。须知，收拾坏人，即所以扶持好人。果当其罪，重惩何妨？希详查焉。

致稷山县知事洗尽官僚积习对掾属区长村长副推诚相与勿轻信家丁差役函

（十五年二月六日）

迳启者。闻该县地方舆论，对于执事有种种指摘。众口难调，自不免言之过甚，然舆情不洽，自己总有招人疑忌之处。要知，为共和国家官吏，第一，须将旧日官僚积习湔洗净尽。如家丁差役，必严为驾驭，不可轻加信任。掾属、区长必推诚相与，不可时与龃龉。村长副等为村政进行枢纽，更须随时接见，藉悉地方情形。其余一切进行事项，果能振刷精神，积极整顿，则所有懒于下乡、精神颓败、种种猜测，又何自而起？执事到任未久，不难挽回前失，力图补救。差人张佩铭尤应即日逐出县境，不得任其逗留。时移势异，毋谓今日地方人民，犹是从前地方人民也。

致霍县骆知事应宽严并施不可一味和平函

（十五年五月二十三日）

迳启者。迭据查报，执事莅霍以来，承易前知事躁切偾事之后，一以和平放任矫之。此古人宽以济猛之说，用之未尝不是。但宽而严明，则人感而政举；宽而优柔，则人狎而事废。盖地方之大，民群之众，事不能无是非，人不能无邪正。但能主张公道，则不是不正者，亦难为地方之害矣。若谓共和国官吏，谓之公仆，非通融迁就，随人俯仰，即不免致召反感，势必为坏人所把持，见摈于好人。其结果，亦将与躁切偾事者等。要知共和国官吏，全在去其自私自利、专制酷虐之流毒，淬励先劳无倦之精神，为人民求幸福，为地方除钜害而已。非必政权下移，真若公仆者然。近闻该县现状，屡经集会，不无龃龉，个中酝酿，宁无媒孽？即知事声望，亦一变从前舆论，何阶之厉？孰作之梗？想执事身居当局，自知当较胜人知也。甚盼寻得症结，痛下针砭。公理所在，直道犹存。地方好恶，将随抚我虐我而转移。如是我闻，特为预告。愿执事自思之而自励之。

致屯留县张知事对于坏人不可一味放纵对于村长副总要以身作则函
（十五年十二月二十五日）

迳启者。闻，执事此次回任，力矫前失，与各掾属尚能开诚相见，希共臂助。惟查禁烟赌，不甚认真；处罚坏人，失之过轻，好人多不满意，坏人不稍敛迹；村长副疲顽者多，热心者少，甚或以推诿不办为能事，执事对之亦涉放任。余深以为虑。为政之要，在得民情。当宽者宽，则民知感；当惩者惩，则民知畏。若徒以宽为德，宽其所不当宽者，是加恩于坏人，而反贻祸于好人。势必好人退缩，坏人嚣张，姑息养奸，莫此为甚。何得不分良莠，一味放纵？当此冬防吃紧，时局不靖之时，肃清盗贼，正须于严惩烟赌入手。至村长副，皆执事之辅也。能者鼓舞之，愚者指导之。先之一勤，以戒其惰；感之以正，以防其私；则村长副之耳目，皆执事之聪明；村长副之才力，皆执事之成绩也。用众之要，首在于是。希即体会力行，毋涉敷衍。至要。

致武乡县知事本用众之旨督率员属负责函
（十六年一月五日）

启者。近闻，该县掾属，对于村政，多不负责协助。或竟与执事离心离德，莫能一致。村政进行，数年于兹，所以得有成效者，全赖众擎之力。现虽分区办理，各掾属均负有督促指导之责。该县情形如此，过在于谁？须知万斛之舵，非一手所能操；用众之道，非至诚莫能得。掾属者，用众之先著也。能用掾属，而后能用众，此一定之理。该县各掾属不肯负责协助，是否咎由执事？抑或过在本人，姑不具论，但指臂之相联，皆由主体之运用。所谓诚能动物，不诚而能动欤？至诚而不动者，未之有也。执事善体此意，先自省察，村政前途，有厚望焉。

致怀仁县高知事矫正该县田区长对民暴躁函

（十六年一月十八日）

迳启者。据报，该县第四区区长田汝楫，办理村政，素尚踏实，惟性情暴躁，往往对人民语言不平，遂招反感，殊为可虑。须知，办理村政，全在用情。况兵燹之后，人民惨遭痛苦，遇事尤当格外体贴，多加慰勉，方是正当办法。希执事本此意旨，严饬矫正。嗣后，对人民办事说话，务须从人情上善为体贴，勤恳和平，因势利导，自不至招人怨尤。此为战后办理村政最要关键。切嘱！切嘱！

第四节　办　法

乡宁县村政成绩比较会办法节略

（十一年八月）

知事、掾属、警佐、区长、巡官、技术员等，各就所担任村庄。嗣后，下乡应将办理村政经过情形，每半年，乘农暇，召集村长副、闾、邻长等，开比较会一次。先由召集人员报告半年内，某村已无复贩吸洋烟及赌博斗殴等事、某村保卫团团丁武术较前大有进步、某村查获烟土等案几起、已得有何等奖励、又某村尚有复犯贩吸洋烟及其他各项嫌疑人几人，已被人投报于县署，业经查办，并该管村长副等，同受相当之警戒，逐项报告，俾众周知，使其互相比较，彼此研究，于竞争中，寓以策励。如有困难情形，同时纠正，以利进行。

大同县防止烟民复吸分段训戒办法

（十二年七月）

一、划全县区域为三十段，不以行政区为限。城关分四段，四乡分二十六段。

二、分段地点及担任训诫人员分列如下：

（甲）分段地点。（表略）

（乙）担任人员。（表略）

县知事、掾属、警佐、县佐、分驻所所长、区行政长分别担任。

依表列各项实行。惟知事兼司稽查。无论何地点，均可轮往，不在规定范围之内。其他各员临时遇有事故，可先期声明，以便派员代办。

三、训诫既经规定地点，各村烟民应认定听话地点，以一定期间内必须亲到。而训诫人员进行手续，于训诫以外，尤须附带查访、察看，分别鉴定之。

（一）查访

1.查访其村、闾、邻长。

2.查访其家属。

3.查访其他烟民。

（二）察看

1.视其面色。

2.视其精神。

3.考察戒前、戒后之情形。

以上查访、察看所得，认为有复吸嫌疑者，即送所调戒。其确不再吸者，可除其烟民之名，以示激劝。

训诫每月一次，日期另表定之。

在籍之烟民，如无故不到，认为有复吸嫌疑者，即传送调戒，以免规避，而示儆戒。

修正沁水县奖励村闾办法

（十二年十一月）

一、村闾的成绩，第一，是要把嫌疑人全数调查出来。第二，是要把嫌疑人全数改了。所以村闾内的嫌疑人不能全改了，村、闾、邻长的错儿小；不能全数调查出来，村、闾、邻长的错儿大。若能将嫌疑人全数调查出来，又能办好，满三个月者，嘉奖全村，或全闾一次。继续得奖满一年者，赏给"模范村"，或"模范闾"匾额。村长副由知事核奖，或请省长奖励。闾长除由知事嘉奖外，并得记名备选村长副。

二、村、闾得奖后，能继续办好满一年者，仍得继续请奖。

三、村、闾得奖后，如果发生坏事，于村、闾名誉无碍。但能细心调查，继续办好，仍得继续请奖。

四、村、闾得奖后，如发生坏事、匿不报告，并不办理者，从前奖励一律撤销。

五、凡奖励村、闾及村、闾长时，知事以手谕宣布全县。

六、村、闾成绩，每三个月，由区长、掾属询查一次。优良者汇案请奖。给奖前，须由知事、委员会同审核。

七、小学教员帮助得力者，准照村长副例，核给奖励。邻长之热心者，亦准随同闾长请奖。

八、村、闾长陈述不实，由掾属、区长申警之。掾属、区长询查不实，由知事申警之。掾属、区长受申警满三次者，呈请议处。村、闾长受申警满三次仍无改悔希望者，停职另选。

九、每届给奖后，由知事汇报省长一次。

凡申警村、闾、邻长时，不可用"申斥"、"记过"等字样，可用"记错"、"记不实在"、"记不爱人"、"记不热心"等字样。嘉奖时，亦不可沿用旧式，须措词醒豁，令人一见便懂。姑举一例，如："查该闾三个月内，无不好的事，无不好的人，真是好闾，着将此令，张贴闾中，以为全闾光荣。"至令纸之尺寸大小，由各县自定之。

用众办法纲要

（十三年九月十日）

用众一事，最须费心，且要有恒，最忌不用心与一曝十寒。一年中，要大家每日用十分钟的心，不要大家一年内加劲，用二三十日的心，以后不再用心。用众非用到邻长身上不算。用邻长之法，以后应从简、易、顺入手。

如邻长把官厅的话说给各户。

如邻长把本邻内各户的情形说给村长。

以上两事甚易，决无办不到的邻长，亦决无不敢办的邻长。如果办到此二事，政治上必收莫大之效果。全县邻长每人各出一分力，较知事一人出百分力尚多几万倍。闾、邻长十分钟，可各劝说、检查邻民一次。知事十年间，未必能普劝全县人民一次。用众之效果，其大无算。但闾、邻长检点、劝说与否，全在知事用心否。

知事用心之路径：

第一,须不贪财。不贪财,则心不为谋私利,算私帐所占,然后腾出心来,始有心可用。

第二,不执成见,不要脾气,则心无遮蔽,始能用心也,否则用气耳。

贪财用气,连掾属、区长尚且不能用,与帮助自己委员亦不能合,何用众之能?

第三,要有规则。无规则,等于无串之钱,勤者动而惰者息,一日曝而十日寒,不能按日计程,不是若纲在纲。其规则,应由各县本"简"、"易"、"顺"三字自行规定之。着眼处大概如下:

(一)令邻长转知之话,不可过多,意思不可深。须与邻长一说,邻长即懂。邻长与人民一说,人民即懂,不须讲解。

(二)村长如何告说闾长、闾长如何告说邻长、告说不到,谁负稽查之责、如何稽查。

(三)邻长告说不到,谁负稽查之责、如何稽查、稽查者是否稽查、由谁负其责、如何负法。

(四)知事对于各级负责之人,如何执简御繁而知其负责与不负责、又如何用适宜之奖惩方法,以督促与鼓励之。

(五)各段主任每次下乡,知事将应当抽查之事,列为一单,令其必须抽查若干户,证明省、道、县之令告知人民者,已否告知、村政之当报告村长者,已否报告、村长之应当报知主任或县长者,已否报知。

(六)凡各村之堪为宣传者,如某村保卫团、息讼会如何好、某村管理嫌疑人及禁赌等如何好、某村村款如何节省、如何真确、均当预先开一单,带在身上。无论知事、委员、各段主任下乡,每到一村必说,并将"一村好了,一村不受害"的话吩咐村中,不怕烦,亦是每到必说。说得久了,坏习惯才能改。

(七)知事下乡,亦定为一种一定的格式。必将应抽查之事列为一单抽查之,以为各主任办事贤否之考核。

以上七条,为用众不可少之要件,必须分别规定,方能无论何时何地均不遗漏,其村政始能日起有功也。

第四，小段主任将本段内用邻长之结果，每两月详报县署一次。其表式如下。

第　段主任（某名）报告用邻长实况表

村名	第几闾	邻长总数	能整理好本邻的邻长数	能传话及报告的邻长数	不能传话及报告的邻长数	与村长副考查不同的邻长数

第五，知事每四个月报告本署一次。其表式如下。

县知事（某名）报告第几段主任（某名）用邻长实况表

村名	邻长总数	能整理好本邻的邻长数	能传话及报告的邻长数	不能传话及报告的邻长数	与村长副考查不同的邻长数
附记	本表内所列数目，系据小段主任报告，由知事亲身抽查过若干邻后所编				

汾城县用众办法
（十三年十月）

（甲）责成。

一、良心主张之责成。“不要良心”四字，谁人也不愿当。转移各项嫌疑人，只此“良心”二字，责成村、闾、邻长，亦即在此“良心”二字。秦越异视，贤否所差无几。每次知事、掾属、区长到村，即以此为责成村、闾、邻长之要点。

二、利害关系之责成。一村有一坏人，定不只染坏一个善良子弟。各扫门前，终无干净之期。村、闾、邻长各有兄弟儿孙，即应负切实劝勉、切实稽查之责。

三、结合团体之责成。甲村有几个坏人,每至将乙村牵涉(如窝赌、窝娼及贩烟之类)。乙村有几个坏人,每至到甲村胡闹(如赌博、斗殴、游手之徒),则必联各村之村、闾、邻长,按照前二项之意义,互相稽查,互相劝告。

四、上下一气之责成。知事、掾属、区长到在一村,即为一村之村长副。而确知各项嫌疑人之谁已改悔、谁未改悔、或虽改悔而不能保其不反复者,则县不如区,区不如村,村不如闾、邻,即应不存隔阂,尽其明密报告之责。

(乙)鼓舞。

一、随时之鼓舞。各村、闾、邻长,果能按照责成四项切实办去,纵不至十分收效,而以其办事精神上之注意,除由掾属、区长当场许可外,得报由知事亲往该村为之当众解释,反复赞扬,并酌择其中之实有成绩者,印刷手谕,宣传各村,或予以褒状,题给匾额,以示优异。

二、特别之鼓舞。各村、闾长,果能按照责成四项切实办去,始终不懈,能令各项嫌疑人,均知感戴,除临时鼓舞外,并得呈请省长颁奖,以示优异。

三、比较之鼓舞。若各村、闾、邻长对于责成四项,心存敷衍,屡经告谕,不知振作者,或则申警,或则撤换,即时印刷手谕,宣传各村,俾劣者知警,斯优者益劝。

(丙)督促。

一、因地之督促。大村、小村、散村、整村、难治、易治,显有区别。对于难治之村,由知事、委员及分任各村之掾属、区长,并力督促之。

二、因时之督促。拟定期限,逐渐前进。分别闲时、忙时、积极、消极督促之。

三、因人之督促。各村邻长,强弱殊质,老少异趣。查其有无办事真力,是否具有最后热心,以鼓舞申警督促之。

四、因事之督促。各项嫌疑人,均以能知有耻,永远改悔为结果。而烟赌为社会最有关系、最难感化之一分子,即以当务之急为督促。

（丁）指导。

一、明为指导。办理村政，无他诀窍，只此"实心、实事"四字。村、间、邻长如有畏难情绪时，即将甲款所开列第一项之意义，召集各项嫌疑人到场，当众演释，放下屠刀，立地成佛。能使各项嫌疑人有感触之心，即为村、间、邻长实行着手之地。

二、暗为指导。各村对于各项嫌疑人，不失之宽，则失之严。宽，则等于不理；严，则嫉恶太甚。同众指正，必致惹起村人纠葛。故纠正之法，务以不长各项嫌疑人之傲，不夺村、间、邻长之气为准。

（戊）扶助。

一、明为扶助。村、间、邻长办事实在，而能力稍弱，抑或积极进行，而中生障碍，则由县知事、掾属、区长等排除而疏通之。

二、暗为扶助。坏人每多不听好人话。村、间、邻长对于各项嫌疑人，有尽力劝导，而反至于生厌结仇者。不是背地谣言，便是暗中加害。此等，或知事、掾属、区长到村查出，或村人密行报告，不可遽为发作。稍迟数日，再为传惩，俟其改悔，仍由村人具保。

三、直接扶助。每次知事、掾属、区长下乡，遇有关于村禁约，或息讼会不能了处之事件，即时加入团体，商由大众，共为理处。其有关于公益事项，而因款项无着，并即时召集大众，作为领袖，为之设法筹集之。

四、间接扶助。村、间、邻长如有知识欠缺，对于村政不能明了时，即由各该村之小学教员担任解释，并为缮写，但村、间、邻长不得从此置身事外。

崞县用众办法

（十三年十一月）

（一）省、道、县、区令文及办理人员所告的话，村长副应召集各闾长，到村会当众宣布（如村长副内有不识字者，责成教员宣布）。闾长听话后，即各转告本闾各邻长，再由闾长监视邻长，转告所管各户，一体知晓。

（二）村中各闾、邻内情形，应由闾长询明邻长，报告村长副。村长副察看情形，或由村会处办，或报告段主任由县处办。

（三）对上述转说及报告职务，应由段主任稽查村长，村长稽查闾长，闾长监视邻长。此项稽查，即用抽查法切实询问，以资考核。

（四）闾长遵照县发巡查令签，轮流值日，持签巡查。如第一日，由第一闾闾长值日。第二日，轮第二闾闾长值日。依次轮流，周而复始。

（五）闾长对于所管户内，查有烟赌嫌疑时，须报明村长副，带村警或保卫团丁自动搜检。如检出违禁物品，得按村禁约，令本人缴纳村费。

（六）各段主任到村以督率帮助村长副，提起村事，尽力办理为正责，并注意有无烟赌嫌疑人。如查有烟赌嫌疑者，即协同村长副，复行搜检。倘有违禁物品，除将本人送县依法办理外，其保人亦应由村照结令纳村费，违则送县押追。所有该管村长副及闾邻长，用谕单申警之。村长副如得有奖章者追缴之。但村、闾、邻长及保人，能事前报告者，准免以上附带处分。（谕单随时订定）

（七）烟民如能事前自认复吸，情甘再戒，亦准列入烟民簿内，只与戒除，免予罚办。

（八）邻长告说不到，由闾长负责稽查。查觉，说给村长副督促再告，并报段主任。

（九）闾长告说不到，由村长副负责稽查。查觉报告段主任，督促再告。

（十）各段主任将本段内用邻长之结果，每两月详报县署一次。

其表式如下：

崞县第　区　段主任（某名）报告用邻长实况表						
村名	第几闾	邻长总数	能整理好本邻的邻长数	能传话及报告的邻长数	不能传话及报告的邻长数	与村长副考查不同的邻长数

（十一）知事将段主任用邻长是否负责稽查，每四个月报告省署一次。其表式如下：

崞县知事（某名）报告第　区　段主任（某名）用邻长实况表					
村名	邻长总数	能整理好本邻的邻长数	能传话及报告的邻长数	不能传话及报告的邻长数	与村长副考查不同的邻长数

（十二）凡省、道及县令村办理事件，县署分别分令各段主任一体遵照，督饬村、闾、邻长办理。知事下乡抽查，其已否告知，或报告，以定各段主任贤否之考核。

（十三）村、闾、邻长能转说上令及整理所管地段确有成效者，由各段主任查明报县，按下列规定酌给奖励：（一）匾额。（二）褒状。（三）记功。（四）传令嘉奖。

（十四）村、闾、邻长整理所管地段，著有特别成绩，由县知事及委员切实考察，会文报省核奖，以示优异。无论若何奖励，均由县印刷显明简单之手谕，宣传各村，俾劣者知警，优者益劝。

（十五）不能转告及办事不勤，或隐匿不报的村、闾、邻长，按其怠忽情节，酌予处分。处分方法如下：（一）传谕申警、记"不热心"、"不爱人"或"办事不实在"。（二）记错。（三）记罚。

（十六）村、闾、邻长得奖后，能继续办好者，仍得继续请奖。

（十七）村、闾、邻长得奖后，如果发生坏事，匿不报告，或不办理者，从前奖励，一律撤销。

（十八）小学教员协助得力，得照村长副例，核给奖励。

（十九）村、闾、邻长受申警过三次，仍无改进希望，撤换另选。

（二十）具有办事能力，而无最后热心之村长副，以鼓舞、申警两法督促之。

（二十一）事有缓急。各段主任应先其所急而督促之。

（二十二）村、闾、邻长等对于事件，心有疑难不能明白时，各段主任应温颜愉色，曲为讲解，反复究问，务令其明白而后已。

（二十三）村、闾、邻长对于事件有所顾忌，办理困难时，各段主任应身当其难，设法解除之。

（二十四）村、闾、邻长办事或有错误时，各段主任不得对众申斥，应暗为纠正之。

（二十五）村、闾、邻长如密报坏人，县署得其证据时，加重惩办，以快人心，不得轻脱，更不得宣告报告人之姓名。

赵城县用众办法

（十三年十一月）

一、责成。

甲，劝导。凡村、闾、邻长等，各于其所管地段内，对于贩吸烟丹嫌疑人，均应负恳切劝导之责。

乙，稽查。凡村、闾、邻长等，各于其所管地段内，对于外来之贩吸烟丹嫌疑人，亦均应负严密稽查之责。

丙，协助。村、闾、邻长于邻近地段内，遇有发生之烟贩烟民，应各负协助商办之责。

丁，报告。村、闾、邻长对于屡劝不改，或查出有复犯情事之嫌疑人，应即时报告。其报告以口头或密函行之。

戊，其他各项嫌疑，应依上列四项之情形，仿照办理。

二、鼓舞。

甲，奖励。

（子）村、闾、邻长办事热心，确著成绩者，由知事手谕嘉奖之，并登载《村政旬刊》，宣布全县，以资表彰。

（丑）村、闾、邻长办事热心，满六个月后，继续不懈，经官委考察属实者，得呈请省长核奖，以示鼓励。

乙，申警。

村、闾、邻长有遇事玩忽，或有悖谬之行为，得以手谕申警之，并将谕文登载《村政旬刊》借作殷鉴。

三、督促。

甲，督促的程序。邻长由闾长督促之，闾长由村长副督促之。村长副、闾、邻长由掾属、区长督促之。

乙，督促的方法。官吏必须与村、闾、邻长多次接洽，多方开导，谕之以荣辱利害之关系，以引其好胜心。或视其人之性情如何，用言语以鼓激之，使之自动。

丙，村、闾长之督促闾、邻长亦同。

四、指导。

甲，事前的指导。关于县署令村中必须举办之事，恐村、闾、邻长有疑难者，应于事先由官委及掾属、区长于下乡之便，详细指导之。

乙，事理上的指导。官委掾属、区长下乡时，考查村、闾、邻长已办之事件，事理上如有误会或舛错处，应随事指导之。

丙，方法上的指导。官委及掾属、区长下乡时，考查村、闾、邻长已办之事，方法上如有差错时，应随时指导之。

五、扶助。

甲，知识的扶助。村、闾、邻长中有办事热心，而知识不足者，应扶助之。

乙，能力的扶助。村、闾、邻长欲办一种善事，因能力不足而不能为者，应扶助之。

丙，权力的扶助。村、闾、邻长对于一村、一闾、一邻好的障碍之人，欲制止之，因权力不足，而不敢为者，应扶助之。

丁，经济的扶助。村、闾、邻长对于一切公益事宜，因经济缺乏而不能举办者，应设法扶助之。

介休县用众办法

（十三年十一月）

一、责成方法。

（甲）对于本村各项嫌疑人改悔时间之责成。凡村中吸贩及其他各项嫌疑人，村、闾、邻长之力，足以令其改悔者，均责成村、闾、邻长。限期自令改悔后，即由闾、邻、村长挨次递报县署备查。

（乙）对于各村各项嫌疑人互相救济之责成。凡甲村嫌疑人逃至乙村，或乙村嫌疑人逃至甲村时，应责成各村的村、闾、邻长，不分畛域，彼此互相稽查，互相通知，互相传戒，期无隐匿遗漏之弊。

（丙）对于各村各项嫌疑人应有极详细登记之责成。凡各村各项嫌疑人，确有若干是否改悔，如，贩者是否改悔、是否出外、吸者是否戒清、是否复吸、是否屡戒不悛及出外、死亡、老病等项，各村既无详细记载，欲其责成办理，亦殊感困难。此事宜由县署规定表簿，责成闾、邻长据实报告。责成村长依式详细登记，保存于村公所内。

二、鼓舞方法。

（甲）特别优待之鼓舞。凡各村之村、闾、邻长，办理村政，真能热心负责，主张公道，品行端正，成绩昭著者，经考察属实，应由县署予以通知书，每遇县区有重大事务时，得由县区通函召集，参议地方政务。

（乙）普通优待之鼓舞。凡能热心负责之村、闾、邻长，经分区办理村政人员，查明属实，（一）由县署委为办理村政劝导员。（二）由县区存记姓名，以为下期村长副之备选人。（三）以手谕告知全县。

（丙）特别请奖之鼓舞。凡村、闾、邻长之成绩特佳者，即将其事实呈报省长核奖。

（丁）普通给奖之鼓舞。凡村、闾、邻长之成绩尚好者，先由县给以嘉奖令;甚好者,由县给以匾额。

(戊)责备之鼓舞。凡不负责任之村、闾、邻长,如不将村中嫌疑人据实报明,不能于限期内,将能力所及之各项嫌疑人全行改好者,定先加以相当的责备。(如以手谕说明“该村、闾、邻长不负责任”、“于该村、闾、邻内有如何不好”、“于该村、闾、邻长自身有如何不好,宜急起负责”等语)

(己)警戒之鼓舞。计分三种。(一)凡经责备之村、闾、邻长满一月后,仍不负责,村政难期办好者,即行停职另选。(二)或用宣布示警方法。如,“某某不爱人”、“不救人”、“庇护烟民”、“隐瞒嫌疑人”等语,单简宣布,俾知觉悟。(三)如实有违法情事,经人告发及查出证据者,即行依法处办。

三、督促方法。

(甲)关于人之督促。

分区人员下乡督促村、闾、邻长,对于村长副特别注意。村长督促闾长,闾长督促邻长,邻长督促所管本邻内之嫌疑人。

(乙)关于事之督促。

某事之应办尚未办者、某项嫌疑人之应改尚未改者、某事办理不合法,已经官厅查出指明,仍未即行更改者,得由应督促之人,随事随时,依次督促之,但须为忠告诚恳之督促,不得为傲慢忿疾之督促。

四、指导方法。

(甲)对于未了解者之指导。凡村、闾、邻长中如对于村政要义,尚有未经了解者,宜用知事近编告知村、闾、邻长应负责任的单简白话,先由分区各员切实指导。

(乙)对于已经了解者之指导。凡已了解之村、闾、邻长,既知本身对于村、闾、邻各有应负的责任,但每遇经过困难,无法解决之时,或偶有误解错办之处,得随时随地随人,先由各分区人员指导之。

五、扶助方法。

(甲)直接的扶助。凡村、闾、邻长中,邻长有办不下去者,村、闾长应先直接扶助之。村、闾、邻长有办不下去者,分区人员应先直接扶助之。仍了不去者,由知事了之。(所有了不下去者,如各村、闾、邻长知识能力之不同、各项嫌疑人有不服村、闾、邻长劝导，故意反抗为难者、或不听村、闾、邻长之劝告，延不改悔者均是。）

（乙）间接的扶助。

（一）凡一村之村、闾、邻长均系好人，或偶因意见不合，致碍村政进行时，应先由分区人员设法疏通，使之和衷共济。倘一方系属坏人，应即呈报县署，饬区另选。（二）村中如有坏人遇事把持，以致村、闾、邻长往往举不出好人，或至无人充当者，应由各分区人员，平时在各该村详密观察，查得好人，即预为记载，以备将来改选时，设法将好人选出。

（丙）相机的扶助。凡村、闾、邻中有应排解纷难之事、有应兴办公益之事、有应主张公道之事，立时即可解决者，应先由分区人员，随事随时随地随人，立予扶助之。如仅一时扶助，仍不能办了者，由知事设法扶助之。

孝义县用众办法节略
（十三年十一月）

该县办理村政，系责成村中为主动体，县、区负督促指导，监视查验之责。所有贩吸烟民，除每月，由县区人员到村查验，协同村、闾长将确有嫌疑之家，实行检查外，村、闾、邻长每月又复自行检查数次。由村、闾、邻长查出禁物者，则按村禁约处罚，谓之自动搜检。由县、区人员率同村、闾、邻长检查时，谓之复查。复查时，如搜出禁物者，除将该烟民送县依法办理，或在村按村禁约处罚外，所有该烟民之保人，均令照结缴纳村费，违则送县押追，本闾，闾、邻长申儆。村长副得有戒烟出力奖章者追缴，以为不负责任之惩戒。但村长副、闾、邻长及保人，能事前报告者，准免以上附带处分。而烟民果能事前自认复吸，情甘再行断瘾者，亦准列入烟民簿内，只戒除，不惩办。该县各村自动查办之成绩，每月由县复查后，考核一次。所有能自动搜查及由县、区搜查各村庄，均列谕单，布告全县。成绩卓著者，或先嘉慰，或记“办事热心”一次。未能自动者，劝令观感兴起，勿落人后。因而各村自动搜检，争先恐后，惟恐自己之村名不在“嘉慰”、“热心”之列，而在劝令观感之内。此法推行以来，得收完满效果。尤赖其所定谕单，能提起村人自动办事之力。兹将其谕单三种附列于后。

谕单一：

谕　县属各街、村长副、闾、邻长知照。

为通谕事。本县前在各区会议村范禁烟善后，业将呈准善后办法，明白讲演。以村社自动查办，为搭救村人及自保名誉之善法。兹据区长及特别区委员报告，某月分，各村自动查办情形，本知事业经复查，良深嘉慰。除将后开各村社，先记“热心”一次，以为日后续请奖励之根据外，合行通谕。为此谕，仰已自动各村知照。嗣后，务须继续进行，勿稍松懈，亦勿于一日之内连搜多家，致烟民知备。其有尚未自动者，速宜观感兴起，免落人后，是所切盼。

此谕。

计开某月分，自动搜查各村名及嫌疑人姓名

谕单二：

谕　村村长、副、闾、邻长遵照

为特谕警告事。案查，戒烟善后会议，已将本县呈准办法内载。嗣后，复查到村，搜获烟民复吸证据者，送县治罪。村长副得有戒烟出力之奖章者，追缴。闾、邻长记过各办法，详细说明。该村社亟应自动搜查，担负责任，乃近有□□□搜获该村□□□烟□□□之案，足见该社未能自动。为此谕，仰该村长副、闾、邻长知照。既充村职，当是最爱名誉。县、区已得名誉奖励之街、村甚多，皆由自动查办，切实禁烟得来。务望迅速自动。以后，果能办到肃清，仍当为该街、村请奖。勿再观望敷衍，致干撤换，有失体面。

特此谕遵。

谕单三:

谕县属各街、村长副、闾、邻长知照:

为通谕事。照得村范禁烟善后,最关紧要。前在各区开会,已将本县呈准办法,明白讲演。各村社均应自动查办,搭救村人,即以保全村社名誉。兹据区长及特别区委员报告,某月分搜查各村烟赌证据业经本知事复查。除将后开各村社暂记"不热心"一次(西关街记"不热心"二次),以观后效,并将证实复吸之烟民重办罪刑外,合行通谕。仰县属各村长副、闾、邻长,一体知照。嗣后,务宜急起自动,免失荣名。切切!

此谕。

计开某月分被官厅搜获烟赌证据各村名及人名

第五节 告 谕

告语各县人民 一

(十一年)

我这回整理村范,是感化主义。什么叫感化主义?就是尽上我的良心,感动大家的良心,使村村的人民,通往好一边走的意思。我认成村里那许多吸金丹、贩金丹和赌博种种人等,不尽全是坏人,有许多好人,一时误入迷途,到了这坏的地步。我们大家应该热心往出救他。一回不能,两回。两回不能,三回。若是终久不改悔的人,我们才可认他是个真正的坏人,应该重重地办他罪。我只盼望绅士、学生、商人、人民,合上街、村长副、闾、邻长,结个主张公道、热心、爱群的大团体,将各村里边可救的人,全救出来。余下那终久不改悔的真正坏人,你们大家以为怎么样办他罪,合乎你们本县人心上的公道，我就与你们怎么样办他。

告语各县人民　二
（十一年）

我见榆次县的学生，在大街上唱："吃金丹的可怜，贩金丹的可杀，小弟弟、小妹妹们，快来把学上。"这真是爱群的好榜样。我愿你们各县全体人民，照这样办。谁是你们一村好的妨害，你们一村莫把他让。谁是你们一县好的妨害，你们一县莫把他让。

告语各县人民　三
（十一年）

改造社会，是很难的事，非街、村、闾、邻长，全能热心负责，不算起点；非人民全体觉悟，不算到头。村民会议，就是人们觉悟的道路，哪一村先办，哪一村先好。

告语各县街村长副闾邻长
（十一年）

我在太原县时，有一个老汉和我说："他村中有一个妇人，他男人吃金丹，把她卖了。这位妇人临别的时候，在大街上哭得很痛切。她的小孩子、她的男人也一齐哭，哭得走不开。两旁看的人有数千，没有一个不下泪的。这时候有一个人向妇人说:‘寻下坏男人真伤心。你早离他一天(指妇的男人说),早好一天。’这妇人说:‘我的男人固然不好。我这时候,我心上不能不怨村长副。咱们邻村内吃金丹的,原来也不少,如某人某人,家产通同不及我男人多,丹瘾通比我男人大。他村长强迫他们退了瘾,并强迫得他们做了事。现在这许多的人通好了。假使我男人也住在邻村,何至有今日?当那邻村村长强迫他们起初戒瘾时,我男人说:‘咱们村的村长副、闾、邻长全很好,不干涉人民退瘾。邻村的烟民,却把他的村长副骂得很厉害。’我说:‘恐怕一年以后,邻村的村长副,大家通同说他的好。吃金丹的家里老婆孩子,要跪倒村长副的面前谢恩哩。你到一年后,吸得家败人亡时候,良心发现了,恐怕你也反要说咱的村长副害了你。大家听我这话公道不公道?’众人齐说很对,并齐声呐喊。我们才清楚村长副的关系,如此之大。”云云。你们街、村长副、闾、邻长,要明白这回整理村范,是救人,不是害人,不要怕办得进前了得罪人。你不办事,把村中的人误了,那才是真得罪人咧!

告语各县高小国民学校教员
(十一年)

“民治”两字怎么讲说呢?就是人民自己治理自己的意思。“民治”之对面是什么呢?是“官治”、“绅治”二者。“官治”,是官坏了就不治了。“绅治”,是绅坏了就不治了。“官治”、“绅治”之不如“民治”的地方,就是不能常久好的一点。所以民治最好。但是,山西的人民,不识字的人很多。不要说闾、邻长有不识字的,就是村长副中还有不识字的。要实行这村本政治的新主义,应请你们国民学校的教员,一方面作村长副的顾问,做村中人民的先生;一方面做行政上一个有力的赞助员。盼望大家先将现在整理村范及村禁约、息讼会、保卫团、在乡军人的办法,全明白了;回村以后，凡村长副、闾、邻长有不明白的就告说他，帮助他，劝勉他；并且还要提倡村民会议，使村中的好人，通有说话的机会，慢慢地养成通同能主张公道，通同能热心爱群的人民，才能成好社会好村庄咧。并希望你们提倡村民会议的时候，会场中，与人民将改进村制办法及我的一切告谕人民的文字，详细讲明，并问人民有何意见。照此办法，是否于村中有好处。办法对不对。令人民自由回答。如你们觉着该教我知道的，或你们回答不了的，还可写信来告说，或问我。临完使人民全体高唱："贩金丹的可杀，吸金丹的可怜"及"谁是一村好的妨害，一村莫把他让。谁是一县好的妨害，一县莫把他让"这几句话。能叫一村人民遍喊之，一村的空气，就可以好；能叫一县人民遍喊之，一县的空气就可以好。此话并且应当常喊。凡村中演戏时，于未开戏之先，总要令人民大家一齐喊一回。

告语各县学生

（十一年）

我见榆次学生说："榆次有学生，就不让榆次有烟丹。若使榆次有烟丹，就算榆次没有学生。"太谷、平定、寿阳、阳曲学生也说："我县有学生，就不让我县有烟丹。若使我县有烟丹，就算我县没学生。"我愿你们各县学生，大家一齐发一个誓："哪县有学生，就不让哪县有烟丹。若使哪县有烟丹，就算哪县没学生。"

正告各县知事四条

（十二年）

一、禁烟事宜，完全责成县知事办理。未了下去者，务求速了，既了下去者，不容放松。最不可用骚扰人民，或不尽人情方法，自招障碍。

二、查，各县办理村政，或用官办的办法，或用官绅合办的办法。此等办法均非根本持久之道。现在应一方由知事、掾属、区长等卡紧办理，一方责成、鼓舞、督促、指导、扶助村、闾、邻长负责办理。但村长为一村之重心，尤应于村长特别注意。

前条所谓责成、鼓舞、督促、指导、扶助等，系大略的意思。详细办法，应由各县自定呈报。

三、如何办法合于该县人民之心理，那办法就是顶好的办法，就是成功顶快的办法，应由该知事细心体察。呈送办法时，简单叙述。

四、自各县知事员属观之，以为闾、邻长不能完全负责办事，余意亦不敢希望闾、邻长就能完全负责。只要你们能找见使他们负责的路子，引上他们去，他们自然渐渐负责了。你们要帮助他负责，切不可轻于责备他不负责，因为责备他不负责，容易减少他负责的精神。

第一次告知委员并分别转告官绅事项（第一次委员会议）（十二年）

一、爱人。爱人是官吏的职务，亦即官吏之生活。既作官吏，即应当爱人。能真爱者固好，不能真爱者，亦得爱。爱人之实，在主张公道。此后考察知事、掾属、区长及绅士时，应从此处着眼。能如此的官绅，有点小错，亦无碍，不能如此的官绅，纵令如何勤劳，亦是无源之水，涸可立待。

二、公道。公道是万事成立之根本，亦为人群幸福之源泉。哪里无公道，哪里不能安生；哪事无公道，哪事不能成立。所以人群里最宝贵的是主张公道的人，尤盼望的是主张公道的官。所以官应当以公道制人，不可以权力擒人。

官绅是能公道的人的代名词。但是，中国自从君主牢笼上等人以来，不说理，占便宜，几乎成了上等人的通病。此病改不了，社会好不了；官民的隔阂，也去不了；人群的真富强文明，也有不了。此意并着转告绅士，尤希望二三大绅，为之提倡，冀矫悲风。

三、重心。知事为一县之重心，村长是一村的重心。知事尤不可有一点偏僻，有一点躲闪，有一点吝啬。区长、掾属是帮助知事的，间、邻长是帮助村长的。但是，得好村长，完全是知事的责任；用间、邻长帮助村长副，亦完全是知事的责任。知事若无用间、邻长之决心，村长就不会有用间、邻长的方法，掾属、区长亦不会为村长想用间、邻长的方法。知事没有办一县事的心与能，是一县没重心；村长没有办一村事的心与能，是一村没重心。哪里没重心，哪里没办法！

四、政窍。人情即是政窍。官委到乡村处理事件，必须近乎人情。当场得大家的赞许，即能有益于进行，否则，多一番劳苦，反添一分障碍。所以说，人情即是政窍。得之则行，不得则颠。要常知道，政权是秃的，是脆的，和上人情的政权，即成快刀利刃。爱子女之情，人人皆有；爱子女之事，人人皆会，推此情以为政，即得窍矣。知事果能于惩罚人民之前，先费许多盼望人民好的心，受惩罚者，亦必不怨。得窍之后，举重若轻。甚愿告各县官员，勿将此情理埋没于贪惰之中，致失做好官之好机会。失官之后，欲推此情，亦不得矣。

五、用众。邻长是行政之根基。不能用到邻长，不算用众，村政即不算成功，即使一时成功，亦不能稳固。

用间、邻长的法子，不能凭威，不能以利，应利用人之政治性。好能恶拙、好首恶尾、好荣恶辱、好胜恶败之观念，乡村尤真须善为鼓舞之。

六、执简。掾属、区长分段担任后，应将烟民、莠民各分为两等：一等为特别注意者，一等为普通注意者。特别注意者，再分为两等：一等为知事注意者，一等为掾属、区长注意者。普通注意者，亦分为两等：一等为村间邻长注意者，一等为掾属、区长帮上村、间、邻长注意者。如此分办，官厅的力量可来得了，村、间、邻长亦不为难。

七、解难。现在，办理行政虽是很难，但是各县的难处，由自己招出来的也很多。自从政权不为公道作主以后，人趋竞争。竞争一起，党派即分。知事用人处事，当以利于县，宜于事为标准。若敷衍一方，他方必起反对。此当戒者一。劣绅土棍，均善于巴结官厅。一入其彀，政权即失其自由，且全县正人，即仇视官厅。此当戒者二。惩办劣绅土棍，当用与人民共弃之之法，不可以知事之怒。盖劣绅土棍，皆无德而有智者，处置不慎，人民反易受其鼓动。此当戒者三。大绅旧族，惯讲体面，其子弟中有横行不驯者，知事应于事先设法纠正，不可俟其犯法之后，徒以法律处置。既犯之后，不可一点优容，致惹平民之不平。总之，外来之难不算难，自身之难是真难。贪惰、怒偏、脆浮，此是自身的难处。自身的难处去了，外边的难处，随上就去了。

八、情众并用。村政是付与人民权柄，增进人民能力，缓和人民冲突，稳固人民安宁，发扬社会公道的。所办的事，是人民心上的，是要人民自办的。所以仅用政权办了不算，因为不能稳固，和上人情办了才算；只凭官委办理不算，因为不能持久，督促上村、闾、邻长办了才算。

九、移风。凡能主张公道，帮助村政，爱人好义之人民，或村长副、闾、邻长、或村团体、知事均应以手谕传知全县各村知之，一以嘉奖前人，并以鼓励后人。此养成好风俗之最好办法。此后非实行不可。但施行时，不可因之繁扰。

十、严办贩卖。据各该员报告，各县人民，均以贩卖烟丹之人，皆系土棍恶霸；图利遗毒，实非吸食者可比；若不严办，无以彰公道，无以清烟毒为词。前次省议会，亦曾三次以枪毙大贩烟丹之犯咨达。本署迭次咨部，未得允准。本署当再据人民意，咨请法部。唯未得部准以前，应用监视讨保、禁止远出及送入工厂长久作工等法，防范于前。发现事实，则严办于后，以副舆情，并将大贩烟丹人名，报告本署。

十一、村中花钱，逐条公布，为村政中之紧要事件，应切实指导之。有纠葛者，商榷知事，速为清理。

十二、息讼会，乃人民主张公道之实权所寄，且大有益于平民之事，须切实提进。

十三、靡费公款，失官员之信，耽误民时，伤人民之感，如有此病，多少辛苦，等于白费。遇有靡费公款，或耽误民时之处，应商同知事，立予更正，并即报告。

十四、知事、区长选任村长副时，间有偏重易于指使，而置品行于不顾者，以致用非其人，于村政进行妨碍甚大。此等情弊，切告知事、区长，急应矫正。

十五、办理保卫团是使好人结团体，应用过日子的法子，要脚踏实地办，不可用请客的办法，只为外面好看。

十六、凡知事、区长、掾属、委员下乡办理村政，不得仅注重主村，散村亦须一样办理。

十七、考察协助，应从大处着眼，不可在小枝叶上占了心机，致在县多时，尚不知县中全盘关系，以致村政不能早入乎进行之轨道。嗣后，应协同该县员属，于用众上、人情上十分留心，并不可徒自进前，反遗其大。

十八、报告时，不可稍有瞻徇，亦不可遇事吹求，应适如其分。委员如报告不当，省公署即耳聋目眩矣。

十九、划分村界，改办村粮，为村政之根本。古来是都里甲制。人均以都、里、甲为籍贯，故地界、粮名，均以都、里、甲为区分。及至近世，实际上已成村制，而都、里、甲旧沿未改，所以成为一种事实不符之现象。以故政治根本破坏，亦成为无政治之组织矣。今欲将政治放在民间，真欲民利兴而民害除，非实行村组织不可。组织之根基，在划村界，改村粮，则单位既立，着手自易矣。告知知事，随时预备。

二十、余五月二十五日致各县之函，能就（救）各县办事之偏失。各县均应照办，且照该函做去，必能举重若轻。回县后，尚应时常阅看，帮助各县照函办理。如遇阻碍困难时，阅看该函，尚可为之解除。

第二次告知委员并分别转告官绅事项（第二次委员会议）（十三年）

整理村范，二年于兹。余意：各县知事当能逐渐尽到爱人救人之天职，并能使人民以能爱人、能救人，感颂不置。下乡一次，受村人一次之欢迎；对嫌疑人查验一次，得一次之快感。虽现在未能完全了下，而此后进行，确已由难而易，绝不致县人事后批评，谓：该县村范贻误于某知事一人。此余始终期望于同僚者。全省知事，孰能如此？孰已距此不远？孰尚对此应加儆惕？知事须反省清楚，委员须就此考查。前此心力，方不自费；此后成绩，方可稳固。除上年告知事项，仍希官委时常体会外，尤应注意下列各项：

一、一县之重心在知事。必知事有坚持到底之心力，则僚属及村、闾、邻长始少懈怠欺瞒之弊。闻各县多于村范成绩，办五分报八分；或因催紧则急办，不催则观望；或预告村人，以不受委员挑剔即算；或有不实，不喜人说。心力如此，则敷衍松懈，回护粉饰，操切之弊，皆由是生，结果必至上行下效，致村范永无彻底了下之一日。余前谓：办村范不能爱人者，如无源之水；今再加一语：心力不足者，亦绝不能办好村范。但爱人不难，推其爱子女之心，则足以为好官矣。且吾辈官绅之职责在此，勉强亦当为之也。

二、知事欲用众，先须能用掾属、警佐、区长也。余最认为：不善办事之知事，问其县之村政成绩尚可，无非以公道待掾属、区长，而掾属、区长为之出力所致。成绩不佳之县分，类皆能干知事之待人不公与意气用事者。此中关键，愿各知事体会之。总之，公费不公开、收发作心腹之二事，为政治前途之无限妨碍。此二病，若有其一，则将知事之能力与劳苦，遮蔽万层矣，深愿猛醒。

三、要脾气、吝小费,将用众之本领消灭尽净。做官不能收敛此二病,是自暴自弃。愿各官委时常检点,费力把持,勿犯此病。

四、用众之法:第一,须知事心理上与村、闾、邻长有关系。然后,由此心理规定村政与村、闾、邻长有关系之条文。知事再以始终不懈之和平毅力,督促小段主任,不离开村、闾、邻长而进行之,必能用众矣。

五、"简"、"易"、"顺"三字,为"为政"之要诀。凡办事不"简"则不行,不"易"则不久,不"顺"则无功。官委嗣后,须于此三字当作模子。

六、"赏罚"为为政之柄。此点一错,则学问才智,均无用处;辛苦勤劳,亦无效果矣。且赏不忌轻,罚不必重。当赏当罚者,必不可忽略。村、闾、邻长本义务职,鼓励督促,本非易事,然皆村中所举,为数众多。能使负一分责,即可收百分效。若果赏罚周密适当,人孰非好誉恶辱?好褒恶贬?好正恶邪者?未尝不可以鼓励之。若将办事者奖之为爱人,推诿者责之为误事,宣明于众,孰愿负误事之名,孰不欲落为爱人人也。奖人曰爱人,亦赏也;责人曰误事,亦罚也。有尝责人之责者,不奖人曰爱人,爱人者无兴趣;不责人曰误事,误事者无忌讳。已爱人者无兴趣,则继爱人者无人;已误事者无忌讳,则继误事者无已。村政之成败关系在此,不可不慎重为之。古人所谓:"懔乎若朽索之驭六马",当深玩之。

七、余前谓:整理村范必督促上村、闾、邻长办了才算。亦是由难而易的办法。了解此理者,费一番心力,即收一分稳固效果。凡不能用村、闾、邻长共办此事者,考查仍有几种原因:前询某县知事能否用众,据称,话能说到,则能用众,从前,村、闾、邻长不肯负责,皆话未说到之故。余甚以为是。官厅仅有整理之诚心,到村只说官厅的话,而不说村人心上的话,或村人有疑难而不能曲为开解,是有不明而无从了解,有顾忌而难以解脱,众焉能用?如果将话说到,使之利害明白,不强所难,则爱子弟之心,人人皆有;管子弟之事,人人皆会;何至推诿不办?此其一。戒烟是救人事。对嫌疑人有恨之、恶之之态度。即有复犯,村、闾、邻长避害人之嫌,亦不实报。此其二。村中最坏之人,村、闾、邻长密报县区,希望重办,以快人心。乃罚办过轻,或将报告人对被报人宣布,均足灰村、闾、邻长之心。官厅再欲知坏人，亦目闭耳聋矣。此其三。上述三项，皆用众之大障碍，尤希注意。

八、从前各县小有成效，皆由起初一点热心而来。近查各县担任小段主任，下乡多视为照例办法，每到一村，只将册列贩吸烟民查察一次，有遗漏及新近发生者并不注意，而且认下乡是迫于不得已。故村人谓，整理村范是办册上列名的，且并认为是照例的。致各嫌疑人改悔心日薄一日。如此现象，已入危险一途。须知了下此事，不仅勤劳无倦，更要热心持久。

九、各县办理村范人员，下乡只是下乡，而手续上、说话上，始终是依样葫芦，不仅听者生厌，办者亦觉索然无味，久之便成无形松懈。此种困难，全由心力不足，热心不能持久，致于进行上无步骤。以后，各员每次下乡于应办的事、应说的话，一次有一次的步骤。如太谷县分期进行办法，亦足引起整理兴趣。余意：凡册列嫌疑人，在调查前确已改悔，或经整理确不复犯者，于查验真实后，尽可逐次删除其名，俾向上者知所劝勉，免受烦扰；其不可靠者，查验次数，一次逼紧一次；调戒日期，亦可因人而施。如此办理，则是执简御繁，嫌疑人检点一次，减少一次；承办人员，亦整理一次，轻省一次。有步骤之办法，不但步步卡紧，并且愈办愈易。至如洪洞等县，为呈报肃清，先将嫌疑烟民，不论早戒新戒、已改未改，统传局调验七日，是不求彻底之省力办法，非节节省事之真切办法。坐此弊者，应知所反也。且厌烦即事实与方法不符所致。饥而食，渴而饮，一日三餐，终身而不厌烦，饱者虽美味且不欲之。当调验者，调验；当察看者，察看；则被调验、被察看者不厌烦；调验人、察看人者，亦有兴趣。盖有是病，服是药。病者与医者，皆乐得而为之也。

调验及调戒吸食烟丹之嫌疑人，确已退清者，应行免调。但免调办法，颇不易办理。宽，则渐至烟禁废弛；严，则真正不吸烟之民，感受困难；非章程妥善，用心周到不可。应如何规定办法，由各该县责成各小段主任，妥拟办法，用心进行，并将各县章程，呈报省署。

十、下乡不可不勤。做好官的要件，是勤政爱民。若懒于下乡者，人民对之勤且不信，何况爱人？

十一、以现在山西情况观之，好绅士尚多不愿与官厅接近，是好绅士与官衙的隔阂未除尽也。知事若无切实联络好绅士之法，则坏绅士把持跋扈之势力，决难稍减。况政失多年，好人气短。好人原不足以抗制坏人。知事若不扶持，团结好人，好人不能抗制坏人，则良好政治之根基断矣。

十二、专制时代，贪官污吏、劣绅土棍之欺负好人，每假借上意为之。今之贪官污吏、劣绅土棍之欺负好人，每假借民意，转个弯子，反回来欺负好人。专制时代，非宰相清明，不足以制彼等之横暴行为。今则非好人团结，不足以制彼等之横暴行为。如遇贪官污吏，愿我人民扶助上好绅士收拾他。如有劣绅土棍，扶助上好官收拾他，但均须以法律的手续。愿各委员将余此等主张，宣传民间，以实行提倡，使好人结团体，驱除人群之害马，助立人民之幸福，巩固民国之基础。

十三、今日山西政治之大弊，是说了不实行者半，实行无方法而徒劳无功者亦半。各县上年呈准一切办法，据查，能实行及办到者甚少。须知，所拟办法是对知事自身的事，非对上的事。自拟办法而不实行，是自欺也。有作好官的机会，而不能力矫悲风，未免自误。嗣后，每办一事，必求一事之适当方法。不得之，则商之于掾属，征之于绅民。有办法后，务必费力做去。如行有窒碍，察其受病之原而改正之。凡于省颁及自拟办法，每半年，应将遵办情形及结果呈核一次，以觇心力。各委员尤应随时查察据报，以凭查核。

十四、委员之浮躁轻率，适足减少委员之能力与信仰。有此病者改之。近来，渐渐发现委员报告不实在之病，尤为可危。委员若说话不公道，则危险甚于无委员，可深戒之。总之，无论知事、委员，哄人能哄一时，试问，本省长哪一件事能哄了你们？你们焉能哄得了大家乎？

十五、委员报告须实在，前已言之。对于退步或生出障碍之原因，须观察明白，一并报告。尤须用心想想，县上对于此事如何处置？省署对于县上必须如何督促，始能收效之点附呈？政治如医道，非真知病原，无法医治。省署若不知其病之所在，焉能下适合之命令？

十六、贩吸烟民核计表，系为考察全省烟禁真实状况，填报不实，可暂蒙蔽本署，不能瞒过地方人民。此表每期汇齐宣布，恐人民以知事可欺省署，村人亦可欺知事为辞，陷知事于目眩耳聋地步。以后考核，注重真实。填报之后，责成主任委员分投抽查。其有以多报少，或遗漏过多，知事予以相当之处分。主任、委员查察不实，或扶同隐徇，亦同样惩戒，务各注意。

十七、小段主任查察烟民，不可仅凭自己一时之察看，更须详询村、闾、邻长，并责成其随时报告，两相对证，以期真实。

十八、各县对于老病烟民，以为前有无碍成绩之令，均不加注意，结果便发生三种流弊：(一)不领照。(二)领照不领药。(三)领回药不服。暗买暗卖，遂因是而生，其弊实等于遗漏。嗣后，应由各县着实办理，本署亦当特加考核。

十九、烟民出厂务须真实改悔，切忌出厂之后，即不查察。要使出一个改好一个，才算救人爱人，才算工厂办得好。以后，工厂的成绩应分为两种考核：一是工厂内办得好；一是入厂人出厂后，还能注意到使他再不犯。

二十、近查各嫌疑人之保人，仍多不知保人所负责任。嗣后，应由县区各员于下乡时，将保人着实招对，并将其责任剀切说明，俾知责任所在，确实监视。

二十一、村中报告嫌疑人及处罚村禁约，有不公道之事，知事及小段主任不为之纠正者，即大过也。从今以后，当留心考察之。委员亦当注意此点，切实报告。

二十二、同在一县，甲村烟民有职业于乙村，或迁移于乙村。在甲村视为外出，在乙村，以为非本村人，亦不加注意。此种情形，最足以启烟民规避之端。嗣后，应仿照太谷移转居住一览表办法，由甲村小段主任，通知乙村小段主任办理。其迁出他县，而有正式住址者，亦应咨达他县查办。务须村与村联合、区与区联合、县与县联合、委员亦当与委员联合，以期达到周密地步。

二十三、因病不能办事，或在外经久不归之村、闾、邻长，应一律改选。

二十四、近查，各县主村与附村相距甚远，或素不联络，而彼此经济不独立者、县署行文到主村，主村多不通知附村、办理村政人员到主村询问附村情形，各村多不知晓，或知而不肯实说。此种情形，不免有碍活体组织。嗣后，各县对此情形应急为纠正。至纠正之法，宜由易而难。向无关系之主附村，欲先使其不乐有关系者而生关系，亦甚难也，宜先就其易生关系处入手。

二十五、村成绩应按编村分为五等，每年公布一次，并由县公署印散。每村一张，使各村人民咸知本村之成绩等次，使优等者勉力进行，常保其优等之地步，劣等者愤发精神，希图上进。

二十六、警佐每有与知事不睦者，亦为行政之大障碍，应由知事与警务处寻其病原，妥为更正。总之，各走公道，则无不睦。知事勿与警佐荐私人。警佐拿来犯罪之人，勿见好绅民，轻于开脱。警佐如有不好行为，或村政、警政上有所疏懈，勿少姑息。须知，侵权与姑息，为最恶劣之御下方法也。

二十七、稽查队必须先要能不讹人，不贿纵，才能再说好坏。然十二年度中该队之效果渐少，坏样很多，此后，若无振作办法，将恐成为烟禁前途之障碍，应责成各该管长官，另行筹划妥善方法。各县知事，亦当负监察报告之责。如果该队员闻有不正当行为之风声时，即当函报该管长官，以资究办。嗣后，稽查队再有讹人、贿纵情事，当以军法严办。

二十八、息讼会之设，原为与人们了事，非尽力提倡不可。如某某县之办法，尚称得宜。各县官委，均当愤发，各谋良法，以促进行。于好讼成风之县，尤非特别提倡，使好讼变为尚让，不易收效。责成各道尹专门注意此事，使各县人民藉息讼会之调解到无讼之地步，息讼会才算办到好处。各道尹应如何帮助所属各县，希妥为筹划。即以此事为各道尹十三年度之特别责成也。

二十九、保卫团丁村中雇佣充当者，尚有数县，应责成各县切实查禁。再，保卫团之设，为办稽查本村窝藏匪人、捕拿强盗土匪、查禁贩卖烟土金丹三事。据委员报告，多数县分之保卫团，重在人看，不重在自用。此则谓之敷衍粉饰。

三十、社会上多数人即以习惯为心。弊之已成习惯者，欲除之，须先将其弊之切实动人处，宣传若干时日，至人心承认之后，再行着手，始易收效。

三十一、各县有特别弊病，各该官委应当设法扫除。如长子、襄陵等县之好讼、如出外经商人多县分之淫乱、晋城等县之缠足复活、出产棉花县分之奢侈。此外，凡《村政报告表》内所列之特别弊病，均当设法渐图改良。

三十二、教育不良，山西特甚，原因自有所在，善后极盼努力。一县教育，为一县人才发达之原。希知事应团结一县公正热心之绅士，极力纠正，勿使多数青年，因入学而致败，是为至要。

三十三、多花村费，滥罚村民，与偏袒自己亲友，为村长招怨之最大原因，亦为村政前途之最大障碍。知事应责成区长及小段主任，时常访查。

三十四、本省长久任知事，原期熟悉地方情形，与人民有感情，易于办事。然自动力薄弱者，反因久生懈，实非初心所及。尚望各县官委再提起精神，愤发进行，勿致功亏一篑，是所至盼。

三十五、山西货物输入多而输出少，计年亏二千万元以上，向凭商务抵补。近年来，商务凋败，现金缺乏，金融常陷于恐慌地位。所幸近年以来，运城方面棉业改良，棉花出口甚多，人民经济活动。潞、泽、太、汾、忻、代各属，种棉虽有成绩，究未普遍。来年所指各县，均当切实注意。村范委员将此事列入考察范围之内。近年来，种麻、种蓝，颇获大利。宜于种植县分，亦当注意上三项，并责成实业厅妥为筹划督促，冀收实效。

三十六、山西十年九旱，每到无雨之际，官民束手无策，求之于天，不如恃之于人。同一天旱，有井之地，禾苗不枯；同一荒年，积谷多处，人民不饥。此后，对于打井、积谷两事，应善为提倡。

三十七、尚有数语告我同寅。应今日时势之必要，务须去其安富尊荣之旧官习气，变为父母公仆之新官态度，以引导我国民于富强文明之地位。环顾世界，无长久不亡的贫弱腐败之国家也。

补告知事项

宜爱惜公款。自己之钱，是自身之利。公家之钱，即自身之义。失利可，失义不可。古人舍生尚且取义，吾人岂可贪利失义？贪逸失义？贪技能失义？贪学术失义乎？吾尝告实业机关人员云：贪自己之利，而害自身之义，不知之人也。各官绅亦当明此。知事果能以身率下，贯彻村长，则一县之治易如反手。自己之道德在此，人民之信仰在此，政治之进步亦在此。据今次会议，政治前途之大障碍，仍在知事爱钱之一点。多方设计，瞒不了一人。结果自己之多少计划，多少辛苦，对人民说多少好话，均因此付之流水。余每为我同寅等惜。愿此后勉之。

附训令

	军人工艺实习厂	工业试验所
训令	学兵团	警察厅
	粮服局	实业厅

振兴工艺，全在用心实验及不自耗时间与物料。嗣后，如该厂、所、队、局，凡实验之费，虽多不惜。如因不操心致费物料与时间者，应由该管长官责令赔偿。如因私利致亏损公款者，送法厅依法惩办。仰该厅转饬所管工业机关遵照。（行警厅、实厅加入）

此令。

划清村界，改办村粮，为村政之基础。上年已言之。此后，尤应妥慎进行。此外，如编村数目，或多或少，不合于进步者，更应更正。晋省人民之富强文明，将在此村制中求之，岂可为目前之小难所阻。至改办村粮，不可冒然进行，必须详细调查后，与深明此道之公正绅民，计划周到，再行着手，否则，恐陷于纷乱隐瞒之弊，益无办法矣。

各县对省署呈函等件，宜摆脱公文格式，有甚说甚，不必文饰。

种树一事，关系一县之富源甚大。种树上算之地方，应由委员转告知事，责成实业、技士及区长等，切实筹划植树办法。上算不上算，非由官厅代人民计算明白不可。如近年来，果木大贵，核桃之输出尤多。一树一年所产之价值，有多至七十余元者。其一亩种植之利益，较耕地所得利益，可多数十倍。人民狃于目前之利，可耕之地，多不肯种树。山地收获不大之地，可尽力提倡。以十万人每年人植树两株计，二十年后，有四百万株之多。每树一年收入五角，尚有二百万之多。图民富者，岂可忽略此事？果能将苗圃办好，树栽不缺，则人民每年不费一日之时，数十年后，以家计，家家小康；以县计，县县大富。余所以如此说明者，愿各县官绅明白此事。关系之大，加以注意耳。

第三次告知委员并分别转告官绅事项（第三次委员会议）

（十四年）

吾国自改革以来，已十四年矣。即吾省办理村政，亦数年于兹。为官吏者，处共和政体之下，办理民治，其勤劳自远胜于前，而未收良好效果，且不免招人怨谤。此其原因复杂，固不仅官吏一方独任其咎。然而，在官言官。我同僚有不得不引以为憾者。就职责所在及居心行事之间，有应指正者数端，愿与我同僚共勉之。

一、君主专制时代官吏之办法，不适用于共和国家之官吏。此中鉴别，事实上须有彻底之觉悟。专制时代之官吏，普通以能办事，并事事能交代过官长，即算好官。共和国家之官吏，非办到事事适合人民公意不可，尤非办到事事取得人民信仰不可。信者，信其所欲办者，为人民应办之事；所欲去者，为人民必除之害。此做官路径。今昔不同之点，所谓公仆其身而父母其心者，要在能推其爱子弟之心以爱人民；继以先劳无倦之精神，以勤其事而通其意。现在，普通人民于自治，虽已下种，尚未发芽，正赖官吏设法滋长。非勤于培植，勿忘勿助，不足于过度时代尽官吏之职务。否则，路径一差，即热心办事，恐多一番劳苦，反添一番障碍矣。

二、近来，各县谈村政者，不曰："进行为难"；即曰："善后非易"。是仍旧日做官之心理，尚未认定此身为共和国家之官吏。试思禁烟禁赌，何一非爱人救人之事？然而，地方舆论，往往非嫌其苛，即厌其烦。此非制度之未洽人情，亦非人情之不解好坏也，全在官吏进行时，未脱专制恶习。况且，要脾气也、贪小财也、用权术也、好哄人也。或因诉讼不能主张公道、或因稍有违异，即图报复，甚至遇事操切，迹近凌虐，有一于此，均足失人民信仰。即不办村政，恐亦为共和国家所不容。故余谓村政进行不难，是在官吏本身之难，未能解除净尽耳。

三、吾省办理村政，一面为人群扫除妨害，一面为民治指导路途。人同此心，谁肯以是为非而不乐从耶？无如办事者不尽晓事，用法者未能得法。如禁烟、禁赌，非急于邀功，遇事操切，即希图见好，失之放任。求一用政权，能参合人情，顺人情，能步步卡紧者，了不可多得。试举一共和国家官吏办事之法，为以后从政进行之标准。如美国之禁酒也。先由政府将酒之为害、如何伤脑、如何伤胃、以及促寿生病、并精神错乱之误事、癫狂倾跌之丑态，或为大声疾呼之论说，或为触目惊心之图画，多方宣传，恳切劝诫。若干年月，至人心觉悟承认之后，严令查禁。故令行而人无不乐从之。其他共和国家，为人群除一必去之害，办一必要之事，未有不如是者。吾省办理村政，果能以美国禁酒之法，施之于禁烟禁赌，何至怨尤丛集，荆棘满地？此在办法之能否识其窍要，力行之能否不懈，始终以地方治安、人民幸福，为一日不可不尽之天职；不以一身去留，一时荣辱，留自误误人之缺憾。凡我同僚，知所勉焉。

四、民治国之精神，人人均须守法，非特被治者须守法，治人者尤须守法。村禁约者，村人共守之法也。依禁约以罚人，非村长与执行诸人罚之，是禁约罚之也。犯禁约始受罚，则罚人者无私，被罚者亦无怨矣。故凡应禁之事，均宜由各县知事督饬各小段主任，参照村禁约之规定及执行简章，帮助各村开村民会议，订入禁约内。嗣后，凡议罚人，必依禁约，尤须照章以七人以上合议议处。凡禁约内未经载明之事，即不得因心作法，擅自罚人。即或因应严禁者，为村禁约所未载明，另由村民会议议添可也，送交官厅惩处可也。各段主任每到一村，务将此意说明，随时查考，训练人民上民治路子。此为最要。过渡时代之共和国家官吏，以勿任走错路子为唯一责任。

五、区长兼任警佐职务，罚人限度，断不可逾《违警罚法》。凡依《违警罚法》所不能制止者，即应送县办理。至村中执行村禁约有困难者，区长分应帮助，但不得于缴纳村费，分文提成，自伤其廉而失人民之信仰。其由区查获之烟赌案件，不得执行处罚，业于八年三月《沁电》告知。此后查有违反上开各事者，以违背职务论。盖区长地位，系引导民治之中坚。自不守法，何能使人不走错路？非时加儆惕，难免自误误人。

六、勤政爱民，为作好官之要件。若下乡只是下乡，去一村，无一村必要之目的，是多一次之下乡，白受一番劳禄，即村人反添一番烦扰。嗣后，宜将全县村庄分为三等：如村情好、村、闾长能自动办理者多，并各项嫌疑人全行改好者，即不妨三、五月视察一次；如村、闾长仍需提携，各项嫌疑人尚未改好者，两、三月整理一次；若村情不好，村、闾长距自治程度甚远，各项嫌疑人又多未确实悛改，必须每月整理一次者，即月往一次。分开步骤，不但可以节劳，并免生厌。此事应于一个月以后，将整理村庄，分别多去、少去，分等造册送核。即据以考察各员事实上所收之效果，不以下乡日数多寡定优劣焉。至于应到村庄，不论主附，必去者，虽附村亦须亲到，不得仅到主村，召集附村之人来会。从前，专图官吏一人省事之办法，亟宜痛改。此外，宣传事项必须村、闾、邻长齐到者，应实行于农暇之时。若平时查看各嫌疑人、问村长者，不必召集闾长；在甲闾者，不必召集乙闾。事事从人情上体恤，时时抱一不烦不扰之心，村人又何故厌我烦我耶？

七、自分段办理以来，各段主任办事说话，多成一种印版式之进行，致村人厌其烦扰者有之；村情太熟，因而求情者有之。须设法调换，期利进行。区长应担任者，划段宜大。掾属系帮助区长，担任之段，并应就本管职务之烦简，与本人之能力，酌为分配。本管职务烦者，少管几村；职务简者，多管几村。能力优长者，分几个难办村庄；能力平常者，分几个易办村庄。要求办村政而不碍本管职务，又能为地择人，使人人胜任愉快。知事于此处将心用到，则推行尽利矣，并将改分情形，随时呈报，以凭查察。

八、人民之信仰好绅士，有时且胜于官厅。村政既为人民应办之事，非得好绅士为之倡导，则进行各事，虽办到一分，未必站住一分。自办理村政以来，好绅士未尝不表赞同。特鉴于办理人员为上官做事者多，为地方人民做事者少，且官吏本身之难，如第二条所云者，尚未解除，故正直廉洁者，对之且不无微词，岂能与官厅接近？余意：村政一事，必好绅士乐于帮助，始能得有益无害之进行。然非同僚去其专制时代之旧官习气，变为父母公仆之新官态度，不能除好绅士与官署之隔阂。请求好绅士帮助村政，不仅降其礼貌，优其待遇也，须将办村政之目的，并知事之决心，为之恳切说到，更要虚心咨询。举凡省、道、县之令文，与夫知事、委员、掾、区各员之办事，于地方民情有无不合，均请其直言无隐。好问好察，广纳忠益，好绅士始信官吏可与共事，情愿赞助矣。此亦从政者应识之政窍。欲于村政收实效者，在能用好绅士作先导也。

第四次告知委员并分别转告官绅事项（第四次委员会议）（十五年）

每年，当委员出发之时，余即举村政最要之点，令其转告僚属。各县体验实行，虽成绩不无等差，而大致均有进步，使持之以恒，则圆满效果，计日可待。不意去冬辽县，今年关北，敌人无故侵犯，不得已而用兵，延长至数月之久。凡战区以内人民，横遭蹂躏，生命丧失，庐舍为墟，言念及此，实深通心。其他毗连孔道各县，供应车马，运输粮秣，民力民财，均致交瘁，实以前所未经之痛苦也。今幸军事结束，百端待理，而考察历年所办之村政，不无废弛。其故因各僚属服劳军事，无力顾及，无形停顿，势所难免。其实，村政成效，经此次战事，乃更显著。如各村长副有报告敌人如何化妆侦探者、有报告敌军如何行动者。至供给军需，克期无误，尤赖各村长副尽力帮助，乃能不误戎机。恐未行村政以前，不易致此。可见从前办理村政，并非枉费辛苦。今若使村政从此停顿，则前功尽弃，岂不可惜？有人说："战事终了，应当与民休息，培补元气。"此话实在不差。要知与民休息，也不是一味停顿，便算休息，还要将人民所受的大害为他铲除，这元气方能说到培补。如烟丹也、赌博也，人人都晓得是大害。设将烟赌之禁稍微放松，是举巨额之金钱，任其消耗，岂不是任人为恶？且禁烟禁赌，是为人民保财产，保妻子，仍望各委员转告僚属绅民，凡贩运烟丹，引诱赌博者，仍要从严查禁。吸食烟丹，仍要遵照以前方法，极力劝戒。其余各项，成法俱在，仍旧进行。至战区以内各县，除设法赈抚灾民外，亦应将各项村政，徐图整理，务使从前成绩，渐次恢复。惟是今年村政内，更有最要者数项，应特别注意。

一、清理村财政。本年各村，因支应兵差，需款较往年不仅数倍。各村长副有实在清白，一尘不染，而对于登记账簿，不甚清晰，最易招人疑虑；亦有借此敛钱，故意含混的。若不从速清理，争执一起，即开讼端。就使隐忍下去，以后办公需款，必感困难。各知事、区长每到一村，必先询问账目是否明白？清单已否公布？如仅账目不清，并无别项情节，随时详核纠正，既不伤和，亦可省事。如果存心舞弊，借端肥己者，亦应从严惩处，一面倡导人民负监督村款之责。能将此种习惯养成，则款不虚糜，村政自易进行矣。除另订村民清查村款办法公布外，余嘱注意。

二、整顿保卫团。历年倡办保卫团，其已收成效者，亦有数县。而虚应故事者，尚居多数。现当军事结束之初，逃兵溃卒，为饥寒所迫，必至勾结地方无赖，乘机窃发，若不先事预防，为害人民，何堪设想？现在，农事将举，冬防又届，尤应加紧训练。各知事、区长下乡时，须剀切劝导，防患当在未然，互卫乃能相安。设无准备，一旦有警，虽请军警，绥不济急，而受害已经不浅。切不可视为缓图也。

三、知事须从速清结民事。知事兼理司法。凡民、刑案件，均应依据法律，以主张公道为最要。刑事尚有种种手续，民事则但能以公道之心，勤于审理，便可减除人民多少困难。近查各县对于民事案件，不问案情轻重，有迁延至数月之久者，殊失父母其心，公仆其身之意。嗣后，亟应力除旧习，从速清结，并应遵照从前息讼会办法，加意扶植。在人民既不失和，又不误事，知事便可腾出工夫，整理各项要政矣。

四、掾属、区长应分别负责。自本年四月三号通令发布后，各县掾属视进行村政，纯由区长负责，掾属几至脱离关系，此实误会。查通令，掾属仍负督察指导之责，何得置村政于不问？亟应查照通令，区长分区执行，掾属随时协助，群策群力，村政成效，日起有功。

总之，做官吏要有责任心。无论处何时代，受何刺激，但能负起责任，虽极难的事，总能想出办法来。村政是已成之局，只要力求整理，便可规复旧观。各县凡久任的知事，以前成绩都是自己办的，断不忍将办到之成绩，付之东流。新任知事，亦应思前任成绩，曾费过多少心力，讵可自我身而毁之？其余未受兵事影响各县，亟应振奋精神，急起直追，毋落人后。余尝谓：瞒长官易，瞒人民难。愿同僚时存一对不起人民的心，则各项村政，何虑废弛！至区长，为导引人民之中坚，尤为直接人民之官吏，所负责任甚重。苟能留心考查，则一区之内，某村谁是好人、某村谁是坏人、某也有烟赌嫌疑、某也有不正行为，平时访查既确，遇事处理自公。不拂人情，不背法律，是在各区长尽心焉耳矣。倘漫不经心，或操切从事，或敷衍塞责，考成所关，决不能为诸同僚恕也。

第五次告知委员并分别转告官绅事项
（第五次委员会议）
（十六年）

共和国家，无不以人民自治为基础。扶植自治，不由村子里着手，总是隔靴搔痒，成效难睹。余从前倡办村本政治，以为非将政治放到民间，社会不能稳固，人民难享福利。是以施行村政，即以期达到人民自治之目的。不意连年军事发生，各县成绩较前稍逊，亦事实上一时的障碍。余办理村政之决心，到底不懈，确认非实施村政，无辅助人民自治之办法也。现当革命时期，凡百政务，均应刷新，而村政尤须继续努力，以图贯彻。今当委员出发，除迭次颁发办法，仍旧照办外，兹择特别事项，分别于后，愿我官绅,咸注意焉。

宣传三民主义。三民主义是救国救民的主义,必须人民都能了解,方能说到实施。欲使人民了解,非宣传不可,又非宣传的人,先自了解不可。如宣传的人先不了解,则曲解的、误解的,流毒甚大。故未经宣传,各县非先训练宣传的人不可。中山先生尝云:“三民主义,究竟与人民的利益如何?全视实行之方法与步骤如何?”可见,三民主义能利人,亦能害人。全视宣传的认识清楚与否以为断。各委员、官绅,均负宣传之责,必须细心研究,彻底了解,再向人民宣传,方不至走差路子,自误误人。

惩办贪官、污吏、劣绅、土棍。这四项人,是人群的大害,是应该惩办的。即前清专制时代,惩办的亦复不少。余前数年,饬各县均立四警碑,郑重声明,非依法律手续惩办不可。如果不依法律手续,必有任意陷害的,或乘机报复的。社会不安,流弊无穷,宣传时要剀切言之。

官委须自身廉洁。古人做官有三字诀,曰:“清、慎、勤”。可见,清廉是做官的第一要素。知事如不清廉,即失了僚属与人民的信仰。既不信仰,则一切措施,如何能办得动?故官不清廉,就不配做官。况群众监视,法律森严,亦就不能做官了。近闻少数委员中,亦有向知事及掾属借支钱项者。委员职司查察,如果借人钱项,则对于查察事实,必至多方回护,报告绝不能实在,又何必设此委员?嗣后,要争自砥砺,力改前非,倘被发觉,决不宽恕。

村长副要力去专断。现当革新时代,凡有压迫人的行为,无论何人,均所不许。村长副执行村务,必须主张公道,持身清廉,方能为村人谋幸福。近来,各县控告村长副专断的尽多。经委查后,有诬告的,有实在的。但经查有实据,均已立予撤惩。此行政机关应尽的职责。余意:村长副系名誉职,平时办事,最好是预为防范,不使有轨外行动。若到劣迹发现,绳之以法,一村既不光荣,本人又损名誉。嗣后,各掾属、区长下乡时,须将此事对村长副切实劝告,使之自行检点,一面更要留心访查。如到甲村,不妨随便访问乙村的村长副办事如何,则隐讳既少,真相易明。设有专断情事,及时纠正,不要待人民控告,方行撤惩,既不伤和,亦最省事。又,年来军事迭兴，支差摊款，村长副的责任甚重。自己已经畏难，村人不免怨望。故好村长副，每因感受困难，自请辞职。余意：此种困难，急须解除。嗣后，村长副执行村务，应招集闾长，以合议制行之。凡事取决多数，既可免个人的专断，亦可减轻个人的责任。将拟《修正村长副执行村务规则》，应极力提倡，照此办理。

训练村民会议。各县倡办村民会议，已经数年，从前并未注意训练，故成绩尚少。须知，村民会议为民权发展之根基。此会议办不好，则自治精神，不能实见。应按照《民权初步》的办法，每区先择较大的几村，实地训练，逐渐推广，务使人民知会议之形式、发言及表决之手续。凡本村有兴利除弊等事，即由该会议决，交村长副执行，以完成全民政治，亦可免少数不良分子把持村事之弊。

整理编村。编村大小之标准，已规定于《改进村制办法》中，但行之数年，亦有不甚合适者。有以数十户小村为单独村者，或有沿用保甲制，十余村或数十村为一编村者，距离太远，诸多困难。故近来，有因编村不便，呈请改编者。各僚属下乡时，应实地考察，如有不便利之情形，且取得各村人同意，即应改编，不可泥守成例，永感困难。

严禁烟赌。前据查报，吾晋烟丹，岁耗大洋在二千万元以上，以致家产散失，妻子不保，种种惨状，言之痛心。比年，迭颁禁令及戒除方法，均为培补元气着想。现因时局多故，各僚属精神未能贯注，复吸复贩，时有所闻。本年，通饬各县吸食烟民，以无记名领服各种和平戒烟药丸，纯为体恤烟民。因其一时未能戒清，假以时日，领药自戒，仍是肃清烟害之法。乃无识者，竟认为放松烟禁，此大误会。须知，多一人领药丸，则少一人吸烟丹。且吸烟丹，则烟瘾日深；服药丸，则烟瘾自除。此理易明，何得误会？故前令有以销药之多寡，觇烟禁之松紧等语。各委员、僚属，均应明白此旨，于下乡时，详切讲解，俾人民及早觉悟。至赌博为害，虽次于烟丹，而流毒亦甚。此后，对于烟赌均应遵照迭次功令，一律从严查禁。

继续清理村财政。去年颁发清理村款办法，各县认真清理者，固居多数，亦有因未清理，酿成讼事者。须知，财政一日不清结，诸务均不易举办。况军事犹未结束，各村需款亦多，倘再因循，则纠葛愈生，清理更难。各委员到县，如查有尚未清理者，从速报告。

村公道为村民幸福基础，不能主张公道，无论是什么良好的方法，都要将他办坏。故主张公道，必须从村子里做起，一村的人民，方能有幸福可享。但极力提倡公道，不是说一句空话，便算了事。须先把胸中蓄有公道力量的人，结合起来，成一个公道团，使公道日张，则不公道的情事不会发生，方是村民的真幸福，须注意提倡。

总之，当此时代，凡执行政务人员要抖起精神，都站在革命的一条战线上，与人民合作。凡旧日相沿之坏习气，如对敌一般，要尽力打破。何谓坏习气？即投机与乘空子。见长官注意某项，便想法子对付，某项不暇顾及，则乘空废弛。此习不破，好果难结，我同僚宜各深省。

第六节 表　式

县知事　办理村政成绩查报表

年　月　日　考查者：

考察事项	考　语	事实概略
办理村政能否热心，通盘筹划，全神贯注		
对于掾属能否开诚布公，得其热心协助		
对于区长能否确实督促指导，使其热心进行		
对于村长副能否遵照历年告知事项督察指导俾向民治路上进行		
人民对于办理村政是否赞同，有无反感		
总评		

表解：

1.此表，每半年查报一次。

2."考语"一栏，应就各项情形简明总括数语。

3."事实概略"，应就各项情形，择其原因、事实，约略载明。

县掾属办理村政成绩查报表

年　月　日　考查者：

县名及姓名	曾否下乡如不下乡是何原因	如何督促指导有无方法	考语	等次

表解：

1.此表，每半年查报一次。

2."考语"一栏，应就该员性情、能力及有无勤政爱民之心力，并其协助成绩如何，加具考语。

3."等次"一栏，仍按五等核定。

县第　　区区长办理村政成绩查报表

年　月　日　考察者：

姓名	考察事项	事实概略	备考
	下乡是否勤劳		
	办事手续人民是否赞同，有无反感		
	对于村、闾、邻长能否确实训练，其不洽舆情者如何纠正或改选		
	对于烟民服药能否着实办理，对烟贩及贩吸烟丹者能否认真查察		
	对于其他六项嫌疑如何办理，其特别坏者如何注意，应填姓名		
	对于其他六项村政能否确实提倡指导，有无流弊		
	对于村财政已否帮助照章清理		
	总评		
	等次	附记	

表解：

（一）此表，每半年查报一次。

（二）第一项应注意其能否按所管全区村庄，分别难易，将各项村政督促办好及有无下乡骚扰，或不办事之舆论。

（三）第二项应注意其办事是否合乎情理、能否引导人们向民治路上走，并将赞同或反感之原因叙明以及有无违反十四年《告知事项》第五条情事。

（四）第三项应将所传之话及所责成之事约略条述以及村、闾、邻长报告程度有几分之几，并应将办事专横，不洽舆情者之姓名、事实及已否纠正改选与不能纠正改选之原因叙明。

（五）第六项系指村禁约、息讼会、保卫团、失学儿童、村民会议、天足六项而言。

（六）第七项未清理者，应将村名及原因简明填列。

（七）“总评”一栏，应就该员性情、能力及有无勤政爱民之心力、并其成绩如何加具考语。

（八）“等次”一栏，仍按五等核定。

（九）“附记”一栏，应将所管编村及附村数填入，并应将难办村名及难办原因约略叙入。

（十）关于本表三、四两项委抽查过之各项数目，应在备考栏内注明。

县第　段主任办理村政成绩查报表

年　月　日　考查者：

县名及姓名	考察事项	事实概略	备考
	划段大小难易于办理上是否合适		
	所管编村名及附村数		
	下乡是否勤劳		
	办事手续人民是否赞同有无反感		
	对于村间邻长能否确实训练成效若何		
	对于村间邻长之不洽舆情者如何纠正或改选		
	对于烟民领约能否着实办理对烟贩及暗吸烟丹者能否认真查察		
	对于其他六项嫌疑如何办理其特别坏者如何注意应填姓名		
	对于其他六项村政用何方法提倡指导现在办到若何程度有何流弊		
	对于村财政已否帮助照章清理		
	总评		
	等次		

表解：

（一）此表每半年由委员查填一次。

（二）第一项应注意其村庄能否联络及与该员职务之繁简、能力之优拙是否相宜。（参看十四年《告知事项》第七条）

（三）第二项应将主附村之最难办者分别注明。

（四）第三项应注意其能否按所管村庄之难易，将各项村政督促办好及有无下乡骚扰或不办事之舆论。

（五）第四项应注意其办事是否合乎情理，能否引导人民向民治路子上走，并将赞同或反感之原因叙明。如系区长，应将有关违反十四年《告知事项》第五条情事注明。

（六）第五项应将所传之话及所责成之事约略条述，并将村、闾、邻长之传话报告程度、各有几分之几分别注明。并于“备考栏”内将抽查过村、闾、邻长数及能传话报告数注明。

（七）第六项应将办事专横、不洽舆情者之姓名、事实略述，并将段主任已否纠正改选及不能纠正改选之原因叙明。

（八）第九项系指村禁约、息讼会、保卫团、失学儿童、村民会议、天足六项而言。

（九）第十项未清理者，应将村名及原因简明填列。

（十）“总评”一栏，应就该员性情、能力及有无勤政爱民之心力，并其成绩如何加具考语。

（十一）“等次”一栏，应就总评及担任村庄之难易按五等核定。

县村长副考查表

知事　　年　月　日

委员　　年　月　日

村名	村长副姓名	办理村政之热心与能力	执行村务是否照章与闾长合办	指挥分任村务执行人员有无专断情事	实察情形
合计					
总评					

表解:

(一)本表,由县于每年年终查明,于次年一月内,将一至五栏填齐,俟委员到县,交由委员依据考查。

(二)本表不印竖行,由县查填时自行界划。

(三)"实察情形"栏内,应将抽查与县填异同之点分别叙明。列举事实,务求其详,并将村长副及分任村款、保卫团、学务、积谷等事务之各闾长,对于监察员之纠正能否实行、村长副及经理村款之闾长,有无侵蚀浮滥之实迹、村民对村长副及各执行人员有何评论一一列入。

(四)该县知事、区长及小段主任,对于村长副如何提携训练,并能否使公正者充任,强横者敛迹,均于"总评"栏内叙明。

县知事　抽查第　段主任　用邻长实况报告表

抽查过村名	该村邻长总数	抽查过邻长数	能整理好本邻并能传话及报告邻长数	仅能传话报告邻长数	不能传话报告邻长数	与村长副考查不同邻长数

第七节　会议录

第一次村政会议记录

(十二年七月)

七月三十日上午九钟。在军署大自省堂,召集外县村范委员,开村政会议。兹将开会详细情形，记载如下：

计是日到会者，除各委员外，育才馆学员、国民师范学生、各候补知事人员，亦均列席。兼省长率同各厅、道、处长莅堂，即宣告正式开会。大众起立，致敬。首由兼省长主席训话。

略谓：此次开会，实缘各委员出省日久，虽有文书往返，尚恐有未能达意之处。今拟将以后进行办法，对大家说明。至各委员所办事件，虽皆以文书报告，然尚嫌不十分明了，不如面询情形。至此次所发问题，各委员以书面答复。有条对了当者，亦有说欠确切者、不甚对题者。余以为，另有应注意之事。如报告外县禁断烟丹八九分以上之地方甚多，可以认为了得下去，但不免有易视之处。一县之大，全数吸贩烟丹者，真能完全查明、已戒复吸者为谁某谁某？真能不遗漏，原属甚难。八分九分之约数，只有不及，断无过之者。官吏心理，切勿认为确已臻乎至境，而稍自宽假。后此之事务方殷，万不得有一毫自矜自满。再者，前次发问："外县知事，公仆其身，父母其心者有几分？"各委员答复，多未免推许过甚。余则认为，公仆其身者，山西知事之办事辛苦，近来颇不乏其人，惟父母其心者，看来尚难数觏委员之观察政治眼光。不可太高，高则枉屈必多；然又不可太低，低则幸滥难免。而在今日，遽即轻相许可，余以为，言失之重，实际上不够者复多。次所谓"行政权而能合以人情办事"。此条答得仍不甚满意。恐各委员尚有不甚了解此问题之意思，必思有以解释之。其惟严父慈母之心合而为一，庶可得之矣。纯用政权者太干燥，专恃法律，严格相绳者，亦如烈火而人不敢犯。殆犹巨石压草，萌芽不生，根荄终在。维持现状则可，兴大利，除大弊，则非所敢信也。盖打人罚人，人从，而非中心之服也。纯用人情者，太柔巽；专恃情感，以相孚应，对待好人则可；削大憝，除巨奸，则不生效果。中等以上之人用人情，中等以下之人用政权。然非分而为二，实须合而为一，互相济美，体用兼备。今后回县，以此辅助知事，神而明之。知事、委员，办事方有标准。区长、掾属，办事方有路径。更有问："各县人民有无足资改良村政之言论"？各委员之答复，则以为"无"者多。须知，吾人行政上之理解，每易失之太高，不合村情，有时反不如老百姓知之深而虑之周。此等言论，如能得之，大可为矫失救弊之助力。彼以为无者，必其不肯用心采听及隔阂间阻，无由闻知，入耳而不有动于中也。嗣后，咨访有得，当写信来署，兼听虚受，获益当非浅鲜也。如今再告各委员，以余所说之话，即从今以后，所去取之办法，与从前不相同。因办事所臻之程度各异，是以不得不变其方法。所要求于官吏者，必要高于前此之要求也。以前认能办事者为好官吏，自今日始，则变为以能爱人者为好官吏。盖知事之责任重大。一县之政治，知事能行，则其他必完全能行；知事若振不起来，则其他必完全放倒。知事苟以爱人之心行其政，则所属各员，自皆受感动而变为爱人之人矣。从此官吏良否之定论，则以能爱人与否为标准。余之希望于官吏者在此，委员之考察外县者亦在此。知事赴任临行者，曾屡为谆切之告戒，恒谓官吏之真爱人者，甚难其选。纵使爱力不全具，爱人之形式，未尝不可降格以求。此亦不得已而思其次之意。继母之待前房子女，虽不能作亲母，亦须作良好之继母。然而此非苦人以所难也。爱其子女之心，谁其无之？推广扩充，放大其范围，眼前百姓，何莫非在抱之赤子？充此心力，社会慈祥和蔼之空气，官场中恺悌惠济之标准，于此成立，久且颠扑不破。中人以下，亦可濡习薰陶，而勉为善良。譬如知事因事到村，对大众演说讲解时，多注重公道之维持，决然毅然，极力担当，替好人做起主来；对于穷而无告者，力求所以救济之术；对于强梁恣横者，时时作惩治铲除之表示。此最易做到之事，中才亦优为之，决非分外之要求，而一县蒙其庥。职务上固应尔也。各委员回县后，一一转告于县知事。大家一致谅解，即照此实行，当然收效益于将来，良非浅鲜。语至此，当命樊科长宣读印发之《告知委员并分别转告官绅事项》，逐条朗诵。每条由兼省长分别加以诠释。

第一条之解释："爱人"。官吏以爱人为职务，然非好行小惠之谓。真能以政权主张公道，使一县之人，皆受公道之庇护，方可为之大爱。若没有这点力量，仅仅有办事之能干，短小期间，未始不可维持，日久必归失败。盖无源之水，其流易竭，多至一年半载，即穷于因应也。

第二条之解释："公道"。天下无论何事业，但能历久存站得住者，必有公道贯彻其中。某事某人，勃兴忽灭者，敢断定其中之无公道，或公道先倒故也。一县而得真能主张公道之官吏，立刻见效，风平浪静。官吏而不能主张公道，亦立刻见效，从此多事。现在，山西知事显违公道者，尚不至此。而牺牲一切，惟公道是徇者，实甚难其选。知事而能实实在在主张公道，其扶持政治社会之力甚大。不幸而公道先倒塌下来，事事物物皆危险之隐伏也。官吏能了解此理，以之办事，必收事半功倍之效果。委员秉此心理，则知事将得其辅助之力于无穷。余恒思维：自上古以至今日，何以有"官"与"绅"之二名词？必有人焉，比平常百姓明事理，爱人之范围广大，主张公道甚力，剖判是非曲直允当，为大多数人所钦服，于是受命治事，谓之官；在家不仕，谓之绅。必先有其实，而后有其名，决非章黼车服，垂裳拖绅，即可自异于齐民。以此言之，"官"与"绅"皆美名。迨后世官、绅之中，屡入不良分子，以其智力权势，欺虐民间。人民直观心理非常简单：恶其人并恶其名，甚至认不说理爱占他人的便宜，为官、绅独享之权利。余幼时闻家乡某秀才，未应乡试以前，即宣言将来中举后，必尽改田亩东西畛者为南北畛。一愚夫愚妇睚眦勃豀，疾视而作恨声曰："等我儿子作了官，……"其言如此，其心自现。独怪人群犹不以为非，转歆慕而艳羡之。此即数千年专制余毒。野心君主，利用不说理、爱占便宜之人群弱点也，以之牢笼才勇，乐为所用，深中人心，矫正非易。但与共和民主政体，甚为冲突。吾人不欲享共和幸福则已，苟其欲之，非大众一致，力矫此弊不为功。官、绅两方面为永久计，亦应先自觉悟，极力改换心脑中之旧观念。如其否也，则永为枯燥悲惨之人群，强凌弱，众暴寡，无所底止，必至沦胥灭亡而后已。

第三条解释："重心"。一县政治重心之力量，寄在知事。知事以下，一村政治之重心，寄在村长。区长似不足为一区之重心，而闾、邻长亦非一闾一邻之重心。一县知事之得人与否，省公署之责任；一村村长副之得人与否，县公署之责任也。村长良好，闾、邻长亦必得力辅助；村长不得人，则完全无效。重心之关系，如此切要，顾可不郑重视之？

第四条之解释："政窍"。所谓"政窍"者，人情是也。人情与政权合而为一，方有办法。何为合一？即如罚办一人，以干燥之政权法律惩治之，则社会仅知某人犯法，受法律之制裁。若官吏真有爱人之心理，劝诫防范之力用尽，再有犯罪而受罚者，社会必咎其冥顽梗化，罪有应得，罚之而恰如人心。官厅盼他做好人，不得已而绳之以法，非同官吏以喜怒擅作威福者可比。官吏行政而耍脾气，则受其害者，不知至何程度。人情、政权合而为一，尚有彼此、轻重、多少、先后、缓急之分，总以适于此事之宜为合度。能清楚此之路径，明白此之道理，即下乡办事，集合村民讲话时，一言而有当于人情，听众大多数人，必为之感动，认为"是"则此事虽难，必有办法。否则，以不合人情之言，违拂人心，事纵轻微易办，亦无良好结果。以不愿意之心理，办没奈何之事项，强制力一松懈，立即消灭矣。了解此者，绝无不能办不下去之事。用力不当，反滋障碍，终至办不动而后已。况且，此理极浅近易解，极平淡易办，而收效非远。能推情者，虽最愚笨之辞，亦能感动而支配之。委员而深得此政窍，虽知事有错误处，亦能设法为之纠正。心在则然，黑气作用，自完全无着放处。又如严重罚办某种罪名，必事先三令五申，或指明单独申儆，不改然后办之，虽重，人亦不以为过，即受之者，亦无所怨。如此办法，在官吏亦不必专办，虽因公出发，附带亦可办到。平常人对人说好话，合人办好事，尚能感动人心，而况附加以政治权之官吏耶！

第五条之解释："用众"。村政之能以成功，端赖以人情而能用众，此为将来之希望。现在，不过官吏之劳苦，所收之效益耳，尚非用众之结果。盖能用众之官吏甚少。果能一县之闾、邻长，全能为政治用心，庶几可为用众矣。彼如办事不力，则有罚；异常出力，则有赏，仍不得谓为真能用众。惟独能鼓舞人群中人人固有之"政治性"，使充分发展其效用，则地方气象当大不同。人民所具之政治性，比之官场中人，尚看得重，认得真，是在善为鼓舞提倡，人人乐为我用，而事无不治矣。委员到县，各与知事研究，何以即能用众与用众而不生流弊之方法可也。

第六条之解释："执简"。即以禁烟论。假如一县调查有烟民至五千之多，真无办法。于此困难之中，而思妥善之办法，则除平的分段之外，尚有立的分等之法在。全数烟民，有闾、邻长足以了下去者、有村长副足以了下去的、有区行政长可以办理者、有僚属、掾佐暨委员可以办理者。如此逐层分别，依次减少，所余非知事自己著力不可之特殊烟民，至多不过十分之一——五百人而已。得执简之法，虽驭众如驭寡，在兵法谓之“分数”。盖必需知事躬自办理者，实居少数，而非加以强制力始可有济者，尤为少数中之少数。盘根错节，首先解决，其余将迎刃而解，势如破竹矣。善牧马者，不能一一加以鞭策也，只驱最先强悍者数匹，而全群靡弗景从。以必需知事管理之烟民，而不自管理，无论付之闾、邻长了不下去，即付之区长、僚佐、委员，亦无如之何。反之，以村长副可以办理之烟民，而亦待知事一一经手，则仍等于没办法。部署一错，必生梗滞。一车横塞于道路，全体游行为之停顿，而区别恰如分际，各尽其责。不但知事有举重若轻之愉快，即助理诸员，亦获办事之乐趣矣。

第七条之解释：“解难”。一县之政权，不能为一县之公道作主张，则私的竞争，必迭起纷揉。不说理、爱占他人便宜之事实，必层出不穷。而知事、官吏之困难万状，不啻作茧以自缚。县中缙绅，每易分立党派，其源亦大半坐此。从前知县官，每有利用接近自己之一党派，而抵抗彼方，旅进旅退，倾轧构陷，以致怨毒日深。正经政治，一事不能办理，纵办亦决不得好结果。此虽系外来之难，追溯其根本，仍自自己身心上发越而出，欲为救济，还须知事心中公正不阿，不为己私，而偏袒一党。劣绅土棍，德不足而智有余，往往从帮助知事办事入手，小忠小信以结其心，谄媚谀佞以得其欢，久之，必为所挟持，不能为政治上之自由，而政权反为彼等所操纵，其苦痛尤剧。知事而欲除尽劣绅土棍，必依法律手续，与民共弃之，此外无适当之办法。为人民办事，当然先取得人民大多数之同意，误认政权为万能，不分何事，一概以政权强制行之，虽一时能办得成功，了得下去，终归靠不住。以情用众，众乐为用矣。

第八条之解释：“情、众并用”。此层纯赖办事人员之一心为衡量。一事而应当用情，则用情为宜；一事而应当用众，则用众为宜。实则二而一者也。况村范系为人民办事，能情、众实行并用，方能根基稳固，坚牢耐久也。

第九条之解释：“移风”。为政本不必太急，诚恐有欲速则不达之流弊。无如中国正值此过渡时期，迁缓从事，又恐时不我待，不得不求快办之法。其初不无扞格，久而不懈，则自能收风移俗易之效。“君子之德，风；小人之德，草。草上之风，必偃。”惟独真诚感格，持以恒心毅力，最无流弊。自上行下，不用公文例牍，而以手谕宣布，古人有行之收效者。所可虑者，送达此手谕之吏役，稍不谨严，即迹涉烦扰，除严切申儆外，更随时随事设法，使人民对于政治真义，迅速明了，自不患猜嫌谣喙之阻梗矣。

第十条之解释：“严办贩卖”。禁烟前途之大障碍，厥惟以贩卖为业之烟犯。其情可恶，远在吸食诸犯之上。前者，省议会曾有枪决贩卖之议决案，咨部被驳，而各公民团体亦屡以为请，迄未能实施。此之所谓严办贩卖者，含有谨严之意味，期于有犯必获，有获必惩，惩办尽法而已。虽严，仍不出人情以外。类如前者。外县惩办烟贩，有查封其家产，使其父母妻子，怅怅无所归者，则大不对矣。办理此等事，错了法律不要紧，错了人情不得了。此义须归县后，与知事、僚佐、公吏，详细研究之。

第十一条之解释：“村中花钱”。此条规定，甚为明显，最易了解。当与第十三条参看。

第十二条之解释：“息讼会”。此次报告息讼会之成绩，余以为尚未满意，应极力提倡，促其进行。尚有平夙好讼之县份二十余处。欲改良此种恶习，当用何法？其谬见所至，不论何事，总以敢越控上诉为能，虽失败，犹足以豪于有众。余以为：惟独“兴让”二字最为有力。好胜恶败，乃人之恒情；好善恶恶，则发于天性。廉让之风兴，则人心观念当为之一变，竟以能让为美德。此之机纽，县知事实以一身主其动静，而巨绅辅助之。凡事，公家先让人民，大绅士先让小百姓。官绅（不说理，爱占他人便宜）之心理，不铲除净尽，永无兴让之一日。言及此事，可悲可惨！非仅官绅为然，即学生为社会中读书明理之人，而初等有初等之气焰，高小有高小之气焰，中学专门以至大学、出洋毕业，以次增高其（不说理、爱占他人便宜）之观念。政界中，自省城机关科长、科员，以至各署录士、雇员其本身以及家族人等，亦各按阶级而不免（不说理、爱占他人便宜）之事实。军界中人亦复尔尔，或加甚焉。试思：社会人群中，俱生此无量数之（不说理、爱占他人便宜)之人物,岂非枯燥悲惨之人群乎?然则欲免此枯燥悲惨,尚平其不平,舍提倡廉让之风,尚有何法乎?(讲话至此,赵旅长起而发言。略谓:“兼省长讲话至此,吾人宜惊心动魄而自觉悟方可。闻此而不有动于衷者,非人情也。”)勿谓心存廉让之效甚微。人但心存廉让,遇事即可触发,或以检束自身,或以劝导他人,其效力甚宏。盖人群之心理一改,则社会气象自殊。竞争攘夺之风,庶可息矣。

第十三条之解释:“公款、民时”。行政官吏与人民处事,首先须注意“公款”、“民时”二大要义。最易靡费者,公款;最易耽误者,民时。支配公款而有迹涉靡费者,人民对官吏之信仰立失;办理政务而有形同耽误者,人民对官吏之感情必伤。委员自身检点之外,如知事办事而违反此二原则时,委员须结结实实劝说,俾立行更改,庶其恢复已失之信仰,维持已伤之感情,而政治不蒙其影响矣。

第十四条之解释:“选任村长副”。知事、区长对于村长副之选任,首宜主重品行,往往有偏重易于指使,而置品行于不顾者。要知此等柔巽便佞之人,其不能办事、操守不可信、不为村民所信仰,而迎合揣摩,假借利用之术特工,纵易于指使,亦有损无益。倘用此等人为村长副,而使一时幸收微效,亦不能算数,以其靠不住也。有品之人,虽不能处处尽如我意,然而能平平淡淡,稳稳当当作下去,无智名,无勇功,期间稍长,效力渐见。如此,方为有根据之村政治。二者相较,吾宁取此。回县后,须将此义与知事、区长切实说明,力图救济。

第十五条之解释:“办理保卫团”。各县之办理保卫团,切须先设法使人民真能具有此种本领,有事时,真能争先出力,保护乡闾。保卫团为好人所结之团体,些许坏分子,不许羼杂期间。只求切切实实,如家常过日子的办法,万不可只图表面形式美观,而实际上无可靠之能力,则大非兴办团防之初意矣。

第十六、第十七条解释:“主村、附村,均须注意考察协助,应从大处着眼”。此二层为委员亟应注意之处。往往办理村政,只图便利,仅往主村,而置附属之散村于不顾者,以致附村人民,不知村政为何事。至村政之小对小错，不必注意，只从大处着眼。何为大处？如用众，众究竟为我用否？如用情，人情究与此事相贴切否？此二者为最大，其余各条次之。

第十八条之解释："委员报告"。此条非常重要。以其切与村政及委员自身关系甚大。委员大半为学生出身，当以学生时代之眼光为观察，而加以政治上之经验，公平允当，简净明了，作为定评，据实报告。省公署耳目所寄，责任綦重，稍有不当，则耳为所蔽，目为所眩，是非得失，竟致混淆矣。

第十九条之解释："划分村界"。此条为将来之预备而研究，非目下实行也。此事体大，更非预先详细研究，确有把握，不易著手。须知此事与人民担负暨粮地属隶初无甚出入。现行政治，以村为本位，而闾、邻附属之，不可更存都、鄙、里、甲之旧称，致相混淆。为名正言顺计，将来，应将村与村之界限划清。村粮归村缴纳之制规定，则村政之根本巩固。然此事纯系就事实上言之，必须经此一番审慎考虑也。

第二十条之解释："五月二十日之手函"。今年五月二十日，致县知事之手函，相必曾与各县知事共同阅看。此函所言，大能救各县办事之偏失。委员回县，应将此函检出，与知事及各项人员时加浏览，随时研究。但遇困难不易解决之事件，从此函之字里行间，细心搜索，必能得处理适当之办法。

再者，"教育部新规定之新学制，国民小学校与高等小学，能以合办"。从前贫民子弟，勉强能在国民学校毕业者，欲再入高等小学校，即大非易易。因每年十八、九元、二十元、二十余元之费用，不能筹措。而高等学校，距所居之村稍远，更形不便，原肄业之学校时期一满，又不复收容，直无补救之方法。今则大可于各村国民小学校内，增开一简单之高小班，以便就近升学者之向上进取，既不必增加经费，更无庸添聘教员。或以为，不添教员，则程度不能提高；添教员，则经费又形缺乏。此不足虑。简单高等班，非为中学之升学计，乃为学生出学校、入社会、人生必要之常识计，只求能应用于生活，且与城镇预备升学之高小校两不相妨。不过无形中增加国民义务教育之年限，使与人才教育不相混淆而已。委员归县后，务须切实调查，详细研究。知事及办学人员，以为困难否？一般人民对此办法欢迎否？最要者，须明白宣示村中：国民小学之高小班，普通高小也；县治高小专校，升学之高小也。考察有无流弊，据实报告，以凭汇核。

此次所颁发之《禁烟善后办法》，乃集合大众之意见，采择其中之良好者，荟萃而成，为各县禁烟善后之补充，作参考材料，决不有强制性质，一任自由选用。如果各县尚有更好于此者，仍可各自规定，但求于事适宜有益，固不拘一定方法也。此次禁烟，凡有真实不能退、不可退者此等特别情形之烟民，不论多少，一律调查清楚，另外开列，别想办法。万不可任粗心浮气者，操切从事，强迫硬办，致出人情之外，或酿生命之危险，为政治敛怨。更不可扶同隐瞒，失于申明，又无以了解，以致办不下去，则大错矣。老病孱弱之人及孕妇累惫、产育未久者，服和平戒烟丸，当无所妨碍，切勿强令此等人服用曼陀罗丸。至有必要情形不得已时，从由省请领鸦片剂给服，亦无不可。以此治病，以此养志。总之，不与禁烟宗旨违背，皆在可行之例。除此以外，应该退者，则丝毫不敢含糊，绝对得非退净不可也。

次，冯处长宣读(兼省长批答谷委员请示各条并原文)。

次，高厅长起立发言。就兼省长解释第十九条之训词，而推阐申明之。大致注重于划定村界、改定村粮，系为村政立基础，系政治放在民间之根本。其利益于人民之处甚多，且甚大，首先须明白讲演，详细解说，务使村民一致了然于心，俾免谣言猜测，妄事风传；且须知事、委员及掾属、公吏、村镇正绅，公同集议，研究出真知灼见，方可为此举良好充分之预备。云云。

次，兼省长复将禁烟善后问题，重言申明。略谓："阳曲县系分段监察。按全县分为八段，由掾属、区长各担任一段。每段又分为十组，或五组，按期至各段中心地方召集验看。此分段法也。余意，应分段而兼以分等的办法，才能了得下去。假定一县之内，烟民有一千名，其能由村、闾、邻长了下去者，准在八九百之谱。其必由掾属、区长了下去者，已不过百余人。至必须由知事始能了下去者，则仅数十人而已。此分等之法也。以此分段、分等，为用众之方法则对矣。若以为知事、掾属办事之方法，则错矣。何谓认成知事、掾属办事之方法耶？比如分段检查烟民，区长、掾属只为检查烟民之复吸与否,此则认成办事之方法矣。如检查烟民之复吸与否,乃为证明村、闾、邻长之检查属实与否,此则用众之方法也。如分等办法,知事注意数十人,区长掾属注意百数十人,认为注意在退此数十人、百数十人之烟瘾,此则认为办事之方法矣。若以此为帮助村、闾、邻长禁烟,为村、闾、邻长排除困难,则为用众之方法矣。只能分段、分等而不能用众,难以彻底了得下去,即能了得下去,亦是暂时的,不能持久"。这段话,谷委员应当切实明白。回县之后,照此意思,辅助知事,指导掾属、区长。切要切要。

次,陈议长起立发言。略谓:此次在会场颁发之各项印刷品,经兼省长一一解释。诸君果仔细研究,深得其中精义,非仅村政整理,能获圆满效果,即大体政治之进行,亦不能越出范围以外。篇中"政窍"二字,尤发前人所未发。孔子不有政权,虽圣人亦有"奈龟山何"之叹。如政权在握,而倒行逆施,不能与人情相吻合,招尤积怨,覆悚镄辕者,往古前例,岂少也哉!必一己之偏私,祛除净尽,人素情自能与之若合符节。"外来之难与自身之难"二语,真能抉出为政之精奥,治国平天下足矣。村政之整理云乎哉!人不自知耳。反身以思,则得之易易。实施而有得焉,何事不成?何业不就?只此已足,以外不必多言矣。知事、委员能于"政窍"而有得焉,则政治由政窍而发出,无一言一事之不吻合。不然者,纵揣摩极熟,摹仿最工,以之支持一时则可,久且真相毕露,情伪悉见。有识者方为之齿冷,又何能乎全县人民之信仰哉!今更以简约之词,为临别之赠:

(一)"不存邀功心"。善为政者,无赫赫之功,以心作事。不矜才,不使气,自然而然,水到渠成,方臻上乘。稍不自谨,即有心见好,迹涉急功近名之失,贪也、偏也、浮也、脆也。总而言之,不真诚、靠不住而已。善牧羊者,不自诩其勤劳,只视其羊之茁壮蕃息否。善治履者,不自诩其工料,只问着履者之适足轻便否。为政犹之乎牧羊治履。自伐不足以为功,人民即羊也,即着履者也。大多数人民以为善,斯真为善矣。

(二)"不存避谤心"。从事政治之人,切不可硁硁拘小节,须从大处着眼,浮言毁誉尤不宜轻为所动。一存避谤之心,随处荆棘,寸步不能行矣。

即如严禁烟丹，贩者怨之，吸者怨之，若辈岂能说好？待若辈说好，而善良百姓无噍类矣。"如得其情哀矜而勿喜"，罚当其罪、以不忍人之心出之，众以为允当，受者亦无从致怨。由省公署出一方法，而期百五县之一致能行，此则未有之事。瞬息千变者，事机之微也。心得其窍，因应无不咸宜。以大多数人之心为心，所措施处理，必合乎兼省长之心，而个人私德上，更须因身握政权而加谦谨。跬步偶谈，人民视听所及，必将因个人行谊缺欠，而并所施之政治，亦失其信仰。此为尤甚。今日颁之蓝皮书，乃为政之真正标准，大家其郑重视之。

次，兼省长复郑重申明。略谓：崞县赵知事，禁烟十分之九，有过无不及，了得下去，非虚言也。余乃撤其任。该县绅士，多不以为然。余则认赵知事之了得下去，不能算数。因任用硬法子，伊不能持久。何以不能持久？以持久必枝节横生，陷于进退维谷之境。到彼时，势必烟毒复活；再用硬法，人民亦不怕；若用软法，人民亦不感；合用更硬的法子，无从着手，因之招起人民的反抗，致陷人民于不法的地步，反兴大狱。是以办村政，若用不近人情之法子办了，也不算。

次，赵旅长起立发言。略谓：整理村范，为两千余年来之创举，前此未尝有也。最重关键，即在事诸人。先须将自己之身心整理清楚，造成极巩固之信仰力，始可有济。兼座所谓"自身之困难先解决，则职务上之困难，方有解决之望"是也。自己之才力与分量，自己知之最深。欲此事之圆满成功，非知事、委员能自郑重品谊不可。盖希望他人好，先须自己好。切勿误以私德与公务，为截然不相关涉也。云云。

讲毕。散会。

第二次村政会议记录

（十三年八月）

八月十三日，兼省长率同各厅、道、处长官及新委村范委员，在军署大自省堂举行村政会议。于上午八时，各员齐集，宣告开会。

兼省长致词曰：此次委员回省，余逐一询问各县情形。某项办得最好、某事障碍最大、某种困难应如何解除、研究补救方法随时解答，并将各县好办法，择要印出，以资参证。今日开会，先将各项印刷品宣读，各该委员静心听之，如有疑惑，提出质问，务须彻底了解。将来到县，县中办理村政人员，遇事质问，该委员等，即负解释责任。云云。

随即宣读第二次告知事项。

读至第二条，兼省长加以解释曰：公费不公开，收发弄权，最足使掾属、区长灰心。一体共事之人，因此细故，弄得离心离德，知事之办事能力即完全消灭。各委员到县后，宜将此旨宣读，以促各知事之猛省。

言至此，马教育厅长提议曰：收发弄权，弊窦极大。为成全县知事计，应仿照掾属考试办法，以排除之。兼省长答以“容后详议”。

读至第三条，兼省长解释曰：吝小费，指掾属、区长之旅费、纸张及茶水而言。同在县署办事，令掾属出外买水，找火做饭，未免不对。

读至第四条，兼省长曰：用众的根子，首须知事心理上认全县几千村、闾、邻长是自己的好帮手，诚心用他们，对他们就要用一番心，加以帮助督促指导。因自己一人的力量不足，更赖各小段主任帮着村众去办，又须定出一种适当办法来。凡事由各小段主任帮着去办，提携着他们去办，久之，村、闾、邻长自能负责，万不可由知事主任代他们去办。

读至第五条，兼省长解释曰：顺者，逆之反。余去年提出“简、易”二字为政本。今年考查各县所办的事，凡劳而无功，或事未举而民先怨者，皆由不顺之故。凡事能从人心上通下去，就不怕有障碍。所以今年又提出一个“顺”字。各知事办事，应本此；各委员考查知事，亦应以此为标准。

读至第六条，兼省长曰：用人不外乎赏罚。赏罚村、闾、邻长，似乎为难。其实只要行之得当，真爱人者，奖之曰“爱人”，彼必欣然发奋；真误事者，责之曰“误事”，彼必愧辱自励。扼要处，就在知事能用心行之得当耳。

读至第七条，兼省长曰：外县犯此病者很多，尤以第三种病为最为危险。

读至第八条，兼省长曰：现在各县办村政，在好一方面说，百姓办得惯了，认为是一件必须办的事；在坏一方面说，官吏也认为照例的事，毫无兴趣。救济之方，在与知事研究，如何能使掾属、区长下乡有兴味。每次有每次的新法子。古人谓："苟日新，日日新，又日新。""新"就是个有兴趣。地点、时间、言语、举动，能随时有新一方面改良的办法，自能虽劳不厌。

读至第九条，兼省长曰：此段纯由各委员报告。人民厌烦调验，有感而发。最简要的法子，就是不当调验者，不调验；当调验者，必调验。余言其理，该委员等到县后，仍应与知事商议个一定办法。

读至第十条，兼省长曰：调查实与不实，人民自有真知灼见。以后我要将《烟民核计表》宣布，质之民众。否则，各县任意查报，存之省署，实在与否，乌能证明耶？

读至第十二条，兼省长曰：县与县联合、委员与委员联合，当由省署定办法。村与村联合、区与区联合，应由县定办法。欲想政治达到周密地步，此点须切实研究。

读至第十四条，兼省长曰：声明保人责任，是监督烟民的上策。一个保人，比一个警察效力大得多，不可漠视。

读至第十五条，兼省长曰：照这实行，即是不离开村、闾、邻长的办法。切记切记。

读至第十七条，兼省长曰：村长是村政的根子。村长坏了，村政便不会好。以后各县，果能注意访查所举三种弊病，村长就不会坏了。

读至第十九条，兼省长曰：按去年各县拟上来的办法很有好的，但是，后来多数县分莫有办下成绩。只拟办法而不实行，固属知事之过，各委员亦不得辞其责也。省署每核定外县一种办法，即行知委员，该委员等以后必须监督其实行，如不实行，便等于没办法。应随时报告省署。

读至第二十一条，兼省长曰：余甚愿与同寅提倡尚义之风。义以外无利。因贪小利而失义，则得不偿失。贪技能而失义，如写字画画、音乐等，弄成嗜好，心便用不在政事上。贪学术而失义，如研究学问、酬和诗词，虽不算坏事，但须另一种人为之。为官吏者负与人群办事之重责，何可舍其应办之事，而分心于分外之闲事乎？贪逸失义者，如在官吏职务上应计划之事很多，应经营计算的义很大。因个人贪懒，不肯用心，致人群受了损害，这更是违背官吏天职的地方。各县知事，有犯此类病者，委员当随时婉劝，并报告省署纠正。

读至"训令各实业机关"文，兼省长曰：吾人办事看公家之钱固要重，但为实验而所费之钱则不可惜。只要实验的结果有利，纵所费千万，亦当为之，若因自己不操心而耗费公款，虽一文亦大过也。

读至第二十三条，兼省长曰：侵权与姑息，即是御下之最坏方法，各知事应猛省。警务处对于此点，以后亦应研究一个救济办法。

读至第二十五条，兼省长曰：委员报告不说明白，省署下令便不能适合各地情形。以后报告时，应附具意见，以备采择。

读至第二十六条，兼省长曰：稽查队办法现已陈旧，不久当另整顿，先以此法救济之。

读至第二十八条，兼省长曰：利用人好荣恶辱之政治性，分别各村等次，以资策励。谁无我见？谁不愿我好、我之村好？但能把等次列得公平适当，收效自大。

读至第二十九条，兼省长口：能把村了编制好，不论提倡甚事，均有大利。如劝人戒烟、提倡勤俭、提倡家庭工艺等等，使每人每年多添一元钱，是很容易的事，以全省计之，则增加富力几千万元矣。依此计算，只要组织好，能办事，因编村而村长副办公所费之公款，并不算什么。大众须明此窍。

兼省长复曰：整理村粮，不宜急办。急则弄乱头绪，自陷于莫办法之境。定襄此次正坐此弊，费了多大的事，现在还是没办法。应嘱知事详细筹划，时机成熟，始可下手。

读至第三十条，兼省长曰：使人民变好讼为好让，余认为最要紧之事。孙冀宁道尹当函约雁门、河东两道，切实研究办法，助余为之。

读至第三十二条，兼省长曰：此点很重要，应对知事说明。保卫团不在表面上好看，能与人民办了所定的那三件事才对。至于雇人充当的弊病，更应去了，否则不如不办。

读至第三十四条，兼省长解释曰：例如，府十县村花费得很多，本是一件大弊，但村人乐于当纠首。为在社上吃一年好饭，因而把村中应办的亦就办了。酒食靡费，已成习惯。若此刻下令禁止，在官厅，本心为村中除害，然不许纠首在社上吃饭，他们便不到社上，为公家办事之心亦懈矣。故改正之法，须事前切实宣传，使人民渐悟习惯之非是，始可着手改良。

读至第三十五条，兼省长曰：发达棉业，是今日山西经济上唯一的要着。现今世界，棉花出产与需用，差额甚大，且美国向多种棉。近发生一种病虫，产量因而大减。恐怕病虫传染，不能种的连成一片。必须以他农产物间错种之，以期减少虫害。故将来棉价，万无跌落之理。近闻日本某洋行，在石家庄一带，预给农民种子、工资，教以种法，约定日后收获，照市价加几成收买。棉之销路可以想见。官委当竭力提倡，务使人民广为播种。山西棉花每年输出平均八千五百吨。种粮输出每年平均八万吨，是粮食输出之数量，九倍于棉花，而棉花之价额则与此九倍之粮食所得者等。若将此输出粮食之数目，变成棉花，则可增加九倍之价值。是山西提倡多种棉花，无损于食料之供给，而增加富力甚大，岂可忽略？各委员到县，督同各县官绅，切实提倡。实业厅亦应助余规划，务收实效。

读至第三十六条，兼省长曰：求天心重，则尽人事之心减。因靠天而废弛人事，则民食永无充足之一日矣。打井灌田，不上算处，决不强人民打。明知打成有利，而人民不肯为者，一因打一眼，未必能成一眼，打十眼而废三五眼，即没人敢冒此险。二因财力不足。明知有利而无资本，且打出之水，又未必能多灌溉田地。余近觅得一直隶工人，伊有试探器具，自信有把握，能预知某处有水。打成了且比他人打得水量多，正好补人民不敢打井之缺憾。现在试验果有成效。将令其传习一般村民，以期普及。此刻，各委员到县，对村民当先宣传劝导。

读至第三十七条，兼省长曰：十年使一家富很难，一年使全省富很易，惟视政治有活体的组织与否。辽县绅士王家彦，提倡种核桃树，收效甚大,谓:一株核桃树,每年能收利七十元。余谓,即以五角计算,全省已获利无算。各县苟能实行,纵奢侈如大同、晋城;繁庶如新绛、忻县;每年所费,亦不过种核桃树一项收入之利耳。以此类推,各县可办之事正多,患不用心计划耳。

读至第三十九条,兼省长曰:团结好人的法子很难,应与知事切实研究。且看知事本身言语行动,有没有拒绝好人的毛病。知事离好人近,始能找出好人,教好人团结。

读至第四十一条,兼省长曰:官吏委员当先觉悟。旧日,居官不仅说话利害,其阶级确较人民高几倍。今日作官,比人民负的责任大,居于为人民尽力的地位。举凡人民生计困难,不能向上发展,都是官吏的过。

继续关于村政各项办法

读至《用众办法》:"知事用心之路径"一段。兼省长曰:余只就着眼之点言之。各委员到县告知知事,仍应本其经验,用心研究,定一细则。

读至"孝义、汾城之办法",兼省长曰:孝义办法甚好,而成绩少逊者,为煤窑所累耳。以后须注意煤窑中烟赌等事之取缔。谕帖用意尚对,惟文字过深,语气过硬,以后用此法者,措辞要浅鲜明白,命意须恳切和婉。孝义是个好办法,汾城是个好心理。有好办法,没有好心理者,办下去没实效;有好心理,没有好办法者,找不见下手处;以汾城之用心,用孝义之法,始克有济。余意各县,今年至少亦须办到该两县程度。

读至《沁水县奖励村间办法》第一条,兼省长曰:"'记名备选村长副'一层欠妥,嫌侵害人民自由选举村长副之权。"读至第九条,又曰:"奖励村间,是用新字眼好,旧字眼人易滑过,决无效力。"

读至《太谷分别管束烟民办法》,兼省长曰:此系令人负责的好法子。不过盖戳子时,很为难。应盖县者盖区,应盖区者盖村,则失去效力。盖时须求得当。

读至《襄垣保释出所烟民办法》,兼省长曰:此时多用一分心,日后能省十分力。此处忽略过去,日后纵多费百分心力,亦属无济。

读至《临县调戒所办法》,兼省长曰:刘增光就是当管理员的模范。委员帮助知事，与其挑他的错处，不如帮他找一刘增光。以后各县选人，即以此人为标准。各委员考核人，亦以此人为准则。

至读完《防范复吸之方法》已至十一时矣，遂宣告散会。

十四日上午八时，继续前次开会。仍接昨日宣读关于村政各项办法。

读至《神池村禁约指导办法》，兼省长曰：各县提倡村禁约，并无若何困难，只要知事、委员心中常注意此事即可。

读至《保卫团》一章，兼省长曰：黎城保卫团就很好，共抓获案子一千余起。各委员出去，要教各县把保卫团办好。最低的目标，也要比黎城强。其实该县章程最平常，所以能如此者，能实行之故耳。

读至"和顺村民会议"一段，兼省长曰：如此程度，只要县区人员用心用力，即能办到。政治上的事本不难办，难处即在不用心力耳。现在人民尚不会开村民会议，官厅人员应提倡扶助之。

读至"清理村财政办法"，兼省长曰：近来，好村长因村费不清，受控累者很多。若不清理，坏人当村长，营私肥己，或可幸免人控告；若好人当村长，偶因村民对于财政不明白，今天控告，明天反对，灰好人之心，使之懈劲，于村政前途，障碍很大。各委员如能注意第八条办法，实在报告，则村长中之坏人侵蚀，好人受累之弊，均可免除。太原县所定的清查办法，倒很简单，但此种事，最忌官厅揽在手上办。此是村里的事，最好是提倡村人办，帮助村人办，若官厅代人民下手，则劳而无功，且亦不合，不可不知。

读至襄陵张委员请示："富绅烟民，调戒不易，出而复吸"一节，兼省长曰：全在知事设法感动，以激发其天良。遂命宣读太谷安知事致富绅函，并谓：照安知事的办法，既以极恳切的言语对之，复由掾属或自己到富绅家中面述非调戒不可之理由，解释明白在县调戒，正是成全他的，各绅自然感激改悔。

兼省长又曰：知事得罪绅士，不是因主张公道的地方，是因要脾气的地方。吾人事公道是一定要主张的，但为政不得罪于巨室一层，也要顾及。盖咱存一决不让大绅士胡闹的心，而手段上决不用得罪他的法子。譬如他家有贩吸嫌疑，先当面告他，劝他速改，以止谤而免祸；若劝之再三，仍旧不悛,然后依法处置,以昭炯鉴。总之,他的错处,教他改了,正是卫护他,成全他。把权力用在人情以后,人何至把好心当仇怨呢?

各种印刷品读完。

兼座曰:余欲确定以村为单位的政本,设编村簿,把原有烟民分为数等,已戒者若干、未戒者若干,其余如植了多少树、打了多少井、某事已办、办至若何程度,均登载详明,俾办事者一目了然,便于规划,则村长根子确然立起。将来此项办法颁发后,各委员调查填报,务求实在。

知事之魄力不够者,往往抓一当抓之人,有人为之说情,不曰:"法律不可枉纵",而曰:"非我也,某区长也、某警佐也"。如此不负责任,人人将不敢为之出力办事。嗣后,尤宜力矫此习。知事对于属下之有过错者,要以惋惜之心理,行严饬之监督。若属下有过错而反现得意状况,一似自幸其谈言微中,不出其逆料者。此种心理,万要不得,其一味姑息者,更要不得。

赵旅长曰:诸君出外做事,须将自己之职责提高,认定自己是省长的委员,负绝大的责任;无论同学,或亲友等情谊关系,都可不受牵累;要于知事、掾属、警佐、区长之间,担负调和的责任。须知,大家无论分任何职,都是在此共同政治之中,相助为理。必和衷共济,乃是万不可互相猜疑,轻信浮言,因细微末节,致影响及于政治。望诸君于思想上、学问上、人格上、职务上提得高些,勿听细言,勿背后说知事等之闲话,自能迹象胥泯,和衷共济。此临别之赠言,愿各注意。

兼省长曰:今年各委员出去,心理上当比以前热度高些才对。因此,知事、区长、掾属,对于村政办的久了有些厌烦,非设法提起其精神不能前进。当委员者,一方须善于扶持协助,一方须报告得当。本署即据以督促。否则精神一懈,官吏提不起自动的热力,村政前途必退步矣。

兼省长又曰:在座诸员,有无恐怕将来村中负担重者乎?如有则此等心理,应当更换。村政所办的事,无非为人民兴利除弊。无土匪、无盗窃、子女读书、坏人敛迹,这样的钱担负的愈多,人民的幸福愈大。此等负担,回来的比出去的多得多哩!若并此而不负担,失掉的比省下的也多得多哩！负担重不好，本是中国二千年来之定义。其原因以国内统一，海禁未开，无敌国外患，即有变更有亡朝之忧，无亡国之惧。因之人民之所负担者，非官吏之骄奢淫佚，即政府之穷兵黩武。此负担原可不负担。古人之反对负担重者，宜也。今则何时乎？国耻满册而不能备载。近则由国耻而渐及于人耻矣。国将不国，人将不人，若不急图振作，列强还能容吾国若干年之贫弱野蛮耶？前有福建人林某，在台湾住籍，余见面问台湾情形，林曰："人口日少一日，负担日重一日。计前年中每人负担四十元。余甫入晋疆，首询晋民负担多少？知系每人平均一元尚不足。心甚喜之。以为未亡国之民，如是之轻快欤？继则惧之。"余问曰："所惧者何？"林曰："如是之负担轻，能以长保其不亡国乎？国之富强文明，与人民富强文明之负担为正比例。负担轻，即可证明其富强文明不足也。富强文明不足之国家，于今世界，万难久存。且余作亡国民久矣。深知亡国与不亡国之别。为自己之富强文明负担重者，主国民也。为他人之富强文明而负担重者，亡国民也。亡国与不亡国，其人民之负担重则一。英国人民，平均每人负担三十元，与台湾人之负担等。英国人之负担，为发达英国之富强文明。故英国已为半地球之主人国矣。台湾人之负担，则供给他人之富强文明。尤可悲者，其负担若是之重，而台湾人之国民教育，入学儿童，不许过百分之三十，而英国则几人人大学矣。亡国与不亡国之别在此。愿诸君勿以负担轻为满意，山西人民之幸也。"云云。余闻此言，始觉新奇，继而思之，其理不爽。处今之世，舍此无策。古今时势不同，行政之方针亦异。夏葛而冬裘，愚者知之；政治之变迁，智者亦有时而惑。村中之负担，为村民办事，勿嫌其重，所惧者，中饱与浮滥耳。花一文钱，不能办一文钱的事，是当引为大戒者也。

兼省长又曰：从前，政治上办事很宽大，取于民要少，予于民要多。此系一种小仁小惠。若欲大发达，必须为什么办好事，向什么拿钱；拿上什么钱，开辟什么利；从什么地方取来钱，办什么事。昔日美公使商务参赞游晋祠归，问余："晋祠水利费若干？"余答以"习惯上不收"。伊云："与其以不收费，示惠于少数人民，何如收少数人民之费，以推广水利于多数人民乎？"余颇佳其言。不过，晋祠一带水田，人民买时原价，即没估到此种意外的费，此刻不当再收。如定襄旁广济渠的棉地，从前每亩不过七八串钱，现在价值则增加十余倍。若能将此新增的利益，抽出一点，推广该县棉业，岂不更好？如此办去，逐年发展，普及全省，收利无穷，才是大仁大慧。若狃于旧观念，想为人民多办好事，又不肯问人民拿钱，此种宽泛空想的恩惠，不仅尧舜病诸，恐造物亦难乎为力。各委员须明此理，并令全省官民一齐明白。今后，着力提倡棉业，务求逐渐推广，普惠全省。所有定襄北兰台村长种棉的新法，不久亦将印发种棉各县。云。

兼省长又曰：种树一事，仍要竭力提倡。先与村人商议，择其地性宜者，详细计划，切实劝种。劝种之法，当令各村自认，能种多少，责令种多少。自认的过少，就商议得劝他加多，加到恰好处为止。经村中自己认定数目后，官厅即据以考查。本年认下的，令他们全数种下。以后各小段主任下乡时，更随时察看，指导着灌溉保护，下年再考查他究竟成活了多少、不能成活之原因安在，共筹救济方法。照此进行，逐年补种，逐年推广，期收圆满效果。总之，事须人民自动自愿，官厅方面加以督促，处处留心，处处加以帮助。务使可种多少认多少，自认多少就种多少，种了多少要成活多少。

末，由冯处长将各委员应填表式，详细讲解，告以如何留心观察、如何据实填报，扼要说明。时至十二点四十分，宣告闭会。

第三次村政会议记录

（十四年八月）

八月十八日开村政大会。

兼座率同各委员暨政、学各界人士，齐集军署自省堂，宣读告知委员并分别转告官绅事项毕。

阎兼座致词曰:施行村政,采用委员协助制原因,初次举办,路径不熟,且以第一年后须收巨效,故尔沿用至今。兹经各委员条陈,改用实察制,余亦认有改制之必要。理由厥有二端:(一)使知事负责做去。(二)使委员报告准确,绝无些许回护。各该员到县后,将另定考核办法,以各该员所在县之知事真是、真不是、能否据实报告为标准。

余往日常谓民国政治要好,当先开民治路子,其法以改良官吏为必要之先务。所谓改良官吏者,即将官吏之旧习气完全除去。

盖官吏之大病有二:(一)利用法律之条文,不为人群谋幸福,而只图自己之便利。以今之官吏,在法律以外胡行者绝少。例如对于鸦片案件,每本其意思之出入。如法定千元以下之罚金,乃以九百元之数科之,以九百元亦在千元数之下,于法并不违反,但在人情上,则很有说不下去者。盖以官吏办事,专门凭借政权法律,不是与人群办事,为遂己愿而已。是之谓大拂人情。

(二)结合地方之一部分劣绅土棍,做其私心之所欲,缘此种种,行政上生出许多障碍。此其大者也。其次,即官吏自尊之念甚炽。每遇一事,辄动其脾气,以为人民对于官吏,必须有畏惧心,毫不能有违逆官吏之意念存乎心间。于此等处亦要痛改。至县知事有此弊病,各该员如不据实告我,为之回护,则大违我心矣。总之,官吏办事,要以政权和上人情,断不可专任权力,不本人情。至办事效力之缓急,实不必苛求,只求能以良心来办,并处处对民以爱人之心做事,则不可计其缓急,故能办多少即算多少,若徒事权力及欺诈方法办去,随得随失,徒劳而无功。各该委员,应本此旨宣传并监察之。尝有一等知事,其能力聪明,在在过人,惟于做事方面,往往劳而无功,累己累人,甚不若开诚布公,详体人情以为善也。今后各委员既本此考察,余亦本此定奖惩。以上所言,乃关于知事者。

至关于区长当注意者,凡事不要越权。即(一)不当办者,不可强干涉。(二)当办者不要出乎范围。(三)不要图私利。遇有人民请求事项,当速为办理之。此区长之所应恪守,亦各委员之所应考核者也。

近有人告余:有少数村长,不当村长,村中也受其害,既当村长,有时固能办事，有时还能为害。于此等村长不可不察，应帮助人民将他擒住。近有人告余：凡省长耳中所听者，非知事自定办法之呈文，即委员一方之报告，要皆非民间所易做者。故呈文报告虽好，而人民却不以为好。是以今后余之政治，纯粹以百姓之能否感受利益为断，并要清楚民间疾苦和人民之心理。人民对知事究竟如何，实察员遇此事体，亦当为我搜求，使我清楚。

以上所说，此后，余之行政方略有三：(一)改良官吏。(二)分负责任。(三)探求民隐。第一，为各该委员应负之责。第二，与各该员无甚关系。第三，各该员须负一部分之责任。至各该员成绩之好坏，在能否据实报告、改良官吏、使无凭恃政权以图私利及要脾气、用手段、不近人情诸弊为标准。

今有人言：官不好做，事不好办。余谓，不是不好做、不好办，是不好错耳。认错做官路子，不存为人群办事之好心理，沿升官发财之旧意念，自然满地荆棘，舆论沸腾。试观欧美民治国家之官吏，为人民除一害，真能以二三年之苦心苦力，宣传劝导，俟人民自觉后，然后可以有为。现在，中国人民正所谓饥者易为食，渴者易为饮之时也。作官吏者，果能本"诚"字做去，不图私利，不要手段，开诚布公，以政权和人情，剀切劝导，以父母公仆之态度出之，则人之三年不能成功者，我一旦而成之矣。吾故曰：不是不好做、不好办，是不好错耳。

再，各边县委员应注意宣传，使人民明白我晋四周土匪，垂涎山西之富庶，狡焉思逞，当有以备之。或以此事乃专恃陆军者，不知陆军具有战斗能力，利于正式之战争。草寇窃掠，若用大批军队以剿之，犹之以牛捕鼠，徒见流窜而已。盖土匪善跑，流窜无定，若用军队抵御，事属过劳。况打仗利用地利，防匪只在边界，抵御大股土匪窜入易，防御小股寇盗不来难。某口宜守，某村宜防，民团知之切而防之易。且利害切己，当比军队关心。又，军队利于守一县，或数县，民团利于防一村，或一寨。故即有军队驻扎，人民亦不可忽于自御焉。

次，赵镇守使致词曰：日昨，教育改进社开会，全国名流，咸集一堂。

谈及教育，皆云：城市易而乡村难。若不自乡村入手，则教育无从普遍发达。惟自来办教育者，大都着眼于城市，蔑视乎乡村，不独我国为然，即欧美各国，亦以城市乡村发达悬殊。人皆以贪城市之逸乐，而废弃乡村本业为隐忧。彼等对于我晋村政，实深钦佩，以为发达教育，当以村政为基础。余闻之而有所感焉。兼座办理村政，原不限于教育。放政治于民间，根本既立，凡百设施，自收事半功倍之效。全国教育名流，几经研究，方觉村政为教育之根本，讵知我省长将一切政治，寄诸乡村，古人谓无征不信，我辈于此增加多少信心，益见村政为基本政治。再者，适聆省长训言，此后，重视民情，盖往日各官吏热心有余，专重事功，不免稍偏。此后，果能推人情以成事功，则一变而可至于道矣。各委员既知勤求民隐，须从求学下手。子路，人告之有过则喜。禹闻善言则拜。大舜有大焉，善与人同，舍己从人。今人有过，最忌人言。己所不知而人知之，又复嫉妒横生，以视古人为何如乎？各委员果能以求学为心，以改过为旨，知己之过，即时痛改，闻人之善，乐自从之，则人情自顺，决不致凭借政权，以利邀功矣。

次，由陈副处长就事实方面，释明以政权和人情之义蕴。

最后，由冯处长解释各项表册查报方法，并嘱各该委员，体会所发村政法规、令文、辑要与《实察须知》等书，以为办事张本。

至十一时，宣告散会。

第四次村政会议记录
（十五年十月）

十月十三日上午，在军署大自省堂，开村政会议。大众齐集。十时余，兼省长莅堂，全体起立致敬，旋由赵、胡二编辑员，将此次颁发之《告知委员并分别转告各县官绅》文，明诵一遍。兼省长旋即郑重致词。

略谓：我省自战事结束以后，战区人民非常困苦，既受兵灾，更受旱灾，负累滋深。政治方面，决不能使之既受兵、旱两灾，更受烟丹、赌博等累。要知山西政治，非为国家计，亦非为省计、为县计，实乃为人民自身计也。政治既系为人民计，当然先祛除人民之困难及其障害。故烟丹赌博，有首先设法禁制之必要。至清理村财政一端，尤为重要。要替人民想想，因村政而花费人民钱财，第一，要有道理。第二，要出入清楚。各县村财政之亟待清理，余久有所闻知。要知村财政之清理，并非甚难。不过，非旧社会纠首保正时代所可比拟。新村制之村财政，要公开的。人人有监察之权。将来尚需为之详定公民纠察村财政之章程。分定期限，作一结束，作一交代，俾出钱之人，全部了解。大凡做一件事，要到恰好处，偏于此端，偏于彼端，皆不可也。无论说话做事，不偏一方，不趋极端，方为恰好。类如县置掾属人员，只顾衙署职务，而放弃村政之进行固不可；而只顾村政，不兼顾衙署职务者，亦属非是。嗣后，亟须求两全之道，方有功效可言。说到打仗一层，话则甚长。我山西向抱保境安民主义，并不闻问外事。然而保得住、安得住与否？尚有问题。果真山西有强硬之武力，野心家不敢来打耶？抑为不爱山西之金钱、土地、子女、玉帛耶？二者皆非也。然则山西非有可靠之保障不可。保障维何？中央政府是也。山西向来绝对服从中央。以地形上之关系，山西距京师甚近，使中央政府稍有力量，即足以保护山西安然无事。例应报解之款项，山西无不如数如期，运解惟谨。而中央政府能令山西安然无事，山西亦无不惟命是从，仰籍政府威力，保护地方得以平安无事，历来如此。不意比年以来，中央政府之力量日绌，而非中央政府之力量反日见膨胀，山西失却可靠之保障。时移势异，则有非自强自救不为功者。特苦于山西民气既弱，兵力又单，人数既稀，物力更薄，实力有限，抑且倚靠中央，已成习惯，十数年来，积重难返。欲山西一省，于此风雨飘摇中存站得住，非变更宗旨，另想方法不可。方法安在？即一变其闭关自守之政策，而借重于国内之外交是也，简言之，即俗所谓“拉朋友”而已。国内政治力失其重心，迫不获已，而讲求地方之互助。此中苦心，正复繁杂，未易言也。我山西保境安民之宗旨，原为不肯多事，与民休息而定，时至今日，则非有充分之自卫能力，决不能贯彻保境安民之宗旨。此有切譬,类如谷麦、菽粟,固为人类养生所必须,然一至疾病在身,则非药饵不为功。参苓蓍术,固为良药,然值疥疠痈疽,则巨毒之剂,始克奏效,平和温补之味,无所用之,与此理正同也。至此次战费,约略大数,为一千五百余万,地方供应车骡粮秣物料,尚未算入。按全部详计,其数量之可骇,又将如何?作战耶,则耗费滋甚;不作战耶,则蒙巨大之损失。两方顾虑,均属可怕之事。此犹言胜利之战事,倘再为失败之一方面设想,其惊心动魄,又如何耶?我全省军民亟应有互相谅解之精神。谅解若何?不过交悯其苦痛而已。人民对军人,应念其披坚执锐,冒锋镝炮火以保卫地方,在前线作战所受者,乃极人世不堪之苦。人孰不畏死?而军人乃以死力,尽其捍卫之天职。人皆以死为最不堪,而军人阵亡,乃为完成天职,是以其生命节义而对群众牺牲者。军人对人民,则应思其以辛苦之所得,供给饷糈被服,为数不赀,仅就支应兵差一项言之,其艰困损失,亦当悲悯。互相原谅,互相敬爱,情感融洽,通力合作,军民双方,各尽其道。如其否也,不稳固之社会,一经颠扑,未有不冰消瓦解者。此理尤赖诸委员随地随时,广为宣播,俾皆了解为要。又,委员出发外县,发言做事,须时时勿忘己所不欲,勿施于人之经训,事事设身处地想想,然后再做,庶不至惹起社会群情之嫌厌,所查之事件,普通者列表报告,要知地方上得一良好之官吏,其胜利优于一营劲旅也。

兼省长训话毕,方所长对各委员说赴各县查察之方法,并嘱:报告时,宜简要,等语。

继由陈处长讲话。一要明职权。各委员到县,每每越权办事,甚至有直接骂人、责人之事。各委员如此办理,执行官吏又当如何?一要守法令。各委员到县,是处处查察人是否守法,但于自己却每每忘却检束,要时刻守法才对。一要远嫌疑。各委员出去,对同学亲友,若一概拒绝不见,也未免不合人情,不过是某人如何行为,未见前要有斟酌。如与好赌的、好嫖的、好说词讼的常相往来,则多嫌疑,一经长官知道,事虽无据,确系有因。大家要注意此点。一要戒圆滑。办事太圆滑,则不知是非;不知是非,要委员查察什么?石头在山里时,是有棱角的,一冲到河里,东冲西碰,便成圆滑的了。但石头成了圆滑时,还有何用?谁作基础,肯挑圆滑的石头?诸位在学校时,都有棱角,一当委员,便多学得圆滑。圆滑是无用的。望诸位不要学那无用才是。旋又嘱各委员早日到县为要。

散会时,已下午一钟矣。

第五次村政会议记录(节选)
(十六年八月)

八月二十日上午十时,总司令率各厅、处、所长官暨村政实察员,齐集总部自省堂,首向国旗、党旗、总理遗像,行三鞠躬礼,旋恭读总理遗嘱毕,由总司令训话。

云:此次各委员出去办理村政,应向三民主义上注意。三民主义要想实现,村政的关系很大。简单说去,就是除了村政以外,想实现三民主义无法下手。其理由,即因国民党的国民革命是全民的革命,共产党的革命是无产阶级的专政。所以共产党的革命,是要划分阶级,国民党的革命最怕的是划分阶级。划分阶级是国民党自杀的办法。欲免除划分阶级之弊,而实行全民革命,就我省论,以村政为基础,最易着手。我省编村,不大不小。实行全民革命,由编村入手,是最简单得方法,改良一切不平等的弊害,亦就容易得很。所以说,国民革命要以全民为单位,村政就是根本。实行党治,凡不能不以村政为根本。不但山西看村政是要政,就是南京政府及苏俄,亦都以村政为要务。去年,苏俄大使曾定阅我省《村政周报》及《村政旬刊》。其注意村政,亦可想而知矣。最近,南京有人来说,国民革命之下,划分阶级,就是国民党的自杀。所以他们亦想设法化除阶级,以完成全民革命,并指农民协会之组织,其结果亦是国民党之自杀。因为此种组织,正给与共产党利用的一个好机会,比如雇人作工,甲出工资两角,乙出工资四角,作工的人当然是为乙做去。再如招兵,甲方给饷六元,乙方给饷十二元，当兵的人自然是要十二元。试问我们组织农民协会，我们能与农民一个什么好处？就国民党的党纲，对于农民，充其极，不过只能减轻租税百分之二十五，而共产党不但能豁免全数赋税，并能把社会上所有一切资产，归给无产阶级者。就这样说来，组织农民协会，是不是国民党的自杀呢？俄国第一次革命，便是这个例子。俄国革命党有社会、共产两派。社会党专致力于农民，共产党专致力于工人。俄国第一次革命，即是致力于农民之社会党成功，特因对农民为不欺骗之故。令农民以贱价购地主之地，而共产党乘间高唱，若赞成共产党，则无价将地主之地分给农民。此檄一传，全国农民响应，而致力于农民之社会党政府，遂被推倒。革命与处世一样，最怕羡慕破坏本身之对方良法。……农民协会，是共产党成功的机关，就是国民党自杀的机关。要国民革命之稳固，万不可划分阶级，务须组织全民团体。而组织全民团体，村政以外，别无善法。

今年大家出去，不但推行村政，还要宣传党义，务使全民了解我的意思。我革命是为安山西，无论谁扰害山西，我是不让。革命是公道的。革命党不公道，亦是反革命，也一定问他的罪。我并要借着村政，作政治革命的基础，按总理遗嘱上，并无世界革命的说法。因为我们的民族，尚且不能自了，哪里还配说世界革命？现在各处进行党务，收拾的都是好人，庇护的都是坏人，将国民党的信用完全丧失。我们若不早觉悟，国民党及三民主义，将陷于危险境内。……民族主义是我不负人，人不负我，很公道的。民权主义虽说是高调，却是真正的路子，一时纵然做不到，但脚踏实地地做去，总有达到目的之一日。民生主义，说起来很长，概括着说，不过平均地权和节制资本两事。我们细细地研究民生主义的真谛，只有两条路子：(一)发达生产，就是政治家运用科学发达社会上一切生产，世界各国现正努力向这方面进展。(二)解除民生妨碍。民生妨碍是什么？(讲至此，向各委员询问。连询两人，所答皆不得要领。)简单说去，我以为“资产生息”四个字即可以概括。凡是不以身体劳力而获得金钱者，都谓之“资产生息”。“资产生息”为民生障碍。以井田时代之农民，与今之佃农比较，自易明白。古者井田时代，一夫受田百亩。百亩所获，若为九十石，以十石归公，八十石自用，便可以养八口之家，婚男嫁女，绰有余裕。今佃户种地，如亦获九十石，须以六十石归地主，自己所得不过三十石，养四口人，尚虞不足，何论婚男嫁女？就商人说，各处有本七人三之习惯。惟以商人获利厚重，表面上虽无若何痕迹，其实与农民所受的侵占，正复相等。民生苦乐，古今相悬如此者，实由地主与资本家侵夺之所致也。要讲到彻底解决民生，非做到地产归公，资本废除不可。民国七、八年间，进山会议时，余曾主张“田由公授，资由公给”，人民除纳税外，再无任何负担。此实是民生根本解决。为什么孙总理定三民主义时不如此主张呢？他并非不知“田由公授，资由公给”是彻底办法，但从在日本提出革命时起，几经研究，感于事实上之困难，不得不由彻底处，反而走到不彻底处，才定出“平均地权，节制资本”来。现在我听到小学生说：“三民主义不彻底”。其实国民党不是不懂得彻底，是因事实上不敢彻底。从前育才馆学生问我：“既主张‘田由公授，资由公给’，又赞成平均地权，节制资本，以彻底之主张，赞成不彻底之办法，岂不是自相矛盾？”余曰：“进山会议，是学术之研究，不敢不彻底，但在事实上，势有不能彻底者在也。如修铁路，水平直线本为颠扑不破之原则，然按之实际，则不能不有坡度弯曲。民生主义之实行，只可作到‘平均地权，节制资本’。不过，‘平均地权，节制资本’之限度却是无定，惟在审度情事，善于运用耳。自同盟会以至于今，国民党解决民生问题，最适当的办法，莫善于此。”愿大家勿为小学生“不彻底”之言所误，则党国前途实利赖之。

次由赵总参议致词。

略谓：顷闻总司令说“彻底” 两字，余心大有感触。按讲学言之，佛家尝说儒家不彻底。儒家固不彻底，但一彻底即无世事矣。佛之真谛在无夫妇。夫妇且无，孑然一身，真所谓赤条条。假使天地间自今日始，阴阳万物，一切不交是之谓彻底，然彻底固彻底，其如人世灭绝何？天地万物之所以为天地万物，只是个不能不交，交便不能无生。故天地之大德曰生。学问人事，皆从此出。佛曰：“无生”，真趋于彻底，求学者，敢谬执于彻底乎？诸君此次出去，须时时体察。总司令致力革命之意旨。总司令之革命，先从自己身上做起，故将所有财产尽数拿出归公，一切军民各政之款项，无不公开，必能如是，方配革命。古人云："富者，贫之忌；贵者，贱之忌；才者，不才之忌。"共产党之设施，正专门实行此"忌"字。殊不知革命精神，要使富者、贵者、才者不犯贫者、贱者、不才者之忌。贫者、贱者、不才者，亦不忌夫富者、贵者、才者。此非有真实学问，断难做到。余尝谓：学问之道，立身而已。革命初步，厥为立身。诸君须知，虚礼不彻底，能见诸事实，方是彻底。望于学问方面勤加研究之功焉。

旋由张、赵二编辑员宣读告知事项毕。

陈处长就各委员职守事项致训云：（一）此次各委员归来，极愿大家彻底研究三民主义，以便出外宣传，故曾命一试题，看大家是否真正了解。现时，各位的卷子，都已阅过，发下去可互相传观。（二）村民会议，为实行民权之始，须要注意训练。要知，平日无训练，临时绝不能有好效果。（三）要组织清廉政府，先要分子廉洁。各委员职责所关，尤须十分注意。如受人请托、调说词讼、住公共机关不出膳宿费，如此等事，均与革新之旨大背，纵本处一时查察不到，而群众监视，实难遮蔽。（四）实察员须注重"实"字。县知事之好坏，要据实填报。须知，任意恭维县知事不可，任意毁谤县知事亦不可。（五）日记须按日记载，不可拖累，若事后补记，必多不尽不实之处，以后，须按月呈徼备核。（六）无记名领药，原为扫除私卖烟土起见，若旧有烟民，仍须按名派领药丸。如经过四星期之调戒，果无烟瘾者，方得除去其名。（七）委员出去，对于本处发行之报纸，要负责投稿，并稽查各县是否将报纸散发各村。（八）各委员本年出去办事，要抖起精神，努力直前，万不敢退缩不进，致误要公。云云。

最后，冯副处长代表检察委员会孟委员嘱咐各委员，将来检察会成立，如有藉重调查之案件，希望各委员详实助理。云云。

致训毕，时已下午一钟余，遂宣告散会。

第八节 讲 话

训诫学生四则

(一)吾国今日之大敌,即在吾国人心理上之利己观念,舍了这个,说旁的皆是病,以外之治疗法,终无效果。诸生欲做真正爱国爱群,活泼泼的好青年,必须从降服自己之利己观念做起。否则,若大本领埋没于利己观念陷坑中,到死时,随脑髓而化为腐朽,何等可惜!阎锡山手谕。

右谕,寄省内外高小以上官、私立各学校,责成校长及国文教员,于奉到手谕之本星期内,与全校学生明白讲解。

(二)中国最可耻辱的事,无论大小事件,没有不作弊的。驮炭是骡夫,寄炭拉灰的是车夫。偷灰商人则买货作弊。卖货作弊,即放羊、放牛之牧夫,无不从牛羊所吃的草料上作弊。此尚就社会事说。若公家事,其弊更大,是以国事日非,社会日坏。国人之耻,莫此为甚。诸生欲雪此耻,须以自己不作弊为起点,更以不让人作弊为归宿。阎锡山手谕。

右谕,寄省内外高小以上官、私立各学校。由校印发各学生每人一张,或写在黑板上,令学生抄录,责任校长及国文教员,于奉到手谕之本星期内,与全校学生明白讲解。

(三)告谕全省各学生:十八丈高的楼房,根基在地皮下,人却看不见。古人轰轰烈烈的事业,作工夫全在独居自省时,人也看不见。今日欧美先进诸国,登峰造极之富强文明,皆由于这做好。人有饭吃,极平常的政治累上去的,人也不容易看见。是以摹仿盖楼房的多,模仿表面之华美,而忽略其根基;摹仿古人的多,摹仿其功业之陈迹,而不求其工夫;摹仿欧美的亦多，摹仿富强文明之成样，而不寻其阶梯。这真是舍本逐末，终无效果，诸生当深以为戒。阎锡山手谕。

右谕，寄省内外高小以上官、私立各学校。由校印发各学生每人一张，或写在黑板上，令学生抄录，后责任校长及国文教员，于奉到手谕之本星期内，与全校学生明白讲解。

（四）据本省长所闻，外县国民学校教员，因村人有求写婚帖事，该教员不谙体裁，未能照写，翌日，竟潜逃而去。足见充当乡间教职员，须了解社会上普通需要事件，方能见信于社会。且人间之所需，即为学校之所学，若学生不能办社会上之普通事件，所学为何？仰各种师范及中、高、小各学校，均应各自就地调查，如婚丧各帖、典卖契约及社会上一切应用之文帖信函，将其程式编为课本，抽暇教授，使将来毕业后，均能效力于社会。是为至嘱。阎锡山手谕。

改进村制纲要

（十一年）

总说

村制是什么？就是把村子编成个活体；有管事的人，有管事的权；县里、区里管不到的事，应该交村办；村里能自了的事，不必到区里、县里办。可见村制，乃是自治根基，政治起点，要想教人民们安生，非从村制着手不可。现在，本兼省长定下几种改进的办法：①整理村范。②村民会议。③村禁约。④息讼会。⑤保卫团。整理村范，是要把村中一切的事情都整理好。村民会议是教村人都有练习民治的习惯。村禁约，是禁止村中坏人为非作歹。息讼会，是减少人民打官词的痛苦。保卫团，是防堵盗匪的暴动。此外，还有在乡军人，是教人民学习自卫的真本领，虽不在村制以内，村人也应该知道。本兼省长拿定主意，想要把这几种事办好的意思，不外

"化除坏人,安顿好人"的两句话。但是,要办这几种事,非众人共治不可,非人情感化不可,非官吏劳苦不可,非绅、商、学界、街、村、闾、邻长大家热心公道不可。以下把这几种事的办法给你们讲清楚。

整理村范

什么叫做整理村范呢?因为现在乡村中,常有几样坏人,扰乱村中的治安,引诱良家的子女,若不把他们坏人改好,你们做好人,有饭吃的人,常常地受他们的牵累。所以要定一个村范,把那几样坏人指出来,该劝导的,就想法子劝导他;该处罚的,就想法子处罚他,务要把村中的坏人,通同的整理一下。把坏人改好,好人自然就可以安居乐业了。这个就是整理村范的意思。盼望你们实心领会,不要认成什么稀奇难办的事才是。至于所说的坏人,是哪几样坏人呢?就把他列举于后:

(一)贩卖金丹洋烟者。

(二)吸食金丹洋烟者。

(三)窝娼者。

(四)窝赌及赌博者。

(五)窃盗者。

(六)平素好与人斗殴及持刀行凶者。

(七)壮年男子游手好闲者。

(八)家庭有残忍情形者。

(九)忤逆不孝者。

(十)儿童失学者。

上边所说的那十样人中,惟有那失学儿童一项,不能算作坏人。但是,你们既然生下儿女,就应教养他们。为男的,好教他长大的时候,振家立业,不至于落个不能自立;为女的,好教她长大的时候,出门当个好媳妇,不至于辱没父母,所以非穷得万没奈何,总要供给他们上学念书。其余若那些窃盗的、打架斗殴的、游手好闲的、家庭残忍的、忤逆不孝的、窝娼聚赌的,都是足以扰乱村中的风俗秩序,引诱良家子女做坏事的,不知不觉之间,就可以为社会留些坏样子,更可怕的是那些贩卖或吸食金丹洋烟的。你看那贩卖的，图了一时的厚利，甘冒不法，遗害于社会，流毒于子孙，不仅是一旦发觉了，身家俱败，即幸而不发觉，作孽的钱，都要得个罪孽的报应。这不是迷信的话。你看那早先的贩卖鸦片金丹的人，往往难逃这个公例，至于那些吸食的结果，都落个卖妻鬻子，家败人亡。若是为父兄的吸烟，你们为子女的，就要长跪哭泣于他们面前，不改了不起，否则，不惟是不爱你们的父兄，终要连你们自己同变卖了；若是为子女的吸烟，你们为父兄的，就要设法劝导儆戒，勒令改除，否则不惟是不爱惜你们的儿女，结果终要倾家败产，弄个死无葬身之地，到了后悔不及的时候，真是何等悲伤呢！

至于查出这样人时将如何处办？把拟的办法叙于后边。

（一）有贩卖金丹洋烟嫌疑者，令取三家以上之保结，以后决不再有贩卖情事。若有取不下保或不取保者，知事应于以相当之戒监。其戒监之法，由知事斟酌情形为之，并可手谕村、闾、邻长等监视其行动，并报告于区公所。

（二）吸食金丹洋烟者，令其戒退之。其戒退之法，用本署制定之和平戒烟丸暨曼陀罗戒烟丸。和平戒烟丸照章领用，曼陀罗戒烟丸无价散给之。

此次戒烟之原力，在官吏之热心，而把握则在曼陀罗戒烟丸。其服用此丸药之法，尤为其枢纽焉。近据省会警察厅及榆次县知事报告，先后使用之丸药，已平和戒除二千余名，其结果甚好，虽七十老汉，用亦不妨。惟服此药时，愈空腹愈好，尤须在烟瘾大发之际。

其戒烟地点，应饬村中设立临时戒烟会，期村中人民就近戒退，可由家送饭，以免花钱。如虑送饭有夹带禁物情弊，可令送米面，由会中厨夫代做，并可将嫌疑人家属唤来，告以此番戒烟，如果能真戒除，你们为父母者，可以免于冻饿，为妻子者，可以免于鬻卖。你们如果真爱自己，不可有此等举动，使他们明白了，则此等事不致发生矣。但办理此事，必须有热心爱人之村长副或绅士，方能费钱无多，能收实效。如村中无热心村长副、绅士，或离区自治戒烟会不远，或吸食烟丹者为数无几，均可到区自治戒烟会戒除。如距区太远，可就邻村临时戒烟会戒退之。如赤贫无力者，村社应酌量供给其饭食。村临时戒烟会可用村社公款。如公款不足，得向富绅捐助。

戒烟会办法应斟酌本县情形为之。此番阳曲、太原、榆次三县试办结果，三县办法各有不同，而期于肃清全县烟民则一。如阳曲，趋重于官办，就区长、县佐、巡官所在地，扩充或添设戒烟会。太原，趋重民办，多设立村戒烟会。榆次，两方并进，除村戒烟会外，并设戒烟分会于各村庄，就村长管理，加官吏督促。兹就以上办法论：趋重官办者，易办，恐生隔阂，官吏必须热心，方能收完全效果。趋重民办者，省费易普，恐生松懈，非有热心之村长副，难收实效。各县应斟酌本县情形，取适合之方法为宜。

年在六十岁以上之老人，应令其领和平戒烟丸，自由戒退，免其送会，戒断后报告村长。

妇女准其在家领药戒退，但须责成其家中男丁负戒退之责。如果女嫌疑人较多，能在会内或分房，或分期，令其入会，尤为切实。

如有疾病者，由闾、邻长证明属实，准其延期，俟病好以后，再行戒退。如确有吸烟之嫌疑而不服戒除者，可由知事调验之，如果验实，按法惩办。

（三）有赌博、窃盗嫌疑暨窝娼者，由村中公社监视之。其窝娼之人，如能不取结，设法讽劝，全其颜面，使之改悔更妥。

（四）向好斗殴暨持刀行凶者，应责成其家长或族长，严加管束。如系借房居住者，须由房主予以严重之儆戒，若不改善，不令住房，均可使其务正业而化为良善。

（五）忤逆不孝暨家庭残忍者，应责成其族长、邻长，加以相当之劝诫，及监视干涉之，并予以适当之救护。能使不孝者变为孝，不慈者化为慈，固上策也。否则，忤逆者减其忤逆，残忍者减其残忍，使老勉强得其终，幼勉强得其长，亦可稍籍，补其缺憾。

（六）壮年游手好闲者，勒令各就职业，并与之介绍。

（七）失学儿童，近据各委员考察原因，大约分为三种：

一种是因学校不便而失学者,应由县督饬村长副等添设学校。村庄小者,各设简单学校。数小村相距不远者,或合办,或行循环教授。

一种是无故失学者,应劝令入学。

一种是因贫失学者。因贫失学,应分三等办法:

甲　稍贫者,令其农暇入学,甚则免收入学费。

乙　较甚者,由县款补助课本。

丙　极贫者,免其入学,并于区村户口册中登记之。

此外,尚有残疾失学者,可免则免之。如此办理,不甚费难,而国民教育行政,亦可彻底矣。

你们细思各村都能够照这样办好的时候,岂不是人人都是好人,家家都有饭吃么?到这个地步,是何等的安乐太平呢!你们应当彻底领会这个意思,日后遇着不明白的人,就给他们讲说。一个传十个,十个传百个,务使人人都清楚了,同心协力地做去,这件事才能够得到圆满的效果哩!

村民会议

我曾说,改进社会是很难的事。非街、村长副、闾、邻长全能热心负责,不算起点;非人民全体觉悟,不算到头。村民会议就是人民觉悟的道路,哪一村先办,哪一村先好。山西各县的村子向来遇事,亦有大家商议的习惯。我承认此习惯,正式定名为村民会议,教它扩张起来,仍先按习惯自然做去,暂不拿上普通议会的法律勉强他们。

村禁约

整理村范,大家已经明白了。这村禁约的意思你们可知道吗?简单说,就是把村里所有的坏人坏事,由全村人民定了一个办法,违那一项者,罚什么;违这一项者,罚什么;一条一条地写出来。违者都得受罚。你们看照这样办去,谁还敢做坏事呢?村中既然没人敢做坏事,那岂不成了一个很安生、很发旺的村子了吗?你们的财产也不怕人霸占了。你们的儿女也不怕坏事习染了。你们看村禁约办好的时候,何等的安生!何等的快乐!这就是本兼省长,教各村办理村禁约的意思。

还有一个意思，大家要认清楚。村禁约是全村人共同议定的，全村人应该遵守。就是，村禁约是全村人的禁约，并不是村、闾长个人的禁约。不要因为村、闾长不热心，不费力，你们就不管他了，那么，就是自误了。以下附的一个村禁约的格式，你们也要细心看看。

村禁约的格式：严 行 禁 约

一、不准贩卖金丹洋烟。

二、不准吸食金丹洋烟。

三、不准聚赌窝娼。

四、不准打架斗殴。

五、不准游手好闲。

六、不准忤逆不孝。

七、不准儿童无故失学。

八、不准偷窃田禾。

九、不准毁坏树木。

十、不准挑唆词讼。

十一、不准缠足。

十二、不准牧放牛羊踏坏田禾。

十三、不准侵占别人财产。

十四、不准……

十五、不准……

（说明：如违本禁约所列各项，应由各村按照村中习惯酌量处罚，或送区惩治。）

息 讼 会

世上吃亏事情，没有比打官词再厉害的。你看那亲弟兄不说话的、本家不一块儿祭祖宗的、本村不一块儿办社事的，大半都是由打官词闹成的。本兼省长每逢听见这椿事，就伤心得很，所以就定了一个息讼会条文，公布全省，教人民遇事，自己解和，万不要轻易进衙门。这会的好处很多，最要紧的，就是不花钱，不费事，不劳心，不伤和气，冤枉不了人。办好了，真可使村中没有打官词的人。尝说不怕官厅怕乡村。那理屈的人，自然就不敢和人争斗了。但是无缘故，谁肯求人解和？谁肯给人解和呢？此处，非教人民大大地醒悟一下不可。闹事人清楚打官词，实在是件坏事；村中人清楚他们闹下仇气，一定与村中不利，到这时候，那闹事人和说事人，自然就都乐意了。还有个要紧地方，就是解和人的人品，要公公正正，不能有丝毫偏心，而闹事的人更要晓得人家白白地为你们说事，你们真得听人家的话，感人家的恩，这才能够把这个会办好哩。你们要知：一村想安生，非一团和气不可；想一团和气，非没有打官词的不可；想没有打官词的，非把息讼会办好不可。

试办整理村范会议席上对阳曲等八县知事讲话

第一次会议席上讲话（十一年三月三十一日）

讲旨：整理村范，不难于办，而难于知；不难于知，而难于信。

今日召集会议，原为研究整理村范的办法及调查一切手续。原定村范六项之中，尤以禁烟一事，关系最为重要。倘若山西的烟禁不了，眼看山西的百姓一天比一天穷，死亡的一天比一天多，山西也就算没望了。所以整理村范规则第二条第一项，即注重贩卖鸦片金丹的人。但是当日对于吸食鸦片金丹的人，尚无具体的办法，所以未曾列入。现在，本署新实验一种戒烟的丸药，名为曼陀罗戒烟丸，有瘾的人，只服一丸，就可戒退。此药在省城已戒退一千余名，毫无流弊。有此妙药，则吸食金丹的人，应添入村范之内。况且吸食的人禁绝了，那贩卖的自然也就没有了。现在一般吸烟的百姓，尚未能自己醒悟，自动地去戒烟，所以仍不得不用官厅的力量。可是诸位要知道，想用官厅的力量禁烟，非先把烟民个个都调查明白，劝导他们彻底地醒悟不可。但是各县人口，大约均在十余万以上，以知事一人之心力，欲知此十余万人之谁为好人，谁为坏人，似乎甚难。即推至一区长、一村长，所管亦有数万人或数千人，欲使其尽知谁是坏人，谁犯某项禁条，亦非易事。是必有一办法，即先从检查好人入手。各处好人多，而坏人少，当为一般人所公认，假定好人有七成，即将此七成、八成人除去，所余的二三成人，自然易于注意了。果能照此法办理，坏人自难逃官厅之耳目，而禁烟不患不能收良好的效果。再，各县可将村编为号数，如某县第一村、第二村之类。村能编好，行政乃有条理，所谓如指诸掌也。将村编好公布，不仅对于县区行政裨益良多，即对于上级官厅之稽核，亦甚便宜。要之，整理村范之事，无论制度方法如何，其能否推行无阻，惟在知事之能善用所属人员，寻得替手，则事易办。譬如知事治百数十村之一县，要费二年的工夫，政治乃能推行下去，若能令全县各区长起而分担办理，则有半年工夫，就可以推行，再能令百数十个之村长分担，都能替知事办事，则用不了十天的工夫，就能推行无阻了。至于区、村长等之能否办事，全在知事之善为驾驭督促之而已。至对于百姓要拿真心亲爱他们，使他们感动，乐于听从。知事之心要放在民间，真如亲母之对他儿子，自然无微不至，若如奶妈之对小孩就不免隔膜了。百姓之心，见知事之爱他，真能如同他们的亲生父母，焉有不感泣听从者。要之，凡事不难于办，而难于知；不难于知，而难于信。须令百姓明白：知事办事是为百姓好，非为对付长官，譬如知事下令禁烟，百姓相信知事是不忍见他们因吸烟而卖妻鬻子，家败人亡，自然感激流涕，争先改悔，焉有隐瞒不告之理？为知事的不能于此处痛下工夫，只为功令而禁烟，鲜有能收效者。再说，办事要家具快，即须寻得好替手之意，亦即对于所管之掾属、法警、区、村长等，须留意查察，方可得其臂助。正如工人之得有利器，方能善其事。否则知事一人之心力有限，纵费尽心血，政治亦难圆满收效。但是，办事亦须自己不惮劳苦，实心去做，若自处于逸，而予人以劳，则亦误矣。

第二次会议席上讲话(十一年四月七日)

讲旨:知事不拿出心则无办法,百姓不知道知事的心,亦无办法。

我在上次会议席上说过,办事要家具快一层,大家要格外注意。此次各县送到表册,均经阅过,各知事尚能注意于此,将来必能收效。前天,有人以村长副不负责任为虑。余谓:惟在知事设法,令他们负责,万不负责时,可同区长想法办理。总之,人与人之间,惟关系在声音颜色。知事对村长副,务要以至诚之声音颜色,感动其心,焉有不负责实说之理?果能以至诚之声音颜色,说至恳切之话:禁烟真是为救百姓。对为父兄者,以不忍其子弟之日就死路为言;对为子弟者,以不忍其父兄之杀身破产为言;对为亲戚者,以不忍其亲戚之身死户绝为言;以至诚恻怛之心劝导的,至能使百姓下泪,焉得不痛改前非?彼为村长副的,若不实说,就是不愿其村人之生,而唯恐其不死,果能以这话感动其心,真是要救他们的生命,焉有怕得罪其人之理?诚如是,则一切困难,迎刃而解。为官吏者,真要从此点处用功,存心爱百姓,百姓虽死不怨,存心敷衍,无处不同百姓结怨。无爱民之心,不能办事;百姓不知其爱,亦不能办事,惟在为知事的于此点处痛下工夫而已。一法不足以办事,倘有爱民之心,无处不是法,是法皆足以救病。余对知事只要百姓无一人吸烟者。知事果能本余不让百姓吸烟之心而禁烟,则知事自有千百方法以禁烟,而烟未有不能禁者。否则,余历告知事以千万法,而千万法无一可用者,于禁烟绝无半点效果也。且禁烟之结果,一不犯罪,二要救他们,百姓何乐而不为?其不能收效者,知事之满脸官气,声音颜色,已拒百姓于千里之外矣。为知事者,宜于此处猛省焉。要之,知事不拿出心,则无办法;百姓不知道知事的心,亦无办法。知事临查毕离村时,可对众吩咐,嘱令村长副负监视之责,并应问明白有无困难之处,把百姓和村长副的隔膜,当场全行剖解,才能使百姓和村长副一团和气,百姓始能乐于听从。再将耳目托之区长,令亲察村长副等之能否认真办理,果能如此办去,收效自然容易。

第三次会议席上讲话（十一年四月十四日）

讲旨:知事对人民讲话要简明扼要,办事要提纲挈领

官吏对人民讲话,总要推心置腹,尤须切实扼要,如用快刀斩丝的法子,三两下便要解决。不可看他们程度太高,你说文话,他是不懂;也不可看他们程度太低,说理处你哄不了他,须以简明切当为要。教他们吃肉不可,教他们吃糖又不可,总要把咱的心与他的心,融洽一处,才能使他了解,使他感动,亲爱之中,又须有严厉之气。今天,我看你们送来编村户数表册,有二百多户为一编村的,亦有二三十户的。编村户口过少,事不好办。一编村应负担之一切经费,二三十户如何担得起?比方雇佣一个壮丁,总要身高五尺以上才算合格,若以二尺以上之人必不能负担工作。二三十户之编村,实等二尺高之壮丁也,不堪负责。但居住零星的地方,十数家一村,若按照编村户口编制,则彼此相距太远,亦不相宜,应本此二义,从速改编。又,某县专以城内为一区之编制,我以为于行政上大不便利。如城外之村距城甚近,而划归第二区,距区公所往往二三十里之遥,遇有发生事件,诸多阻碍。区长遇有调查,或其他重要事项,每因多费时间,致生种种隔阂。至于太琐碎的办法,亦难成功,须要提纲挈领。如知事到第一区如何调查、如何处置,必使第二、三等区区长闻风兴起,早为筹措;甲编村如何调查,乙编村即积极准备。总之,知事提不起各区长,不能办一县的事;区长提不起各村长副,也不能办一区的事。天下事错综复杂,须知以简驭繁之要窍,方可了之。

第四次会议席上讲话（十一年四月二十八日）

讲旨:本爱人的苦心,用个别的治理

我阅览各县、区、村戒禁会报告,均系一律之法,我不赞成。在教育家说,要用个别的教授;在政治家说,也要用个别的治理。一般的教育,教员太省力;一律的政治,官吏太省力。教员太省力的教育,必不会好;官吏太省力的政治,也不会好,所以此处非由检查区、村长入手不可。何人可靠、何人不可靠、何人应去、何人应留、作知事的，要把全县的区、村长一个一个都认清楚了。能负责任者，限期赶办；不能者，限期撤换。再说，一律之法，确有两种毛病：紧，则怨声载道；松，则徒劳无功。大家要十分注意。又如造来的调查表册，千篇一律，看过其一，余则不看可知。这都是操心未到的缘故。应当斟情酌理，各具各法，使阅者一字未完，则不知一字之意，这才算法子呢！至于有人不敢用曼陀罗戒烟丸，是他心里还不明白的缘故。你们应该对他说：此丸既经省长通知服用，他操的心必定比我们大。现在，省城戒烟局服此药戒除者三四千人，毫无流弊，你只服用可也，不必有其他顾虑，他自然也就不疑惑了。再说，此次整理村范事务本属繁难，我本打算亲自试验一番，以定可否，后因事未果，今由你们三县特别办理的意思，你们可要知道，是预备为他县作模范的，非有确实的把握不可。你们并要认定这整理村范，是为人民除毒害，不是为省长办公事，那笼统敷衍的法子，全是不中用的，非把人民的心提起来和你一同办理不可。至刘知事条陈失学儿童用夜班教授的办法，我们都应当留留心。昨天陈议长说，夜班教授适用于工业国家，不适用于农业国家，说的很有道理。如果我们不察究竟，将失学儿童悉纳之于夜班，白天受苦，晚间上学，他的精神能来得及吗？近人有一段极巧妙的话，谓：吾人不识“人”字之害，远不及受教之苦，可见，轻重倒置，也不是办法。况且绝对的教育普及，日本尚有所不能，并非办之不力，法之不良，确有不得已之事实在焉！此处各知事尚得设法考求。于此尚有一极要之问题，大家试一研究。假定拿获游手好闲的人，能有不费公款而可以制裁之法子否？我听说英国有人利用养活无亲孩童的工作，筑成四十里长的房舍，合价在二万万元左右。反观我国之管狱员，率领成年的犯人作工，每不足衣食之用，究竟缺点安在？有何改善之法？大家真要研究。又，我见各知事报告接洽村长，改组编村的办法，尚不彻底。编村本非易事，你们仅就村长接洽，是何异隔靴搔痒？甲村之人不愿与乙村联合，是地界之关系，非村长之关系也。今日有数的村长你们可接洽，将来无数的村长亦能接洽耶？此所以地的问题，不能当作人的问题来解决也。现在，我尚有个编村的方法：先由我们定出一个户数的标准，让人民自由集合；适此标准者，准之；不适者，驳之；惟相隔太远之零星小村庄不便联合，亦可变通办理。你们大家以为如何？近世人情轻薄，最富于挑拨性，官厅稍一不慎，辄贻人以口实，所以现在办事，非把心操到不可。尚需悉心研究，妥为编制，总以人民乐从为主。至于办理戒烟会人员，我以为宁求之于乡间老百姓，亦不当求于有差有薪有学之人，因事属认真，非带有习气之人所可敷衍。孔子说："十室之邑，必有忠信。"我看这忠信的人，就是能为百姓办事的人。县知事要找不到时，可用辗转介绍的法子，先由公正热诚的少数士绅起，一个介绍两个，两个介绍四个。好人总不能说没有，全在设法耳。烟丹较多之县，非用此根基确实的办法不可。你们到了乡下，因村长副、闾长一句话，把他邻家问了罪，他一定不敢说。你们应当使村中人民全明白，这回调查是救人的意思，不是问罪的意思，村长副、闾长自然就敢说了，村中的人民也就不怨恨村长副、闾长了。此次整理村范办法，于这一点，关系极大。所以第一次会议就与你们说，不难于办，而难于知；不难于知，而难于信。知事要不能使人民信得过这一回事是与人民为善的意思，知事就不能知道村里有多少不善的人。你们二县要努力办理。将来成绩可观了，为他县做个模范，可使他县知事、掾属到境参观。那么，我们的村范就有成效了。我们的政治根子，也就扎下了。

第五次会议席上讲话(十一年五月十二日)

讲旨：知事拿上法律威权爱人，人必不愿；拿上心力爱人，人必乐从

我阅读刘知事报告三条：(一)上次调查，遗漏东社庄村吸食者十余人，此次均前来自首。问以何故？答：官厅既不问罪，人民何乐而不愿学做好人？(二)该处烟民共一百五十名，分三期戒除，皆争先恐后，愿在第一期内戒除之。(三)上次调查无故失学之儿童二百八十三名。此次复查时，上学者已百余名。我以为第一条最好，余二条亦是好现象。按此法办理，总可成功。咱此次戒烟，全凭曼陀罗戒烟丸。前听南处长说，警务处用曼陀罗戒烟丸，已戒除者三、四千人，均无流弊。曾有七十老汉服之，亦毫无妨害。你们到县调查时，可将此话告知人民，劝令服之。又，我听张知事虑及嫌疑人的家人送饭，有夹带烟物情弊。余意：用官力戒除者，此种情弊，实属难免；可令送米面，由会中厨夫代做，并可将嫌疑人家属唤来，加以精神教育；告以此番戒烟，如果真不能戒除，你们为父母者，不能免于冻饿；为妻子者，不能免于鬻卖；你们如果真爱自己，万不可有此等举动；使他们明白了，则此等事，自不会发生矣。妇女入会戒烟，虽已定为办法，如村长证明有不得已情形时，仍可听其在家戒除，退瘾后向村长声明。至于吸食者再犯时，送工厂作工一节，亦无不可，但办理工厂，不如办理农园。农园易于收效，难于管理；工厂易于管理，难于收效；可随时随地酌定之。欧阳知事设立村戒烟会四十处，两月可以戒完，然安得如此多的热心村长副？办理此事，要爱人的心够，尤要爱好的心够，才能办得去。按三知事所述各节，阳曲趋重官办，着手较易；榆次取官民合办主义，太原趋重民办，省力易普，恐生松懈，但均能用心做去，不惮烦难，皆可见效。刘知事所发现之三条好现象，是知事与民间无隔阂所致也，真要把心放在民间，才能除去隔阂。不可专用文章，文章是隔阂官民的墙壁。你们须潜心留意做官妙法，是在把心放到民间；最可怕者是旧日官权官威，同现在的法律观念，时常拿个怕损了官权，失了官威，破了法律的心，对付人民，永不能与民洽和。拿上官权、官威同法律的硬法子，就是救他，他的妻子还要骂你救他，他的朋友还是怕你救他。所以从前自己的子弟吸烟，父兄能气得哭，但是官来拿人，父兄直是着急地为他瞒说：现在他不吸了。所以拿上法律威权爱人，人多不愿意。今后不将那法律威权制民的旧法子，换成以心力爱民的新法子，虽善政，人民亦不能乐从。余尝谓：无论何法，有一分硬，即有一分隔阂，多一分隔阂，即多一分困难，因为硬法子里边没有心。用一分心，就要减一分硬，就是一分容易。你们看看母保赤子，有一点威权和法律的心思吗？所以小孩子能长大。奶妈子奶孩子，是讲面子的，所以小孩子易于受病。我说没有一个不会做官的，只看心力够不够。我说到此，你们大家不免有个疑惑：用硬法子收效易。子产治郑，前三年，“孰杀子产，吾其与之”；后三年，“子产而死，谁其嗣之”；只能用硬法子办下去，人民也是感恩戴德的。即以禁烟而论，贩卖者枪毙，吸食者连坐，一年之内，即可肃清，办时固不免落怨，办后亦足以感人。此话诚然。但时代不同。子产时代，命令即法律，法律即舆论。故能以慈母之心，行严师之法，而收郅治之效。居今日之时代，如欲取法子产，谁许之乎？今日做官，不只威权难用，惠亦难施，解决此难题，非心力不可。盖官与百姓接触者，是心而非官，是人而非法，专以法为治，则偏于硬，硬则生隔阂。世间事用硬法子不能办理者，用软法子无不迎刃而解。可见法之于人，似严而实宽；心之击人，似宽而实严。我们从今日起，另换新法，以图治效。至吾们前次研究退瘾后再吃的办法，各知事主张不一：有主张惩办者、有主张将其人姓名对众宣布，以示羞耻者。我想，如此办法硬而脆，等于前清衙门打小板子，军队上打军棍，万不会有效的。余谓：要望人改过，应保存其羞恶之心，予以自新之路，常令其人内心有所忌惮，不敢为不善。若对众宣布，是破其羞恶之心，安能望其改过也。美国福利车工厂，工人作工时间，比他工厂减短，工资比他工厂又大，而每年赚利比别的工厂加多。有人叩其故，工厂主人则告以美国工厂习惯：不用犯过罪的人作工，我的工厂不忌此等人。遇有犯过罪的人来，并不使他人明白，只按其所犯罪之过处，背地里教训他，到他改了以后，他感恩心重，所以他做工亦力。可见欲劝人改过，应保存其人之廉耻，使勉于为善也。还有句话你们要明白：所谓软法子者，非一味宽之谓也。

第六次会议席上讲话（十一年五月二十六日）

讲旨：对于属僚应诚恳指导，放任与干涉，须要认识清楚，用之得当。换家具为办事之要诀

今天，看刘知事报告申斥区长一节，余觉申斥办法，甚非待属僚之正道。指导较申斥为宜。申斥是硬法子，是有脾气的法子；指导是软法子，是亲爱属僚的法子。亲爱属僚与对属僚发脾气，长官之用心不同，属僚之感受亦异。某区长之错处，不在不能办事，而在专用力办事，而不用心办事。一个人的心，有感觉与性灵两种力量。凡人长于感觉者，多不长于性灵；

长于性灵者，多不长于感觉。某区长，乃富于感觉，而缺于性灵之人，为长官者，苟能因其人性而详为指导，裁其过而补其不及，未尝不可以成全其人。此种道理，不仅你们三县应当知道，乃吾全省做长官者，俱应注意者也。余于此当有一言，诸位应当留意研究：世间最专制者自由，最干涉者放任。认定吸食烟丹不好，原本乎人心之理性，以法律威权不准其吸食，即为专制干涉，其实专制不到十分，干涉不到十分。今以其心之理性制裁其欲性，便是自由，便是放任，其实，真可专制到十分，干涉到十分。总回来说，就是说，拿上法权专制住、干涉得教他好，不如唤起他的良心，教他自己的理性擒住他的欲性，他能好。说到吸食烟丹上，千自由，万自由，只吸食烟丹一点不让他自由；千放任，万放任，只吸食烟丹一点不让他放任。说到赌博上，千自由，万自由，只是赌博上一点不让他自由；千放任，万放任，只是赌博上一点不让他放任。放任是使他自己的理性放开，干涉他自己的欲性。自由是使他自己的理性自由，专制他自己的恣性。你们不要怕人放任，不要怕人自由；是怕那你们不能教人自由，不能教人放任。当教习的，要使学生放任与自由，不但要费尽身力，而且要费尽心力。做官的，要使人民放任与自由，不止要先之劳之，而且要亲之爱之。放任、自由是比专制、干涉难。如使欲性自由，欲性放任，那就等于教习杀了学生，做官的杀了人民也。总之，无论官吏对于百姓、教员对于学生，心与心不能相见，到底是个浮皮了草，是又大宜注意之点也。做官最应注意者，须有好帮手。法子虽好，人不对，便行不去。前清衙役皂吏，到处勒索，重苦人民，现虽变作区警、助理员等等名目，习气仍未尽改。每逢到民间办事，唯恐百姓不望而畏怯，哪能说到与民接近？作知事者，最应注意此点。留心劝戒，勿令区警、助理辈，障碍知事爱民之心，致与人民多生隔阂。要知人民受官吏之刻薄，直接怨及官吏，间接便怨及知事。怨及知事犹小，因怨而致政治掣肘难行，其影响实大。今日为政，并非官厅心不对，亦非方法不对，事须人办，坏人行好法，终无成效也。余办理民政，已经数年，自问毫无对不住百姓的心。然余意：百姓仍不能无怨于余者，帮手不得辞此从中隔阂之咎也。余甚愿同寅，协恭民事，力改前此官办法。不然，终久了不下吾们事来。我又见各知事报告上有以保人不负责及贩吸烟丹再犯为虑者。余谓:取保问题,应当审慎行之。再犯问题,余意不至没有办法。不但再犯有办法,三犯、四犯、五犯,俱有办法。譬如第一次认烟民全系好人误入烟丹迷网,设戒烟会劝其戒退。第二次犯令具结。第三次犯令取保,好人渐出迷网,下余坏人渐次减少。最后,所留怙恶不悛者,寥寥无几,则设烟民院,使长时间作工。日本禁烟,收烟民于轮船,一火焚烧。我们固不忍实行此法,然此外法子甚多。走至如何程度,酌用如何方法,不必预先设定也。虽然,于此两个紧要关节,不能不与诸位叮咛:第一,烟民知而故犯,全是人心问题。余尝谓:为政不从人心下手,毫无办法。固应于劝戒之中,施以教育,喻以感化,以引申其良心上之自决。人心有同然,无人不可感。第二是初步禁烟,紧记要以人待人。管理狗的人,若使狗疯了,他便没有办法了。吾国前次行政,实无异于驱民使疯。好好百姓,到了衙门官署,皆作践其廉耻之动作;一切文告,皆离开人心的办法;官与民之关系,皆是使民心不安。真是迫民使疯,大要不得。余甚望诸位留心于此也。前几天有人对我说:革新区警、助理员问题,略谓:此项人员如不清白,暗中吸食烟丹,最不足以服人心。此话真是根本问题。须由换门面、换招牌的法子,从根本上革新。譬如学兵团,坏也是些学生;在乡军人,坏也是些农人。门面招牌一对,弊病自然减少。我国前次招募军警制度,与好人不当兵等俗语并行。不换门面、招牌,好人谁干军警职务?所以余意:非换门面、招牌不可。诸位对此,想亦无甚疑虑也。

第七次会议席上讲话(十一年六月九日)

讲旨:除却法律的硬法子,用心力感化的软法子,此中窍要,全在火候。而做知事的尤应将全副精神,贯注民间

此次办法,即另找一条道路之谓,和从前的办法大不相同,譬如前日面向东,今日面向西也。大家须要彻底觉悟。何以要换这个法子呢?因为从前的法子,已将穷了,不能再走,换言之,即是将以前所有的办法,完全扫除。然则从前的法子是什么呢?即铁与钢、五金的硬法子,此次所需要者是橡皮的软法子。从前硬法所以不用者，因对于贩吸金丹鸦片之莠民，用徒刑惩治，其结果是禁止为非；今日软法子所以用者，因对于贩吸金丹鸦片之莠民，用诚心感导，其结果使乐于向善。若云从前的法子没办完全，仍继续改正进行，则所谓失之毫厘，谬以千里者也。现在总要知事们费事，不要知事们轻快。今天你几位知事才来，所以我申明古法子，并非古时不能用，今日不能用也。吾等不敢比古人，且何敢轻古人？时代不同故也。即如子产之法，古时能用者，因其所出之命令即为全国公守之法律，所颁之法律，亦即全国之舆论也，故能行其法。试问居今日而言贩烟丹者枪毙，吸食者行五家连坐之法，三年固可尽清，然现在一用此法，则为违法，如之何可行？所谓硬法子者，即按照法律办罪之谓也。夫法既不同，则家具必须更换。假如警佐、区长、掾属之声音颜色不脱官气，则不能与人民接近。然换家具尤须改门面，前此陈议长曾痛言之："以巡警衣服招巡警，则所来者必非正人。如欲得正人，须先换警兵之牌号"。其言最为痛切。故衙吏警役以百姓之心为心，便能与百姓融洽一处；知事、掾属、区长换不成百姓的心，则永远做不到爱百姓的事。余常谓：要希望一县村制办好，全靠一县之知事。如整理村范所列之前九项，应除去之，末一项失学儿童，应救济之。此十项是一个题目，请各知事要做到好处，知其中办法不合各县情形，一条不用均可。余所最期望者，将所有十项办好，即算合格。目的总要相同，方法不必一致，万勿拘于办法也。再就阳曲、太原、榆次三县经过程序，给大家一个定理："凡事不能使人民乐从，终无办法，亦终无效果。"所谓法律、区警、监狱，均非根本办法。此你们最要注意者也。今日要知事热心固不待言，又要知事们懂火候，如蒸馍然，无火不可，太过亦不可。你们须斟酌该县士绅情形如何？对于知事的感情如何？人民对于知事信仰力如何？所谓火候者，即做到人民乐从地步之谓也。更有一句话：大家得受点累。不过知事多受一分累，则人民感情多融洽一分。余谓：区长到村调查，不如知事，意即在此也。至于太原村戒烟会款项，半由县筹，半由各村人民摊派，故断而再吸者，因受众人诘责，当然不敢再吃。榆次张知事在县城内某花园另设房间，预备将有嗜好之士绅及村长副请来戒除各办法，均属可行，希用心为之。余于此更有数语：对于戒除烟丹人民，应有三条根本上办法：第一，就吸食者本身而言，应加以精神教育。第二，就家庭而言，应醒悟其父兄负监视劝导之责。第三，就社会而言，应造成一种不吸食烟丹空气。空气者，即舆论也。此三层能办到，便是无上的好法，即为根本上了悟。世上第一等人是爱人，第二等人是自爱。太原各村长，以摊派款项、禁止烟民再吸一节，是爱钱的法子，非爱人的法子，尚不能为根本上办法。但在民治幼稚时代，亦不可少此办法也。更有要者，救人要从人情上救人，万勿拘泥法律章程也。省城用曼陀罗戒烟丸和平戒除者三千余人，个个无危险，希知事归后，宣布此丸功用，绝无危险。瘾大者令服二粒。盖办理此事，惟在办事者精神贯注耳，如专凭一章程，万无效果。法无所谓好坏，当杀而杀，杀人亦好法也，不过知事将此事靠人办去，亦颇难得力。知事须将全副精神贯注民间，如太阳照于宇宙，无地不有，无物不化，以造成各村中之善良空气。旧日知事不愿人民办事的意思，即唯恐人民办坏之谓。有人说：事情均由人民自办违背法律，余谓：一法不能办一切的事。如果村长为人而违法，不为一己之私心而违法，均不可听其自办。居今日中国而言不违法，则烟民及一切事，永不能做到完美的地步。试问不准人民拿获盗匪，一县盗匪你们能尽数拿获否？不准村长干预烟犯，一县烟民你们能悉数知道否？我想一定是不能的。希各知事将好人不如衙门恶习惯完全扫除。提携人民办事，加以诱掖奖励之工夫，自可收事半功倍之效矣。你们大家须按各处情形，斟酌办理，两星期后，再来开会。现在农忙，不可妨害农事。此次回县，须先整理掾属、区长、助理员、巡警，再将不作农之村长召集，说明整理村范意思。尤应趁此时机，鼓舞学生，热心劝导，使村中人民多明白一个，则村范多有一分效验。余与诸处、厅长曾论及日本，对于不能登报宣布的事，由政府令知各处国民学校教员，由教员为学生讲解明白，由学生传告其家族。现在，可令国民学生做此等事，须要全神贯注耳。太谷安知事令距城二十里之国民学生每月到城月课一次，此亦好机会也。好机会勿令错过，记在心里，写在日记上，遇机便办。盖知事办一县事，如太阳照物一般，无往不是太阳，即无处不是机会，最可怕者，云彩遮蔽耳。遇有打官词的人，也可令他代某捎说一句话：断狱之间，寓爱民之意。人民焉得不感激？只要知事精神贯注，无往不是精神。其感人之易，若水之就下，流行之速，甚于置邮而传命。赵旅长尝说陆稼书做官之历史。余以为，陆某亦无特别本领，因其精神能贯彻全县，故人民爱戴之，非特不敢欺，且不忍欺。如某命案发生于陆某甫行去任之后。后任不知凶手为谁？陆某曰："必系某人！"已而访获，果承认。有人问："何以不发生于陆令在任之前？"曰："不忍为陆令作一命案，致当处分。"观此一事，陆某于全县人之好坏，无不了然胸中，可见其平日之心在民间矣。至某凶手不犯案于陆稼书在官之日，而发生于陆稼书去任之后，亦可见人民感戴其仁化之深也。余尝谓：人非木石，孰能无情。知事能以陆稼书之心为心，则人人皆可为陆稼书矣。希各知事均勉之。今余就阳曲、太原、榆次三县办理所得之效果而概论之：注重民办者着手难，收效大；注重官办者着手易，收效小。众力易举，理所必然者也。我以为行政上无难事。只要知事能自处以劳，而后可与人民融洽。君子之德，风；小人之德，草。有诸己，求诸人；无诸己，非诸人；如此办法，日久自可见效。如太原现已办完，以后可多用简明纸片，说明某村长办得好，某村长办得不好，以示激劝，但措辞须斟酌其身份，不可用奖诩过量之语。其余各县，万不可用文字，需用声音颜色，剀切劝导，方为适宜。

第八次会议席上讲话（十一年六月二十三日）

讲旨：利用商学各界，鼓舞村比较

我看了你们几县报告情形，村长副之能否负责，关系极大。对于村长副负责，须用提倡、引导、鼓励三种方法。村长副负责愈多，事愈好办。太原欧阳知事将一切事情放在村长副身上，让他们自行处理，虽现在未作到美善的地步，却是提倡村长副负责的一个法子。忻县区戒烟会管理员，以公正士绅及本城内医生充之，此法最好。医生照护戒烟人，就服曼陀罗戒烟丸后状况而言，可得许多经验及救护之法；就教训劝导烟民而言，医生劝导他们,比普通人容易取信。我欲令育才馆学生编成讲义与他们讲说,即是此义。至于服曼陀罗半粒、一粒之区别,实以瘾之大小为准。闻警务处划分此药,其所含之成分,确与烟丹相反,故有戒除效力。再,余对于太谷有点不放心。人群中有上进之心,诸事易办。太谷因富而败,精神萎靡,实难补救,故欲整理太谷村范,非将全县人民精神挽回,使各个人民有上进之心不可。太谷烟丹最多,非太谷现在的钱多,乃是精神到了振作不起来的缘故。他县整理费八分的力量,太谷总得费十二分力量,才可与他县一样。金丹流毒深入人心,故大多数人民,均无作好人之心。现在要教他们做好人,那岂不是如同教病体复原一般吗?病体复原非修养元气不可,增加作好人的心非振刷精神不可。太谷精神为金钱消磨殆尽,应将他们未消磨的精神找出来。如日为云遮,总有未遮之处。太谷烟民戒除之事,全凭官吏办理,万不会有效,须请出该县热心之正绅,与官吏竭力提倡,唤起人民的精神,结合爱人互助及自励自爱的团体,以造成一种上进的空气,方能扫腐败之积习,收善良之效果。余以为,他县如炭,太谷如灰,欲使太谷发光,应先拣出未烧过的炭,设法燃烧。至定襄钟知事,将每区分五小区,每小区各请二人;又召集公正士绅、商号人员、各校教习、各村国民学校校长,通同到县,说明此次整理村范之用意,托其分别传播,务使各项嫌疑人均改邪归正,倒是很好的办法,不可放松。余常谓:商人、学生为社会之中坚分子。商人最接近人民,念书人说话也容易有效,惟为数太少。钟知事利用学、商两界传播精神,是有把握的,有轨道的,久之,于不知不觉之中,自可造成一种善良空气。各县俱应仿照。小区办法亦好,太谷安知事亦应仿办。惟太谷商人尊荣已久,有些习气,用时须斟酌耳。将来某村、某校办得好,可以写信鼓励,或请奖亦可。旁人见他得奖,办得比他还要好。所谓人之好善,谁不如我?此用众之法也。又譬如某村成绩好、某村人热心,可以说给各村听听,或利用纸片,令他们知道,时时鼓励人民好善之精神。此亦用众之法也。总之,整理村范,如能用慈母训育儿童的热心与方法,自能推行顺利,受人民之爱戴矣。各村与各村有彼此争相为善之心,久之可造成好善的舆论。做好人何难之有?前清有钱的儿子,争吸大烟,借此夸富,养成一恶习惯。今反其道而行,岂不一样收效吗?此即所谓上有好者,下必有甚焉者也。

第九次会议席上讲话(十一年七月十四日)

讲旨:知事要与人民共心,并应鼓励人民向上的精神

我听说,寿阳李知事整理村范绅界促进会及学界讲演会,俱已成立。办法甚好。太谷安知事,亦应仿此办理。惟太谷承商业疲敝之余,人民多习于萎靡,整理村范,尤须知事有充分之精神贯注其间,方能收效。又,太谷夙擅商富,物质颇形发达,而精神不足以承受之,故曰即于萎疲。此后,须著力使该县之精神足以承受物质为要,而振作人民精神,尤须籍商人宣传指导之力。诚以商界中人,实为社会之中坚分子。乡间百姓与士人距离颇远,而与商人交接甚近,故商人之言语往往为百姓所乐听。今日之整理村范,非籍赖商人之力不可。欲籍赖商人协助之力,必须有一种组织与办法,方能使商人贯串官吏与百姓中间之隔阂。从前官吏与商人,病在距离太远;而绅士与官吏,则病在接洽太近。吾国孔孟学说所讲者为“仁学”,所行者为“仁政”,恪守中道,原无过不及之差,而历代相沿之积习,乃适与相反。故商人多以不置问公事为是,而绅士之涉足公庭者,又时抱一占便宜,不说理之心;遇有热心爱人者,则群起非笑之,目为迂拙,斥为不合。而今日整理村范等事,所赖为出力帮忙者,则非有爱人的热忱不可,故对于商人,要使与官吏接近。其次,籍赖绅士,尤不如籍赖学生为易于收效。小学生天良纯洁,救护人的心,比大人还要切些,我最爱之。盼望各县知事均参酌李知事办法,变通行之。至知事对于掾属、区长及村长副,要专心信任之,才能办事。即间有哄我者,亦宜忠诚恳告,使减去其欺哄之心,万不可逆料其欺哄,而不信任之。做知事的,要与百姓共事,非与百姓亲近不可。此次出巡,见警兵有持棍打人之举,是官吏欲与百姓亲近,而因巡警之持棍打人,反使百姓距离愈远,故巡警程度不够,于政治进行,反生阻碍。以后各县警佐衙门,要兼一点警察学校的性质,每日上课数时,好好教训警察,以除却行政上之障碍。知事对百姓说话,要简单明白扼要。余尝谓:不可看百姓程度太高,你说文话,他是不懂的;也不可看他们程度太低,说理处你是哄不了他。做知事的要与人民共心。如能以心相见,本上心说话,则人民心同理同,自会了解。为政又要寻得窍要,进行方能顺手。整理村范之窍要,在鼓舞村团体,使村与村比较,互相争美。古人常说:人之好善,谁不如我?此相勉为善之说也。余此次出巡,见太原欧阳知事时常下乡,随在停驻办公,遇事即时解决,各知事亦可仿行。知事如能时常下乡,于人心上,必增加许多感情;与行政上,必添许多便利也。余闻安知事述太谷某村调查烟民事,心中动一感觉,以为:调查烟民,莫肯实说,直待掌责,而始报得一人,此种社会现象,就觉冷如冰霜,与所谓互助爱群者,相去太远。故欲救今日之人群,必须如火如汤,沸腾腾的,社会乃现活气也。今日需要做官的心理,较古时尤为难。古时做官,对于人民,能做到个若保赤子,便就够了。今在民治主义之下,做到个若保赤子才做了前头的一半,那一半还要教子弟管家。子弟有一分管家的能力,就是兄长减一分管家的权柄,这一个心理,是中国历史上没有的,但是非要我们去做不可。办理整理村范、息讼会,非拿上这个心理不能成功。现在我们中国,是学术乱了的时代,一切的法律章程,最容易离人心远了,所以救人的事,有时不能泥守法律。做知事者,要肯担上错救人,才够个惠人,才能了得下现在的事。今日诸位要想彻底地整理一县,非教人民心上信你是个好官不行。我说理不愿意从高处说,今日希望大家不能不说得高一点。就是说,县衙门为一县主张公道的枢纽,一切的动作,不要说不教人民口非,并应该不教人民心非,假使人民有心非的情形,就不能与人民共心了,只可以共法律,共威权。要拿上法律、威权与人民共事,维持现状则可,提携民治则不可。再,撮要言之,前日中国一切政治,人心是冷的,是死的;今日要重事整顿,非反其道,行热的、活的不可。再者,若村中有怙恶不悛之人,经村人发觉后,应由村中以禁约处理之。所罚之款,归村社公用,与刑法上之制裁,可视为截然两事。

整理村范在军署自省堂对各知事人员讲话

整理市、村范预备会对各知事人员讲话(十一年九月)

讲旨:去外县与省城间的隔阂,实行政治放在民间。并说明,照中央法律禁烟,不异于奖励人民贩烟丹。

此次,请你们各县知事来省与会,头一样,就是要去外县与省城间的隔阂。怎么样去外县与省城间的隔阂呢?分开来说,第一,你们外头办事的困难,不只是应当教我知道,还应当教各厅、道知道。第二,我施政的宗旨、施政的方针,你们也要知道,做到这两层,隔阂就算去了。你们外头的困难,大约不外两种:一种是各县共同的普通困难。一种是一县单有的特别困难。你们都要提出来共同讨论,不便写的,口头提出;不便和我说的,对各厅、道提出。总之,你们应当解除的困难,一点也不可存留,对我的办法,要十分、十二分地明白。这回办事,丝毫不敢含糊。有一分困难,就留一分遗憾;多一分隔阂,就减一分效力。此等处实在是不可忽略的。

第二样,就是要你们参考省城和已经办过各县的情形。你们看看省城是怎样办法?精神怎么样?再看看他们办过的各县好处照做,坏处小心。他们八县知事,亦已来省,彼此切磋,与你们办事很有好处。这是我们请你们来的两层意思。今天诸位也没有什么提议,我不妨说说我的政治要旨。咱这一回的办法,不外一句话:要把政治放在民间。因为政治实在是民间的事,按理应该如此。这种主张,也不是我一个人的见解。今日言民治者甚多,不过他们所谓民治,与我的意思不同。他们是加上教育,使人民明白以后,把人民拉在政治台上,我是要从启发人民公道心入手,把政治放在民间。按我们中国今日的情形来说来,做后一层易,做前一层难。就譬如盖房子,人家是新房子已成的时代,我们是旧房已拆,新房未成的时代。这是时代教我们如此办,大家不可以不知道的。进一层说,中国就照此办来,结果也总能顶得住他们,因为我们是要与人民共是非曲直，共人情。孔子的道理，人民还能懂，难道说与人民共是非曲直、人情的政治，人民不懂吗？我认定他们是拿上条文法理，拉上人民来；我们是拿上人情心理，放在民间。这就是我这回施政的理解。说到办法一方面，放在民间这句话，究竟是放在县对呢？还是放在道对呢？我以为县、道都不对，放在村顶对。所以我名之曰"村本政治"，以一村为单位，组织成有机的活体，使人民有自动的能力。现在，村乡的老百姓毫没有一点的权，稍微有些事，不是走七十里、八十里到县里解决，就是走四十里、五十里，到区里解决，而且在家静坐的人，也有时不保招来祸端。俗话说，闭门家中坐，祸从天上来。你们看，像这种情形，人民对于自己家事还保不住，那时，怎样还能说到自治吗？这又是不能不实行村本政治的一个理由。还有一层，你们应当留意。现在办法与从前的办法，有大南大北的不同。从前是往南走，今天要改往北走；从前是少数的，今天要改多数的；从前是法律的，今天要改人心的。为什么要这样呢？一层是应该如此，一层是不能不如此。你们试当反躬自问一回，是不是这个法子，比别的法子彻底？再看看西洋历史和现在的报章杂志，人民的倾向都是向这边走，不如此做，真不能行。你们不要认整理村范，就是咱村本政治的精神。整理村范，不过村本政治的第一步。再说十项嫌疑人中，只有金丹洋烟最难。六政考核处办理已经三年，有什么效果？像这样办下去，再办三年，也是无效。大家再想想，假定咱生在子产、管仲时代，施行五家连坐的办法，一定可以了下这件事；一定也能落个前三年怨声载道，后三年感恩戴德。可是，有一层，从前诸侯的命令，就是法律，也就是舆论，现在省长并不能如此。我曾对司法部表明过一个意思：照中央所定的法律，禁烟丹不异于奖励人贩烟丹；禁的愈紧，烟丹的价值愈高；烟丹的价值愈大，贩卖的人愈多；你们看这条法律的路，能主成功吗？这样看来，我们真是幸福而生在这个时代，教我们更上一层楼。使用比从前更好的办法，也未尝不是时代成全我们。我们就是费点力量，也真是愉快得很，乐观得很，有兴味得很。再说一层，在从前，法律禁烟时代，儿子吸烟，父母痛恨；男人吸烟，女人痛恨；父兄吸烟，子弟痛恨。做官的禁烟，正是成全他们的儿子，成全他们的男人，成全他们的父兄，他们应当如何感激！乃结果适得其反，不仅不感激，反极力隐瞒，极力庇护。官吏禁烟的辛苦愈大，攻击官吏的人民愈多，这又是法律办的一个缺点。况且烟民为数很多，我们能完全抓来，放到监狱里去吗？其势有所不能。所以要取劝人戒烟的办法，也就是人情感化的主意，也就是民之父母的办法。你们细思，假定咱有儿子吸烟，咱一定不愿教他坐监，愿教他改悔，自己对于儿子如此，难道百姓对于儿子不如此？为什么总要教百姓的儿子坐监呢？所以实行法律的办法，非碰回来不可。说到这里，也还有个大南、大北的问题你们要知道：咱这办法之中，也不是没有法律，不过不是以前的法律；也不是不收拾人，不过不是以前的那样收拾人；不是不杀人，不过不是从前所用的那一把刀子。有人说：这办法不行。一说是感化主义，孔子还不能行，我们如何能行？又一说是父亲还不能感化儿子吸烟，别人如何能行？你们要知道，孔子是没有政权，有政权总能办到。孔子相鲁三月，而鲁大治，不是个明证吗？至于父亲感化儿子，本来就不如官厅。官厅是有政权的感化，父亲是单一的感化。咱此次的法子，看看是软，实在是硬，这又是你们不应该疑的两点。还有几句话，我以为，人身上总是有两种力量：一种是公心，一种是私心；一种在里（公心），一种在外（私心）。凡事不关系于私者，才能一直达到公心。这是我断定公心在里的证据。《书》经上也说："人心惟危，道心惟微。"人心就是私心，道心就是公心。法律只能摧残外头的私心，不能发动人里边的公心。我们的办法，得力处在发动人里边的公心。釜底抽薪就是一个好比喻。况且吾人做事，只要拿出里头的力量来，与天人共事可也，所以此次要把法律和威权调后，人情、心理提前。你们想想，我们做官吏的，比人民的父亲差着许多，还要热心救他，他还不能感激吗？还有一层，我们这政治完全是要做到民之父母的程度。不过你们要知道，作人父母，还分两截。咱这次只作到如保赤子的程度还不行，还必须做到子弟自己有管家能力的程度，才算卸了责任。所以我前头说，要将政治放在民间，希望大家抖起精神往前做，作数十百万人民的父母，实在比一二子的父母，快乐得很咧！

对各知事讲话一(十一年九月)

讲旨:对待百姓应以自己儿子为标准。不愿意加于自己儿子身上的事,也不应该加到百姓身上

现在的学生很不满意官吏,他们在化妆讲演台上,开口便是嘲骂。我以为他们看见的是前清末年的旧官僚。现在山西的官,决不是那样子。前清末年,我也入过官场,真是万恶聚会的地方。孟子说:"天下所亡,必若桀纣者也。"前清末年的皇帝,其过恶如何比得上桀纣?所以亡者,就是吏治坏的缘故。我平时默想,中国的县令可分七等:一、分赃主义的官。二、混事主义的官。三、度口主义的官。四、逞能的官。五、买好的官。六、负责任的官。七、爱人的官。前三样,我想着现在的山西没有的。"逞能的官"和"买好的官",不能说山西没有。前三样的官固然是要不得,就是把"逞能"和"买好"的心打消不了,也是没有办法。因为什么呢?因逞能的官专以狡猾手段,对付士绅,愚弄人民,认掾属为木偶,看区长如奴隶,到了三年后,若不调任,几不能自存。买好的官,表面上看起来,像是不错,但考究内容,都是从买好的心发出来的,不是从乐好的心发出来的。买好的心是假一方面,乐好的心是真一方面。从假一方面着手,就做到认掾属为奴隶,看区长为牺牲,凡能买好的地方,就不免牺牲掾属、区长,成全自己名誉。那些嫁祸于人的事,在所不免。此两等官吏,初到任时,尚可敷衍下去,以后,越走越塞,所以还算不得好。世上次好的官,是负责任的官。最好的官,是爱人的官。负责的官,对于一县内应办的事,全认为是自己身上应办的事,所以遇事即办,毫不推诿,他对于区长、掾属能热心办事的人,十分亲爱,并不肯稍有损伤,真称得起个与僚属和人民共事。若那爱人的官,又高出一等了。他拿上爱人的心做事,拿上官权的力量,推行爱人做事的心。古书上说:"匹夫匹妇,无一不被其泽",那就是指爱人的官而言。那爱人的官,他处处替人民一想。以民心作民事,与人民相共以心,就是有多难的事,都要办到。如大家还用逞能和买好两层观念做官,漫说不能与百姓共心,并说不到与百姓共事。你们今天不要高谈圣贤,阔论中外,就按一人身上说,譬如你们儿子吸烟丹,你究竟愿意他入会退瘾?还是愿意他犯罪坐监?以理而论,我不愿意加于我的儿子身上的事,也不应该加到百姓身上。如此方可谓爱人主义、父母儿子的主义。再说一句话,对于成全个人儿子,说到难处真难,不过咱取他容易的地方。若拘泥其说,待我之子,如人之子,此墨子之道也。我常说,拿上物质与心的两方面,对待自己的儿子;拿上心的方面,对待人民,那就既无兼爱之过当,复有与人民以心共事之表现,就算对了。孔子说:"如得其情,则哀矜而勿喜。"爱百姓要在未犯法以前,拿上那一点爱儿子的心爱他,才能收郅治的效果。假如还要用旧日逞能、买好的两种法子,便越闹越糟,毫不含糊。总之,要把一县办好,非把知事化成全县人民不可;要想将村范整理好,非把全县人民同化成知事又不可。如此,知事不拿出心则无办法;人民信不过知事的心,亦无办法。各位知事须从此处痛下功夫,自能做到化民成俗的地步了。我今天简单说。你们办一县事,须将爱你儿子的心,作为行政理民的一个标准。你如何盼望你的儿子好,也应该如何盼望百姓好。你不愿你的儿子学坏,也应当不愿意百姓学坏。你们也曾看见过官厅抓获吃烟丹人,他的父母、兄弟、妻子,定要骂你抓他。假如官厅用良心上话劝导他,他的父母、兄弟、妻子,是喜欢你救他。可见,同一事实,用官厅的硬法子,便与人民结怨;用良心劝导的软法子,不特他们乐从,并感激得不得了。两者相较,岂不是天渊之别吗?为政并不难,只要能视民如子,与人民共心,便就够了。希望大家用心去做,不愁不得成功。

对各知事讲话二(十一年九月)

讲旨:做官吏的应去其浮心,用真心爱民,自能收事半功倍之效

我今天用葫芦浮于水中,一面是自己警惕,一面是警惕僚属及各知事也。近来,我们一切计划,都是很好,一办便坏,皆心浮之过也。大家有什么话请说出来。我此次要和大家共心,真要想大家回到县里用心办事,与百姓合一,万不可稍存客气。咱们今日不是交朋友,看面子,真要相共以心,相推以诚,为人群主张公道,为百姓图谋幸福。如此要紧关头,还敢不说吗？某知事起立云：“我从前认定禁止烟丹，非严厉的法律不能肃清，这几天听了许多讲话，才深信专用严法，是不能成功的。”兼座云：“法律的功效只能禁人为非，不能使人为善；只能使人恐惧，不能使人乐从。我注重用心办事者，就是要使你们心上明白了以你之心感人之心。不凭法律办事，专靠良心办事，不特禁止烟丹可以成功，即办理一切事务，亦均可成功。所谓执一而胜万也。我再说不注重法子的缘故。因为法子是死的，假如人不好，就拿上好法子也要办坏。我各种印刷书籍上说这个道理是很透彻。你们应该细心研究。你们见了我的公事，万不可当作一纸空文，忽略放过，那其中都是我很费过心的。”某知事起立云：“应聘请好绅正人，充当村长副。”兼座云：“此说甚对，然在自治声浪澎湃之时，恐不易办到。只要知事将心操到，教好人出来办事，何愁好人不能被选为村长？”某知事云：“职县有几个村庄，有好人不办事的情形，后经知事在该村集众演说，对众指出某某是正人，是热心的人，后均选为村长。”兼座云：“可见知事登高一呼，提倡好人做事，那好人自然情愿出来了。知事的困难，我所知道的，不过十分之二三。但我确知道用从前的法律硬法子禁烟，村中人民是隐瞒你，用现在的软法子，村人是报告你；从前对于此等嫌疑人，无证据不敢抓他；现在不要证据，就能教训他，管束他。拿从前的严法子，费上许多力量，不过能抓获百分之一二；拿现在用心的软法子，就能全数抓获。简言之，就是从前禁烟是从恨人为非的心起，现在是从爱人为善的心起，所以从前所办不了的事，现在都能办到。岂不是比法律利害得多吗？反过来说，从前知事费一分力，今天是得费十分力；从前知事得一分利，今天就能得十分利；从前人民是看知事的笑话，今天是愿意帮知事的忙。”某知事起立云：“我听了此段讲话，大为觉悟。”兼座云：“为政有个窍，得其窍，则如飞艇行空中，一往顺利。今天要授大家以政窍，不免取譬太远。我这几天所说的话，大家不要误会了。你看，从前的政治，是不圆满的，不说理的，还能勉强擒得住百姓。今天，我们主张公道，热心爱群，还怕擒不住他吗？申言之，我们处现在时代，非如此办不可。这几年，学生的运动，开口便骂官僚军阀。你们若不于此时打倒官架子，站在新场子往前作，学生们真要和你们反对，百姓们真要起来做学生的后盾。山西大的前途，尚不知坏到什么地步。你看何等危险呢？昨天，我给县视学说，凡事都有个公道，寻出真正的公道，即谓之"窍"。知事在县，无论办什么事情，能以便利人民为前提，即为能得其窍。设知事召集村长副开会，使他们多等候三天，那就增加三分障碍，减少三分效果，假如见了百姓面，或对百姓说话，又不能诚恳亲切，相见以心，那就更要减去了许多的效果。如此则与百姓隔阂而成二心矣。既然与百姓二心，还说得到与百姓共事吗？盼望大家回去，豁然一新，痛改前非，先与百姓共心，然后与百姓共事，才能达到村本政治的美满效果。"

对各知事讲话三（十一年九月）

讲旨：国民学校为行政的枢纽。应利用学生宣传之力，以收实效。并解释村禁约、息讼会、保卫团、在乡军人

国民学校为行政的枢纽，学生明白了，可以对他的父兄劝导；教员明白了，一方面可与学生说明，一方面可与村人说明，效力都非常之大。这次的事，知事衙门和国民学校中间，必须有电线，常通声气，人民才能家喻户晓。进而言之，国民学校教员，与村长副也有莫大的关系。村长副比车，国民学校教员就如车上的油。车无油，则不能行动；村长副无国民学校教员帮助，村政亦不免进行迟缓，这是诸君最应注意的一点。

这回，他们榆次、阳曲、祁县、太原、平定、忻县、定襄、太谷等八县办理村政，都是费力多而成功少，因为他们是陆续调查，陆续清楚，实验地办。你们是先清楚了，有了把握，然后办。你们回去也先要教区、村长清楚了，知事择日召集区长传习，区长择日召集村长传习，务必尽上心力，让他们清楚了，然后才能顺行无阻。我已选定几种印刷物。如：《改进村制办法》、《敬告山西父老》等等，你们回去时，可以带去，散布各村，教大家明白。如果商学各界有能行的人，你们可帮助他们，组织团体，到处讲演。真要教百姓明白：办好，是与他们自己好，与旁人并没有什么关系；哪一村没坏人，哪一村的人不受害；哪一村的儿童全上了学，哪一村的父兄没有糊涂子弟。这都是极平常的道理,只要与百姓讲解,百姓没有不明白的。此外,还可用一种鼓励的方法。到甲村演说时,说乙村办得多么好;到乙村演说时,说丙村办得多么好。人是有我见的。只要你们用心往起提他的精神,万没有提不起来的道理。至于演说,也非达到人民半了解,或全了解的程度不可停止。再说区长、掾属下乡,开村民大会的时候,不妨叫人民同同高唱:“贩烟丹的可杀,吃烟丹的可怜,赌博的可恶,窝赌的可恨,上学的儿童可爱,失学的儿童可惜。”以及“谁是一村好的妨害,一村莫把他让”等话。你想想,果然我们山西一千万人民,同同喊过这些话语,同同发过这些誓愿,我们山西还能不好吗?

关于村禁约,你们下乡演讲时,也要注意。按我村的情形,历来就有“吃禁约”的习惯。每逢到了立禁约的时候,村里杀一只羊,大家吃了,遵守禁约,俗话谓之“吃禁约。”这种习惯,我想各地方,虽然大同小异,但是到处都有,你们下乡时,总要为人民讲解明白。这回并不是由官厅另外定出一个禁约来,还是要大家维持以前的习惯,格外看得注重一点,使村中减少坏人坏事,村人明白了,自然会定。反之,若不照此办去,一纸公文下去催迫,结果催出一个假村禁约来,反而把真的遮住,好像紫之夺朱,非徒无益,而且有害,还不如不办咧!这层你们应当注意。

再说息讼会,真是 件好事,能使人民少打官司,养成礼让的习尚。这次我出去整理村范,还对人民说过几句鼓励的话。我说:“这一回,真是给了你们是非的权柄了。”人民听了都很喜欢。下言我说:“给是给了,可是给了一半。”人民说:“怎么?”我当时与他们解说:“息讼会只能对,不能不对;断得对了,有权;断得不对,没权;断得对了,息讼会就算办了;断得不对了,人民到县署起诉,前一截完全无效;这就是给了一半。”从前,他们起草息讼会条文,都是以为有对、有不对;还有主张判决后,必须呈请县署核准的,我觉着都嫌太硬一点。你们回去要教人民明白此意。

关于保卫团,我替你们想也觉得很难。孟子说:“四肢之于安逸,性也。”人都有安逸性,宁闲坐着,也不肯练练拳术。但是我们山西,现在不能不办。边陲地方,哪一面不是土匪围绕的呢?计算起来,围绕山西边陲的土匪，总不下三四万，还能不办吗？不过，办也得提倡得法才行。就比如当奶妈子的奶小孩儿，奶得不得法，吃奶也要吃死。假定官厅一味强制地教人民办保卫团，万办不成功，不是敷衍了事，就是怨声载道。你们回去也不可用强迫的办法。可是真要问明白村长副进行这事的障碍和困难的情形，一一为他们解决，并且要对人民说明白：你们与其闲坐着，倒不如练习拳，与你们有益。总之，办百姓不愿的事，还要百姓愿意了，为政之难，就在此点，希望诸位与余共同勉力。

关于在乡军人，三个月的期限，教他们许多的智识，一方面，不教他们出去打仗，只担负保卫地方的责任；一方面，还可以帮助村政的进行，负指导村民的义务。在乡军人办好，办保卫团也就有了方法。你们回去，对于保送此项人员，要确实注意他平素的人品，万不可保送上无业游民。因为保送上这种人，一则，足以坏了在乡军人；再则，将来退伍回去还要捣乱。这也是你们最应注意的。

总之，这一回的事情很复杂，很困难，必须大家费点力，才能做好。我想各县，也要照《村话报》的办法，拿文字鼓励人民。但是，万不可像太谷县的出版物，标出什么大总统如何、内阁如何的题目来，实在没用。只消说："某某村长好"、"某某村办得好"、"某日召集村民会议的历略如何"、"某校学生、某村商人多么热心"。人是有羞耻心的。世间万没有鼓励不起来的人。文字鼓吹，就比如点着火，拿上棍子挑，越挑越着得大。盼望诸位用上心力去办。进而言之，用心用力，还要得了窍，果然能得了窍，还怕吃烟的不自首吗？还有段话，我今天看《易经·泰卦》，想起《否卦》，官权比天上，民心比地下。官权压住民心，就是个"天地否"。做官的把民心放在官心里，把政治放在民间，就是个"地天泰"。能照此作去，真是内健而外顺，君子道长，小人道消，还能不好吗？

再说好村长，准你们保举做区长一事，你们尤当注意。不保不行，保来坏人也不行，望你们格外注意。

对各知事讲话四(十一年九月)

讲旨:行政之本在村

吾国行政,向系疏阔不精,散漫无纪。政治无可循之轨道,机关乏完密之组织,偶有政策,亦不能下逮于民间。余在四年前即注意于此,深以为"行政之本在村",所以村、区编制,次第发端。惟创办以来,因时会上种种关系,未能收圆满效果,为可惜耳!今为诸君略申其说。

所谓"行政之本在村"者,盖村为人民最接近之团体。知事、村长,如不从编村制着手,则措施政治,毫无办法可言;村无编制,就等于军队散乱,号令不行;欲指挥如意,难矣。现今政治学者,谓国家为有机体。余以村制亦当编成有机体,使之有精神,有物质,能力具备,运用敏活,然后政治上乃有发展之导机。编成有机体村制,原是自治上的责任,然在自治未成立以前,其责任仍当属之官厅。比方未有人类以前,造成人类者,造物之责也;自治无能力以前,造成有机体之村制者,官之责任也。村长司一村之机括,为一村之灵魂;村之能否组织有机体,全视村长之得人与否。区长帮助知事,第一在选任好村长,有好村长,即为有灵魂之村。近与外县士绅接谈,多谓:选任村长,要好人出来甚难。余以为,好人不肯出来,即知事不想与好人共事之明征。古人有言:夫苟好善,人将轻千里而来,告之以善。好善为人心之所同,理固然也,亦吸力使之不得不然也。此所同然者,即宇宙间最强健之力也。好人爱做好事,犹坏人爱做坏事,相感相合,各有吸力。好事对于好人有吸力,坏事对于坏人亦有吸力。譬如有鸦片烟馆于此,则吸烟者群相聚焉;有赌场于此,则赌徒群相集焉。人以类聚,物以群分,理也,亦势力使之不得不然也。知事果有好善之诚心,图治之真意,好人未有不出而助之者。知事之所以不愿意合好人共事者,必因知事心上尚有其他恶念力牵掣之,足以分散其精神,可断言也。知事为政,应将政治做到好处,亦犹贩卖豆腐、贩卖蒸馍者,必将豆腐、蒸馍做好,始能不愧。知事欲求政治办好,必须编成有机体的村制,则进行方有把握。要想编成有机体的村制,必须将村长慎选好人;要想好人当村长,先要知事扫除心上的恶力。恶力洗除净尽，而后好人才敢与接近。此吾所以责望于各知事者也。（适有灵石县骆知事面称："可否仿照日本办法，村长副给予年金，不用旅费。"云云。省长谓："汝之所谓给予年金者，为便于驱使也。此事当村制创办之始，曾经几番讨论。有主张给者，有主张不给者。孰是孰非，尚系一个问题。不给，则不肯负责；给，则运动备选之弊起矣。盖共和国之选举卖票，犹专制国之鬻爵卖官。买官之专制国，决难永久存在；卖票之共和国，必无良好之结果，均可断言。近世选举卖票，明目张胆，大庭广众之下，买者卖者，均直言无忌，而闻之者，亦不以为可耻而耻之。假使一国民以无耻而成为风俗，即是无耻之国家。国而无耻，前途尚能问乎？"）

对学生训话（十一年九月）

讲旨：整理村范唯一之目的，要使一村好。希望学生们组织联合会，帮助进行。

此次召集诸生来此，为令诸生记忆几句话回去。今简而言之。所谓整理村范云者，其唯一目的就是教一村全好，使村中无坏人、无穷人而已。第兹事体大，绝非少数行政官所能为力，甚至亦非村长副一二人所能为力。欲收效果，非全村人民自己来办不可；欲令村人自动办事，非先令村人先明白了不可；欲令村人完全明白，非你们学生们竭力讲演鼓舞不可。诸生向乡人们讲演时，如遇不甚明白之人，可以向之发下简明扼要之问。问："一村好了，是不是与本村人民有益？村人坏了，是不是本村人民先受其害？"必答曰："是"。"是"，即正告之曰："然则愿一村好，而不愿一村坏矣，惟此责任全在你们本村人民身上。如甲村之事，乙村已无能力帮助及干涉，非本村全体自动不可。"如此反复言之，并将学生、商人愿合全力加入，帮助之，劝告之，以壮其气，村民必大感动矣。再者，诸生此次回去，应立即组织联合会，为有力之团结，沿街大呼整理村范各格言，以警村人，必收奇效无疑，又将建设一村本政治、民治之理由及实行后之效果，反复解释。希望诸生回去速组织联合会，以厚初步进行之实力云。

次，赵旅长讲话。说明：兼座学为心学，政治为心政治。希望诸生首先各自认清本心，心心相印，则政化之成，指顾间事耳。

整理市范讲话：对军政学各机关人员整理市范会议讲话

（十一年九月）

讲旨：整理村范在放开法律，注重人情。末，复规定政学各机关人员戒瘾章程

今天，召集大家来此，特为筹商整理市范的办法。我省年来刻刻不休，一直进行，即是村本政治的一句话。我认为，政治除从村着手外，全是勉强的，暂时的，不稳妥的，所以今年拿定主意，要作一番有力量的整理。先由阳曲、榆次、太原三县办起，不满三月，成效大著，因益信村政之可成，村范之不可不整理也。返观为全省表率的省城里边，应整理者亦复不少。且我到各县时，尝有一种极有道理的批评，说："小地方的人，全是看大地方人样子。省城能把烟禁了，各县自然就没有人敢吸了"。我听这话，很有道理。一定是省城方面还有嫌疑人，贻人口实也。这就是发起整理市范的意思。今天，请大众来，一面要教大众明白了我的意思，一面还请大众想出整理的法子来。至于整理的精神，在放开法律，注重人情。以前，我们用法律的裁判，不能算不严，但愈严而瞒哄的弊病就愈多。就以禁烟丹的说吧，不特有关系的父兄家人绝不肯说出，致他的子弟犯法受罪，就是漠不相关的路人，亦谁肯白白地把人报告，教人犯罪呢？一犯法，不管有无关系的人，通同为他饰过，通同替他哄人，只靠官厅搜查，实在是千百之中未必能获一二。此所以用官力和法律都不能彻底。今番的整理完全是除根的，肃清的。有一点烟，就算我们的整理责任没有尽；有一粒丹，也就算我们整理责任没有尽。不过，这个法子是用心的，是费力的，非各机关人员领头实行不可。进一步说，我们的办事员退了瘾，不是为我们办事有精神么？我们的差役退了瘾，不是为我们服役清白么？我的话如此，还请大家多方讨论。于是杨厅长、赵旅长、南处长、崔厅长，并邮务局管理相继发言。讨论数小时之久，始议定下列各项办法。

一、议定各机关员役，由直接长官负完全责任。例如，科长由厅、处长负责。科员由科长负责。书记、录事，由专管之人员负责。差役由庶务员负责。余以此类推。

二、凡沾染嗜好者，或因疾病而来，自不便以法律相绳，应取宽大主义，限期戒除。由公家设有专局，请中医生，备有药料饭食，专人看护，以示优遇，并由各机关领袖人员，本与人为善之意，极力劝告，勿失此自新之机会。其办法分为自举、检查两期。

甲、自举期限为二十日。自本月二十一日起，至下月十号止。凡有嗜好而自己报明该管人员者，应声明：系愿于若干日内自己戒除，或入公立之医院戒除，其有现患疾病，或有其他必不得已之事故者，亦可准其酌展期日。

乙、检查期限为二十日。自九月十一日起，至九月末日止。凡未经自举之人员，由各机关首领，递次责成，严密检查。其办法，由各机关自定。凡检查而有嫌疑者，送调验所查验，调验实时，勒令戒除。

三、四十日以后（即十月一日以后），用投柜法，由军、省两署，委定监察员若干名，除二十日内自举人员，及四十日内检查勒令戒除人员外，凡投柜有名，经检查认为应调验者，送所调验。调实按法惩办，并由省公署将其姓名、籍贯、职务通令全省各机关，永不委用。

四、二十日、四十日期满之时，各机关将其办理情形汇报一次。

整理市范对社会各团体讲话
（十一年九月）

讲旨：可怜人坏，扶助人好，并劝告街、闾、邻长，各负各的责任，各清

理各部分的人员

今天请大家商议整理市范，就是要大家同同做好事，除坏事，把太原省城弄成个顶好顶快乐的地方。你们看着《整理市范办法》本子里共分十项，就是整理市范应办的事。从前的时候，对于这几样，也不是没有办法，不过，从前是拿法律办，现在是要拿人情办。我以为，拿上人情和他们接近，究竟问问他们：吃烟是好事？还是坏事？赌博是好事？还是坏事？哪一样是与你们有好处的呢？哪一样不是教你们倾家破产的呢？我想说到此处，没有不感激自动的。所以我常说，对于坏人，恨他，总不如可怜他。恨他，要他犯罪；可怜他，是搭救他改悔。要人做好事，强他，总不如助他。强他，他是怨恨；助他，他是喜欢。你们仔细寻思：父亲不喜欢儿子吸烟，但是教他儿子坐监，他一定心上过不去；女人不喜欢男人吸烟，但是教他男子坐监，她一定心上过不去。反过来说，父亲喜欢儿子做好事，打得叫他儿子做好事，他不高兴；女人喜欢男子做好事，打得叫她男子做好事，她也不高兴。所以我这次全要用“可怜人坏”、“扶助人好”的办法。不过你们要知道：这种方法，只官厅的力量不行，全要大家协力帮助，用心向上。海水清，海里的鱼儿好。空气清，空中的鸟儿好。太原省城没坏人，太原省城百姓自然好。今日，请你们大家来共商进行的办法。一街，街长为代表；一闾，闾长为代表；商界，商会为代表，各负各的责任，各清理各部分的人员。此事自然易举。况且，我此次出巡，见外县的情形甚好。太谷吸金丹的有三万。商人放账，十名倒账，九名是吸金丹的。后来商界组织团体，自动地劝人。平定、寿阳更外热心。省城是首善的地方，应当比他们还好。这就是我今天召集大家的意思。大家有什么意见尽管发表，不要当我是省长，不敢说话，就当我也是太原省城的一个老百姓，随便发表意见才好。

整理市村范联合大会讲话：在大教场整理市村范大会开会词

（十一年九月一日）

讲旨：以全副精神，排除万难，将政治放在民间，以完成山西民治主义的村本政治。

大家想想，要想教山西好，应当先从哪里好起？一定是先从省城好起。因为我们山西的灵秀，大部分全聚集到省城里边。但是要想教省城好，非大家通同起来往好处走不可。今天开市、村范联合大会，就是实行省城和首县好的日子，也就是全省好的起点。很信得过我可敬的官绅、可爱的学生、可亲商民，必能从此一直前进，先使省城和首县境内没有一个坏人，没有一件坏事，做全省的模范。我并且乘此最热闹的会场中，对我山西人民宣个誓："我除盼望山西好以外，别无它意，并愿我全省人民以此信我，以此责我。"我并且誓："以全副精神，排除万难，将政治放在民间，以完成我山西民治主义的村本政治。"我盼望今天到会的数万人员游行讲演的时候，出上全身的力量，唤起我人民的向上心，以作我山西将来民治精神之表征。继此以往，谁是一村好的妨害，一村莫把他让；谁是一县好的妨害，一县莫把他让；谁是一省好的妨害，一省莫把他让。

对实察员讲话，附解答（杂类）村政问题

（十一年）

问：对于绅士施行村范办法之种种困难，应如何解除？

答："竖里说，村长了不下的，应由知事、区长想法子感动他；横里说，

少数人了不下的，应由多数人劝告他。”

大同冯知事提议：街、村长副宜久任案。

“此议甚对。惟所请改定为三年一换，查，原章本可连任，无用另改。”

汾阳牛知事提议：选任村长副，提携监督，有何方法？请明令案。

“须用活法，不能明文规定。应于平日多方考查清楚：某某人能办事，不做村长副，临时能否选出？不能选出，有何原因？或有意见，知事调合之，或因地方区域关系，知事应公平均配，使得其平。我认为不难于清楚村中内容，难于知事有想清楚村中内容的心。”

崞县赵知事提议：严令取缔委员下乡，借端辱岬村长副案。

“此议甚是。应由省公署于委员出省时训令之，并行厅、道遵照。”

大同冯知事提议：请设村政讲习所，以传习村长副案。

“应集合国民学校教员于各区，知事到区（每区须住三五日），将改进村制等书讲授，再令各回所在村，将闾、邻长及人民分日传习之。如此，则便于村长副，且易普及。”

大同冯知事提议：请提前筹办市政案。

“可以筹办。惟此事重在得人，否则诚恐徒为位置人员之机关，于实际无裨。”

大同冯知事提议：肃清烟赌特别障碍（窑户、车站、邻省），应请设法解除案。

“窑户，可仿阳泉各窑户自戒办法行之。车站，可照平定、寿阳办法行之。邻省输入禁品，应照过路办法，并应注重保卫团以清内地。”

潞城柳知事提议：扩充稽查队，协助警察，择要驻扎，盘查过路贩运金丹，并请特别给赏侦获少数金丹之保卫团案。

“现不采用稽查队主义，应仍注重保卫团办法。侦获少数金丹案之给赏，应俟另文规定，缘旧日禁烟章程，待修正者尚多也。”

左云郭知事提议：拟托国民学校教员宣传整理村范之要旨，俾人民易于了解案。

“（甲）每星期日，腾数小时工夫，抽晤学生之父兄，作恳切之村范谈话。

(乙)利用冬令农暇,人民集合于公庙,或在街闲话之时,讲解整理村范恳切之言词。

(丙)每日课余,对于学生讲整理村范之益二十分钟,使之宣传于社会及家庭。

(丁)协助出力各教员,呈请酌予奖励。

以村中学校为宣传政治之基地甚是。但政治之精神贯注,此事亦甚易为。深盼见之事实,勿徒托之空言。”

繁峙熊知事提议:请将重利盘剥者列入村范限制案。

“重利盘剥,固属可禁,但须从受病原因处救治。此是两方面的事。借债人无信用,限制利率,亦无人敢借。有信用的人,自不受重利盘剥之害,可不必列入村范之内。”

离石贾知事、兴县牟知事提议:以村庄散碎,距离较远,整理各村,宽以时日,不拘一日一村案。

“山地村庄零碎,大致皆然,不但离石、兴县。据八县经过情形,考察山村,较平原易,以山民人情简朴,嫌疑人少也。此事系户口多少之关系大,村庄零碎之关系小。该知事拟每联村必亲到,不止到主村。所请加增时日,自可照准。惟既加增下乡日子,自不至退后整理的日期,以免考核成绩,致有参差。”

大同冯知事提议:设游民习艺所案。

“游民范围太宽,内容应专收莠民。此事很要紧,但要得人,并要办到除管理员外,不开支县款方好。”

沁县温知事提议:数县联合设立工场,并附设妇女工科案。

“数县联合难办,可由一县自办,且应注意得人。办工场是生利的事,除建设费及管理员薪水应用款外,其余能以工场收入为支出,不另开支为要,或变工场为农园办法亦可。”

崞县赵知事提议:设法为游民筹生计案。

“与其谓之筹生计,毋宁谓为禁游惰,除坏病。山西地广人稀,但使人不游惰，自有生计，可照解决大同县提议，设游民习艺所案办法行之。”

问：“设遇有在教教民，有各项嫌疑时，村长副多不敢报告。即间有一二报告者，知事亦无可如何。应用何法办理？”

答：“外人传教是要行好事，入教人民，也是愿意学好人，如教民横行，就是违背教旨，亦断不能不受国家法律之制裁。简言之，即许人入教，不许人不说理，后遇有此等情事，应以普通人民对待之。”

问：“官厅按普通人对待他，教堂反庇护他，又有何法对待？”

答：“教堂绝不会庇护这种嫌疑人，因为这种嫌疑人，与教堂的宗旨不合。教堂是教好，焉能庇护坏人呢？（某生或云：实有此等事。）即有其事，亦系教堂门房的庇护，决非教堂的主人庇护。这种关节也要认得清楚。”

问：“门房的庇护应当如何处理？”

答：“找出能与他主人说话的明白人，说明庇护的情形，事即可了。”

问：“乡间有富有赀材者，自少及壮，毫无所事，劳心不能，劳力不可，当用何法办理？”

答：“听其自然。此不是游民，可谓之闲人。”

问：“甲村人往乙村贩吸烟丹或赌博，经乙村发觉后，应归何村办理？”

答：“发觉之村办理。”

问：“委员下乡后，人民以民、刑事件，请求判断者，应否办理？”

答：“此系司法范围，应当不办。如能以息讼之心劝解了事，未尝不可也。”

问：“县知事与掾属、区长，感情上如不相融洽，以致办事上诸多涩滞，应如何办理？”

答：“此后此等事当少。知事非得掾属、区长帮助不可。若真真不能与掾属、区长融洽，即是了不下这回事来。你们应追求不融洽之根源安在？能调停即调停之，否则，应将其不融洽之根源呈报省署。”

问：“窃盗多系夜晚潜行，村社监视，似倍加困难。”

答：“应于平日劝令改悔。社会上只能制服其心，不易制服其行。”

问：“调查有无漏网各项嫌疑等人，以何法为善？”

答："应于未到村前、离开后，从两个邻村访问之，不过，须善用其言词耳。再，到村后，须视其村情如何，亦可断其有无漏网。"

问："游民欲求生业，因无人介绍，当以何法处置？"

答："只要游民改悔，不愁无事干。因山西地广人稀，生计易谋故也。观直隶、山东、河南各省人民之来山西者，数年之后，无不丰富，概可见矣。"

问："村长办事不公道，但为本村多数人选出，又为知事袒护，应施以训诫，抑行撤换欤？"

答："训戒、撤换是知事、区长的责任。委员的责任就是指导区长、帮助知事、报告省署三事而已。"

问："此次办理村范事，颇难为之。天资太高者容易敷衍，天资太低者办理不动，惟中才之人甚为得体。但愚见以为对此等人，不可求效太速，不可过加苛求，以减其进取之心。"

答："不只中才之人不可求之太急，即上才之人亦不应如此，但须多方鼓励，使其常有锐进之心。"

问："有干才而无热诚之村长副，一味作欺上事，冀得奖励，宜如何办理？"

答："应由县、区督之，使其知人皆知其居心，为对彼莫大之帮助。"

问："各项嫌疑人之行为，有属于现在者，有属于过去者。其过去之时间，可否定一大概标准，以免各县调查之参差？"

答："此标准不易定。吸烟丹者应以现在论。赌博要注意赌棍（即专以赌博为民常业者）。至家庭残忍，应注意特别苛刻有谋害之心者。至贩运烟丹者，说到现犯不在劝改之列矣。"

问："考查村中情形，土棍之为害最大，似应规定惩劝之办法，切实施行。"

答："中央定有《预戒法》，即可以治之。区长应负责任，最好还是扶助好人，使坏人胆怯。"

问："各项应具结之嫌疑人，其有仅犯过一二次者，经此次整理，深自悔改，但顾虑羞耻，不愿具结，可否强其具结？"

答:“悔改后不久又犯,可令其具结。如觉情形可疑者,亦应令其具结。”

问:“各县村长副,有知识者居少数,可否令国民学校教员,先明白整理村范,负鼓动村长副之责任?”

答:“我到处召集国民学校教员,即为此事,当然可请他们帮忙。”

问:“村长副既系义务职,因而有责任心的甚少,再有固辞者,可否即允其辞职?”

答:“此等情形,是由村长副负责太大也。现定知事每月下乡二十次,即可免其受召集之苦。区长得勤密调查,即可减少其受怨恨。此法行去,村长副当然不甚困难。至可否准辞,由知事酌定。”

问:“村中正月间为消遣,有不禁赌之惯例,官厅禁之,则口出怨言,不肯乐从;不禁,则素有赌癖者,得明目张胆,大赌特堵,似此情形,应当如何办理?”

答:“赌能害人性,即元旦亦应禁止,最好使之另寻娱乐事件。”

问:“委员如遇有关于整理村范之现行犯,将自行抓获欤?抑令当地村人抓获欤?”

答:“可令村人抓获之。如委员遇此等情事,亦不宜故意躲避,不过抓获之后,交村交县,当斟酌情形办理。”

问:“设有村长副、闾长与人民互有吸贩烟丹嫌疑,而互相遮掩不报告者,应如何查办?”

答:“应切实与村众宣讲明白:村长隐匿是害村中,大家注意此事。应令看太谷商人鼓动村民攻击不负责之村长之一段话。”

问:“窝娼者不尽为男子,亦有系女子所为,且多泼妇。倘遇此辈,明知其所为,然而对她亦无可如何,宜如何办理?”

答:“如遇此等情事,办法与男子同。”

问:“村长副不肯认真负责,因恐坏人挟嫌暗害,救济之法若何?”

答:“此病非旦夕所能去,现下只好由县知事负保护村长副之责,令村民知此事,是令他们一村好。村长不办,县知事不答应,此种情事,即可减少。

问:“村长副作弊发觉时,区长能否拘留?”

答:“有拘留之必要,则拘留之;无拘留之必要,则不必拘留。”

问:“善良之人,以区警薪少,不能自给,不愿充当。区经费又支绌,有何法以解除此种困难?”

答:“区警每月定薪四元,每年合计制钱八十余千矣,不可谓少。”

问:“查窃盗嫌疑未曾犯露者,村长副劝令具结,死不承认,且与村长为难,应以何法办理?”

答:“窃盗之名,岂可轻于加人?未曾败露,即不当认为盗贼,应保其廉耻,希彼仍为好人。”

问:“如村长系有势力之坏人,对于村中各项嫌疑人,隐瞒不报,若不换他,则与整理村范有碍;若令村人另选村长,村人畏其势而不敢另举,将如之何?”

答:“如此样说,好像无政治的国家,要官干什么?知事连个坏村长也打不下去,可谓之无官。”

问:“对村长副如何选用,使负责任?”

答:“欲选用能负责任的村长副,应以知事之心选之,不可尽靠区长,须知行政是实在的。知事费力一分,区长始肯费力一分;知事费力十分,区长就不能不费力十分。”

问:“整理村范入手调查之先,使人民了解是救人的事,是为一村好的事,如不能彻底了解此二义,即无办法。应如何使之了解?”

答:“欲人民了解整理村范是救人的事,是为一村好的事,知事应以恳切的态度,劳苦的决心,鼓舞绅商学界帮忙。用极简单透彻的言词,(如说:‘你们村里有贼,是不是要偷你们?你们村里有坏人,是不是要欺负你们?你们村里有吸贩金丹鸦片的,是不是要引诱你的妻子吸食金丹鸦片?你们村里有赌博的,是不是要勾引你的子弟赌博?你的孩子不上学,是不是你的儿子是个瞎子?’)与村民讲演,至早亦须到村民半了解以后,再开村民大会,议决整理之十项办法。但未开会之先,知事、区长要有个布置,使这个会能合乎我们的要求开下来。”

广灵曹知事提议：插花村庄，禁除烟赌困难，宜用何法以治之？

“此事很难。若吾属村中人民不自觉悟，实行完美之村长自治力，官力实不易收效，知事须竭尽心力提携之，再能和好邻省、县知事，与你协同一致，亦帮助不少。”

广灵曹知事提议：半管村庄、公款公地，合而为一，民情不能一致，于办村事，颇有牵掣，宜用何法解决？

“能由两方合而行村自治，则可由村中公议办法。虽有与本县章程不合处，亦可迁就。两方如不能合，则可令其分社办事。你所管之半村，应屹然行吾省之村治办法，但亦须注意自动，否则不易有效。”

沁源易知事提议：增加知事办事力量案。

“一、掾属、区长得由知事呈请改任，或与别县对调。功过处分，得由知事先办后报，或一请即准。请明令发表，即可收效。

二、在籍之候补人员，应由县委其帮助，有成绩后，得知事呈请奖励，或调入育才馆，或改入插委班并委员时，请省署加委。

三、阻挠之劣绅土棍，凡控知事者，匿名、伪名不收，邮递不收。呈文须按格式，觅具妥保，实究虚坐。

区长、掾属之有无功过，全靠知事。如人地不宜，应由知事呈请核办。前令各县知事加掾属、区长等考语，即此用意。委用及调入育才馆，或改入插委班均可，并有两方面好处：在候补人员一方面，得练习办事的机会；在整理村范一方面，得极大的帮助。省署加委亦可。

匿名、伪名当然不发生效力。总之，我绝不轻信浮言，致碍政治之进行，知事拿上心办理可也。至于呈文规定格式一节，尽可不必。我常想，知事干涉坏人，那坏人安能不控告知事？但知事不可因此之故，把别人告我过失的路子断了。”

保德张知事提议：村长副对于村政延不进行，村民因其不摊派村费，愿令久任，此等村长应否另选？

“应提倡村与村比较，以鼓舞村长副之向上心，使之乐于办事，如万一不能，须令村民另选。不过知事于此时机，可多为设法，总以选出公正热心之村长副为宜。行政之难莫难于此过渡时代。人民不愿选办事村长，社会上又非责成官厅办不可，是要为官者善提携之，所以难也。”

猗氏朱知事提议：编村村长副，因本村旧日分社不能融洽，或主村、编村亦多不能一致。分之，则村庄过小难办；仍之，则多所隔阂，应如何处置案？

“能合，则合之；如不能合，不必令其强合；遇有隔阂之处，应由知事调合疏通之。此事难回答个一定办法。”

辽县阎知事提议：请令知委员、委员到一村，须先打听村中能办事者有无其人，不可轻易报告请撤换现职村长副。

“一村之中，必有一村之长，亦如同人身之气力，必有运动一身之能力。此问题虽亦几分理由，但宜知事、区长尽力选任好村长副，为解决之正文。如以委员不报不好村长副为正文，村长前途，危险孰甚！”

芮城牛知事提议：规定知事、掾属、区长下乡，饭费、喂养费数目实行发给，村中不准支应。

“当然发给，不如此则结怨人民，使吾们行政上效力完全丧失。知事为亲民之官，非使全县好人心服其行，则民不信；非使人民身感其惠，则民不亲；不亲不信，尚何政治之可言？此系一切官吏对人民办事，万不可使人民心上不痛快。”

左云郭知事提议：拟请筹设化莠所，将未曾悛改各莠民容纳学习各项简易工艺，俟其真心改悔及技术稍精，即行开释，不必规定时期限制案。

“应准照办。此事实为改进社会不可少之举，惟难得管理之人。真能热心爱人者为上。其次，亦应选得有责任、知廉耻者，方能收效。”

阳高高知事提议：村长副每年轮推之积弊，既违背公选制，亦非整理村范时应有之行为，可否明令禁止？

“应当禁止。此事之所由来，即施行村制之初，知事不负责任之所致，岂特可禁，应当予当时之行政官，加以处分，以为不负责任者戒。”

阳高高知事提议：各项嫌疑人，因不明调查意旨，由甲县逃避乙县村庄，似应由乙县村长副暂行监视，一面问明姓名、住址，通知甲县村长副，前往劝回本村。其为乙县官厅所查获，亦应由乙县官厅咨知甲县官厅，迎接回县，按整理村范规则办理，以期贯彻先人心，后法律之本旨。并藉以启发其他嫌疑人之向上心。

"此议甚对。并应组织各县交界村庄联合会，仿照榆次村长副联合会办法，则此等情事，容易办理矣。"

阳高高知事提议：县内在乡军人，宜令于冬防期内及前三月，充任教导保卫团丁职务，须服从警佐、巡官、区长之指挥，如有违法举动，得视为平民，一律受司法官制裁。其教导团丁时，应给以薪水，由冬防费内开支。

"可行。只要实心实力，始终不懈地办去，提起人民自卫之精神，收效必宏。"

洪洞杨知事提议：因贫所迫，初次行窃，被失主抓获，当由村社调处，将原物返还，并令行窃者赔情，村中舆论以为甚当。而失主到县请求办法，县署一再劝导，维持村办，乃该失主向上级审控诉，谓县署违法袒盗，此等情事，如何救济？

"此系有敌手之事，非村中公共事也。失主如不服村中调处时，起诉后，应依法律办理。"

洪洞杨知事提议：凡控告官吏，须先令本人具结取保，如查有全部或一部分不实，应令控告人负诬告责任。倘查系冒名或捏名，应将原案作为无效，将原禀发被控告官吏，令其有则改之，无则加勉。

"不必如此规定。吾不能信一方面之言，将任劳任怨之地方官，加以惩处。诸君亦不能因虚妄之控告，即遮断人民呈控有彰善惩恶大权之县知事之路。大家尽可放心办事，不必多所顾虑，余虽在衙署中，深知外间情形。现在知事办事之难，职责在亲善疾恶，一日不知惩治多少恶人，自然恶人与知事作对。但官吏之恶名，已赚于清末之世，吾辈非尽力洗净，以后不能减少恶人捏控之机会。"

朔县张知事提议：应规定村公所内之组织，定等级、经费数目大约之制，由县相度其村之贫富等级，编造预算，令村长副遵照办理。其无识字人之村庄，应令该村国民学校教员担任讲说，又告及缮写报告等事于教员薪水而外，酌给津贴，作为村公所内书记。至管理村款人员，仍遵照省令，由村副或闾长内公推一人，作为村公所内会计，组织就绪，则村长易于负责。

“不必归一律办法，斟酌各村情形办理可也。惟增加村中开支一层，尚当注意，总之，行政不难，须用心。教育家教学生，重个性教育；军人练兵，贵各个训练；你们行政，此后亦当取村情政治，不可一律以一法强迫全数各村也。”

洪洞杨知事提议：赌博案由警察查获，供证确凿者，究由县依法办理，抑或归村公所按村禁约处罚案？

“应归县办。知事认为交村办，比县办与村范前途好时，亦可交村办。”

又，贩吸烟民，俱行缴纳村费。官厅查获，自必有限，则吏警饷无著。将来村范收效，此项罚款，即归乌有，吏警饷宜从何项开支？

“自当另筹经费，非以罚人为目的，以无人受罚为目的也。”

晋城朱知事提议：拟将该县城关暨乡镇商铺一千六百余家，每月初、二十六两日，开销乞丐。每人每次一文，通年约出钱三千串之谱，设立工厂，悉令乞丐入厂习艺，俟二三年后，出品足敷厂内经费时，即行停收，已与商会商妥。

“办法甚是，又为商家赞成，即可照办。”

乡宁丁知事提议：整理村范，疑难诸点，可否由省署编成浅显布告，通令各县，一律张贴，以释群疑？

“此种白话文告已多矣，文字效果很小。此后，希望知事、区长以语言为民解释。尤当注意者，知事语言，人民多不懂，须用本地人为翻译，切须再三再四反复说之。”

又，辖境辽阔县分，可否就区公所酌量距离，于每区选择热心明干之村长一人，或二人，加以副区长名义给予相当权限，使之处理事务，以补区长之不及？

“此事关系颇重，本署尚须审慎。至此次办理村范，很可酌派多少绅士，为临时襄助员。”

又，保人既经出具保结，复籍词退保，应准退否？

“准之亦可。”

临晋俞知事提议：对于处理罚交村费之村长副，应否酌提奖励金若干，以资鼓励，而免放任？

“不应以罚款奖励，恐致发生流弊。凡事皆有两个不对：不及不对，过亦不对；不让村中管事，不对；太让村中管事，亦不对。”

又，利用国民学校教员讲演村政，宜责成劝学员于查学之时，详细询问，以各学生能否了解，由县酌予教员功过，以资裨助，督促进行？

“用谁亦可，但非知事拿出心血不行，否则，用多少人，定多少法，亦等于无。因治理一县之权，在知事身上之故也。”

黎城余知事提议：将社首改为村董，乡约改为村警，以纳于村制范围之内，以免牵制村政之进行。

“社首、乡约，如有留之必要，仍旧；否，则裁之，不必改名。乡约之不良，为过去事，其弊小；村警之不良，为当值者，其弊大。”

荣河曾知事提议：村长副不得兼充教员，并其他各机关职员，以便专心村政案。

“在本村办事者切不可限制。村长之事能有多少？且既无薪水，焉能如此限制？前此不重靠村长，不对；此后，太重靠村长，亦不对。你们切记住，一事有两个不对。”

蒲县李知事提议：拟选择乡望素孚，热心公益之绅士，呈请加给襄办村政委状，以昭激励案。

“可照代县、平定办法，但须选提直绅，其效大。一而能收用直绅之效，一而尚能使不正者正之。但正绅须知事求人，非如劣绅之求知事者比也。”

又，请嗣后对于各县有令行事件，先令各县知事，确实查明此事在该县究竟适宜否，然后筹办案。

“由知事呈过利弊，如何办理，在该县始能收兴利除弊之效，本署必准之,只要知事实心为民。"

河津蔡知事提议:革除旧有渠长,所有渠务改归村长副管辖案。

"所见甚是,利弊言之了然,惟难以一律办之。且渠之关系,有非全村者,亦有非一村者,概归村长,不无困难。"

虞乡周知事提议:拟请钧署将整理村范各项之利害,编成简明白话教科书,附以略图,通令各县,购发高小国民各校,作为必修科案。

"所议亦是。俟编定后,发给各县,但文字不如语言。尚希各知事,勤于下乡,恳切说话。感人以言,已难见效,况文字乎?"

又提议:秋收后,召集村长副闾长等,分区传习一、二十日,至年假期间,再将各校教员及村中之识字者,传集高小校内,由知事督同掾属,按时轮讲,使之对于村范之真谛,完全了解案。

"闾长不必传习,余可照办,但此最忌白费人民时日。必须知事计划周到,掾属十分帮助,传习之十日,不可过长。所教的事项,不可涉于书本的,理想的,必须适合社会现状及各项事实。是要将政治放在民间,即是以政治就人心,不是强人民加入政治,使人心就政治也。此不可不辩。"

附 条

一、还有一句话,愿你们确确实实地信得过:非鼓舞村长副、闾、邻长通同能热心办理这一回事,就开不了步;非鼓舞全体人民明白了,热心干涉这十样事,不能到头。

二、要想鼓舞人民,非教人民通同信得过知事是与人为善不可。

三、知事要想使全县没有吸烟的人,非先知道了现在什么人吸烟不可;想知什么人吸烟,非人民敢告说知事不可;要教他敢告说知事,非教他告说知事以后,他自身没有危险不可。如果有人告说知事某人吸烟丹,知事就把某人办了罪,那一个人一定是很恨那个告说知事的人。如这样子，谁还告说知事哩？

四、村中抓住一个贩金丹的，村中罚他了事，因为他自己做的是犯法事，恨村中的心少，感村中的心多。如果村长送县，或知事不让村中了罚，一定要把他拿来办了罪，他一定是恨知事的心少，恨村中的心多。村中的人民，哪一个挡得住坏人的恨哩？

五、据以上看来，用众与用法律是反对的。用众大家帮助你，用法律大家哄你。我们此处一定可以下一个定义：非用众不可的时候，万不敢用妨害用众的法律。

六、事业是心造下的。古人多大的事业，就是古人多大的心血。如我们不想用心血，就想作出事业来绝对的不可能。掾属、区长能热心，是知事的心血；村长副能得人，是知事的心血；人民能了解，也是知事的心血；绅商学界能帮助，也是知事的心血。

七、戒后再吸的人，应当如何办理？第一，知事仍然是非明白何人再吸没办法，欲明白何人再吸，非使与吸烟丹人关系最近的人肯告说我们，敢告说我们不可；欲使人肯告说我们，必须知事有愿意知道什么人再吸的心，大家才肯告说知事哩。大家告说知事，知事把这再吸的办了罪，他仍然是个恨大家，大家就不敢告说知事了。据这个说来，不但再吸不可办罪，就是三犯四犯，也不敢轻于办罪。因为一办罪，就把大家告说知事的路子断了，也就是把知事知道烟民的路子断了，也就把禁烟的路子断了。

对政学各界人员讲话
（十四年三月）

讲旨：公道主义之村本政治

世间有一主义而兼各主义之长，而无各主义之短，不论何时何地，皆可适用者乎？曰：有之，公道主义是也。有一政治而兼可推行各种政治，而为各种政治之基础者乎？有之，村本政治是也。更有一种政治而兼各种政治之长，而无各种政治之短，集各种政治之大成者乎？曰：亦有之，公道主义之村本政治是也。

公道主义，乃根于人群之天性，亘古今中外而不变，所谓人心之所同然者也。各种主义则有对、不对焉。以时间论，必须臾不离公道，乃可推行无阻，一旦离开，则渐陷于崩坏之境界；以空间论，比合乎公道之部分，乃可推行无阻，其离开公道之部分，绝难推行也，军国主义之野心侵略，举世切齿者也，然就其国强自卫一面言，未为非也。民治主义之平等自由，举世脍炙者也，然假使陷于群龙无首、混乱攘夺之途，不足贵矣。资本主义之剥削垄断，举世切齿者也。然就其生产发达一面言，未为非也。共产主义之平均理论，举世欣羡者也。然假使陷于袭击残暴，杀人流血之途，直可打倒矣。此外，个人主义、家庭主义、国家主义、世界主义、大同主义、虚无主义等等，均各有其对的部分与不对之部分。盖全对则无所訾议，全不对则无人倡道，各是其是，而各非其非者，以其各有是非也。独公道主义无论何时何地，皆处于对之地位，（如第一图）为各主义之本源，乃宇宙间之元气。其为物也，是整个的，非枝节的；是时中的，非执一的；是养生的，非治病的；是活用的，非板滞的。举一足以统万，执简可以驭繁；神而明之，事物之真，是非可知；宇宙之真，主宰可得。公道自在人心。使主义而得乎公道，必能同是其是，同非其非也。

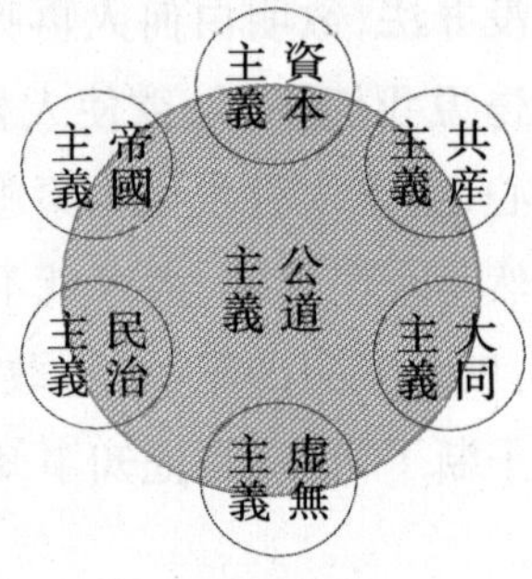

第一图

村本政治，乃根本人类有政治性之天然团体而实施者也。家、国、省、县，皆人类之团体。家以情系，政性较微，国、省、县、区，范围綦广，独村，为人类第一具有政治性之天然团体。以之为施政本位，既无过泛之病，又不虑其无由措施。加以善良公平之组织（如第二图），由村民组织、村民会议实行选举、罢免、创制、复决各种应有之民权，创决全村规约，以订村民共由之轨道，选举各项职员，分管全村之行政，以谋村民之福利，一面却选举村监察委员,组织监察委员会,以监察其活动出轨,并有罢免权为其最后之监督,如此直接、间接监察,横的、竖的调剂,自然利兴弊除,根本修明,然后推之县、区、省、国,任何政治,无不顺利。譬如绘事,底子打好,上红色,上蓝色,均可任便。譬如建筑,基地做好,盖砖房,盖瓦房,均可自由。诚以村为最切近人民本身利害之天然团体,无论独裁、君宪、共和、劳农何种政治,均应以此为先施之本位也。(如第三图)

此处一好,施行何种政治亦好;此处一坏,施行何种政治亦坏。本固枝荣,源远流长,可不注意者乎?

如前所述,公道主义与村本政治,已略见其梗概矣。惟此二者,又有密切不离之关系焉。公道主义无村本政治之表现,不足以显著其伟功;村本政治无公道主义之支配,不足以运用于美善;必也,以兼各主义优长之公道主义,运用为各政治基础之村本政治,始可集其大成。所谓公道主义之村本政治是也。纵观今日之政治,不外辗转飘摇而已。独裁政治是病,危急存亡矣!以代议政治为药而治之,病未痊愈而药即变为病矣。代议政治之病,危急存亡矣!以劳工专政为药而治之,病未痊愈,而药亦变为病矣!头痛治头,足痛治足,药病相生,靡有已时。关心世道者,每至束手无策,其孰知其根本错误,均因为政者不由村本政治之基础做起乎!知本矣,由村本政治做起矣,其政治仍不能好也,关心世道者,又每无所措手足也,其孰知其根本原因,系

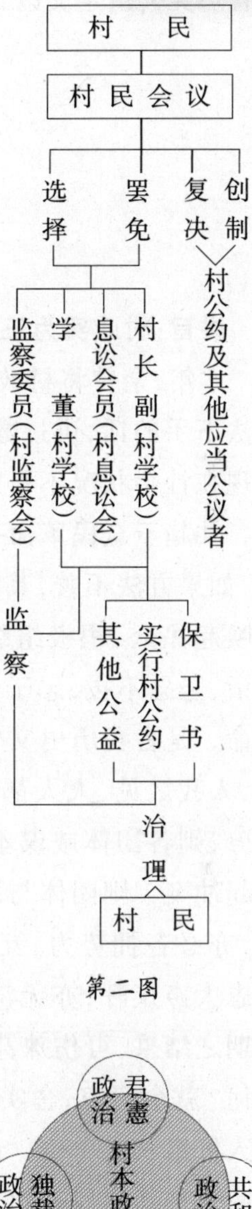

第二图

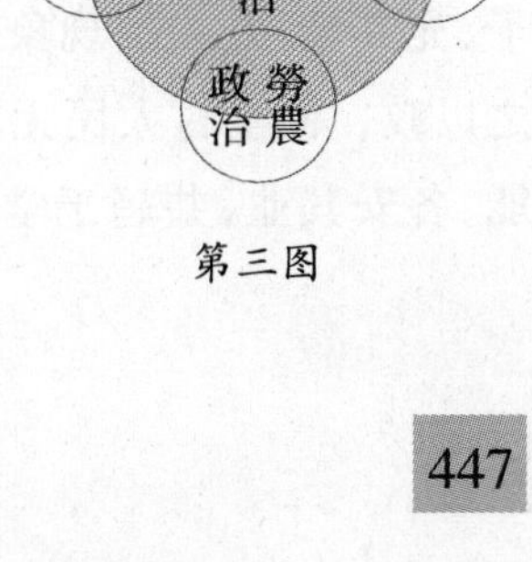

第三图

因背后无公道主义以支配之也。有志政治者，其注意之，可也！

对村政人员讲话
（十六年十二月）

讲旨：村政实为三民主义之精神，五权宪法之基础

本年，余曾将村政与三民主义之关系及欲实现三民主义，除村政外无法下手的话，讲过数次。兹再详为言之。近来，革命潮流弥漫全国，诚以现在社会状况不平殊多，实在有革命的必要。既要革命，非将民众唤醒，共趋于全民革命一条战线上不可。惟是唤醒民众，须有适当的方法，如果方法不善，其遗祸于人群社会，有不可言喻者。现在多数同志，为唤起民众，积极组织工会、农民协会、商民协会等等职业团体，苦心孤诣，坚忍不拔，忠于党国，尽可佩服。但余以为，如用组织职业团体来革命，是舍我历史文化中固有之长，方法上总有几成危险。因为人性中，人我之见，人人都有，既以职业分团体，团体成，则门户立矣。门户既分，则各团体咸谋本团体之利益，自必尽量发达其势力。争相发达，必起冲突，则团体与团体之争执，接踵发生同，甚至本团体中之狡黠者，亦必各拥势力，互相倾轧，其结果，全体糜烂，不可收拾，虽有忠实同志大声疾呼，亦无济矣。以极仁慈之革命精神，得此倾轧残杀，终无了期之结果，可伤殊甚！故余以为革命非难，得良善之方法为难。善法维何？就余研究，舍实施村政，再无良法。盖中国自有历史以来，即以村为人群组织之单位。论仁化，则有父慈子孝、兄友弟恭、夫义妻贤、友信邻睦种种善良风俗习惯；论职业，则有士农工商兵等等界别中之基本分子，充其极，凡人类现象中所应有的要素，莫不俱备。认清此种单位，施之以政，俾全村人民无职业界限之纷争，有共同生活之趋向，各尽所能，各安其业，共趋于学好人、有饭吃之一途。村中利益，由村人发展；

村中患害，由村人消除；引导全村人们都往做好人一条路上走；摒除本村里的坏人，克去自身上的坏事，村村如是，即是全民参政，也就是全民革命。本省行之数年，虽未收全效，而村中平日不说理、好占便宜者，率多敛迹反正；官吏中之贪暴残虐者，亦不敢施之于村矣；而民权之日形发达，村事之大见进步，较之未办村政以前，实别霄壤。如此加意扶植，村人咸知助善抑恶，则今日之革命目标中之军阀，势必为群众所共弃，则不流血而革命功成矣。革命成功，在实现三民主义而旧社会之优点，与主义不背者，亦不应全行革除。考中国文化，其表现于乡村者甚多，如出入相友，守望相助，疾病相扶持，是纯粹互助的精神，乡村中尚充满有之。今欲推行三民主义，应就此固有之团体，唤起民众，必能事半功倍。若提倡阶级斗争，必至破坏此互助之和气团体，诚恐民族主义将陷于侵略；民权主义将陷于抢掠；民生主义将陷于争夺；危险太甚。若按村政组织言之，如对内，不许主村欺压附村，大户欺压小户，土籍欺压客民，有势者欺压无势者；对外，要团结自强，抵御土匪坏人，近乎一村之民族主义。凡村内成年的好人，都有选举及纠弹村务执行人员之权，都有会议及修改村禁约和一切规约的权，近乎一村之民权主义。发达一村之利益，开发一村之富源，禁止苛待佃农高利盘剥等，近乎一村之民生主义。而村民会议、息讼会、村公所、村监察委员会，已将立法、司法、行政、监察诸权，提倡实行，虽无考试一项，处处以选举代之，行之村中，颇觉适当，是村政中实含有三民主义之精神，且为五权宪法之基础。先总理曾评为，借村政以实行三民主义，最为相当，盖有由也。总之，余数年试行村政，深信为革命之适当方法，尤盼实行全民革命者，咸注意焉，且非敢强人以从己也。实恐拿那全副精神，从事革命，反为组织职业团体，致蹈阶级斗争之覆辙，故不厌详言之。

第五章

整理村范

第一节 法 规

吗啡治罪法

(三年十月二十日公布)

第一条,制造吗啡,或贩卖,或意图贩卖而收藏,或自外国贩运者,处三等至五等有期徒刑,并科五百元以下罚金。

第二条,制造专供施打吗啡之器具,或贩卖,或意图贩卖而收藏,或自外国贩运者,处四等以下有期徒刑,或拘役。

第三条,税关官员,或其佐理人,自外国贩运吗啡,或专供施打吗啡器具或纵令他人贩运者,处二等或三等有期徒刑,并科一千元以下罚金。

第四条,施打吗啡者,处四等以下有期徒刑,或拘役,并科三百元以下罚金。

第五条,倩人施打,或自己施打吗啡,处五等有期徒刑,或拘役,或一千元以下罚金。

第六条,巡警官员,或其佐理人,当执行公务时,知有前五条之犯人,故意不即与相当之处分者,亦依前五条之例处断。

第七条,收藏专供施打吗啡之器具者,处一百元以下罚金。

第八条,第一条至第五条之未遂犯罪之。

第九条,犯第一条至第六条之罪者,得褫夺公权。官员犯者并免现职。

第十条,本条例颁布以前,凡关于吗啡之犯罪,以已经提起公诉,未经确定审判者为限,适用本条例。

第十一条，在《制药律》未颁布以前，凡关于高根、安洛因及其化合质料之犯罪，亦适用本条例。高根为哀里脱洛克西隆高加树叶中之主要质料，化学形式为 $O_{17}H_{22}NO_4$。安洛因为第阿赛的尔吗啡，化学形式 $O_{21}H_{22}NO_5$。

第十二条，本法自公布日施行。

整理村范

什么叫做整理村范呢？因为现在乡村中，常有几样坏人，扰乱村中的治安，引诱良家的子女，若不把他们坏人改好，你们做好人，有饭吃的人，常常底受他们的牵累，所以要定一个村范，把那几样坏人指出来。该劝导的，就想法子劝导他；该处罚的，就想法子处罚他，务要把村中的坏人，通同底整理一下。把坏人改好，好人自然就可以安居乐业了。这个就是整理村范的意思。盼望你们实心领会，不要认成什么稀奇难办的事才是。至于所说的坏人是哪几样呢？就把他列举于后：

（一）贩卖金丹洋烟者。

（二）吸食金丹洋烟者。

（三）窝娼者。

（四）窝赌及赌博者。

（五）窃盗者。

（六）平素好与人斗殴及持刀行凶者。

（七）壮年男子游手好闲者。

（八）家庭有残忍情形者。

（九）忤逆不孝者。

（十）儿童失学者。

上边所说的那十样人中，惟有那失学儿童一项不能算作坏人。但是，你们既然生下儿女,就应教养他们。为男的,好教他长大的时候,振家立业,不至于落个不能自立;为女的,好教她长大的时候,出门当个好媳妇,不至于辱没父母,所以非穷得万没奈何,总要供给他们上学念书。其余若那些窃盗的、打架斗殴的、游手好闲的、家庭残忍的、忤逆不孝的、窝娼聚赌的,都是足以扰乱村中的风俗秩序,引诱良家子女做坏事的,不知不觉之间,就可以为社会留些坏样子。更可怕的是那些贩卖或吸食金丹、洋烟的。你看那贩卖的,图了一时的厚利,甘冒不法,遗害于社会,流毒于子孙,不仅是一旦发觉了,身家俱败,即幸而不发觉,作孽的钱,都要得个罪孽的报应。这不是迷信的话。你看那早先的贩卖鸦片金丹的人,往往难逃这个公例。至于那些吸食的,结果都落个卖妻鬻子,家败人亡。若是为父兄的吸烟,你们为子女的,就要长跪哭泣于他们面前,不改了不起,否则,不惟是不爱你们的父兄,终要连你们自己同变卖了。若是为子女的吸烟,你们为父兄的,就要设法劝导儆戒,勒令改除,否则,不惟不是爱惜你们的儿女,结果终要倾家败产,弄个死无葬身之地,到了后悔不及的时候,真是何等悲伤呢!

至于查出这样人时将如何处置?把拟定的办法叙于后边:

(一)有贩卖金丹、洋烟嫌疑者,令取三家以上之保结,以后决不再有贩卖情事。

若有取不下保,或不取保者,知事应予以相当之戒监。其戒监之法,由知事斟酌情形为之,并可手谕村、闾、邻长等监视其行动,并报告于区公署。

(二)吸食金丹、洋烟者,令其戒退之。其戒退之法,用本署制定之和平戒烟丸。

(三)有赌博、盗窃嫌疑暨窝娼者,由村中公社监视之。其窝娼之人如能不取结,设法讽劝,全其颜面,使之改悔更妥。

(四)向好斗殴暨持刀行凶者,应责成其家长或族长,严加管束。如系借房居住者,须由房主予以严重之儆戒,若不改善,不令住房。均可使其务正业而化为良善。

(五)忤逆不孝暨家庭残忍者,应责成其族长、邻长,加以相当之劝诫及监视干涉之,并予以适当之救护。能使不孝者变为孝,不慈者化为慈,固上策也,否则,忤逆者减其忤逆,残忍者减其残忍,使老勉强得其终,幼勉强得其长,亦可稍籍补其缺憾。

(六)壮年游手者,勒令各就职业,并与之介绍。

(七)失学儿童,近据考察原因,大约分为三种:

一种是因学校不便而失学者,应由县督饬村长副等,添设学校。村庄小者,各设简单学校。数小村相距不远者,或合办,或行循环教授。

一种是无故失学者,应劝令入学。

一种是因贫失学者。因贫失学,应分三等办法。

甲 稍贫者,令其农暇入学,甚则免收入学费。

乙 较甚者,由县款补助课本。

丙 极贫者,免其入学,并于区、村户口册中登记之。

此外,尚有残疾失学者,可免则免之。如此办理,不甚费难,而国民教育行政亦可彻底矣。

你们细想,各村都能够照这样办好的时候,岂不是人人都是好人,家家都有饭吃么!到这个地步,是何等的安乐太平呢!你们应当彻底领会这个意思。倘遇着不明白的人,就给他们讲说,一个传十个,十个传百个,务使人人都清楚了。同心协力地做去,这件事才能够得到圆满的效果哩。

整理村范规则

(十年二月十四日)

(一)乡村为群众集合之单位,欲改良人群,须先改良乡村。

(二)凡山西编村制,有合下列六项者,为自治模范村。

甲、无贩卖鸦片金丹者。

乙、无窝赌及赌博者。

丙、无为盗者。

丁、无窝娼者。

戊、无斗殴及持刀行凶者。

己、壮年男子，无游手好闲者（十五岁以上，五十岁以下）。

（三）各乡村应由村长副协同闾长，切实整理。俟确无上列六项情形至六个月者，可由村长副报明区长；区长考察一月，确无六项情形，报明县知事查核后，由县知事呈请省署，给与村长副“双穗章”。俟一年以后，再不发生前项情弊者，由知事报明省公署，发给某村“自治模范村”匾额，并准其建立石碑于村前。

（四）各村长副整理村范有难为时，区长应尽力扶助之。区长势力不及时，应禀明县知事扶助之。

（五）凡一区内，有模范自治村二编村者，区长记功一次。记足三功者，并记大功一次。

（六）凡一县三区长均记功者，知事记功一次。均记大功者，知事记大功一次。

第二节　令　文

指令怀仁县电报撤换不职村长并布告乡约等均受村长直接指挥文

（七年八月三十日）

养电悉。该县不职村长既据撤换，应即分别开报查考。乡约会首遇事把持,此风如何可长?该知事既经饬令村长随时检举,办法亦是。仰即毅力进行可也。此令。

电令各县区长查获烟赌应报县惩办不得擅行处罚文

（八年三月二十七日）

□□县知事,查,惩办烟赌案件,照章应由兼理司法县知事办理。各区长查获烟赌各案,随时报送县署,不得擅行处罚,以清职权。该知事亦须立予讯办,勿涉宽纵,致干查究。仰转各区长知照。

训令各县搜查烟犯家宅预防挟嫌诬陷文

（九年一月十四日）

查,厉行烟禁,务期有犯必惩,而从事搜查,亦须慎防流弊。迭据报告,各县查拿烟犯,往往办理疏忽,致有挟嫌诬陷情事,殊失慎重禁令之旨。为此,令仰该县知事,嗣后,搜查烟犯家宅,务须选派可靠警察,会同街、村长副跟同搜查。如系挟嫌诬陷,立即依法惩治,以昭公允而杜效尤。此令。

训令各县部定烟案罚金务须实行提赏文

（九年五月二十六日）

查获烟案,照部章于罚金内提成充赏,并由本署行知各县特赏之款,前曾令行各县，务须如数实赏，不得挪作他用。乃近查，各该县遵令办理，如数赏给者，固居多数，而仍假司法行政别项名目支销者，亦复不免。此项赏金系为奖励检举而设，若侵占公款，事涉刑事范围，即果挪用他途，亦属违背职务，法令具在。各该知事当能自解。除将挪作他用者，一律驳斥外，为此重申前令。仰各该知事务各遵照，如数给赏，不得少有扣除，并取具领款人收据，按月造册，粘附送核。毋违。

此令。

训令各县严查烟丹文
（九年六月二日）

烟丹流行，毒害最烈，查禁手续，运售尤要，已不啻三令五申，谆谆训诫。乃据委员调查报告，各县大贩零卖者，所在尚多，并将较为著名人犯之姓名事实，一并查报到署。查，委员以有限之时日，每到一处，即能发觉，而各该知事身任地方，情形较为熟悉，各员佐治，耳目尤易周详，反于此等著名贩售之人，未能早日查获，办理疏懈，无可讳饰。推厥原因，其故有二：一、吾国官吏，向存敷衍主义。凡百职务，惟是粉饰铺张，未肯实事求是，不独禁烟一政为然。习而不返，言之痛恨。二、诿为庶政丛集，不克兼进。然政务虽繁，要当择其要者，以全副精神寄之。烟毒之酷烈，直视洪水猛兽尤甚。小之，为丧身败家之资；充之，乃亡国灭种之祸。于此等重大问题，仍复等闲视之，未能特别注意，则为民牧者，所司何事？数年以来，禁令虽严，而成效迄未昭著者，非司有执行之责者有以贻之咎耶？用特重申前令。仰各该知事，务即痛铲痼习，认为民除害为大职，严查密访，但期有犯必惩，儆一劝百，自能渐睹实效，消积年之流毒，拯斯民于涂炭。端维各该知事是赖，殊非异人任也。本年考核成绩，格外从严，倘再玩忽贻误，定予严惩不贷。此令。

训令各县办理烟犯附捐核实认交文

（九年十二月十七日）

查，各县判处烟案遵令认交附捐，多于烟犯能否交纳，不为详察，约略指定，以致随捐随免，徒增公文往返，殊有未合。嗣后，该知事办理烟犯附捐，须于有无资力，查讯明确，量力认定，据实表报。确系贫寒者，即予宽免。至前此该县烟犯认定各数目，如有无力交结者，并即汇造清册，呈请削免，以资清理而昭核实。仰即遵照办理。此令。

训令各县对于各村长副特别注意并切实主持公道文

（十年三月二十一日）

本省长此次出巡察看各处情形，往往同一县区之内，因村长副之良否，政治遂有天渊之别，并有因村长副不良，遇事诸多纷扰，遂使人民对于政治，反生不良之感想。嗣后，各该知事督促区长，务须特别注意。良者，应予奖励；不良者，严予监督；其最甚者，即行撤换惩处，毋得姑息。至该知事等亦应切实负责，主持公道，勿为土棍劣绅所假借。

切切此令。

训令各县严禁贩卖烟丹文

（十年五月十三日）

近查，各县办理禁烟，多有疏懈，惩办烟贩，亦属轻纵，种种贻误，无异破坏烟禁。须知烟丹为害，于晋尤烈，严厉禁制，非坚持到底，不足扫毒氛而收实效。特再重申禁令。仰该县知事，淬励精神，督饬所属于大宗贩卖特别注重，零星小售，切实查拿，获案之后，依律从重惩处，热忱所积，功效自著。本年考核成绩，格外从严，如察有敷衍，或少成绩者，均以禁烟不力论。懔之。此令。

训令三道尹、各县知事严拿制造金丹文

（十年七月四日）

迭据报告，近来，奸商莠民，以烟禁日严，贩卖金丹，转运不便，将制造金丹各种原料，分宗运回，从外雇用专做金丹之人，约定制造地点、时间，今在甲村，明移乙村，今在甲舍，明在乙舍，地方日日变迁，时间均在夜晚。前据寿阳县知事查获制造金丹案犯，呈请通令严拿，所称情形，亦复相同。各等情。查，奸民贩卖金丹，方法百出，变运为制，为害尤钜。近据各县表报，查获制造金丹原料器具之案，日见不鲜，而严紧查拿，除寿阳一县外，均未特别注重。合亟令仰该道尹、县知事，迅饬所属，查照上开情节，严密查拿，限日将境内制造之事，一律禁绝，由本署派专员实察。各属如仍有制造情事，各该县知事定以废弛烟禁论。切切此令。

训令各县嗣后判处贩卖金丹案犯应依《修正吗啡法》严重惩办文

（十年八月十日）

查，《修正吗啡治罪法》第一条，处刑范围系二等或三等有期徒刑，并

科三千元以下罚金。原以此项毒质流行为害最烈，特行加重科处，以期纾奇祸而拯民生，用法者自应仰体斯旨，从严判断，俾犯法者知所儆惧。乃近查各县惩办运售金丹各犯，不论罪情轻重，率皆处以三等徒刑三年，或三年有零，并处科金数十元，多者或数百元。似此敷衍轻纵，实于立法本旨，大相背谬。合亟令仰各该知事，嗣后，讯判查获贩售金丹案犯，务应酌量情节重轻，就本法所定刑期范围内，分别惩处，以期罪行适当。况值兹丹毒横行，允宜援用重典，早清流毒，慎勿稍事姑息，致干破坏烟禁之咎。

切切此令。

指令平顺县整理村范以审选村长副为最要纠察员以官厅人员兼充为宜文

（十年八月二十六日）

呈悉。整理村范，定为分级分期办理，甚属正当。惟必须知事、区长，于各村之风俗利弊以及村长副之优劣，素日了然于心，始能确有把握，尤以审选村长副为最要。若实施整理村范，选择士绅讲演，亦必令其多说平易近人，于人民利害攸关之话，庶足动人听闻。至纠察员，事易招怨，似仍以官厅之人兼充，较为得力。知事、区长亦应认真查察究惩，以为之助。至惩奖各条，办理果能得法，于进步甚为迅速。仰即切实查核，随时具报。

此令。

指令离石县整理村范办法文

（十年九月六日）

呈悉。该县所辖村庄零碎，其入手整理方法，应先将各联合村之风俗调查清晰，然后分别逐渐整理，方不致无所着手。若有情形特异，于整理深感困难者，不妨特别划出，加意训诫，勿为各编村之累。至贩卖鸦片，虽以外路人为多，但该县密迩邻省，难免无窝藏输运之人，尤应注意稽查，严为惩办。民户中，迹近窝娼人家，最为风俗之害，要在于平时，由村长副、闾长用恳切之劝诫，设法防止，发觉到官，务须从严究惩，以儆效尤。移风易俗，即基于此。余如所拟办理。仰即知照。

此令。

训令冀宁道、河东道、各县严办土贩冒充军人贩运烟土应按常人依法讯办文

（十年十二月一日）

迭据各县知事报告，近来破获贩卖烟土、金丹案犯，往往冒称毅军军士，请示办法到署。历经电询河南督军，均准电覆："行查所属各营，并无其人，嘱即依法严办"，等语。查冒充军人，侥幸谋利，既损军人名誉，复于禁烟前途，大有妨害，倘不严为惩治，何以儆效尤而肃禁令。令仰该道尹、知事，严饬所属，嗣后，遇有此类奸犯，冒充军人，贩运烟土、金丹，应照常人，依法逮捕，按律重办，勿庸听其饰词狡展，是为至要。

切切此令。

手令官吏湔除吸烟恶习文

（十年十二月五日）

山西厉行禁烟，五年于兹。迭据查报，官吏方面，犹有吸食鸦片及金丹者，殊堪浩叹！查身为官吏之人，均属天民之秀，残废自甘，可惜殊甚。

夫政者正也。以沾染嗜好之人，而负禁烟职责，本身之旧污未除，强人自新，已内省之多疚，即迫于功令，勉强从事，必致人指摘，贻人口实，何能收良好之效果？于公于私，愧怍尤深，况《刑律》吸烟犯罪，非仅为普通人民而定。特向来官场恶习，对于禁令之施行，于人民多注重，于官吏多疏松，山西烟害未清，亦坐此弊。此后，官吏吸烟，凡有查报，均调省一律验究，以树正己正人之风。本兼省长不能已于言者。期望各僚属，各尽职责，湔除旧习，不忍遽陷之于法也。希将此令贴之座右，用资儆惕。此令。

训令各县取缔村长运动选举并将村中公款另推一人经管文

（十年十二月十九日）

据实察员赵廷干报告："霍县各村改选村长，往往因村长经手储存村款，虽不冒支侵蚀，亦可暂时挪用，遂不惜多方运动，请饬查禁"。等语。查，选任村长，应首重品行，若于未选之先，即以觊觎权利为最大目的，则其人宅心卑鄙，行事龌龊，已不问可知。除分令禁止外，合亟令仰该县督饬各区，切实查察，如有上项情事，务必严加禁止。并饬知各村：凡村内公款，应由村长副及闾长内，公推家资殷实，诚笃可靠数人，专司出纳。其支摊一切款项，并须公同处办，不得由村长一人任意主持。切切。此令。

训令各县转饬各区区长凡遇人民到区请求处理事件不得收费文

（十一年一月九日）

查。区长之设，所以便民，凡遇人民到区请求处理事件，概不得收费。合行通令各县，转饬各区区行政长，一体遵照。倘有籍端收费情事，一经查觉，或被人告发，即由各该知事查明举发，勿稍徇庇。此令。

指令崞县躬率警佐区长等苦口劝诫烟民文
（十一年五月一日）

呈表均悉。烟丹流毒，状至残酷。务仰该知事躬率警佐、区长、掾属，苦口热心，恳切激励，各该村长副、闾长热忱帮助，俾烟民有所感动，大为觉悟，不能容于众恶之下，自动戒除，则烟害自不难有肃清之日。是所望于该知事之劝禁有方也。此令。

训令各县知事督饬各区长认真整理村范文
（十一年八月十四日）

查，整理村范，区长负重大责任。各区所属村庄，该管区长务须亲身完全查到。合亟通令各该知事，督饬所属区长，认真办理。如呈报办竣后，查有一村区长未经亲到，定于撤惩不殆。切切。此令。

训令各县转饬所属高小学校商业传习所加授改进村制办法及村政印刷品文
（十一年九月二十二日）

改进村制办法及关于村政各印刷品，均经发去，仰即转饬所属高小学校及商业传习所，加入课程，注意教授，务使学生彻底了解。此令。

指令垣曲县须身先勤劳下乡督饬确实办理文

（十一年十月二日）

呈悉。所拟各节，尚无不合。但知事为全县表率，必须身先勤劳，下乡劝导，而后可期掾属、区长以热心帮助也。本省长所谓知事尽力一分，掾属、区长始肯尽力一分；知事尽力十分，掾属、区长不得不尽力十分，即系此意。仰即督饬，确实办理，冀收实效。此令。

指令介休县办理村政要心力俱到文

（十一年十月十四日）

呈悉。无论多少办法、多少团体，知事心力不到，俱是假的。此知事时刻不可忘者。下乡要有计划，说话要恳切简单明白，总要做到，知事出村之后，人民拍手欢言；知事此来，真能使村中好人安生，坏人低首也。

此令。

训令警务处、辽沁潞泽营务处、河东道尹转饬所属稽查队或检查员划清权限以免妨害村政文

（十一年十一月二日）

查，本省设置禁烟稽查队或检查员，原以防境外禁品输入，实施检查为职务，对于驻在各县住户居民违犯烟禁，本由地方行政官警担任完全

职责。现当整理村范之际，尤应划清权限，一免抵触。合亟行仰该处、道转饬所属检查员、检查队长，嗣后，应按照下列各项办法，负责认真办理，免与村政互起冲突，妨害进行。

此令。

一、驻在渡口要隘，对于入境行旅仍照旧稽查，以杜毒物运入。

二、驻在各县之吸食烟民，应照改进村制办法，由各县勒令退瘾，不必拿查。

三、驻在各县之贩卖金丹鸦片嫌疑人，经县调查勒令取保或监视后，再未发觉贩卖实证者，不准入宅搜查。

四、对于驻在各县贩卖金丹鸦片人，经县调查取保或漏未调查者，如查切有大宗贩运或得资包运行为，仍应搜查。查得实据者，送县惩办；无实据者，报县戒监。

指令平鲁县报告整理村范并送施行细则文

（十一年十一月十七日）

呈及细则均悉，所拟尚无不合。惟称感受二种困难：一、各村长副识字者少。二、人民智识不开。等情。查，整理村范，是人心上事，非人知识上事。村中有坏人，村人受害；村中没坏人，村中安生；此则人人理所同晓，不关乎识字不识字，又何分开通不开通？况地瘠民贫，人情实在，物质上收效固难，精神上收效转易。该知事于讲演方面注意，果能推诚相与，使人民具有信仰心，比之文化开通之区，反觉易于实施。仍仰努力设法进行为盼。

此令。细则存。

训令阳高、天镇县办理沿铁路村联合整理村范并派员帮办文

（十一年十一月二十八日）

据大同县冯知事呈称，大同系沿铁路县分，应仿照阳曲、榆次等五县沿铁路村，联合整理村范办法；令沿铁路各村保卫团，互相协助，查缉烟盗，并条陈意见。等情到署。查，该县亦系沿铁路县分，且与大同天镇、大同阳高接壤，应会同该二县联合办理，以昭划一而资互助。兹特派军职员郭朝宗，前往帮办，届时与之协商可也。除分令外，合亟令仰该县遵照办理，仍将办理情形报核。

此令。

行知闻喜、夏县两县共同辖地应不分畛域查禁莠民文

（十一年十二月十九日）

据报，该县堰掌镇，为两县所管地段，居民较为复杂，因之，莠民亦多，暗长潜兹，对于整理前途，实属困难。嗣后，应不分畛域，互相查禁。等情前来。除分行外，合行该知事，即便查照，互相联办，勿彼此推诿，致生阻碍为要。

特此行知。

电令各县戒除烟丹以初次查出为最好时机宜乘此努力令其戒除文

（十二年一月二十日）

□□县知事：戒除烟丹以初次查出为最好时机，能乘此努力，令其戒除，则事半功倍，否则，官绅之锐气已过，热心顿减，则事倍而功半矣。

合电注意。

电令忻县各村吸贩嫌疑人应切实惩儆文

（十二年二月一日）

忻县彭知事：据报，该县单开合村烟贩，多未悔改，烟民仍多吸食。仰即责成区长协同村、闾长，对于烟贩，严加监察，或择尤拘案惩儆。烟民除疾病、年老与未在家者外，皆勒令入会，并由区长亲视服曼陀罗丸。俟满一月，再令出会，务期切实戒除。此事必知事能卡得紧，在事人始不敢放松。嗣后，应以知事为村戒烟会会长，区长副之，村长副为管理员。择闾长负责者，帮助监察，并饬掾属、区长等不时考察。须知村戒烟会不是村民的戒烟会，是知事为村民便利起见，在村中设立之戒烟会，委托村、闾、邻长等代为管理者也，故村戒烟会亦非知事卡的紧，决无效果也。趁此农暇，努力为之。

指令介休县呈报男女失学儿童就学办法文

（十二年二月三日）

呈折均悉。准如所拟办理。免学不妨多，其不免者，非上学不可，应本此意，着实办理。但免学要免的得当。无论因极贫、因残疾，实在不能上学者，均可免之，非从执事一一打心上过不可；上学者全能上学，亦非从执事一一打心上过不可。能受此辛苦，则不但对于失学儿童办得了，其余各项嫌疑人，均如此办法，亦能办得了，是全在执事之肯费心力否也。

此令。折存。

指令介休县呈报拟订戒烟会办法文
（十二年二月七日）

呈折均悉。所拟办法尚是，惟筹办村戒烟会，必须先悉某村能了此事，而后再令谋村办理，方克有效，确知设会仍不能了者，不如另为设法，此中关头，务须用心为之。再，知事为一县长官。村戒烟会即知事设立之戒烟会，应以知事为会长，区长为副会长，令各村长副负管理之责，择三二热心之间、邻长，司监察之任，一切居住、送饭、服药、出会等事，均须知事亲为规定，嘱令如法办理，知事随时查察，如此作去，一县精神方能贯注，各村长副始易为力。仰并注意。

此令。折存。

电令大同县详确调查烟民文
（十二年二月二十日）

大同冯知事：此次禁烟办法，若不能调查详确，虽欲实行戒除，亦何所施？乃据报，该县调验烟民，多凭人民互相报告，非由官厅调查所得。因之，真正烟民幸免调验，而入所调验者，不尽烟民，错误曷甚？大同为关北烟民较多之区，情形若此，甚为悬心。农忙将届，时不容缓，应如何兼程并进，详确查戒，执事其自酌之。如有耽延，咎无可恕。切切。

指令忻县稽查烟民应从各方面查询并督饬属员奋勉进行文

（十二年三月九日）

呈悉。该县第三期所拟进行办法，大致尚是。惟稽查复吸烟民，除向小学生质问外，尤应从各方面查询，始免有遗漏。村戒烟会既多徇情面，办理不善，拟扩充区戒烟会，俾未戒净者再行调戒，自属可行。此次整理村范，戒烟极为重要，除年老疾病及少数妇女准服和平丸外，其余烟民务于阴历四月以前，全行戒清。仰督饬属员奋勉进行，切不可落人后尘。

此令。

电令各县力防烟民服药后饮水失效文

（十二年三月十八日）

□□县知事：据报，烟民服曼陀罗丸后，一饮冷水，药效即失。等情。仰即特别注意。并饬所属于烟民服药后，严加监视，力防此弊，勿稍疏忽为要。

电示各县办理禁烟应于农忙前真实了下去文

（十二年三月三十日）

□□县知事并转委员：核阅该县报告，对于本省长“农忙前必了”一语，尚有误会。所谓“农忙前必了者”，非将所有烟民戒除一次，即算了事，必须将烟民之烟瘾经一次，或二次、三次之戒退，真实退清，方为了下。最后，如有屡戒不悛之人，乃可设戒烟善后所，照章调戒。工厂难办，不必设。仰即遵照。

通令各县前后任交替应将领存和平戒烟丸及药价列入交代由后任清算结报文

（十二年四月一日）

查，各县领用和平戒烟药丸，往往因前后交替，以自行清解，互推后任，并不实行清结，以致新旧纠葛，时有发生。合亟令仰该知事，嗣后，凡前任领过药丸及解存药价，并现存药丸各数目，列入交代，由接受知事核算清楚，结报本署，以免混淆。仰即遵照。此令。

电令各县注意烟民服曼陀罗丸后服用白糖一撮药即无效文

（十二年四月十一日）

□□县知事：据报，烟民服曼陀罗丸后，服用白糖一撮，药即无效。等情。仰即特别注意，并饬所属于烟民服药后，严加监视，力防此弊。

电令各县禁烟非有九分功效不可轻设调戒烟民善后所文

（十二年四月十二日）

□□县知事：调戒烟民善后所，原为屡戒不悛者最后之设置，非戒除有九分功效，不可轻易设立，已经设立者，亦应暂从缓办。仍先从事戒除为要，并转各委员知照。

训令各县新旧任知事交替烟案附捐列为正式交代文

（十二年四月十三日）

查，烟案附捐为补助全省禁烟费用，关系至钜。乃各县知事当新旧任交替之际，往往不甚注意，仅将收存数目笼统列交，致已收开报及已收未报，或已捐未收，已捐核免各项，后任不接头绪，历久混淆，清釐辄生困难。为此，令仰各该县知事，嗣后，凡新旧任交替时，规定此项烟案附捐，列为正式交代。卸任知事务将任内经手烟案各项附捐，分别已收开报及已收未报，或已捐未收，已捐核免各宗，详细造册移交。接任知事务将接到交册逐细勾稽无误，开具册结，另文迳送本署查核。如册报后，发见浮支漏列情事，应由接任知事担负赔补责任，以重公款而清收续。切切。

此令。

训令各县对于怙恶不改多方抵抗之烟犯以严法绳之文

（十二年四月十五日）

查，整理村范，首重戒烟，本期情法互用，可收实效。乃核阅各县《禁烟星期报告表》，往往发觉本县吸食烟丹各犯，科处多属轻微，究竟其中有无屡戒不悛，或抵抗规避，概未声叙。足见于用情用法，不肯分别轻重，随时通变。须知吸烟是病，勒令戒除，不妨至再至三。如怙恶不改，多方抵抗，仍当严绳以法，以期惩一儆百，方可两收其效。为此令仰该知事，深体此旨，分别行之。嗣后，拟判吸食烟犯，须将事实叙明，以便查核。

此令。

训令各县烟贩烟民取保后仍查有贩吸情事保人认罚之款悉数拨归村社文

（十二年五月二日）

为训令事。凡贩吸烟丹嫌疑人取保后，如仍查有贩吸情事，除本犯应由县分别惩罚勒戒外，保人亦应处罚。但保人认罚之款，务悉数拨归村社，县区不得扣留，以免减却人民对官厅之信仰。仰并转饬所属各区，一体遵照。

此令。

训令各县办理禁烟宜本父母爱子之心为民戒烟不可因一人省事烦扰多人文

（十二年五月五日）

戒烟为惠人之政，非扰民之事。乃闻各县有将已戒烟民，恐其复吸，不分已未戒清，一律勒送戒烟会，另行戒烟，此种办法，无非知事自图省力，殊失与人为善主旨。且如此办理，必至障碍横生，终至穷无办法而后已。须知，办理戒烟，非使人认知事以视民如伤之诚，行改进人群之实，烟民终难知悔。即不能到举重若轻，令下如流之地步，烟害永无肃清之日。

若再不加矜恤，烦之扰之，更予人民以急于邀功之口实，办理不善之反感，则知事自身已处于遍地荆棘，动辄得咎之境矣。为此，令仰该知事，本父母爱子之心，筹为民戒烟之方。已戒复吸，本应再戒，而详观色相，明察暗访。调查之方法，务以用众诚心求之，隐蔽自少，岂可一人省事，烦扰多人，致以数月整理之劳，仍结办理不善之果？望吾同僚，因为借鉴。

此令。

电令各县对于贩吸嫌疑人不宜令村闾邻长出具如再发现愿受若干罚金切结文

（十二年五月八日）

□□县知事：近闻各县办理禁烟，对于贩吸嫌疑，有令村、闾、邻长出具切结：如再发现，即受若干罚金。等情。是乃自塞用众之路也。村、闾、邻长负有调查举发之责，令其具有受罚切结，谁肯再为报告？前之烟贩烟民，自行觅保，往往等于具文。非法不善，皆官厅不肯认真所致。果于具结时，详审保人是否可靠，并以应负责任再三叮咛，何至不能收效？若以官厅之力，令村、闾、邻长具结，不但与人以急于邀功口实，且为后日留徇隐之弊，是欲求肃清之效，自陷于困穷之境也。孰得孰失，仰即详审为之。

指令平定县对于复吸烟民传令勒戒不得责令捐款文

（十二年五月十一日）

呈悉。上年整理村范支用各款，准暂由所集公益捐项下垫支。惟据称，此项捐款，系责令复吸烟民交纳者，此种办法，殊嫌不妥。人民信仰官厅之心，恐因此益形薄弱。嗣后，对于复吸者，须再传令勒戒。屡戒不悛者，应先行登入烟民簿，按照本署公布之善后办法办理，不得责令捐款，致失民意。如按村民公意，应行罚纳村费，或本人情愿捐助者，须悉数拨归村社，县区不得动用。至现纳捐款二千余元，除垫支上年整理村范支用各款一千二百二十元有奇外，所余之款，应归地方有益之用，县区亦不得再行挪用。仰即遵照办理。

此令。

指令潞城县于农忙时仍应继续整理村范文

（十二年五月十一日）

呈及办法均悉。农忙之时，官并不忙，此时继续整理。责令村人应予停息，官不可一律停顿，恐被村人误会，复萌故态，致弃前功也。至办法第七条："不能悛改之贩卖嫌疑人，应一面饬区不时查察，一面择尤收押。责成妥保，严加监察"，较为得力，不应使报区报县，强人所难。该知事其妥慎办理可也。

此令。

指令陵川县对于烟禁须勤紧查戒切实办理文

（十二年五月十六日）

呈悉。该知事到任未久，补查出烟民三千余，足见辛勤。所称戒烟纯系活法，戒清乃止，非以戒过为止，亦深得窍要。该县地处边关，禁烟成绩，关系最大；未了之时，要存必了之心；既了之后，要存未了之心。稽查要勤,调戒要紧。勤紧工夫做到哪里,禁烟效果才能收到哪里。仰即切实办理,彻底肃清,可也。

此令。

电令各县有绅富吸烟者可自备资斧到省城中医改进会戒除文

(十二年五月二十日)

□□县知事:近闻各县绅富往往不愿服曼陀罗丸,并与普通烟民,同会戒除,致多避匿各处。本省长为救济此项困难,特指定省城中医改进会医院,为各县绅富戒烟处所。戒烟药品,按本人体质,临时配制,决不强服曼陀罗丸。居住饮食,悉照医院办法,任人自择。凡属困难,概予解除。该县绅富如有前项情事,仰开诚劝导,自备资斧,由县函知该医院,令本人持赴前往戒烟。戒后发给凭证,并免调验。再,年老领药戒烟限期,可令自定,不必限制。

电令各县知事委员及区长掾属等下乡时处处从人情上体贴做去文

(十二年六月八日)

□□县知事、委员:为政要合乎人情,前函已略述之。当此农忙之时,知事、委员及区长、掾属等下乡时,心中要为人民筹划如何可以不耽误工作,此为最要之事。对于村、闾、邻长,尤须注意,不需村、闾、邻长时,即可不必召集,即需村长副时,亦不可令其等候多时。总之,因官吏不用心,致白耗民时而招民怨,为行政之大障碍。求速反迟,求成反败也。欲令下如流水，当实心爱人，处处从人情上体贴做去，自能得人民之信仰。古人所谓易如反掌者，窍即在此。切盼注意。

电令沿河各县严密查拿烟犯文

（十二年六月二十三日）

□□县知事：吾省自上年整理村范以来，各处吸烟者，戒除八九；贩烟者，多数敛迹；烟丹输入，顿形减少；实为烟禁前途绝好现象。近据报告，陕西各地所种罂粟，刻已成熟；各处嗜利不法之徒，或已赴陕西，意图贩入，或正蠢蠢欲动，预备启程。际此烟禁将告成功之期，而牟利奸民，有意破坏，实属可恶。除分电外，合亟电仰该知事，迅即督饬所属，并转各禁烟卡员，务用全副精神，严密查拿，归案重办。一面实行人民出省执照，严密稽查，勿使烟贩漏网，功亏一篑。有厚望焉。

电下后列各县知事：

偏关、河曲、保德、兴县、临县、离石、中阳、石楼、永和、大宁、吉县、乡宁、河津、荣河、临晋、永济。

行知兴县对于失学儿童应多方筹划以期进行文

（十二年七月十二日）

据报，该县儿童失学，多因生计困难、交通不便及师资缺乏之故。请令县督饬主管人员，尽心筹划，急图补救。等情。查，普及教育，不能发达，凡事永无进行之望。据称，该县儿童失学原因，救济亦极困难。唯村政根本，实基于此，又不能不多方筹划，分别难易，逐渐进行。仰该县知事，斟酌情形,妥为补救。

特此行知。

指令兴县设立工厂须于办理人员时加检点文

(十二年七月十三日)

呈暨简章均悉。立厂意旨甚是,办法亦属切实,以工作之收入,为工厂之经费,尤为得法。唯须办理人员不存以官办事之心,而常念以人治人之道,方有良果。该知事欲作成此事,当于此处时加检点也。简章存。

此令。

附兴县自新工厂简章

第一条　本厂以使各项屡诫不悛之嫌疑人,与社会隔离,消其恶性,并以养成其生活能力为宗旨。

第二条　凡整理村范内屡诫不悛之各项嫌疑人,俱得收入本厂作工。

第三条　本厂所设职员及其职务如下:

(一)督办一人。由县知事兼任之。

(二)经理一人。由县知事择委掾属,或管狱员担任,承知事之命,经理厂内一切事务,不支薪金,但日后收入如有盈余,得临时酌给津贴。

(三)管理一人。聘请或雇用忠实可靠之人员充之,常住厂内,支配并督监作工,各科主任俱受其指使,每月月薪八元至十二元。

(四)每科设主任一人。由经理商同管理雇用,以指使并看管工徒作工为职务,月薪三元至四元。

(五)本厂工作,暂以粗笨工程为限,不设技师。但日后营业发达,必须用技师时,每科得雇用一人,薪金临时酌定。

第四条　本厂分内役、外役两种。内役暂以米面、灰坯、铁木、泥水等科为主；外役暂以包揽工程、耕种田园为主。

第五条　本厂经费，除建筑费临时捐助外，经常费即以工厂收入充之，不另筹拨。

第六条　工徒作工异常勤苦者，得由工厂收入盈余项下酌给奖金。

第七条　本简章如有未尽事宜，得临时修正，呈报备案。

第八条　本简章，自呈准立案之日施行。

行知河曲县村政须彻底纠正确实整理文

（十二年八月二日）

据报，该县办理村政，戒烟会未能卡紧，管理员迭次更易，各项成绩，俱无进步，戒烟尤属低劣。至贩运一项，竟有用不可思议之方法偷运者，亦未能从严查拿。该知事误于宽纵，反致进行疏松。各等情到署。查，办理戒烟，原属爱人之政，但爱之不得其道，适足误民。戒烟会不能卡紧，纵更番迭戒，奚俾实际？管理员如不派定，则五日京兆，谁肯负责？偷运一项，既闻有种种方法，如不切实制止，将何以清毒害？禁烟何等重要！竟至疏懈如此！本应严予申斥，姑念该县濒临大河，办理较难，合先行仰该知事，查照所指各节，彻底纠正，确实整理，切勿徒博宽大之名，致贻实际之害，并将整理情形随时报告。特此行知。

指令陵川县分饬各员于各小区内实行用情用众并准办理自新工厂文

（十二年八月十四日）

呈悉。该县分全县为十七小区，使各员负有专责，办理甚是。惟须分饬各员，各于一小区内，实行用情用众，方可办到好处。善后调戒所，应先将屡戒不悛烟民确定数目，登簿送核。自新工厂准予照办。并仰参照此次《告知村范委员事项》提要，用心做去，彻底办理为要。此令。

指令临汾县贩吸烟民应由知事特别注意不可尽委之主任协理文

（十二年九月十日）

呈悉。所拟禁烟善后及惩奖村闾办法，大致尚是。惟知事为一县重心，再能认明此旨，费力做去，方能鼓舞群众，如县内贩吸烟民应由知事特别注意者，万不可尽委之主任协理，恐知事之心不到，众人之心亦有不到也。尤宜悉心体会。此令。

电覆繁峙县张知事如烟贩出外无正当营业者即认为未改文

（十二年九月十二日）

繁峙张知事：江代电悉。出外烟贩，如早经出门而有正当营业者，即认为改否未定，另加说明。如近日出外并无正当营业者，即认为未改。

指令吉县不必使在逃及管押烟贩捐助戒烟经费文

（十二年九月二十六日）

呈悉。使在逃及管押烟贩捐助戒烟经费，最易发生误会，不如就其能否改悔上筹正确之考查。果能真正改悔，觅有负责妥保，尽可使其自新，不必令捐村费。如认为无改悔诚意，纵愿纳村费，亦不可准。余尚可行。仰督饬所属，切实办理。

此令。

指令离石县各区分设训诫所应从事实上着想文

（十二年九月二十九日）

呈件均悉。知事应注意之烟民，有不能送入训诫所及工厂者，掾属、区长等亦然。该县所定办法，似于分等真义，尚未明了，应再细心体会。各区分设训诫所，亦应从事实上着想，如真有益，设之可也，否则，非徒无益，转多靡费。至督饬家族长襄助村范一项，实际上恐无大益，随时酌办，可也。大族不肖子弟，即应特别注意之一种，应由知事担任。责成、鼓舞、督促、指导、扶助办法，均嫌空疏，似未从实际着想。仰查阅《告知事项》及《修正沁水县办法》，用心研究，另定送核。《保卫团抓获烟土简章》第六条"赏洋数目"，不必明定，仍应查照前列随案请核。余尚可行，准予备案。仰即遵办，并转韩委员知照。

此令。

行知长治县知事委员查报该县第二区行政长贾治安办理村政究竟能否胜任文

（十二年十月十五日）

据报，该县第二区行政长贾治安，对于继续发现烟民，多未登记调戒；嫌疑烟贩填送，尤欠翔实；应调戒之烟民，又借口农忙，滥行释放。等情。查，禁烟一项，为村政之急务；未了者，当求速了；既了者，不容放松。区长一职，尤与人民接近，村政之进退，惟区长之贤否是赖。据报，该区长禁烟既多疏忽，办事尤涉敷衍，该区村政难望进步。仰即严加督促，勿任敷衍，并应细心查看该区长究竟能否胜任，具报核夺。特此行知。

指令霍县举发烟案系为地方除害非为私人泄忿文

（十二年十一月二日）

呈悉。查，禁烟为惠人之政。办理此事，须存悲悯之心，行拯救之事，使烟民家庭非常感激，以促烟民改悔，方能祛除毒害，渐收良好效果。核阅成长荣一案，发觉者出于挟嫌密报，该村村长不从救济着手，与以改悔之路，遽派遣保卫团丁，强为搜索证据，并召集村民会议，令纳村费二百元，致使该烟贩不肯遵服，状诉栽赃诬报，以图抵抗。该知事应细心忖度，严密侦查，果能证明确无栽赃诬报情形，以折服该烟贩之心，当可维持原议；否则，按屡戒不悛烟民，归于善后条例，由县办理，乃为妥适。惟该县诬报栽赃风声，本署亦有所闻，仰即尽力矫正。务使村人深知，举发烟案，系为地方除害，非为私人泄忿，方不至流弊横生，人情偷薄，前途愈形穷蹙也。切切。此令。

电令各县严查新发生烟贩文

（十二年十一月三日）

□□县知事：近闻，各县原有贩卖嫌疑者，因官厅查实登册，不便外出，遂出资转托他人合伙贩卖；迭据报告，现在发生此项烟贩甚多；从前既无嫌疑，逆料官厅不加注意，故敢侥幸尝试。等情。为此电仰各该知事，迅筹善法，严密防范，并将办理情形，随时报查。

指令平陆县办理工厂应以简便为要文

（十二年十一月五日）

呈悉。此次办理工厂，应以简便为要。工作种类，须选择普通人民之所能办者，减少经费支出，于事实上容易做到，切勿稍事铺张，致耗民财。仰就该县地方情形，另筹粗笨工作，责成专员，切实办理，具报查核。

此令。

电覆大宁县对于沿河居民不必一律具结并示办法文

（十二年十一月十四日）

大宁舒知事：歌电悉。所拟办法，人致尚可。惟对于沿河居民，不必一律具结，应详查素有贩土及为土客雇运，或窝留十贩之各嫌疑人，为村、闾、邻长力能禁制者，令取具三家妥保，责成该管村、闾、邻长确实监视，一面督令员属不时下乡点名。如点名时，无故不到，或系无人敢保，恶性太深者，一并送入工厂，长期作工，或羁留县署，时加训诫，以儆效尤。仰即遵照。确实办理。

电令定襄县整理村范当查照分等分段办法鼓舞属员等奋勉进行文

(十二年十二月二日)

定襄县钟知事:自整理村范以来,在事各员于禁烟一项,固已大费心力。余意,必地方无一再染毒害者,使人民感爱人救人之义,著之公论,传之将来,方足以偿今日之辛劳。近余接见各县士绅,有谓某某县办理较前松懈者、有谓某某县办理不如前者,深以为憾。因思该县地面尚小,整理较易,务求切实,不可稍有回护。希于电到后,查照分等分段办法,一面督促员属奋勉进行,一面鼓舞村、闾、邻长协助办理。官委如此办,村、闾、邻长亦如此办,动之以诚,持之以恒,烟害庶有肃清希望。垂成之功,务努力焉。并将余前次解释分等分段各办法,另行抄发,应即用心研究,并转委员知照。

电令各县知事委员将老病烟民名册照章宣布实行发药并将名册呈报文

(十二年十二月十七日)

□□县知事、委员:近,每据由外县来者云:“老病烟民既准缓退,应有办法以免发生暗买暗卖,致破坏烟禁。”此语本省长甚以为然。究竟现制之和平戒烟丸,能否将老病烟民全数了去,使病者能生,老者能终?如不能以和平戒烟丸了去者,现在该县共有几人?如何办理,始能使老病之烟民心安,而烟禁不至破坏?仰该知事、委员等,脱去一切浮虑,按事实上切实筹划报核。再，各县老病烟民，多未宣布名册，致社会烟民双方均生疑虑，殊属不合，应照章宣布，实行发药，并将名册呈报。

指令盂县对于嫌疑人改过后注销名字时须格外留意文

（十二年十二月十八日）

会呈悉。各嫌疑人该管村长副、闾、邻长等，如确信其不至再犯，报由区长、掾属复核无异，并讨取复犯时加倍处罚切结者，准由村长副在村宣告："某人现已改悔，"应将名册上"嫌疑人"字样注销。惟此事所关甚钜，若稍涉含糊，则失主张公道之旨，反足贻他人以口实，务须格外留意，宁缺毋滥。至县署名册上"嫌疑人"字样，应作为异日办事之参考，不可遽行注销。且将来复查员到县时，即注销"嫌疑人"字样者，仍须召集到场验看，并转委员知照。

此令。

指令潞城县会呈办理禁烟情形文

（十三年一月三十一日）

会报悉。该知事到任未久，即查出复吸复卖烟民五百余名，足见辛勤，又能将衙署内之吏警，首先戒除，深得窍要。所称禁止烟丹紧一分，必收一分效果；松一步，即有一步退化；官吏为人民表率，城关为全县表率，各区公所所在地及各大镇又为各乡村之表率，亦属扼要。仰本斯旨，彻底办理。并须注重分段分等，实行训练街、村长副、闾、邻长，将查出嫌疑人分清等次，其应为街、村长副注意者，责成查报；一面以官厅之调查，征对其检查之虚实，剀切训练。务使人人负责，步步卡紧，村政前途始可持久也。

此令，并转委员知照。

电令孝义县呈报肃清后仍应卡紧查戒勿稍掩饰文

（十三年四月七日）

孝义吕知事：闻该县报肃清后，对于应验应戒烟民，多不继续办理，余意，该知事即仍旧查戒，亦恐办不实在。如此回护，势必将前此成绩，日退一日。须知，查报肃清，乃进行之节奏，非即定考核也。仰仍督饬僚属卡紧查戒，勿稍掩饰，致结误人自误之果。

电令雁门道尹防范归绥烟土输入督促各县严密办理文

（十三年四月十九日）

大同李道尹：嘉密。近闻归绥一带，人民种烟者又属不少，各县烟禁，必受影响。关北尤为可虑，若不早图防范，尤为烟禁前途之大碍。余意防范之法，非仅凭官员、吏警稽查所能济事，必须全县人民群起帮助，才能有效。然欲得人民帮助，第一，须提起人民防范之热心。第二，须与人民规定防范之办法，如此始能用众，众人始能有所措手足。已将此意电知道署、各县，确筹办法。希知事督促办理，以期有备无患为要。

行知平顺县另选妥人办理烟民工厂文

(十三年五月十九日)

据报,该县烟民工厂用人不当,以致连逃数人,逃后亦未妥筹办法。等情。查,烟民入厂工作,是本救人主旨,使坚退瘾之决心,承办人员对入厂烟民,无严密之监视,诚恳之训诫,则工厂等于虚设。况一再逃走,不特管理不得其人,即该知事亦未将心用到。仰即另选妥人,查照立厂主旨,责成办理。该知事尤应时加检点,有无不合,随时纠正,并将整理实益,每三月一报。

特此行知。

行知闻喜县办理村政当首除官民隔阂文

(十三年五月二十八日)

据报,知事不甚下乡,与村长副见面时少;遇事多用公文往复,以故知事、村长副间甚为隔阂;又,训练村长副办法,亦未能实行。等情。查,办理村政,当首除隔阂。如果深居简出,有事但以一纸公文了之,不但官民不能融洽,即最近如掾属等,亦难联为一气,村政办不彻底,弊皆坐此。执事亟应力矫前非。至训练村长副等,尤为实施用众之先著,更宜勤加指导。嘱令随时随事,切实报告,并由各段办理人员,逐加详查。如报告实在,能向村政上进行者,奖励之;报告失当,与事无益者,教导之;久则优者办事愈精,劣者得识径途,训练之果,不难实现。仰即特加注意,按照所指各节,确实遵办为要。

特此行知。

行知灵石县办理村政应宽严互济不可一味和平并示应注意要点七项文

（十三年六月十一日）

据复查，该县办理村政各员，和衷共济，毫无隔阂，各村村长多能臂助。等情。殊堪嘉许。惟偏于用情处事，一味和平，且报肃清后，诸多回护，以致进行迟缓，禁烟成绩，仅及七分以上，不无欠缺。查，此次办理禁烟，固在以用情为用众主旨，但须参以相当政权方能宽严得中，不失之偏。若过于和平，不但掾属、区长，互相观望，即村、闾、邻长势必敷衍塞责。盖情可使人感，不可使人玩，宽纵之弊，未有不诸事废弛者。兹将考查该县应注意要点开列于下，仰即分别办理，再办六个月后，有肃清把握，呈请二次复查。

特此行知。

计开

一、该知事处事过于和平，督责不紧，以致所属各员，办事迟缓，应即矫正。

二、该县办理村政，偏于用情，诸多姑息，因之，无知烟民，视为宽缓，未经悛改者不少。亟应加紧办理，勿稍放纵。

三、该县各区烟民调戒所，办理不力，又未设立工厂，处理善后，不无欠缺。应妥筹办法，认真进行，以竟全功。

四、该县女烟民，多未彻底戒清，轿夫及富户，多有烟癖，应特别注意，免为禁烟之累。

五、该县报肃清后，恐蹈矛盾之咎。对于烟民不愿认真调戒，对于烟犯不愿认真抓获，此种误会，妨害禁烟甚大，应严加矫正，勿稍回护。

六、该县东城、西城、水头、双池、段纯、南关、仁义、静升、马和、两渡、峪口等十余村，皆通大道，往来客商极其复杂，烟犯烟民，难以断绝，影响全县烟禁甚大，应格外查禁，以清害源。

七、查，该县烟犯未改者九十六名，烟民复吸者三百八十九名，戒否未定者二百二十一名。兹将名单抄发，分别认真办理。

行知广灵县禁烟当存其慎其难之心不可偏重用法文

（十三年七月十二日）

据复查，该县贩吸烟民戒改者，均八成以上，信能臻此，诚堪嘉慰。该县虽民风朴实，烟毒较浅，亦当存其慎其难之心，切勿视为易办而忽之。又闻该知事办理烟禁，往往偏重用法。须知此事关键，全在官厅心力兼到，情众并用，提动村、闾、邻长自动负责，不事隐瞒，方可收实效而奏全功，若一味以法绳之，则恐官民间隔阂一生，真相难得矣。仰即深体此意，督率各僚佐，协力进行，并对于附近插花村庄及煤窑客籍烟民，注意查戒，再办六个月后，有肃清把握，即呈请二次复查。特此行知。

行知静乐县为人民剀切讲演邪教之害俾知警悟文

（十三年七月二十三日）

据报，该县东北乡一带，有一种黄香教，一名夜传教，假传教为名，随处设坛于民家暗室中。单人传授，名曰男女换气，并设种种邪说，引诱一般无知男女，纷纷入教。一人彼教，不惟不守村规，抗交村款，且结伙与人斗殴。等情。查,此种邪教,最易蛊惑愚民,若不迅予人民说明该教害处,厉行查禁,于风俗治安,贻害甚钜。仰该知事迅将此种邪教之害,为人民剀切讲演,俾各家喻户晓,知所警悟,一面侦缉传教首恶,严行处办,并谕令各村长副,随时查禁,毋令秘密传衍,致贻隐患,仍将办理情形具复。

特此行知。

行知寿阳县指示用众之道并严查暗卖金丹工人文

（十三年八月二十五日）

据报,该县掾属及村、闾、邻长办理村政,较前稍形懈怠;又称该县境内铁路工人,不时暗卖金丹。各等情。查,办理村政,端赖用众,而用众之道,尤在鼓舞掾属及村、闾、邻长,乃知事之股肱耳目。知事果能日新又新,始终不懈,村、闾、邻长莫不奋发而起,为我所用。关于用众办法,本省长已于第一、二次《告知事项》一再言之。暗卖金丹之工人,应查验《阳泉会议案》关于铁路各节,切实办理。仰即一并遵照,勿稍疏忽。

特此行知。

行知五寨县戒烟会查戒烟民应认真办理文

（十三年八月二十七日）

据报,该县戒烟会办理松懈,查戒烟民亦欠认真。等情。查,办理戒烟会,贵在管理严密而不刻薄;调戒一个,务必见实一个;戒除一个,务必改好一个;方能收戒烟之实效。据报前情,当是管理不得妥人所致。须知,办理此事，必须于用人上特加注意，方可收事半功倍之效。仰将戒烟会管理员，特加督促，踏实进行，倘不能称职，则另选妥员办理，对于烟民应严饬各小段主任，认真查察，勿涉敷衍。

特此行知。

行知夏县对于绅学各界说情应婉辞杜绝文
（十三年九月六日）

据报，该县绅学各界，多好为人说情。查，绅学界均为社会优秀分子，应各主张公道，其演成此种恶习，始误于犯法者之哀求，继误于官厅之不主张公道，长此不改，必致人民认官绅为破坏公道之人，殊为可虑。应即婉辞杜绝，勿稍姑息。

特此行知。

行知曲沃县工厂为烟禁后盾非管理严密不足以资感化文
（十三年十月七日）

据报，该县工厂烟民一经取保，即可遂使出外作工；凡住满三个月者，经知事或派员一验，即行开释；老病出外各烟民，均不实在调戒善后所规定住所；每人每日交纳饭费三百六十文，无资交费者，往往置之不理；以故稍贫烟民，多有未曾调戒；查获复贩烟民，概未实行处罚保人；再，第四区区长董俊彦，不多下乡，到任半年，区务依然生疏，各项要政多靠助理员办理。各等情前来。查，工厂为办理烟禁之后盾，非管理严密，查察认真，不足以资感化而起畏惧；老病出外烟民，尤非考察实在，烟禁难期真正肃清；再，调戒善后所之设，原为调戒一般复吸烟民，能出饭资者，令其自出；实系不能出资者，亦应由官厅筹补助之策，务使复吸者，均调戒；调戒者，均戒清；方为得体。查获复贩烟民，处罚其保人，所以使保人尽其担保之责，而期复吸者之减少也。凡此种种，皆系禁烟要务。果如所报，烟禁何能办好？合行该县，仰即督率所属，切实整顿。至第四区区长董俊彦，尤应加意指导，认真督促，如不胜任，据实揭报，并将以上各节办理情形具复。

特此行知。

指令灵石县用众办法及村政报告录办法文

（十三年十月十三日）

呈折均悉。所拟《用众办法》及《村政报告录》办法颇属详尽，惟簿录太多，村长副识字者甚少，用之未免困难。此次用众，注重精神。“简、易、顺”三字，要时时放在心上，务期事实可行，人乐为用，簿录应省则省；稽查闾、邻长及各段主任，须在事实上着眼，不可仅凭簿录；村长副每月簿报县署及传话方式，殊不可靠，应即删去；《村政报告录》第三条，应改为“邻长直接报告，或由闾长代报”，以期周密；后列二意，为用众特别精神，更应注意。余如所拟办理。仰即认真进行，勿徒空有此法也。

此令。

一、各段主任以提起村长副为用众之起点，以帮助闾长，团结住邻长，为用众之结果。

二、哪一个主任不及，知事帮助之；哪一个村长副不及，主任帮助之；哪一个闾长不及，村长副帮助之。

行知怀仁县对于莠民烟民当劝惩并施文

（十四年一月五日）

据报，该县查获烟赌莠民，往往轻罚了事；或管押数月，即予开释；善后调戒所地方狭隘，调戒期限太短，以故戒而复吸者甚多。等情。查，此等怙恶不悛之徒，既经破获，自应劝惩并施，严予管束，使其彻底觉悟，兼收惩一儆百之效；若轻罚了事，非特失却助人为善之旨，抑恐人民误会，减却官厅信仰，势必本人不知痛改，后继者亦将希图侥幸；调戒烟民期限太短，烟瘾断难戒清。合并仰即该县，嗣后，对于莠民中之最坏者，勿稍姑息；调节所地方狭隘，宜设法另筹；入所烟民，须严密监察；住所日期，虽因人而定，然至少须在十日以上；总以办一个收一个的效果，方有裨益。再闻该县甄别烟民，失之过滥，须知此事关系烟禁前途至钜，剔除宁缺毋滥，务仰饬属慎重。

特此行知。

行知和顺辽县凡下行公文务期简明易晓文

（十四年三月三日）

据报，该县村长副中不通文义者居多，县署与各村所下公文，仍多用文言及套语，村长副等既感困难，于村政进行，不无障碍。等情。合仰该县，以后，凡下行公文，务期简明易晓，打破公文格式，不惟使村长副不感困难，即人民亦一看就懂，方能于事有济。

特此行知。

指令徐沟县切实训练村闾邻长以期负责文

(十四年三月三十一日)

呈悉,所称"欲实行政治放在民间,须由官厅设法训练村、闾、邻长"一节甚是。该县近两月来,用众方针,亦尚扼要,照此进行,必收良果。仰于续办一月后,仍照前询各节,详细具复。再,该县不能传话之邻长,尚有五百余人,应饬各小段主任,帮同村长副等切实督促指导,以期负责。

此令。

指令汾西县烟赌罚款不得提成作村长副办公费文

(十四年五月二日)

呈悉。鼓励村长副办事,当奖之以名,不可诱之以利;烟赌罚款,一半归村,一半赏给抓获人,在该县已成惯例;今无端为村长副酌提公费,于众目耽耽之地,取此区区,不但结怨于被罚者,亦恐自好者避之若浼,逐利之徒将群相争扰也。仰本爱人救人之旨,导村长副于正轨,勿徒以利诱之,所请未便照准。

此令。

行知祁县在官人员下乡务将各村庄酒食招待旧习尽行革除文

(十四年八月二十日)

据报,该县在官人员下乡整理村范,仍有多数村长沿照旧习,酒食招待。等情。查，整理村范，凡在官人员下乡，均领有旅费，自不应在村骚扰，且年来村中办理各事，花钱较多，此项靡费，尤非正当。仰即查察各村，如有此项情形，应详为解释，务即除尽为要。

特此行知。

行知怀仁县禁烟要在恩威并用文

（十四年十月二十八日）

据报，该县近来禁烟松懈，推厥原因，皆由平日既未能督饬尽力查察；犯案之后，又复故为轻纵，不肯依法办理；以故掾区各员，相率效尤，不肯前进；顽皮烟民，因之故态复萌，复吸烟民日益加多。各等情。查，办理烟禁，要在恩威并用，始终不懈；能感化者，则感化之；不能感化者，则依法惩办之。该知事办事素称踏实，何以遽变初衷，松懈若此，殊为可虑。仰即振奋精神，督饬所属，切实办理，慎勿再事因循，致堕前功，仍将整饬情形报查。

特此行知。

指令左云县对于联合禁赌切实办理文

（十五年二月九日）

呈悉。所拟邻封各县接界村庄查禁赌博办法，大致尚是，惟执行接界村庄赌案，应先咨商邻封各县，互印空白会衔缉票多张，以备临时应用，并将此事布告接界村庄，以免人民惊惶。余无不合。仰即督饬所属，切实办理，务收实效，仍将办理情形于两月后报查。

此令。

指令盂县失学儿童应奖劝兼施以期乐从无怨文

（十五年二月二十四日）

表悉。查，该县因风气晚开，人民多务农为生，且村中涣散，以致男女失学儿童甚伙，即列名入学，而旷课者亦复不少，女生尤甚。此等情形，严予催促，反近不情。应奖劝兼施，善为诱掖，务使晓然于入学之利，与失学之害，方能乐从无怨。

此令。表存。

指令绛县自治正轨在群众主持公谊官厅加以监察文

（十五年四月十三日）

号电悉。查，共和国民自治正轨，在能以群众所持之公谊，使坏人知畏而不敢犯，不仅使受金钱上之痛苦，即能制人之恶性也。况村人相对，情重于法，情之所不敢办者，纵订有重法，亦难实行。盖送官结怨，重罚亦结怨也。官厅应就其能办者，委办之；不能者，代办之；纵使村长副有不敢送县之人，而官厅实能尽监察之责，自治前途，方能愈办愈好。来电为卡紧烟禁，足征热心。惟使共和国民练习自治之路径，尚未彻底，仰熟思之。

此令。

行知寿阳县嗣后无论何项官员下乡不得再有帮贴脚费情事文

（十五年十月十八日）

据报，该县警佐兼第一区行政长赵国贤，办事推诿，深居简出，凡事多派助理员到村办理，往返脚费，各村不免有帮贴情形。查，帮贴脚费，虽非需索，要亦近于骚扰，殊属非是。仰该知事严行申警并督促勿任推诿，一面严饬各该村长副，嗣后，无论何项办公人员到村，不得再有帮贴情事。

特此行知。

行知广灵县与直省接界各村赌头须严行查禁文

（十五年十二月九日）

据报，该县与直省交界，插花村庄，近日赌风最盛，尤以赌头勾引青年聚赌营利为最可恶；其他各村，亦不免时有聚赌情事。查，赌博一事，不特有妨人民生计，且于地方治安，亦有可虑，兵燹之后，亟应注意。合行该知事，仰即督饬各区长，迅将各村赌头详细查明，从严惩戒。须知，严惩赌头，为禁赌入手要着，切勿稍事姑容，致贻地方隐患，并按照整理赌博嫌疑人名册，到村协同村、闾、邻长按名稽查，分别申儆。如查有证据者，送县重惩。对于插花村庄聚赌一事，仰仍查照该县十二年呈准《交界村庄禁赌办法》切实办理，并将办理情形于两月后分别详细报查。特此行知。

行知山阴县严惩烟赌莠民为弥盗入手办法文

（十六年一月十四日）

据报，该县近来查获之烟赌各犯，共有九十一人之多，惟调节所及工厂尚未恢复，办理终欠彻底。等情。查，烟赌各犯，非经调节所及工厂着实训调，不易真正改悔。仰即速行恢复，将查出之复吸烟民，尽数传所调戒，俟烟瘾退清后，再令讨保出所。其贩赌各犯，除查有实据者，依法严惩外，余均一律送入工厂，长期工作，非呈明本署，不得擅释。须知，该县兵燹之余，盗匪潜迹，在在堪虞，严惩烟赌莠民，即是弥盗之入手办法，务明此旨，督率员属，着实查禁为要。

特此行知。

行知繁峙县以任劳任怨整躬率属为先文

（十六年一月二十四日）

据报，该知事对于村政，前以支应差务未暇举办；自上年十月间差务结束后，至今应办各项，仍未着手；每日昼寝三四时之久；既不用心筹划，又不勤劳将事；对掾属、区长，亦不能开诚布公，督促进行，其办事与否，毫不过问；且深居简出，僚属见面为难；兼以遇事功则自炫，过则推人，以致各僚属退缩不前；并对村长副亦不随时接见，更无督促指导之可言。等情。闻之不胜骇异。查，办理村政，非上下团结一气，官民毫无隔阂，不能办到好处；而重心所寄，全在知事一人。知事能将心力用到，则近而僚属，远而村、闾、邻长，自能得其臂助，亦自无不乐于臂助，用众之道，于斯为得。若自处以逸，而任人以劳，纵日夜督促，亦恐空言无补，况深居简出，一切置之不闻不问？譬如一身已死，四体焉得不僵！更兼有功归己，有过推人，尤足令近者离心，远者怀怨。此种腐败官僚习气，不但不宜于共和时代，即自来吏道所谓“勤、慎、清”者，亦当以任劳任怨，整躬率属为先。该知事初膺民社，便如此堕落，其有负委任者小，贻害地方者大。本应立予撤惩，姑念该知事年富力强，弃之似觉可惜，着先申斥，以示薄惩。倘始终不悛，仍前玩愒，功令所在，不能为该知事宽也。特此行知。

行知河曲县能以少费办多事方足以慰民望而抚疮痍文

（十六年一月二十四日）

据报，该县上年对于村政，仍按分段整理，惟向来呈报旅费，每月不敷甚钜，各县罕有其比，不无浮滥之处。值此兵燹之后，人民疾苦已甚，地方款项，更形支绌，必须诸处细心检点，极力撙节，应办之事，不可废弛，一文之钱，不可虚糜。如人家过穷日子，能以少费办多事，方足以慰民望而抚疮痍。若因仍旧例，不知节省，恐招人民非议，致损官厅威信。仰该知事，嗣后，开支旅费，每月不敷之数，不得超过三十元，并应按月呈报，勿再迟延积累。至上年十一、二两月开支旅费册，速报备核。特此行知。

行知垣曲县对于赌徒烟民勿再勒捐致招误会文

（十六年二月十三日）

案查，该县前呈公益捐表，多为责令烟民赌徒缴纳者，此种办法，深属不妥。查，严禁烟赌，系为民除害，若借此捐款，恐人民误认官厅为筹款而禁烟赌，信仰之心，将因此薄弱，烟民赌徒，亦必恃纳捐可以免咎，益无忌惮，为所欲为。该县烟赌，何以善后？嗣后，对于赌徒，应传县训诫，查出烟民，应送会勒改。其屡戒不悛者，登入烟民簿，勤加调戒，勿再勒捐，招致误会。至已捐之款，除令准修理县署动支一项外，其余储办地方公益，县区不得挪用，并将所余数目呈明备案。切切。特此行知。

训令警务处、各县遵照迭次禁赌功令严密查禁文

（十六年六月二十一日）

自施行村政后，赌风稍杀，比因时局多故，不法之徒，乘机复犯，殊属可恶。当兹政治刷新，凡此流毒社会之非法行为，亟应铲除净尽。仰该处长、知事，严饬所属，仍遵照迭次禁赌功令，严密查禁，勿稍瞻徇。凡我在公人员，尤须以身作则，毋干禁令。切切。此令。

第三节　公　函

致平定县第二区区长应查照下列各条切实办理函

（十一年九月八日）

此次整理村范之能否收效、收效大小，全视为区长者热心之程度如

何、办事之能力如何。是凡为区长者,均有造福苍生之职权;凡整理村范之区长,均有勉为循良之机会。前恐汝不甚了解此意,故派员赞助。近据委员报称,汝对于整理村范不甚热心,靡费孔多,收效实寡,核阅之余,深为惋惜。嗣后,应查照下列各条,切实办理。

一、区戒烟会,宜另择宽大轩敞之地点,责成专员管理,并时为烟民讲演。开支公费,实报实销,不可浮滥。

二、凡查出之烟民,应早日调会戒除,不可延缓。如果村长热心负责,而愿自立村戒烟会者,即宜提倡,助其成立。闻西回、槐树铺两村村长,均愿自立村戒烟会,被汝阻止。区戒烟会地点既小,烟民又少,试问汝区所属之各村烟民,将待何时方能戒绝乎?应赶紧提倡村戒烟会,面嘱各村长,迅送烟民入会戒除。至要。

三、息讼会、村禁约二事之精义,村民多不甚了解,能否办理得当,全视汝能否切实指导。若以悬牌了事,便违吾提倡之初意矣。汝宜先自己研究一番,如有疑义,不妨函询,自己研究彻底,并多方指导村人。每至一村,宜召集村长副、闾、邻长、教员、学董及素孚众望、明白事理之人,详为解释,先使其明了意思,再助其订定禁约。条文欲其简明,情形欲其适合,出自众人之公意,不必限定村范十条,凡固有村规,均可加入。至息讼会,只求主张公道,息事宁人,能了则了,不能了,听人起诉,切勿滥罚为要。

致全省区长对于烟民入会戒除时应照下列四项办法特别注意函
(十一年九月二十一日)

迳启者。据委员查报,榆次县西付村村长王渊哲、闾长魏晋学,与该村烟民串通一气,于入会调验时,暗在本村雇人顶替,男烟民原系王鹏珍,顶替者为段海香,女烟民原系魏马氏,顶替者魏赵氏。等因。据此。查,此次整理村范，原予人以自新之路，使其改过迁善，该村、闾长竟敢在村蒙蔽，殊为整理村范极大障碍。

除将该村、闾长饬县按照下列各节惩办外，诚恐各县、区、村，亦或发生此种情弊，特函该区长于烟民入会戒除时，务即特别注意。办法四项附发。

办法如下：

一、将此事实印散该县各小学生、村长副、闾长，使其对于烟民入会事项，特别注意。

二、西付村村长王渊哲、闾长魏晋学，应即撤换，并按照村禁约由村公议，缴纳村费。该村戒烟会费，仍勒令该村、闾长等完全担任

三、王鹏珍、段海香、魏马氏、魏赵氏，应按照村禁约，由村公议纳费。王鹏珍、魏马氏二人，仍勒令入会戒烟，并由区长督令该二人同众悔过。

四、该管邻长应由该知事区长告诫，令其以后对于烟民入会事项，亲自送入，格外注意。

复汾阳县第二区行政长查照下列各节切实办理函

（十一年十月二日）

意见书悉。仰即查照下列各条，切实办理为要。

一、区公所按照村禁约了结之事，其所交之款，应发回原村，作为村费。区内不能了之事，则可送县、

二、人民因土地争执到区报告，不可行使传票。即章则内应用传票之事，亦须至不得已时而后用之，切不可轻用。

三、各村烟赌案件送区了结后，其附送之烟具赌具，应在区对众焚毁，但须详细登册，以备查证。

复太谷县安知事论办理禁烟使吸者能无贩者自息函

（十一年十月十九日）

迳复者。来函备悉。金丹价贵，自系严密所致。然卖价愈贵，得利愈厚，贩卖者难免不冒险贩卖，应乘此时机，尽力戒吸。盖吸者能无，贩者自消。执事能使太谷金丹贵，余更望能再进一步，使太谷金丹不值一钱，则斯法收效矣。铭贤学校教职员、学生闻风兴起，深堪嘉尚，希即鼓舞进行，期收实效。

并嘱：各村烟赌案件，送区了结后，其附送之烟具赌具，应在区对众焚毁，但须详细登册，以备查证。

覆岚县张委员设学本意是使能入学者尽数入之非强使不能入学者亦入函

（十一年十一月八日）

迳复者。该员所称不能设学之村，令村长于每五日或七日，率领儿童赴附近学校受业；或由本村择一识字者，由村长召集儿童，使之授以字义等情，于普及教育不无小补。但使村长过于烦劳，诚非善法，且如此办理，亦非持久之道。仰会同丁知事，确实筹划；能设简易学校者，设之；不能者，免之。若强使不能入学者入学，适足以伤人民感情。须知设学校本意，是使能入学者尽数入之，非强使不能入学者亦入之也。能照此办理即得矣！

致各县知事对于不受感化之坏人宜严行惩办函

（十一年十一月二十一日）

迳启者。据忻县第二区、石家庄村闾长合称：石四娃、杨千寿等，均属无赖，专贩烟土，感化不易，且恃强刁顽，恳请严办。等语到署。当复函应严办以实行政权感化。余在会议场所云：用法与用众无碍时，当从严办，可惩一儆百，亦即刑期无刑。希执事将该烟贩等迅即拘案押办，以儆无赖而树风声，并将办理情形，手谕全县人民，使知感化是感化好人。若不受感化之坏人，必严重惩办。若此办过十数次，办一次与各村手谕一次，以后全县坏人必至敛迹，村政则顺利进行无碍矣。希注意。特致执事，希并照办。

复介休县知事指示调戒烟民方法函

（十二年二月九日）

来函悉。此次办理戒烟，务希沿村逐户，把各烟民一一打心上过一过，使吸食者无不入会，入会者均能戒除。倘有数次不改之人，则制一烟民簿册，记其姓名于册内，县城内设立一烟民善后所，先行核计总数，再量所内容纳多寡，分作几班，按月轮流调戒。至长三月内须轮调一次。调来时，不论有瘾无瘾，可令先服曼陀罗丸一粒，住半月或十日后再令回家。好在曼陀罗丸，无瘾者食之亦无碍。该县向来烟犯常有二百余名，即以此二百烟犯之地址、经费，改设善后所调戒，半月方准出所，三个月中，当可调戒一千二百名，以该县论，此数足以善后。凡属数戒不改之烟民，即是真正烟民，录于簿上，每年中予以四次之调戒。其爱护烟民之诚，与监察复吸之切，精神上亦足以善其后矣。愿努力为之。总之，贩烟丹者是恶，当重惩；吸烟丹者是病，当医治；戒后复吸，是人民的错；若戒不清，是官吏的错。此种至理，官人者，当熟审之。

复安邑县知事所拟复吸办法应令区长掾属村长副等负责查察函

（十二年二月二十三日）

迳覆者。该县由知事、委员、掾属、区长，各带曼、和二种药丸，分赴各村庄，召集烟民，监视服食，回家戒退，似此办理，绝无把握。至所拟复吸办法，大致尚是，惟应就烟民本身上着手，方为得体。至如何能知其复吸，如何能令其不再吸，全在执事及区长严密查察，担负全责，令亲友具保，闾长负责，尚其末焉。如系屡戒不悛之烟民，应登入烟民簿，按期调戒，务使其真正戒除而后已。须知，此次整理村范，禁烟最为重要，执事办事浮滑，将落人后也。

致祁县知事村范为创行之政宜勇往直前勿畏难瞻徇函

（十二年三月八日）

迳启者。据闻，该县官绅以至村长副，多以禁烟为不可能，故每怀迟疑观望之态度，无勇往直前之决心。又士绅吸烟，查出者甚少，查出而能入会戒除者尤少。似此情形，该县烟禁何时了得下去？虽易办之事，稍怀迟疑观望之念，即难成功，况此等创例之政，执事又为一县之首，稍形迟疑，众皆却步。务希抱定决心，勇往直前，勿畏难，勿瞻徇，鼓励士绅，责成属吏，按日记功。祁县之村范不整，本省长之咎，执事负其责。祁县有一村之村范不整，执事之咎，区、村长负其责。身当其冲，责无旁贷。余不能自宽，亦不能为执事谅。执事责任在身，亦何必为属下宽也。

致新绛县徐知事彻底查察烟民并卡紧办理村禁烟会函

（十二年三月十二日）

迳启者。据报，该县烟民遗漏及复吸者，据舆论上之访查，均有十分之三，希即注意覆查，务将此项烟民，彻底查出，送入戒烟会，切实戒除，一期早日肃清。再，该县村戒烟会办理多不合法。须知村戒烟会，实系知事之戒烟会，设在村中，知事即为会长，区长副之，村长副为管理员，于闾邻中择其能热心帮助者，代为监视一切。管理监察方法及戒烟人之起居饮食，均须知事用心规定，方可希望他人负责。总之，此次戒烟，非知事卡紧办理不可。瞬将农忙，时不可失，锐气一过，后继为难也。至盼！至盼！

致离石县张知事注意戒烟会函

（十二年四月三日）

迳启者。查，戒烟为村政中第一要事，不特区戒烟会须官厅完全负责，即村戒烟会亦须知事、区长看定地址，慎选管理监察人员，规定送饭睡觉办法。入会时,亲视服药;出会时,尤当格外注意。入会烟民均须服用曼陀罗丸。其住会日期,以烟瘾戒断为止,至少亦须在半月以上。服药过数日后,如仍有发瘾情事,应勒令再服曼陀罗丸一粒,总以不使一人蒙混出去为要。希即注意办理,勿稍因循。再,调查为整理之入手。该县嫌疑人遗漏尚多,尤须特别注意,认真复查。总之,余意于烟丹一事,已抱有肃清之决心,若农忙前,大体了不下去,执事应负其责。特此声告。

致各县知事委员禁烟须全县烟民一律解除净尽方为肃清函

(十二年四月十二日)

迳启者。查,各县报告戒烟,每称某时可告肃清者,多系就查出烟民施戒一次而言。要知办理戒烟,必须总合全县烟民,除老病出外及妇女有特别障碍,须另行查察调戒外,其余无论初吸再吸、已戒未戒,均应随时复查,随时调戒,务令一律戒除净尽,方能谓之肃清。仰本此意,认真督查,依次进行,并转委员知照。

覆阳高县魏委员商同知事通令各教员实行家性教育函

(十二年四月十二日)

十二号函悉。所称:国民学校,应实行家性教育;遇农忙时,学生请假,教员当详加访察;如系寒家且无人做活者,不妨酌量情形,给假数日,俾帮助家人做活;其富户子弟,则概不准借端请假,致荒学业。各节。办法甚是。仰即商同知事,通令各教员照办可也。

致浑源县知事审查吸烟妇女分别办理函

(十二年四月二十六日)

迳启者。顷据该县公民穆郇等呈称:设立女戒烟会,恐管理不得其人,致生流弊,恳请迅停设立。等情前来。查,妇女入会戒烟,本非得已。如地方绅士,各本爱人以德之心,发助人为善之愿,帮助官厅,确筹善法,能将吸烟妇女,一概戒除,即不必另为设会。如为暂时不能入会,或入会实有障碍者计,不妨官绅熟商,另法办理。且女戒烟会,系为难得监视负责任者而设,有能切实负此责者,本另有《领药戒烟章程》可循。执一不变,固非善法,因噎废食,亦碍要政。希执事将查出吸烟妇女,一一审查,分别办理,务期事无窒碍,烟害肃清,是所至盼。并转该绅等知照。

致各县知事烟民服药应分别老壮不得一律令服曼陀罗丸函

(十二年五月三日)

迳启者。近来,各县有不分有无病症、老壮情形,勒服曼陀罗丸者,殊与所定办法不合。希执事转知掾属、区长及协助戒烟各员,按照前定办法,妥慎办理,毋稍疏忽,免生意外,致碍进行。

覆平顺县知事先将屡戒不悛人数确定后再行设立烟民工厂函

（十二年五月十六日）

迳启者。来函阅悉。烟民工厂之设立，系本救民主旨，经过数次戒除，仍不悛改之人之最后办法也。既据函称，劝改前非者，仅十之六七，所余当有十之三四，若全行入厂，能否容纳、经费能否支持，不先虑此，势必难继其后。凡事无长久计划，终无结果。向来官场表面办法，着着失败，皆由此也。核阅来函，语意似以一经设厂，即可了下，殊非彻底办法。希将复吸者再予施戒，贩卖者检点保人，用心查察，凡可望其改悔者，不妨一一剔出，责成所属，严加监察，必至剔到真正无法可改之少数烟民，确定为入厂人数，再行设立，方有实益。救人之事，非费心不能贯彻。执事其勿图省事，自无困难也。

覆平定县委员对于烟民要再三劝诫使其真正悔悟确实戒除函

（十二年五月二十日）

四十三号函悉。该员所拟抽调烟民，仍是省事方法。不能一一查访，确实查戒，乃欲胡乱抽调，敷衍了事，不惟挂一漏万，亦恐尽弃前功，似此不用心力，焉能办到好处。至调验有瘾烟民，从重处罚，亦属不妥。须知戒烟是救人之政，应怜之悯之，再三劝诫，方能期其真正悔悟，确实皆除，果屡戒不悛，亦应按善后办法办理。若我之心力未尽，徒以从重处罚，期收目前之效，恐未得人民信仰，先致怨尤丛集。应再另筹妥法，实力进行，务求得到真确效果为要。

致长治县知事论禁烟办法函

（十二年五月二十日）

呈及善后办法四项均悉。此次禁烟，为将来之根基，必须十分肃清，防其再吸，始易稽查。此处一含混，人民则动含哄我之心，再令其不含混，颇不易易。何谓十分肃清耶？能退者，均退之；不能退、不可退、应缓退者，宣布明白，此即谓之十分肃清也。若使有假者，则开人民偷之端耳。偷之端一开，后难为继。再，善后办法四项，有利亦有弊。利在能使大家负责稽查，弊在恐使大家瞒哄不报。该知事如欲防其弊而收其利，非心不懈怠，精神贯注全县不可。再，四项办法，系硬法子。本省长尝云：软法子上要加力，硬法子上要加心。该知事此次用硬法子善其后，非十分用心不可，否则，恐越走越窄，非特无以善其后，且恐陷于困难之境也。近日，有面呈善后办法者，曰：官厅联合村长副，村长副联合闾邻长，监视稽查，则可善其后。本省长为之改正曰：官厅联合村长副，再辅助村长副联合起闾邻长，监视稽查，则可善其后矣。盖村长副，箭也；知事，弓也；弓不张，箭不能自发也。村长副实无联合闾邻长之力，更无是心也，焉能望其联合闾、邻长也？一县之事，全在知事。知事之心到，众人之力即不能不到；知事之心不到，众人之力即不肯到。清末有许多好章程，而不能见诸事实者，其病即在此。今日因办公有余暇，故畅论之。

与各县论戒烟善后办法函

（十二年五月二十日）

予近来，为整理村范，禁烟善后之事，颇为各县愁之，每欲思一善法，为各县办理善后之助。一日，会某绅士，询问该县整理村范能否了得下去？曰：“能。”“能否善其后？”曰：“能。”“何以言之？”某绅曰：“举两事说之，公亦必认为能了得下去，并能以善其后也。一日，知事下乡至甲村，见有人民向知事说：‘吾儿之烟，戒而复吸矣，请县长为之再戒，但不可任其住村戒烟会，如拘押城中使之知惧，或可戒而不再吸。’县长从之。到乙村，亦有人向县长说：‘吾儿此次复戒之后，请县长勿令早出，使其在会多住几日，感受困难则可不至再吸。’县长亦从之。吾县长从其父兄，禁其子弟，何难了得下去？何难善其后也？”云云。余应曰：“官民若此亲信者，必能了得下去，必能善其后也。”惟官民此等亲信状况，必由于知事推其爱子弟之心，爱人民做来。爱子弟之心，人人皆有；爱子弟之事，人人皆会。愿各知事推此心以行政，非特事不难办，亦不苦其劳也。

尚有一字，亦可以作各县肃清善后之补助，即：尧舜帅天下以仁，而民从之；桀纣帅天下以暴，而民从之之“帅”字。盖政治之于人民，有“帅”之之功能，惟视行政者之是否真也。真仁，必能帅天下以仁；亦真暴，始能帅天下以暴。帅以暴且不能假，况帅以仁乎？故其所令，反其所好，而民不从。今为各县换其言曰：知事帅人民吸烟丹，而民从之；帅人民禁烟丹，而民亦从之。人民之从不从，惟视知事之心真与否耳。真则必从也。

“帅之”之法当如何？亦有一段话可为各县之参证：有新委区长者，予问曰：“汝作区长，如何肃清烟丹？肃清以后，又如何以善其后？”答曰：“区长联合起村长副，村长副联合起闾邻长，协力进行，即可以肃清，可以善其后也。”予曰：“此言不错。但村长副实无联合起闾邻长之力，而且无联合起闾邻长之心也。尚须区长帮助村长副，督促村长副，村长副始能联合起闾邻长也。”然予此系对区长之言，不得不云尔也。实际区长联合起村长副，督促村长副之力量亦微薄。完全之行政权，知事有之；整理一县之责，知事任之。知事之心不到，他人之心不肯到；知事之心到，他人之心不敢不到。圣人言政，“先劳无倦”四字，非特心到，且须身到也。今为诸君可换其言曰：“欲肃清一县之烟丹，而且善其后，必须知事能使掾属区长，帮助知事，联合起村长副；再能督促掾属区长，帮助村长副，联合起闾邻长，协力进行，永久不怠，方可肃清，方可善其后也。”

吾为诸君虑者，尚有数事，亦并说之。知事为亲民之官。行政本爱人之事。此次禁烟，尤是救民于水火者也。吸烟丹，民之病也，非民之恶也，病当救之。以亲民之官，行爱人救人之事，乃以恨之、恶之、逆之、凌之之法行之，非特于事无济，必至民怨沸腾，荆棘满地，而且失为官为政之道矣。此为诸君可虑者一。

近来呈报善后办法，有令村长副出肃清甘结：村中再有吸者，村长副不先报告，必须认罚为条规者。此等办法，予认为是知事省事的办法，亦是旧日粉饰的办法。知事省事，何人尚肯费事？知事粉饰，何人不乐粉饰？以此至重至难之事，乃令村长副出一肃清结，是使村长副讳言村中之烟民也；以此至重至难之事，责任全推至村中，是强其所不能任也。如此办法，必发生三病：（一）村长副瞒哄。（二）实行惩罚村长副时必生反动。（三）强罚以后，人民必惮作村长副。尚有以人民五家互保为条规者，亦恐生瞒哄反动之病。此为诸君可虑者二。

凡事不平则颠，适中则行。使烟民讨任罚钱之保，非不可行，但须出自保人之愿意，且罚款除赏给发觉人若干外，余须归村中也。予尚有一言为诸君告者：诸君以罚人民、打人民、使人民畏惧而不敢吸，如此办理，必了不下去，且中途必出障碍，必至进退失据，即使能了下去，亦等于了不下去。知事之精神稍松，仍然复吸矣。所谓水上按葫芦，费力不成功。因其非帅其父兄，禁其子弟；帅其子弟，劝其父兄之法也。愿切记之。即有屡戒不悛，愚顽不化者，非用严法不可，亦当行之以正轨。如责成区、村长，交闾邻长看管也，或令其讨切实负责之保结也。无人具保，即可长时间留之于戒烟会训戒之，有改悔之决心，则放回之。若无改悔之决心，即可送入烟民工厂也。无烟民工厂，即送之官工，或民工之处，如修河、修堤、煤窑、磨房等类，均足以养其生而戒其瘾。若此尚有所不便，则羁押之于县区署，冀其知儆，勉其讨保可也；记入烟民簿，不时调戒亦可也；甚则，依法判其罪而置之监狱之内，亦未为不可也。万不当出以非法、非情而凌之、辱之，以致救人反害人，怨谤交集也。

若贩卖烟丹者，固是恶也，严办之，重办之，宜也。但亦须将冀其改悔之心费尽以后，始能得人民之同情也，否则，亦徒落一严酷而已，于事无济也。

再，予所谓了下去也，肃清也。是使能退者、当退者，退之；年老者，自由退；有病者，缓退之谓也，非必强老者、病者之不能退、不可退者，亦并退之，致人民怨官厅之不尽人情也。但老者、病者应宣布明白，使人周知，一以免人借端搜检，一以免人疑为遗漏，区、村长并记于户口册上。

予不惮谆谆言之者，冀诸君实行也。诸君接此信后，应集区长、掾属并委员，逐条讨论，务使一体明白，用心奉行。若再有不办，或乱办敷衍，或急功致障碍村政者，非予之错矣。

覆临县乔知事对于屡惩不改烟贩不可令村闾长担保致塞用众之路函

（十二年五月二十一日）

函折均悉。所定分期戒烟办法，尚属周妥，准予照办，惟对于屡惩不改之人，除取保外，并令该管村闾长担保其永不复犯，是自塞用众之路也。须知，担保系连带之责，出于村、闾长本人情愿则可，由官厅勒令则不可。此中关系，须由实际着想。至设立调戒烟民善后所，系肃清烟民最后之收束办法，该县尚未至设立时期。仰仍查照迭次函令及此次规定办法，督同僚属，认真整理为要。

致各县委员查报戒烟善后办法函

（十二年六月二日）

迳启者。予与各县论戒烟善后办法一函，意想各县知事，有未奉此函原能如此办理者、有奉函后即能用心遵行者、亦有一时不易扭转者、有误为宽大反致进行疏松者、且有惯用威权，仍不赞成者、有向系敷衍借此搪塞者。并接此信后，曾否集合区长、掾属，切实讨论，应由该员就所驻县份，翔实考察，真切函陈，如一时不能明确断定，不妨迟一两月再报。

覆岚县张委员不得将区戒烟会撤销函

（十二年六月七日）

函悉。据称，该县各村必须调戒烟民，为数无多，拟五月底将区戒烟会一律撤销，所有未戒清烟民，均传县戒烟会调戒，非计之得也。查，该县查出烟民，尚未全数戒清，即戒清者，亦难保无复吸情事。此正戒烟吃紧之时，奚可将区戒烟会一律撤销，予人以再衰三竭之口实也？该县地面较大，若悉将各村烟民传入县戒烟会戒除，非特烟民往返困难，亦恐县中人满为患，多感不便。仰速商同知事，取消前议，并仍督饬僚属，认真整理。要知办理禁烟要诀，全在一步紧似一步，愈到后路，愈不敢放松，方能收圆满效果。切嘱！切嘱！

致屯留县知事办理戒烟应注重感化不可专用法制函

（十二年六月二十三日）

迳启者。知事办理戒烟，成效虽优，但多收功于法制的力量。要知，以力服人，是使人畏而不敢为也，非能使人悔而不肯为也，稍一松手，仍恐故态复萌，余甚为执事念之。今后应如何防范，始可以善其后，尚盼执事注以全神，毋谓目前告一结束，便为此事收煞。

致赵城县潘知事办理烟禁不可一味姑息函

（十二年十月十八日）

迳启者。有从省南来者，谈及村政办无实效县分，以该县为最劣，而沿河各县，抓获烟贩，尤以该县人为最多。近据委员报告《考核禁烟成绩表》，该县烟民戒清数不足七分，烟贩改悔者不足三分。总核上列种种情形，该县烟禁成绩最下，毫无疑义。考察原由，因执事惟恐招怨，时时存一姑息对付之心，不能提起作事精神，未免大错。须知，禁烟为惠人之政。救人之事，必以悲悯之心，行急起直追之法，方能日进有功，仅顾目下小怨，贻地方之大害，将来何以对人民？各县办理禁烟，着手之初，未始无许多怨望，及经毅然做去，历时稍久，成效日著。前因吸烟致受冻饿者，现已饱食暖衣；向之怨者、谤者，一变而颂之、誉之矣。他县逐渐肃清，赵城烟害如故，相形之下，该县人民一旦觉悟，今日之姑息爱人，后日绝不为执事谅也。余亦不忍执事及地方上落此结果，专函诫勉，希注意焉。

致徐沟县知事严查复吸复贩函

（十二年十二月十日）

迳启者。近闻，该县烟民，复吸复贩，仍属不少。员属中以为现报肃清，恐查出后于成绩有碍，致生疑障，不敢切查者有之。查，肃清烟害，必须行之以渐，持之以恒，方能办到稳固地步，乃为真正肃清。若因报告肃清，转多回护，未有不致弃前功者。执事办事，向称踏实，员属有此误会，亟应切实解释，现值农暇，正好努力进行，不论已否报告肃清，果能于复贩复吸，查无遁饰，虽多亦于成绩无碍。希即督促进行，以期稳固为要。

致大宁县舒知事劝戒烟民不必遽加以罪函

(十二年十二月二十七日)

来函阅悉。曹彭龄虽系屡戒不悛,究未抓获证据;既已服药,应乘其在会改瘾之时,痛切劝诫,俾其彻底觉悟,自新悔过;待其烟瘾退清,身体复原,察其不至再吸,令觅妥保,出具永不再吸之结,方准出会,不必遽加以罪。至若烟民如系年老废疾,直令领药在家渐退,无庸调戒,仰即照办。

致新绛县知事禁烟应始终卡紧认真查报复吸烟民方能日少一日函

(十三年一月二十八日)

迳启者。据报,该县各村复吸烟民为数仍属不少;烟民出会由管理员呈报知事后核准。等情。查,禁烟一事,须始终卡紧,考禁严密,则戒一人始能真救一人。如烟民应否出会,非执事于其在会戒退状况,切实了然,不能做到真实地步;出会之后,应如何监察,绝其复吸之心,又非督饬小段主任认真查报,不能做到稳固地步。希本此旨,费心做去,复吸烟民日少一日矣。

覆万国拒土会总干事陈述山西禁烟经过情形函

(十三年七月十日)

敬覆者。接续来函,至佩公谊。鄙人服官山西,于全国鸦片流毒之原因,限于职权,尚无确实之调查,故不能加以批评,衹就晋事一详述焉。山西向为烟害最深省分，虽禁种早告肃清，而染有烟癖者，为数过多，且与精神健康有密切关系，禁之愈严，隐瞒愈众。故禁吸一事，既未能遽期净尽，而偷运偷售，以获利颇厚，虽严厉拿办，而千方百计，前仆后继，于毒物之来，难收禁绝之效。其尤甚者，鸦片之害，铲除未净，而含有吗啡士的年等毒质药丸（俗名金丹）乘间而入，假名疗病戒烟，实为一种鸦片烟之代用品，来源均舶自海外，制造则推陈出新。无知愚民，以期携带服食之便利，遂蔓延于沿正太铁路各县及紧接道清铁路之潞、泽、辽、沁一带，以致查不胜查，于烟禁进行上，又发生一种特别障碍。此山西鸦片及金丹流毒之原因也。鄙人痛鸦片金丹之祸国殃民，始终抱一决心，出全力以扑灭之，于兹数年矣。初，则注重政令之督察，法律之制止，虽每年破获烟丹案件，不下二万余起，然仅收表面上之成绩，目前之小效；继念仅凭少数官吏禁制多数烟民，不能得彻底办法，故以人情之感动为初步，使社会人民认为吸烟是病，病则当治；但能立志戒烟，不受法律之制裁；烟贩是恶，恶则当改，但能再不贩卖，亦可不追既往；本此进行，故全省吸食贩运之人，均得详确之调查。调查之后，迫之改悔，官厅社会共负其责。山西近年编订村制，一村之中有村长，二十五家之中有闾长，五家之中有邻长，村、闾、邻长皆负劝改监察报告之责。其不受村人劝改者，则官厅勒改之；反抗者，则依法重办之。自改定方针以来，全省烟害确已减去十之八九，继续进行，肃清烟害，较前已有把握。辱承下问，特将山西经过情形，详细陈述，并请指正。专复。顺颂
台安。

致潞城县知事办理烟禁须注重感化不可偏于用法函

（十三年八月十四日）

迳启者。据报，执事办理烟禁，偏于用法，处罚烟案，每失之过重。查，

禁烟为救人之事，必推爱子弟之心，行爱子弟之事，以怜之爱之之法，使其痛改前非，改者自有决心，成绩亦可稳固。若以憎之恶之之法，使之畏惧，必至众不为用，民怨沸腾。至彼恃恶之徒，用情既不能使之改悔，则必加以惩戒，以收惩一警百之效。然用法尤须轻重适宜。当重而轻，是为姑息，姑息坏人，则人民认为松放，而坏人亦无所顾忌，虽有勤劳，亦难收效；当轻而重，迹近恨人，官厅恨人，不惟受之者怀怨，则人民亦认官厅乃为罚款而禁烟，非为救人而禁烟也。虽有成绩，仅是目前小效，终难收完满效果。此中关键，应于人情内求之，希执事努力焉。

覆朔县熊知事对于烟民仍应出以悲悯不可轻易处罚函

（十三年十一月三日）

来函悉。该县人情刁野，烟民极多疲顽，执事能任劳任怨，认真进行，此种奋勉之精神，殊堪嘉慰。整理村范，以悲悯之心，行救人之事，法不可不用，而情不可不至，情尽法随，方克有济。因其刁顽而恨之恶之，则人民与官厅，立于相反之地位，非特不能相与帮助，且将谤怨丛生，难于进行矣。迩闻该县人民，对于官厅，有两种舆论：（一）不分情节轻重，动辄严予搜查，有涉烦扰。（二）官厅办理烟禁，不分情节轻重，只是要钱，因是嫌疑人有怨讟而无悔心，并村、闾长多不负责，实因罚办太严之故。以执事多少苦心，落此结果，余所不愿也。为执事想，对于吸食烟民，仍应出以怜之救之之态度，不可轻易罚办；对于贩卖者，搜查允宜认真，而处治当出之悯恻。各段人员下乡，务令随时切实开导，俾知禁烟为爱人救人之事，以引起好人协助之同情。所有各项办法，亦当为村、闾长等随时说明，使知此种办法之必要，而互相警勉，以图根本救治。至谓年老翁、妇运贩烟土一层，未犯之先，宜警告其家人，连带负责；既犯之后，或依法办理，或长期训诫，分别轻重，不必俱令作工也。

致河津县知事提醒士绅爱人救人之热心协助禁烟函

（十三年十二月十八日）

迳启者。近闻该县士绅多好与烟民说情，并保释嫌疑人，与工厂戒烟会大有妨碍。等情。此项请托，准之，则不免惹起平民之非议；却之，则不免隐蓄士绅之恶感，根本办法，要在提醒士绅爱人救人之热心，俾从大处着眼。惟协助禁烟，乃所有为人民谋福利。若希图见好，代为讨情，不但于烟禁前途多生障碍，即烟民本身亦将以有所回护，陷于能改不改地位，是为之而适以害之也。况颜面所在，名誉所关，己身之重，宁不自念？如此，一方剀切劝谕，一方以正谊拒绝，此种恶习，自可逐渐消除也。

致荣河县知事办理烟禁勿推诿勿躲闪并须切实办理有嫌疑之士绅函

（十四年一月九日）

迳启者。据查，执事办理烟禁，对士绅时有瞻徇，于僚属不能任怨。要知，知事为一县重心，负全县专责，任劳可责之僚属，任怨须归之己身。执事不推诿不躲闪，僚属又谁敢推诿？谁敢躲闪？至士绅为全县人民表率，有嫌疑者，尤须切实办理，以彰公道而息非议，烟禁能否彻底，此亦一最要关键。希执事力矫已往，踏实进行，各项困难，自不难逐渐解除也。

致五寨县魏委员查验烟民仍应赓续以前办法函

（十四年三月二十七日）

迳启者。案据该县胡前委员报称，该县验看烟民时，由印委及该管小段主任、街、村闾长等，各执烟民册一本，按册点名，使之立于面前，由各验看人员，观其容貌，察其精神，或询其家庭状况，或询其有何职业，各暗记符号于册内，验毕，互相对照，以街、村闾长之所记为准。如此，一可免烟民恶街、村闾长之心，一可使街、村闾长无所畏而尽数记出。等情。查，此项办法，周妥踏实，验看结果，尚能真确，不知该县现在是否照办？仰该员商同杨知事，务须遵照，赓续进行为要。

致猗氏县知事对于烟禁应努力前进函

（十五年一月二十三日）

迳启者。据查，执事对于烟禁，以进行为难，肃清不易，遂持消极主义；掾、区各员因鉴于执事之消极，均抱冷静态度。查，一种政策之行，断不能一往顺利，不经一点困难，便可贯彻到底，要在司其事者，抱定决心，期于必济。无论如何困难，终不变我初衷，谚所谓：天下无难事，只怕有心人。正办事之要诀，成事之枢纽也。且天下事，亦正惟难办，方需人办耳。若畏难苟安，因循敷衍，上下相蒙，各适其适，此正从前官僚积弊所在，共和国家官吏，岂容有此？况办理烟禁数年，该县各项烟民，虽未完全了下，确已由难而易，何可以一篑之亏，累及九仞？要知一身不动，百体具僵。知事为一县重心，欲臂助之得力，仍主动之在我。希即努力前进，期竟全功，并宣谕所属，咸体此意，俾各自奋。有仍前畏缩，不知振作者，即呈揭无隐。

第四节 办 法

徐沟县调验烟民办法

（十一年十一月）

一、各街、村戒烟会第一次成立后，将所有查出之男女烟民，一律传入会内，调验戒除。其结果分为三种办法：

（一）戒除之烟民。

（二）调验未领药，街、村长副敢具结担保之烟民。

（三）调验未领药，街、村长不敢具结担保之烟民。

二、前条第二项烟民，经街、村长副造册具结呈报后，即不再调验。倘嗣后该烟民等，如查觉有吸食情事时，即惟该原具结之街、村长副是问。

三、第一条第一项烟民，于烟瘾戒清出会时，各该街、村长应令取具妥实亲近之保人，出具保结，保其永不再吸。保结存于社上，并令该烟民将烟具交由社上登簿记明，当众焚毁，报由区公所转报县署。

四、各街、村戒烟会第二次成立后，将第一戒除过烟民及第一次调验未领药而不敢具结之烟民，一律仍传入会内复验。

五、凡经第一次戒除过之烟民，第二次复验，不再领药。而街、村长副敢具结担保者，即不再调验。第三次不敢具结担保者，第三次仍发，交各该区戒烟会复验。

六、凡经第一次戒除过之烟民，第二次复验有再吸情事时，将该烟民按照村禁约处罚，并将保人一并处罚外，应强迫服曼陀罗戒烟丸。但必须视其年力是否强壮、有无病症。妇女不在其内。或和平戒烟丸勒令戒除。出会后，仍责令原保负责监视。

七、凡第一次戒除未领药，街、村长不敢担保之烟民，第二次复验仍不领药时，亦可察看情形，强迫服曼陀罗戒烟丸后，村长敢具保者，第三次不再调验。不敢具保者，第三次仍发区戒烟会复验。依前两条之规定，强迫服曼陀罗戒烟丸，由区长行之，必要时，掾属亦可办理。

八、凡各街、村戒除过之烟民，第三次经区戒烟会复验，仍有吸食情事时，即送县，由县署发交烟民习艺所工作。如验无再吸情事时，仍交由原保负责监视。

九、凡各街、村调验未领药，街村长副不敢担保之烟民，第三次经区戒烟会调验，仍不愿领药者，应令取具妥实亲近保人具结，保其永不再有吸食情事，倘有违犯，保人连带处罚。如找不出妥实保人，即送由县署发交烟民习艺所工作。

十、各街、村第三次应复验之烟民，男烟民均传入各区自治戒烟会复验，女烟民仍在各本街、村戒烟会复验。但女烟民第二次由村戒烟会调验无瘾，村长敢具结担保者，得免第三次复验。

太谷县整理村范商界协进会办法

（十一年十二月）

一、太谷城关各商户，通计一千二百有余，共同组立协进会，拟分二十二组。其地址附设商会，暂假商会左近之南寺为开会地点，讨论进行办法。每礼拜至少开会一次，借以和洽多人意见，并报告各个人劝勉之事实。

二、本会会员无定额，惟先于城关各商户，每家指定一人，或二人为本会会员。先选择前设商业传习所讲堂，为各会员分班听讲之地。每班六十人。以现有之会员一千三百人计算，二十二日即可完全轮流讲一周，总以应具有同一协助宗旨及明了村范办法为旨归。主司讲演者，为县署知事以下掾属及商会董事，并各号明白事理之号掌。讲演材料，以省颁村范办法为本，再对于商号青年学徒加以一种指导训告，养成商人最高道德品行，不使逾越法礼范围以外。

三、本会各组人员，每星期派出若干人，分赴各大镇、村周游讲演，但初次举行时，得请由县加派掾属，或区长一人协赞进行，以资提倡而昭郑重。

四、会员讲演成绩，以每人能指名担任劝醒贩吸烟丹者十人为低额，由商会酌给名誉奖励。过十人者，由县酌予嘉奖。如有特别成绩，由本会会长报由县署呈请省长叙奖，以资激励。

五、各组人员出发某村，须预先通知该村村长副，召集村人齐来听讲。其商务较繁之村镇，得由商会联络该处商人设立协进分会。务使全县商人，均有会员资格，共同负担协助责任而后止。

六、凡属本会人员，对于会外(指非商界团体者而言)吸食烟丹之人，无论认识与否，须加以恳切之劝导。如再四劝告，察其不能听改者，报请县署予以相当之惩办。至对于会内(即商界团体内者)商界各号掌伙吸食烟丹者，劝之不听，先报告大会，立逐出会，并以大会名义，公同请求县署加以严重之惩罚，以树风声。

七、本会设调查员多名，专调查县境各商家营业正当与否。如果涉及嫌疑，先由会内劝戒，令其改途。如劝戒而依然不听者，应即报告大会，宣布商家，均不得与之交易往来，并以大会名义，请求县长派警一人，站立该商家门首，随时监视，以为不爱名誉者戒。如查有实据者，送县严办。

八、入手调查时，先查明某商号开设何街、操何种营业、财东为谁、号掌为谁、号伙若干名、房东为某人，宁详勿略。查明后，登册存记。新开各商号，须先行报明商会立案，以为实行调查之根据。

九、会中人员到村讲演时，所有一切车马旅费，统由商会负担，不受村中供给。

太谷县铭贤学校整理村范协进团草章

（十一年十二月）

第一条　定名：铭贤学校整理村范协进团。

第二条　宗旨：以协进官厅，改良村制为宗旨。

第三条　团友。凡本校职教员、学员，赞成本团宗旨，甘愿服务者皆得为团友。

第四条　职员及职务。团长、团副、书记、文牍、会计各一人，编辑员五人，演讲员若干人，密查若干人。

第五条　分组。本团讲演时，分组出发。每组举组长一人，领率并管理本组一切交涉事项。

第六条　团费。除呈请县公署酌给车马费外，其他费用，皆由本团筹募。

第七条　旅费。出发路程在十里以外者，发给车马费。一日不得回校用饭者，得支领饭费。

第八条　出发。每星期日出发一次。如有特别举动必须出发者，不在此限。

第九条　集会。关于报告及进行事项，团长得临时召集会议。

第十条　应进行事务：

（一）在所分配之村庄，召集烟民开演讲会，并分散关于烟毒损害之传单。

（二）在所分配之村庄，组织改良村制协进团。

（三）在所分配之村庄，按照县署发给之嫌疑人名册，实行调查工夫。

(四)联合村长、闾长,协助实行整理村制。

(五)联合国民学校教员、学生,实行视察及担任报告之责。

第十一条　出发手续及规则:

(一)出发时,由组长领率指挥,直赴所分配之村庄,不得推诿。

(二)至村庄时,须先访请村长,召集烟民开演讲会,切实劝导,不得有谩骂恫吓行为。

(三)按照县署发给之嫌疑名册,询察其是否改退。

(四)密查应于讲演时实行视察工夫,将所视察情形,记录于手册,以便报告。

第十二条　附则。

(一)本草章遇有不便施行时,得由团友十人以上请求团长召集会议修改之。

(二)本草章自公布之日施行。

严禁贩运烟丹办法
(十一年十二月一日)

一、查获贩卖烟丹犯,凡属本县籍者,应查明是否贩卖嫌疑、曾否具结取保,其由外省贩运者,何时出省、有无领过执照。如系复犯,应即从严惩办,并实行处罚其保人,申警其本管村、闾、邻长,一面将附带处办情形,附记《星期报告表》表尾,一面宣布全县。

二、查获前项烟丹犯,如系外县籍者,应讯取真正姓名暨某县某村,切实籍贯。其由外省贩运者,尤应讯明何时出省、出省时,向何地、何人领过执照,应分别填入《星期报告表》"籍贯"及"备考"栏内。

三、前项烟丹犯,若系外省籍者,须详细研讯其是否初犯,并在本省县流寓年限、窝藏住所及为何人运送,或售卖者之主名籍贯,均填入"备考”栏内。

四、凡经甲县查获乙县之前项烟丹犯，乙县知事奉到本署行查后，其查处本犯原保及申警村长等办法，照第一条办理，并将所办情形报核。

五、前项烟丹犯，本籍甲县经乙、丙各县查获，如系复贩，每区愈十人以上者，甲县区长，或分区担任整理人员，应申请议处。

榆次县工厂办法节略
（十二年二月）

榆次向为烟丹充斥县分。贩吸烟民为数甚多。该县自知办理之不易，遂以工厂为了下去之最后办法。其工厂分为三等：富绅子弟，则入自新工厂。工作较为省力，饮食较为清洁，管理谨严，习惯良好。是为第一等。为厂一。普通烟民，入普通工厂。为厂五。每区各一。人品卑劣，屡戒不改悛，有复贩及赌博嫌疑重大者，入莠民习艺所。为厂一。总计全县有工厂七。皆因人、因地而使之各当其可，是该县办理工厂时，原有分段、分等之微意也。各该厂长系各区、村长副联合会推选，禁烟评议会可决，再由县署加委，实属官督民办。其精神所在，凡贩吸烟民应否送厂及应否释放，均由评议会决议，而官厅执行之。尤可采者，烟民将出厂时，通知其家令取妥保，其保人尤须为愿雇此烟民之人。此法不但使烟民有人监视，并可不失职业。有职业而不至复吸。雇主作监视人，更不至复吸。此其取保之微意也。

太谷县分别管束烟民办法节略
（十二年三月）

先由掾属、区长下乡，将所担任村庄烟莠各民，会同村、闾、邻长着实审查。邻不能管者，归之闾；闾不能管者，归之村；村不能管者，归之掾属、区长;掾属、区长不能管者,知事管之。然每闾之中,嫌疑人多寡不一。多者亦可酌量分配于少者,使之管束,务求其居住近而耳目易周。管人不多而注意得到嫌疑人之心性行为状况,为其所管者周知灼见而无遁情,使管者时时知所当注意之人,被管者自不易再犯。分定后,将县发之木戳,加盖其上。知事管者,盖“县”字,掾属盖“掾”字,区长盖“区”字,村长盖“村”字,闾长盖“闾”字。归某闾者,“闾”字下仍须添一数目字,如“闾一”、“闾二”等等。邻长亦如之。册簿之上栏,更书村、闾、邻长姓名,使人展册一阅,便知某人为某人所管。执册到村,指名而问,便可查知某村、闾、邻长之用心,果否实在。再由知事、委员下乡,校对其分配是否合适,并说明分管之意义与作保之区别,使村人分负责任,逼紧整理。

禁烟善后办法纲要

(十二年四月)

一、知事应将全县分为若干小区,分别难易,按掾属、区长之能力,责成各该员,各担任一小区。每月务须将所管各村,视察一次,并将烟民分为两等:应特别注意者为一等,应普通注意者为一等。特别注意者,分为有势、无赖、大宗贩卖、屡戒不悛,应由知事、掾属、区长注意。余为普通注意者,应由掾属、区长帮上村、闾、邻长注意。

二、对于屡戒不改烟民,应按下列三条办理:

甲　亲老子幼不能远离者登入烟民簿,不时调戒。

乙　孤身无业,或有父母妻子尚能自行糊口,不依靠该民生活者,调入烟民工厂作工,以养其生而戒其瘾。

丙　家有田宅产业,无家长监督者,应由知事依法宣告准禁治产。

三、有贩烟丹嫌疑者,应斟酌情形按下列四项办理:

甲　出村境者,三日以内,应告知村、闾、邻长。十日以内,由闾、邻长转请村长给假。在十日以上，或出县境，由村长禀承区长给假。

乙　下《预戒令》，限制其自由行动。《预戒令》须依法公布，并给予与其同居之人。

丙　业已逃外者，应由知事将其姓名、年貌，函知经过境内外各要隘，令其一律严密盘查。

丁　设立工厂县分，送厂作工。

四、闾、邻长帮助村长办事成绩，应由掾属、区长下乡时，由村长口头报告，该员等记录，并据以考察，评定真伪。村长办事成绩，由掾属、区长考核，呈报县署，知事下乡时抽查。每届考查毕，应分别优劣。劣者责成掾属、区长帮助办理。如是，则优者日益多，劣者日益少，而优者之程度必增，劣者之程度必减。

五、闾、邻长真能帮助村长办事，由知事给以嘉奖令，令其悬挂。掾属、区长每月能将劣等村长，训练帮助成优等至三名以上者，由知事考核呈报后，委查属实，得请省长汇案核奖。

六、闾、邻长不能帮助村长者，由县署传令申警。掾属、区长满一月，不能训练好一村长者，由印委查报议处。

七、奖励、申警闾、邻长，应以手谕印散全县，或将手谕登诸《村政旬刊》，使全般人民均知行政趋向。

八、此项办法系概括规定。各县按照地方情形可随时变通，但须呈报本署核准。

榆次县调戒烟民办法节略

（十二年五月）

一、调戒烟民分为普通、特别两种，各立簿册登记。凡照例，应三月调戒及前曾入会，虽未发瘾，认为仍有嫌疑者，登入普通簿内。其前病后愈，与妇女产期已满，及逃外烟民自首、在外烟民回村，经禁烟人员认为有正当理由者，登入特别簿内。

二、在外回村烟民，无论烟瘾是否戒清，邻长限三日，闾长限五日，报告村长副，即时送区调戒。倘有逾期不报，或迟延不送，一经查出，除本人严行处罚外，村、闾、邻长亦应分别酌予处罚。

盂县取缔客籍烟民办法

（十二年五月）

一、本办法，本永续肃清烟赌之目的。凡盂籍人民在本县境内容留客籍人民时，均应按照本办法办理。

二、容留客籍人民，按其情形，应由下列各人出具该客籍人民不犯烟赌之保证书：

（甲）租地耕种者，地主。

（乙）租房居住者，房主。

（丙）典卖房地自耕自住者，街、村长副。

（丁）暂住旅店或民户在十日以上者，旅店主或户主。

保证书须记明："如不实或有违犯时，愿捐村用公款若干"字样。其数目之多寡，甲乙丁项由街村长副，丙项由各该区长审核情形定之。保证书式另定之。

三、暂住旅店或民户在十日以内之客籍人民，应由旅店主或户主，随时报由街、村长，酌予相当之查察。

四、凡未经出具保证书或报告，而私行容留客籍人民者，按其情形，应科具证明书人及负报告义务人以相当之惩罚。

五、第二条甲、乙、丙项，应具保证书人，如街、村长认为不堪负保证责任者，得令增加保证人一人以上。

六、本办法内所具保证书，均存区署，但应由各该区按季表，报本署备查。

附客籍人民保证书

兹保证（某省）（某县）（某村）某在（某街或某村）（或某店）（按第二条甲乙丙丁情形）确系经营正当事业，不犯烟赌。如不实在，一经查出，愿出大洋□□元，捐助本（街或村）公用。合具保证书是实。

年　月　日　具保证书某某（盖章）

连带负责人　某人（盖章）

大同县取缔煤窑工人吸贩烟丹办法

（十二年五月）

（附发给煤窑工人牌照规则）

一、官厅按窑检查。议定由县署派矿务技术员，协同区助理员，遍历各窑，详细检查窑工有无烟瘾，分别办理。由窑主妥为招待，毋得故意隐匿，致有遗漏。

甲　检查窑工。检查应视其有无烟瘾以为鉴定。设有嫌疑，就近送戒烟会调戒。

乙　检查人工账。窑上所设人伙柜，有账可稽者，核对其人工姓名，与账是否相符，重制定窑工表簿。发出填写，随时送区备查。此外哈拉房（即经管背拉小炭之工人）如未记有名簿，由检查员询明姓名，开具清单，汇交区署，随时考查。

丙　检查人伙柜等卖烟。应由检查员按窑详细检查人伙柜、哈拉房、杂易行等，有无卖烟行为。如有嫌疑，从严取缔。

二、窑户出具保结。议定出具保结办法，分公司、窑主、人伙柜、杂易行四项。

甲　公司。凡在县境区域内，不论大小公司，一律取具保结，由公司主管人负责。

乙　窑主。凡小煤窑之窑主，务必一窑出具一窑之保结，由窑主出名完全负责。

丙　人伙柜。凡本柜内所属各项人工，由柜掌出结，完全负责。

丁　杂易行。用联名互保办法办理。

三、窑工领照。议定在第四区公所内，附设检定窑工发照处一所。凡各窑工须允受鉴定，领有牌照者，方准到窑作工。办法分现在、将来二种：

甲　现在办法。经此次检查员鉴定现有窑工之切无烟瘾之者，由雇用人到区代领牌照，以期便利。

乙　将来办法。嗣后，不论何人愿到窑作工者，须先到处报名，验明无瘾，发给牌照。其各窑雇用窑工无牌照者，不得收录，违者处罚。

上项发照规则，另定之。

四、取缔煤窑娼赌。议定煤窑所在地，往往有窝娼聚赌情形。此次检查员查出上项情事，就近交由该管村长副，按照村禁约从严取缔。如村长力有不逮，由该管区长核办。

附发给煤窑工人牌照规则：

①本县为肃清煤窑工人烟毒起见，设立检定窑工发照处一所，附在该管区公所内，由区行政长负责遵办。

②凡愿到窑作工之人，须先到处报名，经鉴定切无烟瘾，发给牌照后，始准充作煤窑工人。

③发照处设立窑工簿一本，凡来报名之人，须详记姓名、年岁、籍贯、家属以及其他特征，以杜张冠李戴之弊。

④凡已受鉴定工人，如果遗失牌照，准其报名重领。但重领时，须觅保证明，以免移转他人，致生弊窦。

⑤牌照系用木质，烙以火印，正面编列号数，背面写发照处所、年、月。其式如下：

正面	背面
第几号煤窑工 人　火印	大同县检定窑工发照处 发给 民国十二年　月　日

⑥每年检查分定期、临时两种。定期检查于冬季，由县署派员遍查一次。临时检查，凡办公人员，随时到窑举行，以免无照之人混杂作工。

凡检查事项，并不假手差警，如有假冒需索情事，准其随时告发。

⑦各窑如雇用无照工人，每名处以五元以下罚金。其或因而滋生事故者，除处分工人外，雇用人尤予严重处罚。

⑧本规则如有窒碍，随时修改之。

榆次县防止烟民复吸办法节略

（十二年五月）

一、烟民戒瘾后，若无正当职业，仍恐发生复吸情事，村、闾、邻长等，均应勒令退瘾烟民，各找职业，否则送交各厂、所工作。

二、烟民悔改后，除令其各取妥保外，并于各员到村时，将烟民唤出，分别当面交由该管闾、邻长管束，提起其责任心，且使烟民时有警惕，以坚绝其复犯念头。

三、吸烟丹者，应由其家族及村、闾、邻长，请求县、区署宣告准禁治产，并绝对禁止鬻卖妻子。由家族中选定监督人。如家族中无人，村、闾、邻长亦得监督之。家族、村、闾、邻长如放弃责任，应即均予处罚。

四、担保交纳村费之保人，完全担负责任。如认被保人有嫌疑时，准告知县署,请求调验,以求实在。

盂县调查失学儿童办法节略

（十二年五月）

每年于阴历正月初五日以前,由各邻长将所管邻内新届七岁之男女学童,全数调查明白,报由闾长或村副转报村长。即由村长会同学董及该管之村副、闾、邻长核实审核:有无残病、赤贫及应免学费,或补助课本等项;分别明白,填造成册,于二十日以前,送由该管区公所汇转县署,交由学务人员,依据复查。一面督令学董将应行入学各童姓名,分别列入学生名册内,饬令如期上课。

稷山县烟民自新会办法节略

（十二年六月）

本会由本村已戒瘾各烟民组织之。凡已戒瘾者,均认为会员,互相劝诫,互相查禁。如查获偷吸者,除由会每人令交会费大洋一元,偷贩卖者,每人令加三倍交会费外,并将该烟犯送交村公所,由村公议办理。又,本会每月开常会一次,预备家常饭一顿,所需饭费,即由所罚会费内开支。如本月无罚金时,应由各会员共同摊认,以维会务而免中废。

大同县防止烟民复吸分段训戒办法

（十二年七月）

一、划全县区域为三十段,不以行政区为限。城关分四段,四乡分二十六段。

二、分段地点及担任训诫人员分列如下：

(甲)分段地点(表略)

(乙)担任人员(表略)

县知事、掾属、警佐、县佐、分驻所所长、区行政长，分别担任。

依表列各项实行。惟知事兼司稽查，无论何地点，均可轮往，不在规定范围之内。其他各员临时遇有事故，可先期声明，以便派员代办。

三、训戒既经规定地点，各村烟民应认定听话地点，于一定期间内，必须亲到。而训戒人员进行手续于训戒以外，尤须附带查访、察看，分别鉴定之。

(一)查访

甲、查访。查访其村、闾、邻长。

乙、查访其家属。

丙、查访其他烟民。

(二)察看

甲、视其面色。

乙、视其精神。

丙、考察戒前戒后之情形。

以上查访、察看所得，认为有复吸嫌疑者，即送所调戒。其确不再吸者，可除其烟民之名，以示激劝。

四、训诫每月一次，日期另表定之。

五、在籍之烟民，如无故不到，认为有复吸嫌疑者，即传送调戒，以免规避而示儆戒。

襄垣县保释烟民办法节略

(十二年七月)

该县对于请释烟民之保人，知事必亲自叮咛。如询保人是否甘心作保？抑系迫于情面？果系情甘作保者，准之。倘属迫于情面，或威力而来作保者，拒绝之，且告以“嗣后被保人再犯，保人并须负应负之责”等语。总使保人事前能慎重监察，则烟民复犯者自然较少。

沁县选择烟民管理人办法节略

（十二年七月）

烟民调戒后，每一烟民就所住村，选一相当管理人。其管理人选择之标准，以某烟民能听某人之话为根据。

太谷县稽查烟民移居表

（十二年七月）

吸烟嫌疑人迁移居住，在甲村认为出外，在乙村认为客居，均不注意，规避滋多。立表以检点之，使其所在村注意监视，便足以免此流弊。太谷自用此表以来，收效孔多。其表如下：

太谷县第　　区各村烟民移转住居一览表					
原住村	姓名	现住村	依傍主名	事由	考查情形

应县调查烟民前后家产生活比较表

（十二年七月）

烟民是否改悔，观于其家产生活而可知。该县定为此表，着实调查，亦可防烟民之复吸。其表如下：

村属	姓名	调查事项	未吸烟前之家产及生活	吸食年期	既吸烟后之家产及生活	改悔年期	已戒退后之家产及生活	备查
		房						
		地						
		每年收入						
		家属						
		生活概况						

注：1.此表委托各国民学校教员，就所在村于阳历年前填报。

2.表中所查，不限于本年戒退者，其以前自行改悔者，亦可填列。

平遥县调查烟民办法节略

（十二年七月）

一、随时调查法。不拘时日，赴各村查访烟民有无遗漏、复吸、屡戒不改各情形。由知事督同掾属各员担任行之。

二、例行调查法。将每区所属村庄,划定路线,按半月调查一次。每月自一日、十六日起,至十五日、三十日止,将区属村庄,按路线、时日完全分配,列表存查。某日某时赴某处,分谕通知各村转告烟民,届时等候查验,以证其烟瘾是否断净,有无复吸嫌疑。由知事督同区行政长、助理各员担任行之。

代县安置失学儿童办法节略

(十二年七月)

该县壮年男子多数出外,家中无人操作(以今年春期之调查,走口外者三千余人),每令孩童在家,随便驱使,既能省钱,又能作活,以致失学者颇多。因于春冬之际,设一半日学校,强令就学。至山沟小村,不易联合,不能延请教习者,就村中举一识字之人,遂便教之认字,不拘时间,不限课程,以期日进有功。

山阴县烟民自新会规则

(十二年八月)

一、本会以改过自新,誓除烟毒,互相勉励为宗旨。

二、本会以曾经入会戒除烟瘾之人为会员。

三、本会推举县长为会长,区长为副会长。

四、本会以互相劝勉,互相监察,互相报告为职务。

五、本会会期,定于每月阴历初一日正午十二点钟召集,在区公所开会一次。

六、如有违背本规则,或有再吸情事,一经查确,轻则处罚,重则办罪。

七、本会重在除毒,或能劝令他人戒烟,或能报告抓获烟犯,定当从优奖励。

八、本规则自本会成立发给证书之日实行。

崞县监察贩烟嫌疑人办法
(十二年八月)

一、各段主任对于省颁劝村人查拿烟贩告示,除每次下乡为村民讲说外,并稽查村、闾、邻长及小学教员,是否与人民、学生讲解。

二、烟贩嫌疑人出村境三日以内,应告闾、邻长,十日以内,由闾、邻长转请村长副给假,在十日以上,或出县境而查有正当职业者,由村长秉承段主任给假。如不告假,私自出境者,由村中议罚。倘不遵时,由区长、掾属、知事扶助执行之。

三、贩烟嫌疑人,由区长、掾属每月到村点名一次,并告谕其家属、保人以及村、闾、邻长,切实随时监视其行动,劝导其改悔。万一不能监视时,应速查报,请县下"预戒令"。

四、业已逃外者,应将其姓名、年貌报县,函知经过县份各要隘,一律盘查。若系只身,并无家属逃外之烟犯,按月呈报省署核办。

五、现在仍有复贩嫌疑及无赖者,送新民工厂作工,俟其确有悔心,能取担负罚款保人三人以上,始准释放。

六、册内已有名字者,将原册上按照上年所分等次,加以下列符号,以资识别而便注意:

◎村、闾、邻长注意者。

○掾属、区长帮同村、闾、邻长注意者。

●掾属、区长注意,并每月到村点名监察者。

〆知事注意者。

七、如有新近发生烟贩，鼓舞人民具名密报。查获烟土者，从重给赏。

八、新近发生之烟犯，经查获有据者，从严治罪，以儆刁顽。

祁县救济贫弱失学儿童办法

（十二年十月）

一、本办法特为救济男女贫弱失学儿童普及教育设想，非贫弱者不得援以为例。

二、限令各村贫弱男女失学儿童，每日至国民学校认识二字，合计每年可记七百二十字。其不能到校之日，须于能到校之日补习之。

三、儿童每早或每晚，同时到校认识二字，费时不过一刻，认字之后，即听其便。如此办理，既可免学校难于容纳之困，且可省村中添聘教员之资，利济贫家，尤觉无量。

四、学校教员每日将学生应认之字，预写于方寸之硬纸片上，责成学生认毕，带回家中，用线以次穿存之，仍逐日携至校内，以备考询。

五、每年应认之七百二十字，须预先择定令各教员依次写授，并就村中明显墙壁大书十余处，以供儿童瞻仰之益。目睹便利，自有余师。

六、将每年应认之七百二十字，预写于方二尺布之上，饬令儿童时时携带，一目了然，有如书绅。虽樵牧童了，负薪可以朗读，牛角可以挂读。

七、如有聪颖儿童，于短时间内能将一年应认之七百二十字认识熟悉，请求另记新字者，准即照办之。

八、各组村范主任人员，每到一村，须将此项儿童，注意考察，评判程度之高下，以资奖掖而示督催。

九、本办法如有未尽事宜，得随时补充修正之。

洪洞县查验烟民办法

（十二年十月）

该县为稽查烟民，防止复吸起见，特制就查验证。每烟民各给一纸，按月由知事、委员并主管各员，分头亲到各村查验一次。查验之法，以访诸舆论，察其颜色，认定绝对复吸，则送戒烟会戒除。其有疑似复吸而面有烟色者，当面训诫，并令保人及村、闾、邻长等，严为监视。下月查验，仍如上次情状，即仍送戒烟会调验。如系绝对不吸，而面无烟色者，查验三次以后，按三个月查验一次，半年后认定确不复吸，令将查验证缴销，免于查验，以示优异，而免烦扰。

附表1：查验烟民证

查验烟民证

署理洪洞县知事曾　为发给证书事，兹查，该烟民曾将烟瘾退净。本知事为防止复吸起见，特制定查验证发给该烟民收执。仰即遵照。每月预定查验日期，在村等候本知事，或村政委员暨禁烟主管协助各员到村查验。倘若面带烟色，或有复吸情事，即行送区戒烟会，勒令再服曼陀罗戒烟丸。无故不到或托词规避者，除传县查验外，仍予相当处罚。如烟瘾确已戒绝，委查属实，即将此证缴销。须至证者。

右给第　区第　段　村烟民　收执

中华民国十二年　月　日

证字第　号

该烟民须将执照妥为保存，如有污损，从重处罚。

注意：

除填写某日并署名外，余者按照所查事实栏内，盖用查明图记以省手续而便稽考。

附表 2：查验烟民应行注意事项表

<table>
<tr><td rowspan="3"></td><td rowspan="3"></td><td colspan="12">查验烟民应行注意事项表 民国十二年分</td></tr>
<tr><td colspan="3">访诸舆论有无复吸情事</td><td colspan="2">查看有无烟色</td><td colspan="3">比较上次查验面色</td><td colspan="2">查验月日</td><td rowspan="2">查验者署名盖章</td><td rowspan="2">备考</td></tr>
<tr><td>绝对不吸</td><td>绝对复吸</td><td>疑似复吸</td><td>有</td><td>无</td><td>甚好</td><td>较好</td><td>不及</td><td>月</td><td>日</td></tr>
<tr><td rowspan="3">年岁</td><td></td><td></td><td></td><td></td><td></td><td></td><td></td><td></td><td></td><td>四月</td><td>日</td><td></td><td></td></tr>
<tr><td></td><td></td><td></td><td></td><td></td><td></td><td></td><td></td><td></td><td>五月</td><td>日</td><td></td><td></td></tr>
<tr><td></td><td></td><td></td><td></td><td></td><td></td><td></td><td></td><td></td><td>六月</td><td>日</td><td></td><td></td></tr>
<tr><td rowspan="2">职业</td><td></td><td></td><td></td><td></td><td></td><td></td><td></td><td></td><td></td><td>七月</td><td>日</td><td></td><td></td></tr>
<tr><td></td><td></td><td></td><td></td><td></td><td></td><td></td><td></td><td></td><td>八月</td><td>日</td><td></td><td></td></tr>
<tr><td rowspan="3">在会戒除次数</td><td></td><td></td><td></td><td></td><td></td><td></td><td></td><td></td><td></td><td>九月</td><td>日</td><td></td><td></td></tr>
<tr><td></td><td></td><td></td><td></td><td></td><td></td><td></td><td></td><td></td><td>十月</td><td>口</td><td></td><td></td></tr>
<tr><td></td><td></td><td></td><td></td><td></td><td></td><td></td><td></td><td></td><td>十一月</td><td>日</td><td></td><td></td></tr>
<tr><td rowspan="4">在家自行退瘾原因</td><td></td><td></td><td></td><td></td><td></td><td></td><td></td><td></td><td></td><td>十二月</td><td>日</td><td></td><td></td></tr>
<tr><td></td><td></td><td></td><td></td><td></td><td></td><td></td><td></td><td></td><td>十三年一月</td><td>日</td><td></td><td></td></tr>
<tr><td></td><td></td><td></td><td></td><td></td><td></td><td></td><td></td><td></td><td>二月</td><td>日</td><td></td><td></td></tr>
<tr><td></td><td></td><td></td><td></td><td></td><td></td><td></td><td></td><td></td><td>三月</td><td>日</td><td></td><td></td></tr>
</table>

和顺县送烟民入煤窑作工办法

（十二年十月）

一、烟民入厂，以县署两联执行片为据，烟民出厂，以县署二联保释票为据。

二、烟民在场有病，由厂长请医诊治，医药费由工厂担任。

三、烟民有重病时，除医疗外，可否保出，应报告县署核办。

四、烟民病死或变死，由厂长迅速报由县署，派员诣验。

五、病死烟民，如无家属具领时，给席一领。变死烟民给棺材一付。均由工厂担负。

六、烟民如违背窑规，仍以窑规办理。

七、设备、围墙、房屋、器具等费，均由工厂担负。

八、烟民每日应得工资，除工厂扣除二成外，余八成另账存储，备该烟民衣食之用，工厂不得克扣分文，烟民亦不许长支分文。

九、送厂烟民以十五名为限。

十、煤窑遇有特别事变不能开工时，应由县署将烟民如数移转他窑接管。其接管期间，自报告日起为一个月。

十一、烟民须遵守工厂管束方法，此外不许刻待。

十二、厂长负稽查烟丹之责。倘在厂工人或烟民查有吸贩嫌疑时，该厂厂长由县处分。

右玉县工厂办法简略

（十二年十二月）

凡入厂莠民，分别各人操作能力，以定其工作分量，察其改悔情形。

以下列三点为依据:①能否早起。②饭食增加与否。③操作能否勤劳。并每日厂定工作完时,令各莠民洒扫院屋,或到农桑局浇树。乘是时,察其心理,观其态度,以考察其悛改程度。如确知悛改,再令小段主任询问其家中或村人可否开释。得其家中与村人同意,始行释放。

天镇县贫儿识字学校办法

（十二年十二月）

一、本校校舍无论大小村庄,均不另行建设。村内已设学校者,在国民学校课余时上课;未设立学校者,在闾、邻长或教员家中上课。

二、本校教员,由村内国民学校教员兼充,纯系义务职。如极小村庄未设学校,教员应由各该村自由聘请,通年薪金,制钱至多十吊。

（一）本校学生上课,应由学董、闾、邻长负督催之责。如推诿不办,酌量惩罚。

（二）本校学生上课,系黑板教授,不购课本,学生用抄本练习。

（三）本校课程定为认字、习字、珠算三科。

（四）本校教员,备白纸教本,将每钟教授生字数目填入教本,并注明月日,以资考核。

（五）本校授课时间,每日午间一钟。

（六）本校毕业期间,以能阅白话文字为度。

代县调戒善后所办法

（十三年二月）

一、戒烟以能感动起烟民之决心为第一要义。应每晨由知事,或掾属、警佐轮流到所，将各烟民聚集一处，与之讲演一小时。其讲演意旨，以能感发其兴趣，鼓动其志气，并使烟民有自立立人之心为准，不限于必说吸贩之利害。

二、施戒方法。凡身体强壮者，得由知事或掾属、警佐监服曼陀罗丸。服后瘾仍复发，再行监服，不限于三丸、四丸、五丸，总以戒清为止。惟服此项药后，须令在所将精神养足，免得气惫力竭，出所即又吸食。如有立志速戒，却不愿服曼陀罗丸者，听。其年岁稍老及身体不壮者，通服和平药丸，由管理员逐日监服。

三、烟民验清出所时，须具三人妥保，照章担任罚金。其有路途遥远，就近不能具保者，得发给印就保纸回村，由村长副监令取保。其村、闾、邻长情愿具保者，听。惟统须村长盖有图记，或附村之村社图章，限期交署备查。

四、所内应设有各种簿记，于烟民入所、出所、服药几丸、几料，并何日服过曼陀罗丸、逐日服过和平丸若干，分别记注，以凭审查。

临县调戒所办法节略

（十三年三月）

查，临县调戒所，一面注重管理，一面勤施教诲。对于管理方面，烟民服药，由知事派员监视。烟民起居、饮食、出入、卫生、秩序各事，由监察员认真管理，勤加检查。对于教诲方面，由知事编印劝诫改悔词，责令掾属、区长不时到所讲演，并令所内识字烟民抽暇念诵，且为不识字者讲说，以期真实觉悟。烟民出所时，仍先送由知事核准，当面再予奖励，始行开释。

榆社县防止邮件及邮差传递烟丹办法

（十三年三月）

一、邮差出入县境，警察官吏认为有嫌疑时，即就所在地，会同村长副搜查。

二、在途搜查只以邮差身际衣物为限。其加盖邮章封固之邮包，警察官吏不得开封，以免别生枝节。但认为有嫌疑时，得尾随邮差到局，面同局长公同开视。

三、如搜查出违禁物品，在途，则由村长副书名情形，盖章签字，禁物由警察官吏没收，邮件仍交邮差，但须受警察官吏之监视，不得逃逸；在局，则将邮差连同禁物，带县讯办。

忻县稽查逃外贩吸烟丹嫌疑人办法节略

（十三年七月）

凡暂时逃外之贩吸各嫌疑人，由县、区署将其姓名开示各村，不准各村人民故意容留。倘住户隐匿不报，闾、邻长亦不认真稽查，一经查出，除将贩吸人分别处办外，并罚及住户。如有潜行回村者，本村村、闾、邻长及村警，应即密报。倘故意隐匿，查出后，村、闾、邻长酌予处分，村警责革。

汾城县新民工厂简章

（十三年七月）

第一条　本工厂以收容屡教不改之烟民及无业莠民，令其改悔为宗旨，定名为新民工厂。

第二条　本工厂设于县城关岳庙内。

第三条　本工厂开办费，预估需洋一百二十元，暂由行政罚金项下垫支。

第四条　本工厂取官督绅办主意。设总理一人，由县知事充任之。

第五条　本工厂由县知事委掾属等为监察员，纯尽义务，概不支薪。

第六条　本工厂由知事择委正绅一人为管理员，月薪十二元。司账一人，月薪八元。

第七条　本工厂经费，除管理、司账二员，月薪二十元外，厨夫一名，每月工食洋四元。守门警一名，每月津贴洋一元。灯油、煤炭、纸张、笔墨费，每月约需洋十元。统计每月需经费洋三十五元，暂由行政预备金项下给发，俟工业发达由余利项下补还。

第八条　本工厂工人饭食，分下列三种：

甲　有力者自备饭食。

乙　稍贫者，由工厂供给小米干饭。不愿吃小米者，得自己量力贴食蒸馍。

丙　贫穷无力者，由工厂管食小米干饭。

第九条　工人食用小米价资，由作业盈余项下支发。每届月终，将收入支出，造册报县署审核。

第十条　本工厂为节省经费起见，暂不延请工师。厂内业务，分为主要及附属两种。以普通人民，不用学习即能操作者，为主要业务，如磨面及糊洋火柴盒子等类。附属业务，除现有编筐者外，厂内工人如有他项技能，不需重大资本者，亦可临时试办。

第十一条　本工厂工人，由管理员随时稽查勤惰，登入簿记，分期考核，秉承知事，分别奖惩。

第十二条　本工厂工人，由监察员随时察度有无改悔决心，秉承知事，分别开释。

第十三条　本工厂办事细则及工人规则另定之。

第十四条　本简章如有未尽事宜，得随时修改之。

临汾县禁烟善后办法

（十三年七月）

一、分途下乡整理办法。查，禁烟一事，现虽略告结束，仍应继续进行，以竞全功。所有各掾属下乡地点，均仍按照前定区域，县知事担任抽查全县各村；承审员、主计员担任第一区；县视学担任第二区；宣讲员担任第三区；承政员担任第四区；实业技士担任第五区；会同各区行政长，亲历各村，明密调查。

二、应行调查及处办事项：

甲　稽查贩吸烟丹嫌疑人有无遗漏。

乙　详细审查决心未定之烟民。

丙　查年老退瘾者现在之状况如何、妇女之有障碍者已否解除。

丁　出外之烟民已否回村、有病者已否痊愈。

戊　确查断净之烟民有无复吸情事。

己　勒令传戒烟民文销烟具并督令赴会戒瘾。

庚　考核各村长副、闾、邻长对于禁烟是否热心。

辛　处办关于村范及其他一切事项。

三、会议。凡关于禁烟事项，各掾属、区长等，仍各按照前定办法，于遍历各村一周后，一律到县报告经过情形，以便研究进行办法。

四、稽查遗漏烟民办法。查本县烟民，此次虽已调查清楚，然幅员辽阔，土客杂居，难保无外县烟民，因亲托友，潜来溷迹其间。此后到村，应明密侦查，勿令遗漏。

五、对于决心未定之烟民办法。此次到村对于决心未定之烟民，应本良心，复加审查，按其情形，分别传戒，并剀切劝勉，以期自新。如确系屡戒不悛，愚顽不化者，再行呈请设立调戒烟民善后所办理。

六、设立戒烟会办法。查应传戒之烟民，若一律归入第一区戒瘾，既不能各专责成，而与各村相距穹远，难免发生困难情形。兹经议定，暂为恢复各区戒烟会，分别传戒，以免窒碍。

七、继续设立特别戒烟会办法。查，前由县设立之特别戒烟会，仍拟继续存在，所以稍有体面之人，均一律请入该会戒除，以示区别。

八、戒烟会经费办法。查，各区戒烟会经费，除由戒烟药丸内提成及留县戒烟经费内开支外，其余不敷之数，由行政罚金补助。

九、服用药丸及戒瘾期限。烟民到会后，均须遵照定章服用曼陀罗药丸。戒瘾日期，以半月为限。如无特别情形（系指临时发生疾病，并家有婚丧大事或确系农民适值农忙之时者而言），非限满不能出会。

十、讲劝烟民办法。凡烟民入会后，每日早八钟责由管理人员率领聚于一处，再由知事、区长、掾属或助理管理各员，将吸烟之害及兼座爱人之盛德，并盼人学好之苦心，恳切讲解，使其早日觉悟，勇于改过。

十一、对于年老之吸烟嫌疑人办法。此后到村，务须用恳切之言词，劝其逐渐减少药量，以除烟害。

十二、对于妇女有障碍之吸烟嫌疑人办法。此后到村，务须详查前因特别障碍尚未戒退者。刻下如障碍已解，务令其服药，勒限戒断。一面责由监督之人，认真监视，以收实效。

十三、对于出外烟民办法。此后到村，务各明密查访。凡出外烟民业已回村者，应即立予报告，以便传令戒瘾。倘访明有在邻县亲友家者，亦须报由县署，差人劝令回县戒瘾，不准稍存放任之心。

十四、对于有病之吸烟嫌疑人办法。此后到村，务须详为彻查此项嫌疑人。刻下如已痊愈，应即随时传区戒瘾，严防借病推延之误。

十五、对于已经讨保戒净之烟民办法。此后到村，务须明密访查，间或有复吸嫌疑者，立即协同村公所前往搜查，得有确证送县惩办，未获证据者，送区鉴定。有瘾者，仍送县惩办；无瘾者，立予开释。但事前自认复吸，恳请调戒者，免予惩办。

十六、处办保人办法。断净烟民证明确有复吸者，应令原保人照结交纳村费，但事前举发者，得予免交。

十七、对于贩卖烟丹办法。此后到村，务各特别注意明密侦查。如仍不知悛改，尚有贩卖情事，即将其姓名密报县署，以便查获确证，拘押严办，切勿稍事疏懈，有误前功。

十八、设立投票柜。查，各镇设柜投报复吸及遗漏烟民，实行以来，颇著成效，仍应继续设立，依照前次办法办理。

十九、侦查贩吸烟丹人办法。查，县属为南北通衢，行旅往来，络绎不绝。邻封接界之处，私行输入烟丹者，时有所闻。刻拟在襄陵交界之东亢村、东靳村、洪洞交界之韩村、浮山交界之官雀村、安泽交界之太平镇村、蒲县交界之黑虎腰村等处，每处设置侦探二名，周历侦查，以资防范。

二十、清查旅店办法。查，城关及各村镇旅店内所住客商，如有贩吸烟丹者，责由该店主立予报告县区，或村公所核办。如隐匿不报，一经查出，除将该犯依法惩办外，并将该店主从严处罚。

二十一、提倡烟民家属开恳亲会。查，吸食烟丹人，虽有官厅、社会多方监督，究不如家庭监督较为周密。嗣后到村，一律召集开恳亲会，借资激劝，俾便改悔。

二十二、缴销烟具办法。凡传戒之烟民，应将烟具一律缴销。如违抗不缴，查获后送县处办。

二十三、奖励村、闾、邻长办法。各村长副、闾、邻长等办理烟禁，著有成效者，除由县分别给奖外，得随时呈请省长从优给奖，以示鼓励。

二十四、本办法如有未尽事宜，得随时开会修改，并呈报省、道备查。

清源县调戒所办法节略

（十三年八月）

该县调戒所之办法，除入会检查烟民衣物、食物，以防夹带暨监视其发瘾情形，并不时到会讲演外，且设有各种运动器具。一则俾烟民戒瘾后，精神增益，不至复吸，一面亦可就其运动游戏之时，观察其精神之究竟与烟瘾之有无。

太谷县甄别烟民办法

（十三年九月）

一、将久已戒改者列为第一等，比普通烟民每月令少受查验一次或二次，以示优遇，既隐寓劝善之旨，复可使其他烟民感而思齐。惟提列此等烟民，宁缺毋滥，以免含混。

二、将现虽戒改，恒心不坚者，列为第二等，仍用年余来轮流查验之法，由各段主任随时到村考查，俾无再吸之暇，以坚其不敢再吸之心。

三、将屡戒不改者，列为第三等。欲确知第三等烟民姓名，使不至遗漏，先将查明自烟禁以来，调戒过在三次以上，与夫调戒虽在三次以下，然确查真未戒清者，区为一册，由知事会委督同掾区各员，照上定册列烟民，一一查验，并从旁探询。将认为戒清可靠者，提入第二等烟民之内，其余认为可疑者，即于近一、二月内，一律调验，实行甄别。如经监视无瘾，既不领药，而亦无发瘾状态者，亦仍提入第二等，随时查验。如经实验有瘾，在局领药，或虽不领药而发现有瘾状态硬顶过去者，即为真正屡戒不改之烟民，统列作第三等烟民。其余凡最近查验可疑，经调验有瘾，与夫原查遗漏仍未戒改者，均属之。其已列入一、二两等，嗣被查明再犯者，亦以第三等论，即行降等，以示惩儆。至处置办法，亦分两种：其无家属产业者，收入教养局管束作工，至少以一二年为度，非俟确实悛改，不予释放。其有家属产业者，为体贴人情计，每月调验一次，每次令住三星期左右。亦非调过一二年，察其真有悔心，不予停止。惟如有自请戒烟者，则准其戒后，列入第二等，以开其自新自路。如原列入第二等，而永久不犯者，则经过数月,可提列第一等。如原列第一等,而以后永久不犯者,则由少受查验,渐可至于不受查验。凡此彻底之甄别,皆为渐促肃清之准备也。

寿阳县甄别烟民办法

(十三年九月)

第一条　烟民分为五等。其早经自戒,又调验时,证明无瘾及自首请戒,瘾已彻底戒清。此二种逾一年以上,绝不介在嫌疑者,最为可靠,列入甲等。其调戒确能改好,已满一年者,列入乙等。其调戒确能改好,现已逾半年者,列入丙等。其甫经戒清,出所未满半年,尚难凭信者,列入丁等。其确未戒清,及屡戒不悛者,列入戊等。各段主任各备甲乙丙丁戊五样小戳,于查看烟民时,加盖烟民簿花名下,以资比较。此以等级高下,为烟民之甄别。

第二条　等级分定后,甲等应在免调之列,无庸查看。乙等,三月内察看一次。丙等,两月内查看一次。丁等,一月内查看一次,或两次。如有可疑,即行调验。若戊等,绝未改悔,不待逐月查看,应予立时传戒。此以查验缓急为烟民之甄别。

第三条　烟民等级,可以随时升降。其中甲等,如能经长时间,不再复吸,多方考查,认为确实改悔,即将其姓名删除,责由各村长副随时注意。万　再有复吸嫌疑,即降为戊等,仍当验戒。戊等无可再降。若顽劣终难改悔,应长期调戒。若于最后调戒时,果能戒清出所,即列入丁等,望其渐能改进。至乙丙丁三等,处于能升能降地位。乙等经过查看两次(系半年),丙等经查看三次(系半年)。丁等经查看六次(系半年),均能确无嫌疑,较原来等级,更有进境者,即依次递升。设有考虑之必要,即暂为停升。若渐有趋下之形迹,即酌予递降。此以程度进退为烟民之甄别。

第四条　寿阳大小村庄六百余处,风俗淳朴,绝无烟民之村庄,即认为肃清村庄。每半年到该村查问一次，兼予以嘉勉。不惟节劳省力，并能腾出功夫，专注意于有烟民之村庄。再，村中烟民如皆成甲等，即与绝无烟民之村庄相等，可一样看待。如有乙等烟民，三个月到村查看一次。如有丙等烟民，两个月到村查看一次或二次。如多系戊等烟民，应频频调戒，到村查看，可不拘几次。此又以烟民成绩优劣为村庄之甄别。

清源县戒烟善后办法

（十三年九月）

一、各村此后发现断而复吸烟民，须转县、区戒烟会调戒之，务使断其烟瘾，永不再吸为止。其仍能设村戒烟会者，听。

二、知事每月须下乡十五日，抽查全县各村烟民。掾属分配查察各村庄，每月至少以十日为限。区长就所管区内，每月须挨村周行二次，但查验烟民时，均以午时及晚间为期，勿得有碍农务，致民生怨。

三、各村查有屡戒不悛之贩吸嫌疑人，由县送至东于、高白等村，仿井田制，一区为九十亩，每人授田十亩，勒令开垦；开毕，复令合垦公田十亩。其一切田具饭费，暂由村社垫发之。俟开出荒地，除将公田按时作归村抵债价外，不足时，由各个人私田酌量抵偿之。

四、全县各贩卖嫌疑人门首，均钉木牌警戒，使知警惧，冀其改悔，仍不时派人从旁察探。如查有贩卖形迹，并搜得烟丹者，除照保状勒令缴纳村费二百元外，并按情节轻重，依法判处徒刑。

兴县奖励教员教授贫儿识字办法节略

（十三年九月）

凡已设国民学校或冬春学校之村庄，极贫儿童，应帮助父兄作活，仍不能就学者，此等儿童，拟令其每日早晨上学校认字一两个。每年以三百六十个字为率。但恐教员不能热心教授，因拟奖励办法：凡教会校外贫儿五个以上，俱能认识三百六十字者，加给教员制钱五串，十名者，给十串。如是在村中多费无几，而全县增加许多识字贫儿，似于普及教育之道，亦不无小补。

崞县甄别烟民办法
（十三年十月）

一、上年所分烟民等次，现经半年有余，情形变更，应甄别更定，加以符号，以便注意。

甲　有势力烟民，查未退清者为一等，加以“县”字，归知事注意。先派员属亲到其家，面劝一次。如仍不改，由知事致函剀劝，或亲自面劝，至再至三。始终不改，得饬警察抓，依法惩办。

乙　屡戒不改者为二等，加以“县段”二字，归县知事及段主任注意。

丙　确已戒清不致复犯者为三等，加以“村”字符号，由村长副注意。

丁　现虽改悔，恒心不坚者，为四等，加以“村闾”二字，归村、闾长注意。

戊　久已戒清，调查时误列名册，及几经查验，证明确有改悔决心者，为五等，审慎删除其名，仍由村长副注意。删除时，段主任应对众宣布，以坚烟民戒除之心，面勉其他。至被删除名烟民，亦得对众讲说吸烟之害，戒除之利，表示其戒退决心。

二、上列各等烟民情状，如有变动时，得随时升降其等次。

三、老、病两项烟民，仍发药给照，在家缓退。至出外烟民，俟其归村，由村、闾、邻长立即报县调戒。

四、查验烟民是否复吸，应以明访暗查，察言观色为主旨，如从他村先调查其大概，到本村密询其村、闾、邻长，或其家属及保人；迨见面后，查看其神色如何、手指、牙齿黑白如何、眼珠光亮与否等法，随时斟酌施用。

五、查验如有嫌疑，搜查无证据者，即时调验。有瘾者勒令戒除后，登入烟民簿，不时调戒。如情节较重者，亦可依法惩办，并酌罚保人。但保人系事前报告或声明退保者，免予处罚。

六、吸烟嫌疑人，居址迁移无定，在甲村指为出外，乙村认为客居，均不注意，易滋规避，难于检点，应照太谷县稽查烟民移居表，由各段主任相互查填函知，注意办理，以尽联合之责。其表式如下：

崞县第　　区　　段(某名)报告烟民移转住居表					
原住村	姓名	现住村	依傍住村	移居事由	考查情形

七、此村如查有他村人犯各项嫌疑者，村长副亦应注意办理，以尽村与村联合之责。

八、烟民不遵县令，规避段主任查验，及不服调戒之行为，得出票拘传。

九、按各村烟民之多寡，整理之难易，分定等次如下，俾节劳力：

甲　烟贩烟民最多，进行如有障碍，村长副能力薄弱者，为一等村，应由知事、区长、掾属轮流驻扎，实行守办，期振村风而儆其余。

乙　烟贩烟民最多，而有疲顽难化者，为二等村，由段主任特别注意，每月到村查验两次。

丙　烟贩烟民最多，尚无疲顽难化者，为三等村，每月整理一次。

丁　烟贩烟民不多，现已改悔殆尽者，为四等村，每三月整理一次。

戊　烟贩烟民本少，业已改悔，又无其他嫌疑人者，为五等村，列入肃清，半年整理一次。

十、归县、段注意之烟民，按下列三条办理：

甲　亲老子幼，不能远离者，登入烟民簿，按善后条例办理。

乙　孤身无业，或有父母妻子，尚能自行糊口，不依靠该民生活者，调入工厂作工，以养其身而戒其瘾。

丙　家有田宅产业，无家长监督者，应由知事依法宣告准禁治产。

宁武县免调烟民办法
（十三年十一月）

一、本办法，系根据省长《告知事项》第九条，公同拟定，俾确已退清最为可靠之烟民，免受烦扰，知所劝勉为宗旨。

二、具有下列资格之一者，得普通宣告免调，于《烟民分等表》及各村《村政记事簿》上，加盖免调戳记，并宣布全县：

（一）调查前确已改悔，或经整理后，确不复犯，已逾一年以上，毫无嫌疑，分等时列入甲等者。

（二）原列乙丙丁各等，后能依次递升至甲等者。

三、烟民有下列事绩之一者，除丙丁两等外，得特别宣告免调，但须由各段主任及村、闾、邻长，共同开具事绩，经委员、知事覆查属实，方准于表簿上，加盖免调戳记，并宣布全县，以防冒滥：

（一）烟民痛自改悔，并能力劝其他烟民改悔至五人以上者。

（二）烟民丁改悔后，能帮助村、闾、邻长查禁贩吸，并举发村中贩吸嫌疑人确有实据至二起以上者。

（三）乡望素孚，偶染嗜好，经调戒后，确能改悔，为村众公认者。

（四）确已改悔之烟民，并能从事正当职业者。

四、宣告免调后，免调人应负之责任如下：

（一）免调人应取具三人互保切结，倘有复吸嫌疑，保人不加举发，或呈请退保，如查察复吸属实时，保人应共同担任一百元以上之村费。

（二）免调人应随同村、闾、邻长，在本村帮办村政，以高人格而示决心。

五、各段主任对于免调人，除密令村、闾、邻长及保人随时注意外，应查询之方法如下：

（一）查验同村尚未免调之烟民时，应密询免调之人是否可靠，并证以舆论。

（二）到免调人住居地或邻近村庄，应于无形中向村中父老，详询免调人之现状及行为，以资互证。

六、受免调之宣告，而有下列情事之一者，得撤销之：

（一）因村、闾、邻长及保人等之报告，查明确有丧失免调资格者。（但匿名报告，或无根据之疑义，调查不能证实者，不在此例。）

（二）互保人因免调人形迹可疑，有半数请求退保，经查明属实，并非挟嫌捏诬者。

（三）地方舆论认为复有嫌疑者。

（四）精神萎靡及生计日见退落者。

七、每月终，将烟民中之应宣告免调者，及应撤销宣告者，由各段主任填列报告表一样三份，县、署、区公所及本人各一份，以便共同注意。

八、宣告免调人及撤销宣告人，除各宣布全县外，每月汇造详表，呈报省、道鉴核。

长子县检点保人办法

（十四年一月）

长子县对于贩烟嫌疑人之保人，令各段主任，每到一村，即询问一次，以专责成，并告以保人，应切实负责，且云：如被保人靠不住，即可赶紧声明退保，一免受累。

化除家庭残忍办法

（十七年二月十七日公布）

家庭残忍，为人类最悲惨的事。本总司令为此事，训令、手谕下得很多。近闻此种残忍事件，仍然到处皆有。兹再规定数条，仰各县知事、区长及村、闾、邻长等负责规劝，设法救济，冀收实效。

（一）各村长副应责成该村闾、邻长，时常注意该管闾、邻有无家庭残忍住户，据实密报村长。

（二）查有残忍家庭，即由村长副责成其族长、邻长结实劝告，使之改良。

（三）残忍家庭经族长、邻长结实劝告后，如不改良，应随时监视干涉，并探明其发生残忍之原因，设法为之解除。

（四）屡劝不改，或不受监视干涉时，应由劝告及监视人报告村公所，按村禁约惩罚议处。

（五）家庭如有残忍情形，如子女年在幼稚时，应由其家长亲族中设法使其离开家庭，以防意外。

（六）各家有残忍情事，经劝告后解除改善者，应将其事实随时宣传，以资奖劝。

抓获烟土破格重赏训令

鸦片之害，本省最深，充赏提成，为数不少。查，自烟禁厉行以来，安分良民，奉公守法，无敢再犯者，固具多数；而莠民奸商，愍不畏法，依然贩卖者，亦不乏其人。自非破格重赏，不足以励人心而扑毒焰。现在拟定重赏办法:无论何人,抓获真正烟土一两者,赏洋二十元。二两者,赏洋四十元。获数多者,依次递加。本省长为民除害,不得不严厉进行。各该知事,务须仰体此意,另写大字,简明赏格,公布城镇村庄,俾众周知。所有本案罚金充赏数目,仍照旧章另行提存。所需赏洋,即由此款内开支。抓获烟土案件,务须从重处办,不得稍涉姑息,致干重咎。

此令。

办理烟案附捐电令

冀宁、河东、雁门三道尹、各县知事钧览。本省长对于禁烟一事,业经派员调查,令悬重赏,猛厉进行。嗣后,各该知事,拿获贩运暨收藏烟土者,除依律处办外,并罚缴官署应发赏洋。拿获种烟人犯,除依律处办外,并罚缴调查种烟旅费暨刊印新律,籍启人民遵守法律之知识。拿获吸烟人贩,除依律处办外,并罚印《人民须知》及《村长副须知》若干册,开通民智。仰即遵办。《人民须知》每册约价大洋六分。《村长副须知》及《新刑律》,每册约价大洋各一角。

并告。

省长阎《筱》印。

抓获贩运及收藏烟土案件赏金办法训令

查,抓获烟土,破格重赏,暨拿获贩运及收藏烟土者,并种烟、吸烟人犯,除依律处办外,并罚徼官署应发赏洋,暨调查旅费及刊印《人民须知》、《村长副须知》等费各办法,业经本署训令,并《筱》日通电在案。查,罚缴官署应发赏洋,及旅费、刊印费本系附带之一种捐款,应将“罚”字改为"捐"字,以示与刑律罚金有别。现拟定抓获贩运及收藏烟土案件赏金办法数条,逐条开列。其"(烟字)一百二十四号训令内,"所有本案罚金充赏数目,仍照旧章另行提存。所需赏洋,即由此款内开支一节,已不适用,应即废止。除分行外。合亟令仰该处道尹,转饬所属各县知事,一体遵照办理。

此令。

计开

抓获贩运及收藏烟土案件赏金办法

一、前令抓获烟土每两赏洋二十元,系专指人民之抓获者而言。至于一切官署人员及军警等之抓获者,职务与人民不同,应如何酌赏之处,按各案抓获情形,随时报候公署核示。

二、关于抓获贩运及收藏烟土案件赏金,依《筱电》所定,除依律处办外,并捐缴官署应发赏洋。至交付赏金,须交由商会转给原抓获之人,出具收据。无商会者,由公款局转给,以杜胥吏需索之弊。其犯人应缴赏金,如确系无力缴纳者,暂由各县及其他该管官署垫发此项垫款,事后由省公署照发补还。

三、所抓获之烟土,由各县及其他该管官署查验。确系真正烟土,即行发给人民之赏金,仍将烟土解交省公署化验。如有伪造情弊,由原处理之官署负责。

四、关于抓获烟土案件,依律所科罚金,全数解交省公署,以便为赏金需款之补助,不再提成充赏。所有补助修监及各县司法等费,俟将来收支抵消,如有赢余,再分别拨给。

五、各县及其他该管官署,每月终,将烟土赏金出款及犯人所缴之捐款,并有无不足情形,及不足之数若干,一并详造四柱清册,报由省公署核办。

六、以上专指抓获烟土之案而言。其他吗啡、金丹及种吸等犯，所科罚金用途暨提成充赏，均照旧办理。

第五节 告 谕

禁止洋烟吗啡金丹等项告示

（七年五月二十日）

以前，吃洋烟的害处，止是害自己一身，害自己一家。如今吃洋烟的害处，不止是害一身，害一家，并且害一县，害一省。今与尔等分说如下：

（一）从吃烟的一个人说，吃得晚睡迟起，不成个人，终久教洋烟熏死。从一家说，现在洋烟很贵，必定要吃得穷了，卖房卖地，甚至有失散人口。这是说害一身一家的话。

（二）自从山西禁种洋烟以来，烟土都是跟外省买的，这就是把自己地方上的现银现钱，换回些害人的烟土。每年全省买烟土的钱，在一千万元以上，所以弄得山西各县，处处缺钱，尽是不兑换的纸票，因此物价都贵，一般人民同跟上吃洋烟的人受害。这是害一县一省的话。

（三）现在有些吗啡金丹，名样甚多，害比洋烟还大，吃得久了，要把人中毒烂死。这些吗啡金丹，也是从外边来的，每年花钱也在六七百万。

（四）洋烟、吗啡、金丹等项，其害既如此之大，本省长一定是要严禁。因为害一身，害一家，是为你们打算，要禁你们吃的。又害一县，害一省，为地方打算，更要禁你们吃的。如若再不改悔，一定要重重地办你们罪。

（五）现在最可恨的是贩卖洋烟、吗啡、金丹的人。已经派兵队在口子上严查，并派许多人在外边查访。这些贩卖人，一定是没有一个好人。查住的时候，虽枪毙他们，本省长也不爱惜的。

（六）愚民无知，犯了罪办他未免可怜，村长副及村中读书认字的人，要把本省长的话，好好告说他们。

（七）如告说他们以后，他们还不听，吃烟的人，村长副要强迫住他退瘾。不听的，知事一定问他罪。贩卖的人，要禀告县官办他的罪。这才叫个村长副。这才叫个为百姓办好事的村长副。切切此谕。

为惩治坏人制图告各县知事
（十一年）

用众不可轻于用法，但舍了用法，众亦无从为用。惟用法用众，妙在时机适宜。用法不可太早，太早，则无人再敢报告。用法亦不可太迟，太迟，则好人泄气。何为太早？即嫌疑人未尽查明，一般人民对于村范主义尚未彻底了解，村、闾、邻长尚未尽到感化之责，长官即用重法惩办坏人之谓也。何为太迟？即村、闾、邻长、绅、商、学各界，再三苦口劝戒，情已用尽，而坏人怙恶不悛，或反逞强抵抗，长官犹不重惩也。此中火候，丝毫不容差错。用心之官，当能见之。现在，各县不明此者甚多。我心甚为之悬念。然用法时，亦须善用之。

假定坏人之尤者为头等，其次为二等，再次为三等，又次为四等，为五等。头等坏人，绝无多数。诚以坏人亦须有坏能力。愈坏者，数亦愈少。

谚云：打蛇先打头。即系惩其为首，余皆就范之义。如后图：四等为五等之首，三等为四等之首，头等为二、三、四、五等一切之首。能惩制四等者，五等无不服从；能惩制三等者，四等无不服从；能惩制头等者，二三四五等一切之人无不服从。然则，欲制服坏人，非先制服坏人中之头等不为功。惩制头等而不收效，再继之以二等，继之以三等，则用力少而成功易。是即古人所谓惩一儆百，刑期无刑之义也。不然，先惩制五等，四等以上之人如故；先惩制四等，三等以上之人如故；所惩之人虽多，后继之人尤众。前仆后起，于事无益。故用法以惩治坏人，当治其坏人之尤者。惩制之后，应使众坏人均知之，使众好人亦均知之。众坏人知之，坏人气馁；众好人知之，好人气张。

用情与用法比较，用情占十之九，用法占十之一。先将用情九分力量用尽，而后用法，方能收效。若不用情而先用法，则不但坏人怨恨，即好人心理，亦不与己团结。虽从极坏之人入手，效力亦甚薄弱。

总之，欲收惩一儆百，刑期无刑之效，用情非费尽心力不可，用法非适合时机不可，惩制非择尤不可。惩制之后，非善为宣传不可。前此之不用心，滥罚哑惩，皆不合于整理村范也。附惩制坏人图。

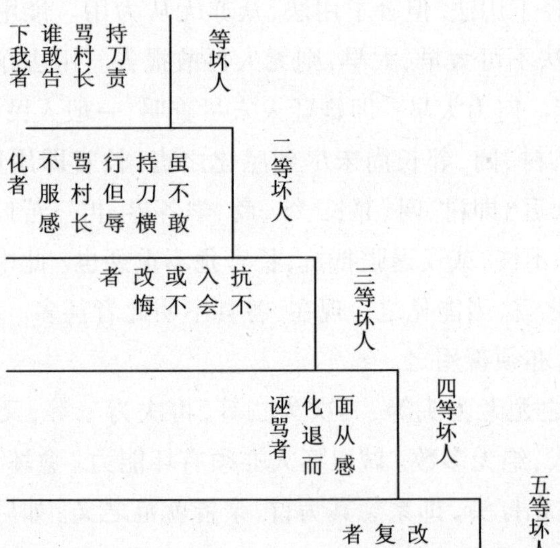

整理村范原理七条

（十一年）

一、余尝为知事想，治理数十万人民很难，治理数十村镇则易。当以编村为施政单位。

二、以编村为施政单位，编村组织之良否，实为政治之根本问题。

三、所谓编村之良组织者，指编村之大小、距离合宜，村长副、闾邻长得人，能组成为一活体之谓也，如人有首及心腹、四肢之义。谁为村首？首者为其首。孰是村心？心者寄其心。谁作手足股肱？则使之为村长副之扶助。谁是村中坏人？官厅当排除之，免为村中障碍。如此者，则能成活体也。村长副虽规定为村选，然现在村民参政之历练幼稚，加之社会间失教又久，人心中，爱人力量的种子未发芽，为公道负责任的心甚缺，尽任村民选举，诚恐选出坏人做村长副，不徒无益，且又害之。知事、区长不得不于过渡时代，加以提携监督，决不可使坏人充当村长副。此为根本，不可忽也。

所谓编村之大小合宜者，是指能负担村经费，而能办理村中应办之事也。过小村庄，应联合之。市、镇应分治之。编村之距离合宜者，是指村长与村副、闾长，交通往来，不致过于困难为主。但以担负经费论，编村愈大愈好；以距离论，编村愈少愈近。以上两者，背向之道也，是在知事与地方绅士斟酌得中也。

四、民治云者，即人民有施政之活体组织之换言也。若人民无此组织，非特政治上如同无串之钱，散漫无纪，即以人民而论，弱受强欺，愚受智诈，寡受众暴，除向最不愿向之衙门求救，仰最不愿仰之劣绅、土棍求指点外，别无他法。云官治，乃贪官污吏之实况；云自治，亦劣绅、土棍之变名。村无活体之组织，是好人无有机之团体，不只无民治之足云，官治亦不足道。

五、知事若不在村制上用全副心力，选得好村长副、闾、邻长，以为递次之协助，永无彻底治理之望。且好政治亦是忽进忽退，好知事亦只徒劳无功。何则？以一官不能管了数十万人民之事。

六、管理办法应以简驭繁。一村之中，人家虽多，但不在整理范围内者，当在百分之八九十。将这八九十多家除出以后，一村百户之中，不过十数家，是应整理者。为数甚少，少则易办。

七、昔云：工欲善事，当先利器。今可换句话说：官欲办事，亦当先检查其帮手如何。入手之前，应将帮助自己之人，检点其能力如何、知识够否、是否可靠、尤要注意警察及区警等。靠他们出去办事，不至除事办不了，反惹出恶声。掾属、区长、巡官、县佐等，为帮助知事办事之最关紧要者。知事如欲办事，不止要他们能办事，还要他们肯热心帮助知事做事。如不能办事的，可以禀请撤换。不肯热心做事的，是在知事推诚相与，予以一定之责任，给以一定时间之考察。警察、区警等不可靠者，固然要不得，当即更换之；可靠而不会办事亦不行。当切实扼要教练，务使之成为知事办事之利器，是在知事督饬有方，考核有序及警佐、区长、巡官等之热心选调也。

总之，知事真欲彻底整理一县，非将全县官吏团成一体，使其均有锐进之欣幸心，唯能不操切，不懈怠，而后可持之以恒，行之以久也。

劝谕人民擒拿贩卖洋烟金丹的人便是救人告示

（十三年一月十六日）

一个杀人的强盗，是最可恨的，但是只能杀一个人。一个贩卖洋烟、金丹的不知道杀几千万人。大家能擒住一个贩卖洋烟、金丹的人，真是救人不少！我盼望你们愿意救人的人，要从擒那贩卖洋烟、金丹的人下手。

此话责成村长副、闾、邻长及国民学校教员，与人民、学生好好讲解。

第六节 表 式

县查改贩卖烟丹嫌疑人报告表

年 第 期

本期新查及复犯			本期改悔		
姓名	住址	处办情形	姓名	住址	备考
附记					

表解：

(一)本表，每半年填报一次。本年截至六月底止为第一期。于每期终了之后半月内，由县填齐随文呈报。

(二)本期内新查及复犯或保人退保暨形迹可疑者，均分别填入第一栏，并于本栏三格内注明现在工厂，或在监、在押。

(三)上期末改烟犯及本期新查出者，于本期内在工厂或训戒所确已改悔者，分别填入第二栏，并于本栏“备考”格内注明出入厂、所、日期。

(四)“附记”栏内将烟贩总数(除去死亡，加入新查)及出外、逃外(多年在外而有正当职业者以出外论，其因案逃避及出外无正当职业，或一定处所者，以逃外论)。各数载明。

县查戒吸食烟民报告表

年第　期

本期新查及复犯			本期戒改		
姓名	住址	处办情形	姓名	住址	备考
附记					

表解：

(一)本表,每半年填报一次。本年截至六月底止为第一期。于每期终了之后半月内,由县填齐随文呈报。

(二)本期内查出之有吸烟嫌疑者(遗漏及初吸、复吸)及抓获送案或按村禁约罚办者,均分别填入第一栏,并于本栏三格内注明现在戒烟会、工厂或看守所。

(三)上列未改烟民及本期新查出者,于本期内在戒烟会、工厂确已戒清,分别填入第二栏,并于本期“备考”格内注明出入烟厂日期。

(四)“附记”栏内,将烟民总数,除去死亡,加入新查数及出外数载明。

县禁烟星期报告表

民国　　年　　月　　日

发觉案件						
烟犯姓名	烟犯之年龄籍贯及职业	发觉日期	发觉地点	何人发觉	没收物之种类及数量	备考

判 决 案 件				
烟犯姓名	判决日期	犯 罪 事 实	处刑及其理由	备考

县失学儿童查报表

知事　　年　月　日

委员　　年　月　日

村名	学童总数		已入学数		准免入学数		未入学数		入学分数		实察情形
	男	女	男	女	男	女	男	女	男	女	
合计											
总评											

表解：

(一)本表由县查明，将一至六栏，于次年一月内填齐，于委员到县交由委员考察。

(二)“入学分数”按百分计算。

(三)“学童总数”减去“准免入学数”，除“已入学数”，即得“入学百分数”。(附下例计算法)

如有学童自名准免者十名，入学者七十名，应由百名中减去十名，以所余九十名除入学七十名，即得入学百分数百分之七十七强。

(四)“实察情形”栏，应将抽查后与县填异同之点，分别叙明。“合计”项下，应按查过各村将男女学童平均入学分数分别填入。

(五)委员将全县抽查后，应将其失学及旷课多寡之原因及知事、小段主任督促倡导改良之心力、方法，并现在办到若何程度、绅民对于知事、小段主任、学校职教员、舆论如何，分别约述事实填入“总评”。

第七节　讲　话

出巡太原县：对沿路人民讲话
(十一年七月五日至十一日)

讲旨：村中兴利除弊、主张公道的事，从前，是教县长、区长替人民办理；以后，要人民自己出力办理

我上年出巡省南省北，对百姓们说了千言万语，止有两个意思：一个是盼望都做好人，一个是盼望人都有饭吃。我曾作了一篇《对民吟》，想你们也已知道了。我这次下乡来，依然是盼望百姓们做好人，有饭吃的意思。什么是好人呢？好人有公道，好人有仁心。我教你们各村整理村范，调查那些九项的嫌疑人，都是好人，应该改悔的。若改悔不了，我就不以好人看待他，你们也就不以好人看待他。我所说的好人是亲慈的、子孝的、兄爱的、弟敬的、夫义的、妻贤的、友信的、邻睦的。然这八样人，是村中好人，也就是村中的仁化。怎么就有饭吃呢？务农作工，勤俭持家，那是过日的底子，不用说了。我这几年教你们办理种树、造林、种棉、栽桑、养蚕、开渠、打井、牧羊等事，还有普及教育、息讼会、村禁约、保卫团，种种政治，都是想教百姓生活上能够少些穷苦，添些生产，以后子弟们大了，都受过教育，都可谋生，更可富足。并且村下没有坏人欺负，大家才都可以安安乐乐地吃一碗饱饭。我还有一个要紧意思，就是盼望各村都好了，能够各村自治各村。定下村禁约，是教你们自己管束自己。有了息讼会，是教你们真能有主张公道的权柄，练习评断是非的本领。设起保卫团，立起拳场，是教你们年长的人，真有保卫自家的团体，年青的人也有学习武艺的地方，把山西人民软弱懈惰的毛病，早早地去了。总而言之，以前，事事是教县长、区长替你们村下提倡办理；以后，事事要你们村下自己出力办理。县长、区长们一定能替你们好人做主。你们要好好办去。我的身子离得你们常远，我的心离你们很近。今天，你们见了我的面，听了我的话，更可明白我的心。

出巡太原县：对各界人民讲话

讲旨：整理村范，是去掉坏人，扶助好人的意思。而实行此种主张，全在好人充当村长副，替大家办事

我这次带了许多学生、士兵，来你们太原县，你们可知道我的意思吗？（因问一村长）你们县长常常下乡，他办的是什么事？村长答曰："整理村范。"（又问大众）"为什么要整理村范？"绅士王惠先生和大家同声答曰："整理村范是督军的爱民心。"我于是大声地说："你们听着，整理村范是要把村子的坏人去掉了，把好人扶起来。你看那不好的子弟、不好的人家、不好的村子，哪一个不是由坏人闹成的？反回来就自己说，我们的子弟、我们的人家、我们的村子，本来都是好的，一遇坏人就习染坏了。你看这可恨不可恨？我问你们太原县，有没有因为吸烟丹败了家的？亡了身的？（众答曰："也有"）又问："他的父兄、妻子可愿意吗？"（众答曰："有了吸烟丹的子弟，能把父兄气死，有了吸烟丹的丈夫，能把老婆饿死，还能说愿意吗？”）如此是吸烟丹的害，你们大家都清楚了。那贩烟丹的人，你们以为如何？（众答曰：“贩烟丹的人更可恨！”）为自己闹利害了人，一旦泄漏了，毁家丧身，和吸烟丹人一样的。我以为，游手好闲，是赌窃的根子；赌博窃盗，是命案的苗子，其为害人群和烟丹一样，非除灭了它不可。至于忤逆不孝、家庭残忍，都是人群里的罪恶，也要想法子去掉它。把坏人全去了，我们还得要扶助好人，而催促失学儿童上学，尤其要紧。这都是村范的事情，你们要努力进行。以下我还有两个意思，你们更要明白了：这回整理村范，是由官厅倡办的，而实行可全在好人。什么叫好人呢？就是公道而有良心的人。说浅一点，是请村中的好人出来，替大家管管子弟；说深一点，是个民治主义。此外还有一个意思：村长副、闾、邻长，不要以为人自人，我自我，何必管人家的事呢？这都是不明白的话。人在世上活一辈子，岂管了自己就完了吗？不然。一定还要给社会上做些事，给后人留些好样子才是。我看村长副、闾、邻长，为村中办好事，真是留芳百世，德惠群生。听了我的话，大家要好好地办去。

出巡太原县：在音乐会上讲话

讲旨：整理村范是为你们村中好，应该拿出心来，努力作好人

今天，我们集合了男女老幼的人民，在这里开音乐大会，原是与众人同乐的意思。现在中外乐歌奏得很多了，想大众很是娱乐了。我趁这个顶快乐的时候，还想给大家说几句顶要紧的话，你们可要注意听：我们山西的政治，看起来很繁难，其实一句话可以说得透。哪一句话哩？就是为人民兴利除弊。你们看这灭除坏人，安顿好人的整理村范，是为什么哩？不教失和气的息讼会，是为什么哩？防堵做坏事的村禁约，是为什么哩？保护人民生命财产的保卫团又是为什么哩？这些事情能说是为县长吗？能说是为区长吗？不为他们，他们还肯费上心力地来办，那么真正为得是你们村中，你们村中能不着急吗？你们大家要拿出心来好好想想：该当好人哩？还是该当坏人哩？你们为妇女的更要清楚：男人好了，是你们的福；男人坏了，真要把你们饿死冻死哩！你们还可不跪下，哭得教你的丈夫退金丹，做好人么？

出巡太原县：对老农讲话

讲旨：尊重老汉，期望少年

我今天开老农大会，有两个意思，可以给大家说出来：

一、我对于社会上，尊重的是老汉，期望的是少年。所以见了老汉，就起个恭敬心；见了少年，就动个可悦心。（指着男女小学生说）尤其爱的是小孩上学，盼望他大了，成个爱群的人。若小孩不上学，就恐难以开其心。心不开，就同地冻的一样。地冻了不会生长，小孩心不开，不会有爱人心，公道心。再说，尊重老汉，是因为经验丰富，志气老练。是非黑白，老汉见得真。就是天灾地变，老汉也比少年人能预知，甚至做坏事的结果，也非老汉看不透。这是我要尊重老汉的意思。

二、我看，人离不了的是吃饭。所以我常对人说：“富是个什么？就是有吃的。”那有钱的人，往往也要受饿。坐到黄金台上没吃的，也能饿死。这是我重农的意思。能将以上两层完全做得到，那就是好的人家了。说到社会生活，还非由好人结团休不可。这简要的几句话，你们要牢牢地记住。

出巡太原县：在同乐大会为村长副讲话
（附《村仁化标准》）

讲旨：整理村范、村禁约、息讼会、保卫团，都是与村中有好处。并申

明村公道,是村政治的精神;村仁化,是村公道的骨子

今天,我叫大家来,开同乐大会,就是为的改进村制的一件事。这件事的要紧办法,第一、整理村范。第二、村禁约。第三、息讼会。第四、保卫团。我近年来,看见乡下最可怜的事,莫过于坏人欺负好人。因之,我时刻不忘的,要想把坏人变成好人。就把坏人分作九项,教县长督同村长副确实调查。全用人情感化,既不问罪,又不罚钱。此外,还有失学的儿童,也要一个一个地查出来,给他想法子,或者立一个简单的学校,总要教他们都学下些明白本事,以后好做好人,过日子。你们要知道这去掉坏人,教养儿童,真是对于村中大家都有益的事情。我又看见人民最感痛苦的一件事,就是有是非,村中毫没办法,非求官厅不可。乘这个空儿,那些土棍讼师就都插进去了,拨弄是非,非把两造闹得废时失业不可,甚至于倾家败产。所以我现在要解除人民的这种痛苦,就提倡村禁约和息讼会。由村中大家定一个禁条,违者受罚。不过罚人总要用大家的意思,不可以一人的意思。这是村禁约的办法。遇上两家争执的事,就由息讼会公平调处,不花钱,不费事,不结仇。把这会办好了,那土棍讼师自然也就消灭了。可是,最要紧的是公道。不公道,息讼会的权柄就没有了。因为息讼会只有公道的权柄。不公道,他人就可以不向息讼会求评判了。

我又看见社会上坏人欺负好人,是好人没有团体的缘故。所以我又定下个保卫团,教村中好人结起团体来,那坏人自然也不敢胡闹了。把这四件事合起来是个什么?就是个村政治。这村政治的精神在哪里?在村公道。而村公道的骨子又在哪里?在村仁化。村仁化的意思,刚才崔处长给你们讲得很详细。你们一定清楚了。所以我这次来,观村的纲要,就是村政治、村公道、村仁化。怕你们不能人人知道了,又怕你们忘记了,我又叫他们出个《村话报》,教你们牢牢地记在心上。可是这些事的举废,全在村长副能否负责。现在你们总算做到第一步了。我希望你们必定要继续下去,非把这个功完成了不可。我今天把他们旅行团所调查村仁化八项人发些奖品,鼓励鼓励他们,教人人闻风兴起,知道个做好人的榜样。我最终还要你们把"村公道是村政治的精神,村仁化是村公道的骨子"高读两遍。你们负责回去办去。

村仁化之标准

亲慈:爱而不溺,望而不迫,惟道义是期,非富贵是责。

子孝:善继其志,善补其缺,善养其身,善娱其心。

兄爱:让以联情,导以趋善,不藏怒焉,不宿怨焉。

弟敬:尊兄之志,从兄之言,匡兄之失,先兄之劳。

夫义:尚德不尚容,贵贱不移,扶之以道,信之当笃。

妻贤:清白持身,勤俭处家,助夫仁孝,与人和睦。

友信:相结以义,相励以志,贫贱不忘,患难不变。

邻睦:出入相友,礼俗相交,忍让相处,患难相救。

出巡清源县:对全体人民讲话

(十一年七月十一日)

讲旨:好人赶快结起团体。各村办各村的事。最应注意的在"公道"二字

刚才,你们县长报告,清源有水地两千余顷,一切瓜果蔬菜的出产品,又非常之多,这很可以保着你们人民有饭吃。我又看见人民很好,学生很活泼。拿你们清源这样好的底子整理起来,确是山西顶好的个县分。自民国以来,我给你们办的许多事件(如水利、种棉、栽桑、剪发、放足、禁烟赌、兴办学校等等),可是我总觉得成绩不十分好。后来我又定下改进村制的四种办法:(一)整理村范。(二)村禁约。(三)息讼会。(四)保卫团。今天,我来的意思,一面看看政治民风,一面就是把改进村制的办法,的的确确地告说你们。你们要清楚了。这办法是专为人民谋幸福的,非人民自动地、自愿地去办不可,还拿着事事靠官的旧脑筋,那是不成的。因为官不能个个都好。就是爱民的好官,也不能把百姓一个一个都照护到了。

今天到会的村长副、学生、教员、商民以及各界人民，都是优秀分子，也都是清源县的主人翁。听我的话，赶快好人结团体，各村办各村的事，那些烟赌、盗匪、种种坏人，自然就不敢欺负好人了，也就没他生存的余地了。到那时候，你们何等安全呢！何等幸福呢！但这好人结团体、办村事，有个顶紧要的东西，你们要牢牢记在心上，就是"公道"二字。县衙门不公道，是个坏衙门。我们的村团体不公道，那岂不更坏了吗？所以我说，"公道"就是村事的根子。现在天气很热，你们可以到讲堂里头，我和你们详详细细说些话。

出巡清源县：对街村长副讲话

讲旨：此次村本政治，全是教人做好事。而能否做到好处，全在村长副之责任。

我这次来的意思和希望于你们村长副者，刚才已经说过了。按我的办法，你们觉得有无困难？众答曰："无"。兼座云："我还有些不放心处。"你们应该大大地有个觉悟。什么觉悟呢？就是：整理村范、村禁约、息讼会、保卫团，完全是教人做好事的。他本人虽有不愿意，他的父兄妻子必定要感激你们。他暂时虽有不愿意，他过后必定要感激你们。这是靠得住的。再说，遇了十分为难事，知事必要帮助你们成功。太原县有个村长，很能办事。他对一贩烟丹的人说："你不要以为贩烟丹可以发财，那久在水里头的人，难免淹死；久溜冰的人，一定要滑倒；久做坏事的人，一定是送了命。你贩卖十回，可以侥幸过去；到十一回上，人总要捉住你；败家破产，还要坐监。这是说你犯了的话。你就犯不了，贩烟丹也没有好结果。咱们太原县人说的话：'庄户钱，万万年。买卖钱，三十年。'我说你'贩烟丹的钱，两三天。'不止是钱不能长久，并且你的家庭妻子一定要学坏。天理如此，人情亦如此。"那贩金丹的听了这话，当时泪下，心上悔悟，并且说:“我很感谢村长的教训,使我很危险的人家,成一个很平安的人家。”可见,救人办好事,永不会得罪人的。你们各村长副可以努力办去,并将“村公道是村政治的根子。村仁化是村公道的精神。村长副的责任心,是上三件事的种子。没种子,发不出芽来。”写在黑板上,为各村长副一一讲读之。再,村仁化较难。你们还要加劲倡导。一年不好,至三年;三年不好,至五年;终久有好了的一日,万不要畏难不前。

出巡清源县:对男女学生及教员讲话

讲旨:看学生成就与否,须考察爱人心、公道心如何。此次整理村范,就是学生练习真学问一个作事场。女学生,第一要品性好,第二要职业精,第三要处家庭和睦。

问:为什么全县人民拿出钱来教你们少数的学生念书?某生答:“教我们长大了为人办好事。”兼座云:“是的”。我就把这为人办好事的话,给你们详细讲讲。为人办事,非爱人不可。想把事办好,非公道不可。这爱人、公道,就是你们现在功课,将来的责任。你们看图中甲、乙两线不相侵犯,是个公道。逢在丙处,是个不公道,也就是个乱。那么,公道与不公道的根子在哪里?就看能爱人不能。你们大了能爱人、能公道,就是你们的功课好,责任成。总而言之,爱人、公道的学生多一个,则社会上多一分福;不爱人、不公道的学生多一个,则社会上多一分乱。如此看来,爱人公道的主人翁也就是学生了。你们清源学生很多,万不敢走错路子,遗乱社会。我还有几句求学的话,要告说你们:一、占人便宜的科举心理要不得,那简直是贪官污吏、劣绅土棍的出产地。二、抄袭纸片的学问要不得,要由人情世理中得来的。三、要心里发出来的,不要从外边装进去的。这几样真实学问,非在做事场子里,求不出来。而整理村范,就是顶好的一个做事场。我在晋祠见一老汉,忽将草帽掉在水中,一童子军说,老汉不要愁，我必定要给你捞起来。童子急跪水边，果然将草帽用手捞起。又外国文言学校卫先生说："一学生三月未上教室，进步最快。"问："何以故？"他说："这个学生的进步，全是做事中得来的。"那么，今天把你们放在整理村范场子里，岂不就是个真正求学的机会？还有个意思，你们教员要注意。我常说，树有直性，人有仁性。树之能直与否，不在树，而在治树之人；人之能仁与否，亦不在人，而在教人之人。当教员没有教人能仁的把握，真可说是溺职。你们要加心研究。再对女学生说句话。现在的女界，我认为有两种缺憾：一、自身缺憾。如家庭残忍等。二、他人缺憾。如男子不以理待遇等。办女学的意思，就是要来补救这些缺憾。此话你们要牢牢记在心上。再说女子求学，第一，要品性好。第二要职业精。女学生做的饭，真比非女学生做得好；女学生缝的衣，真比非女学生缝得好。第三，要家庭和睦。女学生对翁姑，格外地孝；女学生对男人，格外地贤；教育子女，又格外好，如此才够个女生的学识。我把妻贤的四句格言："清白持身，勤俭处家，助夫仁孝，与人和睦，"写在黑板上，你们回去好好研究去。那上两句话好懂，第三句略为一讲：妇人替男子敬事翁婆，即是助夫以孝；妇人从夫，能对夫之亲属爱之，即是助夫以仁。

出巡清源县：对商人讲话

讲旨：商人是社会的中坚，百姓的先生。应该提倡村人自己办自己的事。

我相信，商人是地方的中坚人物。进一步说，真是老百姓的先生。所以这次整理村范以及村禁约、息讼会、保卫团、各种为人民、为地方的事，和以前不一样。以前，是事事靠官的；今日，是事事要人民自办的。譬如人亲侄儿，总不如亲自己的子切；人亲邻家，总不如亲自己家的家人切。这是一定的道理。那么我们村中的事，我们自己村人不办，还谁可靠呢？这是我教人民自己办事的理由。刚才说过，商人是老百姓的先生。我希望你们大家听了我的话，实心负起责任来，帮助人民办村事。

出巡榆次县：对各界人民讲话
（十一年七月）

讲旨：坏由人弄坏。大家打算好，就可以好。金丹能绝迹，商务即可复兴。学生应该学个公道爱群，将来给社会上办好事。

山西百零五县中，榆次县向称富庶，到今日则变坏了。考其原因，约有二种：一因近年商务凋落，民间之收入日少。一因多数吃上金丹，外界之消耗日多。前者则病在金钱不进来，后者病在金钱向外流，以致榆次县一天穷似一天，人民一天比一天向下。余这次来到榆次，全为劝榆次县人民赶快回头向上，其重要者，就是快把金丹戒除。商务损失，譬如外感，可以移转，西北不成，可以往东南；归化不成，可以往包头。吸食金丹，则为内伤，此病非快快改了不可。你们看那吸丹的，始则卖妻鬻子，继则偷人作匪，就把社会弄坏了。余从前教你们开渠、凿井、养蚕、种树，是为补救商务失败的缺憾。今日整理村范，劝你们退瘾，就为救济吃金丹的损失。余尝对人言：商人为社会的中坚，既可上接绅士官厅，又同老百姓常常接近，为数亦众多，若能热心帮助，真是百姓的先生。所以我尤其希望商人们，赶快起来帮助整理村范。把榆次整理好，生意也容易发达了，教育也可以普及了。同是为着大家好，我很喜欢你们榆次的商人、学生，成立许多团体，协助此事，努力进行。可以断定，不几年工夫，就把榆次县办好了。诚以坏由人弄坏，大家打算好，就可以好。金丹能绝迹，商务也可复兴。热心协助的众学生、商人呀，万勿懈怠，不要怕他们不醒悟。有多数热心，则他们今日不热心的，明日也就热心了；今日不醒悟的，明日也就醒悟了，只要你们好好做去。我的话也就止于此了！

又唤学生们问道:“榆次县的父老花许多的钱,供你们念书,是为着什么?”某生答曰:“为成个好人”。又问:“成了个好人有何用处?”答:“为办好事,教人有饭吃。”(督军面呈喜色。)云:“你们很明白,社会供你们念书,就是为社会好。你们知道前清的举人、秀才,是花他一家的钱,为着一家好。今日的学校是花社会的钱,为的是社会好。”我教你们“公道爱群”四字,社会上有不公道的事,则老百姓不能活。所以培养你们,一是教你们主张公道,一是教你们爱群。要知道社会上有那鳏寡孤独的人,是能力上不能生活的;游散失业的人,是知识上不能生活的。学校里边教你们以道德公道培养你们的智识能力,为着你学成的时候,感化那没道德的、不公道的,扶助那没知识的、无能力的。学生们呀!倘若你们他日不能主张公道,不能爱群,真就对不起今日花上许多钱,供给你们念书的诸位父老啦!并谆谆嘱告榆次县县视学、教职员云:你们须常常把这些话为学生讲说。学生求学,非专为求点课本上的知识,更要紧的就是为社会主张公道,办好事。今日学生能帮助整理村范,就是学习爱人办事的基础。你们应当留意教导,为社会培养些真人才才是。

出巡榆次县:对街村长副讲话
(十一年七月)

讲旨:此次各种办法,全是教好人结团体。自己办自己村里事。哪一个村中没有坏人,哪一个村子不受累。

略谓:我当幼时,每见坏人欺负好人,那忠厚和顺的老百姓,都要受贪官污吏、劣绅土棍的蹂躏。所以此次整理村范,第一就是要把这些坏人改除干净了。但改除的方法,非好人结团体不可。我最近规定的整理村范办法、村禁约、息讼会、保卫团等,全是教好人结起团体来,各村办各村的事。你们果能抖擞精神,结起团体来,拿上官厅付给的权柄去办,没有不成的。到那时候,还怕有坏人吗?还怕有受饿的人吗?至儿童上学,你们也应当彻底清楚了:以前,子弟上学,是自己父兄拿钱供给;现在学童上学,是大家拿钱供给。这里有个一定的道理:就是教学生长大了,为人做好事,为大家谋幸福。以下我有个顶要紧的意思,你们同通知道的,就是:衙门不公道,全县的人民受苦;村中不公道,全村的人民受苦;一家不公道,一家的老幼男女不能安生。可见,"公道"二字,是何等的要紧呢?再则,公道要从哪里做起?就是爱人。你们知道孔夫子是何等人?他就是个爱人的人。他的本领是个"仁"。仁者,爱也。遇穷困的可怜人,非人爱他不可,非人救他不能生活的。我这次整理村范,即以爱人为主。你们以为如何?(众答:"对")我有个譬喻:前清,如地冻时代;到民国,渐渐要融消。把我们的小学生全能培养好了,教他们做整理村范的主军,一定可以做到好的地步。我再问你们一句话:"整理村范难不难?"我看是顶容易的事。有村中为人戒烟者,他的家人很乐意。更听说,太原县某村有人因吸丹卖妻,其妻临行痛怨村长不热心,不能为其夫戒烟。只要教人民醒悟了,再没有什么难处。就有难处,你们县长也定要为你们作主。再,村中办事,必须要教闾、邻长帮助,与村长副一团和气,大家协力进行。还有个意思,你们要了解的,就是:为人办事,正是爱自己,正如同为自己办事。因为村中有坏人,好人也必要受累;村中有吸烟的,我们的子弟就不保受其习染;村中有赌博的,也难保其不引诱我们的子弟学坏。此所以说,爱人即是自爱也。再则,村公道是村政治的根子,村仁化是村公道的精神。村长副的责任心,就是以上三件事的种子。在《村话报》已经登载了,你们必要好好领悟,切实做去。

出巡榆次县:对学生讲话

(十一年七月)

讲旨:从前学生念书,是由家庭供给学费;现在念书是由社会供给学

费。应当为社会上办好事，才算得真学问。

你们现在的学生应该有个大觉悟。什么觉悟呢？要清楚：现在住学校，和往日读书不同。往日，为支持门户，想得功名，才送子弟读书。这样的读书人，是由他家庭供给学费，最后是社会上的多占便宜，多享权利的人，所以不敢教他太多。太多，则社会蒙其害。今日的学生，是由公家设学读书，是教学生出来主张公道，热心爱群，为社会办好事，扶助那没受教育的，贫苦的。所以是多一个学生，即是多一个主张公道的、多一个爱群的、多一个扶助人的人，和那前清时代的举人、进士等，俊秀主群的人才，是根本上不同的。这就是现在的学生应当彻底觉悟的。假如学生不能做有益社会的事，那么，就是多一个学生，老百姓便多一分负担。所以我这几年，很发愁办学校的是采用新主义，住学校的还抱旧主义。不往多里说，就照现在的样子，一个回国的西洋留学生，要百个老百姓供给他，才够用；东洋学生，要五十个老百姓供给他；北京学生也要打三十个计算；省城作二十个，中学校顶十个，小学校顶五个。这样下去，老百姓辛辛苦苦做出来的，都不够学生花，老百姓又怎么生活呢？我看见你们榆次学生，主张公道，热心爱群，也都很简朴，我很喜欢。这就是新学校能行新主义，不辜负老百姓供给你们读书的。我盼望你们努力往前做，为学生放出大光明。将来山西全省学生的光明，要从榆次作起点。我前天初到时，不已给你们说过么？学问不是书本上的，要从自己心上得来。能做得好事业出来，就是真学问。管理商号和工厂，能够生意兴旺，出品精良，比书本上的学问胜得多。你们打着旗子，在街上劝人莫吸金丹，可以说把真学问做出来。你们学界整理村范援助会，可以说是爱人的大事业。省城有个外国文言学校，是请美国人卫西琴办理的。他说："（校）里边有个学生，三个月未上讲堂，而他的学问大进步，并且帮他办了许多事。"到太原县晋祠的时候，有童子军随着我去，路上遇一老汉，把他的草帽掉在水里。有个小学生说，老汉莫着急，跑上去替他捞起来。这种学生自然越多越好。我回省把这件事和文言学校的学生说，问："那个学生好不好？"他说："也不敢一定说好，因为他没有在场。"我问他："怎么？还有不好的地方吗？"他说：

“若是那学生存心要别人说好，才去替那老汉捞帽子，那也没有什么好。若是真心帮助人，不问旁人说他怎么样，那就好了。”我又问他：“还有什么意思？”他问：“那个人是见草帽掉下，立刻就去捞？也还加以迟疑而后去捞？”我告以：“立刻去捞。”他说：“那就是真心帮助人，是真好了。”但是，你们应当知道，帮助人也要审度要紧、不要紧。若是帮助得很有益处，就帮助。那个人不一定要我来帮助，我们的精力有限，不必做这些不要紧的事。这是很有道理的。你们应当彻底明白。再则，我在晋祠时，曾对学生发一个“对在哪里？”的问题。有一个说：“对，是不对的反面。”这话也似乎有理，其实不对。怎么样说？就以救人而论。不救，固然不对；救得太过，也不对。假如认为不救人不对，只要能救人就对，那就差了。就是救人也还有不对的地方。当救则救，恰到好处。要知道：“对，在两个不对的中间。”你们整理村范援助会，是应该援助的。我盼望你们以后热心做事，都要知道一个“真对”。时时能本着一个“中”字去办，那就没有毛病了。

出巡太谷县：对街村长副讲话
（十一年七月）

讲旨：此次各种办法，都是与人民自己有利益。而最要者，在除净烟丹。烟丹一日不能禁绝，人民一日不得安生。

今日，天气很热。大家来到此处，十分辛苦。我与你们说几句话，你们要好好留意。现在整理村范，最要紧的是金丹洋烟。金丹洋烟一日不能禁绝，人民一日不得安生。你们当村长的，不要怕和人民结怨。咱这次的办法，并不是教吸食烟丹的人坐监受罪，只用劝人为善的方法往前进行。人之好善，谁不如我？我极力劝人，不但烟民应当感激我，就是烟民的父母、兄弟、妻子也应当感激我。我有什么惹人的地方呢？就说到禁烟以外的那几项嫌疑人，也无非是我盼望村中无坏人、无穷人的意思。你们试想，哪一件不是与你们有好处呢？自古恶人多，必欺负好人，是一定的常例。你们不自己设法，官厅的力量哪里能完全达到？再说到村禁约、息讼会，原来也是官厅的事情。我今日将官厅的事，让与你们，也是有一番苦心。我很知道人民不愿意打官词。俗语说：一辈官词十辈仇。这话你们当然知道。以村禁约说，各地方原来都有那个习惯，只要振作一下，效力就可推广。以息讼会说，是一个只能公道，不能不公道的机关。如果公断得平，当事人输服，就算有效。如不能公平，当事人不服时，仍可到县署起诉。凡此种种，都是与你们自己有益。务望大家努力前进。要知道，太谷这几年，实在耗费得多了。每年金丹一宗出款，一县就有四百多万。不赶紧改悔，实在是支持不下几年来了。大家快快改悔吧！

出巡太谷县：对学生讲话

（十一年七月）

讲旨：太谷有学生，就不让太谷有金丹。若要太谷有金丹，就算太谷没学生。

省城随我到榆次县的学生，在学生整理村范援助会上说："山西有学生，就不让山西有金丹。若要山西有金丹，就算山西没学生。"榆次学生遂发了个誓，接着说："榆次有学生，就不容榆次有金丹。若要榆次有金丹，就算榆次没学生。"我愿你们太谷学生亦抱一个"太谷有学生，就不容太谷有金丹。若要太谷有金丹，就算太谷没学生"的主意。一定能联合全县学界人员往前做。我并盼望教育会及学校教职员能为学生们领头，绅学界能为商界领头，好好协助上整理村范，不到三年，就可成新太谷咧！你们受的病比榆次大，费力应比榆次还要多。我盼望你们的热心，万不可减于榆次，还要胜于榆次才可。

出巡平定县：对各界人民讲话
（十一年八月）

讲旨：平定人民质直朴素，具有一种特别之精神。我深望赶快整理村范，实行公道爱群之主旨，作省东各县之模范。

我见平定现象好，我心很喜欢。我平日即以为，平定可列山西前十县内；到今日，更能相信。我近来到榆次、太谷整理村范，抱着救民主意，想你们已经知道了。今来平定，事虽照旧，意实不同。榆次、太谷自中金丹毒后，倾家败产，卖妻鬻子，种种惨状，真教人听着下泪，所以非去救他不可。至于平定，只用着我进，用不着我救。促进平定为东西数县的模范，那才是我的意思哩。旧日平定的文风很好，今学校很振作；旧日很简朴，很和气，如今亦然。再说平定特色，真有超乎别处者。前清各地种烟，惟平定不种。这不是一种特别精神吗？也就是前辈们为社会留下的好样子。今要能拿上这种朴素和气精神的好底子，来整理村范，岂不易如反掌吗？就以吸食金丹一项论，平定县前日有能不种烟的能力，难道今日就不能有绝不吸丹的能力吗？一定是很容易的事体。至于禁贩一节，铁路人员现在很帮我们的忙。起程时，吩咐南处长、冯处长，在省研究彻底的办法。一面我亲到平定、寿阳观察究竟，只要心到力到，没有不成功的。失学儿童平定尚有，但亦毫无难处。榆次、太谷多失学儿童的原因，一半无力上学，一半师资缺乏。说到平定，一来生活容易，习尚简朴；二来新旧士人非常的多。说平定失学儿童难办，我真不信。就是赌、盗等嫌疑人，亦甚好办。照这样说来，那整理村范是没有难处的。我做山西的官数年了。我的心你们也是很清楚的。这次整理村范非全省做到不可。县与县比着进前，村与村比着进前。我很望平定做个模范县，不要走在别人后边。我还有一个意思，你们须悉心领会，就是：教社会上好人立住脚，坏人不敢作恶，非把社会上公道的局势定了不可。但公道之后，还得有个联贯的方法，然后人群才能有精神。方法维何？就是“爱群。”我认定，“主张公道，热心爱群，”是人类生存进化的根源。我很盼望你们把这八个字彻底了解，随我念念。(大家高唱数遍，声如雷动)对了！那么，我就放心了。我认定平定必能做个模范县。

出巡平定县：行谒圣礼毕对众讲话
(十一年八月)

讲旨：治理三十万人民很难，治理一百八十编村则易。愿大家毋惮烦难，只要三十万人同说一句“愿意好”，那平定即刻就好了。

平定人口有三十万，编村仅有一百八十一个。治理三十万人民很难，治理一百八十几个编村则易，所以要以村为整理的单位。更以一村而论，好人多而坏人少，除过多数的好人，治理少数的坏人，那是很容易的一回事。语云：“众擎易举”。仅靠村长副一二人整理固不甚易，若闾、邻长以及村中的好人、大众出来帮助，那就很容易了。能把平定办好，是平定人民先受其福。全县能没烟、没赌、没盗、没一切坏事，你们的子孙就不怕习坏了。若任平定坏，亦是平定人民先受其害。不好的社会里边，我们真不敢为子弟留产业，不但怕子弟保守不住，钱越多，越容易染祸。你们大家以为办好事难么？其实并不难。平定三十万人同说“愿好”的话，这三十万句话，散布在空气里边，那坏人就自然不敢做坏，平定县就可以好了。大家愿意好，就同我一齐说：“咱村以后不准有坏人。”(众人齐声答：“愿意！”随同兼座连呼三声。)(呼毕，兼座)云：“好了！”世上惟有作坏事的人理短。我从前见榆次县的小学生，结队游街，口呼：“贩金丹的可杀，吃金丹可怜！”旁边有贩卖嫌疑的人，一听之下，面如土色。古语说：“千人所指，不病而死。”今日平定县三十万人，都指着那坏人，坏人还有存在的余地么？前三十年的时候，山西各县都种烟，独你们平定不种。今日独不能不贩、不吃么？只要全县三十万人民同希望好，还有人敢做坏么？无人敢做坏，那自然就可以好了。

出巡平定县：对街村长副讲话

（十一年八月）

讲旨：整理村范、村禁约、息讼会、保卫团，都是于村中有利益，于人民有幸福的事，应当努力办去。

今天请大家来开会，为的是改进村制的一件事。根本意思，就是教乡村中没有坏人，没有穷人，大家方能过个很安生的日子。最要紧的办法有四样：一是整理村范。二是村禁约。三是息讼会。四是保卫团。现在乡村中共认的坏人，大约可分为九项，即是：贩卖金丹洋烟的、吸食金丹洋烟的、窝娼的、聚赌的、盗窃的、打架斗殴的、游手好闲的、家庭残忍的、忤逆不孝的。这几样坏人都是人群的缺憾。这些坏人去不了，就是我们村中好的妨害。但是这些坏人，也都是习坏的，非天生成就是坏人，所以我们要大家起来感化他，劝导他，使他们同变成好人。到最后不改的时候，大家以为该怎么样处置他，就怎么样处置他，只要先把我的心尽了。此外，还有失学的儿童，虽不是坏人，倘任令他失学，也就是学坏的根基。所以我们也应当想法了，使他们上学。除去坏人，教养儿童，就是整理村范的意思。我们不想教他做坏事，就可以由村中定出个规则来：什么事是不准人做，要大家遵守，就叫做村禁约。再则，乡下最不好的事，莫若打官词。俗语说："一辈官词十辈仇"，不只要花钱费时，还要结仇。所以我们要立个息讼会。凭村中大家的意思，可以评断和解的事，就不必到衙门去起诉。不过给大家这个权柄，是要教大家主张公道。若不能主张公道，人家不服的时候，仍然可以起诉。至于坏人能立足的缘故，是因好人不结团体，所以我教你们练个保卫团。若有坏人、土匪欺负你们，大家就可以自己保卫。保卫团的意思，就不外教好人结团体，以驱除坏人。这四件事办好的时候，都是你们大家的幸福。坐官的为你们办好事，那是他的责任。你们大家起来帮助他，也就是为你们好，所以就哪一方面说，也是官吏帮你们的忙。我这回来到各县，也是帮你们除灭坏人，安顿好人。能把你们县里同成了好人，同有了饭吃，我心上就得满足快慰了。望大家赶快起来，往前做吧！

对驻防步十团兵士及在乡军人讲话

讲旨：在乡军人回家后，应该帮助人民整理村范。驻防军人，亦应尽保护人民责任。

今天，对你们在乡军人和步十团的兵士要说些话。先说我办理在乡军人训练连是为什么？无非教你们些本领，保卫地方。月给饷资，扶助你们的生活，还把整理村范列入课程，详细教授，要你们个个明白，不但自己做好人，并且要教旁人做好人。凡属坏人坏事，都把他消灭净尽，实在是训练你们做个好国民的意思。再，希望你们回到乡下去，帮助村闾长办事。他们不清楚，你们教导他；他们不实心办事，你们劝告他；仿佛作本村的顾问一样。所以整理村范，靠你们帮助的力量，也是很多的。现在训练期满，后日便发文凭。你们回去，旧日是什么职业，还干什么职业。务农的务农，营商的营商。你们一半是军人，一半为模范国民。如本村的老百姓不懂什么，把你们在连里学下的本事，充分教给他。在村里能够主张公道，热心爱群，件件结实作出，我的村本政治，可以由你们办好，那便是某县的在乡军人多，某县的政治就好了。训练连的办法现已规定，分期在全省推行。再说步十团移驻平定，你们要和在省一样，并且还要比在省城好。大家积下几元钱，寄回家中度用，没妻的娶妻，有妻室的养妻。最要紧的是守规矩，不欺负老百姓。新军人和旧军人的区别，就在这个地方。军和民原是一体。军人在某处，要使某处比往日还安乐。百姓出钱供给军人，我们军人就出力保护百姓。我常和你们说，军人是男子中的男子。在平时，能使地方没有土匪；在战时，真能救苦救难。做军人比什么人都难。别人做事，预先总可以想想再做，惟军人仓促遇战，既不许想，还不许错。军人错了，便打败仗，国家受莫大损失，赔款割地，还不算什么，就是好人才，也同归于尽。你看中国自甲午庚子以后，还存下个什么？所以军人万打不得败仗。这是国家社会依赖军人的道理。你们现在要有真能力，才可尽军人的责任；要有爱人心，才可作地方的保障。就是在乡军人，也要明白这个意思，回去后，都要安分做事，倘若不能做事，还不安分，那不但无益，反有害了。还有关于技术的事，再和你们说说。现在打仗，并不专靠枪炮，手掷弹和拳棒也很有用。在乡军人回去后，时常练习，练习好了，我将来还有奖励。我和你们共事的时候很长，希望也很大。今年要做的是整理村范，明年另有话和你们说。大家每年要集合一次，好好做去。你们在社会上，将来必是有好名誉的。

出巡寿阳县：在欢迎盛会对各界人民讲话

（十一年八月）

讲旨：寿阳人民整齐活泼，颇有共和国民的精神。应本爱人公道之主旨，努力进行。

我见平定人民很朴实，我心很喜欢。今天寿阳人民整齐活泼，很有共和国民的精神，我心更喜欢。想必寿阳从前多出读书人，为后世留下好榜样的缘故。今天因你们的现象，大感动我的期望。我有十个字，即“整肃而和蔼”、“朴实而光华”。这两句话，很可以表示人民顶高的风化，所以非期之于程度高尚之人民不可。按你们寿阳人民精神，大有能够做到的样子。

各学校教职员，务须竭力教导。还有句政治的话，我想教大家明白，就是：民主主义的村本政治。什么叫个村本政治？就是：村村能温饱，村村能善良的意思。如百户之村，九十九家好了，也还不算，非全好了不可。民主主义的村本政治，就是人民自己主持村事的意思，也就是因地方之大，人民之多，利害之切，非少数官吏所能了得下去。所以民主主义，又是这全民主义。再，"民主"二字，大家要弄清楚。我先拿君主来说明。什么叫君主？即民间事务，全由君主持，人民不得干预。其所主的标准为何？一公道，一爱人。人民倘有受苦受难情形，全为君是问。人民因其真能公道爱人，故亦乐于服从。到后来，君失其主，赶快改为民主。那么，就是把君主的事交由民主了，也就是把公道爱人交由人民主了。君不公道，不爱人，把他换了。如果民不公道，不爱人，当如何？说到此处，还敢不努力么？但主张公道，热心爱群，非出之自动不可。养此自动能力，又非由学校着手不可。今天到的教职员，要把这彻底明白了，回去切实地教训学生才是。我今天说话的纲要，总起来，就是拿上"整肃而和蔼"、"朴实而光华"作经，再拿上"民主主义的村本政治"作纬，一村人民能如此，一村好；一县能如此，一县好；你们寿阳能如此，岂不就好了吗？

出巡寿阳县：行谒圣礼毕对人民讲话
（十一年八月）

讲旨：此次各种办法，要做到好处，非村长副与人民一齐进行不可。

我昨天说，拿上"整肃而和蔼，朴实而光华"作经，再拿"民主主义的村本政治"作纬。这意思你们可清楚吗？不但你们清楚，还得要教一般人民清楚，更得教他们起来实行。人民不清楚，和冬天冻地一般。冻地不能生芽。不清楚的人民，也不会做事。到春天，地渐消开，可以长芽了，但不种谷则生草。这是说，人民清楚之后，不有善良方法，也难成个好人。这次整理村范、村禁约、息讼会、保卫团，就是为人民设的法子。但人民众多，如何才能清楚？如何才能实行？这个责任就全在你们村长副、教员以及各绅士了。冻地要开，非借日光的热力不可；今人民要开，亦非借你们热的力不可。比方灯之所以为灯，因四周之物皆能被其明也。今有一灯，周围暗黑，则不得谓之灯。那么村长副、教员、士绅，之所以为村长副、教员、士绅者，亦必在人民能被其化育也。今天来谒圣的人，全是寿阳县优秀分子，我盼望你们回去竭力地倡办。开村民会议啦、游行讲演啦、逢人劝说啦、邀请名人讲演啦，这都是开导人民的机会。有人说：村长好，村子就能好。这话，我不认为完全。比方一家想好，仅凭一个家长去做，一定不成，非合男女老幼，各尽其力不可。一村亦然。想教一村好，村长固然要好，而兴起全村人民的精神，尤为要紧。我在平定时，告诉他们一个法子：只要人人说一句公道话，那不公道的人自然就敛迹了；人人说一句消灭坏人的话，那坏人也就无法生存了。古语云："千夫所指，不病而死。"今寿阳有十数万人民，都能对着那不正当的人说一句话，那谁还敢做坏呢？榆次小学生在街上结队游行，骂："贩金丹的可杀"，那些坏人真真面如土色。你们看这群众的意气效力有多么得大！从前，贩丹人所以敢做这坏事者，因为没人去干涉他。今同邻、同闾、同村的人，都来干涉他，还能逃得脱吗？进一步说，不但别人干涉他，我们真要教他的妻子也明白了，起来干涉他。语云："众擎易举。"今后整理村范的成功，全在你们大家努力，大家进行！

出巡寿阳县：莅商界欢迎会对商人讲话

（十一年八月）

讲旨：商人为绅士与人民中间之枢纽

余此次出来，专为着整理村范。先到平定，见他们办理得法，商学各界亦热心帮助。余心以为,后此各县,欲考察村范,不必到省城,只到平定去一回,便可得观摩之助。日来观察寿阳情形,商学各界人民,其热心毅力更高。似此情形,寿阳村范将来之结果,必较他县更为优美,堪为东路各县之模范。斯时,余心又以为,后来各县,欲考察村范,不必去平定,可来你们寿阳,略为浏览。余深信,商人为社会中坚,不自今日始。忆十年前,余留学日本时,暑假回国,与商人谈及世界大势及日本国情,说到情理处,商人均能了解,且深以余言为然。但以斯言告之当时士大夫,则反茫然莫知所言为何,或竟有掩耳而走者。余平日以为商人智慧较高,而为社会上官绅与人民之枢纽。此次出巡,益信此说为不谬。故吾晋省不办事则已;欲办事,非商人起而帮忙不为功;不欲改良政治则已,欲改良政治,非借重商界不能贯彻到底。我国旧时习惯:商人不仅不闻问国家的事,并且不敢与闻社会的事。盖一多事,则受害无穷。专制政体使然也。现在民主共和,与从前不同。商人应当为社会上尽点力,办点事,这才能尽了你们的天职。现在官厅与从前的官厅也不一般。从前的官厅,压制商人,干涉商人;现在则扶助商人,希望商人。是你们商人,又应为官厅、应为国家尽点力,办点事,才能尽你们的天职。就比如村范一事,你们寿阳县,欲办理到好处,仅官绅的力量,断乎不行,非合众人之力不为功。你们商人不起而帮助,尚有何人可以为力?深望你们商号掌柜,将从前旧习气,一笔勾销,不可存留,振起精神,帮助社会办点好事,做点公益,才算是好商人。再进一层说,我不只希望商人明白,商人尽力,并且希望商人明白之后,再转而输入人民脑海之中,使人人明白,人人尽力。吾国能达到此等地步,尚何不若人之可虑?你们要知道,众人之力十分浩大。督军禁止人民贩金丹,人民还可贩卖;县知事禁止人民贩金丹,人民也还可贩卖;惟寿阳全县人民不准寿阳人贩金丹,则其力甚大,直至无人敢贩卖。俗语云:"怕官不如怕乡党",就是这种意思。你们村、闾长回村、教职员回校后,可以开一大会议,将此种合群力的妙用与效力,详细研究明白才好。再说,我为什么要出来受这一番劳苦?你们要知道,我所抱的政治主义,全在"民治"二字上立足。"民治"就是人民自己治理自己的意思。但欲自治，非从村事上下手不行。所以要从村里的政治着手，这也是你们不可不知的。还有一层，你们不要怕讲演的事儿难，其实是很容易的。我见你们商界所散的印刷品，说的俗话，情理很真。很好！且本地人为本地人讲演，言语间毫无隔膜。以后印刷品应用通俗文字。我回去还要为你们商人多发些印刷品，供给你们看。请大家全体站起来，高唱三声："寿阳有商人，不让寿阳有金丹！"

在籍对川至中学校教职员学生讲话：一
（十一年八月）

讲旨：村情政治

我从前说过，村本政治比如戏台，整理村范，不过是戏台上的第一幕戏罢了。其以后的戏还多着哩！那么，第二幕戏呢？就是要责成村、闾、邻长，每逢过了年以后，要切实调查本邻内哪一家是走上坡？哪一家是走下坡？什么叫做走上坡的人家呢？就是每年虽赚钱三十吊，而只花二十吊，十年以后，家必小康的意思。什么叫做走下坡的人家呢？就是每年虽赚钱三百吊，而竟花三百吊以上，十年以后，家必破产的意思。所查的走下坡的人家，还要明白他为什么往下坡走。如因婚丧大故、疾病不幸、水旱天灾。这是外来的病。如因懒或奢，那是自身的病。村、闾、邻长必须要明白村里情形，负一种扶持劝导的责任。这就是"村情政治。"以我的意思，你们要提倡无论赚钱多少，总不敢花过三分之二以上。那剩下的作什么用呢？预备养老、抚幼、婚丧、事故、水旱、火灾、官词、疾病等等不测的用项。如花过三分之二以上，我常在省城说过，什么时候遇上个事故，什么时候就过不去了。那就可以叫做他为危险人家了，是要特别注意的。学生们，我告诉你们说：既是救人，是在人未投河以前救好呢？还是既投河以后救好呢？我想老农村妪，也都承认是未投河以前救好。既是爱人，就要在人未穷以前劝他。把这个办法提倡起来，以后真爱人救人的人，也有了下手处了，村闾邻长也有了用心处了。我打算使河边过旧年以后，就要调查下坡的人家，分别录出。按他走下坡的缘故，极力求个拯救他的方法。我认成这步做到，并可养成向上的风俗。哪个村子能养成向上的风俗，以后哪个村子一定可保一百年间不会衰败。我这话，早年到阳曲兰村时，曾与兰村村长说过，令他照此办理。今天，我回家来，与几位父老谈起，他们也很愿意把这办法从河边村做起。我希望你们大家帮助村中办这回事。

在籍对川至中学校教职员学生讲话：二
（十一年八月）

讲旨：家性教育

我这次回到村里，与诸父老说，我希望村里办两件事：一件就是以前所说的调查清楚村中走下坡的人家，帮助他们走上坡。一件是调查清楚村中失学儿童，劝令他们同同上学。这两件事，我以为头一件很难，第二件比较容易，不想父老们的意思，与我大相悬殊。他们说："头一件事近乎人情，你以为难的，我们倒以为易。第二件不近人情，你以为易的，我们却以为难。举两个例说：咱村有一位老汉，他的儿子在国民学校上学。今年伏天的时候，旱后落雨，农时紧急，教他儿子回来，帮助搂田，他儿子就不肯去搂。叫了几次，勉强回来，搂了一天，又去上学。结果，过时地干，致荒田苗，家中受了影响。还有一位老汉。他儿媳妇在女学校上学。今年收秋的时候，他儿媳妇不愿回家打场。她婆婆说：你挑轻头，在家与咱做饭，我们做重活，同去打场。不料叫回来，做了一天，她又去上学。这时候，在婆家方面，因为念书媳妇不利于家，是要退亲；在娘家方面，是不让女子继续念书；在女子方面，不让念书，就要寻死，闹了个天翻地覆。像这种情况，我们何敢再劝人家子女入学校呢？所以我们说，第二件不近人情，很难办到。"我听了这段话，很觉有理。我登时回答他们说："你们说的这话，都是办教育的人,不明白国家普及教育的意思所致。国家普及教育的意思,是教百姓的家庭好。农家子女受了教育,农家好。工家子女受了教育,工家好。就譬如商人卖货一般。商人所买的货,若不适合主顾的需要,销售断不会畅旺。学校教出来的人,若不适合百姓的家性教育,断不会普及。我的意思,教育农家的子女,到应该帮助他父兄搂田打场的时候,帮助他父兄搂田打场,也应该作为他一门功课;教育工家、商家的子女,到应该帮助他父兄作工打算盘的时候,帮助他父兄作工打算盘,也应该作为他一门功课。无论教育什么人家的子女,都应该有益于人家的家庭生活,得人家家庭的欢心。总期使上过学的子女,比没上过学的子女帮助家庭的力量还大,上过学的子女,比没上过学的子女,对于他父兄的好处还多。这样教育出来的人,他是个人才,尽可以升学。他不是个人才,也不怕因为念书做不行家中的活计。如此办来, 哪个父兄还不愿教子弟上学呢?"我说完这话,他们很以为然。这是我与村中父老的一段谈话。

今天你们到会的教员们,都是很有经验的。你们一定清楚:普及教育是一件布帛菽粟的事,应当合乎人之家性,按家性教育的办法办理。若好高骛远,以小学教育因学生人最高欲望之迷途,不啻拿普及教育与学生之家庭宣战。我常说:个性教育是教育人的法子,家性教育是办教育的法子。非个性教育,教不好人;亦非家性教育,招不来学生。二者相辅并行,教育斯易普及。时至今日,教育已陷入不能进行之境界。你们全体教员们,应当合起来,时常举行教育研究会,研究进行的办法,务使普及教育博得社会上一般人之欢心。这也是你们应尽的一点责任。

在小五台乐群会上之讲话
(十一年九月二日)

讲旨:希望热心爱群,主张公道

人人同晓得:一个人家的盼望,全在子弟。应当知道一个国家的盼望，全在学生。欲使国家好的人，没有不留心于现在的学生的。观察明白现在学生的进步，就可以明白二十年后国家的情形了。今天乐群会场中，有此几千活泼泼的学生，一定晓得我们二十年后，成个活泼泼的人群，真令人喜欢。今天热心协助整理村范的学生，就是将来担当国家的人才。以今日证将来，应当知道将来人群的现象，比现在应该强得多。我还有几句话，愿意趁此时机，与大家说说：人生应当是个乐的，不应当是个苦的。但是要把苦的人群生活，变成乐的人群生活，非公道无法竖立，非仁爱无法横联。人是有私欲的。私欲一发达，就要苦人，并要苦自己，非人群中有公道，没法制它。人生是有缺憾的。鳏寡孤独、疲聋残疾是不能自生活的，非人群中有仁爱，没法救他。我今天在多数可爱的学生面前，我心动了无穷的希望。希望什么呢？希望你们："热心爱群"、"主张公道"的真精神，一天高于一天。

在同乐会上之讲话

（十一年九月三日）

讲旨：一村不好，村长的过；一县不好，县长的过

昨天，我在乐群会上听见学生的化装讲演内，演到吃金丹的卖他的妻子，他女人怨恨他的村长，不能热心整理村范，以致她家败人亡，夫妻离散。我当时就平心细想，社会上有这种悲惨情形，实在是该先怨做官的不热心，你们村长副真是没有办法。但是做官的热心，你们村长副不热心，也办不好一村的事。若是做官的费上力量，你们村长副不能把一村办好，到那时候，村中的人可就真要怨恨你们村长副啦！昨天，小学生们希望先辈负责任，对满场人行三鞠躬礼；又代表一百万小学生行三鞠躬礼；又一个小学生希望前辈热心整理村范、市范，消灭人群中悲惨、万恶种种之现象，他跪到大家面前，当那时候，我心上觉着有两股气：一股冲至头上，一股穿至足心里。我心上觉冷得很。我眼里觉酸得很。我觉知盼望社会好的心，他们比我们还热哩！我愿由我起，到你们村、闾、邻长止，拿一个决心热心办事，誓要对得住这些小学生。我今天在同乐大会场上，发一个宣言："一村不好，村长的过；一县不好，县长的过。"

在小五台对商人协进会之讲话

（十一年九月四日）

讲旨：商人是社会中坚，应该负起改造社会的责任。一行清理一行，一闾清理一闾

昨天，我在同乐会上听见学生讲演，说到金丹、洋烟的毒害、先辈不负责的弊病，有苦口哀求的，有声泪俱下的，有痛不成声的。我当时看见全场官绅村、闾、邻长等，都大受了感动。我起立询问："大家感想如何？"大家都说："以后我们办事的人，必要各负办好的责任。我们并愿发个誓：'非把全省治好不休。'"齐声高呼誓语，全场肃然。今天开商人协进会，我很希望你们商界人等，扫除了旧日不管闲事的心，换一个服务社会的心。我深信商人是改革社会的中坚。商人的智慧，比人民高；商人的数目比读书人多。你们要尽力地帮助起来，不数年间，就可把坏社会变成好社会了。况且你们应该明白：社会坏了，数商人吃的亏最大。我在平定时，商人们和我说："整理村范很愿意帮助。哪一个好人家短欠商人的账呢？就随著惟有那贩卖金丹的人，忽然犯了罪，他闹一个家败人亡，我们吃亏。"我想你们一定也以为这个话对。并且我深信，你们商人一定能帮助我。我走过的县分，没有一县的商人，对整理村范不热心的。我对他们讲话，说到好人结团体，抵制坏人，好人才能安生，商人没有不点头的。我见学生们沿街大声叫喊："贩金丹的可杀！吃金丹的可怜！""谁是一街好的妨害，一街莫把他让！谁是一村好的妨害，一村莫把他让！"全村商人没有不拍手的。从今日起，你们商界人，一行清理一行，一间清理一间，整理得好好的，与全省商人做个模范。“一行内有坏人，一行莫把他让；一间内有坏人，一间莫把他让。”

在大自省堂对自新会会员讲演
（十一年九月）

讲旨：凡自新会会员，第一，应该拿定主意，誓不再吸烟丹。第二，帮助官厅，劝改吃烟丹的。第三，仇视贩卖烟丹的

我向来见吸鸦片的，大半是因病习起的。想你们也是慢慢地上了瘾，后来弄得毁家破产，卖妻卖子，真实可怜。最大的坏处，就是懒。一吃金丹，对于朋友的往来，亲戚的应酬，家里应办的事情，一点也不管。假如对子弟，自己吸丹，还能管教子弟不吸吗？再说你们也没有很大的家产。纵然有，一吃金丹还能不穷吗？太谷有个富翁，说他亲戚的家产都很不小，后来吃上金丹，闹得十分贫穷。再按现在法律说来，犯了罚金，是要使人穷得快些。我对于戒烟的人，有两个意思：第一是吃烟丹的人，没有坚定主意，因病而吃，若按法律重罚，使他更穷得快些，我心不忍。这是不按法律办的一个意思。第二是，我想，假如我的子弟有吃烟丹的，总不想教他犯罪坐监。由我心上着想，大家必定也如此。这就是不用威权，用感化的意思。你们都是过来的人。每日至少可省一毛钱，拿这一毛钱集起来，确可以换你们的衣服。现在，你们面上好看了，将来身体必要建康。不要说那于人格上有些损失，我认定吃而能改者，与原来不吃的人一样。大家认得此次官厅救你们，希望你们出来，再救大家。你们总晓得，谁吃谁倒霉。你们既然被官厅救下，也应该帮助官厅救别人。这是我的一个盼望。有人说，怕你们出来还要吃，我看不尽然。如果再吃，那就是对不起亲戚朋友，对不起父母妻子，更对不起自己的良心。我想你们是有血性的。被人从苦海中拉出来，当然不至于再投苦海。此次官厅给你们戒烟，毫不使受困苦，这纯粹是官厅的义务。以理说来，你们更应该有帮助官厅成功的义务。我还听得一句话："吸烟丹的，多是受贩卖的勾引，甚至白给人吸，专意坏人，希图卖他的烟丹。"此等人真是万恶滔天。你们要清楚：吸烟丹，一半是你自己没主意的缘故，一半是贩卖人引诱的过恶。赵旅长说："阳曲有一村七八十户，有二十余人吃金丹，实在穷得不得了。"你看金丹每年吸收穷人的多少钱？真是可怕！又有一个学生说："阳曲人不大痛恨贩卖烟丹的"。那就是没有决心的表现。如果你们真不吃，对于此等人真要恨他。因为他耗尽了你的血汗，毁了你们的家产，变卖了你的妻子，贼杀了你的生命。好些学生呐喊："贩金丹的可杀。"你们试想此种坏人，可杀不可杀？他们发了财，你们破了家，丧了命，真是你们的大仇人，真是你们的大敌家。今天大家坐在这里，比你们吃金丹的时候，岂不是天堂地狱的分别吗？从此回家，脚跟该如何地硬哩！要想从此做人，从此起家立业，才不愧官厅救你们的这一番好意。我的话，总起来有三个要点：第一，"拿定主意，誓不再吃烟丹。"第二，"帮助官厅劝改吃烟丹的。"第三，"仇视贩卖烟丹的。"这三要点，你们要牢牢地记在心上。

在大自省堂对阳曲各界联合会讲话
（十一年九月五日）

讲旨：阳曲离我最近。我盼望阳曲好的心最切。希望大家抖起精神，往振兴路子上走，给他县做个模范

这三天大会开下来，想大家很疲乏了。我趁你们团聚的好机会，将我对于阳曲的特别意思，告诉大家。山西一百零五县，我通同盼望好。但对于阳曲和那一百零四县比较起来，还有点区别。因为什么呢？因为阳曲离我近。比方一家人，有好几个子弟，谁离咱近，咱一定和谁好。这是自然的道理。这次你们大家来省,大会三天,我想,你们的心一定是焕然一新,和从前大不一样,并且,明白了我盼望阳曲好的心格外地重。大家从此以后结起团体来,极力往前去办,总有办好之一日。不过有一层,阳曲办事很有难处。按理,阳曲离官厅很近,本是近水楼台,凡事都比别的县分知道的早,就应该比别的县分办得也好,为什么反不如人家好办呢?一句话:大地方最容易养成一种疲沓的习气。阳曲以前吃的就是这个亏。以后大家务要极力改正。官厅振作官厅。人民振作人民。大家抖其精神来,向振兴路子上走。能这样办去,这就是变吃大地方亏,为沾大地方光的一个好机会。再说,阳曲地方山村很多。山村的人民和平川的人民,比较起来,相差太远。说到政治上,人民明白了,山里比平川办得好;人民不明白,山里不像平川好。阳曲县的山村,到现在还有缠足的女子。你们想想,说到剪发,人民不剪,不过精神上感点痛苦,还没有多大的关系。缠足一事,真能教孩子们过不了日子。我常说缠足的害处,不减于吗啡金丹,今日大家都已改了。倘一家不改,仍旧教孩子们缠足,一来为孩子们寻不下婆家,二来就是寻下,嫁到人家家里,妯娌姊妹们都是天足,无论办什么事情,也顶不住人家强硬,一方面被人笑话,一方面自己呕气,简直活不了。你们想想,是不是为父母的害了孩子呢?这件事情还要你们回去,好好为大家讲演明白。再一层,就像现在的这样社会,好人也要学坏。可见社会不好,就是引诱好人学坏的一个原因。我们自今日起,都要负起改造社会的责任来,不怕将来的社会不好。昨天,马笠伯当场捣毁烟具,对众改悔,大家听见一定是两种感想:一种是悲,一种是乐。悲,是悲他从前受坏社会的习染;乐,是乐他自己能改悔,并且劝别人改悔。你们想想,假定当那时候,他父亲在跟前,真是要一跳三尺高地喜欢。前天,他去见我,放声大哭。我说只要你能改,你的人格是一分也减少不了的。大家从此以后有嗜好的,自己戒退,还要劝人改悔。个人真有创造社会的力量,人人都好了,社会还能不好吗?再一层,我对你们小学生盼望得很。你们回到各人村里,真能对你们父老说:"督军盼望咱们阳曲好的心格外重。"并且说:"阳曲好了,也是阳曲人受了幸福,与别人并没关系。"如果他们不听,你们还可以说说："省城有一个人不改，小学生们就要到门口喊骂。咱村的小学生将来也要如此。你们想想，我也是个小学生，我还能和同学们来门口骂你老人家来吗？还是请你老人家早些改了才好！"我想你们说到此处，你们的父老没有不感动的。你们一方面再结上团体，游行讲演，真能如此办，阳曲县有四五千学生，再过五年，看有多大！再过十年、二十年多大！阳曲的社会还会不好吗？还有几句闲话和你们谈谈。我真是有两个心理：一个心是见不得坏人。每逢见一个坏人，或一件坏事，非常痛恨。一村把一村办坏，一区把一区办坏，我听见时，我的心真如刀割一般。第二个心是可怜坏人。世界同是一样的人，为什么一个就好，一个就不好呢？。一方面由于社会的习染，一方面也是自己没有把握。寻思起来，又似乎有点可怜，我们还能不救他吗？我今天的话，都是从心里发出来的。我这心要和你们阳曲人民共哩！盼望你们也拿出你们的心来和我共事。我们山西的事，还愁办不好吗？

对各候补人员讲话
（十一年）

讲旨：太谷八千烟民，有何方法能使六个月完全戒除？

听你们所答的问题，不算完全。我以为欲使太谷八千烟民，六个月完全戒退，须分节办理。

一、分数。昔云："治大国，若烹小鲜"。又云："治众如治寡"。这种说法，就是条析明白，分数治理的意思。太谷八千烟民，为数甚多。一县长之力，如何了得下去？就是五区区长分担，每区长所管之烟民，一千六百余人，亦如何了得下去？但按一百一十余编村而言，每村所有之烟民，约六十余人。再以一闾而言，不过数人而已。以一人而戒除数人之烟瘾，自易为力矣。六个月戒清，实非难事。故善治事者，均明乎分数治理之窍也。

二、责成。烟民之数目既已分别规定，则应将所有之烟民，专责成村长副于六个月内，将村中所有之烟民完全戒退。村长副负任劳之责，县长负任怨之责。如入会而未能戒退，即村长副不能认真办理之过，亦即知事不能善用政权之过。

三、考核及奖惩。责任既已分别清楚，则应详密考核掾属、区长及村闾、邻长中，勤劳热心者几人？懒惰废弛者几人？某烟民确已戒除，某烟民确未戒除，分别明晰，以示奖惩。再计核确未戒除者人数之多寡，以定可否设立村戒烟会。又应审核烟民复吸情形，以定戒烟会办理是否认真、入会之烟民，某可在村会戒除、某可提入区、县会戒除，均强令服曼陀罗丸。凡第一次戒除之烟民，应提高奖励。凡屡戒不悛之烟民，应将其姓名登入烟民簿，设一调戒烟民善后所，于县城或区公所所在地，按期两月调戒一次。非取有再吸时，能担任缴纳村费百元以上之妥保，不得取消名额。

本以上各种办法，只要初次调查明确，戒烟会办理认真，第一次总可收十分之七效果，下余十分之三，即勒令服曼陀罗丸。如此辗转调戒，待至六个月，太谷烟民必能完全肃清，毫无疑义也。

对实察员讲话

（十一年）

讲旨：人民加入政治难，政治放在民间易。

今日讲演之标题，系："人民加入政治难，政治放在民间易。"近日，鄙人有一个感想：施行民治主义之政治，当然是要政治与人民为一体。既要政治与人民一体，要使人民加入政治。美国林肯总统主张此说者也。此说极是。因为施行民治主义之国家，若不使人民加入，即不能成为民治。且美为民治主义之先进国，既以行之，当然是一个最适宜之轨道。我们中国要想完成此民治主义之政治，当然舍此轨道末由。不过此轨道在美国行之，亦是以渐而成的。美国之国民程度，本来甚高。如风俗之改善与教育之普及，其人民之程度，本与政治渐渐接近，故使人民加入政治并不甚难。若我国，则人民程度甚低，而政治之阶级则甚高，强为提挈，决难适合。是人民加入政治之说，虽是施行民治主义之正当轨道，我国欲行之，却极困难。所以共和皆是空谈，愈讲愈糟，愈行愈乱。始由小乱变成大乱，继且由一局部之乱，变为全部之乱，泯泯纷纷，莫可研诘，距民治主义愈去愈远，是真无可讳言者也。鄙人就此点加意研究，以为使人民加入政治之轨道，既时会之不我与，诚恐愈行愈乱，则惟有另想一法，将政治放在民间。因为人民程度不够，拉他使之向上，参与复杂诡祟、有彩色之政治台虽难，而将政治变为朴质平易，放在民间却易。不过要将政治实行放在民间，第一最要紧，须先打破政治上之假面具。所谓假面具者何在？一是非事实的，一是非为民的。此二者均属假面具，亟宜除去者也。何谓非事实？即假的是已。大家想想，现在所办之公事，恐怕十件之中，即有十件是做文章的。即以小处言，办一件公布稿，起稿之人，究竟注意在能使百姓明白，还是注意在使画稿之人看好文章。因为要讨画稿的人喜欢，于是必须做文章。作文章的公布，百姓何能明白也！以文章作公事，必非事实，而使百姓不能明白做公事人之心理，亦可证决非为民者。比方，随便找一个老百姓，叫他来做官，人家必公认他是不能做。因为官吏所为之事，老百姓他办不了。不过，再细想想，究竟老百姓所办不了的，属于哪些事？农田、水利、蚕桑、森林、纺织，此皆政治之大端，而实行之者，皆人民自为之。人民皆自为其事，亦必能自为其政也。而人民所不能为者，政治之假面具。凡政治之为民的，事实的，人民皆能为之；非为民的，非事实的，人民真无此作伪之习染能力，非有官吏之资格者不能。鄙人以为，欲行民治主义，在先进诸国是拉人上台，在我国当去政治作伪，果能反朴归真，一反手之劳，而民治即可实现矣。此鄙人所述：人民加入政治难，政治放在民间易之大意也。

或有人说：如此办法，岂非退化？华美丽锐，是进化之表象。若如上所云，则是使人群趋于椎鲁粗率，岂非使群众日趋于退化耶？不过，鄙人以为，假面具之进化，反不如不进化。即使是真的，已经共和之国家政治，若与人民相离太远，危险孰甚。且将政治放在民间，非退化也，去假面具也。现今所谓之进化，假进化也。愈进愈穷。就以此为言，为官吏者，要先将架子放下。不仅己身架子须放下，家中之人均须放下。必须先将自己放在民间，始能说将政治放在民间也。

附解答村政问题

1.贩卖烟丹类

问："对于贩卖烟丹的，似非用严密的调查及搜查法，不易寒其胆，缓和办法，有无可虑？"

答："此次就是认从前的法子，太不严密。从前明知某人贩卖烟丹，无证据不敢去抓。此次凡有嫌疑的人，不要证据，都可教训他，都可管束他，还要教他讨保。此其一。从前费上许多力量，止能查出少数人。此次拿上与人为善的调查法，只要民心一动起来，一朝便可完全查出。此其二。从前对于贩卖烟丹的人，并不能每人派上三个警察，时常看他。此次，令他自找三个保人监视他，比警察还严密。此其三。"

问："从前搜拿烟丹的力量，实际上赖有赏金。此次办法，独不虑理论上是严密，实际上是废弛乎？"

答："从前搜拿烟丹，全靠巡警、区警。他们能热心搜拿的原力有两种：一种是官长督促力量，一种是赏金鼓励的力量。此次办法，于少数警察之外，添了多数的人民。此实际上不至废弛者一。人民抓获，亦有赏金。《保卫团施行细则》内，规定明白，鼓励少数警察的办法，变为鼓励多数人民的办法。此实际上不至废弛者二。况且拿获烟丹人犯，罚交村费，不特鼓励一人，并且鼓励全村。此不至废弛者三。以上三端，已足以证明实际较前严密，绝不至于废弛。但此犹小焉者也。尚有精湛二义，述之如下：第一，从前罚款交到官署，人民心里上认官吏禁烟丹的心轻，罚钱的心重，精神上反认禁烟为万恶。此次罚款归村，扫除人心上许多禁烟的障碍，添了人心上许多禁烟的兴趣。第二，人皆有我见，无不愿本村好者。此次办法，用金钱鼓励村民外，更有一鼓励村民向上心的效果。用村民向上心的力量，当然比用拿金钱、用警察的力量大得多。据以上来看，岂止理论上的严密，实际上比从前严密很多。"

问："一村好的妨害，一村惹不起他。一县好的妨害，一县惹不起他。贩卖烟丹的人，大势力的很多，全靠村里，如何了得下去？"

答："此次的办法，是与好人一个自新的路子，是与能自新的人一个自新的路子。反过来说，就是被坏社会、坏政治习染的人，应当由我们政治上、社会上费力地把他救出来，不应该先拿上法律问他罪。若是真正的坏人，妨害一村的，应当由县知事办他。妨害一县的，应当由省长办他。一村人真正要以为把他除了合乎公道，知事就可以依法把他除去。"

问："贩卖烟丹的行踪诡秘，调查较难，靠着村中，安得无遗？"

答："贩卖烟丹的不容易调查。诚然。但于不易调查之中，犹觉得区易于县，村易于区。舍从村中设法外，岂不更难？"

问："隐匿或已取保复犯贩卖烟丹的，村中查出来，可以村中罚办。非村中查出者，或村中查出而办不了的，应如何办？"

答："应先研究此次的办法下去以后，县里究竟还有抓之必要否？谁家贩卖烟丹，邻里无不知者。可见村人监察，总比区县严密。与其使警察抓，莫若腾出精神来，鼓励地使人民抓。人民起来做，不异于变少数的警察为数十百万警察，还愁抓不住？还愁办不了吗？至于非村中抓住的与村中抓住办不了的，应随时应变地办去。应该交村办的，就交村办；村办不了的，区、县办。譬如结伙贩卖、开枪拒捕等情，知事极宜注意。并且作知事的，还要注意保护村长勿使受害，稍一不慎，于村制上就发生许多障碍。怎么样就能保护他不受害呢？非帮助他使他办事勿过火不可。并且要知道，能帮助村长不犯法，就是提携村本政治的好知事、好区长；能知道村长的人格与村长的动作，不对处替他修正，就是能帮助村长不犯法的好知事、好区长。"

问："过路之卖贩烟丹者，查获后应如何办？"

答："过路贩卖烟丹者，无关乎本地人心，依法办理，轻重按事酌定。"

问："贩卖烟丹者，复犯时，原保人应负如何责任？"

答："如果原保人不受处分，即等于无保。如处分过当，致无人敢作保，亦为此事阻碍。遇此情节时，应斟酌村中习惯处理之。（如罚神前跪、敬纸，或献牲等等）"

屯留县王知事提议：防范客籍佣工人贩卖烟丹案。

"此等客民，可按村民一例办理。"

问："某甲贩卖烟丹，经村长查报后，烟贩亦自认不讳，但烟丹并未全数交出，宜用何法使之全数交出？"

答："勒令交出，否则严行搜查。"

问："贩卖烟丹人甲某，具结讨保后，利心萌动，暗托乙某，代为贩运，突经败露，其保人应否负责？"

答："应负责。"

问："村内如有巨绅及土棍贩卖或吸食烟丹，自己绝不承认，村长副、闾、邻长，既不敢报告，亦不敢干涉，当如何办理？"

答："知事办之，或由委员通知区长，为之作主办之。"

问："对于贩卖烟丹人，已具保结，表面上似不贩卖，其实，乃出资委托他人贩卖，此种人究该如何办理？"

答："抓获处罚，并应罚其委托者。"

问："贩卖烟丹的取保后，仍有贩卖情形。如有负责任之村、闾长，固不难察觉。惟遇村、闾长不负责任时，则官厅应用何法，方能查出？"

答："鼓励村、闾长负责，否则另选之。一个人不打算好，一个人好不了；一村人不打算好，一村好不了。但是，人没有不愿意好的。即使有不愿意好的，亦没有不怕不让他坏的。"

问："设有大宗贩卖烟丹，家藏甚多，当此整理之际，彼心切实了解，并不犯法，即将所有烟丹完全提出，请求村长酌量出价，是否村长应当给价？"

答:“当然不给价,并应将所提出之烟丹,立时当众焚毁。”

问:“明知不日将死之病人,如吸食烟丹,将其子弟与其运来之烟丹抓获时,是否可以照常例处断?”

答:“如不惩治,恐借端效尤。如依法惩治,又恐于人情有碍。总之,事情不是死的,是活的。遇有此等事情,须准情度理处之,尤以不背村中大家的公论为要。”

问:“烟民抗不服戒烟丸及妇女暗买烟丹等事,应如何办理?”

答:“劝令服之不听,强制服之亦可。对于妇女贩卖烟丹,应责成其夫使之速改。如仍不悛,应多方婉劝。除再无办法外,不可轻易搜查。此处须用心力,不可图省事。”

问:“贩卖金丹者,如系村中最有势力之人,不具结,不觅保,宜用何法处之?”

答:“办法很多。由村、闾、邻长监视,至仿照山阴县陈知事办法,将本人带押衙门,令其至亲作保。中间法子,亦不止十百。应按照其人之身份、村中之人心而施之。”

问:“贩烟丹人,施其诡计,将烟丹放置他处,或在野外买卖,劝捕皆无善法,将如何使其不贩?”

答:“我认为,劝、捕之间,层次甚多(如婉劝、善劝、苦劝、热心劝、与众人劝、时常劝、利害劝、持法劝之类)。即捕,亦有许多层次(如村捕、区捕、县捕、平和捕、威力捕之类)。我认劝、捕皆有善法。但无爱人诚恳的心,或劝或捕,都是无效。”

问:“未编入户口册中之坏人,如系贩卖烟丹,村人不敢保,即村、闾、邻长亦不保,应当如何处置?”

答:“应由知事吩咐村、闾、邻长监视他,或命区长约束他,或带至县衙门,用种种方法警劝他、恐吓他、惩办他,均须按情办之。”

问:“贩运鸦片,大抵多不由关渡入境,巡兵难以稽查。对于此等贩客,有何善法,方能不使漏网?”

答:“专靠巡兵稽查,是不行的。须提起人民痛恶鸦片的心,一层可以减少贩卖的人,一层可以提起人民全力抵御贩烟丹的人。所谓:千人所指,无病而死。人怕舆论比怕法律的心重得多。只要你能用心力提醒人民好善的精神,便有办法。我常说:贩烟丹的人,能哄了官吏,哄不了人民;能哄了关卡,哄不了乡村。所以我改这法子,期其严密。从前是一分的严密,现在是十分的严密;从前,抓获者百分之一二;现在办法,做到三年,真能使贩运者,无以自容于乡党。”

问:“贩卖烟丹与吸食烟丹之人,交出之烟丹,应如何处理?”

答:“即可当众焚毁,不可转手,免生流弊。如有抓获赌具,亦当照此办理。”

问:“整理村范未着手之先,警察查获贩卖烟丹者,公认贩卖不讳,能否照整理村范以后之贩卖嫌疑人取保释放?”

答:“应看村中人心如何,由知事酌量办理。如于整理村范无妨碍,办罪可也,释放亦可也,不必明文规定,须临时决之。”

问:“吸食烟丹者,经三次以上之入会戒除而仍继续吸食,与贩卖烟丹者,经三次以上之具结而仍贩卖者,当用何法以处治之?”

答:“吸食烟丹者,即犯三次,亦可酌量情形。三次、五次、六次入会戒除,亦无不可。至贩卖烟丹者,一次亦不可令其白过去,抓住就要罚办,不过分别个村罚、县罚而已。”

问:“县中巨绅大族及省垣政界各要人之家族亲友人等,如有作奸犯科,贩卖烟丹或吸食烟丹、教唆诉讼等情,屡戒不悛,知事、区长束手无策,委员当持何种态度,始称得体?”

答:“此等事项,宜由县知事设法办理。如知事亦无法可治,可令知事报告省长。至诉讼事件,委员当然不管。”

问:“烟土之来源塞清,扫除烟土始易于成功。山西环境,皆系产出大宗烟土之地。边县努力扫除一分,内地即可省力十分。对于此项,似应先责令边县勤密整理。”

答:“应先清内地,后即边境。烟丹价高,反成悬赏人民冒贩卖之险,以致有意外之变。”

问："设有贩卖嫌疑人，村长必令出结，该嫌疑犯亦情愿出结，并令取具三家以上保结。该嫌疑人不惟无三家以上保结，且连一家也没有，如此样嫌疑人应如何办理？"

答："分别轻重，交村监视，或带县暂押。照山阴知事办法，令其至亲保之。无人保他，便是成功了。因为人群中不容此等坏人。"

问："对于调查贩卖烟丹者，如只问村长副、闾、邻长等，不免有所遗漏，可否强令吸食烟丹者确实报告？"

答："强令报告，结果是个胡报。"

问："村中不敢办之大贩烟者，置后处理，恐不免阻碍烟禁，而招其他贩者之怨。不如是，又将如何？"

答："应先应后，须按情形办理，均无甚难。村长不能，区长办。区长不能，县长办。"

和顺陈知事提议：地邻直隶，直民贩丹者，常有夜间入境，天明出境者，应如何查禁案？

"应鼓舞各村人民，热心搜捕。凡外来之贩卖，必内有线索，并令注意村内线索。如拿获，重赏之。知事须费全副力量注意及之，此外再无善法。"

黎城余知事提议：请咨河南督军，严禁制造金丹案。

"准咨河南督军，严禁金丹。"

汾西张知事提议：已判刑期之贩卖犯，禀请捐资修城，奉批驳。此次注重改悔，可否再为提讯？果其誓不再犯，具结取保，准其捐交公款局，作工厂资本及开办费，免其执行。

"如真改悔，放之可也。万不可因捐款之故，而故意释放。"

石楼钱知事提议：贩土人犯分三种：贩土者，多邻县商人。送土者，多陕省奸民。引路者，多本地穷民。此等穷民，以帮助犯科罪，似不无可悯。若予摘释，覆判必遭驳诘。拟请，嗣后将引路穷民提出，归行政处分。

"立法本系禁人为非之义。为烟贩引路，为贩卖之大帮助。若不以帮助犯科罪，是纵人为非也，岂可哉？"

辽县阎知事提议：直、豫垦种山地人民，其亲友来往无常，吸售金丹嫌疑，在所难免。取保，则无人敢负责；依法惩治，则家属流为饿殍，可否驱逐回籍，不准再来？

"此事难办，全凭知事用心力作耳。我这六七天内，和大家说的话，就是官与法的力量小，心与众的力量大。应提倡人民之向上心，造成好善的空气，此等情事，自不致发生矣。古人云："蓬生麻中，不扶自直"，即此义也。余尝谓：行政上有两股力量：用官与法的力等于百斤，心与众的力等于千斤。我们此次办法，就是于用官与法的力量而外，又添用心与众的力量，岂不是更大吗？明乎此理，则谓之得政窍；如不明乎此理，正所谓未得其千，而又失其百也。希大家留意及之，万不可轻易驱逐。因驱逐之法，仍走了做官省力的路子。治标于一时则可也，治本则不行。且驱逐回去，又来怎么样办？仍然于事无济。"

五寨王知事提议：甲县人贩卖烟丹及聚赌经过乙县，或在甲乙两县村外互赌，乙县人民追捕，可否追入甲县境内缉捕。若捕获，是否归甲县村长办理？抑归乙县村长办理？

"一，可以追入他县境内缉捕。二，何村人捕获，归何村办理。"

洪洞杨知事提议：查获贩卖烟丹人，已由公社处罚。设事后有人报告该公社徇情轻纵，经县查实，可否提案另办？抑用维持公社办法？再，村中查出赌窃斗殴、贩卖烟丹各种坏人，赃证确凿，由村办理后，有无报县备查之必要？

"前一层应由县知事斟酌当时情形，果徇情轻纵，而村中不平者，必系有一二有力者把持所致，为提案合乎人心，则提案可也。至后一层，如村中报案，则收之。若知事一一责其必报，村中恐太困难。"

陵川刘知事提议：该县与豫境毗连，如运货物客商及脚夫，多偷带金丹，经过关卡，收税人等察见，又不免有私自贿放情弊，应用何法救弊？

"此事救济不易。如有私放者，撤销其收税权，查出者奖励之。将来由厘税处定一专章。"

2.吸食烟丹类

问:“已经犯案，未经判决在押之吸烟丹犯及在逃复获之吸烟丹犯，均应如何办法？”

答:“如系普通烟贩,令其戒除后开释可也。如有特别情节,开释后人心不服者,应依法办之。”

问:“已判决之烟丹犯,因罚金未交折易监禁者,应如何办法?”

答:“确能改悔戒除者,令其讨保释放,并令其介绍吸贩烟民。”

岚县丁知事提议:拟令烟民在一定期限内,自行戒除,村人实行监视,不取戒烟会形式案。

“据稽,该县烟民,多系吞服烟泡,且能鏖瘾至十日、半月之久。此语殊为奇特。如能十日、半月不吃,则必非烟瘾可知。真正烟民则必不能鏖瘾,应分别办理。不可以少数特别情形,遂置戒烟会于不办也。”

沁县温知事提议:戏班吸烟,可否令领药自行戒除案。

“可令其领药自行戒除。惟戏班到何村,须责令何村负稽查之责。但令人民全禁,则戏班自禁足矣。”

问:“设有某村烟民殴打闾长,赌徒辱骂村长,经村、闾长报告后,区长仅罚金数元了结,似不足以平村、闾长之气,有何办法,方为适当之解决?”

答:“此种问题应从两方面解决:一面对村、闾长说,须用温慰语言,消其不平之气。一面对烟民及赌徒说,我本要严惩你,你的村、闾长还替你讲情,使彼等感激村、闾长,自不至存怨恨之心,而两方均得其平。”

问:“县戒烟会用款,若知事过苛刻,不但烟民不便,而管理员因尽义务,亦觉难堪。若县款不足,有何方法补助?”

答:“应由知事设法筹款。打算办事的知事,必不至如此苛刻。”

问:“戒烟会管理员选择甚难。若公正绅士,非因事推诿,即热心不足,若用他村之人,事实又难办到。以后,对此等情事,有何办法?”

答:“应由本村选举公正热心人充当之。总之,事是人办成的。人是遍地皆有。官长求则得之,舍则失之。”

问："如遇乞丐有吸食烟丹者，应如何办理？"

答："应由村中管饭，令其入会戒除。"

问："村中最有势力之坏人，确系吸食烟丹，但不愿入会戒除，有何办法？"

答："如能劝令戒除，劝之可也，否则暂可置之不理，先办别人。办别人以后，再以最恳切的话劝他必听。何也？因为所劝非空劝，后遂有国法在也，知事之权力在也。谁敢不听？若真不听，归知事办理了。"

问："自首之吸烟丹嫌疑人，应如何鼓励，以树风声？"

答："用口头鼓励、传播鼓励。"

问："村戒烟会管理员最难得人，应如何奖励，使负责任？"

答："选举正人是第一层重要的。俟村戒烟会办理完竣，再将管理员提高奖励之。"

问："戒退后再吸食者及初染烟癖者，谁负报告之责？"

答："村、闾、邻长负责。查出后，令其入会退瘾。如违抗不退，亦可送区，或送县惩治。"

问："服曼陀罗戒烟丸，谣言最多，到处为难。应施如何方法，使烟民乐于服用？"

答："应设法举例解释之。"

问："设有烟民家无余粮，独有六七十岁之老母，如伊到戒烟会戒烟，老母便受饥寒，应如何办理？"

答："此种语言，纯系托词，应当不承认。即以一年中算，退烟丹比吸烟丹省钱得多咧。只有吸不起，焉有退不起呢？"

问："掾属、绅士等三五成群，时在某绅家，吸烟聚赌。知事瞻徇情面，置之不理，应用何法解决？"

答："遇有此等知事，委员即可回来，不必同他共事，白费你们的辛苦。"

问："入会烟民发生疾病，可否延医诊治？"

答："可以诊治，用感情对待他。这就是使他不再吸的一个力量。"

问："烟民较多之村，对于戒烟会经费，实系无力负担者，应如何办理？"

答："我想，村戒烟会决不要许多钱。如确系无力负担，亦可由县款补助。但须限制滥费，力求撙节。因一切政治皆由滥用经费坏之耳。"

问："不顾廉耻之妇女吸食烟丹，既不服家人劝导，又不服村社约束，是否可以依法惩办？"

答："可以依法惩办。但当事者须把心操到，善为处理，万不可因依法惩办坏人，把大家报告路子堵塞了。"

问："如其人虽系吸食烟丹，但具有特别之智能（如医生、产婆之类），是否可以准其会外戒除？"

答："应斟酌办理。如果村中以为会外戒除对，即可令其会外戒除。"

问："如村长明于事理，热心职务，而身染嗜好时，应如何办理？"

答："令其戒除，以为人民倡。"

问："对于良家妇女吸食烟丹，素无败露者，村、闾、邻长因保全其人之名誉，不忍报告，除感化外，还有何种良法？"

答："应由村、闾、邻长责成其夫，或其父母默默劝导，使其戒除。"

问："金丹盛行之县，村长副、闾、邻长半多吸烟，尽数改选，事属难行，强迫戒除，尤为不易。知事、区长无法办理。若以'有何办法质之委员？'当以何语答对？"

答："此等人都得令他们戒除。若村长副、闾、邻长还不能戒退，是知事无能。"

问："有一种烟癖者，每经调查时，可七八日不吸；不调查时，则又事吸食。此种烟民，当以何法使之永久不吸食？"

答："此等人宜使反复戒除，务使其戒除净尽而后已。"

问："既入戒烟会的烟民，从他身上或饮食内检出烟丹，不办则图幸免，率相效尤，会归无效；办，则当如之何？"

答："此项问题，应在未入会前解决。能使吸食者良心觉悟，乐于戒除，自无此问题。此余所以屡言心攻也、推情也、用众也、不可轻用强迫也、唤醒其家族也、鼓励村中舆论也，意即在此。若无此工夫，强制入会，检出烟丹以后，只好将夹带扣下，再令戒除。”

问：“女烟民恒多称有数月胎儿，不肯服曼陀罗戒烟丸，欲用和平戒烟丸。可否令老年妇，探其腹部，以验真伪？”

答：“不必探验。既称有胎儿，可认为真确，领服和平丸。俟至月足后，如尚未断净，再令服曼陀罗丸。”

问：“村、闾长若有吸食烟丹，或其他各项嫌疑，伊不能先改，而使人民先改，人民必不服从，当何以处理？”

答：“当然使村、闾长先改。其身不正，虽令不从。”

问：“缙绅吸食烟丹者后戒，人民不服，先戒，恐碍面子，将如之何？”

答：“先戒才有面子，为何说先戒恐碍面子？”

问：“如何使人民乐入戒烟会戒除？”

答：“欲使人民乐于入戒烟会，第一，管理戒烟会的人，要有热心，待烟民要情理，并且要事先教大家通清楚了：为什么这回放下法律，要用情理？本省长对于自己的子弟吸烟丹，愿意与他退瘾，不忍心先问他的罪。这就是这一回放下法律，用人情的根子。”

问：“如何使入会人民全行戒除？”

答：“欲使入会人民全行戒除，不在乎严密的管理，在乎恳切的劝导。使入会的烟民明白了：以后不退了，终久是不行的；使烟民的家族明白了：这一回就是成全你们人家的好机会。”

问：“如何使人民戒后不再吸？”

答：“欲使人民戒后不再吸，用本人的向上心监督本人，是第一个好法子。用家庭中大家过日子的心监督他，是第二个法子。利用全村团体上要好的心监督他，是第三个法子。利用全村人怕他再吸起来，村中再花钱的心监督他，干涉他，是第四个法子。利用村长副、闾、邻长的责任心干涉他，是第五个法子。利用再吸起来怕知事把他放在烟民工厂、烟民农园里边作工，是第六个法子。第一个法子的效力最大。第六个法子的效力最小。”

石楼县钱知事拟请：区戒烟会，由知事、掾属、区长担任讲演。村戒烟会，由村长副、教员、绅士担任讲演。每日到会一点钟，戒烟人民庶不至再犯三犯。

"能如此办到甚好，但须知事费十分心。掾属、区、村长等始肯亦费十分心。此非语言所能收效。"

朔县张知事提议：烟民工厂及莠民习艺所，可否采用请负业以补救之？缘瘠苦县分，筹款维艰。采用请负业办法，将烟民、游民之屡犯者由县二番察其犯情，规定作工之日期，包办他人之水渠，或煤窑，或农园，所得工资，除由公家按其地方生活程度给足衣食外，余留工资，均俟工作期满，一并交付其家属，以为该烟民、莠民日后谋生之资本。如此，则该烟民等有勤劳之习惯，又有工资之积蓄，必不至为生计所迫，再蹈法网。若初作工时，恐其逃逸，不妨责令讨保。

"此议甚对，可照办。如果办有成效，并可通知各县。"

朔县张知事提议：区自治戒烟会内，可否附设调验室？调验退而复吸之烟民，由戒烟局经费项下，酌拨补助费。

"可设调验室。须用心监查，勿图省事。万不可因少数人复吸，而全数调验，致惹民怨也。"

猗氏朱知事提议：拟从历年公款结余项下，拨支洋一千元，作为开办费。暂行设立工厂数处，以为收束烟民之最后办法。

"非办不可，亦非得人不可。因此非做到烟民工作所得，足供烟民之所食，不能长久。切望于选用管理员时注意，尤须从乡党中求其短衣者。此等事，用人当脱去学问万能的旧习，要信任心灵万能的道理。"

3.失学儿童类

沁县温知事提议：失学男童请设冬春学校及游行教员，并于村校附设女班案。

"设冬春学校，并附设女班，均可。惟游行教员办法，难得其人，非得勤劳教员不可，否则恐蹈模范示教之结果。"

问："设有家境殷富之子弟不入学校，纵入校，或作或辍，应如何办理？”

答："能上学的人家不上学，前已定下罚钱的办法。但从前罚钱是归衙门，此次罚款是用补助贫儿课本。部章是三元罚金。咱此次拟定一元罚金。现正令教育厅核议。”

问："对于调查失学儿童，可否将女子一并调查，列入表内？”

答："可将女子一并调查，列入表内。不过，勉之入学，当从宽处理。”

问："调查之下，如某村女子失学者最为多数，但该村风气闭塞，人性梗顽，佥谓女子不出闺门，严守积习，虽经劝诫，仍抗不上学时，应如何处理？”

答："非地开了，不能下种；非人心开了，不能普及教育。只可多劝，千万不要轻罚。如罚后能上学者，可罚；如罚后仍不上学，反不如劝之为妙。”

平鲁敖知事提议：失学儿童，一因县款不足，不能补助课本。二因师资缺乏。试办循环教授，均感不便。现已改作两校。嗣后，如何普及？请核示案。

"省署现无款补助。可就县中节省其他经费，补助学款。冬春两校可照办。”

文水杨知事提议：山村推行义务教育案。

"可照办。惟招生传习师范，每村保送学生一名。若一村确无识字人时，即保外村人亦可，不必拘定本村人。”

离石贾知事提议：采取循行教授法案。

"循行教授，以得人为主，该县于各区，各先设一处试办亦可。”

屯留王知事提议：筹划教员不易得人案。

"应仿照榆次用高小毕业生、岢岚用高小未毕业生、汾阳用商人传习以补助之。总之，教员得人，非求之于知事心血上不可，不能止从规则上解决也。”

繁峙熊知事提议：请行回环教授，师资缺乏，应由何法救济案？

"回还教授，重在得人。师资缺乏，可饬高小毕业者，学习简易师范。

其他人员，但有能充教习者，即可传习师范。”

问：“各村若办简易学校，则不应再与主村学校摊款。然该校旧有之仪器什物等件，将如何处置，方得其平？”

答：“如从前学校设于主村，联村不得将仪器什物等分去。为维持学校原状也，但仍须准属村学童入学。”

第六章

村 民 会 议

第一节 令 文

行知和顺县村民会议之精神要在所议事项能逐条实行文

（十六年一月六日）

据报，该县各村对于村民会议，仅有形式，毫无精神；关于各项预算，既无标准，又不实行；甚至预算之后，将预算数目遗失者，比比皆是。又，第二区王汴村村长张元，秉性迟钝，放弃职责，自本年正月任事迄今，时将一年，尚不知村中有嫌疑人若干、均属何人，皆未登入簿册。经委询问之下，始慢慢想算。时而询问村警，时而询问教员。临时之形态如此，其平日办事敷衍可知。等情。查，村民会议之精神，贵在所议事项，能逐条实行。若徒具形式，于事何益？至于村长乃一村之重心。重心既失，村政焉能进行？合行该县，仰即饬属，对于各村村民会议所议事项，认真督促，使之实行，务求有益于村民，并将村长张元撤换。责成该管区长，对于新选村长，负责督查指导，勿任复蹈前辙，致误村政，并将办理情形具复。特此行知。

指令河津县村民会议原为发展民权训练民众自治能力之基础文

（十六年八月五日）

呈悉。据查，该县官厅对于村民会议，仅有口头勖勉，并不注重实际。

不举行者，不加督促；行之不当者，亦不设法指导；致各村村民会议，每年开会一次。敷衍了事者有之，竟不举行者有之。查，办理村民会议，原为发展民权，训练民众自治能力之基础。亟应切实倡办，以求实益。合行该县，仰即饬属于村民会议，在事实方面，认真督促指导，勿稍漠视。

此令。

第二节 办 法

长治县村民会议办法
（十一年十二月）

一、各村村民会议，于冬春二季，开大会二次。日期由村中酌定，呈明县署。届时各段主任前往莅会，先用剀切之言词，说明村人自动办事之好处，与村、闾、邻长之职责，及村禁约之效力。然后，由村长、主席议定以下二事：

甲 公议禁约。先由主任说明：村中有坏人，则好人不能安生，且好人家子弟亦不免要学坏。但是要教坏人不做坏事，仅凭官厅禁止，实在不如好人结合团体抵制，较为严密公道。抵制之法，全恃禁约。村中既有禁约，共同遵守，则坏人不敢作坏，好人自可安生矣。然后由村人将应禁之事，一一提出，村长、主席对众表决。如已议定禁约，（如开第二次）由村长将原有禁约，逐条宣读，令村人将应增应删之事提出，公同表决。

乙 兴利。主任先择村中最易办到之兴利事项（如掘井、开渠、植树、兴学之类），为之说明利益，并应自动举办，不可全靠官厅，然后村长、主席、村人提出研究。如不能解决时，主任代为说出办法，村人公决。

二、由主任询问村中最难办理之事，并公署规定通办事项，有无不合该村村情之事实。

三、村中应备一记录簿，将年中兴革之事、何得、何失及处罚要案，全行登入，以备下次开会继续研究。

四、此记录簿为主任照抄一份，由县署汇集，俟开行政会议时，以定应兴、应革、应注意之标准。

和顺县指导开村民会议办法节略

（十二年七月）

和顺村民会议之长处：第一，在有精神。第二，在有秩序。所以然者，因官厅提倡鼓舞得法之故。开会之前一日，由县派掾属招集该村村、闾、邻长，先为之说明村民会议之关系，并为之指导次日开会之程序。届时，知事临场，按村情演说一段，退入参观席。斯时，村人俱坐场中，学生、保卫团坐两旁，邻村村人之参观者入参观席，然后由村长、主席，先议村禁约，后议村中应兴诸事。发言者起立，意见不同者，几经辩论，仍不能解决，则请县长为之解决。会议中却现一种活泼而有秩序之气象。如有一二桀骜不驯者，知事与掾属、区长帮同众人压制之。会后，由知事将参观者招齐，问对于此村会议有何批评？与其本村比较如何？如其本村未开会，则问将来开会，能否如此村之有精神？且该县定例，凡村人程度不能够到开会者，不准开会。故该县人以开村民会议为荣，莫不兴气勃勃，争先恐后。似此情形，如果长久不懈，该县村政定能日起有功也。

第三节　告　谕

告谕各县街村长副闾邻长及人民举办村民会议文

（十一年）

有人说："民治主义不能实行，是人民程度不够的缘故。"我问他："什么叫做程度？"他答："有真智识是程度。"我又问："明白是非曲直是真知识，抑是知道条文法理是真知识？"其人不答。余遂为之解释曰："现在，是非曲直，人民反知之真。若条文法理合乎人心上之是非曲直，人民一见即了解。若欲强以条文法理，变化人心上之是非曲直，此等条文法理，人民固不易明白，且恐愈明白，程度反愈低了。试看今日之堂前，其是非曲直，反不若民间之真，即是人心上之是非曲直，为条文法理上之是非曲直所遮蔽。程度愈高，距人情愈远者何贵乎？"其人曰："然则，可使中国现在之人民加入政治乎？"余曰："不能也。"彼又曰："不能，则民治将何以实现？"应之曰："应将政治放在民间。"使人民加入政治，是教人民以条文法理之假智识也，甚难。政治放在民间，是使政治合乎人心之真智识也，甚易。不能即时实现，非智识不够，是习惯不够也。然则，欲使人民从事于民治之练习，当如何？实行民治主义之村本政治而已。村无活体之组织，民即无施治之实际。村禁约，村宪法也。村公所，村行政也。息讼会，村司法也。保卫团，村武力也。此活体之组织也。试行此种种者，即民治之练习也。但此尚是少数人。如欲使村中全民练习，非实行村民会议不可。至于村民会议当如何理解？应先由各村自行规定试办。或一家出一人，或按成年男子,全数到会。何项事件,必须村民会议通过才行;何项事件,可由村长副、闾、邻长议定就算以及会议时如何取决,均听各村先自定办法。遇有争执,区长或知事为之解决,必须公平,勿让势力占胜,勿让主村占胜。非公平的办法,不能常久。你们先照此办。以后各县各村有了顶好法子,陆续令知,以资改良。

第四节　表　式

县村民会议查报表

知事　　年　月　日

委员　　年　月　日

村名	开会次数	到场人数有应到者十分之几	所办何事已否实行	有无把持压制情事	实察情形
总评					

表解:

(一)本表,每年年终查明,将一至五栏,由县于次年一月内填齐,俟委员到县,交由委员依据考查。

(二)应到会人数,以该县向例为准,(如每户一人),或在村成年男丁均得与会等是。

（三）“实察情形”栏内，应将抽查后与县填异同之点叙明。

（四）该县官厅人员对于村民会议用何法倡导指正，由委员于“总评”栏内说明。

第七章

村禁约

第一节　法　规

村禁约·叙

村禁约的意思，简单说，就是把村里所有的坏人坏事，由全村人民定了一个办法，违那一项者罚什么，违这一项者，罚什么，一条一条地写出来。违者都得受罚。你们看，照这样办去，谁还敢做坏事呢？村中既然没人敢做坏事，那岂不就成了一个很安生、很发旺的村子吗？你们的财产也不怕人霸占了。你们的儿女也不怕坏事习染了。你们看，村禁约办好的时候，何等的安生？何等的快乐？这就是本总司令教各村办理村禁约的意思。

还有一个意思，大家要认清楚：村禁约是全村人共同议定的，全村人应该遵守。就是，村禁约是全村人的禁约，并不是村、闾长个人的村禁约。不要因为村、闾长不热心、不尽力，你们就不管他了，那么，就是自误了。

村禁约之规定及执行简章

（十四年六月八日公布）

第一条　村禁约由村民会议议定，按照第四条之规定委托执行。

第二条　村禁约之范围如下：

（一）妨害公众安宁者。

(二)妨害公众秩序者。

(三)妨害公共事务者。

(四)妨害他人财产及身体者。

(五)妨害一村风俗者。

(六)妨害公共交通者。

(七)妨害公共卫生者。

前项范围,须由官厅人员逐一解释明白,使村民会议按村情将应禁之事,一一提出,共同表决。如上年议定禁约,下年会议认定应增应删之事,亦得提出公决。

第三条 违反禁约议处之种类。

(一)交纳村费十五元以下,一角以上。

(二)习惯上之处罚。如就公庙罚跪及跪香。凡沿用习惯,足资儆戒,不涉凌虐行为者,不妨酌用。但从前纠首社首,相沿之吊打恶习,绝对严禁。

(三)训诫。

第四条 调有讳犯禁约,每村有闾长七人以上者,须由村闾长合议处理。其愿加入邻长者更好。闾长不足七人者,必须加入邻长,共同商酌。如村中向有习惯办法,合乎村民公意者,得仍旧施行。违犯禁约之人,于村、闾、邻长有牵涉应回避者,必须回避。

第五条 凡情节重大,非禁约所能禁止者,送请官厅重惩。若依禁约处办有不服者,即报区送县核办。

第六条 本简章自本年十月一日实行。[1]

①按:《山西村政汇编》927页又记为:"本简章自本年七月一日实行。"

村禁约登记簿式

月　日	违禁人姓名	违犯何事	如何处办	几人议处	备　考

填簿例言：

（一）第三格："违犯何事"，如贩烟、吸烟、赌博及盗窃等类。

（二）第四格："如何处办"，如罚村费若干，或罚作工等类。村费内如有提赏，应将受赏人姓名及赏金数目记入。

（三）第六格，如遇特别情形，或县区人员有所纠正时，应简明记入。

第二节　令　文

行知三道尹、各县知事对卢实察员报告须细阅深思文（附原报告函）

（十一年二月七日）

阅卢实察员关于整理村范之陈述，读至"官厅条教，颁发到村，即村长副亦视为具文；张贴通衢，缙绅且怠于卒读，何论一般村民"等句。本省长不禁汗流。

即于是，深悟我辈从前终日汗劳，直可谓“白费力”三字。其所以致此者，由于吾辈心思，距民间之痛痒太远之过。此后，务须降心于民间以施政。至其所陈由村公议禁条，经一番集议，必增一层了解，此乃至情实理，应即照办。限至五月三十一日以前，将全县村庄办理完全，并随时将议定村庄名称报告本署，以便考查。至各村公议情形，不必叙入，以省繁牍。所陈意见望细阅。

特此行知。

附实察员卢宗孚原函

敬肃者：

查，整理村范，原为精神上之自治。虽举办伊始，督促扶助，不能不有藉于官厅，要必人民自动，方能日起有功。欲期人民自动，务使明了规则所列各项，并有具体规条可遵，始克交互警劝，相戒而不敢犯。调查乡村人民，虽久处于被治之下，而天赋自治能力，相沿自治习惯，未稍泯灭，其功效仍远胜于官治。证以各村村规，妇孺尚能条举缕陈，知所趋避，而官厅条教，颁发到乡，即村长副亦大半视为具文，张贴通衢，缙绅且怠于卒读，何论一般村民，更何论村民中之不识文字者。无怪村范催办经年，意义咸尚茫然，纵详为讲解，村长副非以无权相推诿，即以空言劝诫，难收实效为借口。兹本人民固有之自治能力及自治习惯，研求促进村范之捷径，似可由县区责成各村，就整理村范规则第二条各项公议禁条，标题为：《某村间村公议禁约》，呈区转县核定后，再由村社宣布。夫经一番集议，即增一层了解。且由县核定不妥者，饬令复议修正，亦不至有何流弊。如此办理，则村众将移信守村规之心理，恪遵村范之专条，庶整理较易成功，而模范堪垂永久。纵各地情形不同，就五台、崞县、定襄而论，于进行前途或不无裨益。伏念村范既为自治之根基，钧座复以此事为专注，敢贡刍荛，用备采择。

代电令芮城、崞县审判案件勿拘泥法理反背人情并注意村中处罚务须公道罚款必须归村文

（十一年三月十六日）

芮城县牛知事《歌电》、崞县赵知事《东代电》悉。余尝谓：今日官吏处理事务，为最困难时代。因法理与人情习惯，不免有相去太远之处。欲合乎法理，则不合人情；欲合乎人情，则不合法理。为知事计，应本法理、民情处置事务，万不得已，宁违法理，勿背人情。盖人情为法律之母，善谈法理者，不以子害母。所以成文法，不若不成文法好。其定成文法者，实不得已之苦衷。各该知事应善体此意，本乎民情，运用法律。若呆讲法理，则乡间偷窃田禾之事，亦系涉及刑事范围。若不准村社议罚了事，试问此等窃禾案件，一县一日可多至数百起，一县署能了之乎？恐一县中设十数县公署，亦不足以了此案件。况诉讼之损失，倍蓰于所失之禾苗价值，法理岂如是哉？如此泥法，势必至盗贼横行，无人过问矣。整理村范中各事，唯发觉贩卖鸦片金丹，由村范惩罚，未免太宽，应送县惩办。惟于既犯罪以后，或于未贩卖以前，可预防其贩卖之行为，或互相纠察之法，未始不可公议禁约及办法也。至其余各项，均可由村社准情酌理，公议处罚。惟罚款必须归村，尤要公平。最忌村中大户对小户不公道，大绅士对平民不公道。此处是应由知事、区长，时时注意者也，并"应将款归公"及"要公道"二条，定列章首，令村民均知之，且此为村社之处罚，非村长之处罚，必须公议行之，村长不得专断。村长亦不独为负责也。

电令乡宁县公议禁约系难易问题非能否问题文

（十一年四月七日）

乡宁丁知事《宥代电》悉。该县村庄零星，识字人少，固系实情，然不能无较大村庄。按人口统计，该县一万三百余户，一千三十余村，每村平均应在十户左右。有三二户之村，即不能无三二十户之村。一编村内有一较大村庄，此事即可设法办理。至不识文字一层，村议禁约，系难易问题，非能否问题。山中人民对于偷瓜盗果，亦自有处罚办法。此次禁约不过扩充范围，及于烟赌、娼妓、斗殴、游民数端。该知事既热心讲演，诚能牺牲心力，宽假时间，使家喻户晓。山中人信仰心重，遵守自专，未必非一劳永逸之计。务望率同区长、掾属，聘请公正士绅，实地筹办。分别某村可如期办理，其实在不能者，即应展缓时间。此中斟酌，正需该知事煞费心力也。

指令平鲁县村议禁约应令村长副就本村情形规定文

（十一年四月十五日）

呈悉。村议禁约是使人民实验自治能力之基础。各村情形不同，决非赅括办法所能做到。欲彻底清理村事，应先令村长副就本村内情形，对于六项禁约，何项须用何种办法始能办到，由村公议可也。村中议下能办到，即由村办；如议下村中不能办，则县办可也。甲村议下能办，即以能办为条文；乙村议下不能办，即以不能办为条文，不必拘定一法，

此令。

电令各县划清村费与司法罚款界限文

（十一年四月二十日）

□□县知事：各村村约，纯系自治范围。违约认罚，应改为违约者缴纳村费，以免与司法罚款相混。

训令各县汇送各村公议禁约文

（十一年八月一日）

查，各县公议村约多已次第办竣，亟应汇交法厅以备查考。为此令仰该知事，于文到一月内，将全县各村禁约检齐，由县审核一次，去其重复，编为一县禁约。一份送署候核。

此令。

训令各县指导各村息讼会与村禁约不应混合办理文

（十一年九月八日）

据委员报告，各县村长副办理息讼会，多有与村禁约混合为一，直以村禁约为法律，以息讼会为法庭等情。查，息讼会者，专为调处人民之讼争，愿受调处者，由会调处；不愿受者，不强调处也。其性质系两方合意之搆成，无丝毫强制之力。村禁约者，系村民列举几种不好的事，公同议决禁止之。犯者照约议交村费，或用其他方法处办。其处办轻重，虽亦视犯者之情形酌定，但绝不任犯者之自由不受也。其性质实有几分强制力。两事既截然不同，县区行政人员，亟应将其不同之处，自己辨别清楚，对村指导明白，否则，好事亦做坏矣。各县行政人员，何不用心至于如是。

此令。

指令中阳县村禁约以村情而定不可期其一律文

（十一年十月十九日）

呈悉。村禁约应以各村情形而定，万不可期其一律。县禁约无须印发参酌，免致模仿，而失村约精神。如各村议有不妥善者，应由县指导另议。至未列入新增四项之村，可于各该村开村民大会时，将理由详细说明，俾各共谕斯旨，另行议定，以免蹈昔日具文之弊。

此令。

训令各县村庄按禁约处罚事项须由村长副闾邻长开会公议文

（十二年五月二十七日）

近闻，各县村庄按禁约处罚事项，多由村长副自行决定，往往不合村民公意。若不明定办法，深恐滋生专横流弊。合即通令。嗣后，各村遇有处罚事项，每村有闾长六七人以上者，须由村长副、闾长合议处理，其愿加入邻长更好。其闾长不足七人者，必须加入邻长共同商酌。如村中向有习惯办法，合乎村民公意者，准仍旧施行。定章原期无弊。无弊之事，即至善之章程。仰各该县知事,转谕各区村村长副、闾、邻长,一体遵照。此事必须办至无弊方算也。此令。

训令各县遵照通令办法处分村禁约罚款文

(十二年九月二十六日)

近闻,各县执行禁约多在主村,以致辄起争端。嗣后,执行禁约,主附村应分别执行。附村办不了之事,方可经主村执行。至禁约罚款由附村单独执行者,罚款完全归于附村,经主村执行者,应以五成提归主村,五成归于附村。仰即转谕各区、村、村长副、闾、邻长,一体遵照。

此令。

指令保德县将烟民按村禁约罚交村费外须多方开导文

(十二年十二月二十日)

呈悉。所拟应办事项,尚属可行。仰即督同僚属,认真办理。惟查得烟灰烟米等件时,除将该物当众焚毁及送该烟民入会戒除外,并应按村禁约罚交村费,以警疲玩。其保人亦应酌罚村费,或依村中习惯,罚交香表等物。罚办后将其情形通告全县,俾各保人知所负责。此法各县多已实行,收效颇宏,应即照办。保卫团抓获烟案,依村禁约罚办者,以五成给赏团丁,未为不可。但一面须多方开导,俾一般人知鸦片之害甚于洪水猛兽,自动查禁,自知改悔,方为禁烟彻底办法。关于此点,尤应特别注意。

此令。

训令各县依村禁约处交村费者在官员警不得提取赏金文

（十三年二月十四日）

查获烟赌案件，以法律处办者，在官员警应照司法部罚金提赏办法提成充赏。若依村禁约处交村费者，虽经在官员警帮助办理，亦不准提取赏金。此事关系甚大，若不严禁，势必陷掾属、区长于不好地位，且恐惹起人民小看官厅：禁烟是意在提赏。则村范前途，将无办法。仰转该县警佐、掾属、区长遵照。

此令。

电令各县依村禁约缴纳村费非打井积谷[1]教育基金三项不得动用文

（十三年七月十一日）

□□县知事：查，各县依村禁约缴纳之村费及保人罚金之应归村者，据查多有滥用。亟应先将各村上项新旧村费，共收若干、开支若干、现存若干，截止本年六月底止，限文到一月内查明。一面列表具报，一面将现存之款，令其存储。以后，非下列三项开支不得动用：一、积谷。二、打井。三、教育基金。以上三项，应由各村各就积存之数，斟酌本村当务之急，呈准县署，方得开支。务须依限办理勿延。附发调查各村村费表式。（省长

①《山西村政汇编》930页又记为“积谷打井教育基金”。

《阁虞印》)(表式略)

指令代县村禁约务求所禁为民意所共恶之事文
(十四年八月二十六日)

呈悉。该县村禁约之范围,用书面解释,责成各级办理人员,先事研究,以便秋收后,由官厅倡开村民会议,提出公决办理,颇属得窍,解释亦尚周详。仰即督饬,切实照行。各按村情,由人民心里上尽情提出,务求所禁为民意之所共恶。村民皆知有村禁约,而不敢复犯。切忌仍前照录,等于具文为要。

此令。

行知浑源县属员下乡应尽先为人民解释村禁约确实改进文
(十五年四月十九日)

据查,该县各村议定禁约,能按照上年新颁执行简章改进者,固属不少,然竟有将颁发简章张贴村中原订禁约牌上,作为新订禁约。等情。查,本署前定简章,原为毕举大纲,俾易遵循起见。官厅人员应逐条先为人民解释明白,再帮助各村开村民会议,按照各村情形,将村中应禁之事,一一提出,公同表决,方为正当办法。据报前情,殊属非是。合行该县,仰饬所属于下乡时,确实为人民讲解清楚。凡有前项情事,务令确实改进,以符原章。

特此行知。

行知各县饬属解释村禁约执行简章以免遇事不权轻重处罚文

（十五年十月十八日）

据报，各县村长副执行禁约，多不权事实轻重，辄以微节细故，概按十五元处罚，以为不逾规定。等情。查，本署上年公布村禁约之规定及执行简章第三条所定交纳村费数目，原系以十五元为最多限制。执行之时，当衡其事实轻重，酌量处罚，非谓凡有违犯，总须以十五元处罚也。仰再饬属，查照规定简章，向村长副等切实解释明白，勿再误会，致招民怨。

特此行知。

行知忻县对于村款村禁约照训令办理文

（十六年三月二十四日）

据报，该县各村，对于上年村款，未经清结公布者尚多，并有尚未照章选定清查村款员者。如第一区所属城内四街及南、北两关、第二区所属之王家庄，至今均未选定清查村款员。第二区所属之石家庄，只由该村长副、闾长等议选清查村款员三人，并未召集村民会议公举。又查，石家庄村长杨金寿，对于违犯禁约，处办诸多不合。如上年六月处罚该村张良柱大洋二十元、八月处罚王全喜大洋三十二元，均属超过法定数目等情。合行该县，仰即督饬所属，遵照本署十四年（总）字二六号及上年（总）字三八号行知、本年（考）字第五号训令，切实纠正办理。

特此行知。

第三节 公 函

致三道尹、各县知事论村禁约之本旨及效力并村禁约不可由县规定一律章条交村照办函

(十一年四月十五日)

迳启者。近阅各县呈请之件，对于村议禁约主旨，多未了然，兹特明白解之。按之法理，有人民公断与国家诉追之别。人民公断，则民间议罚之权甚大，只与国家所向不背，虽重罚亦许可其自治也。国家诉追，取国家万能主义，以国家为原告。凡有犯罪者，均由检察官负责检察出之。吾国今日所取，是国家诉追之法，吾辈官吏自当遵守之。惟试思今日知事所兼之检察官，能否有罪必发耶？试问今日之失教人民，犯法之多，现有之监狱能否收容耶？恐再加十倍，亦不足以收容罪犯也。现在之警察，程度之低，能否尽此检举之责？即使程度够，以此少数警察，能否村庄遍设耶？恐再加十倍，亦不足布满村镇也。过渡时代，法固不可不讲，事亦不能不办。若只图讲法，而置犯罪不问，必至贼盗横行，残斯民，乱斯国，非特为官吏之所不当，亦非人民之所甘心也。诸君做官有年，当明此理。于此仍不许人民公议救济，是犯法者但能逃官，即可肆行无忌矣。法官力量既有未足，再不提倡有力之自治，犹有何法可以救济？村社议罚，为有力之自治，亦为严重之舆论表示也。案重议重，案轻议轻，处分不当，官厅可以救济，何范围大小之足虑？顷与临县议员面谈，述及该县村议禁约之事，官

厅亦曾主张赌案送县惩办，而各村长佥谓由村议罚，不送县惩，事能实行。若村获送县，谁肯将熟悉之村邻，投入法网，自造无穷之后患？由村议罚，固不无疑轻之虑，实则赌犯畏惧，有犯必惩，其罚虽轻，吾辈村长副亦敢为之，故不可论，较由官厅检发，密致多多。若欲委托村中禁赌，非准村社议罚不可。等语。官吏能明了此说，则赌窃案件，不问轻重，送县罚办之说，当可知其无补于实际矣。且整理村范重在发展民治。人民能了之事，官厅即可令其自治。如果处理不当，官厅仍当为之矫正。总期六项坏事之不发生，不问方法之如何。因村情之不同，则村议禁约，自属可大可小，可轻可重。若由县定一律章条，交村照办，仍是一个药方，欲治百样病症，太省事，终无效。且各知事能使各村中真真讨论一次，成文与不成文，已收十分之八之效。盖人民皆知其事之当禁及官厅之意向矣，勿拘于空理空想也。仰并参看指令平鲁县村议禁约办法，亦可了然。

覆天镇县知事村禁约应由村民公同议定函

（十一年十月二十日）

迳复者。来呈及禁约均悉。查，村禁约之本意，是按村中人情习惯，由全村人民共同议定，非可由村、闾、邻长制作者。所送禁约，多有“村、闾、邻长严禁”字样，应于开村民会议时，指导村民，另行订正格式，以改进村制办法所定者为准。又，来呈称：将各村村约，由县署分别更正发回各村，饬令张贴，以官厅之意见代为更改，则非村人纯粹心理，势必视如具文。近来，各县代拟禁约，询之村人，多不了解。此种禁约，有不如无。精神办法，不可沿用官厅文字上之假禁约，遮盖村民心理中之真禁约，方为有效之禁约也。

覆阳曲县史委员依村禁约已了之细微事件不宜轻易变更并解释村禁约与法律之问题函

（十一年十二月八日）

来函阅悉。请示二条，答复如次：

（一）已依村禁约处理事件，如果事属轻微，即不可轻易更正。因更正一次，一般坏人即生捣乱心也。若冤抑太甚，应由被罚者恳请村长，斟酌情形，重行处理。

（二）此问题，非交出不交出之问题，乃禁约与法律之问题。盖以村禁约系村人共定之约，村人有共同议行之权。罚交村费，系一种自治办法，非代行国家法律也。即再向法庭起诉，乃另一范围。已纳村费，不应交出。惟须向村长反复训导，切不可认为村长所有。能于此处辨明，自少错误矣。

覆静乐县王委员村禁约条文应随村情酌量增减并贵能实行函

（十二年一月八日）

来函阅悉。编村过大，应商同卢知事详审情形，或重行改编，或添设村副。村禁约条文，应随村情酌量增减，并不以改进村制办法内所列各条为限。若主、附村情形不同，不妨多增数条，不必加入“某村除外”字样，以求简易。再，村禁约贵能实行，违者即可处罚。该员所谓可否将村禁约定为以法律作后盾感化主义之村禁约等语，似于村禁约之性质尚未明了。

应将改进村制办法等书详加研究。至曼陀罗戒烟丸，不但收效最速，而且毫无危险，该县烟民既不愿服食，应即详为解释，或筹其他良法，使之服用。村戒烟会之管理看守，当然以村、闾、邻长等充当，不以县之贫富稍有歧异。

第四节 办 法

平遥县扶助村禁约及保管罚款办法
（十二年七月）

一、村禁约为整理村范十项之后盾，有强暴不服处罚者，应呈报县署，从严处分，为各村实行村禁约之赞助。

二、村禁约罚金收入，应公举正人经理，专款存储，以备公益之用，不得移作迎神赛会之需。每届三个月榜示一次。

临县纠正村禁约办法
（十三年八月）

查，村禁约，应由村民会议表决，所立条款应适合村情。现在各村村禁约有无增减必要，必须详加讨论，注意提倡，方不致徒具空文，无俾实际。兹将注意要点列下：

一、此次，各该调查员下乡，应详细调查原定村禁约是否合乎村情习惯？如有原定条款不甚完全，有增减必要时，应令村长召集临时会议，自行议订。

二、应查各村按约处罚是否公道、处罚时，是否有七人以上之同意。

三、所罚之款是否妥慎保存、核实公用、有无肥己滥支、或不按月列表呈报情事。

四、收支各款务须督令每月公布一次，俾众周知。以前未公布者，亦一并清理，同时公布之。

五、各村长副、闾、邻长等，如有擅自专权、藉公报怨、任意重罚、或把持公款、浮滥开支、并有侵蚀情形者，应报由县署惩办。

石楼县村禁约罚款处分办法

（十三年八月）

一、各编村所处村费，应由村长将收支数目，每届月终，榜示村公所，俾众周知。各附村所得村费除榜示本村外，仍需报明村长一并公布。

二、凡经村长处罚所收村费，应归编村事业之用，不得作为村长所在村单独费用。至村长所在村单独村费，则归所在村与附村分别经管，以清界限。

三、无论编村与附村所处村费，除提赏外，仅先作为教育基金、积谷之需。此外，斟酌本村当务之急，亦可动用，但均须呈县署后方得开支。

神池县村禁约指导办法

（十四年二月）

该县县区人员每于下乡讲演，必曰：村中如有事件发生，村长须召集间邻长审查是否违反村禁约。如系轻微小事，即由村长等申斥了事。若情节较重，村长即问：我村有无村禁约？令大众及违反村禁约者答复。再问：村禁约第几条是什么？村禁约是谁定的？给谁定的？若无人回答，或答复不明时，村长即将（讲）是村人大家定的！给村人定的！谁犯了罚谁！等等，讲说明白，然后再同各闾、邻长议罚。犯者服从即了，若不服从，即报由区、所，送县。等语。送县后，县署如认为村中办理公道，即将该民从重处罚（较村中原罚加重）。若认为过当，即一面暗告村长纠正，一面令该民回村请求村人自行减少，以示官厅任恕之意。

第五节　表　式

县办理村禁约查报表

知事　　　年　月　日

委员　　　年　月　日

村名	执行违禁事件数					不服执行数	官员纠正数	处罚种类		实察情形
	烟	赌	盗	其他	共计			缴纳村费数	按习惯处罚次数	
合计										
总评										

表解：

（一）本表每年年终由县查明，于次年一月内，将第一至第五各栏，由县查填完竣，俟委员到县交由委员依据考查。

（二）"不服执行数"系指，不论处办公道与否，只就当事人不服而言。"官员纠正数"系指，不论当事人是否服从，凡处办不公，经官员纠正者而言。二者判然不同，应注意查填。

（三）"实察情形"栏内应由委员将抽查过之村庄照下列事项查填。

（甲）应就县填各栏翔实抽查所有异同之点，均须注明。官员纠正数是否实在，并能否认真，尤应特别注明。

（乙）各村禁约内所定应行禁止之事实，是否由官员帮助村中开村民会议，按村情公议订定。

（丙）各村禁约条规，有无不适村情、应行纠正之处。

（丁）十四年（总）字第二十六号《行知村禁约》之规定及《执行简章》第三、四两条，能否遵照办理。

（丁）绅民对于村社之处罚是否悦服？有何评论？

（四）"总计"栏内，应由委员将官员对于村禁约之规定与执行、用何法帮助纠正、全县成绩以何区，或何段为最好、最坏，分别说明。

第六节　讲　话

对实察员讲话并解答（村禁约类）村政问题
（十一年）

问："凡违背村禁约所定之事，一切事项非经该村社，或息讼会之了结判断，区长不得处理，是否可行？"

答:“其说甚对,但不敢定为常法。因村民办事的经验不够故也。”

问:“村长副用村禁约罚息讼会事项,查出后可否令其无效?”

答:“应告知以后不可如此。人心不平者,应归无效;人心以为平者,亦可听之。”

问:“村禁约条款过多,实行不易,可否先令禁止村范以内事项,其他不必过于琐碎?”

答:“可随村中人心习惯,不必限制条款。人心上无,习惯上亦无,订为禁约,亦是假的。”

问:“如有违背村禁约之两造争讼事件,或经息讼会准情和解,或经官厅依法判决后,村中对于该两造违背村禁约,应否置议?”

答:“此次所办之村禁约、息讼会,原是帮助司法,刑期无刑的意思。所以息讼会能和解了的事,就认为村禁约内没发生。村禁约能了下的事,就认为息讼会没发生。至于村内了不下的事,归县衙门办理,就认为村禁约、息讼会俱没发生此事。此次办法是要求公道。故村内能公道,就在村内处分,村内处不了,就在县内处分。”

问:“按村禁约处罚村民时,除村长副外,他人可否参与?又,村副与村长不在一村时,有事即招村副,未免困难。独由村长处罚,似近专断。此种情形有何较好方法以解决之?”

答:“执行村禁约时,应分主村、联村。主村,即以村长召集闾长或邻长;联村,以村副执行之。如遇特别情事,即全村人亦可参与之,均应由村中自己决定。”

问:“村禁约倘定有禁止吸食烟丹之文,如有戒后再吸者,应否依照村禁约处罚?”

答:“当然。依照村禁约办理后,令再戒之。”

和顺陈知事提议:各村禁约现已汇编呈送省署,拟请俟村民了解后,随时修正。

“此次各县呈送之村禁约,多不合我的意思。你们回去后,须多方开导人民,使他们大半明白了整理村范的好处,然后再开村民大会,把村中一切不好的事，与人民详细讨论，必使人民齐声呐喊："某事可禁。"把人民公认为可禁的事，通同写出来，才算是真村禁约。现在的村禁约，通同是假村禁约，非徒无益，反恐把旧日固有禁约亦归无效。

永和张知事提议：村长办理禁约，罚款如不使报县，恐生流弊；如使报县，又多烦难；应否每月由县派员分赴主村，调查确数及事实，报告县署存卷？

"可是可，恐县署亦难久常。如此办理，你先试试看。"

乡宁丁知事提议：村禁约如有处理不当之处，被罚人向区长或知事声明，求纠正，应如何办理？

"应予纠正，但须依村中习惯法为准。"

第八章

息讼会

第一节 法 规

息讼会·叙

人民打官词的一事，不好处很多。俗语说：一辈官词十辈仇。不特花钱费事，而且结仇，甚至因争小事，致成大事。再加之劣绅土棍同坏律师等从中挑拨，遂使官词缠年不休，势必至倾家败产，后悔莫及。此实因村中无公正人为之调解的缘故。因之，各村设立息讼会，纯为便人民厚风俗起见。会长及公断人，须平心说理，十分公道，不可有一点偏心。凡断一事，须先问问自己良心上过的去否？万勿袒护大户，欺压小户；偏袒有势力的，欺压没势力的；偏袒主村，欺压联合村；偏袒土籍，欺压客民；偏袒念书人，欺压平民。公断人总要不怕强的，不欺压弱的，才够公断人资格。尤须顺乎人情，善于劝解，使两造心平，事自易了。最忌怕人忿怒，小事酿成大事。此会，你们如果办得好，以后村中当然没有人敢不说理。可期望一县之中，无人打官词，这就成顶好的社会了。至息讼会能否有益于村民，全在公断人公道与不公道。当执行公断时，务书“公道”二字，置于桌上，使公断人触目警心；将“公道”两字存于胸中，则不公道的情事不会发生；息讼会之真精神方能表见。

评语：息讼会办法，只有公公道道为人调和事的权柄，没有强制人的权柄。公断人果能恪守会章，这会即有利无弊。

修订息讼会简章

（十六年八月十八日公布）

第一条　本简章根据《改进村制条例》第六条修定之。

第二条　每编村设立息讼会一处，由村民会议，于村民中选举公断员五人，或七人组织之。

第三条　息讼会设会长一人，由公断员互推之。推定后，连同公断员姓名，报区转县备案。

第四条　息讼会调解讼事，除命案外，凡两造争执事件请求调处者，均得公断之。

第五条　公断时，以公断员多数取决。可否同数时，由会长决定之。

第六条　公断后如有不服者，听其自由起诉。

第七条　公断事件有涉及会长或公断员之本身及同居亲属者，均应回避。

前项回避人员，如系会长时，由公断员中推举临时会长，代行职务。

第八条　会长及公断员之任期一年，但得连举连任。

第九条　两编村人民有争讼时，由两村公断员合组临时公断会处理之。

第十条　各附村有距主村较远者，或户口较多者，得设立息讼分会，其办法准照前列各条办理。

第十一条　本简章自公布日施行。

附:息讼会登记簿式

日 月	原告姓名	被告姓名	因何事争执	如何处断	已息或未息	备考

填簿例言

(一)第四格,将两造争执事由,用简单话记载。如“为争地”、“为要钱”、“为婚姻”等类。

(二)第五格,将公断情形简明记载。如“令某人与某人还钱若干”,或“赔情了事”等类。

(三)第六格,两造遵断,填“已息”二字;不遵断,填“未息”二字。如向县起诉,填“起诉”二字。

(四)第七格,将处断不合,经县区人员加以纠正及不属于以上各格之特别情形记入。

第二节 令 文

指令襄陵县息讼会组织人数可因地方习惯酌量增减文
(十一年六月二十六日)

呈悉。查,条文所定,公推公断人四名或六名为会员。原以公断时可者、否者同数，分别加入会长，俾使多数取决而设。该县所称因地域及习惯上之关系，间有不合四人或六人之规定，而减少一人，或增多数人等语。如能与公断方法无碍，即可照准。仍将公断人名册造报。此令。

指令阳城县对于重大案件仍当留心考察文

（十一年十月二十六日）

呈悉。办法尚是。惟于各案件稍涉重大者，仍应留心考查，勿以人民自了，官厅省事为快意。余尝谓："对"在两个"不对"的中间。前此，不让人民自行了事，是不对。如若竟任人民自了，不问是否，亦不对。希执事善体斯旨。至殿腰、下交等村，每月起事竟有十数次之多，应本无讼之义，特别劝导，以息争端。此令。

训令各县司法案件不得因难办批交息讼会文

（十二年五月二十二日）

近闻各县，对于人民诉讼之难办者，知事往往因其难而批交息讼会了处，大属不合。此等办法，嗣后，严禁为要。仰即遵照。此令。

训令地审厅、高审厅、第一、二高审分厅查报村息讼会处理人民争讼事件情形文

（十二年十一月十三日）

查，息讼会之设立，意在排解纷争，为民了事。该会果能公允，民间诉讼，应大为减少。各该厅专理司法，凡于受理上诉案件时，随案详细询问是否经过息讼会及该会处理情形，按月列报，以凭查核各县办理成绩。仰

即遵照。

此令。

指令左云县息讼会能否进步全在知事费心督促文

（十三年四月二十四日）

呈悉。查，本年息讼案数，比较十一年加增，似有进步。惟查该县民事案件，以近三年比较，尤以十二年份为特多，亟应特加提倡，使公断人员力行公道，能减少民事案数更佳。总之，县行政进步，全视执事所费心力为准。期息讼会发达，非执事于此项行政，费心筹划督促不可。今年应特别注意。

此令。

指令离石县着实提倡息讼会以除锢习而谋福利文

（十三年五月一日）

呈悉。该县地面辽阔，人多健讼，非特别提倡息讼，不足以除锢习而谋福利。兹查该县十二年调息案数，反较十一年为少，显系对于此事，未多提倡。本年应拿全副精神，按照地方情形，彻底筹划，着实提倡，务期本年成绩，比上年进步。一、三、四区，尤应注意，并将筹就办法，具报备核。

此令。

指令广灵县用心力确实办理息讼会文

（十三年五月二日）

呈悉。该县民风敦朴，争讼素简。年来因物产昂贵，以致逐渐增多。须知，增一分讼事，人民即感一分苦痛。务须对于息讼会，多用心力，确实办理。以该县之民情，不难期于无讼也，并将此后办理办法，会集员绅，妥拟报核。此令。

指令天镇县对于息讼会应督率各区长着实倡办以期跻于无讼地步文

（十三年五月七日）

呈悉。查，第四区各村息讼会，一年之中，仅调息十余案，想系未曾用心办理。以该知事之才力，注意于此，必能收良好效果。该会关系人民甘苦綦重。嗣后，务须督率各区长着实倡办，能渐跻于无讼地步，方合原旨。至如何策进之处，仰与所属，按照地方情形，妥筹具报。此令。

指令定襄县确实办理息讼会以利进行文

（十三年五月十四日）

呈悉。查，息讼会本为便利人民，减少讼累而设。本省长之意，必办到无讼地步，方为上乘。核阅该县办理成绩，不特距此程度尚远，较之各县，不及远甚。此后,应如何彻底筹划,着实提倡,仰贯注精神,确实办理;务令有一事,必有一事利益;历一年,必有一年进步,是为至要,并将筹办情形报查。此令。

行知翼城县禁止息讼会索费及村长副侵蚀村款并督饬所属迅速下乡逐次考察确实办理文

(十三年六月三日)

据报,该县各村息讼会,有向两造要索讼费,村长副有将村款侵蚀滥支,村禁约多不完备且处罚过滥,往往有不属于村禁约事项,而亦按村禁约处罚者。各等情到署。查,办理村政,将近两载,如果该知事暨掾属、区长等,于督察指导训练之处,均能用心办理,何至发生此种流弊?须知息讼会之主旨,原为息事宁人,减少讼累。若令从中要索讼费,是便民者,仍然不免病民,何须多此一举?村长副为一村表率,不能洁己,断难服人。亟应查实惩处,另选公正接办。至村禁约规定不完备者,促令补充之;处罚失当者,随时纠正之。仰按照所指各节,督饬办理人员,迅速下乡,逐次考查,详为讲解,确实办理。特此行知。

指令河曲县所拟息讼会办法未合参照下列各节另拟报核文

(十三年六月二十八日)

呈悉。核阅所拟息讼会办法,诸多未合。此事须由官厅注意精神方面,于鼓舞训练上,先将心力用到,方可渐期进步。仰并参照下列各节,另拟报核。此令。

(一)会员不必加给委任,但须于村中公推时,注意监察,务期选出公正人员。

(二)经息讼会公断后,两造如有不服者,当听其自由起诉,不必送案。

(三)会员公断迟延,不可遂加处罚,应由官厅指导告诫。遇有请求公断事件,当随到随断。

(四)各段办理人员到村,应就便于会员研究息讼方法,毋须召集区所,以免费时耗财。

指令忻县妥筹息讼会进行方法并将不服公断理由填注表册文

(十三年七月五日)

呈悉。息讼会为最有益于人民之事,果能处处办好,必能到无讼地步。该县好讼之风,由来已久,加之幅员辽阔,村城相距太远,办理此会,较他县尤为紧要。现在虽略有进步,此后仍应贯注精神,益加提动,俾人民及公断人员,咸了解息讼会之好处,庶几讼累渐少,可达本省长期于无讼之初意。仰妥筹进行方法,确实办理报核。再来表,各区"备考"栏内,未将不服公断理由说明,殊欠完密,嗣后,务饬填注。此令。

指令平遥县对于息讼会应再贯注精神提携指导俾讼事日减文

(十四年三月十一日)

呈悉。表列民事处结案数,竟比十二年分减少半数,而息讼会调息案数，亦较十二年分无减，果能如是，足征进步。惟息讼会之设，原为人民谋福利，必须办到无讼地步，方为上乘。该县人情好讼，距此程度尚远。该知事宰平年余，对于地方人情必能洞悉，嗣后，应再贯注精神，提携指导，务使讼事日减，公道日张为要。此令。

行知右玉县令各村长对讼案不得专横独断并饬分段人员对各村息讼会特加检点文

（十四年六月十日）

查，该县息讼会处理案件，往往由村长一人独断，以故人民对之不甚信仰，遇事不愿到会处理，径向县署起诉。等情。查，息讼会条文，本属合议制度，原期公平调解，以杜专横。该县倡办数年，不能引村长于民治轨道，竟令专横独断，致失村人信仰，殊出意料之外。仰饬分段人员，对各村息讼会特加检点，凡不能按照条文进行者，均应随时纠正。如再不加纠察，非但不热心，不爱人，亦并非民治路上与共此事之官员。须知勉焉！

特此行知。

行知阳曲县息讼会绝不可责令当事者出费致减人民信仰文

（十五年十一月三十日）

据报，该县黄寨村息讼会，于每次处断后，责令理屈者出会费四角，作为烟茶之需。又，第二区小岗头村，对曹克恭赌博一案，罚交村费洋四十五元。第三区辛村，处赵源盗窃方殿茭子、黑豆一案，竟罚交村费大洋八十元。等情。查，息讼会公断人，既系村中公推，为人息讼，断无酬劳之理。如有必需费用，亦应由村中另定办法，绝不可责令当事者出费，致减人民信仰。村禁约处纳村费，不得逾越十五元范围，迭经本署令饬遵照在案。该两村长越规滥罚，实属不合。仰迅转饬各该管区长，到村分别纠正，切实取缔，勿任再有此项情事。切切。特此行知

行知万泉县严禁各村息讼会勒令请求调息者纳费文

（十五年十二月二十日）

据报，该县各村息讼会，对于请求调息，不论能否了结，多令缴纳会费制钱一二千，或大洋一元。且各村长每于不服调息，赴县起诉案件函报县署，请求维持原议，以致人民多不请求公断，径向县署起诉。等情。查，息讼会原为人民便利，省时节费而设。公断人员只可秉公调处，不能强制服从，早已通饬遵办再案。既经不服起诉，自当由县依法处理，村长何得再为函报，吓服村人？其为偏私武断，概可想见。勒令纳费一层，尤违设会本旨，亟应严厉禁止。并饬掾区各员，将息讼会宗旨办法，随时详谕各村，使人人彻底了解，自不至受人欺吓，并将遵办情形报核。特此行知。

行知阳曲县息讼会调息事件不得向理屈者征收会费文

（十六年一月八日）

据报，该县第二区黄寨村息讼会，有为人民和解一事，即向理屈者征收会费洋四角情事。又，各村六项嫌疑人，有特别劣迹者：乔家岐村张旺厚、大盂村白祥贵、窑子村金甫康、窊流村石三牛、刘五牛、白三和尚、王

清和;西高庄李官等八人,现在均未确实改悔等情到部。合行该知事,仰将黄寨村息讼会征收会费一事即行严令禁止,并通令各息讼会,不得再有此项情事。张旺厚等八人,应饬各该管区长随时下乡注意查察。如果怙恶不悛,即传县长期训诫,俟确实改悔后再行释放。切切。特此行知。

指令临晋县除村息讼会外毋须增设县立息讼会文

(十六年十月二十七日)

呈悉。详核该会组织公断员由县延聘,案件由县发交,实无异该县第二法院。将来能否免除诉讼迟滞及绅商把持之弊,殊为可虑。仰仍着实整顿各村息讼会,俾人民就近了事可也。所请增设县立息讼会之处,着不准行。此令。

第三节 公 函

致各县知事息讼会公断员须心地明白主张公道保卫团须使好人结团体函

(十一年九月二十六日)

迳启者。息讼会、保卫团二事,为村政中之难办者,既须早日观成,又不可轻易从事。必知事先抱一其难其慎之心,详审各村情形,如公断员心地明白而能主张公道者,方可令其充任。万一遇有择人为难之处,不妨暂行缓设。保卫团者，使好人结团体以稽查坏人，人民工作之余，轮流为之，尚不甚难。至于操练，必须购械请师，费时劳力，自不能强入团者均使之操练。余意以为，在团者不必全练，须择能练者练之，并应择村长副明干，风气良好，人民富庶之村庄，先教练之。如果成效卓著，人民自必乐从，逐渐推广，方无流弊。总之，办理上列二事，必先看何村办起，可以人民享其利而不受其害，自可与何村办去，并于每办一村之后，随时函报，以便觇执事宣劳用心经过之情形。望切！盼切！

覆乡宁县郑区长对息讼会应斟酌各村情形办理函

（十一年十一月十七日）

来函阅悉。该区人民旧有合群自卫习惯。执事利用旧习，提倡好人团结自卫及俯顺民情，暂习拳术各办法甚是。对于息讼会拟将其他各村，依西坡村改组方法办理，未尽妥洽。因县内各村情形，多不相同。如村庄原有尊重办公人习惯，又为富庶之区，仿西坡村办法，行开会礼，用鼓乐，延请公断人，费用少数资材，引起崇拜公断人心理，固无不可。倘本村贫苦，稍糜村费，即起怨言，如依所拟方法办理，必至将提倡之心，演成摧残之事。至于改选公断人员，亦宜慎重从事。改选较胜于前则改之，如徒增纷扰，应当仍旧，万不可将求进之心，作成无益之举也。

覆新绛县张委员关于规定息讼会条文函

（十一年十二月二十六日）

来函阅悉。息讼会以一造请求，即须受理。如遇热心爱人，或乡望素孚者为之，固可扶孤寡，定入条文之内，易滋流弊。须知此会排解双方争执，其目的在主张公道。立于调人地位，愿受调处者由会调处，不愿受者不强人以必从也。

致新绛县知事转饬各息讼会切勿勒捐函
(十二年三月二十日)

迳启者。据报，该县村中有办理息讼会，将讼事息毕，勒令两造，或一造捐款情形，谓办事非白效劳者。等情。息讼会之设，原为调解争执，息事宁人，强制犹且不可，岂宜勒令捐款？况此事为爱人之事，各公断人即村中爱人之人，更无酬劳必要。虽有必须之费用，亦应由村中规定办法，不可开勒捐之端。希执事将此意详为讲解，如果有前项情形，应即时纠正为要。

覆平定县第五区区长应观息讼会各公断人之心地与办事如何并注意考察当地保卫团函
(十二年十一月八日)

迳启者。十月二十七日来函阅悉。息讼会公举公断人，尚属谨慎。惟是成立之后，应观各公断人心地明白否？断事公道否？保卫团极应注意考察其团中有无坏人骚扰村中？是否虚糜村费？究竟何村享其利而不受其害？何村不免流弊？下乡之便，务仰细心考察，随时扶助纠正，是为至要。

复寿阳县白委员整理息讼会办法函
(十三年五月八日)

迳复者。查，息讼会本为减少人民讼累而设，果能办到至公无私地步，人民自愿就近投诉，何待官厅批交处理？且处理之任受与否，或愿否请求其处理，皆听人民自由，官厅不得干涉。来函所称各节，显系各村息讼会均未办好。平时无以服人，因之，略有讼争，即远涉官厅起诉，种种流弊，皆由此出。应商同县知事将各村息讼会加紧整顿，一面禁止设筵酬谢诸弊，妥筹进行办法，以期达到无讼地步，方为上乘。仰即查照。且批交是形式上的办法，何济于事？此乃创办之事，非官厅以精神贯注，多方提倡，难收效果也。并告。

覆平遥县吕委员帮同知事彻底筹划息讼会使人民受利免害函

（十三年五月十六日）

来函悉。查，息讼会为最有益于人民之事。所称各种情形，已非正当办法。至向两造索取种种费用，尤失设会本旨。该县幅员辽阔，人情好讼，息讼会办理稍有不妥，此种情弊，即易发生。前已令饬该县严行禁止。即应帮同知事，彻底筹划。对于利民方面，固须切实提携，而于有害之处，更须严厉取缔。务使人民不费财，不失时，受调息之利，免调息之害，方为得当。

致长子县梁知事要改除人民好讼恶习函

（十三年十一月二十二日）

迳启者。近闻该县息讼会尚能主张公道。惟人民好讼成风，遇有争执，不论大小，惟恐有人从中调和，必欲成讼以为快。此等风气，难于骤改，非将费时、花钱、结仇之害切实宣传，俟人心上承认不为功。希本帅民相让之旨，努力办理，务除恶习。至嘱！至嘱！

致汾西县艾知事为人民讲解息讼会真义函

（十三年十二月十三日）

迳启者。查，息讼会之设立，原为调息纷争，解除讼累，俾免人民花钱、费时、结怨、失和，本系救人爱人之事，如果办到好处，人民自必乐于听从。乃闻该县有“民不压民”之谚，足证该县人民对于息讼本旨，尚未彻底了解，长此误会，各村息讼会必至等于虚设。希亟督同员属，将息讼真义暨办法，撮要讲解，务使人民了解设立该会不是压人。遇有不公，尽可自由向官厅起诉，庶几不为谚语所误，息讼会始能逐渐收效。

致猗氏县知事息讼会无强制人之权函

（十四年三月十一日）

迳启者。据查，该县为提倡息讼会起见，令人民除重大案件外，其余一切讼事，先得由息讼会了结，否则县署不受理等情。在执事为提倡息讼，此中亦具苦心。须知，息讼会仅有为人调和事之权，并无强制人之权。由人民出之情愿，自动的请之调息则可，强迫之则不可。若必使先赴息讼会，然后县署方准受理，诚恐弊窦滋生，不但失提倡之本旨，反为进行之障碍。此层已于前颁发之村政各项办法内，息讼会办法最后一条说明禁止。执事宜深究而急改之。

第四节 办 法

太原县鼓舞息讼会办法

（十二年七月）

掾属、区长每到一村，将敦睦、礼让诸美德竭力提倡，以减少人民讼争。

各村一年内，人民相安并无讼争者，村长副、息讼会公断人由县请奖。

一年以内，虽有讼争，均在息讼会处断了结，并无到县起诉者，村长副、息讼会公断人，由县奖给匾额。

中阳县整理各村息讼会办法

（十三年六月）

息讼会乃人民实权所寄，与平民利益甚多。知事及掾属到村，应为会长、会员及一般人民，将诉讼利害，恳切解释，以资进行。

中阳村庄涣散，重大案件亦少，遇有会长或会员一二人能劝息者，即可劝息，不必开全体会，以期省时省钱。如不能劝息，另定日期，开会公断之。

知事及各组整理村范人员到村，遇有请求公断事件，即同该会处息之。

各村息讼均须设立和解案件簿。凡经公断案件，无论数人劝息，全体公断，及能了或不服，均须将案由及和解情形登记备查。

息讼会处理案件，应本自己良心及两造事实公道评断，不得稍有偏心袒护情事。不服息讼会处理之案，应听其两造起诉。息讼会人员不得参加于何造证人之内。各组整理村范人员，每次下乡，应按照规定表式，将各村息讼会情形，详细填明。每三个月考核一次。各村息讼会会员，热心办理著有成效者，得照村长副例核奖之。各村息讼会会员遇事推诿，不热心办理者，得随时劝戒或申警之。

息讼会特别责成事项

（十三年七月）

一、承审审理案件时，除特别大案外，凡问一案，应并问其曾否经过息讼会。经过者，察其是否公道。即不经过者，亦当察其不经过之原因，是否因息讼会不公道而不经过。退审后，分别报告知事。其不公道者，由知事熟筹改良方法，或本身，或转告小段主任到村纠正。能否改好，知事并应注意查察。

知事审理时，亦应留心查询，照前条分别办理。

二、知事每半年，将各村分别考察一次：（一）无讼村庄。（二）有讼而经息讼会调处公道，概不起诉村庄。（三）以前讼多，现经息讼会调处，减少村庄。（四）息讼会未能调解，在县起诉最多村庄。每项择各编村前五名列榜宣布一次。对前三者，并奖其人民尚让而能服从公道；对后者，应谕劝村中好人，极力整顿，免得村人失和，费钱误时。

三、知事应将前二条办理结果，表报本署及本管道尹。表式如下：

县办理息讼会报告表						
编村总数	原无讼村数	因息讼会处理公道无讼村数	较前讼少村数	现仍讼多村数	如何奖勉或谕劝	合计

四、整理息讼会，为本省长十三年度对于各道尹之特别责成。各道尹对于所属各县，指导督促。办理息讼会之方法，应随时电报。

实施村村无讼家家有余各办法简章

（十八年二月六日公布）

（甲）关于村村无讼者：奖励村仁化办法

一、凡村民行谊，有合于村仁化标准者，依本办法奖励之。

二、村仁化之标准如下：

（一）亲慈。

（二）子孝。

（三）兄爱。

（四）弟敬。

（五）大义。

（六）妻贤。

（七）友信。

（八）邻睦。

三、奖励之种类如下：

（一）匾额。

（二）褒状。

四、凡村民行谊，有合于本办法第二条所列各款者，得由县查明酌给奖励。或列举事实，呈请省政府核奖。

五、县区各员下乡时，应将得奖村民之事实，随时宣传，以资矜式。

六、本办法自公布之日施行。

维持村公道办法

一、凡村中办公处所及通衢大道，均应书"主张公道"四字于壁上，以资触目注意。

二、凡执行村务人员，于就职时，均应对众宣誓主张公道，以资信守。

三、凡属村中好人，应结一公道团体，遇事各本良心主张，发为公道议谕。如因不明事理，有违背公道之行为者，须互相劝导纠正。其有恃强横行，不从公道者，得公议开除其名额，以资儆戒。

四、前列各条，村中能否实行，县区人员下乡时，均应切实考查指导。

五、凡各村村民会议、村公所、息讼会、村监察委员会等，全年内均无不公道之议处者，得称为公道村庄，由县酌给奖励。赓续得奖五年以上者，由县呈报省政府给奖。

整顿息讼会办法

一、县区人员下乡，应注意考查各村息讼会能否照章切实办理，有无流弊，随时予以指导纠正。

二、县区人员下乡，应将《息讼会简章》及慎选公断员，并在村调息好处诸端，撮要向人民切实讲演，以资了解。

三、县长承审审理案件时，应询问其曾否经过息讼会、经过者是否公道、未经过者是何原因、随时记载，以便分别指导纠正。

四、各县每年年终，应将各村息讼会成绩最优及最劣者，各择五村，公布全县，以资警劝。其有调处最公、成效特著者，由县酌予特奖，或呈请省政府核奖。

普及法律知识办法

一、凡中央及本省法令，有关于人民日常应用者，由省政府摘要用白话解释，编登《村政周报》，以便阅览。

二、强行法令中，如与本地习惯有迥不相同之处，县政府应特别标明，宣布人民，俾资遵守。

三、县区人员下乡及各村教员课余时，应将重要法令及关于法律行为之一切程序，切实讲解，以资灌输。

四、办理村务人员，有能通晓律文者，均须随时应人民之请，解答各项法令。

（乙）关于家家有余者

奖励农家副业办法

一、凡农家副业，其产植量每年增加在规定标准以上者，依本办法奖励之。

二、奖励农家副业，暂定种类如下：

（一）家畜类。牛、羊、猪、鸡（以生后三月为限）

（二）果树类。梨、果、桃、杏、枣、核桃、柿子、葡萄、花椒（以已结实者为限）

（三）其他类。养蚕、养蜂

二、奖励分三种如下：

（一）奖章。

（二）奖状。

（三）奖金。

四、本地农家向有第二条所列副业，其产植量每年增加有下列标准以上之一者，给予奖章。

牛十头、羊四十只、猪二十只、鸡五十只。

梨二十株、果二十株、桃三十株、杏三十株、核桃二十株、柿二十株、枣三十株、葡萄三十株、花椒五十株。

养蚕收茧三十斤、养蜂五窝。

五、本地农家，向有第二条所列副业，其产植量每年增加，在前条所定标准一半以上之一者，给予奖状。

六、本地农家，向无第二条所列副业，因倡导开始经营，其产植量达第四条所定标准之一者，给予三十元以下，十元以上之奖金。达第五条所列标准之一者，给予十元以下，一元以上之奖金。

七、凡农家经营副业，有合于本办法所定奖励标准者，应报由村长转报县政府查明，汇报省政府核奖。

八、凡以诈术取得奖励者，查出后，除追缴奖品外，并予以相当处罚。

九、本办法自公布日实行。

奖励家庭工业办法

一、凡人民家庭工业品，有制造优良或出品畅旺者，依本办法奖励之。

二、奖励分县奖、省奖两种。

甲、县奖。

(一)褒状。

(二)传令嘉奖。

乙、省奖。

(一)奖章。

(二)奖状。

(三)传令嘉奖。

三、每年春季，由县举行全县家庭工业成绩展览会一次。预先责成各村长副，将村中制造优良及出品畅旺之家庭工业样品，汇报送县，定期展览。并由县组织品评会，评定成绩优劣，分别给奖。品评会组织法，由各县自定之。

前项送县成绩品，应由县印发标式，责成村长副查明填列，随同样品，一并送县。标式如下。

县　　　村家庭工业成绩品	
品名	
出品者姓名	
价值	
全年制造数量	
备考	
年　　月　　日选送	

四、各县开家庭工业成绩展览会后一月内，应将最优物品，连同原标送省，由省政府定期开全省家庭工业成绩展览会，并组织品评会，评定成绩优劣，分别给奖。品评会组织法另定之。

五、依第三、第四两条之规定，选送物品，除最优者付价留作标本外，余均发还原主。

六、凡以诈术取得奖励者，查明后，除追缴奖品外，并予以相当处分。

七、木办法自公布之日施行。

提倡村水利办法

、本办法，以倡导人民兴办水利，增进生产为宗旨。

二、兴办水利，分修渠、开渠、凿井及筑蓄水池四项。

三、各村有宜于修渠、开渠、凿井及蓄水池之处，应由官厅倡导，督率当地人民，成立水利组合，切实举办。如水利关系数村，由数村联合公议办理。

四、各村兴办水利，著有成效者，得由县呈请省政府分别给奖。奖励种类如下：

（一）匾额。

（二）奖章。

（三）奖状。

五、各村人民兴办水利，如财力有不足时，得呈明县政府酌筹贷款，以资补助。

六、各村兴办水利，如地形有测量必要时，得呈由县政府转呈建设厅，派员切实勘测，以利进行。

前项勘测费，由省政府支给。

七、凡有故意阻扰或妨害水利者，经官厅查明，依法重惩。

八、各村人民有发明引水机器，试验确能利用者，得由县呈请省政府特予奖励。

九、县区人员提倡村水利特别出力，著有成效者，由省政府分别给奖。

十、本办法自公布之日施行。

提倡村林业办法

一、县区人员下乡，应将造林利益，向村民切实讲演，以资倡导。

二、各村所有荒山、荒地，应由县限期责成村长副查明，分别公有、私有，报县备案。

三、凡村中公有荒山、荒地，其造林办法，由村民会议议决实施。如属数村公有者，由数村联合公议办理。

四、私有荒山、荒地，应由村长副劝导业主，实施造林。

五、各村造林所需树苗、树种，先就村中采选，不足时，得向县农牧局请领。

六、每届造林时期，应由县派办理实业人员，下乡指示培植及保护方法。

七、各村每年造林完竣后，由村长副将所造树种亩数，分别公有、私有，报县备查。

八、各村造林成绩，每年由县派员查明，择优给奖。其成绩特著者，得呈请省政府核奖。

合作社暂行简章

第一条　各地方人民，为谋经济上之共同利益，得依照本简章组织合作社。

第二条　合作社之目的，须为下列之一种或数种。

(一)贷放生产事业上必要之资金于社员，及使社员得储金之便利。(如金融合作之类)

(二)运销社员之出产品。(如贩卖合作之类)

(三)购买社员之需要品。(如消费合作之类)

(四)举办社员公共需要之设备。(如生产合作之类)

第三条　合作社之组织，分为下列三种：

(一)有限责任。

(二)保证责任。

(三)无限责任。

第四条　合作社之目的及组织，须在其名称上标明之。

第五条　凡不合本简章第二条规定者，不得用合作社之名称。

第六条　合作社区域，以各社员能实行合作之范围为限。

第七条　合作社社员至少须有二十人。

第八条　凡合作社之设立，应先拟具社章，呈请市县政府，核准备案。

第九条　合作社社章，应记载下列事项，并由设立人签字或盖章。

(一)名称。

(二)目的。

(三)社址。

(四)组织。

(五)社股金额及缴纳办法。

(六)盈余之处分及损失之分担。

(七)关于公积金之规定。

(八)关于社员入社、出社之规定。

(九)关于社务执行之规定。

(十)解散之规定。

第十条　社员认股，至少须足一股，至多不得超过二十股。

第十一条　合作社设理事、监察各若干人，统称为社务委员。由社员大会，就社员中选任之。

第十二条　理事任期三年，监察任期二年，但得以社章缩短规定。

第十三条　理事依照本简章及社章之规定，有执行一切社务之权。

第十四条　监察依照本简章及社章之规定，有监察合作社财产及理事执行业务之权。

监察发现合作社财产上或业务上有危险时，应报告于社员大会，或市县政府处理之。

第十五条　合作社与理事私人订约或诉讼时，以监察代表合作社，

第十六条　社务委员有下列情事之一，经社员大会议决者，应即解职。

(一)遇不得已事故者。

(二)旷弃职务者。

(三)有溺职或犯罪行为者。

第十七条　合作社因业务上之必要，得以社章规定，设置其他职员，助理社务。

第十八条　合作社之会议如下：

(一)社员大会，每年一次。

(二)社务委员会，每三月一次。

(三)理事会，每月一次。

(四)监察会，每月一次。

前项例会外，遇必要时，得依本简章及社章之规定，召集临时会。

第十九条　前条各项会议之主席，须依照下列规定：

(一)理事会及监察会，由理事或监察互选一人为主席。主席不能执行职务时，由出席之理事或监察，互推一人代理之。

(二)社员大会及社务委员会，以理事会主席为主席，但由监察会主席召集时，以监察会主席为主席。

第二十条　合作社各项会议，应依照下列规定召集之：

(一)社员大会。由理事会主席召集之。但遇有社员五分之一以上,或社务委员四分之一以上,提出理由书请求召集时,理事会主席,应于五日内召集之。

理事会遇有特别事故不能开会,或社员三分之一以上,提出理由书于监察会请求召集时,监察会主席,应于五日内召集之。

(二)社务委员会。由理事会主席召集之。

(三)理事会及监察会。应由各该会主席召集之。

第二十一条　社员之表决权,不问其社股之多寡,均只一权。

第二十二条　社员遇不能出席社员大会时,得请托同社社员代理之。但同一社员,不得同时为二个以上之代理。

第二十三条　社股金额,每股不得超过国币二十元。

第二十四条　无力认购社股,不能入社者 得向合作社预约,分期缴存资金,至足一股时,即为社员。

第二十五条　合作社之盈余,至少须提百分之十为公积金。

第二十六条　社员未缴纳应缴资金全部者,其红利得由合作社扣作应缴资金之一部。

第二十七条　同一目的之合作社,得组织合作社联合会。

第二十八条　合作社联合会之组织,限于下列二种。

(一)有限责任。

(二)保证责任。

保证责任合作社联合会所属合作社之保证责任,不得超过其社股总额。

第二十九条　合作社加入或退出合作社联合会,均由其社员大会决定之。

第三十条　合作社联合会之社务委员,由合作社联合会议中,就其所属合作社之社务委员中选任之。

第三十一条　本简章自公布日施行。

提倡村民储蓄办法

一、县区人员下乡时，应将储蓄利益，切实讲解，以引起人民储蓄观念。

二、凡有储蓄机关（如邮政储蓄银行储蓄等）地方，县区人员及村长副等，均应劝导村民随时储蓄。

三、无储蓄机关地方，应由县区指定殷实商号，代办储蓄，或择较大村庄，提倡设立储蓄会，以便村民储蓄。

各村办理勤俭会简章

第一条　勤俭会，每编村组织一处。凡属村民，均为会员。

第二条　勤俭会，设正会长一人，副会长一人至四人，由全体会员公选之。

第三条　会员对于所操职业，均须努力工作，不得稍涉怠慢。

第四条　会员日常费用，均须力求节省，不得涉及奢侈。

第五条　会员举行婚丧等事，须力崇简朴。凡涉及迷信之无益举动，均应禁除。

第六条　勤俭会开成立大会时，应依本简章三至五条之规定，按村中情形，议定勤俭公约，俾资遵守。

第七条　勤俭会每年春节后，由会长召集会员开会一次，报告全年经过情形。如公约有不适用时，得提出修正之。

第八条　会员中如有怠惰奢侈情事，其他会员，应随时劝告。屡经劝告，仍不改悔，得报由会长，依勤俭公约，予以相当警诫。

第九条　本简章自公布日实行。

取缔游民办法

一、各村游民，依本办法取缔之。

二、凡壮年村民，素无正当职业者，以游民论。

三、村长副、闾、邻长对于游民，应随时稽查劝戒，并为介绍相当职业。如有不符劝戒者，报由区长处办。

四、区长对于各村报告或自行查觉之游民，均应切实训诫。其有训诫不悛者，送县处办。

五、县长对于各区送到及由县查觉之游民，应酌量情形，分别训诫，或送工厂作工，以期改悔。

六、各村为介绍游民职业起见，应由执行村务人员，组织职业介绍所。其组织方法，由各村自定之。

七、本办法自公布之日施行。

奖励走上坡人家扶导走下坡人家办法

一、各村每年春节后一月内，应由村、闾、邻长，将村中走上坡人家与走下坡人家调查明确，以便分别奖励。

二、各村对于走上坡人家，应按村中习惯，予以名誉上之奖励，使之常常往上坡走，并将其原因及所用方法，宣告村人，以资仿效。

三、各村对于走下坡人家，应究明其原因，分别设法扶导救济，并列表呈报县区。表式如下：

县　区　　村走下坡人家查报表　　年　月　日

闾别	户主姓名	走下坡原因	扶救情形	备考

四、县政府接到各村查报表后，应召集县区人员会议，帮助村中扶导救济办法，切实办理。

五、各县于每年年底，应将走下坡人家总数及办理情形，呈报省政府备查。

第五节　表　式

县办理息讼会查报表

知事　　年　月　日

委员　　年　月　日

村名	县署受理民事案件数	息讼会受理案数	调息案数	不服案数	讼多讼少原因			备考	实察情形
					原无讼	因息讼会处息公道无讼或减少	现仍讼多		
合计									
总评									

表解：

（一）本表第一至第七栏，均由县署于每年年终查明，于次年一月内填齐，交由委员依据考查。

（二）凡诉讼非一村人，应择一村填列于备考栏内注明。

（三）对于讼少、讼多村庄如何奖勉、谕劝及榜示各项前五村，均由县另表填列交委员照查后，附以考查意见，随此表呈总司令部考核。

（四）委员将全县抽查后，应将与县填同异之点，于第八栏内详实叙明。

（五）该县办理息讼实效如何、对十三年告知办法前二条能否认真办理、县区人员能否实心提倡鼓舞、各息讼会有无强制当事人交纳会费情弊、各村村长及息讼会人员有无强制、专横、不公、厌烦情事，委员应于“总评”内详细叙明。

县办理息讼会报告表

编村总数	原无讼村数	因息讼会处理公道无讼村数	较前讼少村数	现仍讼多村数	如何奖勉或劝谕

第六节 讲 话

对实察员讲话并解答（息讼会类）村政问题
（十一年）

问：“城镇地方，商人较多，可否另立息讼会？另订市禁约？”

答：“街、村一致，市禁约可以订之。商人有商事公断会。息讼会可不可设立，宜分别处理。恐人民与商人有时闹意见也。”

问：“息讼会已经和解之事，可否使其摘要由该会存案？”

答:“存案事暂可缓议。此等事官厅不可作主张,恐与村中增开支也,应由村人自定之。”

阳高高知事提议:息讼会既无经费,又无差人,遇有报告评议事件,邀集会员及两造,苦于无人。可否由村款内临时雇人,抑由两造分摊?若一造不愿到会或不愿出钱时,应否强迫?

“不必规定,可按村情由村中酌量定之。村摊可,两造摊之亦可。若定为一法,适于此村,未必适于彼村。总之,我此次的意思,是与人以便利的机会。如恶风已张的村子,公道力量薄弱,不设息讼会可也。我辈以利民之心,行利民之政,不可因此而与人民以不利也。切要。切要。”

武乡傅知事提议:息讼会会员餐费、村警小费,应由当事人担任,乃曲者多不允许。若由食者摊交,恐嗣后召集不易。可否变通限制,有限摊派,抑或由村公费内开支?

“变通限制之亦可,或由村款支给,或令两造自由摊派,均无不可,但为数不可太多。总之,以后不可靠章程办事,否则是仅有照章奉行之书记,而无拿心办事之知事了。”

第九章

保卫团

第一节 法 规

保卫团·叙

保卫团是什么呢？就是村中好人联合起来习些武艺，保护地方，防御盗匪的一个有力的团体。处现在时代，溃兵土匪，到处抢掠，非人人自强，讲求武艺，抵御盗匪，便不能过安生的日子。有人说：保卫地方，抵御土匪，是军队的责任。不知各地方都要靠军队来保护，何能养得起许多军队？况军队多非本籍人，不如本地人利害关切。军队是外来的，不如本地人地理熟习。军队只用于正式战争，若使小寇盗窃，流窜无定，亦要用军队来剿，那就如同以牛捕鼠，劳而无功。所以常有军队驻扎的地方，人民要讲求自卫。我告说你们，以后应注意做两件事：

（一）各村社应设立拳场，请拳教师，鼓舞青年子弟，闲时练习拳棒，养成尚武的精神。

（二）应遵照《保卫团章程》，热心办理保卫团，使好人结成团体，实行古人出入相友，守望相助的道理。

你们如能把以上两件事做好，溃兵土匪他就不敢来扰，人民也就可以常常安生了。记得民国十三年，宪兵司令部羁押直隶著名土匪李俊升，于夜间扭开手铐，越墙逃逸。当时，众皆以为此犯务在必获，拟令军警一齐严拿。余笑曰："军警何有此力量？如果必欲拿他，应将年貌、口语通电各县，即时分传各村，于明后日，同时在村界内一齐检查。如其未出省境，必可拿获。"果然，两日后，该犯行至和顺县南关，保卫团丁见其形迹可疑，与奉令严缉之犯相似，当即扣获，送交街长，转报县署。经该县报省，派人验看属实，归案惩办。你们看，村政办好了，连一个逃犯也走不脱，其效果比陆军、警察的稽查还周密得多呢！本总司令深信，真正除弊，非在村政上用力不可。而除暴安良，尤要各村尽力办理保卫团，又省钱，又便利，大家联合，力量亦大。盼你们要切实举办才是。

保卫团练习长矛八法手掷弹奖励章程

（十四年五月一日公布）

第一条　各县保卫团以练习八法枪、手掷弹二种为要技。

第二条　村奖。每年由村中考试一次。每编村中取优等十人，由村中奖励之。

第三条　县奖。每年由县知事亲到各区，将各编村所取之优等团丁，集合考验。按到场人数核计，每二十人中，选技艺精娴者一人奖励之。其奖励章程，由县署自定，呈明省署核准备案。

第四条　省奖。由县知事每年召集县考优等人数，集合城内，复考一次。按到场人数，每十人选取一人，将取定人数，连同履历，册报省署，每人奖以醒狮章一座。

修订地方保卫团条例

（十六年八月十八日公布）

第一条　本条例系按照前颁《地方保卫团施行细则》，并参合各县情形修订之。

第二条　保卫团以团结好人，保卫地方为宗旨。其应办事项如下：

（一）稽查本村窝藏匪类。

（二）捕拿土匪盗贼。

（三）查禁贩吸烟土、金丹。

以上三项查获时，应送区转县惩办。

第三条　各县保卫团，按每闾为一牌，以闾长为牌长。数闾为一甲，以村副为甲长。一编村为一村团，以村长为村团长。一行政区为一区团，以区行政长为区团长。一县为一总团，以县知事为总团长。

遇必要时，总团、区团、村团、甲牌，均可添设副长，辅助办事，统由总司令部发给徽章。

第四条　各村十八岁以上，三十五岁以下之男丁，均负入团受教练之义务。但有下列情形者，得免除之。

（一）疲癃残疾及有精神病者。

（二）在外有正当职业与村中办公者。

（三）学生在校肄业者。

第五条　各村遇有匪盗时，村团、甲、牌长应即时召集团民捕拿，并通知邻村协助。如有拒捕情事，格杀勿论。

第六条　各村团、甲、牌长闻邻村有匪警时，应即时召集团民前往协缉。

第七条　保卫团团丁徽章，由各县规定式样，令各村自制之。

第八条　团丁操练分常操、会操二种。

（一）常操于农暇时行之。

（二）会操于每年春节后一月内，由总团长分区召集举行之。每区会操时间，以一日为限。

第九条　各区会操如成绩优良者，得由总团长奖给赏金。但每区赏金不得过二十元。

前项赏金，由县地方公款内支给。

第十条　各村团办理保卫事宜，具有下列情事之一者，得由总团长电请总司令部核给奖恤。

（一）查获通缉或悬赏缉拿之巨匪者。（通缉者，奖洋五十元。悬赏者，

照赏格奖给）

（二）盗贼抢劫登时捕获者。（每拿获一人，分别奖五十元以下，二十元以上之奖洋）

（三）协同他村团捕获盗匪者。（奖洋从上项数目内，由总团长酌配分给）

（四）因捕拿盗匪被伤或毙命者。（被伤者应电请总司令，按伤之轻重，核给养伤费。毙命者恤赏洋三百元。当年给予一百元，其余每年给予二十元，十年给清）

（五）夺获盗匪快枪者。（每支赏洋三十元）

第十一条　各村团办理保卫团事宜，具有下列情事之一者，得由县知事核给奖励。

（一）密报盗匪窝藏处所因而拿获者。

（二）密报贩卖烟丹之人因而拿获者。

第十二条　保卫团人员如遇事敷衍或规避时，按下列情形分别议处。

（一）教练不到者，由木村议处之。

（二）拿贼不到者，由总团长惩处之。

第十三条　各村团办理保卫事宜，具有下列情事之一者，得由总团长呈请总司令惩办之。

（一）村中容匿盗匪及贩卖烟丹之人，村团长明知故纵不报者。

（二）村团、甲、牌长对于盗贼、烟丹等事，有意诬陷良者。

第十四条　总团长、团副、区团长，办理保卫团成绩卓著者，由总司令部核奖。

第十五条　总团长、区团长、村团长、甲长、牌长等，皆系名誉职，不支薪金。

第十六条　保卫团所需经费，由村民会议议定之。

第十七条　本条例自公布日施行。

第二节 令 文

指令临县办理保卫团贵求实际省民财并慎选教练员文

（十二年十二月二十四日）

呈悉。令在乡军人教练保卫团，办法甚是。惟此事贵求实际，不重形式。教练员须择品行端方，技艺精熟之人。其不愿者，亦不必过事勉强。村中钱财尤须特别节省，若稍涉浮滥，即为进行障碍。余尚可。仰即注意办理。

此令。

指令长治县办理保卫团应注重职责文

（十三年一月三日）

呈悉。查，办理保卫团，原以团结好人，使之爱乡爱群，主张公道，保卫治安，视查抓匪类皆分内应尽之职责。赏洋恤金，不过为官厅一种鼓舞提倡之方法，切不可令团民认此为唯一之希求。该县城关保卫团，成立未及匝月，已能认真服务，屡有获案，自属可嘉。但嗣后，须于内部精神上特别注意。令各段人员、各保卫团教练员、各村长副等，详为教练，随时提倡，以期造成真正团勇。至获案赏洋，本署自有斟酌。此令。

行知壶关县办理保卫团应禁雇觅团丁文

（十四年一月十九日）

据查，该县各村保卫团尚多办理认真，不无成效可称。惟各村庄十之七八，多有雇觅团丁情事，每村均在二十名以上，花费过钜，民有怨声。查，办理保卫团最要在提动本处人民，使各知保卫地方为应尽之责任。出资雇佣，敷衍一时，不但加重人民负担，亦殊失办团本旨。合行该县，仰切实晓谕各村，并严行查禁，以息民怨。

特此行知。

电令各县赶紧训练保卫团文

（十四年四月二日）

□□县知事：现在时局不靖，非强民自卫，不能保全省人民之安全。仰一面切实训练保卫团，一面将此事利害与精神费力传到民间，使知奋勉，以期抽暇赶办，并将办理情形，随时具报。

指令静乐县先将保卫团精神与利益向人民切实说到文

（十四年四月十八日）

呈悉。刻下，时局不靖，防务最为吃紧，亟应思患预防，先事筹备。仰该知事勤于下乡，先将办理保卫团精神与利益向人民切实说到，再督饬各段主任及村、闾、邻长等认真督率，着实操练，务使外侮之来，力足自卫，方可以有备无患也。

此令。

指令静乐县办理保卫团应注重精神不可拘泥形式文

（十四年六月九日）

呈悉。核阅该县所拟办法，多涉繁扰。办理乡村保卫团，要在练有团结精神，自卫技能，毋庸拘照陆军式营、连、排长之组织，惹人疑虑，并应抱定不违农时，不耗民财宗旨，妥慎进行，始能顺利奏效。团丁操练不到，处罚过重，尤足招怨。仰本此旨，按照地方情形，另拟简妥办法呈核。

此令。

指令昔阳县保卫团宜趁农暇认真训练务使人人有自卫能力村村有联防精神文

（十五年十一月九日）

呈悉。据查，该县大街、西街、南关、北关、建都、王家山、北南沟、王家庄、西南沟，巴州、下思乐河、西钟村、洪水、川口、凤居、天圣、庙河、下阎庄、水峪、沾岭等村，去冬，对于保卫团，均系虚有其名；巡逻会哨，多不能切实认真办理；大街团丁操练，尤为不勤；第二区所属各村团丁，在阴历十一月十五日后，始行操练，且无确定期限。等情。现当军事结束，冬防吃紧，地方治安，极关重要，此项团练，尤不可缓。亟应查照本年《告知事项》第二条，分饬各区行政长，督饬各村长副，趁此农暇，督率团丁，切实照章服务，认真训练。第二区及所指各村，尤应特别注意，务使人人有自卫之能力，村村有联防之精神。再，表列各村团丁操练及查获案件三栏数目，多与事实不符，嗣后填造，务须翔实，不得稍涉含糊，以昭慎重。此令。

训令各县着实办理保卫团并刷印前颁地方保卫团施行细则问答张贴各村文

（十五年十一月二十三日）

为训令事。现值军事甫毕，人心未靖，外来难民，与地方痞棍，难免于各村野店荒寺，勾结潜藏，为害地方。现在，冬防吃紧，亟应特加注意，戒备不虞。仰即分饬所属各区村，着实办理保卫团。就各村情形，规定查店办法、会哨路线，令各团丁分班巡逻，严密稽查，并由县署将前颁《地方保卫团施行细则问答》，择要印刷，张贴各村。各员属下乡之时，可谆谆申告，促人注意。事关重要，务速遵照，妥筹办理。此令。

行知神池县对于团丁宜婉劝不宜责罚文

（十五年十二月二十四日）

据实察员函报，并附送该县《整顿保卫团办法》、十一月份《政治会议录》。详核所拟各条，均确实可行。惟处罚办事人及团丁不到操罚洋二角，延迟者罚洋一角，皆稍嫌苛重。当此兵役之后，各村长副等劳瘁从公，或竟蒙厌退之心，县区人员，应体慰劝导，俾仍实心办事，非万不得已，不可轻用惩罚。至百姓感征赋之苦，知目前而不计久远，知为己而不知急公，乃人之常情，可多方譬喻，设法劝导。即团丁中有疲顽成性，抗不到操者，仍宜由本村酌议处罚，不必由县定一角、两角之数也。查，本年匪军侵扰，偏关县被灾尤重，所至各村，无不劫掠一空，贫富无能幸免。惟老营堡、南山一带，村民团结，或垒石为人以惧敌，或塞路作险以阻匪，巡查会哨，前后获敌九名，卒使匪众畏不敢前，地方赖以免祸。嗣后，各村皆觉悟自卫之当急，虽极贫之民，亦无不乐于办理保卫团，其请愿出资购置枪械者，不下数十起，更有欲借赈灾之款，以兴办民军营者。盖重创之后，人人同有觉悟。该县应将此话宣传各村，俾益自奋，不待责罚，便可收观感兴起之效。特此行知。

训令壶关、平顺县办理保卫团意在团结好人查治匪类务令各区长逐村查察将行为不端团丁一律删除文

（十六年二月十五日）

据报，该县保卫团丁，良莠不齐。商民过境，每有借名搜查烟丹，实行勒索情事，以致人民啧有烦言，会匪借端生事；前此红枪会扰晋，该保卫团办理欠佳，不无关系。等情。查，办理保卫团，意在团结好人，查治匪类，必须将各团丁个个甄别，毋令掺入坏人，方能有除暴之益，而无扰民之弊。据报所办情形，殊失设团本旨。仰该知事限期督令各区长，逐村切实甄别，将行为不端团丁，一律删除，另造名册；责成各村团长督率操练服务，期收实效，并应妥筹查办方法；择派专员，认真稽查，以免借端勒索之弊。如有不法之徒，假冒团丁，欺诈商民，尤须严重惩办，以儆效尤。此事为该县办理善后第一要件，务须与各僚属详确讨论，着实办理，拟定稽查办法，先行报核。甄别团丁情形，限两个月内办竣具报。切切。此令。

第三节　公　函

致六十县知事令迅速具报办理保卫团情形及数目并照十月二日公函办理函

（十一年十一月三十日）

查，本署改订《地方保卫团施行细则》，业于本年二月间公布，令行各县遵办在案。各县呈报办理情形暨团牌、甲长、团丁数目总表者，已有四十五县，该县尚未具报，时为厘系。希将办理情形及数目总表，迅速具报。再，省署十月二日公函，谓操练一事，应择村而为之，不必一律皆操，诚恐办理不善，致滋骚扰而糜村费。若团之一事，各村均可为之，但能使团中无坏人，则无害而有益矣，应分别观之。

覆乡宁县第三区柴区长办理保卫团以不妨碍民事不虚耗民财为要点函

（十二年一月十二日）

前月二十七日来函及附件均悉。所拟会哨、会操办法，尚见周详，是否适合该区地方情形，应与县知事斟酌进行。惟办理保卫团要点，一在不妨碍农事，一在不虚费民财，取一律办法，购置号掛、军帽等物，尚嫌偏于形式，不如注重精神，较易见效而无流弊。所拟规则，亦嫌繁冗，恐拘文字上之规则，致失人心上之规则，应再费一番心力，务求恰合民情，则以后施行要政省力多矣。

致安邑、解县、虞乡知事对于保卫团应按照施行细则着实办理函

（十二年三月十日）

迳启者。据报，该县保卫团，只知有巡更下夜之责，而不知含有好人结团体之意。推其原因，盖缘按户轮流使然，以故团丁中年老者有之，有嗜好者亦有之。如此办理，殊失设立本旨。仰即认真查察，按照《保卫团施行细则》，着实办理为要。

致石楼县和知事督同员属定期会操保卫团并使失学儿童设法就学函

（十四年十月三十日）

迳启者。据报，该县因村庄零星，各村团丁多未联络操练，学童又多未就学。等情。闻之殊为系念。查，山僻县分，办到团丁一致操练，学童全数就学，固感困难，然能到处设法，未始无促进余地。余意：保卫团，每编村宜择十户以上之村庄，相距在十里以内者，各划为一段，每月定期会操数次。如此办理日久，既可养成团结习惯，亦不至强人所难。至失学儿童，有学校村庄暨距学校较近村庄，督促就学，当属易易。其距学校较远，有愿就学者，亦可令其出村就学，但须预饬学校定有学生住宿办法，庶不至使人裹足不前。现在农忙已过，希即督同员属，设法进行。

第四节 办 法

临县保卫团联防烟土过河办法
（十二年五月）

一、沿河各村保卫团，应互相联防，防堵陕西烟土过河，并抓获之。

二、沿河各村保卫团之组织，除遵照《保卫团施行细则》第三条第一项，设总团长、区团长、村团长、甲长、牌长外，并以该管小区调查员（小段主任）为总团副，就近指挥监督。

三、沿河各村保卫团民，应分为若干组，每组以六人为限。

四、沿河各村无论主、联村，应各将村界划清，树立木质会哨界牌。

五、沿河各村，应各设一保卫团办公处，以为团民汇集之地，由村团长派牌长每昼夜一人，轮流管理之。

六、沿河各村，每昼夜应各派团民一组，在河岸本村界内梭巡，并与他村团民会哨换签。

七、各村团民服务时，应携带警笛、警棍。

八、各村团民如查有烟贩过河力难抓获时，即吹警笛召集其他团民并力抓拿。

九、各村团民如闻警笛声，应不分畛域，迅速协助。

十、各村团民如查获烟贩时，即将犯证送交村团长，转交县署惩办。

十一、各村团民应受总团副及村团长之指挥。

十二、各村团民如有不法情事，经总团副查明属实者，应依法惩办。

十三、各村团民服务著有特别劳绩，应由村团长报告县署分别给奖。

十四、各村团民暂由县署发给徽章。

十五、本办法俟呈准之日施行。

盂县保卫团联防烟丹入境办法

（十二年五月）

一、本办法以杜绝烟丹之输入为目的，由本县沿边各村保卫团负责实行之。

二、本办法为实行上之便利，按县境沿边各村划为东南、东北、西南、西北四部。各该部内村庄，不论主、属村，除可能自了者外，均应按照另表所定，负互助严查之义务。

三、各村互助。所在村为受助村，其邻村为协助村。每日至少应出团民两名，不分昼夜，严密稽查。轮值团民出村协助时，应由村长填交互助循环簿一册，交由亲送受助村村长查记应载各项，钤章证明，由下期轮值团民取回之。

前项循环簿，由县署印发，责由各该村村长保管，每月送区转呈县署考核。

四、下列各项可疑人，轮值保卫团团民均应切实检查之：

甲　口操外音者。

乙　由外远归者。

丙　由外迁往者。

丁　时见从外县或外村来往者。

戊　其他有可疑情形者。

五、轮值团民实施检查时，应持示检查证，并招村、闾、邻长一人以上，面同办理。凡可疑人之身体、行李，或随行牲畜、车辆，均得检查，于必要时，并得搜索其家宅。但系妇女时，应由村、闾、邻长之眷属检查之。

前项检查证，由县署制发，责由各该村村长保管，逐日交付轮值民团，于回村时收回之。

六、轮值团民查获烟丹时，应面同犯事人点交所在村村长或村副，详记数量于报告表，并会同村长副签字或盖章，力速送区，转解县署讯办。

七、轮值团民查获烟丹时，除照章给予赏金外，并得由区村长酌量劳绩，并请县署核给名誉奖励。其玩忽不职，或有其他舞弊情形者，区村长亦应随时稽查举发，转请分别惩罚。

八、轮值团民对于检查人，除有抗拒情形，应予相当制裁外，不得无故凌虐。其查明并无烟丹，或其他违法物品者，毋许留难阻滞，但受检查人亦不得藉词责难要挟。

九、团民轮值时，如有必须费用，由村长副按照本省《保卫团施行细则》第十六条规定办理，即在各该村违犯禁约捐款项下动支，仍按月报由该管区汇报县署备案，并揭示本村。

黎城县保卫团冬令教练团丁办法

(十二年九月)

一、各村应设立拳场，聘请拳师或乡军与一般团丁教授拳术、体操等艺，以期上进。但团丁中如有实系因贫或其他事故不便学习者，亦不强迫。

二、各村拳场，自阴历十月十五日成立起，至次年二月十四日停办，共计四个月，其自愿延长者，听。

三、各村拳场内，除教授拳术、体操外，并讲说《改进村制办法》、《敬告父老书》、《保卫团施行细则与问答》及《人民须知》、《家庭须知》等书，以期增进知识。

四、讲说《改进村制办法》等书，责成该村国民学校教员，与担任村政人员及村长副之通文义者，乘暇或夜间教练之。其间、邻长等亦应随班听讲。

五、各拳场内所需教员薪金及油炭等费，准由村费项下撙节动支，但每拳场四个月内一切费用，至多不得过三十元。

六、冬防期内，各村团丁应与附近村庄团丁，订期会哨，以资联防。

七、甲村如有盗贼行劫，乙丙各村闻知，应派团丁往救。倘知情不理，得由甲村村团长报告该管区团长，转报总团长议处。

第五节 告 谕

告语太谷县绅民词
（十一年）

山西富足，首数太谷。今入其境，我心不乐。村中房舍半拆毁，巷中儿童多零落。衰老锄禾苗，少壮不见出。有妻被夫卖，掩袖途中哭。人贩催急行，妇声哭愈促。我见此情状，我心如绳束。我问“受何病”？齐答：“金丹毒”。一听这句话，我心呆半日。令车手，赶快行。到地头，好向我绅商、学生说：“大家齐来，发个公道愿，集个爱群团，帮着村、闾、邻长热心做，整理村范，岂止还我原来的太谷？”

临别太原县留语街村长副闾邻长
（十一年）

街、村长副、闾、邻长，村政全凭你们办。遇事要公道，与众要商量。切莫有私心，教村中怨望。你们看见我的面，应知道我的心。除盼你们村中好，别无他样。愿你们领着大家好好地办。良心良心，就是人生的骨干，拿出它来做办事的力量，才是真正模范。

留语太原县人民

（十一年）

人民人民，快快地醒，整理村范全是为着你们。整理好一村，一村的人就可安生。还有那息讼会、保卫团，这通是你们主张公道的权柄，不可一点放松。爱群爱群，大家一齐做好人，勤勤谨谨，互相扶持着进行。处世要有良心。村中无坏人，家庭不残忍，就是我盼望你们的心。切莫让他村独荣。

留语太原县学生

（十一年）

学生学生，热心爱群，难在你们见了那可怜的人，切要哀矜。前天演的《桃花源》，就是政治本，使你们可爱的乡里，成个这样村，岂不快心？我盼望你们大家，齐来发个公道愿，集个爱群团，帮着才行。三年后，一定大见功，一定大见功！

告语寿阳县绅民词

（十一年）

昔闻寿阳风俗好，男耕女织闲人少。又闻寿阳人情厚，坏人坏事不常有。自从铁道火车开，浮华恶习传进来。花花洋货斗时新，金丹也有吃的人。乡下风俗不如前,纺织更难比往年。坏人坏事慢慢多,没人整理可奈何!我今大声对民吟,村、间、邻长要热心。整理村范十件事,无非盼人能自治。我劝商人莫散涣,帮助人们往前办。我劝绅士莫旁观,赶快结起爱群团。我还再将学生劝,立志发个公道愿。大家却(且)莫分彼此,爱人就是爱自己。如有坏人不悔改,大家和他要对待。坏人改好风俗良,这才真是好寿阳。

告语平定县绅民词

(十一年)

人说平定不甚好,人口很多地土少。一遇年荒缺粮草,我说此话是错了。平定地方并不穷,煤铁遍地地有宝。南北有汽路,东西有铁道。并且商人开通早,只要有职业,何愁不温饱。盼商民整起村范来,把坏处去掉。备荒积谷互相保,过一个安生日子,自少至老,大家想,好不好!

人说平定实在好,历来功名发达早。如今学校也不少,我说此话又错了。假如绅学各顾各,社会何时能改造?里仁斯为美,惟善乃为宝,村本政治要知晓。所贵士与绅,志不在温饱。盼绅学,结起爱群团,发愿行公道,帮办村范莫草草。做一个模范样子,成功可保,那才算真正好。

告谕人民保卫地方治安文

(十二年)

现在,山西省外四周围的地方,溃兵土匪,到处皆是。咱山西向来兵少,边界又长。你们大家都应该知道一件事,就是,以后山西人民,非各地方能保卫各地方的治安不可。但是,保卫地方,可得有保卫地方的本领才

行。我告诉你们,你们以后要做三件事:

(一)大家以后要大提倡练拳棒。各村社应设立拳场,请拳教师,鼓舞青年子弟,闲时练拳,养成尚武精神。

(二)应遵照《保卫团章程》,热心办理保卫团,使好人结成团体,实行古人出入相友,守望相助的道理。

(三)壮年有职业的好人,赶紧入在乡军人训练连,练习军人的本领。你们学下军人的本领,以后保卫地方才能真有把握。

你们果能把以上这三件事办好,溃兵土匪,他就不敢来。咱们山西的地方,就可以常常安生。本督军是个山西人,爱山西地方的治安,和你们爱自己的村里、家里一样。我可以对你们说句话:无论到什么难为的时候,终是要拣一条与人民很好的路子走啦。此文街、村长副、闾长各给一张,并责成宣传员、区长、街村长副、国民学校教员及高等小学以上学生,为人民详细讲解,务使人人皆知。

告示人民救人要从擒拿贩卖洋烟金丹的人下手
（十三年）

一个杀人的强盗是最可恨的,但是只能杀一个人。一个贩卖洋烟金丹的,不知道杀几千万人。大家能擒住一个贩卖洋烟金丹的人,真是救人不少。我盼望你们愿意救人的人,要从擒拿贩卖洋烟金丹的人下手。

此话责成村长副、闾邻长及国民学校教员,与人民学生好好讲解。

告谕全省人民强民固圉文
（十四年）

什么叫做强民固圉呢?就是要教我们山西人,个个自强,有抵抗土匪的能力,教他不敢骚扰我们边境的意思。因为现在山西省以外,土匪溃兵很多。他们看见山西这多少年，没有兵灾，地方富足。并且山西人素来怯弱，不敢打战，所以常常有抢掠山西的心。我们要只靠军队，哪有钱养这么多的军队？况且山西边境有四五千里长，军队何能处处防到？若非我们人人自强，都学点军队的知识、抵抗土匪的技能，还能保得住身家性命吗？你们到过外边的人也很多，试看看那乱了的地方，每年供给军队和土匪的费用，哪一县不在一百万员以上？出这许多钱，如果能不被抢掠烧杀还好；最痛心的，人民出上这许多的钱，还不能过一天平安的日子，甚至于没有一家完全人家，没有一个不被欺侮的女人；一县之大，寻不出一支未曾捣毁的箱子；这还能活吗？所以本省长急盼我们山西全省人民赶快觉悟，想自卫的方法。凡是壮年男子，或是入城防保卫团，或是应募在乡军人。就是在村的团丁，也要常常操练，保山西以保身家，千万不可再存好人不当军人的心事。试想土匪进来，抢掠奸淫，是不是有身家的人先受害？既是有身家的人先受害，我们反倒不自己设法抵抗，想掏钱雇上些无业游民，或是外路人，来担保卫地方的担子，这保卫身家性命的事，岂是雇人能办到的吗？况且不愿当军人，无非是怕和人打战，试问土匪进来，我们还逃得脱打战吗？现在河南、直隶也有些县分，团练办得很好。土匪溃兵，简直不敢入境。可见越不怕土匪，土匪越不敢骚扰，这就叫做敢战无战。不过，这些地方通是人民受过抢掠以后自己起来办理的。要等人民受害以后，自己觉悟去办，那就迟了。本省长既以山西人，作山西官，绝不愿教山西人受了抢掠以后，才去补救，作那亡羊补牢的事。你们人民也千万不可苟且偷安，等到家破身亡，作旁人警戒的话柄才是。

此谕应由各县知事，责成各小段主任，督饬村、闾长、小学教员，为人民详细讲解。一个月内，邻长必须了解。三个月内，全体人民必须了解。并责成村范委员，按期抽查。

嘱实业会议各县代表转告全县人民要言
（十四年）

诸位回去，结实替我告说全县人民以下几句话：

山西事办不好，是山西的人民受害。现在的时代，其害甚大。但是要把一个地方的事办好，非擒住一个地方的坏人不可。早前的坏人是没假籍的，所以是很少的，很没力量的。现在的坏人是有假籍的，所以是很多的，很有力量的。按民主国家的道理，省长的权力擒不住一省的坏人，非全省人民大家齐来擒住他们不可。擒他们用什么法子？就是主张公道的一个法子。一村的人，一定要主张一村的公道；一县的人，一定要主张一县的公道；一省的人，一定要主张一省的公道。利于全村，为一村的公道；利于全县，为一县的公道；利于全省，为一省的公道。什么时人民能主张公道，省长才敢放胆替人民擒坏人。我做省长如此，他人作省长亦如此。人民不能主张公道时，省长敷衍坏人，冤屈好人，省长易做；帮助好人，收拾坏人，省长难做。余此言，非受刺激而发，为山西人民谋安全，非此不可也。我盼望诸位回去，提倡一村，集一个村主张公道团；一县，集一个县主张公道团；省中，集一个省主张公道团；主张一村一县一省的公道。一村之中，不可争一家之利益；一县之中，不可争一村之利益；一省之中，不可争一县之利益；只争个公道，反对个不公道。本家、本村、本县公道要争；他家、他村、他县的公道亦应代他人争。对本家、本村、本县的不公道，要反对；对他家、他村、他县的不公道，亦要代他人反对；使全省中皆公道森严，我们就成了圣贤人群。一切贪官污吏、劣绅土棍及不爱群、不负责、办公事不尽心、不尽力及假借上权柄欺负人民、假借上民意舆论，受贿自便的人，皆敛迹改善，而变为爱群负责，尽心尽力的人，全省人民的大幸福固不待言，亦吾们心理上之大快事也。坏人最易假借的是军队、议会、法庭、报馆。军队有快枪，法庭有权柄，议会是民意，报馆是舆论。这些地方一让坏人进去，人民的冤枉，一天大一天；一省的公事，一天坏一天；久之，地方就要乱，国家就要亡。到这时候，就是全省人民的父母、妻子、身家财产就保不住了。我很盼全省人民起来，集起团体来，主张公道，擒坏官，擒坏绅，擒坏人。

第六节　表　式

县保卫团查报表

知事　　年　月　日

委员　　年　月　日

村名	男丁数	团丁数	操练数	操练方法	服务情形	查获案件数						实察情形
						劫	盗	贩	吸	赌	其他	
合计												
总评												

表解：

（一）第一至第七栏，由县年终查明，于次年一月内填齐，交由委员据查。

（二）第五栏，应将操练种类及时间（如三、六、九日，或春冬农暇之类）填入。

（三）第六栏，应将巡逻会哨、稽查联防、缉捕等情形填入。

（四）第七栏，"劫案"系指三人以上，结伙强夺他人财物之案而言。

（五）"实察情形"栏内，应将抽查后与县填异同之点叙明。

（六）"总评"栏内，应将花钱多寡、有无雇佣、顶替情弊，并县区人员用何法倡导、促进、编制、团结等各若何，委员抽查后逐一填入。全县成绩并应查明何区、何段、最好、最坏，分别提出。

第七节 讲 话

对实察员讲话并解答（保卫团类）村政问题
（十一年）

问："如有坏人愿入保卫团，而村民碍于情面，不反对，或不敢反对时，如何处理？"

答："应由区长阻止之。"

问："各村保卫团成立后，对于稽查本村窝藏匪人、捕拿强盗土匪、查禁贩卖烟土、金丹等事项，保卫团完全负责，而村警似无用处，应否取消？"

答："如保卫团成立后，村警可留与否，应由村中自主，不可干涉。"

黎城余知事提议：委任退伍在乡军人为保卫团教练员，酌予津贴，分村担任，召集团丁，实行练习操法，并习拳术，以资捍卫。

"整理保卫团，实非易事，因人民习于安生，且办理此事与息讼会不同。息讼会解难于已成，顺乎人情；保卫团防患于未萌，有反于习惯。尚希为知事者，慎重为之，尤不可讲形式，尚表面，致村中花钱。”

第十章

村财政、村监察

第一节 法 规

村财政·叙

凡办一件事,就得花一笔钱。以村中钱办村中事,或动用社上的存款,或随时摊派,按人按地,无非取自花户。此项钱文,用于办理村事,固要实在。即是村长副进城办事的时候,虽不能枵腹从公,所用之旅费,亦须有一定的规矩,不可滥支。向来村中花户,凡攻击村中首事人,多由于财政。故村中公款,一出一入,每年至少要榜示一次,俾众周知。如村庄大,事务繁的地方,能够一月贴榜一次,更好。那些花户自然相信不疑,筹款也就容易啦。

村长副支用公费规则

（七年九月九日公布）

第一条 村长副公费分二种:

(一)车马费。村长每次赴城办公,十里以内往返支车马费,洋二角。路远者按里数递增,但以赴城办公为限。

(二)膳宿费。自赴城办公之日起,至公毕回村之日止,每日支膳宿费不得过洋三角。但因私事耽延,即不能支用公费。

第二条 村副代村长赴城办公时,支用公费与村长同。

第三条　村长遣人赴城办公，或往邻村商办事件，得由村长酌量情形，发给川资。

前项川资，即由办公杂费内开支。

第四条　各大村镇有分街设长者，其因公赴城，应支公费，亦依本规则办理。但城关街长不在此限。

第五条　办公杂费，应实支实用，不得浮滥。

第六条　前项公杂各费，应由村民摊认支付，并按月宣示，以昭公实。

清理村财政简章

（十三年八月一日）

第一条　现在靡费过多之村，多为习惯相沿者。应将靡费之害，切实动人处，宣传若干时日，至人心承认之后，使之逐渐撙节。

第二条　各村自设公所后，增加之浮滥开支应查明，从此禁止。

第三条　招待官委差警之酒饭、脚费等项，尚有少数未能尽除者，应由官委自行劝阻，再次清理。如仍未改，官委并负其责。

第四条　款项有纠葛者，务从速解决。

第五条　款项有侵蚀之弊者，务从速究办。

第六条　各县务须遵照十三年（总）字第三号训令，限期清理。以后每年清理一次。逾期除发生特别障碍外，有一村不清理者，该段主管人员记过一次。该员等记过三次者，知事记过一次。

第七条　新旧村长交代于一月内，应将账簿及款项交清。逾期不办者，由该段主管人员负责督催之。

第八条　委员应遵照十三年五月三十一日函，限于十月底，查报本署。逾限一月不报，或报告不实者，记过一次。

清查村款条例

（十六年八月十八日公布）

第一条　各村村款，由村监察委员会监察员清查之。

第二条　村长副于每年春节后二十日内，将上年村款收支一切账簿，送交监察员详细查算。

第三条　监察员对存款有疑意时，得随时通知村长副，明白答覆。

第四条　村长副如不遵照前二条规定，依限送交账簿及账目不清，故意蒙混，或不向监察员说明疑意时，由监察员报告区长，迅予纠正。如系查有重大弊端，应报区转县处办。

第五条　监察员清查账簿，以二十日为限。清查后，如无弊端，应即会同村长副开列清单，连名公布之。

第六条　监察员清查村款，如有徇隐，或作弊情事，得由村民告发之。

第七条　自本条例实行之日起，前定清查村款办法废止之。

监察委员会·叙

村长副等办理村事，仅凭官厅监察，究不若村人监察之详且实。村人虽有监察权，若无监察之机关，亦难尽监察之责任。所以定了一个村监察委员会，由村民会议选出数人，执行其事。这监察委员会，对于村长副，一方面说，是监督村长副等经理村款，按期公布；一方面说，是村长副等往好里去办。如果不好，再行举发纠正。照此办理，则村长副与村民间之争议不至发生，村事就可蒸蒸日上矣。

村监察委员会简章

（十六年八月十八日公布）

第一条　本简章根据《改进村制条例》第七条规定之。

第二条　监察委员会，由村民会议于村民中选举五人，或七人组织之。

第三条　监察委员会职务如下。

（一）清查村财政。

（二）举发执行村务人员之弊端。

第四条　监察委员会，如查有前条第二款情事，应报区转县核办。

第五条　监察员任期一年，但得连举连任。

第六条　本简章自公布日施行。

（各村）经理存款注意事项

（十七年二月十三日公布）

查，各县村款，每因账簿不清，发生纠葛。兹将经理村款重要事项及结算方法，规定如下：

（一）村中各款，应由各村自立账簿，送区盖骑缝印，并记明页数，于所记数目字上加盖图记，以防弊端。

（二）各村管账员，应将出入款项，随时登记，并注明日期、出入名目及过付拨兑人名或商号。

（三）各村每月应按后列四柱清册式结算一次。如村款过于简单，得按三个月结算一次。

（四）各村每年应按后列四柱清册式，将全年账簿总结一次，以便村监察委员会按章清查公布。

（五）各村结账时，应将出入大洋、铜钱，分开登记。

附：四柱清册式及结算方法

旧管（即原存或原亏的款数）

新收（即本期共入的款数）

开除（即本期共出的款数）

实在（即现存或现亏的款数）

（一）旧管栏，应将上期结存或不敷数目，确实登记。

（二）新收栏，应将本期收入各款数目，算清登记。

（三）开除栏，应将本期开支各款数目，算清登记。

（四）实在栏，应从本期旧管、新收合计数内，减去开除之数，将所存数目，确实登记，如旧管、新收不敷开支时，应将不敷之数，确实登记。

第二节　令　文

训令各县联合村摊款办法文

（九年一月六日）

查，各县附村对于主村，除村长副应需公费，即按各联村民户多寡匀摊及旧日社会摊款仍照向规办理，村立国民学校摊款，已另有规定通知外，其余发生之教育、实业以及特种社会能否联合办理，应取两方同意，不得勒派。除通令外，仰该县饬区布告周知。

此令。

训令各县转饬各长区对于代追村费不得扣留分文文

(十二年五月二日)

闻,各县村庄,有违反村禁约者,村社按约罚办;遇推诿不肯缴款者,报区请求追交;竟有少数区长,由追缴款内扣留二成或四成办公费,殊属不合。仰该县转饬所属区长,代追村费,除烟赌案件有明令准其提赏外,不得扣留分文。须知扣除村费,是使区长失村人之信仰也。

此令。

训令各县限十三年八月底以前将村费一律清理并令各段办理人员负责文

(十三年五月二十六日)

为通令事。查《告知委员事项》第十一条内开,“村中花钱,逐条公布,为村政中之紧要事件,应切实指导,有纠葛者,速为清理。”等语。自上年颁行后,原期各县早日清理。乃查,因村费不清,而呈控村长之案,日多一日。须知欲将村政办好,尤须保全村长令名。而保全村长,应先清理村财政。合亟令仰该县严饬各段办理人员,督促各该管村长副:凡村费久未公布者,应速行公布。如事经多年,村人未能清理者,即由该员帮同清理。统限本年八月底以前一律清理,并将办理情形具报。自本年九月后,如查有村财政尚未清理者,定惟该段办理人员是问。仰即遵照办理,勿违勿延。

此令。

行知荣河县督促南辛庄村长迅速清理村款以利村政进行文

(十三年十一月二十二日)

据查,该县南辛庄村村长周一清,经理存款,久未清算公布,村人啧有烦言。办理该段村政人员,屡次督促,均置不理。查,清理村款,实为维持村中人和,排除村政障碍,该村长竟一再推诿,殊属有碍村政进行。合即行仰该知事,查照前令暨清理村财政办法,迅速督饬该村长,将经手收支款项,切实清理。如再违延,着即传县办理,并将清理情形具报。

特此行知。

行知赵城县督令各村妥筹管理村款办法以免舞弊而息纷争文

(十五年五月十七日)

据报,该县各村财政,名虽清理公布,实际仍多含糊不明。本年改选村长,各村多因款项交代不清,酿成种种纠葛。等情。查,村长兼管村款,最易发生嫌疑,稍有不清情事,尤足减少信仰,于村政前途妨碍甚大。仰即督令各村妥筹办法,或由村中另举公正人员专管村款,或公推闾长二人,一人管账,一人管钱。村长用款,必经管理村款者之手,互相监视,以免舞弊而息纷争,并将办理情形报核。

特此行知。

行知崞县严禁各村支出区警饭钱及县署坐都者礼钱文

（十六年四月四日）

据报，该县苏龙口村村账内，出县署差人钱一千一百五十文。下长乐村出一千九百文。石盆口村出区警饭钱八百文。曹家庄出县署坐都者礼钱四千四百文。查，差警下乡，公家已发有旅费，何得再受村中供应？仰即严饬县区差警人等，并通令全县各村，嗣后，如再查有此类情事，差警严予惩处，按价加倍退偿，村长连同斥责。至该县署坐都者，身在公衙，素知禁令，何以竟受曹家庄公社送礼？应速查明开革，勒令将所受礼钱如数退还。并督饬各区长，将所管各村详细调查，如有前项情弊，应一律严禁。遵办情形，限文到一月内，分别具复。特此行知。

行知安邑县令各村清理村款开单公布并清查已经公布发生纠葛原因文

（十六年四月二十三日）

据报，该县各村村款，尚未完全清理。如第一区之军屯村、第二区之下段村、第四区之西留村、第五区之三路里村等村，至今未出清单。第六区之张村、冯村等村，因村长经手银钱不清；第二区之从善村、东李庄等村，出清单后，发生纠葛等情。合行该县，仰饬各区长及小段主任，下乡督促。对于未出清单各村，令其迅速清理，开单公布。已经公布，发生纠葛村庄，应将原因考察明确，遵照清查村款办法，切实纠正处办，并将办理情形，照本署（考）字第五号训令表报。备查。

特此行知。

行知各县经理村款注意事项并附四柱清册格式及结算方法应令村长副及经理村款员注意遵办文

（十七年二月十三日）

查，各县村款，每因账簿不清，发生纠葛。虽因村长副及经理村款员未尽廉洁，而记载结算，多无一定标准，不便稽查，实为主要原因。兹由本部规定经理村款注意事项五条，并附四柱清册格式及结算方法一纸。仰即转印分发各村，令村长副及经理村款员切实注意，遵照办理，并将注意事项单长期保存，随账交接；一面责成掾、区各员下乡解释，详切指导。其有山僻小村，缺乏识字之人，尤须随时扶助以免困难。又，查，《清查村款条例》，曾经本部上年（政考）字第四五〇号行知，通饬各县遵办在案。现值清查之期，应照前令，认真办理，按期表报备查。特此行知。

第三节　公　函

致崞县曹知事通令全县各村官委到村非经吩咐不可代备饭食函

（十二年九月二十六日）

据康委员报称，该员于夏五月初九日，赴该县下默都村考察村政，并未用餐，兹查该村账出康委员来村饭钱贰千零九十五文。当询该村长，据云,委员来时,已同教员三人及村警等饭馔一并备好;委员虽未吃而走,然因委员来村之故,却都吃来;若不如此出,则为无因,但公布却标明系村人教员所用。等情。查,官委到村,不许村社供给食物,早经布告在案。果如所报,殊非节省村费,郑重民财之道。希执事详为查察,通令全县各村:无论官委到村,非经吩咐代备饭食,不可径行预备,以矫积习而轻负担,并随时注意各村花费为要。

致各县村范委员随时调查清理村财政函

(十三年五月十三日)

迳启者。查,《告知事项》第十一条内开:“村中花钱逐条公布,为村中之紧要事件,应切实指导之,有纠葛者,商催知事速为清理。”等语。自上年颁行后,原望各县早日清理。乃查,因村费不清,而呈控村长之案,日多一日。须知欲将村政办好,先须保全村长令名,而保全村长,应先清理村财政。兹已由本署(总)字第三号训令各县知事,严饬各段办理村政人员,督促各该管村长副,凡村费久未公布者,应速行公布。如事经多年,村人未能清理者,即由该员帮同清理。统限本年八月底一律清理。仰该员于下乡之便,随时调查。凡查明村公费久未公布及未清理者,应随时商催该段办理人员督促帮助该村村长副,迅速清理。限本年八月底,将办理情形切实函报。自九月后,如查有尚未清理者,即由该员指明村名及该管小段人员姓名及事实,详确密报,以凭核办。嗣后,委员纵有更调,亦应将此函交代新委员查照办理为要。

致榆次县知事力矫村长副等浮滥支用村款函

(十三年十月二十三日)

迳启者。村财政乃施行村政之本,务使花一文钱,收一分效,绝不可虚糜公款,致落人怨。查,榆、太等县,向称富庶,民风奢侈。旧日村社花费,既多浮滥。近闻,村公所成立以来,村长副等仍多复蹈故辙。须知,此弊不改,影响于村政前途者良非浅鲜。希执事并转饬各僚属,乘下乡之便,随时查劝,力矫前弊,是所切盼。

第四节 办 法

旅费开支办法

(十三年九月)

整理村范,必须费官之力,省民之财,方足增高人民对官厅之信仰。查,长子、介休、新绛等县,事务甚繁,整理村范,亦不易办,而开支旅费,据报行政旅费已足敷用,概不分文支用地方公款。余以为下乡不勤,派员调查,据报,各该县知事及各员属下乡日期,不少于他县。前长子梁知事来省,询其不支地方公款之故。据称,该县对于行政旅费,与掾属公开,且谓开支太多,易滋人民疑惑,稍涉浮滥,有伤官厅信仰。知事常将此意对掾属、区长说明,以故该员等带人雇车,均从节俭。行政旅费,按月支用,稍有不敷,然农忙年假,下乡甚少,截长补短,尚无亏欠,等语。官吏能爱惜公款,始能得人民之尊信。甚愿各县注意及此。再如汾城纪前知事,在汾不支用地方公款,调代县亦能不支,还有襄垣、芮城、猗氏、沁水等县,亦能如此,殊为可贵。此外,除行政旅费外,仅开支地方款十元以内者,类如沁源、清源、解县、灵石,或开支地方款在二十元以内者,类如高平、绛县、夏县、神池、河津、垣曲等县亦属不少。余认各知事勤政爱民,地方多负担此一、二十元之费,原属无关轻重,惟每月开支地方款较多县分，深恐后难为继。且各员终年勤苦，仅因旅费一端，惹起士绅之非议，人民之不信仰，尤本省长之所为计虑也，愿各该县注意。

兹将以后核销旅费办法列下：

（一）仅在行政旅费内开支者，无庸专报。

（二）开支地方款在二十元以内者，每月仅呈报总数，无庸附送原账。

（三）开支地方款在二十元以外者，仍照旧呈送开支细账。

各县呈准办法，连篇累牍。兹将其实行而著宏效者，审慎去取，或存其全豹，或录其一斑，择优登载，以资取法。其他无俾实际之办法，概付阙如。

第五节 表 式

县清查村款报告表

县清查村款报告表			
区长或小段主任姓名	村名	清查情形	备考

填表例言：

（一）第一栏，应将本管区长或小段主任姓名填列。如任事未久，或段、区初经变更者，须于呈内叙明，以便查核。

(二)第二栏,应就编村填列。如主村村款已清、尚有附村未清,或主村未清而有附村已清者,均于“备考”栏内详细叙明。

(三)第三栏,应将村款有无纠葛及村中自行清理、县区如何纠正处办,并尚未清理完竣等情,分别填列。

县清查村款查报表

县清查村款查报表 委员　　年　月　日			
区长或小段主任姓名	村名	考查实况	备考
总评			

填表例言:

(一)第一栏,应将本管区长,或小段主任姓名填列。如任事未久,或段、区初经变更者,须于“总评”栏内叙明。

(二)第二栏,应就编村填列。如有主村村款已清,而附村未清,或主村未清而附村已清者,均于“备考”栏内详细叙明。

(三)第三栏,应将村中清查、县区纠正处办情形及县报是否实在,分别填列。如有未清村庄,应将原因叙明,并于清理后另函具报。

(四)知事及掾区各员,对于清查村款催办帮助是否尽力、全县以某区、某段办理最优、最劣,均于“总评”栏内叙明。

附　录

《山西村政纲要》

邢振基

陈敬棠序[①]

凡运用一种政策，都有一种历史的变迁。古今来政治变迁虽极复杂，要不出官治与民治的范围。

山西自民国六年以来的政治，可叫做由官治进为民治的政治。前者，

①陈敬棠(1873–1937)，字芷庄，晚号云滨野史。忻县嘉禾村人。出生于忻县四大财主之一的陈氏望族，为清代优廪生。1899年，例授征仕郎内阁中书科中书议叙。1909年，被举为山西咨议局议员。从1913年起，先后任山西省议会议员、第一届国会参议院议员。1915年，山西在京的国会议员，发起成立"山西文献征存局"，陈为常委。1917年以后，历任山西省政府六政考核处股长、村政处副处长、处长兼晋绥财政整理处处长。1932年，当选省营业公社董事，兼代董事会主席。1933年元月，山西省文献委员会成立，任常务委员。1936年，山西省人民公营事业董事会成立，当选为董事。1937年，因病请假归里。11月2日，忻口战役结束。次日，日军大举入侵忻县。陈嘱儿子一人外逃，其余人躲在窖内。傍晚，日军破门而入，陈怀着宁死不作亡国奴的思想，与家人十口一起服毒殉难，以示与侵略者不共戴天之志。当局以将士阵亡论，按原职加一级，从优抚恤。1938年，由北京《国风日报》社社长景梅九主持，在西安召开祭奠"三晋三烈士"大会，陈与崞县张培梅、太谷赵铁山，并称为"三晋三烈士"。陈敬棠为人正直，刚正不阿，曾以拒绝参加曹锟总统贿选而为人所敬重。在村政处任职期间，竭力帮助政府推行"六政三事"，致力于村政建设，并把其经验编成《六政辑要》、《村政辑要》等书传播。其他著述主要有：《忻县古迹名胜诗文录》、《秀容诗文存》、《洪洞王雪堂诗文抄》、《〈秀容诗文存〉作者事略》、《三十年来山西"六政三事"与村政之过程及其概要》、《建台卢公传》、《陈氏族谱》、《陈氏本支氏略》、《再题双堡宋选像经幢后》、《又书双堡宋选像经幢后》、《聘之米先生懿行碑》、《许君周卿纪念碑》等。（注释转引自《民国早期山西村政史料选编》）

阎总司令有竖政治、横政治的话。竖政治就是从前的官治，横政治就是今日的民治，亦就是我们山西的村政。现在官治已成过去，毫无研究价值。最要是我们的村政，乃实行民治的基础。从十七年起，已刊有《村政汇编》及《续编》。比较旧日单编碎本，散漫无纪的局势，总算造成了一个有系统的历史观了。

止要拿这几部书费点研究，当然能了解村政推行的全部。但是八九年来，整理村范之过程中，究因何种趋势，发生何种变迁，当时在实际上，都有一种沿革递嬗的细脉和推换转移的妙用。若不将个中明路指出，恐怕这一条线索，不容易寻得到手呢。

同事邢君玉卿，有见于此，于是拿出他平日特殊的心得，发挥他个人独具的手眼，用极简括的方法，传极繁复的事实，并用极显露的文义，写出极艰深的理由。不但不明了村政的人，得他的这个明示，可以知道村政的概要；就是研究过村政的人，得他的这个参考，亦可省却脑海中多少的探索力。像这种著述，才算是研究村政的真实材料，便就是办理村政的真实本领。古人说过，欲求办事之人，必求晓事之人。他这部书，我真乐得为他叙述，为他表扬，更希望他早些日子出版，教大家研究村政，多添一个简便法门。并且我的这样批评，同人们亦都认以为是。因将这几句俚言，就作为这部书开场的引了吧。

中华民国十八年五月十日　　忻县陈敬棠序

邢振基[1]自序

晋省创行村政之初，余即滥竽其间，迄今已愈七载矣。在此七载之过程中，所司职务，虽屡经递迁，究无日不在村政中讨生活，是村政实为余之良好伴侣。且自从公以来，舍村政外，亦别未他及。人事遇合，有如是者。惟念余服务乡帮，光阴虚度，建树毫无，抚衷自问，渐悚无似。戊辰冬，即拟将办理村政经历所得，著之于简，借以供同好，留自镜。特以案牍纷陈，卒未惶也。本年春，此念复萌，爰于公暇，举晋省村政要义，悉心研求，分章编次，汇纂成书，颜曰：《山西村政纲要》。虽于村政精神，未敢自诩为发挥无遗，然一得之愚，窃愿以供世之讲求自治者一览焉。

中华民国十八年五月五日忻县邢振基自序于山西村政处

---

①邢振基（1909–1981），字玉卿，忻州市忻府区豆罗镇寺庄村人。山西法政学校毕业。抗战前夕，任晋绥禁烟考核处副处长。抗战后，隐居西安，著书立说。中华人民共和国成立后，任中央盐务局秘书，后调水产部人事教育司工作。1959年回山西省文史研究馆任编审组组长。“文革”期间，被安置回忻县东王大队，后借调到文化馆协助工作。其主要著述有：《山西村政刚要》、《读诗论衡》、《立志与修养》、《做人治事施政格言萃编》、《古今名人言论辑要》、《通用作文词典》、《世界进修应用词典》、《成语注释》、《中史要题解答》、《孟子政治哲学》、《新县制要义》等，均于民国年间出版。（注释转引自《民国早期山西村政史料选编》）

第一编 总 论

第一章 村政之意义

村政者，村本政治之谓也。质言之，即以村为施行政治之单位者也。但所谓村者，系指编村而言，并非漫无限制。夫既以编村为施政单位，则编村组织之良否，实为政治之根本问题。所谓编村之良组织者，指编村之大小、距离合宜，村长副、闾、邻长得人，能组成为一个活体之谓也。如人有首及心腹、四肢之义，使首者为其首，心者为其心，手足者为其手足，安置适当，各得其用。如此则一村如一人，方能成为活体之组织。所谓编村之大小合宜者，是指能负担村经费，而能办理村中应办之事也。过小村庄联合之，市镇分治之。所谓编村之距离合宜者，是指村长与村副、闾、邻长交通往来，不致感受困难也。

由是以言，村政之真谛，即在以村为施政单位，使个个编村，均成为活体之组织，将政治放在民间，任村人自了村事。惟欲达此目的，非有至当完善之编村，则活体之组织难成。编村如不能成为活体，纵将政治放在民间，如一盘散沙，无从着手。甚至坏人出任村长副，把持村事，鱼肉乡民，尚何治理之可言。是以山西建设村制之初，即以编村为着手之第一步。凡满百户之村庄，或联合数村在百户以上者，即划为一编村。如不满百户之村庄，因有特别情形，不便联合他村者，亦得自成一编村（参阅《乡村编制简章》）。并将编村编为号数，（如某县第一村、第二村之类），择定距离适中，户口最多之村为主村，其余联合小村，皆称为附村，合为一编村团体以自治。其各县城关街之商户，以及乡村零星小商，均依照《乡村编制简章》之规定，分编闾、邻，以期划一，便于施政。阎总司令谓"村能编好，行政乃有条理。"又谓："民治云者，即人民有施政活体组织之换言也。若人民无此组织，非特政治上如同无串之钱，散漫无纪。即以人民而论，弱受强欺，愚受智诈，寡受众暴。"盖以编村为施政之基础。编村组织不良，村政决难收圆满之效果。编村之关系重要，于此可见一斑矣。

第二章　村政治之起源

山西之村政，完成于十一年以后，奠基于十一年以前。故欲明起源之究竟，必须追溯关系之前身与理想之根据、制度之滥觞，方能洞彻始末。兹分述于下。

第一节　村政与六政三事之递嬗

晋省自民国六年十月至十一年三月，乃为厉行"六政三事"之时期。虽其间有村制之设施，然未标榜为"村政"之名目。是以"六政三事"，实为村政之前身，有不互相密切之关联。故于此略述其梗概。

溯自阎总司令民六兼任省长以来，励精图治，百度维新。首先敷施者，则为"六政"。六政者，水利、蚕桑、种树、禁烟、天足、剪发是也。就一方面言，则水利、蚕桑、种树，所以尽地力；禁烟、天足、剪发，所以尽人力。盖欲使地无遗利，当先使人无遗力也。但以此事徒责之民，则习于专制之余风，一时断无此自动之能力。徒责之官，又恐习于空文，一味敷衍，无俾实际。非严加考核，不足以资劝惩而策进行。爰于民国六年十月一日，成立六政考核处(参阅《六政考核处简章》)专司考核成绩之高下，以定办事之优劣。其经费即以阎总司令兼职薪俸之全数拨充之。并将"政治研究所"，改为"政治实察所"。委任政治实察员四十人，分赴各县，实地调查，以免各知事空文搪塞之弊。“六政”进行半载，政治渐有轨道可循。而兴利方面之“水利、蚕桑、种树”，除弊方面之“禁烟、剪发、天足”等，均成效渐著。于是又益之以“种棉、造林、牧畜”三事，设立经济植棉试验场、大小林区牧畜场，专资提倡，即所谓“六政三事”是也。论其成绩，“六政”则“剪发”完全奏效，“天足、水利、种树、蚕桑”次之，“禁烟”因环境关系又次之。“三事”则“种棉”最好，“造林”次之，“牧畜”又次之。此办理“六政三事”之概略也。

嗣因“六政三事”，进行数载，成绩已著。遂于十一年三月，正式标榜“村政”之名，实行改进村制（参阅《改进村制条例》）。旋于是年八月，设立村政处（参阅《村政处组织简章》），专司其事。试办村政数月，颇属顺利。遂于十二年二月，取消“六政考核处”，将“禁烟、天足、剪发”三事，并归村政处办理。“水利、蚕桑、种树”，移归省署实业科接办。“三事”仍由原设机关策进。此“六政三事”进办“村政”之递嬗也。

第二节 创办村政理想之发动

我国承数千年专制腐败之后，百务废弛，积重难返。辛亥鼎革而后，阎总司令即抱有革兴政治，扫除愚民政策之决心。当兼绾民政之初，即首倡变竖政治为横政治，而以扫除安民政策，实施用民政治为初步，遂制定用民政治大纲。（参阅《用民政治大纲表》）其主旨，为发育“民德、民智、民财，俾人人有用，人人进取爱群”而已。并于七年四月十三日，召集军、政、学、商、农、工各界中坚分子，开用民政治大会于军署。讨论结果，遂议定设立“政治研究会”（参阅《简章》），为用民政治之常设讨论机关，礼聘硕望钜绅，选派各机关重要职员，充任会员。分股推定专家，担任正副股长，主管本股政治研究事宜。而阎公身任会长，以综其成。

夫用民政治者，进化的政治也，养成健全之人格，促成进步的社会之政治也。细绎之则有数义。阎总司令谓：“我国后世政治，止求安民，不求用民。其善者以无事不扰为主，其不善者则与民为敌，愚之柔之。故其民知依人而不知自立,知保守而不知进取,知爱身家而不知爱群。以此为国,是曰无人;非无人也,无有用之人耳。"如是,则用民政治者,反乎安民之政治也。此其一。又谓:"用民政治为新政治,反乎新者则为旧。所谓旧也、新也,非美与恶之分也,乃适与不适之分也。何谓适与不适?譬之衣服,夏至于葛,冬至于裘。裘、葛相较,并无所谓美恶,特适与不适而已。如其适也,则能保身体之健康。若冬葛而夏裘,非痴则妄耳。夫用裘葛而不适,则不能保身体;用政治而不适,则必亡其国家。用民政治,亦在求其适而已。"如是,则用民政治者,乃适时之政治也。能于此二者而领悟之,则于用民政治之意义,思过半矣。

又尝谓:"欲期政治得良好结果,须先从极密之行政网起。用民政治之构造,一语足以概之,则行政网是已。现在亟亟于编村制,意欲先由行政网不漏一村入手。一村不能漏,然后再做到不漏一家,由一家而一人。网能密到此处,方有政治可言。"于此,可知当七年四月标举用民政治时,已具有实施村本政治之根本理想。加以推行"六政三事",深感官力督办之困难,遂一弃保育政策而为村制之探讨。爰于十年冬,召集各机关、各学校领袖,及富有政治学识经验之人,开进山会议于军署,提出改进村制问题。反复深究,询谋佥同,改进村制之实施,即于此而决定。由是言之,晋省创设村政理想之发动,已于标举用民政治时流露。而其促成理想之实现,则在进山会议之探讨矣。

第三节　乡村制度之建设

山西之村制,原属创制性质。但考之历代,亦有乡村制度之设施。兹特一并叙述于后,以作乡村制度上之考镜。

第一款　中国过去之乡村制度

中国乡村政治之制,始见《周礼·地官司徒》篇。令五家为比,五比为闾,四闾为族,五族为党,五党为州,五州为乡。比有比长,闾有闾胥,族有族师，党有党正，州有州长，乡有乡大夫。各掌区内之政令，上受教法于司徒，退而颁之于民。逮及秦汉唐宋各朝，时有变迁，名称亦异，其目的不过为联络官民，以便征调赋役而已。洎自前明，乡村政治制度，比较完备。有户籍以调查人口，有保甲以保治安，有乡约以规劝乡民，有社学以施教育，有社仓以维民食。所有乡村应兴应革事宜，几乎应有尽有。清之制度，每县分为若干乡。每乡之下复分为若干团。每乡设乡董事一人或二三人。每团设团总一人或二三人。均由地绅保举，呈请县令委任。每团更有地保数人，由县署雇用，司征税、巡捕等之职务。其外尚有积谷、乡约、团练局等之组织。光绪末年，更颁布《城镇乡自治之章程》，其自治之范围，为城、镇、乡的学务、卫生、道路、土木、公共营业等，分议决机关及执行机关二种。在城镇为董事会，在乡为乡董、乡佐。民国成立，各省实行自治，由省督颁布《暂行市乡制》，内容与清光绪末年所颁布者相同。民国三年，袁世凯令内务部重行修正，公布《地方自治施行条例》。四年公布试行规则。十年，徐世昌又公布自治制及乡自治制等条例。期间，有空颁令文迄未实行者，有虽经试办卒鲜成效者。此中国乡村自治制度之过程也。

第二款　山西乡村制度之创设

晋省自民国六年以来，政治设施，日见殷繁。乡村制度，如不确立，既无以树自治之基础，复无以利政策之进行。遂于六年九月十二日，颁布《县属村制通行简章》，村中设置村长副。七年四月，更继续颁布《村编制现行条例》，始于村长副下，添设闾长。继于七年十月三日，重颁《修正各县村制简章》，合前颁之《村制通行简章》及《村编制现行条例》而一炉治之，条理更加绵密。八年一月五日，复制定《各县户口编查暂行条例》。八年四月七日，又制定《整理村界简章》，以免除村中纠葛。九年十月间，又拟定《村自治分期进行办法》，逐步策进。十一年三月一日，并仿照偏关县吊子沟村长王树兰五家设邻长办法，专电各县一体添选，以补助闾长之不逮。至是而乡村组织制度之建设，盖已完全确立。若夫区制，虽不属于乡村制度之范围，但亦为促进村制之补助行政机关。故将其设施主旨，一并附陈述于后。

(一)设村之主旨。众村环布而成一县,地旷情睽,向恃县长一人耳目之觉察,势难遍及而兼顾。且自“六政”推行以后,继之以“三事”,而用民政治大纲所列各项,均须逐年举办。仅责成县长,而县长以下无供臂指之人,能力将有时而竭。此村制之设立,所以不容一日缓也。按《乡村编制简章》之规定,其组织以百户以上者为一编村,设村长一人,村副一人(参阅《村闾邻长选任简章》)其户数较多者,得增设村副,但不得过四人。如不满百户之村庄,得察度情形,或一村设一村长,或指定主村,联合邻村,合设一村,并配置村副。此其大概也。

(二)设闾之主旨。村制实施后,各县村庄之编制,联合村居其大半。村长副之设,多则事权不一,少则管理难周。于是复按村内住户,分设闾制。每闾置闾长一人。闾长受村长之指挥,执行职务,于事实上既可收敏捷之效,而政治经验,亦可普及于民。此设闾之大旨也。其组织以二十五家为闾,设闾长一人。住户多者,按户增加。如因居住团结,或不便分配,在二十五家以上,五十家以下,或不满二十五家者,亦得设闾长一人。凡一村内,编有两闾以上时,其闾次应冠以数目字,如某村第一闾、第二闾之类是也。

(三)设邻之主旨。村中既有村长副、闾长之设置,推行政务,固已较前敏捷便利。但居民复杂之村庄,仅凭管辖二十五家之闾长稽查,仍时感困难。且十一年春,已决定实施改进村制办法。凡整理村范中所列之九项嫌疑,经查出后,均责成村中稽查劝诫,以期改悔。尤非有最近密切之人,随时监视劝诫不为功。因于十一年三月一日,电令各县,不论主附村庄,统按五家设一邻长,以补助村长副、闾长之不逮。此设邻长之主旨也。

(四)整理村界之主旨。《乡村编制简章》,虽规定以一百户为一村,然烟口错落,向无定制。苟不明为区分,则土地管辖,一无标准,而行政上遂不免生种种之困难。且划界之始,各村毗连,属甲属乙,亦难免有纠葛互争情事。苟无明确规定,各执一说,将亦无从取决。此所以有《整理村界简章》之颁布也。

(五)编查户口之主旨。古之用民,有田则税,有身则役。稽核户口之法,《周礼》一书,载之綦详。自汉以后,更身役而税之。编户之法益繁,纷扰之弊丛生。逮前清中叶,将地丁钱并归地粮,地方官专以征收为考成。而编查户口,视为故事。全国人口,久无真确之数。民国以来,历办内务统计,稽之表册,似有可据,然实地考察,仍多不实不尽之处。故特根据部定《县治户口编查规则》,参酌本省情形,厘定《户口编查暂行条例》。每年依期编查一村,由区长督率街、村长副、闾长执行,以期敏捷而征实在。此其要旨也。

(六)设区之主旨。村制既已设施,地方政务,似可依次推行。惟一县之大,村落错综。街、村长副,多至数百,少亦数十。以县长一人之督察,其势实有难周。矧晋属各县,山居谷处,阻碍尤多。非于知事以下,街、村长副以上,设一补助行政之机关,不足以促进行。遂于七年十一月十五日,公布《县地方设区暂行条例》。按地方情形及户口多寡、习惯便利,分别划区。其组织:每县三区至六区。每区设区长一人,兼任警务。各区遇有必要时,得设临时助理员三人至五人。区长有督察所管区内村、闾、邻长之责。并于所管区内适中之地,各设公所。区公所成立后,其区中原有之警察分所,即时裁并。盖以区长兼警务故也。但附近城区,即以原有警署兼任区事。此其组织之大概也。

第三章　村政之分类

山西推行村政,业经七载。所属事项,陆续增订,不一而足。摘要言之,约分七类:

一曰:整理村范。凡村中有不良嫌疑者,均切实调查,逐一劝诫,养其廉耻,动其天良,务使改悔而后已。当民国十年二月十四日,曾制定《整理村范规则》,凡编村中有合下列六项者,称为自治模范村。(甲)无贩卖鸦片金丹者。(乙)无窝赌及赌博者。(丙)无为盗者。(丁)无窝娼者。(戊)

无斗殴及持刀行凶者。(己)壮年男子无游手好闲者。至十一年三月,复于原章列举六项以外,加入四项:(一)吸食鸦片金丹者。(二)忤逆不孝者。(三)家庭残忍者。并将失学儿童一并调查,合而为整理村范之全部。

二曰:村民会议。在使村人均有负荷政治的习惯,以巩固民治之基础

三曰:村禁约。是禁止村中坏人为非作歹,俾好人得以安生。

四曰:息讼会。纯为化除讼累,解怨释仇,既不需资,复不费时。

五曰:保卫团。在使好人结成团体稽查坏人,保护地方。前述五类,均系十一年三月所颁《改进村制办法》中之要项。

六曰:村财政。意在防止村中靡费村款,故定每年清查一次,以防弊端。

七曰:村监察委员会。专司稽核存款,纠察执行村务之人员。

以上七端,为村政内容之荦荦大端者。其他如“天足、产育、积谷、村卫生”诸项,无不责成各县确实举办。俟于各论中一并详述,兹特叙其大略耳。

第四章　村政之变迁

村政之变迁者,即指施行村政以来过程之更异也。兹分述于下。

第一节　村政发达之过程

山西村政发达之过程,可分为萌芽、试办、改进、完成四期。兹列举说明之。

(一)萌芽期。当阎总司令兼任省长之初,即汲汲于村制之建设。首先设施者,即为村长副。盖以晋省偏处山隅,村庄零落,纵有贤有司振作于上,而乡闾推行,终不免生意外之困难,故于各村特设村长副,以补助县治之不逮,并免除官民之隔阂。此创建村制之嚆矢也。

(二)试办期。民国十一年三月以前,晋省之村制,虽奠初基,然为村本

政治之初步，乃官治提倡村制之时代，而尚非村民自办村政之时代也。迨至十一年春，始筹拟第二步之改进办法。其大旨以“做好人”、“有饭吃”二言，期望人民；以“主张公道”、“热心爱群”八字，鼓励社会。而欲达此目的，不但非普通之官治所能及，亦非形式之自治所能成，故未敢轻率程功。先由榆次、阳曲、太原等三县以及省城市区试办。试之而效焉，乃于六月间，推行平定、寿阳、太谷、忻县、定襄等五县。此所谓试办之期也。

（三）改进期。阳曲等八县前后试办，均著成效，乃定推行全省之计。于十一年九、十两月，分次招集全省县长，举行村政会议。前次五十余县，二次四十余县，反复辩论，罄言无隐，探讨其原理，较论其方法，规划其程序，解除其困难，辩证其误解，预备其工具。最后各县长全体一致，表示决心：誓以民本精神，注重村本政治。惟施行之初，各县县区人员，怀疑顾虑，厥有二端：一曰：调查之难。恐嫌疑人不能自任，而他人亦不敢实告焉。二曰：感化之难。恐嫌疑人不能自新，而人心益无所忌惮焉。迨经迭次会议探讨，佥以感化则人无畏心，调查当易。最后，不化之少数，自有国法以济其穷而群疑顿释。复由阎总司令亲行巡视太原、榆次、太谷、平定、寿阳之间，实地征验，并以征验之所得，力图改革。此所谓改进之期也。

（四）完成期。村政事项，经历年之改进补充，渐臻完善。惟各县村庄，往往因存款不清，时起纠纷。且各村选出之村务执行人员，热心办事者，固居多数，而敷衍因循者，亦复不少。是以于十六年八月十八日，制定《村监察委员会简章》，一面清查存款开支，是否正当；一面纠察村务执行人员，能否尽职。自设是会以来，存款之纠纷日少，村、闾、邻长之热心任事者，亦逐渐加多矣。

第二节　村政着眼点之移易

村政一切设施，重人情，不泥法律；重感化，不假威权；重众治，不恃绅治。施政方针既迥然异前，自非先行宣传晓谕，不足以唤醒民众，排除障碍。故自推行以来,凡办理村政人员下乡,即将施行村政,是爱人救人的事,除却法律的硬法子,改用人情感化的软法子等意,向人民剀切讲解,务使彻底了解,群相乐从而后已。经此热烈之宣传,多数民众,咸知办理村政,是为人人能做好人,人人都有饭吃。此所以能令如流水,顺利无阻也。迨于十二年七月,召集各县村范委员开第一次村政会议时,复标出"用众"二字,为办理村政人员着眼之途径。盖欲使村政办到稳固持久地步,非实行用众不可。但用众之法,第一,须县长心理上与村、闾、邻长有关系,然后由此心理,规定村政与村、闾、邻长有关系之条文。第二,须以人情而用众。如办事不力则有罚,异常出力则有赏,仍不得谓用众。必须能鼓舞人群中固有之政治性,使充分发展其效用,则人人自可乐为我用,方为真用众。至用众之步骤,以县长能用县区人员为起点,以用到邻长为终点。用邻长之法,先须从"简、易、顺"入手。如邻长把官厅的话传达各户,再把本邻内各户的情形,报告村长是也。自注意用众以来,各县村、闾、邻长多负责自动办理,促进村政,良非浅鲜。及至十六年八月,开第五次村政会议时,因已实行党治,必须民众了解三民主义之真谛,方不至走错路径。先总理谓:"三民主义,究竟与人民利害如何,全视实行之方法与步骤如何。惟欲使人民了解实行之方法,全视宣传之是否彻底以为断。"故特标出宣传三民主义,责成委员与各县官绅,一体努力宣传。嗣于十七年九月,开第六次村政会议时,适军事结束,训政开始,非对民众切实训练,不能了解运用直接民权之方式,遂又注意训练民众一事云。

纵上以观,晋省自举办村政以来,着眼点之移易,可分为四端:第一为宣传;第二为用众;第三为宣传三民主义;第四为训练民众。但其精神贯注之点,则在"爱人公道"四字而已。

第三节　调查及考核制度之兴革

当推行村政之初,各县对村政之真谛以及进行之方法,尚多隔阂。若不派员协助指导，深恐路径不熟，致生障碍。故于每县派整理村范委员一人，一面协助指导，一面查察实情。采用协助制三年，村政渐已就轨。遂于十四年八月，改用实察制，专司考查之责，不负协助之任(参阅《实察员服务规则》)。其改制必要之理由，厥有二端：(一)使知事负责自做。(二)使委员报告确实，毫不回护。此调查制之更易也。至于村政之考核，在十一年八月设立村政处之始，处内即专设考核股，分辖十二区，掌司省属一百零五县村政之调查考核。每区设区主任二人，轮流出外考查，以期明了实况，免除各县空文搪塞之弊。惟因十四年八月，为委员协助制，即已改为实察制。考察既有专员，督促当有依据，遂于十五年十二月十一日，将前分区设区主任之制，改而为股长、股员之组织，专司考核各县村政之成绩，不复赴外调查。此其大较也。

第五章　村政之精神

村政精神云者，即指办理村政人员应具之精神，与夫施行村政之执简办法也。兹分述丁下。

第一节　办理村政人员应具之精神

推行村政之目的，在将政治放在民间。然人民承数千年专制之余，一旦任其自了村事，不为土豪恶棍所把持，即蹈法国滥用民权之故辄。是以施行村政之初，即以引导人民上民治路子，为办理村政人员必要之职责。但官员等能否尽此职责，须先将自身官僚习气涤除净尽；将做官的心理，换成做事的心理；并以公仆其身，父母其心之态度，接遇人民，方能免除隔阂，扶植民治。若以官僚之态度临民，一言一动，即拒人于千里之外，人民方厌恶之不暇，尚何能承受其指导。所谓公仆其身，父母其心者何？即在能推其爱子弟之心，以爱人民；继以先劳无倦之精神，以勤其事而通其意。夫爱子弟之心，人孰无之；苟能推广扩充，放大其范围，眼前人民，何莫非在抱之赤子。充此心力，则中人以下，亦可濡习熏陶，而勉为善良。此办理村政人员，所以必须具有公仆其身，父母其心之精神也。

第二节 执简办法之妙用

晋省自办村政以来，实施之方法虽多，而最能执简驭繁者，则为“分段”、“分等”两法而已。兹分析言之。

第一款 分段

当推行村政之初，宣传调查，事甚殷繁，仅赖各区区长专办，不免有顾此失彼之势。且山僻县分，区域辽阔，村庄零落，纵令本管区长，日常下乡，亦恐有鞭长莫及之虞。故为村政进行顺利计，各县多将所属村庄，划分段落，责成专员，负责整理。每段各有小段主任一人，担任本段村政事宜。其小段主任，即以县区人员兼任，并按段数多寡，编为次第，（如第一段、第二段之类），以便稽考。如此，则负责之人多，管辖之村少。小段主任对所管村庄不时调查，村情当能熟悉，收效自可敏速。但于划段分担村庄时，有必须注意者，即，区长应担任者，划段宜大。县政府人员，系帮助区长，担任之段，应就本管职务之繁简，与本人之能力，酌为分配。本管职务繁者，少管几村；职务简者，多管几村；能力优长者，分几个难办村庄；能力平常者，分几个易办村庄。要须办村政而不碍本管职务，又能为地择人，使人人胜任愉快，则推行顺利矣。

第二款 分等

“分等”之办法，含有三种之性质。一系按村情之好坏而分等，一系按村成绩之优劣而分等，一系按注意烟莠民而分等。夫按村情而分等者，即将全县村庄，按村情好坏分为三等。如村情好，村、闾、邻长能自动办事者多，并各项嫌疑人全行改好者，即不妨二、三月视察一次。如村、闾、邻长仍需提携,各项嫌疑人尚未全行改好者,可一两月整理一次。若村情不好,村、闾、邻长距自治程度尚远,各项嫌疑人又多未确实悛改,必须每月整理一次者,即月往一次。分开步骤,不但可以节劳,并免村人生厌。其有最难办之村庄,则派专员驻村守办,以资提动。所谓按村之成绩而分等者,即按编村村政之成绩,分为甲乙丙丁戊五等,每年公布一次。并由县政府印散每村一张,俾各村人民咸知本村之成绩等次,使优等者勉力进行,常保其优等之地步;劣等者奋发精神,力图上进。所谓按注意烟莠民而分等者,即将烟民、莠民,各分为两等:一等为特别注意者,一等为普通注意者。特别注意者,分为两等:一等为县长注意者,一等为县区人员注意者。普通注意者亦分为两等:一等为村、闾、邻长注意者,一等为县区人员帮上村、闾、邻长注意者。如此则各项坏人,均可逐渐改善,而村、闾、邻长之困难,亦解除大半矣。

第六章　村政之目标

阎总司令之治山西,盼得个没有穷人,没有坏人。故自兼理民政以来,即特标"做好人,有饭吃"六字,为施政之鹄的。而先从消除莠民(参阅《消除莠民规则》),抚恤穷乏着手(参阅《抚恤穷乏条例》)。即所谓:须先从"做坏事、没饭吃"之一方面着手也。"做坏事"者,如整理村范中所列之九项与大劣绅土棍等,均在其内。官吏对于此等坏人,先须认识清楚,设法劝诫,使之改恶迁善,否则严惩之,俾咸有所惮而不敢为恶。其"没饭吃"者,不外鳏寡孤独,疲癃残疾者流。安顿此辈,则责成区长、村长,调查村有公地公产之收人,分给此项人民领种,借谋养赡,并多方提倡社会事业,徐图安插。是以九年三月间,阎总司令手谕各县长云:"做好人,有饭吃,为政治之根本。惟治标办法,应先从'做坏事,没饭吃'的人上着手。其法简,简则易行;其数少,少则易办。各县长应将所管人民中之各项坏人,以及鳏寡孤独，疲癃残疾之无人侍养者，调查清楚，分别照章抚恤惩治。以免强者利于为恶，扰乱治安；弱者艰于自给，颠连无告。"按此，虽阎总司令仅认从"做坏事，没饭吃"的人上着手，为治标之方法，而实则即社会政策之一种。盖吾国社会之危险现象，非劳工的，乃穷乏的与莠民的也。非劳工被压迫之可惧，而穷乏与莠民之无处消纳、无法处理之可忧。阎总司令对此，一则设法消除，一则设法抚恤，此诚防止今日社会破灭之良策也。苟社会一时不至破灭，则所以治本者，有其基矣。此"做好人，有饭吃"六字之目标。凡晋政一切之设施，罔不以此为归宿。而推行村政，尤为实现此目标之要策。迨至十七年六月间完成北伐后，阎总司令以兵燹之后，满目疮痍，民力疲敝，正赖休养生息，恢复元气；复标出"村村无讼，家家有余"八字(参阅《实施村村无讼家家有余各办法之目标》)，为昔年主张"做好人，有饭吃"之实证，并为此后村政进行之目标。其对全省人民手谕："人民最苦痛的有两件事：一是与人争讼，一是生活困难。本省历年提倡息讼会，与办各项实业，并调查走上坡与走下坡的，即为解除人民的痛苦。以后必须做到村村无讼、家家有余，这痛苦才算解除；以副余昔年所说'做好人，有饭吃'之实证。现已拟具各项办法，分期推行，愿大家先从此'村村无讼、家家有余'八个字路上注意进行。"又对全省村、闾、邻长手谕："战后之村政目标，想要做到村村无讼、家家有余的地步。果能到此地步，村是好村，家是好家，人生是顶快乐的。但欲做到此地步，必须我八十万村、闾、邻长，一致工作，方能收效。本总司令身虽在战场，心仍在桑梓，深望大家协同一致先努力焉。"

纵上以观，山西村政之目标，在十七年六月以前，则以"做好人，有饭吃"为着眼之点，现复步入"村村无讼，家家有余"之坦途。率此而行，则私人之斗争日少，自可群策群力，共图建设；民众之生计渐裕，方能自顾无虑，悉心国事。夫而后可建一政治修明之民有、民治、民享新国家，岂独化除讼争，充实民生而已耶？

第七章　村政与三民主义五权宪法之关系

三民主义为救国之宗旨，五权宪法为建国之制度，期程远大，固非一蹴可几。然能就乡村组织全民团体，唤起民众，一致努力，自不难渐启宏运，发扬光大。惟是唤醒民众须有适当的方法。如果方法不善，其遗祸于人群社会，有不可言喻者。善法维何？实施村政是也。盖吾国文化，保留于乡村者实较城市为多。出入相友，守望相助，疾病相扶持，此种亲爱互助之精神，为村民所富有。故吾国社会之巩固基础，虽在家族，而实际效用仍在乡村。且中国乡村，为历史上相沿之自治机关，尤为吾全民团结之单位。民权实施，人道互助，文化存留，舍此别无可恃之基。施政而忘此必无效，行主义而忘此必不成。今欲唤醒民众，改良社会，应就乡村团体，加以编组；指导之，使发挥政治之本能；训练之，使了解政治之真谛；则参加政治之兴趣，自然引起；主张公道之毅力，自然养成。如能凭据此等单位，施之以政；俾全村人民尢职业界限之纷争，有共同生活之趋向；各尽所能，各安其业，共趋于“做好人，有饭吃”一途。村中利益，由村人发展；村中患害，由村人消除；引导全村人民，都往做好人路上走；摒除本村的坏人，克去自身的坏事；村村如是，即是全民参政。晋省行之数年，虽未完全收效，而村中平日不说理，好占小便宜者，率多敛迹。官吏中贪暴残虐者，亦不敢肆其故技。而民权之日形发达，村事之大见进步，较之未办村政以前，实别霄壤。从此加意扶植，村人咸知助善抑恶，则今日革命目标中之一切障碍，势必为群众所共弃矣。

更就村政组织言之，如对内不许主村欺压附村、大户欺压小户、土籍欺压客民、有势者欺压无势者、念书人欺压不念书人；对外要团结自强，抵御土匪坏人，此近乎一村之民族主义。凡村内成年的好人，均有选举及纠弹村务执行人员之权、均有会议修改村禁约和一切规约的权，此近乎一村之民权主义。发达一村之利益，开发一村之富源，禁止苛待佃农、高利盘剥，此近乎一村之民生主义。而村民会议、息讼会、村公所、村监察委员会，已将立法、司法、行政、监察诸权，提倡实行。虽无考试一项，处处以选举代之，行之村中，颇觉适当。是村政中实含有三民主义之精神，且为五权宪法之基础。先总理曾评为“借村政以实行三民主义，最为相当”，盖有由矣。

第八章　村政与自治之关系

欲明村政与自治之关系，须先认识自治为何物。盖自治之观念，自欧洲十八世纪至十九世纪之初叶所起之政治思想中，已流出其源。且其源有二，二者相合，始成今日之所谓自治制度。依第一观念，则自治者，自为政治之谓也。详言之，即不烦政府之官吏，由人民出而执行一切公务，是即所谓人民自治之观念。英国自治，直以此为通义，且与官僚政治，为对立之用语。故英国之自治，不仅限于行政一端，即国会议员所参与之立法事业，陪审员所干预之裁判所审理，皆自治也。此种观念，所由生于英国者，因其国民性夙富于自由思想，而在贵族与大地主方面，此思想发达最早，故得政治上之自由，比较容易。无论立法、司法、行政，凡足以发扬民意之制度，均早建于全国。且其影响所及其他近世文明各国，悉欣羡此等制度，而急起直追。英国自治之观念（Self Government.）一语，用意甚广。他国虽亦仍此语而用之，然意义则较原文缩小，专限于行政之事，是其稍异之点耳。要之，英国人所谓自治之观念，即人民不赖政府之力，当为者各自为之之意。其本旨盖以人为重也。

依第二观念，则自治即地方团体，如城、镇、乡于国家之下，以一定范围而自治之谓。详言之，即自治以团体本身为主，对于国家，主张独立自谋，是即所谓团体自治之观念。此观念即欧洲大陆各国政治思想中所产出者。盖欧洲大陆各国地方制度之沿革，虽各相殊，其变迁概与英国不同而较激。因之，地方团体，一起一伏，而无一定。故迄近世之初，其力仍甚微弱。在封建时代，地方农村，虽被压于诸侯之威力，不能得政治上之自由，然都市以偶然之原因，得脱诸侯之支配而独立者甚伙。盖封建时代，彼征此伐，戎马倥偬，迄无宁岁。诸侯苦于军费之无出，遂与都市为利益交换之条件，命负担军费之需。而都市遂乘势逼诸侯，使承认种种特权，卒完全脱其支配，而成所谓"自治市"。自后各国王室，渐次恢复其权势，对于诸侯用钳制策，而对于自治市则仍利用之，且促其增加。自是都市之势力，一时扩大膨胀，其中竟有隐然成一小国之观者。然封建制度一亡，王政恢复而后，各国政府取中央集权政策，因都市之独立，与此政策不相容，政府遂消灭其所谓自由市，惟农村则较封建时代稍苏。此欧洲大陆各国第十八世纪末叶之状态也。但承文艺复兴之后，希腊罗马之古典，如柏拉图(Plato)、亚里士多德(Aristotle)等政治论之研究，暨罗马法学者所传自然法学之主张，先后盛传之结果，遂致自由思想勃兴，渐促各国人民政治上之觉悟。同时，要求个人政治上自由，及要求解放地方团体之声，各国相继而起，尤谓地方团体，脱离中央政府之支配，而成独立行政之主体，实为确保个人政治上自由之基础。故欲为健全的政治组织，非实行地方分权制度不可。中央集权最甚之法国，其关于地方自治之议论，尤向极端，甚至有唱"城镇乡依自然法存在，先于国家而成立，不当为国家立法所左右"之说者。是故当时欧洲大陆各国政治上之运动，虽原于受英国之刺激，惟地方制度之沿革，各不相同。其实行自治虽一致，而自治之观念，根本上与英国大相径庭。此第二观念，以对于国家要求地方团体之自由为主旨，不重人而重团体也。于此可知，现今地方自治之制度，为基因于英国与欧洲大陆各国所发生之两种政治思想观念而构成也。

但实施自治，究以何种区域为单位乎？此为先决之最要问题。盖无论何国，其乡村各有古来相当之沿革。依其沿革而认定为实施自治的单位，最为适当。夫城、镇、区、都等之区域，均属一种空的区划，未足为组成县之单位。组成县之单位者，实惟村而已。村为人群聚集的最小团体，亦即人民生活之最近根据地。所谓礼俗相交,有无相通,共同生活的关系,最为深切。欲训练人民自治,舍村以外,尚何从着手?且先总理建国大纲中,虽以县为自治单位,但于其手订《地方自治开始实行法》中云:“地方自治之范围,当以一县为充分之区域。如不得一县时,则联合数村而附有纵横二三十里之田野者,亦可为一试办区域。”所谓“不得”云者,谓人民知识、能力、习惯及其他关系条件,尚不能就一县施行时,即先从小范围以入手也。又顾亭林云:“一乡之中,官备而法详,然后天下治。有条而不乱,至今荡然无从。守令之上,积尊累重,而下乃无分其职者,虽得公廉勤干之吏,犹不能以为治,而况非其人乎!”是以欲谋县自治,必先自乡村自治始。乡村之制度确立,方能促成县自治之实现也。

夫乡村自治,究应如何办理?按今日而言,其必要之条件有四:(一)训练人民行使直接选举、直接罢免、直接创制、直接复决之四权。(二)为办理村中各项事务,在村中应设何种机关人员,以资进行。(三)村庄的大小和距离的远近,种种不一,应当如何划分编制。(四)处党治之下,应当如何除旧布新,努力协进,以符革命之精神。惟欲圆满达到上述四端之目的,究以实施村政为极则。按山西各村,村、闾、邻长之编制,遇事颇能指臂相联,极其灵活之用。每村内设有村民会议、村公所、息讼会、村监察委员会以及小学校、保卫团等各机关。村民会议议定村中一切事项,为全村最高机关。息讼会调处村民的争执。监察委员会监察村务执行人员的好坏。村公所执行一村的政务。至若村长副、闾、邻长等执行村务人员,以及息讼会公断员、监察委员会委员等,均系由村民会议直接选举。如有弊端,即随时报告官厅撤换。村禁约及其他村中一切规约,均由村民会议直接创制,如有不合,并可修正复决。依此而行,则前述办理自治之四种要点,均能充分做作到,无少缺憾。然则乡村自治,实为民治之向导,国家的基本组织。阎总司令谓:“欲使民治主义完全实施,必须民间有施政之活体组织。欲使民间有施政之活体组织,宜以编村为施政之单位。”此村政与自治所以有密切之关联也。

第九章 村政与训政之关系

军政、训政、宪政为革命建国的三大程序。军政为破坏时期。宪政为完成时期。训政是由破坏以达于完成中间最要的一个建设时期。盖革命实为一政权移易之问题。吾党于此问题所定之原则，始终蕲求以军政之程序，夺取政权于帝制军阀之手。经训政之程序，而付诸国民。诚以积数千年来专制之余，大多数人民对政治意识与经验，两皆缺乏，骤欲畀之以政权，其势必至复为强暴所劫取。总理在日，追怀往事，每以十余年来军阀劫持政权之肆恶流毒，实坐于民国元年党员不遵训政程序之过。故建国大纲自序云："不经训政时期，则大多数之人民，久经束缚，虽骤被解放，初不了知其活动之方式，非墨守其放弃责任之故习，即为人利用，陷于反革命而不自知。前者之大病，在革命之破坏不能了彻；后者之大病，在革命之建设不能进行。"于此可知，训政之责任，为一种政治的保姆之责任。而训政之目的，则在宪政之完成。且欲使革命之破坏了彻，革命之建设进行，必须先使大多数人民，了知选举、罢免、创制、复决四权之如何行使，方能有效。是以训政时期，建设的端绪虽多，首以训练人民行使政权为要务。而人民练习行使政权，则必以与其本身之事务有直接之关系者为起点，否则多数人不感兴味，必至放弃权利，而其结果，政权仍为少数人所把持。若在村治组织中，于行使选举、罢免、创制、复决之四种政权，最为便利。经此实行村治之练习，然后于宪政时期之国民代表大会，产生宪政时期之政府时，乃能运用自如。然则除党的民众训练而为外，关于政治上训练民众之适当轨道，决惟村政而已、

夫村政之基础，系以编村为本位。而编村不大不小，实为民众组织最便之团结。所谓民众组织者何？即一部分民众，为实现某种特殊目的，或拥护及增进某种特殊利益，而为意识的组织之团体也。训练能施于民众

组织之中，则事半而功倍。且政治上之训练民众，全属于建设而无破坏，其属于民族主义者。为人民体、智、德育之如何改进，属于民权主义者。为选举、罢免、创制、复决四权如何行使运用，其属于民生主义者。为维护发达人群生活各种方法之如何努力改进？在方法上，一方面要宣传讲演，以增进人民明了之程度；一方面要给以事实，使之试行，并尽力指导扶助，以增进人民活动之能力。按村政的办法中，如戒烟会、天足会、以及戒早婚等强健人民体格；奖励村仁化、维持村公道，以及社会教育等之提高人民德育，是为关于民族主义之训练。村民会议对于村务执行人员之选举、罢免，并对于村中各种规约之创制、复决，是为关于民权主义之训练。整理村范之化除坏人、村禁约之禁止坏事、保卫团之抵御盗匪、息讼会之调解争讼，均属卫护村民生活之设计。提倡村水利、村林业、合作社、储蓄会、勤俭会，并奖励农家副业、家庭工业等，均为增加人民生活的设计。实行以上两项之设计，是为关于民生主义的训练。如能为是等事实的训练，而悉纳于村政之中，使人民自为之；官厅人员，一面宣传演讲，一面指导扶助，使人民智识能力，陆续增进于不知不觉之中；以人言，则无不受训练之人；以时言，则无停止训练之时。将见训政功效，计日观成，而宪政不难实现矣。

第十章　村政之效果及将来之趋势

山西自推行村政以来，积极进行，不遗余力。虽未克竟全功，然已大见成效。当未施行村政以前，各县村乡，自为风气。村中社事，挨户轮办；既无完全之组织，复无负责之专人；村有难事，无人解决；村有讼端，无人调处；村有盗贼，无人捍卫；村有豪霸，无人制止；村有公款，无人清理；国家政令，不及于村；人民涣散，不闻政治，及至认政治为国家所有，与人民绝无关系者，痛痒既不相关，休戚更难与共。自实施村政后，对坏人因官员之不时查戒，村人之勤恳劝导，率多激动天良，悔过自新。其少数梗顽者，绳之以法，亦均敛迹就范。各县村无游民，户少堕落；村情融洽，闾里翕然；村中利益，村人均愿发展；村中祸害，村人咸思消除；一户不兴，一邻为羞；一闾不兴，一村思助；某村被奖，村人相庆；某村落后，村人奋勉；收效之巨，诚有非当局推行之初所能预料者。且村政为有条理之组织，由省而县、而区、而村、而闾、而邻、而户、而个人，层层关联，息息相通。省令一发，递及个人；个人意见，得达于省。十七年完成北伐之役，其征运之巨，供亿之繁，实为从来所未有。因有组织完密之村政，故论征运则克期无误，言秩序则安堵如常。此昭昭在人耳目者。

更进而观，山西之村制，在国府公布之《县组织法》中，已订为全国划一下级自治之基础(参阅《县组织法》)。内政部并规定分期实行程序。而首都所在地之江宁县，早即仿行。天津特别市，近亦实行街、村组织。浙江、江西、河南、河北等省，均已制定实施村政办法。湖南、广东两省，俱设立机关，训练村治人材。其简派专员，莅晋考察村政者，更复接踵相望，络绎于途。其索阅村政书籍者，遍及各省。前次苏俄大使，曾订阅《村政周报》。最近，美国华盛顿康格雷(Congress)图书馆，复函索村政书籍。可见山西之村政，信有研究之价值矣。

第二编　各　论

第一章　村民会议

村民会议，为训练民众自治能力之基础，亦即发展民权，促进全民参政之初步。晋省创办数年，各村已睹成效。现值训政时期，训练民众使之运用选举、罢免、创制、复决四权，则此种会议，洵为练习民治之适当途径。兹分述其义蕴于下。

第一节　村民会议之性质

村民会议者，全村人民参与村事之普通集合也。其会议有一定的目的、有各项的章程规则、有定期的会议、有规定的人数、有举定的职员，故属于一种永久社会之性质。（"永久社会"名称，见孙中山先生手著《民权初步》第一章。）

推晋省创设此会议之原因，约有二端：（一）就事实方面言之，村民者，村之主人也。一村之权，应归之一村之民；一村之民应参与一村之政。代议乃后起之制，施之于乡村则不宜。人心有公道之存，何患其程度之不足？况社会改造，非人民全体觉悟，不能办到好处。村民会议，乃觉悟之路也。（二）就习惯方面言之，晋省各县乡社遗风，遇事无不公开商办。村民会议，亦即承此习惯扩充而集合之。果能确实进行，自可引起村民参与村事之兴趣。自治之精神，即奠基于是。

第二节　村民会议之职权

村民会议，为全村民意寄托之重心。故其职权，包容甚广。按该会简章第三条之规定（参阅《村民会议简章》）共为八项：（一）选举村长副、村监察委员、息讼会公断员。（二）省、县法令规定应议事项。（三）行政官厅交议事项。（四）村监察委员会提交事项。（五）议订及修改村禁约及其他村规事项。（六）村长副请议事项。（七）本村兴利除弊事项。（八）村民二十人以上提议事项。细绎上列八项，村民会议实具有选举、罢免、创制、复决四种直接民权之精神。如（一）项所载村长副、村监察委员、息讼会公断员，均须经村民会议公选，是为具有充分的选举权。（四）项载有"村监察委员会提交事项”字样，虽未列举提交何事，但据《监察委员会简章》第三条所列监察之职权，明定为“清查村财政与举发执行村务人员之弊端”两项。其提交事件，当不能越此两项之范围。夫监察委员，既由村民会议产出，且所负即为代表村民监督村财政及纠弹执行村务人员之使命。是以发觉村长副及经理存款人员有侵蚀村款情事，或执行村务人员有废弛职务重大弊端时，必提交村民会议公决罢免。是为具有罢免权之考证。又（五）项所载“村民会议，有议定修改村禁约及其他村规之权，”自属创制权之性质。对村禁约及其他村规，既能修改，又为村民实施复决权之表征。于此可知，村民会议中，实含有运用选举、罢免、创制、复决四权之性质，其职权之重要为何如乎！

第三节　村民会议之训练

吾国人民，承数千年专制之积习，对于一切村事，多持旁观态度。村中善良之人，尤以不管事为上策。于是狡黠之徒，得以乘机把持村事。若村民会议，不经县区人员训练指导，村民不惟不谙集会之程序，且恐为少数坏人把持压制。所以晋省倡办村民会议，除由各村照章切实举办外，并于每区或小段，分期择定村庄，实行训练。当会议时，县区人员须亲自到村，依照村民会议通则办法，当场实地指导，俾人民咸知会议之形式及发言表决之手续。如此办理，村民自能了解行使直接四权之方式，引起参与会议之兴趣，而少数人把持压制之弊，亦可逐渐消除矣。

第二章　村公所

山西自推行村政以来，村务日渐殷繁，且将社首旧制，完全废除。各编村内，苟无总理全村事务之执行机关，则村务进行，窒碍良多。是以施行村政之初，即有村公所之设置。兹分述其义蕴于下。

第一节　村公所之性质

村公所者，执行村务之行政机关也。其执行人员，以七人为度，即以村长副、闾长充任。如村长副、闾长不足七人时，由村民另行选补。如过十三人时，闾长分班任事。夫村公所之执行村务人员，既定为七人，其为采用合议制也无疑。盖全村民意，虽寄托于村民会议，然经村民会议议决之事项，必由村公所执行，方能生实际之效果。若仅由少数之村长副独裁进行，则废弛村务或假公济私之弊，在所难免。此所以《村公所简章》第五条规定：处理事务，必须以合议制多数议决以行之也。

处理事务，既采用合议制，复以村务庞杂，非分项担任，不足以专责成；故又由闾、邻长中，互选数人，分司存款、保卫团、积谷、学务各项事务，以期通力合作，各效其劳，俾村务日臻上理。于此可知，村公所之处理事务，系采合议制度。而执行村务，则为分权性质。此分权合议之精神，相互而行，即为村公所之特征。

第二节　村公所之设定

村公所之组织，既以村长副、闾长七人为主，其设定之地点，究以何处为适当？此为极要之问题。按《村公所简章》第二条规定："各编村须于主村设立编村村公所"。又第九条规定："各附村得设立本村村公所，其职员由本村村长副、闾、邻长组织之"等语可知，一编村内公共村公所之设定，当以在主村为原则，而附村设立之村公所，不过仅限于本村范围而已。盖以各县村庄，既依《乡村编制简章》第三条之规定而划定编村，在此编村团体内，应有一统一执行村务之机关以总其成，事权乃能一致。此规定编村村公所在主村设立之主旨也。但以晋省环境多山，各县乡村，类皆奇零涣散。联合之附村,有距主村至四五十里者。若仅限于主村所设之编村村公所,执行全编村内一切事务,各附村内,设有临时发生事件,必须赴主村执行,不惟往返奔驰,与民不便,抑恐办事濡滞,贻误事机。兹规定各附村得设本村村公所,即所以救济此种困难也。

第三章　村禁约

禁约与村范,相辅而行。以村范开其先,以禁约善其后。晋省民风敦厚,乡约社规,沿传已久。今就固有之善良习惯,订为规约,使村中多数善良,得据此条款,共管少数坏人。使此少数坏人,畏社会制裁之力,敛其劣性,步入善途。此等办法,既足补官厅检察之所不及,又可省警察添设之繁费。兹申述其义蕴于下。

第一节　村禁约之性质

村禁约者,保障好人,制裁坏人之村自治法规也。盖民治国之精神,人人均须守法,非特被治者须守法,治人者尤须守法。村禁约者,由村民会议订定,乃全村共守之信条,非少数代表之专断。依禁约以罚人,非村长与执行诸人罚之,是禁约罚之也。犯禁约始受罚,则罚人者无私,被罚者亦无怨矣。故凡妨害公众安宁秩序、公共事务、交通、卫生以及他人财产、身体、并一村风俗等应禁之事,均由县区人员,参照村禁约之规定及执行简章,帮助各村开村民会议,一一订入禁约。其禁约内未经载明之事,不能因心作法,擅自罚人。其或有应行严禁而为村禁约所未载明者,亦可由村民会议随时提出增订。总之,议定禁约,要在适合其村情,乃能使人人共守。故各村村禁约,大纲相同,细目各异。但求适合村情,不取划一之定法也。

第二节 违犯禁约事项之执行

村禁约为村人共守之自治法规，既如上述，则凡违犯禁约者，自应受禁约之制裁。此为当然之原则。但于执行违反禁约事项时，不能由村长副自行决定，必须由村、闾长七人以上合议处理，以昭公允。其愿加入邻长者尤好。如闾长不足七人时，必须加入邻长共同商酌。但村中向有习惯办法，合乎村民公意者，亦得仍旧施行。此为执行违犯禁约事项时最要之准则。再，执行禁约，不仅限于编村内之主村，主附村均能执行。惟附村办不了的事，方可经主村执行。至依禁约处罚之村费，则由附村单独执行者，完全归于附村；经主村执行者，以五成提归主村，五成归于附村；且处交村费，至多不得超过十五元；所罚之款，除凿井、积谷、教育基金三项外，不能随意开支，并于每三个月清结公布一次，以释村人疑虑；其由禁约处交村费者，虽经在官员警帮助办理，亦不能提取赏金。此为处分违犯禁约村费时之必要准则。至若情节重大，非禁约所能禁止，或有不服执行者，则送县重惩。盖以禁约不能禁止之事，当属一种特殊之不法行为，而不服禁约处办之人，亦多系狡赖顽梗之徒，送县重惩，既能维护禁约之威信，复能收惩一儆百之效果也。

第四章 息讼会

凡有血气，皆有争心。而争端既起，又必求其处息。此恒情也。但与其涉讼于官厅，何若调处于乡社。盖争讼一事，不惟花钱结怨，费时失业，而且隔膜丛生，多滋牵累。晋省倡办息讼会，俾村人负主张公道之责，而不使有强制之权。在争讼者既可得方便了结之机，又可免蒙蔽牵累之苦。法良意美，有利无弊。数年以来，各县讼案逐渐减少，而土棍劣绅，亦无所肆其播弄，不可谓非提倡息讼之效也。兹申述其义蕴于下。

第一节　息讼会之性质

息讼会者，调解一村争执之机关也。但既为调解之性质，当然无强制之权能。故凡有争执事件，必须两造请求调处者，始得由会公断。其不愿公断及不服公断者，仍听自由起诉，丝毫不加干涉。是以阎总司令对息讼会有评语云："息讼会办法，只有公公道道为人调合事的权柄，没有强制人的权柄。公断人果能恪守会章，这会即有利无弊。惟欲求息讼会之发达，必先取得人民之信仰。欲使人民信仰，非有心地明白，而能主张公道之公断员不可。"阎总司令对此，曾手谕各县息讼会云："人民打官词的一事，不好处很多。俗话说：一辈官词十辈仇。不特花钱费时，而且结仇，甚至因争小事，致成大事。再加之劣绅土棍以及坏律师等从中挑拨，遂使官词缠年不休，势必至倾家败产，后悔莫及。此实因村中无公正明白人，为之调解的缘故。因之，各村息讼会会长及公断人调解事件，必须平心说理，十分公道，不可有　点偏心。凡断一事须先问问自己良心上过的去否。万勿袒护大户，欺压小户；偏袒有势力的，欺压没势力的；偏袒主村，欺压联合村；偏袒土籍，欺压客民；偏袒念书人，欺压平民。公断人总要不怕强的，不欺压弱的，才够公断人的资格。尤须顺乎人情，善于劝解，使两造心平，事自易了。最忌怕人忿怒，小事酿成大事。此会你们如果办得好，以后村中当然没有人敢不说理。可期望一县之中，无人打官词，这就成顶好的社会了。至息讼会能否有益于村民，全在公断人公道与不公道。当执行公断时，务书'公道'二字，置于桌上，使公断人触目惊心。将'公道'两字，存于胸中，则不公道的情事，不会发生。息讼会之真精神，方能表现。"于此可知，息讼会之性质，纯居于和解争执之地位。而其精神，则以"公道"二字为骨干也。

第二节　息讼会之设立及组织

息讼会原为调息讼争，解除讼累，本系救人爱人之事。如能办到好处，村情自能融洽。是以推行村政之初，即于每编村设立息讼会一处。其附村有距主村较远，或户口较多者，得设立息讼分会（参阅《息讼会简章》）以便就近请求调处，并由村民会议，选举公断员五人或七人，互推会长一人，调处请求公断事宜。其调处事件，系以公断员多数取决。可否同数时，由会长决定。至关于两编村人民有争执事件时，由两村公断员合组临时公断会处理。此息讼会设立及组织之大要也。

第三节　息讼会之奖励

各村息讼会办理是否合法，有无流弊，固在切实指导纠正。但欲策励息讼会之进行，非分别择尤奖劝，不能引起奋勉之心理。是以晋省各县，于每年年终，即将各村息讼会成绩最优及最劣者，各择五村，公布全县。其调处最公，成效特著者，由县酌予特奖，或呈请省政府核奖（参阅《整顿息讼会办法》）。其讼争最多之村，由县区人员不时到村，将费时、花钱、结仇之害，向村民剀切讲演，并劝诫村人，提倡村仁化，维持村公道。如此办理，则争讼渐减。虽向来多讼之村庄，自不难互相观感，渐化其健讼之恶习，成为兴仁尚让之美风矣。

第五章　监察委员会

村长副等办理村事，仅凭官厅监察，究不如村人监察之详且确也。村人虽有监察之权，若无监察之机关，仍无以行其监察之职责。此监察委员会所以有设立之必要。兹分述其义蕴于下。

第一节　监察委员会之性质

监察委员会者,村民行使监察权之机关也。既负有代表村民,行使监察之使命,自非选出公正廉明之监察员,无以胜其任,尤非采用多数合议之制,恐难得公平之处理。是以该会之组织,即系由村民会议中选举五人或七人,处理会内事务(参阅《监察委员会简章》),以防少数专断,扶同徇隐。夫监察员之职务,专司清理村中公款,有无浮滥;纠察执行村公务人员能否尽职。负监督之职权,防未然之流弊,关系极为重要。果能认真办理,则村款纠纷,日渐消除,而执行村务人员,亦自无溺职之行为矣。

第二节　监察员之训练

监察委员会之设,一面为一村清理财政,可以杜冒滥侵蚀之弊;一面为执行村务人员背影监督,不至有把持专横之行为。惟欲达此目的,必先使监察员明了其监察之职责。欲使明了其监察之职责,非实施具体之训练,决难期其彻底了解。是以晋省对于各县之村监察员,于每年改选完竣后一月内,由县斟酌地方情形,分区或分段,择适中地点,举行训练(参阅《训练村监察员简章》)。训练事项,即以《村监察委员会简章》、《清查村款条例》及其他有关监察职务之令文为主。盖一般监察员,经此切实之训练后,始明了其职责之所在,以行使其监察权。古人所谓:办事必先晓其事者,此也。

第六章 村财政

凡百事务，非财不举。编村虽为最小之自治区域，但其开支款项，亦非少数。苟不列为专项，妥加经理，必至浮滥虚糜，损失一村之元气。此村财政所以列为村制之要项也。兹分析述之于下。

第一节 经理村款之方法

各县村款，每因账簿不清，发生纠葛。虽村长副及经理村款人员，容有未尽廉洁，而记载结算，因无一定标准，不便稽核者，亦为一主要之原因。盖村款之经理，首在管账员之人选，次在登记账簿之明晰。是以村中财政，应由村民会议，另举公正廉明二人专管，一人司账，一人管钱。凡村长用款，均须经管理村款人员之手，互相监视，舞弊自少。若由村长兼管村款，最易发生嫌疑，稍不清洁，即失信仰，于村政前途，妨碍甚大。至管账人员，对于村中出入款项，必随时登记，记明日期、出入名目及过付拨兑人名或商号，并将每月开支村款，按照旧管、新收、开除、实在四注册式，结算一次。如村款过于简单，不妨按三个月结算一次，至年终时再总结一次（参阅《经理村款注意事项》。）如此经理，自无因账目不清，发生纠葛情事。此经管村账人员所宜注意者也。

第二节 村财政之清理

村财政为一村之命脉。少花一文，即留村民一分之元气，增进地方一分之富力。若稍涉浮滥，必致招人怨谤。阎总司令谓：“节省公款，是自己之义。义之所在，均不容辞。”是以村长副对于村款，但能节省，即以节省为好。盖欲使村政办好，先须保全村长副之令名。欲保村长副之令名，应注意清理村款。且就实际言之，各村长副往往有廉洁自持，一尘不染，因对于登记账簿，不甚明晰，招人疑虑者；亦有存心敛财，故意含混者。若不按年清理，争执一起，即开讼端。纵使隐忍下去，以后办公需款，必感困难。此晋省对于清理村款一端，所以视为必要之举。故规定：各县村长副，于每年春节后二十日内，必须将经手上年村款一切账簿，送交监察员认真稽核。监察员清查完毕，即会同村长副，开列清单，联名公布，以释村人疑窦。倘发觉村长副有舞弊情事，即分别报告县区，严行查办（参阅《清查村款条例》）。县区人员到村时，并询问账目是否明白？清单已否公布？如账目不明，则详加指导纠正，既不伤和，亦可省事也。

第七章 保卫团

晋民积弱已深，狃于承平之安谧，遂无防卫之设备。一旦有事，人民抵抗力弱，数十匪徒，足以扰乱乡里而有余。保卫团之设，即在抵御外来盗匪，保卫地方治安。兹分析言之。

第一节 保卫团之服务

保卫团者，一村之武力也。其组织以一编村为一村团，以一行政区为一区团，以一县为总团。凡村中十八岁以上，三十五岁以下，品行端正之男丁，均编为团丁（参阅《修订地方保卫团条例》）。其主旨，不外使好人结团体，以驱除坏人。平时服务，系由团丁中分班轮流，巡逻会哨，稽查联防；遇有盗匪时，村团、甲、牌长，即时召集团民捕拿，并通知邻村协助。如邻村有匪警时，则前往帮同协缉；若在战期，则边界县份团丁，并负防守要隘之责。比年军事频仍，逃兵溃卒，不敢肆扰闾阎者，实赖保卫团之力也。

第二节 保卫团之巡练

保卫团既为卫护全村之武力，自非切实训练，不能外御强暴，内保治安。但其训练有所谓精神上之训练，有所谓技术上之训练。所谓精神上之训练，即在使个个团丁，咸知团结好人，保卫地方，为应尽之责任，非强民自卫，不能保全省人民之安全也；所谓技术上之训练者，使之有团结精神，自卫技能也。是以办理保卫团，贵求实际，不重形式，并以不违农时，不耗民财为训练之准则。至其所学技能，不外拳术与八法枪、手掷弹诸技（参阅《保卫团练习长矛八法枪手掷弹奖励章程》）。操练分常操和会操两种。常操于农暇时举行，会操于每年春节后一月内，由总团长分区召集举行，并择优奖励。一村无力聘请教练员者，则联合邻近数村，合请一人，轮回教练。教练员以品行端方，精于技术者充任。训练团丁，系择能练者练之，不令人民感受不便。仅使壮年子弟，娴习武事，实行古人出入相友，守望相助之义。此所以进行顺利，事举而民不扰也。

第八章 整理村范

村范者，使村中无不良之分子而已。盖一村之坏人不除，村政之进行，必难顺利。是以于施行村政之初，即汲汲于村范之整理。兹申述其义蕴于下。

第一节 整理村范之主义

整理村范之主义，乃怜悯人坏，扶助人好之主义也。质言之，即放开法律，注重人情之感化主义也。夫所谓感化主义者何？即尽上自己的良心，感动他人的良心，使村村人民，均步入良善之途。当试办村政时，阎总司令曾对各县长讲话云："整理村范的办法，系另找一条道路之谓。和从前的办法，大不相同。譬如前日面向东，今日面向西也。大家须要彻底觉悟。何以要换这个法子？因为从前的法子已经穷了，不能再走。换言之，即是将以前所有的办法，完全扫除。从前的法子是什么呢？即铁与钢的硬法子。此次所需要者，是橡皮的软法子。从前的硬法所以不用者，因对于金丹烟贩及吸食之烟民，用徒刑惩治，其结果是禁人为非。今日改用软法子，因对于金丹烟贩及吸食各烟民，以诚心感导，其结果使人乐于向善。若云从前的法子没办完全，仍继续改正进行，则所谓失之毫厘，谬以千里者也。"又云："为政不从人心下手，毫无办法。故应于劝戒之中，施以感化，以引申其良心上之自决。人心有同然，无人不可感。"细绎以上二段讲话之意旨，则可知，山西之整理村范，纯属舍法用情。盖以禁人为非，不若悯人为非；强人为善，不若助人为善。禁人为非人知惧，悯人为非人知感；强人为善人反怨，助人为善人必悦也。

第二节　整理村范之事项

整理村范之日的，在消除坏人，安顿好人。故凡有不良之嫌疑人，当范之而不使过。列举之，凡九类：一、贩卖金丹洋烟者。二、吸食金丹洋烟者。三、窝娼者。四、窝赌及赌博者。五、盗窃者。六、平素好与人斗殴及持刀行凶者。七、壮年男子游手好闲者。八、家庭有残忍情形者。九、忤逆不孝者。此等分子，原系后天习染，但能切实改悔，仍与好人无别。至失学儿童，虽非不良，实为人群之缺憾。故亦定为一项，附入整理之列焉。

第三节　整理村范之步骤

整理村范之手续，分为三步：首，宣传。次，调查。再次，处置。宣传，则沿村以讲演之;调查,则按户以检举之;处置之法,以悔过自新为主。既不犯罪,又不罚金,只分别取保、监视、儆戒已耳。兹详述之于下。

第一款　宣传

整理村范,遽舍法律之制裁,而为人情感化。人民对之,难免抱有怀疑心理。若不于调查之前,向人民切实讲演,必至窒碍难行。是以着手整理村范时,每到一村,办理村政人员,必先集合村民及村、闾、邻长,将整理村范,无非为一村全好,大家安生,使村中无坏人,无穷人的意旨,剀切演说。各县绅、学、商界,对于整理村范,均各立会,或名"促进",或名"后援",分担讲劝,共策进行。其最普及者,则全省国民小学二万余校,小学生百余万人。各小学教员,由县传习后,均委令于所在之村,集众分讲。并由村长副聘请有讲演专长及政学各界服务人员回籍者,临时召集村民,听其讲演(参阅《村民讲演办法》)。户晓家谕,故能周知。阎总司令谓:"整理村范,不难于办而难于知,不难于知而难于信。盖以无论推行何种政治,若不先使人民信仰,决难顺利进行。如美国之禁酒也,先由政府将酒之为害,如何伤脑、如何伤胃、以及促寿生病,并精神错乱之误事、癫狂倾跌之丑态,或为大声疾呼之论说,或为触目惊心之图书,多方宣传,恳切劝诫;至人心觉悟承认之后,严令查禁,故令行而人无不乐从。晋省推行村政,所以能群情踊跃,令如流水者,即在首重宣传之力耳。"

第二款　调查

欲整理村中坏人,非将各项嫌疑人,逐一查明,不能分别劝诫,促令改悔。夫所谓嫌疑人者何?即凡对于村范中所列之九项坏事,曾经违犯,或现有违犯形迹者也。惟整理办法,须先从检查好人入手。盖一村之中,人家虽多,其不在整理范围内者,当在百分之八九十。将此八九十家除出以后,一村应整理者,百户之中,不过十余家,为数甚少。少则易办。且于调查时,如能持至诚之声音颜色,感动村、闾、邻长之心;并向人民说明调查嫌疑人,是救人的意思,不是问罪的意思;村、闾、邻长才敢实说,人民才不怨恨村、闾、邻长。调查嫌疑人能否确实,此为最要之关键。至查明各项嫌疑人后,即将姓名登入各项嫌疑人簿册,分别处置,并痛切加以各个别之训诫，然后由村长发一个：“哪村有村长，就不让哪村有烟丹；若是哪村有烟丹，就算哪村没村长”的誓言。发誓毕，即由县区办理村政人员，率领在场村民及村、闾、邻长等，游行全村，一体高喊“贩烟丹的可杀，吃烟丹的可怜，赌博的可恨，窝娼的可羞，失学儿童可惜”及“谁是一村好的妨碍，一村莫把他让。谁是一县好的妨碍，一县莫把他让”等等口号。呼声震动，耳目一新，故能动众也。

第三款　处置

村范中所列之九项坏人，按户检举完毕，即将各项嫌疑人，召集村公所，分别予以处置。至失学儿童，原不能作为坏人，处置之法，不过设法救济，督令上学。此为大概之宗旨。而村以外之市范，亦与此略同焉。兹将处置具体办法附下。

处置九项嫌疑人及失学儿童办法：

（一）有贩卖金丹洋烟嫌疑人者，令取三家以上之保结，以后决不再有贩卖情事。若有取不下保，或不取保者，县长应予以相当之戒监。其戒监之法，由县长斟酌情形为之。并可手谕村、闾、邻等，监视其行动。（参阅《查禁贩吸烟民条例》）

（二）吸食金丹洋烟者，传入戒烟会戒瘾。戒退之法，用和平戒烟丸暨曼陀罗戒烟丸。和平戒烟丸照章领用，曼陀罗丸无价散给。（参阅《戒烟善后条例》）

（三）有赌博、窃盗嫌疑及窝娼者，由村中公社监视之。其窝娼之人，如能不取结，设法讽劝，全其颜面，使之改悔更妥。（参阅《禁赌条例》）

（四）向好斗殴暨持刀行凶者，应责成其家长或族长，严加管束。如系借房居住者，须由房主予以严重之儆戒；若不改善，不令住房。均可使其务正业而化为良善。

（五）忤逆不孝暨家庭残忍者，应责成其族长、邻长，加以劝诫，监视干涉，并予以适当之救护。能使不孝者变为孝，不慈者化为慈，固上策也。否则忤逆者减其忤逆，残忍者减其残忍，使老者勉得其养，幼者勉得其长，亦可以借补其缺憾。

(六)壮年游手好闲者,勒令各就职业,并与之介绍。

(七)失学儿童:

(甲)因学校不便而失学者,应督饬村长副等添设学校。村庄小者,各设简单学校。数小村相距不远者,或合办,或行循环教授。

(乙)无故失学者,应勒令入学。

(丙)因贫失学者,分下列三种办法:

①稍贫者,令其农暇入学,甚则免收入学费。

②较甚者,由县款补助课本。

③极贫者,免其入学,并于区、村户口册中登记之。

此外,尚有残疾失学者,可免则免之。如此办理,不甚费难,而国民教育行政,亦可彻底矣。

第九章　其他各项(积谷、天足、产育、村卫生)

第一节　积　谷

积谷者,救济灾荒之事业也。古人耕三余一,耕九余三,虽遭荒年,亦无饿死之患。今人不知储蓄,只顾目前,不防后患。此所以一逢灾歉,官民即束手无策也。

晋省地居西北,十年九旱。乡村居民,对于存粮一事,父常以之训子,兄常以之教弟,实人人所深晓者。特以晚近习尚奢华,遂至忘其远虑。若不积极提倡劝积,深恐偶遭荒年,即哀鸿遍野,流离失所。阎总司令轸念及此,遂于民国十六年六月,制定《各县村社仓积谷简章》。复于十一年十一月二十九日,通令各县,将积谷一项,列为村政之一,督令各村,认真劝积。凡属编村,均设社仓一处。各联合村,亦得在本村分积。户口在百户以上者,积谷一百石。户口多者,每增至百户,须加积一百石。再多者按数递加。保管积谷，无论存于主村，或联合村，均由各村长副、闾长及经理耆绅，公同负责。新旧交替时，由接管人出具接收无亏甘结。如遇灾歉，由本村村长副、闾长，公同议决借放。并于每年青黄不接时，由各村定期，以积谷三分之一，散放各民户。新谷登场，按一分加息，本利一并归仓。劝办以来，各村积谷渐多。遇荒歉凶年，而人民之啼饥号寒者，已较前减少大半矣。

第二节 天 足

妇女缠足，原为我国恶习。而晋省缠足之风，尤盛于他省。若不禁止，非特步履维艰，难资操作，抑且人种积弱，有碍富强。是以晋省于民国五年十二月，即制定《严禁缠足条例》，认真禁止。凡为缠足者，不得再缠。已缠足者，年在十五岁以下一律解放。十五岁以上，不得再饰木底。六年九月，复令各县一律设立天足会，劝诫一般人民，祛除妇女缠足恶习。盖以提倡天足，系为与人民谋幸福。大之可免弱种之忧，小者可除戕形之惨。凡在社会上先觉之列，而为民众观感所系者，自应充其爱人之心，切实劝导，以期同胞早祛锢习，咸与维新。天足会之设，即欲借地方士绅劝导之力，以补功令之所不及也。

嗣于六年十月，六政考核处成立后，将天足一项，列为六政之一，劝导较前益力。并于七年八月，准省教育会提议，在省垣各校，设立"全省学生不娶缠足妇女会"。各县均设分会。凡系学生，皆为会员。未娶者，不许娶缠足女子；已娶者，如系缠足女子，实行解放；俾作民众之先导，借树全省之风声。各县复派女稽查员，分赴城乡，适地查验天足。如查有十岁以下女子仍缠足者，十五岁以下妇女，仍裹有布条未解放者，以及十六岁以上妇女，仍饰用木底者，即分别报告县政府处办（参阅《委派女稽查员规则及女稽查员服务规则》）。此厉行六政时代办理天足之情形也。

厥后于十二年二月，取消六政考核处，天足一项，归入村政范围，赓续查劝。凡办理村政人员下乡时，将幼女缠足，一并调查。责成该管村、闾、邻长及其家属，勒令解放，并令各村订入村禁约内，违者实行议处。纵观以上山西之劝办天足，已越十二载之久。设施虽繁，要不外先之以劝导，继之以处罚，惟因锢习难移，尚未收廓清之全效也。

第三节　产　育

吾国人民，对于接产及养育小孩，多泥守相沿的积习。不讲求改良办法，以致一般妇人，因生产致命者，为数不少。即所生婴儿，亦因养育的方法不好，由此夭亡者甚多。若不设法救济，与民族之盛衰，国势之强弱，均有绝大之关系。阎总司令对此，深为焦虑。故于十七年二月二十日，手谕村政处云："社会上因生产伤人较多。西洋产婆学，确有可取。社会上小孩，损失亦多。西医养育小孩方法，亦较适宜。以上两事，实为内政之首宜注意者。自应由村政方面，切实进行。应如何筹拟简单办法，分期举行，着村政处召集医务人员，妥议办法，呈侯核定施行。"惟欲图实际上之救济，必先研究改善之良方，使人民了解，方能逐渐收效。爰于村政处，特附设产育研究会，聘请学术经验最深之西医，研究产育改善之法，及治疗预防之方（参阅《产育研究会简章》），按期登载《村政周报》。责成各村长副，将报上所登载的方法，详告村人，以便采用。并由省垣所设之产科传习所，扩充班数，令各县保送学生，分班教授，毕业后，回村服务。如此办理，则产育常识，逐渐普及，而产妇婴儿，受福不浅矣。

第四节　村卫生

卫生行政，向为各文明国所注意。阎总司令自兼摄晋政以来，对于卫生一项，亦特别讲求。故于民国七年防疫之举，会精聚神，办理极有成效。然此尚属疫事发生后之救济，于已发者，防其再发，或防之使不蔓延。而对于事前之普遍卫生行政，尤极重视。所谓整理市政、清洁道路、铁路检疫、冲要入口检疫，均设有专司。余若不洁营业之取缔，靡不实力颁行，随时稽查。又设山西医院及中医改进研究会于省垣，研究中西医药之改进方法。其对市县卫生行政之规则，可谓详且密矣。至对乡村卫生，虽前未颁有条教，但自推行村政以来，各村禁约中，已多订有取缔污秽等物之专项。本年三月间，特专订《村卫生简章》，颁行各县，实力奉行。凡有碍公共卫生之污秽等物，均责令村中住户，随时扫除。有迨于履行者，由村、闾、邻长切实劝告，限期举行。如对卫生事项，故意违反者，即由村公所按村禁约之规定议处。如此办理，村民自必群趋清洁，勤扫污秽。将见乡村卫生，日事讲求，民族精神，逐渐强健，又何虑国际地位不能平等哉！